Judith Stander-Dulisch
Glaubenskrisen, Neue Religionen und der Papst

D1662623

Editorial

Die Gegenwart der Religionen wird heute in starkem Maße durch die Formen ihrer medialen Repräsentationen geprägt. Aber auch Religionsgeschichte war immer schon Mediengeschichte. Medien sind zentral für die Vermittlung religiöser Ideen und ritueller Praktiken. Zudem sind Religionen in modernen Gesellschaften auch Gegenstand der dokumentarischen Berichterstattung und der Unterhaltung.

Die Reihe **Religion und Medien** soll ein Forum für die kulturwissenschaftliche Erforschung der religionsspezifischen Nutzung von Medien und für die medienspezifische Analyse der Darstellung religiöser Sujets bieten. Ebenso sind theoretische und methodologische Abhandlungen willkommen, die zum Verständnis rezenter und historischer Medienphänomene im Feld der Religionen beitragen und die Vielschichtigkeit des Medienbegriffes diskutieren.

Der offene Begriff der »Medien« bezieht sich in diesem Zusammenhang sowohl auf die klassischen Printmedien (Zeitungen, Zeitschriften), auf die populäre Publizistik, Belletristik und Literatur, auf technische Bildmedien (Fotografie), auf Kommunikationsmedien wie dem Telefon und seinen Weiterentwicklungen, als auch auf neue Medien wie Radio, Film, Fernsehen und schließlich Internet und computergestützte Medienanwendungen. Die außerordentliche Dynamik des Feldes – man denke an die bereits einsetzende Konvergenz traditioneller Textmedien und audiovisueller Medien im Internet – spricht im Sinne einer »Archäologie der medialen Kommunikation« für die Berücksichtigung einer medienhistorischen Perspektive.

Die Reihe wird herausgegeben von Oliver Krüger in Verbindung mit Gregor Ahn, Peter J. Bräunlein, Anne Koch, Isabel Laack, Jürgen Mohn, Hubert Mohr, Michael Schetsche und Joachim Trebbe.

Judith Stander-Dulisch, geb. 1987, lehrt und forscht als wissenschaftliche Mitarbeiterin am Centrum für Religionswissenschaftliche Studien (CERES) der Ruhr-Universität Bochum. Sie hat am Seminar für Allgemeine Religionswissenschaft der Westfälischen Wilhelms-Universität Münster promoviert. Zu ihren Forschungsschwerpunkten gehören Religion und Medien, Medienlinguistik und Religiöse Gegenwartskultur in Deutschland.

Judith Stander-Dulisch

Glaubenskrisen, Neue Religionen und der Papst

Religion in »Stern« und »Spiegel« von 1960 bis 2014

[transcript]

D6

Bibliografische Information der Deutschen Nationalbibliothek
Die Deutsche Nationalbibliothek verzeichnet diese Publikation in der Deutschen Nationalbibliografie; detaillierte bibliografische Daten sind im Internet über http://dnb.d-nb.de abrufbar.

Umschlagkonzept: Kordula Röckenhaus, Bielefeld
Druck: Majuskel Medienproduktion GmbH, Wetzlar
Print-ISBN 978-3-8376-4102-8
PDF-ISBN 978-3-8394-4102-2
https://doi.org/10.14361/9783839441022

Gedruckt auf alterungsbeständigem Papier mit chlorfrei gebleichtem Zellstoff.
Besuchen Sie uns im Internet: *https://www.transcript-verlag.de*
Bitte fordern Sie unser Gesamtverzeichnis und andere Broschüren an unter:
info@transcript-verlag.de

Inhalt

Vorbemerkung

Einerlei ob „Protz-Bischof" Tebartz van Elst, neueste Erkenntnisse über Meditation oder Berichte über kirchliche Kontroversen – Religion ist gegenwärtig in nahezu allen Massenmedien Teil der Berichterstattung, so auch in Deutschlands größten Nachrichtenmagazinen „stern" und „DER SPIEGEL".[1] Doch welche Themen dominieren? Ist es hauptsächlich die katholische Kirche, die im Fokus steht, oder der Islam? Lassen sich auch zunehmend spirituelle Themen finden? Oder waren die alternativen Formen von Religion lediglich ein Modethema der 1970er Jahre? Welche Themen sind überhaupt seit den revolutionären 1960er Jahren aufgetreten? Und wurde das Thema Religion seit den Anschlägen des 11. September 2001 häufiger auf der Titelseite platziert? Die vorliegende Untersuchung bietet eine inhaltliche Übersicht über die religionsbezogenen Titelthemen von Deutschlands größten Nachrichtenmagazinen *Stern* und *Spiegel* in den Jahren 1960 bis 2014. Es wird dargelegt, wann welche Themen sichtbar auf den Titelseiten der Magazine repräsentiert wurden, welche Wandlungsprozesse stattfanden und inwieweit religionssoziologische Befunde eines Formenwandels[2] von Religion wiederzufinden sind.

Wissen über Religion wird in der Gesellschaft zumeist aus Medienangeboten wie etwa den beiden Zeitschriften bezogen. Mediale Repräsentationen[3] können folglich die Wahrnehmung von und das Wissen über Religionen formen. In der Arbeit werden daher anhand detaillierter Feinanalysen die sprachlichen Strukturen ebenso wie die grafische Gestaltung von ausgewählten Artikeln in unterschiedlichen Zeitabschnitten untersucht. Hierbei wird der Frage nachgegangen, wie durch den Einsatz von sprachlichen und visuellen Mitteln Sachverhaltsdeutungen vorge-

---

1 Für einen besseren Lesefluss wird im Folgenden „DER SPIEGEL" als *Spiegel*, der „stern" als *Stern* bezeichnet.

2 Als Formenwandel wird die Veränderung von Religion vor dem Hintergrund gesellschaftlicher Entwicklungen der Moderne verstanden (siehe Kap. 2.1).

3 Im Sinne des Kulturwissenschaftlers Stuart Hall (2003) stellen Repräsentationen Abwesendes vor und (re)produzieren Vorstellungen (siehe Kap. 2.2).

nommen werden. Die vorliegende Untersuchung will somit für diese sprachlichen und visuellen Strukturen sensibilisieren, um deutlich zu machen, wie bestimmte Blickwinkel erzeugt werden und wie sich diese im Laufe der Zeit verändern können – vor allem vor dem Hintergrund einer sich wandelnden Religionslandschaft. Berücksichtigt wird bei der Untersuchung auch die unterschiedliche Ausrichtung der beiden Magazine: Gilt der *Stern* als Unterhaltungsmagazin und politische Illustrierte, wird der *Spiegel* als klassisches Nachrichtenmagazin definiert. Bereits an dieser Stelle sei verraten: Dies schlägt sich auch in den Ergebnissen nieder.

Die Kombination von religionswissenschaftlichen und linguistischen Konzepten und Methoden hat sich dabei als sehr hilfreich und gewinnbringend erwiesen. Die Studie zeichnet sich somit durch den Einbezug eines breiten Zeitraumes bis in die jüngste Gegenwart, einen weiten Religionsbegriff, der etwa auch Spiritualität und Alternative Medizin berücksichtigt, und einen linguistischen Zugang aus, der durch Zeit-Kontrast-Schnitte und Feinanalysen detaillierte (bild-)linguistische Belege für die Zuschreibungen religiöser Sachverhalte liefert.

1. Einleitung

1.1 FRAGESTELLUNG, ZIEL UND RELEVANZ

Die Thematisierung von Religion in den beiden Zeitschriften *Stern* und *Spiegel* ist kein neues Phänomen: Anfang der 1960er Jahre „erkannte man im Feld der Religion ein zugkräftiges Medienthema[,][...] schuf daraufhin [...] eigene Kirchen- und Religionsabteilungen" und stellte „theologisch versierte Redakteure ein."[1] Waren die Reportagen in den 1950er Jahren noch davon geprägt, kirchenkonform zu berichten und Glaubensinhalte wissenschaftlich zu beweisen,[2] wurden Ende der 1950er, Anfang der 1960er Jahre nun erstmals kirchenkritische, populäre Reportagen zu theologischen oder kirchenpolitischen Kontroversen publiziert.[3] Sie prägten eine Transformation, die als „Aufbruch zu einem kritischen Religionsjournalismus"[4] gesehen wird. Ein Blick auf ausgewählte Titelseiten der beiden Zeitschriften in den 1960er Jahren deutet bereits an, dass die vermehrt kritische Thematisierung von Religion mit einer sich verändernden Religionslandschaft korrelierte (Abb. 1): Hinterfragungen von christlichen Grundsätzen, kirchenpolitischen Entwicklungen, Glaubensumfragen und Glaube und Kirche allgemein sind Themen, die eine Entkonfessionalisierung andeuten. Lässt man den Blick über die Titelthemen der letzten Jahrzehnte schweifen, rücken auch Themen abseits der christlichen Kirchen auf die Agenda, zum Beispiel, indem der *Stern* das Aufkommen von neuen religiösen Bewegungen thematisiert (Abb. 2).

---

1 Hannig 2010, 390. Auch wenn diese Kirchenredaktionen in den 1970er Jahren wieder aufgelöst wurden (vgl. ebd., 19), blieb doch Religion als Thema nach wie vor bestehen.

2 Vgl. ebd., 114. Hannig spricht von „Bestätigungspublizistik" (ebd., 118) und „Bestätigungsrhetoriken" (ebd., 161).

3 Vgl. ebd., 390.

4 Vgl. ebd., 109.

Abbildung 1: Titelbilder aus den 1960er Jahren: Stern 38/1962,
Spiegel 29/1965, Spiegel 52/1967

Abbildung 2: Titelbilder zu neuen religiösen Bewegungen: Stern 50/1978,
Stern 52/1990, Stern 19/1992, Stern 19/1995, Stern 43/2002,
Stern 49/2009

Die Beispiele machen zweierlei Aspekte deutlich: Zum einen lassen sich auf den ersten Blick Wandlungsprozesse ablesen. Bereits anhand der ausgewählten Titelseiten spiegelt sich eine Veränderung der Religionslandschaft seit den 1960er Jahren wider, die mit den Konzepten der Entkonfessionalisierung, Entkirchlichung, Säkularisierung, Pluralisierung und Individualisierung umrissen werden kann. Zum anderen zeigt sich dabei, dass bereits mit der Wahl der Ausdrücke in den Überschriften (etwa „falsche Propheten", „teuflische Macht", „skrupellose Wunderheiler", „Wellness-Religionen") und der Bildgestaltung Bewertungen vorgenommen werden, die das Potenzial besitzen, den Leser[5] zu beeinflussen und Meinungsbilder zu evozieren.

Diese beiden Aspekte greift die vorliegende Studie auf. Sie bietet eine Analyse der inhaltlichen Repräsentation von Titelthemen über Religionen in *Stern* und *Spiegel* in den Jahren 1960 bis 2014 sowie detaillierte, (bild)linguistische Untersuchungen zu unterschiedlichen Thematiken und zu unterschiedlichen Zeitabschnitten anhand ausgewählter Artikel – unter Berücksichtigung von Theorien zum Formenwandel von Religion.

Blickt man zurück in die 1960er Jahre, lassen sich in Westeuropa religiöse Umbrüche und ein religiöser Wandel konstatieren. Säkularisierungstheorien, die ein Verschwinden von Religion und eine Verweltlichung annehmen, wurden in der Wissenschaft bereits in der Nachkriegszeit der 1950er Jahre populär,[6] obwohl derzeit noch eine Stabilität der christlichen Großkirchen zu verzeichnen war.[7] Mit einer massiven Entkirchlichung Mitte der 1960er Jahre wurden diese Theorien weiter geschärft.[8] Zugleich formierten und formieren sich bis heute Modifikationen der Säkularisierungstheorie in Form von Modernetheorien,

[…] die nicht einen Schwund von Religion, sondern vielmehr einen Formenwandel des Religiösen konstatieren, der mit Begriffen wie Individualisierung/Subjektivierung und Pluralisierung von Religion auf den Nenner gebracht wurde.[9]

Sie waren und sind teilweise noch maßgeblich von Thomas Luckmanns Theorie zum Formenwandel beeinflusst, der 1967 in seinem Werk *Die unsichtbare Religion* erklärte, dass nicht eine Säkularisierung stattgefunden habe, sondern eine Privatisierung der Religionsausübung. Diese sei nicht mehr in institutionalisierter Form zu finden, sondern ‚unsichtbar' geworden, habe ihre Basis in der Privatsphäre des In-

---

5 Mit Nennung der männlichen Funktionsbezeichnung ist in diesem Buch, sofern nicht anders gekennzeichnet, immer auch die weibliche Form mitgemeint.

6 Vgl. Tyrell 2014, 53f.

7 Vgl. Gabriel 2009a, 99.

8 Vgl. Ebd., 100.

9 Wilke 2013, 31.

dividuums und demnach den Standort gewechselt.[10] Mit seinem funktionalistischen Religionsbegriff ging er somit entgegen der Säkularisierungsthese von einem Weiterbestehen der Religionen aus.[11]

Diese Überlegungen werden in den heutigen Forschungsdiskurs miteinbezogen, in welchem die 1960er Jahre als entscheidende Umbruchsphase betrachtet werden.[12] Die kulturelle Revolution, der wirtschaftliche Aufschwung, ein neues Freizeitverhalten, neue Kommunikationsformen, innerkirchliche Veränderungen (etwa das Zweite Vatikanum) sowie ein Generationenkonflikt und ein damit verbundener Wertewandel werden als ein Umbruch zum Übergang in eine individuumszentrierte Gesellschaft,[13] eine „Ich-Gesellschaft"[14] gesehen, in der die individuelle Wahl und persönliche Entscheidung zur Norm wird. Dies gilt nicht nur für Beruf, Lebensstil oder Auslebung der sexuellen Orientierung, sondern auch für Religion. War Religion vor den 1960er Jahren ein kollektives Identitätsmerkmal, wird sie nun zur privaten, wählbaren Option unter vielen. Durch die genannten gesellschaftlichen Veränderungen und ihre Folgen, etwa der Kritik an Autoritätsformen jeglicher Art und damit auch an den Kirchen, kam es zur Abwendung von traditioneller Religion und einer Zuwendung zu alternativen Formen.[15]

Beschäftigt man sich heute damit, wo und in welcher Form Religion in Deutschland zu finden ist, lässt sich schnell festhalten, dass das religiöse und spirituelle[16] Angebot immens ist. Selbst innerhalb der traditionellen Kirchen zeigen sich Entwicklungen, die Angebote der Meditation oder Spiritualitäts-Kurse und damit eher weniger traditionelle Angebote umfassen, etwa in konfessionellen Bildungseinrichtungen oder in den Gemeinden selbst. Egal ob Ayurveda, Schamanen-Sitzungen, Meditationsgruppen oder Kartenlegen – es lässt sich eine Vielzahl neuer religiöser Phänomene beobachten.

Sowohl neue religiöse Bewegungen (sog. „Neue Religionen") und Entwicklungen als auch die „traditionellen" Religionen (sog. „Weltreligionen") geraten zunehmend ins Zentrum der Aufmerksamkeit und in die politische[17] und mediale Öffentlichkeit: Debatten um den Islam im Zuge der Flüchtlingspolitik, die Haltung Papst Franziskus' zum Thema Sexualität in der Kirche, religiös motivierte Gewalt, der Körperschaftstatus der Zeugen Jehovas oder neue Erkenntnisse über alternative Heilmethoden lassen sich als neuste Themen der Agenda benennen.

---

10 Vgl. Knoblauch 1991, 7f.

11 Vgl. Wilke 2013, 31.

12 Vgl. Stolz et al. 2014; Knoblauch 2009; Pollack 2013d; Bräunlein 2015.

13 Vgl. Stolz et al. 2014; Großbölting 2013; Knoblauch 2009.

14 Stolz et al. 2014.

15 Vgl. Knoblauch 2009, 39; Stolz et al. 2014, 212; Großbölting 2013, 103.

16 Zur Definition von Spiritualität und Religion siehe Kapitel 2.1.

17 Vgl. Casanova 1994.

In neueren Forschungen wird Religion eine öffentliche Sichtbarkeit, beginnend in den 1960er Jahren, zugeschrieben und die signifikante Rolle der Medien damals wie auch gegenwärtig herausgestellt.[18] Einen Anteil daran haben die Zeitschriften *Stern* und *Spiegel*, die seit den 1960er Jahren eine vermehrte Titelung religiöser Themen aufweisen,[19] sich bis heute unterschiedlichen religiösen Sachverhalten widmen und dabei Wandlungen in der Berichterstattung vollzogen.

Medien funktionieren dabei nicht nur als Spiegel gesellschaftlicher Prozesse,[20] sie prägen durch Kommunikation auch das gesellschaftliche Bild[21] und somit den Diskurs über Religion. So geht etwa der Religionsmonitor 2013, eine Studie der Bertelsmann Stiftung, auf unterschiedliche Wahrnehmungen verschiedener Religionen ein und konstatiert: „Entscheidend für die Einstellung gegenüber einer Religion ist zunächst das Bild, das von ihr in den Medien verbreitet wird."[22] Die mediale Repräsentation formt folglich die Wahrnehmung von und das Wissen über Religionen.

Wem es beispielsweise gelingt, bestimmte Bezeichnungen und Ausdrucksweisen in Diskursen durchzusetzen oder bestimmten sprachlichen Mustern spezifische Bedeutungsaspekte zuzuschreiben und diese im öffentlichen Bewusstsein zu verankern, der prägt Deutungen von Sachverhalten mit. Sprache erzeugt die fachlichen Gegenstände und Sachverhalte allererst selbst, sprachliche Mittel und Formen konstituieren das Wissen.[23]

Sprache und Bilder spielen dabei eine wichtige Rolle – sie informieren nicht nur, sondern bergen Evaluierungen und lenken auch Meinungsbildungsprozesse. Gerade den beiden Zeitschriften *Stern* und *Spiegel* kommt dabei eine immense Bedeutung zu. So wird der *Spiegel* als Leitmedium verstanden[24] und tituliert sich selbst als „Deutschland bedeutendstes Nachrichtenmagazin",[25] während der *Stern* sich als „meistgelesene[s] meinungsbildende[s] Magazin Deutschlands"[26] bezeichnet.

Ausgehend von diesen Beobachtungen sind daher zwei Fragenkomplexe von Interesse:

---

18 Vgl. z.B. Knoblauch 2009; Gärtner et al. 2012; Hannig/Städter 2007; Bösch/Hölscher 2009a, 2009b.
19 Vgl. Hannig/Städter 2007.
20 Vgl. Luhmann 2009.
21 Vgl. Jäger 2012.
22 Pollack/Müller 2013, 38.
23 Felder 2009, 11.
24 Vgl. Meyn/Tonnemacher 2012, 79.
25 *Spiegel* Webseite.
26 *Stern*-Profil 2015, 2.

1) Welche religiösen Themen werden in *Stern* und *Spiegel* von 1960 bis 2014 auf den Titelseiten repräsentiert? Welche Wandlungsprozesse lassen sich anhand der Titelblätter ablesen?

Diskurse üben Macht aus, sie transportieren Wissen, welches gleichzeitig die Basis für individuelles und kollektives Handeln und die Konstruktion und Konstitution von Wirklichkeit ist.[27] Der Wissenskanon wird dabei durch die sprachlichen und visuellen Mittel erst geformt. Diese können eingeengte Blickwinkel und Wertungen hervorrufen, die zu Perspektivierungen des Sachverhalts führen und Meinungsbilder etablieren können. Monika Schwarz-Friesel und Jehuda Reinharz sprechen dabei von der Macht der Sprache:[28] „Sprache [...] hat stets die Wirkungskraft, das Bewusstsein und die Einstellungen der Rezipienten maßgeblich zu beeinflussen. In dieser Einflussnahme liegt das Machtpotenzial von Sprache."[29]

Aus diesen Ausführungen leitet sich der zweite Fragenkomplex ab:

2) Wie wird durch visuelle und sprachlich-kommunikative Mittel Wirklichkeit innerhalb von Artikeln konstruiert? Durch welche Mittel und Strategien werden Bewertungen ausgedrückt und wie werden dadurch Evaluierungen über Religion konstruiert? Welche Perspektivierungen lassen sich in unterschiedlichen Zeitabschnitten finden?

Wird somit zunächst dargelegt, welche Titelthemen zum Thema Religion in *Stern* und *Spiegel* im Zeitraum von 1960 bis 2014 auftreten (WAS wird repräsentiert?), zeigen anschließende detaillierte Mikroanalysen einzelner Titelgeschichten (Artikel), mit welchen sprachlichen und visuellen Mitteln ausgewählte Themen aufbereitet sind und wie die beiden Zeitschriften in unterschiedlichen Zeitabschnitten bestimmte Perspektivierungen über diese Themen durch Sprache und Bilder hervorbringen (WIE werden die Themen repräsentiert? WIE wandelt sich die Repräsentation?).

Der Studie liegen somit drei Ziele zu Grunde:

(1) Zunächst liegen die Erforschung religiöser Themen der neueren Vergangenheit und ihre Ausdifferenzierung in der Gegenwart im Interessenfokus. Der ausgewählte Bereich von 1960 bis 2014 ist von besonderem Interesse, da sich

---

27 Vgl. Jäger 2012, 73.
28 Für die vorliegende Arbeit sollen darunter Text und Bild verstanden werden, siehe dazu auch Kapitel 2.3.
29 Schwarz-Friesel/Reinharz 2013, 44.

in diesem Zeitraum erhebliche Differenzen in den Einstellungen zu und Einschätzungen von religiösen Themen zeigen. Die gewählten Zeitschriften nehmen dabei einen hohen Stellenwert ein, da sie als Spiegel des zeit- und gesellschaftstypischen Zustands der jeweiligen Denkstruktur und gesellschaftlichen Sichtweise fungieren. Ein erstes Ziel ist demnach die Herausarbeitung der thematisch unterschiedlichen Diskursstränge des Gesamtdiskurses Religion auf den Titelseiten sowie ihrer Ausdifferenzierung im Laufe der Zeit. Dabei wird überprüft, inwieweit religionssoziologische Befunde wiederzufinden sind. Zugleich sind die Zeitschriften jedoch Diskursakteure und können Meinungsbilder über Religion auch hervorbringen. Daraus ergibt sich das zweite Ziel.

(2)   Als zweites Ziel wird offengelegt, welcher Strategien sich bedient wird, um den Blickwinkel des Lesers zu lenken und damit eine Haltung des Lesers zu evozieren. Dafür werden sprachlich-kommunikative Mittel (Argumentationen, Lexik, Metaphorik sowie Emotionalisierungsstrategien), aber auch die grafische Gestaltung ausgewählter Artikel zu bestimmten Themenkomplexen aus verschiedenen Jahrzehnten analysiert. Zeitschriften bieten den Anspruch der Orientierung. Im Zuge dessen sind sie gezwungen, Wertungen vorzunehmen. Artikel sind grundsätzlich subjektiv geprägt und geben bestimmte Haltungen und Blickwinkel vor, auch wenn dies nicht immer offensichtlich ist und stellenweise erst implizit erkenntlich wird, sodass eine subtile Beeinflussung möglich ist. Wie Strategien der Pressesprache dabei instruieren und Perspektivierungen und Evaluierungen zu unterschiedlichen Themen evoziert werden, ist demnach ein weiteres Ziel. Die Studie soll demnach für diese sprachlichen und visuellen Strukturen sensibilisieren, um deutlich zu machen, mit welchen Sprachstrukturen hinsichtlich Religion bestimmte Blickwinkel dargelegt werden und wie sich diese im Laufe der Zeit verändern können.

(3)   Als drittes Ziel wird ein Vergleich der beiden ausgewählten Zeitschriften, *Stern* und *Spiegel,* gezogen. Ist der *Stern* mit seiner Gründung 1948 zunächst „ein Klatsch- und Unterhaltungsblatt, ohne politischen Anspruch",[30] änderte Gründer Henri Nannen mit den Jahren das Profil zu einer um einiges seriöser wirkenden „politische[n] Illustrierte[n]".[31] Der *Spiegel* hingegen zeichnete sein Profil selbst von vornherein als politisches Magazin. Fällt diese Ausrichtung auch hinsichtlich religiöser Themen ins Gewicht? Gibt es andere Themenschwerpunkte auf den Titelseiten? Werden die Themen unterschiedlich fokussiert und behandelt oder zeigen sich gleiche Haltungen?

---

30 Schneider 2000, 24.
31 Ebd., 26.

In ihrer Konzeption möchte die Studie einen Beitrag zur Schließung von Desideraten in den Disziplinen der Religionswissenschaft und der Linguistik leisten. Im Zeitalter der digitalen Medien sind Zeitschriften ein marginal behandeltes Forschungsthema auf Seiten der Religionswissenschaft. Auch die aufmerksamkeitssteigernde Aufbereitung, also die textuelle und visuelle Gestaltung religiöser Themen, wurde bisher nicht bzw. nur geringfügig untersucht. In der Linguistik dagegen ist ein Forschungsdesiderat zum Feld „Sprache und Religion" zu verzeichnen. Ausgehend von der jeweiligen Disziplin werden die Desiderate hier kurz vorgestellt, um den eigenen Ansatz darzulegen: eine Kombination religionswissenschaftlicher und linguistischer Analyse und damit einen interdisziplinären Ansatz.

Religionswissenschaft

Oliver Krüger (2012) gibt in seiner Monographie *Die mediale Religion. Probleme und Perspektiven der religionswissenschaftlichen und wissenssoziologischen Medienforschung* einen umfassenden Forschungsüberblick zur religionswissenschaftlichen Forschung zum Themenkomplex Religion und Medien (siehe dazu auch Forschungsstand Kap. 1.4). Dabei legt er nicht nur dar, dass sich das Forschungsfeld in der Religionswissenschaft erst im vergangenen Jahrzehnt etablierte,[32] sondern auch, dass gerade populäre Zeitschriften (siehe zur Definition von ‚Zeitschrift' Kap. 4.1) bisher keine größere Beachtung fanden.[33] Daran hat sich auch in den letzten Jahren nichts geändert.[34] Krüger fasst zusammen: „*Summa summarum* ergibt sich für das Feld der Publizistik mit fließenden Übergängen die Frage, wie [...] über Religionen in der spezialisierten Religionspublizistik und im weiteren Markt der Zeitschriften und Zeitungen berichtet wird."[35] Krüger verweist in diesem Zusammenhang auf das Potenzial der Medienwissenschaft, indem er darlegt, dass das Desiderat „mit den bereits erprobten, medienwissenschaftlichen Verfahren der Bild- und Textanalyse [...] [bearbeitet werden kann] [...]. Die besondere Stärke des religionswissenschaftlichen Beitrags liegt in der historischen und kulturvergleichenden Dimension."[36] Da auch die Medienlinguistik[37] sich mit Bild- und

---

32 Im Gegensatz zu den Vereinigten Staaten durch Hoover, siehe z.B. Hoover/Lundby 1997a; Hoover 1998.

33 Vgl. Krüger 2012, 229.

34 Selbst international ist das Interesse an Zeitschriften rar. Vermutlich lässt sich dies mit dem in den letzten Jahren aufkommenden Forschungsfeld zu digitalen Medien bzw. Social Media erklären, in dem sich mit Facebook, Twitter, Blogs usw. auseinandergesetzt wird: „Während vor allem in den 1960/70er Jahren erste historische Studien entstanden, kamen in den letzten Jahren insbesondere aktuelle Bestandsaufnahmen zur medialen Rolle der Religion im Internetzeitalter auf" (Bösch 2015, 286).

35 Krüger 2012, 232.

36 Krüger 2012, 232.

Textanalysen in den Medien beschäftigt,[38] ergibt sich eine gute interdisziplinäre Verknüpfung zwischen der Religionswissenschaft und der Linguistik. In seiner Abhandlung macht Krüger auf ein weiteres Forschungsdesiderat aufmerksam:

> Wie bereiten Medien im Bemühen um die Aufmerksamkeit der Quote religiöse Sujets ‚medienkonform' – also in der Linie eines bestimmten Senders oder einer Zeitschrift – auf? Dass hier gegenüber der wissenschaftlichen Darstellung stets eine Vereinfachung und aufmerksamkeitsfördernde Dramatisierung stattfindet, wird wohl kaum bestritten werden können. Die genaue Aufschlüsselung von Selektionen, Personalisierungen und Emotionalisierungen im Produktionsverlauf religiöser Themen in den Medien ist bisher jedoch noch ein Forschungsdesiderat.[39]

Genau dies bezweckt die vorliegende Studie zu *Stern* und *Spiegel*. Im Hinblick auf den Produktionsverlauf werden die textuelle und visuelle Gestaltung analysiert. Die Studie zeichnet sich dabei durch die Verknüpfung mit linguistischen Theorien und Methoden aus, die bisher in der Forschung bei diesem Thema noch nicht angewandt wurden. Die wenigen vorausgehenden Studien beschäftigen sich mit Inhaltsanalysen, die sich jedoch nahezu kaum oder nur am Rande mit der sprachlichen und visuellen Gestaltung auseinandersetzen, deren Untersuchung viel Potenzial bietet. Die Linguistik offeriert dafür das passende Instrumentarium. Dass sich jedoch auch die Linguistik bisher kaum mit religiöser Gegenwartskultur und deren Sprache in den Medien auseinandersetzte, klingt bereits in Frank Böschs Artikel *Medien und Religion im 20. Jahrhundert* an. Ebenso wie Krüger registriert er ein verstärktes Interesse an der Bedeutung von Medien im letzten Jahrzehnt und legt dar: „Neben der Geschichtswissenschaft, der Theologie und den Religionswissenschaften arbeiten hierzu auch einzelne Soziologen, Kunsthistoriker, Film- und Medien- und Kommunikationswissenschaftler."[40] Das Fehlen der Germanistik bzw. Linguistik lässt ein Forschungsdesiderat vermuten. Ein Blick auf die Forschungslage der Linguistik bestätigt dies.

Linguistik

„Der linguistische Forschungsstand zum Thema ‚Sprache und Religion' weist im Vergleich zu anderen Disziplinen […] deutliche Lücken auf"[41], konstatieren Alexander Lasch und Wolf-Andreas Liebert (2015) in ihrem linguistischen For-

---

37 Siehe zur Einführung in das Forschungsfeld der Medienlinguistik Stöckl 2012 und Perrin 2006.

38 Vgl. Perrin 2006, 116f.; siehe auch Stöckl 2012, 18f.

39 Krüger 2012, 454.

40 Bösch 2015, 286.

41 Lasch/Liebert 2015, 475.

schungsüberblick zu *Sprache und Religion*. So beschäftigen sich bisherige Studien zumeist mit der Sprachgeschichte: dem Zusammenhang zwischen Sprache und Konfession,[42] der ‚religiösen Sprache' sowie dem Christentum und insbesondere mit der Lutherbibel und den Wechselwirkungen zwischen dieser und der Alltagssprache.[43]

‚Sprache und Religion', das bedeutet in der Linguistik in erster Linie die Würdigung sprachhistorisch relevanter Texte und Textverbünde, wie etwa Bibelübersetzungen, Evangelienharmonien oder Zaubersprüche, wie sie für das Althochdeutsche und Altniederdeutsche typisch sind, religiös motivierte Dichtung und Traktatliteratur aus mittelhochdeutscher Zeit oder die Bedeutung der Schriften Martin Luthers für die Herausbildung eines überregionalen Standards im Frühneuhochdeutschen.[44]

Lasch und Liebert stellen weiter fest, dass insbesondere Studien abseits des Christentums, „etwa zu populären Religionen oder den Bereichen von Spiritualität und Esoterik […] in der Linguistik ein Desideratum dar[stellen]."[45] Auch zu Religion und Sprache in einzelnen Textsorten lassen sich nur vereinzelt Studien finden und ebenso sind Studien, die den Zusammenhang zwischen Text und Bild betrachten, rar, so Lasch/Liebert.[46] Ausgehend von diesem Stand der Forschung[47] heben

---

42 Siehe zum Beispiel Balbach 2014, Macha 2014, Macha et al. 2012.

43 Vgl. Lasch/Liebert 2015, 475f.

44 Lasch/Liebert 2015, 476.

45 Ebd., 475.

46 Vgl. ebd., 477.

47 Lasch und Liebert wollen diese Lücke schließen. Ihr 2017 herausgegebenes Handbuch *Sprache und Religion* soll „den ersten umfassenden Versuch dar[stellen], linguistische Forschung zum Thema Religion zu versammeln und zu fokussieren" (Lasch/Liebert 2017a, Klappentext). Dabei schlagen sie vor, eine neue Teildisziplin der Linguistik zu begründen, die Religionslinguistik (vgl. Liebert 2017, 29-30). Neben systematischen Darstellungen stellen sie unter anderem einen nach Schlüsselwörtern gegliederten Teil vor, der etwa Begriffe wie Transzendenz, das Unsagbare, Charisma, Verehrung oder Vergegenwärtigung enthält. Zudem legt das Handbuch einen vierten Teil mit dem Titel „Repräsentationsformen religiöser Wissensbestände in ausgewählten Darstellungsmodi und -medien" dar. Hierbei werden jedoch lediglich die Predigt, Bibelillustrationen sowie das Buch als Metapher betrachtet. Lasch und Liebert weisen in Bezug zu diesem Teil in ihrer Einführung darauf hin, dass „die hier versammelten Beiträge […] exemplarisch für ein breites, erst noch auszumessendes Themenfeld [stehen]. So fehlen bspw. Repräsentationsformen in den Neuen Medien, die eine zentrale Rolle einnehmen" (Lasch/Liebert 2017b, 2). In Anbetracht der genannten Untersuchungsgegenstände (Predigt, Bibel-

Liebert und Lasch in ihrem Artikel die Notwendigkeit einer Verknüpfung mit anderen Disziplinen hervor: „Daher ist die gegenwärtige linguistische Forschung in großem Maße auf die Beiträge anderer Disziplinen angewiesen."[48] Sie betonen die Fruchtbarkeit etwa der Religionssoziologie, indem sie auf Knoblauch (2009) und Bochinger et al. (2009) verweisen,[49] deren Studien in Kapitel 2.1 einbezogen werden.

Die vorliegende Arbeit ist somit interdisziplinär angelegt: Die Kombination der Disziplinen Religionswissenschaft und Germanistik bietet eine ideale Verknüpfung der Konzepte und Methoden und bringt Inhalt und Form in Verbindung. So bietet die Linguistik die methodischen Instrumente und Konzepte, um religionswissenschaftliche bzw. religionssoziologische sowie linguistische Aussagen treffen zu können. Von ihrem Ursprung her ist die Verknüpfung zwischen der Linguistik und der Religionswissenschaft bereits sehr eng, ist letztere doch aus ersterer entstanden: „Vergleichende Religionswissenschaft ist ein Kind der Vergleichenden Sprachwissenschaft."[50] Annette Wilke schreibt dazu, dass „gerade die Philologie eine der zentralen ‚Wurzeln' des Faches darstellt."[51] So war es der deutsche Sprachwissenschaftler Max Müller, der in der zweiten Hälfte des 19. Jahrhunderts erstmals heilige Texte Asiens übersetzte, für Europa fassbar machte und sogar einen unmittelbaren Zusammenhang zwischen sprachlichen und religiösen Strukturen sah; er gilt daher als „‚Vater der Religionswissenschaft'".[52] Systematisch-theoretisch ordnet sich die Studie einerseits in die religionswissenschaftliche Subdisziplin der Religionssoziologie ein, da Moderne- und Individualisierungstheorien als theoretisches Grundgerüst dienen. Andererseits ist die Studie aufgrund der linguistischen Analyse der Zeitschriften *Stern* und *Spiegel* in der Medienlinguistik verankert. Mit diesem interdisziplinären Ansatz liefert die vorliegende Studie nicht nur einen Beitrag zur Aufarbeitung der religiösen Zeitgeschichte, sie setzt sich auch mit der religiösen Gegenwartskultur auseinander und betrachtet vergleichend Diskurse über Religion von den 1960er Jahren bis ins Jahr 2014 aus religionswissenschaftlicher und linguistischer Sicht.

---

illustrationen) fehlen neben neuen Medien auch rezente Massenmedien, wie Zeitschriften und somit *Stern* und *Spiegel*.

48 Lasch/Liebert 2015, 476.
49 Vgl. ebd.
50 Krüger 2012, 183.
51 Wilke 2012, 324.
52 Ebd., 324.

1.2 FORSCHUNGSSTAND

Religion und Medien

In seinem guten religionswissenschaftlichen Forschungsüberblick über den Bereich „Religion und Medien" hat Krüger Forschungsprojekte und Publikationen gebündelt[53] und kommt zu dem Schluss, dass der „Befund [...] mehr als ernüchternd"[54] sei. Auch Tim Karis (2013) spricht von einer „recht jung[en]" wissenschaftlichen Auseinandersetzung und erklärt, dass sich das Forschungsfeld Religion und Medien „derzeit noch in einer Phase der Konsolidierung"[55] befindet.[56] Ist erst in jüngster Zeit im deutschsprachigen Raum Interesse am Forschungsfeld zu registrieren, steht dies im Gegensatz zur internationalen Forschung, vor allem im englischsprachigen und skandinavischen Raum, wo sich ein eigenständiges Forschungsfeld zu Medien, Religion und Kultur etablierte.[57] Seit einiger Zeit lassen sich aber auch in Deutschland Sammelbände zum Verhältnis von Religion und Medien finden,[58] in denen Beiträge vereint sind, die etwa durch den Tod Johannes Paul II., den Weltjugendtag sowie die Kontroverse um die Mohammedkarikaturen angeregt wurden. Es erschienen zudem Publikationen zu Film und Fernsehen[59] sowie zum Radio[60] und auch zur Mediation. In den letzten Jahren finden sich vor allem Forschungen, die sich mit Religion und digitalen Medien, also dem Internet allgemein oder Facebook, Twitter, Blogs usw. beschäftigten, nicht nur international,[61] sondern auch im

---

53 Vgl. Krüger 2012, 32-42.

54 Ebd., 40.

55 Karis 2013, 17.

56 Noch 2009 postuliert Mohr: „Das Themenfeld ‚Religion und Medien' ist Gegenstand einer Teildisziplin der Religionswissenschaft, die es derzeit so noch nicht gibt" (Mohr 2009, 159). Einen religionswissenschaftlichen Überblick über die Verflechtung von Religion, Medien und Öffentlichkeit und die verschiedenen Forschungsfelder gibt Neumaier 2018.

57 Vgl. Hoover 1998; Hoover/Lundby 1997a, 1997b; Schofield/Hoover 1997; Hoover 2006; Hjarvard 2008; Mitchell/Gower 2012; Knott et al. 2013; Lövheim 2013, 2014. So ist hier etwa auch die „International Society for Religion, Media and Culture" zu nennen, die alle zwei Jahre tagt.

58 Vgl. Malik et al. 2007; Sieprath 2009a; Beinhauer-Köhler/Pezzoli-Olgiati 2010; Mohn/Mohr 2012.

59 Vgl. Medienprojekt Tübinger Religionswissenschaft 1994; Karis 2013; Jecker 2011a; Hafez/Richter 2007.

60 Vgl. Tworuschka 2007.

61 Vgl. Campbell 2010, 2013.

deutschsprachigen Raum.[62] Untersuchungsschwerpunkte sind dabei nicht nur das Vorkommen von Religion in neuen Medien, sondern etwa auch der Umgang einzelner Religionen und Gläubiger mit der rezenten Medienvielfalt oder die Transformation religiöser Autoritäten.

In den Disziplinen sind die Zugänge zum Forschungsfeld inzwischen breit gefächert. In der Religionswissenschaft bzw. Religionssoziologie ist nicht nur Hubert Knoblauch zu nennen, der mit seiner *Populären Religion* (2009) die Transformation von Religion in der Gesellschaft unter dem Einfluss von Medien betrachtet.[63] Als „grundlegende Perspektiven religionswissenschaftlicher Forschung"[64] zum System der Medien bezeichnet Krüger den Aufsatz von Heinz-Peter Katlewski und die empirische Studie von Christel Gärtner et al.[65] Katlewski zeigt anhand von Fallbeispielen die massenmedialen Eigenlogiken auf, in dem er, orientiert an Niklas Luhmann, die Aufmerksamkeitsregeln illustriert und darlegt, wann ein Thema an Aufmerksamkeit gewinnt, etwa durch Brisanz, Prominenz, Bedrohung oder Emotionen.[66] Christel Gärtner, Karl Gabriel und Hans-Richard Reuter befragten in ihrer Studie *Religion bei Meinungsmachern* (2012) 18 Elitejournalisten aus 14 überregionalen Medien, darunter Tageszeitungen, Wochenzeitungen, Wochenmagazine, öffentlich-rechtliche sowie private Fernsehsender, nach ihren Auswahlkriterien für die Berichterstattung von religiösen Themen sowie ihrem Religionsverständnis und ihrer Wahrnehmung und Deutung einer neuen Sichtbarkeit von Religion. Die von ihnen befragten „Meinungsmacher" teilen die Wahrnehmung einer Sichtbarkeit von Religion und postulieren eine Rückkehr der Religion in die Öffentlichkeit, die vor allem mit politischen Konflikten und religiös motivierter Gewalt einhergehe, als Zäsur werden die Attentate des 11. September 2001 hervorgehoben. Zudem werden die Kirchen als Faktor des öffentlichen Lebens und das Christentum als Bestandteil der abendländischen Kultur angesehen, über das es zu berichten gilt, auch in Abgrenzung zum Islam. Der Islam tritt ebenfalls als Faktor hervor, der durch Migration und allein als fremde Religion an Interesse gewinnt. Ein wachsendes Interesse wird auch durch das Interesse an Events und Inszenierungen, auch innerhalb der Religion begründet.[67] Der 11. September 2001 macht sich auch im Material der vorliegenden Studie bemerkbar, es wird sich jedoch zeigen, dass es nicht ausschließlich Konflikte und Events sind, die ins Zentrum der Aufmerksamkeit rücken. Zu-

---

62 Vgl. Ahn 2007; Radde-Antweiler 2008; Miczek 2013; Futterlieb 2009; Engelmann et al. 2010; Neumaier 2016.

63 Vgl. Knoblauch 2009.

64 Krüger 2012, 232.

65 Katlewski 2008; Gärtner et al. 2012; siehe auch Gärtner 2008, 2009, 2014.

66 Vgl. Katlewski 2008.

67 Vgl. Gärtner et al. 2012, 260f.

sammenfassend stellen insbesondere die Studien von Gärtner et al. und Knoblauch eine fruchtbare Grundlage für die vorliegende Arbeit dar.[68]

In der Theologie sind Studien zu verzeichnen, die sich aus theologischer Perspektive mit der Darstellung von Religion, insbesondere der Kirche in den Medien beschäftigen.[69] Zudem besteht die These einer Medienreligion,[70] bei der den Medien selbst eine religiöse bzw. sinnstiftende Funktion zugeschrieben wird, hierbei sind jedoch nicht nur rein theologische Ansätze zu erkennen.[71]

Außerhalb der Religionswissenschaft bzw. der Religionssoziologie und der Theologie lassen sich in der Kommunikationswissenschaft Zugänge zum Forschungsfeld finden, auch wenn es diesbezüglich „kein ausgebautes Forschungsgebiet"[72] gibt, so Carmen Koch. Die Zugänge beschäftigen sich mit der Medialisierung bzw. Mediatisierung (siehe Kap. 2.2) ebenso wie der Eventisierung von Religion,[73] hierzu zählen auch interdisziplinäre Beiträge (an denen Religionswissenschaftler beteiligt waren).[74] Meist sind die Forschungen inhaltsanalytisch angelegt.[75]

Anna-Maria Schielicke untersucht in ihrer Studie *Rückkehr der Religion in den öffentlichen Raum?* (2014) die Jahrgänge 1993, 1997, 2001, 2005 und 2009 der *Frankfurter Allgemeinen Zeitung* und *Süddeutschen Zeitung* und kommt zu dem Schluss, dass keine Rückkehr der Religion in der Öffentlichkeit zu verzeichnen sei, da Religion nie ganz verschwunden sei. „Der aktuelle Befund einer Rückkehr der Religion ist somit eher ein Bedeutungszuwachs und kein Rückgewinn an Bedeutung."[76] Sie bezieht sich in ihrer Studie jedoch hauptsächlich auf die beiden Großkirchen und das Christentum.[77] Neue religiöse Bewegungen oder auch Spiritualität bezieht sie nicht ein, da sie diesen Formen Breite und Einfluss abspricht.[78] Dabei berücksichtigt sie jedoch auch den Formenwandel für ihre Untersuchung nicht, was hinsichtlich ihrer grundlegenden Fragestellung, „ob Religion in den öffentlichen Raum zurückkehrt"[79] als äußerst fragwürdig erscheint. Zumal gerade den neuen Formen eine mediale Präsenz zugesprochen wird.[80] Es ist daher davon auszugehen,

---

68 Vgl. Gärtner et al. 2012; Knoblauch 2009.

69 Vgl. Dörger 1973; Beck 1994; Hasse 2010.

70 Vgl. Albrecht 1993.

71 Vgl. Friedrichs/Vogt 1996a; Thomas 2000; Felsmann 2006.

72 Koch 2012, 10.

73 Vgl. Hepp/Krönert 2009; Hepp/Krönert 2010; Klenk 2008.

74 Etwa Gebhardt et al. 2007.

75 Vgl. z.B. Schielicke 2014.

76 Ebd., 175.

77 Vgl. ebd., 83.

78 Vgl. ebd.

79 Ebd., 175.

80 Vgl. Pollack 2007, 174f.; Knoblauch 2009, 270.

dass andere Ergebnisse generiert würden, wenn Lexeme wie etwa Spiritualität und Glaube als Zugriffskriterien miteinbezogen würden. Eine Überprüfung des gleichen Korpus (*Süddeutsche Zeitung, Frankfurter Allgemeine Zeitung*) unter Einbezug dieser Überlegungen wäre daher durchaus lohnenswert.

Weitere Studien in der Kommunikations- und Medienwissenschaft betreffen sehr oft den Islam.[81] So betont Constanze Jecker, dass „in der Medien- und Kommunikationswissenschaft vergleichsweise wenig Interesse an der massenmedialen (Re-)Präsentation – jenseits des Islams – besteht."[82] Als größtes inhaltsanalytisches Projekt zum Thema Religion in den Medien lässt sich auf das Schweizer Forschungsprojekt der Kommunikationswissenschaftler Urs Dahinden, Carmen Koch, Vinzenz Wyss und Guido Keel verweisen, welche Leitfadeninterviews mit Journalisten und Inhaltsanalysen von elf Schweizer Medien vornahmen.[83]

Seitens der Geschichtswissenschaft sind es vor allem Publikationen der Bochumer Forschergruppe „Transformation der Religion in der Moderne", die medien- und religionsgeschichtliche Zugänge zum Feld darlegen.[84] Für die vorliegende Arbeit sind dabei insbesondere zwei Studien grundlegend, die einen umfassenden Blick über den Wandel von Religion in den Medien geben und ebenfalls die beiden Zeitschriften *Stern* und *Spiegel* mit einbeziehen. Es handelt sich um Nicolai Hannigs Studie *Die Religion der Öffentlichkeit* (2010) und Benjamin Städters Arbeit *Verwandelte Blicke* (2011). Hannig betrachtet in seiner Dissertation aus einer zeithistorischen Perspektive die Transformation von Religion und Kirche in der Öffentlichkeit von 1945 bis 1980 anhand von Rundfunk- und Fernsehbeiträgen, sowie diverser Zeitschriften.[85] Städter nimmt visuelle Darstellungen von Kirche und Religion im Zeitraum von 1945 bis 1980 in den Blick und untersucht wiederkehrende Bildmuster sowie zeittypische Vorstellungen von Religion und ihren Wandel auf Grundlage von Pressefotografien und Filmen.[86] Mit ihren Konzeptionen beziehen beide Studien populäre Zeitschriften, darunter auch *Stern* und *Spiegel*, mit ein. Zudem sind sie zeithistorisch angelegt und legen gelungene Analysen der journalistischen Entwicklung der Religionsthematik in populären Zeitschriften von 1945 bis 1980 vor. Sie konzentrieren sich jedoch nur marginal auf die sprachliche Gestaltung und ziehen *Stern* und *Spiegel* dabei nur exemplarisch heran. Werden die Studien von Hannig und Städter zwar als Grundlage und zur Kontextualisierung genutzt,

---

81 Vgl. z.B. Hafez 2002a, 2002b, 2010, 2013a; Hafez/Schmidt 2015; Hafez/Richter 2007; Karis 2013.

82 Jecker 2011b, 8.

83 Vgl. Dahinden 2009; Koch 2009, 2012; Dahinden/Koch 2011; Wyss/Keel 2009.

84 Vgl. Hannig 2009, 2011; Hannig/Städter 2007; Bösch/Hölscher 2009a, Bösch 2015, siehe auch Ziemann 2006.

85 Vgl. Hannig 2010.

86 Vgl. Städter 2011.

geht die vorliegende Studie darüber hinaus, da sie den Zeitraum von 1980 bis 2014 miteinbezieht, sich umfassend den beiden ausgewählten Zeitschriften *Stern* und *Spiegel* und dabei vor allem der sprachlichen sowie visuellen Gestaltung widmet.

Zudem kommt populären Zeitschriften in der Religionswissenschaft ansonsten nur marginale Bedeutung zu.[87] Dies ist auch in der englischsprachigen Forschung der Fall. Es gibt zwar Studien zur Presse allgemein,[88] doch lassen sich lediglich vereinzelte Studien zu Religion und Zeitschriften bzw. Magazinen anführen, zum Beispiel Ann Kristin Gresaker, welche inhaltsanalytisch die Repräsentation von Religion in nordischen Lifestyle-Magazinen aus den Jahren 1988, 1998 und 2008 untersucht. Sie kommt zu dem Ergebnis, dass das Christentum sowie astrologische Themen in allen Jahren stark vertreten sind, jedoch mit der Zeit abnehmen. Ausgenommen sind dabei die schwedischen Magazine, die einen Zuwachs der Darstellung des lutherischen Christentums verzeichnen. Allen ist zudem ein Zuwachs von spirituellen Themen gemein. Auffällig ist andererseits die geringe Präsenz von Islam und anderen „Weltreligionen".[89] Damit unterscheiden sich die Ergebnisse zum vorliegenden untersuchten Material, da etwa das lutherische Christentum nur äußerst marginal auf den Titelseiten verhandelt wird, dagegen dem Islam viel Platz eingeräumt wird, wie sich zeigen wird.

Die Studie von Roderick P. Hart, Kathleen J. Turner und Ralph E. Knupp untersuchte das *Time Magazine* im Zeitraum von 1947 bis 1976 in Form einer Inhaltsanalyse. Als Ergebnisse halten sie u. a. fest, dass Religion vor allem auf institutioneller Ebene verhandelt wird und es vor allem Konflikte sind, die die Berichterstattung prägen, dabei sind es besonders innerkirchliche Konflikte der katholischen Kirche, die mit den Jahren zunehmen. Den Schwerpunkt des Katholizismus begründen sie u. a. damit, dass Religion wie jedes andere Thema verhandelt wird und mit dem Katholizismus besonderes Potenzial zum Entertainment einhergeht.[90] Ein Blick auf das in der vorliegenden Studie untersuchte Material zeigt, dass kritische Themen über das Christentum und die Kirche insbesondere die 1960er und 1970er Jahre dominieren und dann in den 1990er Jahren wieder verstärkt auftreten. Die Studie wird zeigen, dass es in den 1960er und 1970er Jahren somit die kulturellen und religiösen Umbrüche sind, die zu einer Thematisierung führen. Das Argument des Entertainments kann jedoch insofern gestützt werden, da es in den 1990er und 2000er Jahren vor allem Moral- und Normverstöße in der katholischen Kirche sind, die die Themenagenda dominieren.

---

87 Vgl. Krüger 2012, 231; siehe Kap 1.1.
88 Vgl. Knott et al. 2013.
89 Vgl. Gresaker 2013, 74f.
90 Vgl. Hart/Turner/Knupp 1981.

Religion und populäre Zeitschriften;[91] Religion in *Stern* und *Spiegel*

Publikationen zu populären Zeitschriften und Religion sind äußerst rar. Hinsichtlich rezenter Studien sind es lediglich die beiden Publikationen von Hannig und Städter,[92] die diese einbeziehen. Ferner ist der Sammelband von Michael Vogt und Lutz Friedrichs anzuführen,[93] der kleine Analysen zu unterschiedlichen populären Zeitschriften wie *Bravo, Brigitte, Spiegel*[94] und anderen vereint. Bereits hier wird das Potenzial einzelner Analysen deutlich, etwa wenn Vogt Bedrohungssemantiken in der Berichterstattung zum Islam herausarbeitet.[95] In ihrem Sammelband geht es neben der Darstellung jedoch vor allem um die These einer Übernahme von religiösen Funktionen durch die Zeitschriften selbst, davon grenzt sich die vorliegende Arbeit ab. Friedrichs und Vogt weisen dabei auch auf die Definition des Religionsbegriffs und die daraus resultierenden unterschiedlichen Ergebnisse der Studien hin.[96] Für die hier vorliegende Studie wurde ein weiter Religionsbegriff genutzt, der nicht nur die klassischen, institutionellen Religionen, sondern etwa auch moderne, institutionsungebundene Religiosität mit einbezieht (siehe dazu Kap. 2.1 und Kap. 4.1). Damit wird die mediale Repräsentation und nicht die sinnstiftende Funktion untersucht.

Betrachtet man weitere Publikationen, welche das Thema Religion in populären Zeitschriften untersuchen, lässt sich etwa aus kommunikationswissenschaftlicher Perspektive und damit inhaltsanalytisch angelegt Cosima Liviana Krögers Studie *Nachrichten vom Glauben. Religion in Spiegel und Focus* anführen, sie untersucht jedoch nur einen kurzen Zeitraum (2000 und 2006). Durch einen Vergleich der Titelseiten von *Focus* und *Spiegel* aus den Jahren 2000 und 2006 geht sie von einer Rückkehr der Religion aus.[97] Sie bezieht sich dabei in ihrer Studie auf die „fünf Weltreligionen"[98] sowie „verschiedene Sekten, hauptsächlich Scientology und Zeugen Jehovas, und unterschiedliche esoterische Strömungen"[99]. Aufgrund der undifferenzierten Darlegung des Religionsverständnisses, des Religionsbegriffs und einer pejorativen Abgrenzung des „Sekten"-Begriffs kommt es zudem auch zu unterschiedlichen Erhebungszahlen im Vergleich zur vorliegenden Studie. So wurden etwa spirituelle Themen oder Themen aus dem Bereich der alternativen Medizin bei

---

91 Religiöse Zeitschriften, d.h. konfessionelle, spirituelle oder astrologische Zeitschriften, wurden nicht berücksichtigt. Siehe dazu Krüger 2012, 222ff.
92 Vgl. Hannig 2010; Städter 2011.
93 Vgl. Friedrichs/Vogt 1996a.
94 Vgl. Klinkhammer 1996, Sommer 1996; Vogt 1996.
95 Vgl. Vogt 1996.
96 Vgl. Friedrichs/Vogt 1996b, 304.
97 Vgl. Kröger 2008, 118.
98 Ebd., 7.
99 Ebd., 28.

Kröger nicht miteinbezogen (sie lässt z.b. die Titelgeschichte „Sanfte Heilkunst aus Fernost. Zwischen Meditation, Akupunktur und Hightech" *Spiegel* 18/2000 außen vor).

Andere Publikationen, religionswissenschaftlich oder kommunikationswissenschaftlich, betreffen thematisch vor allem den Islam[100] oder das Judentum.[101] Auch theologische Studien sind zu verzeichnen,[102] die jedoch teilweise bereits aufgrund ihrer theologischen Sichtweise und einem entsprechend enger gefassten, kirchlich orientierten Religionsbegriff andere Ergebnisse generieren. So heißt Hans Joachim Dörgers Studie zwar *Religion als Thema in SPIEGEL, ZEIT und STERN*, er thematisiert darin jedoch lediglich die Darstellung von Kirche und Christentum.[103] Zumeist beschäftigen sich die Studien auch mehr mit dem „Was" als mit dem „Wie".

Wie bereits dargelegt liegen zum Forschungsbereich „Religion und Sprache" aus linguistischer Perspektive vor allem sprachhistorische Untersuchungen vor.[104] Gleichwohl lassen sich vereinzelt linguistische Studien zur Darstellung von religiösen Themen in Zeitschriften und dabei explizit in *Stern* und/oder *Spiegel* finden, etwa zum Islam,[105] zum Judentum[106] oder zu den sogenannten Sekten.[107] Dabei ist es lediglich eine linguistische Studie, die neben sprachlichen Untersuchungen ebenfalls Bilder mit einbezieht. Diese Arbeit von Sabine Schiffer mit dem Titel *Die Darstellung des Islams in der Presse. Sprache, Bilder, Suggestionen* stellt in ihrem Umfang und ihrer Konzeption eine umfassende linguistische Analyse zum medialen Islambild dar. Durch ihr Korpus, bestehend aus Tageszeitungen und Zeitschriften aus den Jahren 1988 bis 2002, darunter auch *Stern* und *Spiegel*, zeigt sie, dass eine negative Repräsentation des Islam in der Presse nicht erst seit 9/11 zu verzeichnen ist.[108] Im Fokus liegt dabei die Aufdeckung von Stereotypisierungen durch Montagetechniken, jedoch nicht die Untersuchung eines Wandels der medialen Repräsentation in ausgewählten Zeitschriften, wie es in der vorliegenden Studie der Fall ist.

---

100 Vgl. Vogt 1996; Kliche et al. 1999; Thofern 1998; Hafez 2002a, 2002b; Röder 2007; Piasecki 2008; Brema 2010; Maier/Balz 2010; Hoffmann 2004; Hottinger 1995.

101 Vgl. Jäger/Jäger 2003; Behrens 2003; Schapira/Hafner 2010; Halbinger 2010.

102 Vgl. Metz 1971; Dörger 1973; Beck 1994; Hasse 2010.

103 Vgl. Dörger 1973. Arbeiten mit Nutzung eines engen Religionsbegriffs gibt es heute noch. Dies zeigt etwa die Arbeit von Schielicke, die in ihrer Studie *Rückkehr der Religion im öffentlichen Raum?* unter Religion lediglich das Christentum und die beiden Großkirchen fasst und betrachtet (Schielicke 2014).

104 Vgl. z.B. Balbach 2014; Macha 2014; Macha et al. 2012.

105 Vgl. Schiffer 2005; Massud 2011; Jäger/Jäger 2007; Kalwa 2013, Vogt 1996.

106 Vgl. Schwarz-Friesel/Reinharz 2013; Schwarz-Friesel 2013b; Beyer 2013.

107 Vgl. Hindelang 1996, 2005; Saborowski 1995.

108 Vgl. Schiffer 2005.

Ein weiteres Desiderat findet sich in den Feinanalysen. So sind bezüglich der Sektenthematik vereinzelte Studien zu populären Zeitschriften erschienen,[109] ebenso wie zur Papstrepräsentation[110] oder zu Glaubensfragen[111] (wenn auch nicht aus linguistischer Perspektive), auf die ebenfalls zurückgegriffen wird. Es existiert jedoch bisher keine Publikation zur Medienrepräsentation von Alternativer Medizin.

Mit ihrer individuellen Konzeption bietet die vorliegende Studie eine Analyse der inhaltlichen Repräsentation von Titelthemen über Religionen in *Stern* und *Spiegel* in den Jahren 1960 bis 2014 sowie detaillierte, (bild)linguistische Untersuchungen zu unterschiedlichen Thematiken und zu unterschiedlichen Zeitabschnitten anhand ausgewählter Artikel – unter Berücksichtigung von Theorien zum Formenwandel von Religion. Für eine religionshistorische Fundierung und Kontextualisierung der Arbeit wurde zudem auf Thomas Großbölting (2013), Thomas Mittmann (2015) und Peter J. Bräunlein (2015) zurückgegriffen.

Aufbauend auf diesen Forschungstand und aus den vorherigen Überlegungen lassen sich folgende Annahmen als zentrale Ausgangspunkte aufstellen: Es ist zu erwarten, dass sich der Formenwandel von Religion auch sichtbar in der medialen Repräsentation der Titelseiten von *Stern* und *Spiegel* im Zeitraum von 1960 bis 2014 zeigt. Auf Grundlage der bereits erhobenen Daten in vorausgehenden Studien ist davon auszugehen, dass bei den Zeitschriften *Stern* und *Spiegel* vermehrt das Thema Religion nach 1979 auftritt und insbesondere der Islam im Zusammenhang mit der Iranischen Revolution sowie nach den Anschlägen des 11. September 2001.[112] Aufgrund vorausgehender Studien ist ein hohes Aufkommen von christlichen Themen zu erwarten.[113] Ferner kann angenommen werden, dass seit den 1970er Jahren zunehmend Themen aufkommen, die Spiritualität und neue religiöse Bewegungen betreffen.[114] Gerade aufgrund dessen ist ein weit gefasster Religionsbegriff für die vorliegende Arbeit sinnvoll (siehe Kap. 2.1).

Zudem wird davon ausgegangen, dass sich *Stern* und *Spiegel* aufgrund ihrer unterschiedlichen Ausrichtung als „politische Illustrierte" und als „klassisches Nachrichtenmagazin" auch in ihren Themenschwerpunkten und damit ihren Titelthemen ebenso unterscheiden wie in der sprachlichen Darstellung. Bei beiden ist jedoch anzunehmen, dass insbesondere in der Weihnachtszeit vermehrt religiöse Themen auftreten.[115] In Anbetracht der These, dass Religion in den Medien vor allem im Zu-

---

109 Vgl. Hindelang 1996; 2005.

110 Vgl. Radde-Antweiler 2015; Klenk 2008, 2014.

111 Vgl. Hannig 2009, 2011.

112 Vgl. z.B. Gärtner et al. 2012, 259; Gärtner 2008, 100; Knoblauch 2009, 10; Schiffer 2005.

113 Vgl. z.B. Gärtner et al. 2012, 87; siehe auch Gärtner 2014.

114 Vgl. z.B. Hannig 2010, 358f.

115 Vgl. z.B. Gärtner et al. 2012, 119; Städter 2011, 367-368; Kröger 2008, 115.

sammenhang mit Konflikten auftritt,[116] scheint vieles darauf hinzuweisen, dass das Genre der Zeitschrift mehr Raum für religiöse Themen auch unabhängig von Konflikten zulässt, im Gegensatz etwa zur Zeitung.

Des Weiteren geht die Studie davon aus, dass sich die Leitmedien und meinungsbildenden Zeitschriften *Stern* und *Spiegel* sprachliche und visuelle Strategien zu Nutze machen, um Perspektivierungen zu evozieren und somit eine subtile Bewusstseinslenkung des Rezipienten möglich ist. Bereits bei vorhergehenden eigenen Analysen im Rahmen einer Bachelor- und einer Masterarbeit konnte herausgearbeitet und belegt werden, dass sich die Pressesprache bestimmter Strategien, etwa der Emotionalisierung, bedient, um solch eine subtile Beeinflussung vorzunehmen.[117] Vereinzelt zeigen dies auch andere Studien zu Gefahren- und Kriminalitätsrhetoriken in Bezug zu sogenannten Sekten,[118] vor allem jedoch hinsichtlich des Islams, der als Bedrohung skizziert wird.[119] Der Arbeit liegt die Hypothese zu Grunde, dass diese Perspektivierungen, bedingt durch den Formenwandel des Religiösen, zu unterschiedlichen Zeitpunkten unterschiedlich ausfallen und konzipiert sind.

Welchen Mehrwert bietet die Studie somit in Anbetracht der vorausgegangenen Studien? Bereits in ihrer Anlage hinsichtlich des abgesteckten *Zeit- und Untersuchungsrahmens* unterscheidet sich die Studie von anderen. Die vorausgehenden Arbeiten sind meist breit angelegt und beziehen sich auf mehrere Medien, in denen Zeitschriften nur einen Teil darstellen, oder auf mehrere Zeitschriften, in denen *Spiegel* und *Stern* nur zwei Magazine unter vielen sind und nur exemplarisch herangezogen werden.[120] Zwar lassen sich auch Studien finden, die sich explizit auf *Stern* und *Spiegel* oder eine der beiden Zeitschriften, zumeist den *Spiegel*, stützen, diese untersuchen dann jedoch lediglich einen kleinen Zeitraum.[121] Zudem finden sich zwar einige Studien in den 2000er Jahren, die letzten zehn Jahre (2004 bis 2014) fanden jedoch kaum Berücksichtigung (vermutlich aufgrund des Forschungsinteresses an den digitalen Medien) und wenn, dann nur mit einem thematischen Fokus, etwa der Papstrepräsentation.[122] Häufig ist es der *Spiegel*, der als Untersuchungsobjekt herangezogen wird, der *Stern* wird zumeist eher in breit angelegten Studien mit einbezogen, detaillierte Analysen der Zeitschrift sind rar.

---

116 Vgl. z.B. Gärtner et al. 2012, 43f.; Hafez 2013b; Hafez/Schmidt 2015, 23.

117 Vgl. Stander 2010, 2013. Die Ergebnisse der Arbeiten fließen in die vorliegende Arbeit in erweiterter Form mit ein, siehe v. a. Kapitel 5.2.4.

118 Vgl. Hannig 2010, 376.

119 Vgl. z.B. Vogt 1996, 286f.; Thofern 1998, 101f.; Schiffer 2005, 79; Massud 2011, 73.

120 Siehe z.B. Hannig 2010; Städter 2011.

121 Vgl. z.B. Kröger 2008.

122 Vgl. z.B. Radde-Antweiler 2015; Klenk 2014.

Die vorliegende Studie fokussiert die beiden Magazine *Stern* und *Spiegel*, betrachtet die Titelthemen dieser in einem breiten Zeitrahmen von 54 Jahren und bezieht dabei insbesondere auch die letzten zehn Jahre mit ein, in denen die Ausformung spiritueller Themen besonders ersichtlich ist. Im Gegensatz zu vorherigen Studien ist es somit möglich, die thematischen Wandlungen der Titelgeschichten bis in die neuste Gegenwart, das Jahr 2014, unter Berücksichtigung des Formenwandels von Religion zu untersuchen.

Des Weiteren nutzt die vorliegende Arbeit einen *weiten Religionsbegriff*, der nicht nur die klassischen materiellen, institutionellen Religionen miteinbezieht, sondern auch moderne, institutionsungebundene Religiosität vereint. Vorherige Studien konzentrierten sich zumeist auf einen eng gefassten, und somit institutionellen Religionsbegriff, sodass häufig die beiden Großkirchen, das Christentum und die sogenannten „Weltreligionen" in den Forschungsmittelpunkt rücken.[123] Durch einen weiten Religionsbegriff werden auch Themen in den Blick genommen, die durch einen eng gefassten Religionsbegriff vernachlässigt und demnach noch nicht untersucht wurden, z.b. die mediale Repräsentation von moderner Spiritualität und Alternativer Medizin. Dies erscheint gerade vor dem Hintergrund eines Formenwandels von Religion zu individuumszentrierten Sinnstiftungskonzepten unabdingbar.

Zudem ist die Studie durch ihre linguistische Perspektive geprägt, somit geht sie über rein inhaltsanalytische Studien hinaus.[124] Bestimmten religiösen Sachverhalten werden im Forschungsdiskurs häufig bestimmte Zuschreibungen zugeordnet (z.B. Gefahren- und Kriminalitätsrhetorik bei Sekten, Krisensemantik bei den Großkirchen, Wellnesscodes bei Spiritualität). Detaillierte linguistische Belege und wie sich diese im Laufe der Zeit gewandelt haben, gibt es, abgesehen von denen zum Islam, nicht. Diese *detaillierten linguistischen Belege* liefert daher die vorliegende Arbeit. Anhand von Zeit-Kontrast-Schnitten und Feinanalysen wird gezeigt, wie durch visuelle und sprachliche Mittel zu unterschiedlichen Zeitpunkten Wirklichkeiten und Wertungen gegenüber religiösen Sachverhalten konstruiert und Bedeutungszuschreibungen konstituiert werden.

---

123 Vgl. z.B. Kröger 2008; Koch 2012; Schielicke 2014.

124 Schiffer betont in ihrer linguistischen Arbeit, dass die „reine Inhaltsanalyse […] niemals [aus]reicht, um das Bedeutungspotenzials eines Beitrags zu erfassen" (Schiffer 2005, 227).

1.3 GLIEDERUNG

Das vorliegende einführende Kapitel (Kap. 1) schließt mit dem Forschungsdesign und der methodischen Einbettung der Arbeit ab. Im anschließenden Kapitel (Kap. 2) werden die Forschungsfragen vor dem Hintergrund sozialwissenschaftlicher Theorien betrachtet und der Religions- und Repräsentationsbegriff definiert. Dabei wird davon ausgegangen, dass Medien nicht nur Realität konstruieren, sondern Diskurse auch hervorbringen, als Strukturierer wirken und Meinung evozieren. Das Wissen von Religion und Meinung über Religion ist in starkem Maße durch ihre mediale Repräsentation geprägt. Repräsentation wird nicht als reine Widerspiegelung, sondern als Wirklichkeitskonstruktion verstanden, welche die Bedeutung von Religion durch Diskurse, Bilder und Sprache prägt, damit wissenskonstituierend ist und gleichzeitig Meinungen und Perspektivierungen hervorbringen kann. Um die medialen Repräsentationen zu analysieren, wird ein linguistisches Instrumentarium genutzt, das im dritten Kapitel (Kap. 3) theoretisch und methodisch fundiert wird. Hierbei wird nicht nur ein diskursiver Ansatz modelliert, es werden zudem Konzeptionen der Bildlinguistik und der Pressesprache, insbesondere der Emotionalisierung als persuasive Strategie, einbezogen. Auf Grundlage dessen wird ein Drei-Schritt-Modell erstellt, welches als Analyseinstrument fungiert. Auf dieser theoretischen und methodischen Einbettung basierend erfolgt die Vorstellung des Datenmaterials (Kap. 4). Das fünfte Kapitel (Kap. 5) stellt den Hauptteil dar, bestehend aus einer Makro- und einer Mikroebene. Auf der Makroebene erfolgt die Einführung in den Gesamtdiskurs Religion auf den Titelseiten von *Stern* und *Spiegel*, danach wird die Aufschlüsselung dieses Gesamtdiskurses analysiert, in dem die einzelnen Diskursstränge und ihr zeitliches Vorkommen vorgestellt werden. Auf der Mikroebene werden ausgewählte Artikel zu unterschiedlichen Themen mit Hilfe des Drei-Schritt-Models in Form von Feinanalysen untersucht. Durch eine genaue Aufschlüsselung der unterschiedlichen Personalisierungen und Emotionalisierungen in der Berichterstattung über Religion wird das von Krüger aufgestellte Desiderat (vgl. Kap. 1.1, S. 17) erfüllt. Die Magazine verstehen sich jedoch als Konkurrenz und titeln somit wöchentlich nicht mit gleichen Themen. Um *Stern* und *Spiegel* in Titelung und sprachlich-visueller Konzeption zu vergleichen und Unterschiede aufzuzeigen, wurden zuzüglich zu den vorherigen Feinanalysen die Papstwahlen als Ereignis und vergleichendes Element herangezogen. Das übergreifende abschließende Kapitel (Kap. 6) führt die gewonnenen Ergebnisse zusammen und bezieht diese auf den theoretisch-systematischen Bezugsrahmen.

1.4 FORSCHUNGSDESIGN UND METHODIK

Zu Analysezwecken wird das erhobene Korpus in eine Makroebene sowie eine Mikroebene untergliedert. Die Makroebene widmet sich der Frage, welche Titelthemen wann repräsentiert werden, das heißt, wie Religion thematisch aufgenommen wird. Sie enthält alle Titelseiten von 1960 bis 2014, die sich mit Religion beschäftigten (zur Auswahl und zur Einschränkung des Zeitraums siehe Kap. 4.1). Beide Magazine verstehen ihre Titelseite als „Visitenkarte". Ihr kommt als Charakteristikum der jeweiligen Zeitschrift eine besonders hohe Relevanz zu, nicht zuletzt da Titelseite und Titelgeschichte großen Einfluss auf die Verkaufszahlen der Zeitschriften haben (siehe dazu ausführlich Kap. 4.1). In Anlehnung an Siegfried Jägers Konzeption der Kritischen Diskursanalyse (2004), die durch Konzeptionen der Linguistischen Diskursanalyse modifiziert wird (siehe Kap. 3.4), wird damit der Gesamtdiskurs Religion auf den Titelseiten *Stern* und *Spiegel* betrachtet und in seine thematisch unterschiedlichen Diskursstränge aufgeschlüsselt. Anders als Jägers Konzeption, die eine metasprachliche Kategorisierung der Ober- und Unterthemen vorsieht, wird jedoch objektsprachlich und aus dem Material heraus vorgegangen. Zur Aufschlüsselung dient dafür das Werkzeug des objektsprachlichen „Kodierens" aus dem Instrumentarium der *Grounded Theory* (siehe Kap. 3.4). Während die Makroebene somit den Gesamtdiskurs von Religion mit all seinen Diskurssträngen in den Blick nimmt, werden auf der Mikroebene detailliert die Sprache und die Sprach-Bild-Bezüge einzelner Titelgeschichten untersucht, um der Frage nachzugehen, wie ausgewählte Themen repräsentiert werden. Vor dem Hintergrund der religionssoziologischen Annahme einer Veränderung von Religion in der Moderne wird dargelegt, wie durch visuelle und sprachlich-kommunikative Mittel Perspektivierungen und Meinungen in unterschiedlichen Zeitfenstern evoziert werden. Anhand von Zeit- und Kontrastlinien werden Schnitte gesetzt, um jeweils drei Artikel, sogenannte Diskursfragmente (siehe dazu Kap. 3.1) eines Diskursstrangs, auszuwählen, an denen ein Wandel und ein Kontrast deutlich werden.

Die Diskursstränge werden durch die Analyse auf der Makroebene ermittelt. Da sich beim *Spiegel* ein Themenschwerpunkt im Papsttum sowie im Christentum und in Glaubensfragen abzeichnet, werden Artikel in Form von Titelgeschichten aus dem Diskursstrang „Papst", nämlich Papst und Sexualität, aus den Jahren 1968, 1990 und 2014 ausgewählt. Ebenso werden drei Artikel zu Glaubensfragen der Jahre 1967, 1992 und 2013 analysiert. Beim *Stern* dagegen ist ein Themenschwerpunkt zu Spiritualität und neuen religiösen Bewegungen erkenntlich, sodass drei Artikel zu Alternativer Medizin aus den Jahren 1991, 2004 und 2014, ebenso wie zu neuen religiösen Bewegungen aus den Jahren 1995, 2002 und 2009 entnommen und analysiert werden. Da die Magazine konkurrieren und keine gleichen Themen herausbringen, werden 1978, 2005 und 2013 die Papstwahlen als Ereignis herangezogen, um einen Vergleich der beiden Magazine in Titelung und sprachlich-visueller Konzeption heranzuziehen.

Die Artikel werden mit Hilfe eines modifizierten Forschungsdesigns (siehe Kap. 3.4), in Form von Feinanalysen untersucht. Das Analyseverfahren wird dabei individuell auf die Fragestellung angepasst, indem es sich an den Kriterien der Feinanalyse Jägers bedient, diese modifiziert und erweitert. Dazu zählen nicht nur Konzeptionen nach Spieß zur Lexik und Metaphorik (2012), sondern auch Theorien aus der Bildlinguistik nach Stöckl (2004) sowie Emotionalisierungsstrategien nach Schwarz-Friesel (2013a) (zur Theorie und Methode siehe Kap. 3.1 bis 3.4).

Hinsichtlich der Fragestellung ergibt sich für die Feinanalyse der einzelnen Artikel somit ein eigenständiges Analyseschema; das Drei-Schritt-Modell: (siehe dazu auch Kap. 3.4): (1) Institutioneller Rahmen, (2) Text-Oberfläche und (3) Sprachlich-rhetorische Mittel. Unter (1) werden die Kontextualisierung und der Autor betrachtet. Punkt (2) fasst nicht nur Sinneinheiten und die Argumentation zusammen, sondern betrachtet ebenso das Titelbild sowie die grafische Gestaltung des einzelnen Artikels unter Einbezug von Konzepten der Bildlinguistik. Unter dem dritten Punkt (3) werden unter Einbezug von Spieß' und Schwarz-Friesels Überlegungen die Lexik, Metaphorik sowie Emotionalisierungsstrategien betrachtet. Alle Artikel werden diesem Analyseschema unterzogen und ebenso in ihrer Ergebnispräsentation aufgeschlüsselt, da anhand dieser Ebenenschichtung die subtilen, aber auch expliziten Perspektivierungen besonders ersichtlich werden. Alle drei Artikel eines Diskursstranges werden abschließend in Form einer Zusammenfassung vergleichend betrachtet.

2. Zum Verhältnis von Religion und Medien

2.1 SÄKULARISIERUNG, INDIVIDUALISIERUNG, PLURALISIERUNG – ZUM FORMENWANDEL UND VERSTÄNDNIS VON RELIGION

Betrachtet man die religiöse Gegenwartskultur, zeigt sich in der religions-soziologischen, aber auch in den historischen und theologischen Disziplinen eine kontrovers geführte Debatte, die sich mit dem Formenwandel von Religion aus-einandersetzt. Doch was ist mit einem Formenwandel gemeint? Wie wird Religion verstanden? Welche Rolle spielen die Medien dabei? Dies klären das vorliegende (2.1) und anschließende Kapitel (2.2).

Der Sammelband-Titel *Umstrittene Säkularisierung* von Detlef Pollack, Christel Gärtner und Karl Gabriel (2012) bringt es auf den Punkt: Umstritten ist die Säkula-risierung in vielerlei Hinsicht. Dies beginnt bereits bei der Begriffsdefinition.[1] Trotz dieser Diskrepanzen herrscht im wissenschaftlichen Kanon Einigkeit darüber, dass unter dem Begriff und der damit verbundenen Theorie, die als Klassiker der sozio-logischen Theoriebildung gilt und die Sichtweise auf Religion bis in die 1970er Jah-re bestimmte, ein Schwund und Bedeutungsverlust von Religion, auch in Form von religiösen Institutionen, in der Gesellschaft und Kultur zu verstehen ist. Dieser Be-deutungsverlust ist ausgelöst, so die Befürworter der These, durch ein Spannungs-verhältnis zwischen Religion bzw. Tradition und Moderne und einer daraus resul-tierenden funktionalen Differenzierung[2] sowie weiteren Entwicklungsprozessen, etwa der Rationalisierung, der Demokratisierung oder Urbanisierung. Ihre religions-soziologischen Wurzeln habe die These bei Max Weber und Emile Durkheim, die

---

1 Zur Problematik des Säkularisierungsbegriffs vgl. Wilke 2013, 31.

2 Durch die Ausbildung von eigenständigen Teilsystemen wird Religion zu einem Sub-system, das an vorherigem Einfluss auf die Teilsysteme verliert (vgl. Pollack 2013a, 308f.).

bereits während der Wende vom 19. zum 20. Jahrhundert die Annahme vertraten, „dass der die gesamte soziale Struktur umwälzende Prozess der Modernisierung an den Beständen religiöser Traditionen und Institutionen nicht folgenlos vorübergeht" und „Religion im Zuge der modernen Pluralisierung, Differenzierung und Rationalisierung [...] ihre einst beherrschende gesellschaftliche Stellung verliert."[3] Ableitend davon legen Webers „Entzauberung der Welt"[4] und die Annahme der autonomen Wertsphären die Grundideen der funktionalen Differenzierung und damit die These eines Akzeptanzschwunds von Religion. Besonders populär wurde die Säkularisierungstheorie in der Nachkriegszeit der 1950er Jahre, obwohl derzeit noch eine Stabilität der christlichen Großkirchen zu verzeichnen war.[5] Mit einer massiven Entkirchlichung Mitte der 1960er Jahre wurde die Theorie weiter geschärft. Heute ist nicht nur die Definition des Säkularisierungsbegriffes umstritten, auch die These selbst wird seit einigen Jahren zum Gegenstand kontrovers geführter Debatten. Kritik am Säkularisierungsparadigma ist jedoch kein neues Phänomen, sondern formiert sich bereits in den 1960er Jahren durch das Werk der *Unsichtbaren Religion* von Thomas Luckmann, der den damaligen Säkularisierungstheoretikern eine neue Theorie zum Formenwandel entgegensetzte. Trotz der Kritik halten diverse Vertreter heute an der Säkularisierungstheorie fest, wenn auch in Form von Modifizierungen. Denn, so betont Gabriel, die These, dass mit der Säkularisierung ein Prozess beginne, „der zwangsläufig auf ein Ende der Religion zusteuere", vertrete heute „eigentlich niemand mehr."[6]

Als bekanntester deutscher Vertreter lässt sich Detlef Pollack anführen.[7] Er fasst den Säkularisierungsbegriff in seiner quantitativen Verwendungsweise auf, indem er eine Verschiebung des Bedeutungsanteils von Religion festhält.[8] Durch Erhebungen wie den Religionsmonitor und die ALLBUS-Studie[9] und eigene empirische Forschung sieht er seine Säkularisierungsthese als empirisch bestätigt. Religion und Moderne seien zwar durchaus zeitweilig kompatibel, das empirische Material (etwa Statistiken von Kirchgangshäufigkeit) zeige jedoch, dass sie zueinander in einem Spannungsverhältnis stehen, in welchem er die Befürwortung der Säkularisierungsthese begründet sieht.[10] Nichtsdestotrotz „betont [er] aber zugleich die bleibenden Grundfesten der Religion in den Kirchen."[11] Dabei räumt er der In-

---

3   Pollack 2009, 19.

4   Vgl. Weber 1988 [1919], 594.

5   Vgl. Tyrell 2014, 53f.; vgl. Gabriel 2009a, 99.

6   Gabriel 2008a, 11.

7   Vgl. Pollack 2007, 2009, 2013a, 2013b, 2013c.

8   Vgl. Pollack 2009, 22.

9   Religionsmonitor 2008, 2013; ALLBUS 2002.

10 Vgl. Pollack 2009, 99ff.; Pollack 2013a, 324f.

11 Wilke 2013, 59.

dividualisierungsthese eine partielle Erklärungskraft ein und teilt die Auffassung, dass es Transformationsprozesse gibt. Pluralisierung und Individualisierung seien in der Säkularisierung anzufinden, sodass diese nicht ein Verschwinden, sondern die Minorisierung von Religion und Kirche beinhalte. Er argumentiert, dass neue außerkirchliche Formen durchaus an Bedeutung gewinnen, auch Religionsformen werden nicht nur außerhalb, sondern innerhalb der traditionellen Kirchen individualisiert.[12] Die Daten zeigen jedoch keine „Spirituelle Revolution",[13] da die Zahlen zum religiösen Pluralismus und zur Spiritualität, die andere als hoch beschreiben, recht gering seien und neue Religionsformen vielmehr von den Medien oder anderen Forschungspositionen überbewertet seien.[14] Zudem werde der Relevanzverlust von traditioneller Religiosität nicht kompensiert,[15] vielmehr sei der Formenwandel selbst Zeichen der Säkularisierung, da mit diesem ein Bedeutungsverlust aller Dimensionen von Religion"[16] einhergehe.

Auch andere Forscher halten am Säkularisierungsparadigma fest, etwa der Brite Steve Bruce,[17] der 2002 titelte *God is dead – Secularization in the West* und die These auch 2011 verteidigt (*Secularization – In Defence of an Unfashionable Theory*). Auch Bruce betont das Spannungsverhältnis zwischen Religion und Moderne und sieht den Bedeutungsverlust von Religion ebenfalls kulturell bedingt.[18] Unter Säkularisierung versteht er einen langfristigen und irreversiblen Prozess.[19] In aufkommender Spiritualität sieht er wie Pollack Transformationsprozesse und damit eine Bestätigung der Säkularisierungsthese und spricht dem Phänomen nur eine schwache Repräsentation und keine gesellschaftsverändernde Relevanz zu.[20] Dabei führt er zwei Ausnahmen an: Cultural Defense (1) als eine Stärkung der eigenen Kultur im Falle eines Bedrohungsszenarios und Cultural Transition (2) als Bewahrung der eigenen Religion, etwa im Fall der Migration.[21] Ohne diese Ausnahmen setze sich die Säkularisierung als ein irreversibler Prozess, beeinflusst von Pluralisierung, Egalitarismus, funktionaler und sozialer Differenzierung sowie Individualisierung durch.

---

12 Vgl. Pollack 2009, 145f.

13 Heelas/Woodhead 2005; vgl. Pollack/Müller 2013, 12; Pollack 2009, 119.

14 Vgl. Pollack 2007, 174f., vgl. Pollack/Müller 2013, 65. Diese Position vertreten etwa auch Murken et al. (2013).

15 Vgl. Pollack/Müller 2013, 56.

16 Pollack 2009, 149.

17 Bruce 2005, 2006, 2011, 2013. Für die amerikanische Sicht lassen sich z.B. Inglehart/Norris (2011) anführen.

18 Vgl. Bruce 2005, 3-5.

19 Vgl. Bruce 2006, 47.

20 Vgl. Bruce 2011, 48f.

21 Vgl. ebd., 49ff.

Bruce stützt sich in seinen Annahmen vor allem auf die früheren Theorien Peter L. Bergers, eines weiteren prominenten Vertreters der Säkularisierungstheorie – zumindest bis in die späten 1980er und 1990er Jahre, in denen er sich gänzlich davon abwandte (*The Desecularization of the World*, 1999). Heute gilt er als Vertreter der Pluralisierungstheorie. Seine früheren Werke dagegen prägten die säkularisierungstheoretische Debatte. Berger betrachtete 1967 (*The Sacred Canopy*) die Entwicklungsprozesse von Religion in der Moderne und vertrat, ausgehend von einem substantiellen Religionsbegriff, die These, dass Religion mit zunehmender Modernität schwinde. Die Pluralisierung betrachtete er dabei als Auslöser, da der Mensch dem „Zwang zur Häresie" (*The Heretical Imperative*, 1979) unterliege: Durch ein übermäßiges und konkurrierendes Sinndeutungsangebot sinke die Plausibilität einer vorherrschenden Religion, sodass Zweifel an der Plausibilität der religiösen Angebote dazu führe, dass Religion an Bedeutung verliere.[22] Prozesse der Modernisierung führen somit zwangsläufig zu einer Säkularisierung. Heute distanziert sich Berger von seinen früheren Thesen.

Betrachtet man die verschiedenen Auffassungen, zeigen sich unterschiedliche Annahmen und Erklärungsmodelle, die jedoch die These der Bedeutungsabnahme aufgrund eines Spannungsverhältnisses von Religion und Moderne gemein haben. Die genannten Vertreter beziehen in ihren modifizierten Säkularisierungsthesen Prozesse der Pluralisierungs- bzw. Individualisierungsthese mit ein, nutzen diese jedoch für ihre Argumentation eines Schwunds von Religion. Dies begründet sich vor allem in der Definition des Religionsbegriffs, der sich auf die kirchlich institutionelle Religion bezieht, sowie auf die Art der Datenerhebung, die vor allem Parameter wie Kirchgangshäufigkeit bemisst. In den letzten 30 Jahren formierten sich kritische Stimmen gegenüber der Säkularisierungsthese und Befürworter der Pluralisierungs- oder Individualisierungsthese, die jenseits von kirchlich institutioneller Religion nicht einen Schwund, sondern ein Fortbestehen bzw. eine Zunahme von Religion sahen. Die Befürworter der Individualisierungsthese stützen sich größtenteils auf Thomas Luckmann, der 1967 mit seinem Werk *The Invisible Religion* (1991 in deutscher Übersetzung: *Die unsichtbare Religion)* der Säkularisierungsthese mit einer neuen Theorie zum sozialen Formenwandel von Religion, ausgehend von einem neuen Religionsverständnis, entgegentrat. Luckmann deklariert die Säkularisierung als „modernen Mythos".[23] Statt Säkularisierung sei vielmehr, hervorgehend aus der funktionalen Differenzierung in modernen Gesellschaften, eine Privatisierung der Religionsausübung erfolgt.[24] Diese sei nicht mehr in institutiona-

---

22 Vgl. Berger 1992, 40f.

23 Luckmann 1980.

24 Vgl. Luckmann 1996, 24f; 1991, 179. Das Individuum gewinnt an Selbstbestimmung, weshalb von Individualisierung gesprochen wird. Dieses Konzept erweitert Beck (1986,

lisierter Form zu finden, sondern „unsichtbar", habe ihren Ausgangspunkt in der Privatsphäre des Individuums und demnach einen Standortwechsel vorgenommen.[25] Das zunehmend selbstbestimmte Individuum geht folglich einer individuellen Form der Sinnsuche im Privaten nach, die für die Funktion der Institutionen irrelevant ist. Luckmann legt mit dieser Theorie einen funktionalistischen Religionsbegriff vor, mit dem er von einem Weiterbestehen der Religion ausgeht.[26] Kirchlich institutionalisierter Religion wird dabei nur noch eine marginale Rolle zugesprochen.[27] Sein Konzept basiert vor allem auf der These der Privatisierung und Individualisierung und dem damit einhergehenden Verlust der Sichtbarkeit von Religion. Der folglich entstehende weite Religionsbegriff brachte ihm zwar einerseits, einhergehend mit dem Vorwurf eines inflationären Religionsbegriffs, Kritik ein,[28] andererseits konnte er dadurch ein „breites Spektrum von Glaubensinhalten",[29] etwa aufkommende Spiritualität, unabhängig von kirchlich institutioneller Religion, erfassen.

Trotz Luckmanns These, die heute, breit rezipiert, die Basis der Individualisierungstheorie darstellt, wurde weiterhin lange an der Säkularisierungsthese festgehalten. Gründe lagen in der mangelnden Wahrnehmung sowie damit einhergehend der mangelnden empirischen Erfassung außerkirchlich-religiöser Phänomene, da ein enger Religionsbegriff vorherrschte und mit einfachen Gleichungen gearbeitet wurde: „Religion = Kirche, Religion = Christentum, Religion = Weltreligionen, Religion = offizielle Religion."[30] Durch Statistiken, die Thesen über Kirchgang und Kirchmitgliedschaften hervorbrachten, ging man von einem ausreichend analysierten Verhältnis von Religion und Moderne aus.[31] Eine Änderung erfolgte durch große empirische Umfragen, wie dem *Religionsmonitor* der Bertelsmannstiftung (2008 und 2013) – eine quantitative Studie, die von Religionswissenschaftlern, Soziologen, Psychologen und Theologen entwickelt und 2007 erstmals angewandt wurde. Nach eigenen Angaben ist es „ein neues Messinstrument für die Ausprägung von Religiosität", dem ein „substanzieller Religionsbegriff zugrunde gelegt [wurde], der sowohl für alle Religionen anwendbar ist als auch individualisierte Formen der Religiosität erfasst."[32] Entgegen der strikten Säkularisierungsthese zeigen die Ergeb-

---

2008), wenn er eine Autonomie des Individuums voraussetzt, welches sich den „eigenen Gott" passend zum eigenen Leben heraussucht (vgl. Beck 2008, 30f.).

25 Vgl. Luckmann 1991, 146f., Knoblauch 1991, 10f., 146.

26 Vgl. Wilke 2013, 66.

27 Vgl. Luckmann 1996, 27.

28 Vgl. Marhold 2004, 135; Wilke 2015b, 4.

29 Knoblauch 1991, 12.

30 Wilke 2013, 35.

31 Vgl. ebd.

32 Vopel/Weig 2013, 8. 2007 wurden 21.000 Menschen aus 21 Staaten repräsentativ befragt und gaben Auskunft über Weltanschauungen, religiöse Praxis und Gottesvorstellungen

nisse des Religionsmonitors die Pluralisierung und Individualisierung von Religion und zwar außerhalb sowie innerhalb der katholischen und evangelischen Kirchen.[33] Die Ergebnisse stützen demnach Luckmanns Theorie sowie erweiterte Individualisierungstheorien und führten nicht nur zu Kritik am strikten Säkularisierungsparadigma, sondern auch zur Ablehnung desselben; gleichzeitig aber auch zu modifizierten Säkularisierungstheorien, die die Individualisierungstheorie in ihre Argumentation involvieren und sie für ihre Säkularisierungstheorie fruchtbar machen. Die Befunde werden somit von den Forschern unterschiedlich gelesen. Vor dem Hintergrund Luckmanns und des Religionsmonitors werden nun Positionen der Individualisierungstheorie in ihren Abwandlungen vorgestellt.

Der Religionsmonitor zeigt als einen Befund auf, dass Gläubige einzelne Komponenten aus verschiedenen religiösen Traditionen kombinieren und die eigene Religion zusammenstellen,[34] auf dieses Phänomen verweist bereits Luckmann.[35] Dabei ist die sogenannte „Patchwork"-Religiosität[36] auch im kirchlichen Milieu zu finden.[37] Dieses Resultat deckt sich mit dem Ergebnis des qualitativ-empirischen Projekts von Christoph Bochinger et al. (2009) in Oberfranken, bei dem evangelische und katholische Kirchenmitglieder nach ihren spirituellen Ausrichtungen befragt wurden. Bochinger et al. titelten ihr Ergebnis anlehnend an Luckmann *Die unsichtbare Religion in der sichtbaren Religion* und stellten den sozialen Typus des „spirituellen Wanderers" heraus. Wanderer setzen eine Pluralität gleichberechtigter spiritueller Wege voraus und betonen besonders die Authentizität und Erfahrbarkeit, denn alle Wege seien frei kombinier-, durch Experimentieren erforschbar und können nach individuellen Bedürfnissen umgestaltet werden.[38] Zudem zeigt sich, dass sich der „subjektive[.] Umgang mit Religion [von Kirchenmitgliedern] [...] zunehmend von institutionellen Vorgaben, wie sie etwa durch die Amtsträger vermittelt werden, ablöst."[39] Die Ergebnisse stützen die These des Religionsmonitors, dass nicht nur die den Kirchen Fernstehenden, sondern gerade auch die Kirchenmitglieder an gegenwärtigen religiösen und spirituellen Entwicklungen teilnehmen und moderne Spiritualität in ihre Glaubensvorstellungen integrieren. Gleichzeitig stützt die Studie die Annahme Luckmanns: Transformationsprozesse zu einer Pri-

---

(vgl. Rieger 2007, 11f.). 2013 wurde der Religionsmonitor überarbeitet und erweitert, um die soziale und politische Relevanz von Religion zu untersuchen (vgl. Vopel/Weig 2013, 8).

33 Vgl. Wilke 2015a, 13.

34 Vgl. Nassehi 2007, 117f.

35 Vgl. Luckmann 1991, 145.

36 Vgl. Knoblauch 2009, 25.

37 Vgl. Nassehi 2007, 113f.

38 Vgl. Bochinger 2009, 47-49.

39 Bochinger 2009, 159.

vatisierung und Subjektivierung finden statt – jedoch auch innerhalb der Kirche. Es lässt sich schlussfolgern, dass nicht-christliche Religionsausübung nicht zwangsläufig zu einer kirchlichen Distanz führt,[40] „dass sich Religionszugehörigkeit nicht an Kirchenzugehörigkeit oder gar Gottesdienstbesucherzahlen messen lässt"[41] und Religion nicht mit Kirche gleichzusetzen ist.

Ähnliche Ergebnisse zeigen sich bei der Schweizer Studie von Jörg Stolz et al. (2014). Im Unterschied zu Bochinger et al. (2009) skizzieren sie nicht einen Typus, sondern vier Typen: Institutionelle, Alternative, Distanzierte und Säkulare. Seit 1950 ist der Anteil der Institutionellen stark geschrumpft, die Zahl der Distanzierten und Alternativen angestiegen. In allen vier Typen sehen sie ein säkulares Driften sowie ein alleiniges Auswählen von Optionen hinsichtlich religiöser Fragen, die ihnen subjektiv den größten Nutzen verschaffen.[42] Den Beginn dieser Entwicklung verorten sie in die 1960er Jahre. Jene sehen sie, wie viele andere Forscher, als Umbruchsperiode von einer Industriegesellschaft zu einer „Ich-Gesellschaft" an, bedingt durch die kulturelle Revolution, einem Wirtschaftsaufschwung und einem neuen Freizeitverhalten, einen Generationenkonflikt und Autoritätenkritik und einem dadurch bedingten Wertewandel. Hinzu kommen innerkirchliche Veränderungen, etwa das zweite Vatikanische Konzil, welches den Transformationsprozess ebenfalls beeinflusst. In ihrem Modell sehen sie Individualisierungstheorie, Säkularisierungstheorie und Marktmodell vereint:

Durch den Rückgang der prägenden Kraft religiöser Normen und Werte und den Anstieg der materiellen und zeitlichen Ressourcen in den 1960er Jahren können sich die Individuen nun als Nachfrager auf einem Markt verhalten, auf dem religiöse Güter nun ein Angebot unter vielen anderen (auch nicht religiösen Gütern) sind. Diese Entwicklung führt zur gleichzeitigen Zunahme [...] [dreier] Phänomene: säkularisierendes Driften, religiöse Individualisierung und religiöse Konsumorientierung.[43]

Der Individualisierungs- bzw. Privatisierungstheorie und den Ergebnissen der empirischen Studien folgend sind weitergehend nicht nur innerhalb, sondern gerade auch außerhalb der Kirche „ein Formenwandel subjektiver Frömmigkeitsmuster und ein breites alternatives Spektrum von Glaubensformen"[44] feststellbar, häufig gefasst unter dem Begriff alternativer bzw. postmoderner Spiritualität.[45] Die Thesen lassen demnach darauf schließen, dass es private Religionsausübung außerhalb der Kir-

---

40 Vgl. Wilke 2015b, 7.
41 Wilke 2013, 41.
42 Vgl. Stolz et al. 2014, 200.
43 Ebd., 206.
44 Wilke 2013, 41.
45 Vgl. auch Knoblauch 2009; Krech 2007, 35.

chen gibt,[46] wie es bereits Luckmann bekräftigte. Entgegen der Säkularisierungsthese formierten sich Forschungspositionen, die neue Formen von Religion, zumeist
als Spiritualität betitelt, jenseits kirchlicher Institutionen eruierten. Schon 1994
prägte Grace Davie den Begriff „believing without belonging" und das damit verbundene Konzept (Ausübung des Christentums ohne Anbindung zur Kirche), 2005
kündigten Paul Heelas und Linda Woodhead eine „Spirituelle Revolution" an (Spi-
ritualitätsformen fern des Christentums) und Luckmann-Schüler Knoblauch prog-
nostiziert 2009, unter anderem stützend auf die Daten des Religionsmonitors, einen
„Weg in die spirituelle Gesellschaft".[47]

Knoblauch bereitet in seinem Werk *Populäre Religion* die Individualisierungstheorie neu auf. Für ihn gibt es eine neue soziale Form der Religion, die „populäre
Religion", innerhalb und außerhalb der Kirche, die sich durch ihren populär-
kulturellen Grundzug auszeichnet und alles andere als „unsichtbar" ist;[48] sie ist
durch Entgrenzung charakterisiert. So werden sakral geltende Formen aus religiösen Kontexten entnommen, um sie in andere Diskurse zu transportieren. Ebenso
wandern religiöse Inhalte aus dem ursprünglichen Kontext heraus und finden sich
außerhalb der Kirchen in den Medien der populären Kultur wieder. Eine Grenz-
ziehung zwischen Religion und dem, was nicht Religion ist, ist somit nicht mehr
möglich, da die populäre Ausbreitung auch in religiösen Organisationen zu finden
ist und vice versa.[49] Die Anfänge dieser Entwicklung legt er ebenfalls in die 1960er
Jahre. Dabei misst er der Generation der sogenannten „Babyboomer"[50] eine große
Bedeutung zu, die durch die Ablehnung vorherrschender Lebensformen nicht nur
politische, sondern auch kulturelle Transformationen bewirkte.[51] Sie lehnte dabei
traditionelle Formen von Religion ab, formte massive Kritik an den Kirchen und
orientierte sich an alternativen Formen, die durch die Etablierung der Generation
Akzeptanz und Relevanz erlangte. Zudem seien es aber auch ein Wandel einer In-

---

46 Der Religionsmonitor stellt heraus, dass meist nicht von Religion gesprochen wird, sondern von Spiritualität, die „gerne an die Stelle von Religion gesetzt [wird], da Religion
   stark mit Kirche bzw. institutioneller, ‚dogmatischer' Religion identifiziert wird" (Wilke
   2013, 52). Wie unterschiedlich die Begriffe Spiritualität und Religiosität verstanden werden können, verdeutlicht Knoblauch anhand eines von Barker (2004) adaptierten
   Schemas, welches die verschiedenen Semantiken und Verhältnisse aufzeigt (vgl.
   Knoblauch 2009, 122).

47 Knoblauch 2009.

48 Vgl. ebd., 11.

49 Vgl. ebd., 266f.

50 Darunter wird die Generation verstanden, die in Deutschland Mitte der 1950er Jahre bis
   Mitte der 1960er Jahre zum Beginn des „Pillenknicks" geboren wurde (vgl. Knoblauch
   2009, 39).

51 Vgl. Knoblauch 2009, 39.

dustrie- zu einer Wissensgesellschaft sowie die Veränderung der Kommunikation, die zu einer Individualisierung von Religion beitrugen.[52] Ebenso wie Luckmann verortet er die modernen Formen des Religiösen in der Privatsphäre, legt den Fokus jedoch nicht auf die Privatisierung, sondern auf das Subjekt, und somit auf eine Subjektivierung.[53] Diese findet ihren Ausdruck in der religiösen Erfahrung.[54] Knoblauch erkennt demnach in der heutigen Gegenwart eine erfahrungszentrierte Religiosität, die sich durch Ganzheitlichkeit auszeichnet und Bestandteil der Populärkultur ist;[55] diese Form betitelt er als „populäre Spiritualität"[56]. Die genannten Eigenschaften benennt er als Basis der spirituellen und individualisierten Formen spiritueller Bewegungen der heutigen Gegenwartskultur. Religiöse Inhalte der populären Religion sind somit in der populären Spiritualität verankert. Gerade durch ihre populäre Ausformung ist sie so weit verbreitet, dass sie als selbstverständlich erachtet wird und nicht mehr als abgegrenzt oder sakral erscheint, sondern öffentlich wird. Im Gegensatz zu Luckmann deklariert er Religion nicht als unsichtbar, sondern als höchst sichtbar in der gesellschaftlichen und medialen Öffentlichkeit.[57] Die Popularisierung und Spiritualisierung von Religion entstehe vor allem durch Veränderung der Kommunikationsstrukturen und einer daraus folgenden Entgrenzung von Privatheit und Öffentlichkeit. Gerade die Massenmedien spielen dabei eine zentrale Rolle; laut Knoblauch kommt der populären Religion eine erhöhte mediale Aufmerksamkeit zu.[58] So zeige sich in den Medien eine zunehmende Entwicklung der Adaption religiöser Themen, besonders seit den 1960er Jahren[59] und verstärkt seit dem 11. September 2001 oder der Papstwahl Benedikts XVI.[60] Laut Knoblauch lägen dabei nicht mehr nur kirchliche Events im Fokus, sondern vor allem auch an-

---

52 Vgl. ebd., 39, 279f.

53 Vgl. Knoblauch 2009, 80, 290; Deutlich zeigt sich der Wandel in der Terminologie: Betont Luckmann die Privatisierung, die zwar die Autonomie des Individuums miteinschließt, wird in den nachfolgenden Theorien (auch beeinflusst durch Beck 1986, der den Begriffswandel von Privatisierung zum Begriff Individualisierung im Sinne der Subjektivierung prägte) vor allem die Individualisierung hervorgehoben (vgl. Wilke 2015b, 5).

54 Vgl. Knoblauch 2009, 124, 130.

55 Vgl. ebd., 127f.

56 Vgl. ebd., 270; Knoblauch/Graff 2009, 744.

57 Vgl. ebd., 11, 25, 201.

58 Vgl. Knoblauch 2008, 1.

59 Vgl. Knoblauch 2009, 205; siehe auch Hannig/Städter 2007, 178.

60 Vgl. Knoblauch 2009, 10. Auch Gärtner (2008; siehe auch Gärtner et al. 2012), Hannig (2010; siehe auch Hannig/Städter 2007) oder Gabriel (2008a, 2009b) vertreten diese These. Viele Forscher stützen sich dabei auf den Soziologen José Casanova, der die These der „public religions" (1994) veröffentlichte, in der er von einer neuen Sichtbarkeit der Religionen in der Öffentlichkeit ausging (siehe Kap. 2.2).

dere Formen neben der traditionellen christlichen Religion, nämlich die der populären Religion.[61] In den Ergebnissen des Religionsmonitors sieht er herausragende Zahlen für religiösen Pluralismus und Spiritualität, in denen er demnach keine Säkularisierung, sondern ein Aufkommen populärer Religion und Spiritualität verankert sieht.[62] Knoblauch erntete, wie Luckmann, Kritik für seinen weiten Religionsbegriff.[63] Wie bereits erwähnt, stehen andere Forschungspositionen dem Aufkommen von Spiritualität kritisch gegenüber, halten diese für gering und lesen darin eher die Tendenz zu einer Säkularisierung von Religion.

Sahen der frühere Berger, und somit auch Bruce, die religiöse Pluralisierung aufgrund des Zwangs zur Häresie noch als Motor für Säkularisierungstendenzen und aufkommende Zweifel, ist sie in der Individualisierungstheorie der Grundstein zur Argumentation eines Fortbestehens bzw. zu einer Wiederkehr von Religion. Berger distanziert sich von seiner früheren Sichtweise. Er legt dar, dass die Säkularisierungsthese in ihrer herkömmlichen Weise nicht mehr haltbar sei und zeigt dies anhand von Eurozentrismus und an empirischen Beispielen.[64] Es handle sich um einen Kategorienfehler, in dem Säkularisierung mit Pluralisierung vertauscht worden sei und Moderne folglich nicht notwendigerweise einen durch Pluralisierung hervorgerufenen Rückgang, sondern eine durch Pluralisierung hervorgerufene Zunahme von Weltanschauungen in sich berge.[65] Damit vertritt er eine Pluralisierungstheorie, in der er die Säkularisierungstheorie jedoch nicht vollkommen ablehnt, da die Moderne eine Differenzierung hervorgebracht habe. Veränderungen durch Modernisierung und Urbanisierung führten zu unausweichlichen Konfrontationen mit religiösen Alternativen. Durch ein Nebeneinander von säkularen und religiösen Diskursen erfolge keine Abkehr, sondern eine Transformation von Religion. Diese sei zu einer Frage der individuellen Entscheidung geworden, bei dem das Individuum zwischen säkularen und religiösen Diskursen hin- und herwechsele.[66] Dabei deutet er die Pluralisierung um und postuliert eine Zunahme von Religion. Dies geht einerseits einher mit einem anderen Religionsverständnis; war das frühere substantiell geprägt, fasst er Religion nun eher individuell und somit funktional auf, andererseits mit der Abwendung seiner Annahme, dass Modernisierung zwangsläufig eine Säkularisierung zur Folge habe.

So unterschiedlich die Theorien zur Individualisierung auch sind, gehen sie jedoch explizit von einem Formenwandel aus. Die dargestellten Forschungspositionen eruieren eine gelebte Religiosität, innerhalb und außerhalb der Kirche,

---

61 Vgl. Knoblauch 2009, 206; siehe auch Kap. 2.2.
62 Vgl. Knoblauch 2008, 3; Knoblauch 2009, 157f.; Knoblauch/Graff 2009, 739f.
63 Vgl. Pollack 2009, 14.
64 Vgl. Berger 2013a, 2f.
65 Vgl. ebd., 2; Berger 2013b, 40.
66 Vgl. Berger 2013a, 4f.

die jedoch unabhängig von der expliziten institutionellen Kirchenangehörigkeit ist, welcher sie durchaus einen Rückgang zuschreiben. Dabei fokussieren sie Transformations- und Entgrenzungsprozesse sowie Ausdifferenzierungen und eruieren eine gelebte Religiosität, die subjektzentriert ist, sich durch individuelle Erfahrungen auszeichnet und oftmals als Spiritualität bezeichnet wird. Die zunehmende religiöse Pluralisierung, derer sich alle einig sind, seien es nun Vertreter der Säkularisierungs- sowie der Individualisierungstheorie, sehen die letzteren für eine Zunahme von Religion an. Diese neue Sozialform von Religion zeichnet sich dabei höchst sichtbar in der (medialen) Öffentlichkeit ab. Die Gegenüberstellung zeigt, wie unterschiedlich Daten und empirische Ergebnisse aufgefasst werden können und welche elementare Funktion dem Religionsverständnis in der Theoriebildung zukommt:

Es ist nicht zuletzt die wissenschaftliche Konstruktion selbst, die durch ihren überhellen Scheinwerfer Religion produziert oder ausschließt. Je nach Religionsbegriff fand man Säkularisierung oder Privatisierung und in der neuen Diskussion offizielle Religion oder subjektivierte Religion/Spiritualität. Mit der Theorie etabliert man zugleich einen neuen Blick auf das, was als Religion zu gelten hat und was nicht.[67]

War früher die Säkularisierungsthese weit verbreitet, war es in den letzten Jahren geradezu umgekehrt und Religion wurde nahezu überall gesehen. Doch zunehmend äußert sich auch daran Kritik, vor allem an der strengen Privatisierungstheorie, ebenso wie an der Individualisierungstheorie, hauptsächlich aufgrund ihres weiten Religionsbegriffs sowie eurozentristischer Tendenzen.[68]

Was liegt nun vor? Säkularisierung oder Individualisierung? Oder beides? Für die vorliegende Studie werden drei grundlegende Aspekte festgehalten: (1) „Unbestritten [...] dürfte der klare Befund einer ausgeprägten Pluralisierung des religiösen Feldes sein"[69] und somit einer religiösen Transformation, außerhalb und innerhalb der Kirchen,[70] auch wenn die Konsequenzen unterschiedlich eingeschätzt werden. Dabei ist von einer individualisierten Gesellschaft („Ich-Gesellschaft") auszugehen, deren Beginn in die 1960er Jahre datiert werden kann. (2) Auf Grundlage dieser Annahme liegt der Studie ein Religionsbegriff nach Wilke (2012) zu Grunde, der nicht nur die klassischen materiellen, institutionellen Religionen miteinbezieht, sondern auch moderne, institutionsungebundene Religiosität und demnach substantialistische und funktionalistische Definitionen vereint:

---

67 Wilke 2013, 73.

68 Vgl. ebd., 76.

69 Ebd., 51; vgl. auch Pollack/Tucci/Ziebertz 2012, 11.

70 Diese bestehen, trotz Entkirchlichungsprozessen, aufgrund ihrer staatlichen und institutionellen Unterstützung (vgl. Großbölting 2013, 267).

Religion kann als ein Akt der Transzendierung der diesseitig-alltäglichen Lebenswelt bei gleichzeitiger Bezugnahme auf sie charakterisiert werden. Solche Transzendierungen sind veränderbar und unterliegen öffentlichen Diskursen, aber auch persönlichen und gruppen-bezogenen Vorlieben. Was jedoch durchgängig bleibt ist, dass Religion das individuelle und kollektive menschliche Leben in einen größeren Zusammenhang stellt und durch ihre Bezug-nahme auf überweltliche Ressourcen über besondere Autorität und Effektivität verfügt, kollektive Handlungsmuster, ein gemeinsames Ethos und persönliche Motivationen, Kontin-genzbewältigung und Orientierung schafft, indem sie sinnstiftende Symbolsysteme be-reitstellt. Wichtig ist hierbei, dass religiöse Symbolsysteme nicht nur normativ gesetzt und lehrhaft verbreitet, sondern auch sinnlich inszeniert werden. Die Wirksamkeit von Religion rührt nicht zuletzt daher, dass ein Beziehungsgeflecht zwischen Welt und weltübersteigenden Autoritäten statuiert und sinnlich wahrnehmbar veranschaulicht wird und als solches auch re-al erlebt wird.[71]

Mit diesem Verständnis wird als dritter Aspekt (3) festgehalten, dass neben der re-ligiösen Pluralisierung vor allem von einer Sichtbarkeit von Religion in der Öffent-lichkeit auszugehen ist, sei es nun bezüglich des Christentums, Ausprägungen des Islams oder neuer religiöser Bewegungen.

---

71 Wilke 2012, 331.

2.2 DIE SICHTBARKEIT VON RELIGION IN DEN MEDIEN

> Religion in the 1980s ‚went public' in a dual sense.
> It entered the ‚public sphere' and gained, thereby,
> ‚publicity'. Various ‚publics' – the mass media,
> social scientists, professional politicians, and the
> ‚public at large' – suddenly began to pay attention
> to religion.
> CASANOVA 1994, 3

Bereits vor 20 Jahren vertritt der spanisch-amerikanische Soziologe José Casanova als erster den grundlegenden Gedanken, dass Religion seit Ende der 1970er, Anfang der 1980er Jahre zunehmend in die Öffentlichkeit tritt und legt damit seine These der *Public Religions* (1994) dar, die gegenwärtig nach wie vor die Grundlage zahlreicher Theorien darstellt. Neben der dominierenden Trends der Säkularisierungs- und Individualisierungsthese lässt sich somit ein dritter Ansatz postulieren, der eine elementare Position in der Debatte einnimmt, da er Kritik am klassischen Säkularisierungsparadigma ebenso wie an der Theorie der Privatisierung bzw. Individualisierung übt und durch die Annahme einer „De-Privatisierung", den Fokus auf die Präsenz von Religion in der Öffentlichkeit richtet.[72] Als erster schrieb er somit Religion[73] durch die Form der Deprivatisierungsthese eine Sichtbarkeit zu – jedoch in der politischen Öffentlichkeit, in der moralische und politische Streitfragen öffentlich wurden.[74] Auch gegenwärtig attestiert Casanova vor allem für Westeuropa eine

---

72 Er postuliert eine strikt analytisch getrennte Dreiteilung der Theorie: funktionale Differenzierung (1), Abnahme religiöser Überzeugungen (2) und Privatisierung (3). Sein Hauptkritikpunkt betrifft die nicht-zwangsläufige Privatisierung (vgl. Casanova 2004, 276).

73 Mit dem Begriff „öffentliche Religionen" umfasst er 1994 traditionelle, institutionalisierte Religionen, vor allem das Christentum. Er bezieht aber neue religiöse Bewegungen mit ein, indem er diese als private Religionen deklariert, die in den 1960er Jahren weit verbreitet waren; sie erhalten jedoch mediale Präsenz und keine politische (vgl. Casanova 1994, 4). In den 1960er Jahren stark verbreitet, sind es nach Casanova „Phänomene, die in den 80er Jahren eher zu verblassen schienen" (Casanova 2000, 264), dagegen sind es vor allem die traditionellen Religionen, die vorher in den Säkularisierungstheorien als marginal und rückgängig deklariert werden, sodass er ein „Wiederbeleben alter Traditionen" (ebd., 264) herausstellt.

74 So kehrt Religion seit Anfang der 1980er Jahren in die politische Öffentlichkeit. Deprivatisierung bedeutet dabei, dass Religionen in den öffentlichen Diskussionen eine starke Rolle einnehmen (vgl. Casanova 2008, 314) und nicht im Privaten zu verorten sind. Religion zeigt sich somit sichtbar in der öffentlichen Ordnung. Hinsichtlich der Definition

neue Aufmerksamkeit und ein neues Interesse an Religion,[75] trotz Modifizierungen[76] seiner früheren Thesen, sieht er die Deprivatisierung gegenwärtig nach wie vor bestätigt.[77]

Während Casanova die Massenmedien in seinen späteren Studien auch als treibenden Faktor erwähnt, so betrachtet er diese in seinem 1994 aufgestellten Konzept nur marginal und fokussiert die politische, nicht die mediale Öffentlichkeit.[78] Nichtsdestotrotz griffen und greifen auch rezente Studien sein Konzept der Deprivatisierung auf, um dieses auf den medialen Raum zu beziehen, mit der Rolle der Medien zu verbinden und damit, im Gegensatz zur klassischen Säkularisierungstheorie und zu Luckmanns Konzept der Privatisierung, eine Sichtbarkeit von Religion zu postulieren, die durch die Medien geschaffen wird.[79] Diesen kommt somit eine zentrale Rolle zu. Nahezu allen Studien liegt dabei der Aspekt einer Grenzverschiebung bzw. Entgrenzung vom Öffentlichen und Privaten zu Grunde,[80] vor allem auch vor dem Hintergrund eines religiösen Formenwandels. Verstärkt in den 1960er Jahren mit einem Wandel in der Medienlandschaft, aber auch gerade gegenwärtig

---

von öffentlich und privat orientiert er sich an der soziologischen Unterscheidung Jeff Weintraubs (vgl. Casanova 1994, 41f.).

75 Vgl. Casanova 2008, 314.

76 Heute kritisiert er seinen westlichen und katholischen Blick und vertritt auf Grundlage eines diskursiven Religionsbegriffs eine global vergleichende Perspektive. Sein zweiter Kritikpunkt betrifft die Beschränkung der öffentlichen Sphäre auf die Zivilgesellschaft. Zudem betont er die Vernachlässigung einer transnationalen und globalen Dimension in seiner Studie (vgl. Casanova 2008, 319ff.), die er nun mit einbezieht, dabei spricht er den Massenmedien und der Migration eine entscheidende Rolle zu (vgl. Casanova 2012, 33). Heute vertritt er das Konzept der „multiple modernities" (Casanova 2008, 319), bei denen er den Medien eine größere Rolle zuspricht als noch 1994.

77 Vgl. Casanova 2008, 313.

78 Siehe zu den verschiedenen Arten von Öffentlichkeit Neidhardt 1994 sowie Neumaier 2018.

79 Vgl. Knoblauch 2009, 31f., 201; Gärtner et al 2012, 79, 84; Gärtner 2008, 98; Gabriel 2009b, 19f.; Knott et al. 2013, 34; Hannig 2010, 395. Gärtner zeigt dies auch bei der Befragung von Elitejournalisten, die ein wachsendes Interesse und eine verstärkte Sichtbarkeit von Religion beobachten (vgl. Gärtner 2012, 76, 66). Gabriel stützt sich bei seiner Ausdifferenzierung (2003, 18-19) unter anderem auf den Soziologen Klaus Eder (2002), der auf der Basis eines kommunikationstheoretischen Religionsbegriffs von einer „neuen Sichtbarkeit" (ebd., 331) spricht. Hannig baut sein Ergebnis zwar nicht auf Casanovas Konzept auf, stellt es jedoch der Luckmannschen Theorie gegenüber und postuliert ebenfalls eine Sichtbarkeit, bedingt durch die Medialisierung (vgl. Hannig 2010, 395).

80 Vgl. Gärtner et al. 2012, 13; Gabriel 2009b, 25; Hannig 2010, 397; Knoblauch 2009, 207f.

durch neue Medien gelingt und gelang das Private zunehmend in die Medien, so-dass auch Religion sichtbar wurde und wird.[81] Durch jene Verschiebung und Ent-grenzung sowie die Präsentation, Deutung und Hervorbringung von bisher privaten religiösen Formen, Erfahrungen und Themen in den Medien wurde folglich zu einer Transformation beigetragen,[82] die nicht nur für eine Sichtbarkeit, sondern für eine „Ausweitung der religiösen Wissensvermittlung in den öffentlichen Raum sorgte"[83] und zu einer Kritik,[84] wenn nicht sogar zu einer Loslösung institutioneller Reli-gion[85] beitrug.[86]

Diese Entwicklungen, bedingt durch Kommunikationsveränderungen, lassen sich unter dem Begriff der Medialisierung fassen. Es handelt sich dabei um einen in der Forschung äußerst umstrittenen Begriff, der mit weiteren Begrifflichkeiten ein-hergeht bzw. konkurriert („Mediatisierung", „mediation", „mediatization") und eine Debatte in der Kommunikationswissenschaft, jedoch auch im internationalen For-schungsfeld zu Religion, Medien und Kultur losgelöst hat. Innerhalb der Kommuni-kations- bzw. Medienwissenschaft werden die Begriffe „Medialisierung" und „Me-diatisierung" parallel, teilweise synonym oder mit unterschiedlichen Akzentuierun-gen verwendet.[87] Die unterschiedlichen Auffassungen resultieren dabei aus diversen Definitionen des Medienbegriffs, dem Verständnis der Kommunikations-wissenschaft, ebenso wie der Ansetzung zeitlicher Schübe.[88] Ähnliche Differenzen

---

81 Vgl. Gabriel 2009b, 20; Gärtner 2008, 98. Die Entwicklung von Öffentlichkeitsstrukturen und die Veränderung von gesellschaftlichen Strukturen kann jedoch bereits mit dem An-fang der Massenpresse auf das 19. Jahrhundert datiert werden (vgl. Requate 1999, 16f.). Auch Hannig datiert die Veränderung durch den Medieneinsatz auf das ausgehende 19. Jahrhundert (vgl. 2010, 8), ebenso wie Bösch (vgl. 2015, 285), der zeitlich drei Dynami-ken, um 1900, in den 1960er Jahren und in den 1990er Jahren, aufzeigt (vgl. ebd.). Unab-hängig der Massenpresse zeigt sich ein bereits früh einsetzender Prozess der Wechsel-wirkungen zwischen Religions- und Mediengeschichte (vgl. Neumaier 2018, 848).

82 Vgl. Gärtner et al. 2012, 20; vgl. auch Bösch/Hölscher 2009b, 12.

83 Hannig 2010, 397.

84 Vgl. Knoblauch 2009, 206.

85 Gärtner et al. 2012 beschreiben Medien als Kraft im Säkularisierungsprozess, „da die Entstehung eines autonomen Mediensystems auch mit dem Zurückdrängen von system-externen Einflussfaktoren wie der kirchlichen und politischen Bevormundung einher-geht" (Gärtner et al. 2012, 17).

86 Vgl. Hannig 2010, 397.

87 Vgl. Meyen 2009, 3; Hepp 2014, 190f.

88 Siehe zu „Mediatisierung" Hepp (2014), zu „Medialisierung" sowie der mit dem Kon-zept einhergehenden Schwierigkeiten Meyen (2009) und Averbeck-Lietz (2014), die die Schwierigkeiten der Begriffe von „Medialisierung" und Mediatisierung" sowie die Posi-tion Habermas mit einbezieht.

zeigen sich auch innerhalb des Forschungsfelds Religion und Medien. In der englischsprachigen Forschung zu „media, religion and culture" wurde die Debatte um
den „mediatization"-Begriff im Jahr 2008 durch die Arbeit von Stig Hjarvard ange-
stoßen, der sich mit „mediatization" im Zusammenhang mit Religion beschäftigte.[89]
Seitdem haben sich unterschiedliche Richtungen und Strömungen positioniert, die
ähnlich der Säkularisierungsdebatte, eine kontroverse Debatte lostraten, die aus den
unterschiedlichen, auch international divers geprägten, Verständnissen und Definitionen von Religion, den Medien und der Moderne, sowie den jeweiligen Verflech-
tungen resultieren.[90] Mia Lövheim fasst die Theoriebildung zu „mediatization and
religion" von Hjarvard zusammen, skizziert die Kritik sowie weitere zentrale Forschungspositionen, die sich seitdem entwickelt haben (Lynch, Morgan, Hoover,
Hepp, Clark, Campbell). Als allgemeinen Grundsatz innerhalb der Mediatization-
Theorien kann jedoch das vermehrte Aufkommen von Religion durch Medien festgehalten werden,[91] auch wenn durchaus kritisch hinterfragt werden kann, inwiefern
dieser Mediatisierungsschub neu ist, z.B. in Anbetracht des frühen Beginns des
Buchdrucks und den früh einsetzenden Wechselwirkungen von Religions- und Mediengeschichte.

Eine weitere Debatte beinhaltet die Konzepte von „mediatization" und
„mediation".[92] Theorien um „mediation" beinhalten mediatisierte Kommunikation
in religiösen Kontexten, das heißt der Fokus liegt auf der Praxis, der Ästhetik, aber
auch der Materialität von Medien, die im religiösen Leben eine Rolle spielen.[93] Dagegen bringen Theorien der „mediatization" Fragen auf, wie verschiedene Arten
von Medien religiöses Leben formen und welche Rolle die Medien hinsichtlich des
religiösen Wandels spielen. Wie kontrovers die Debatten sind, bei denen auch der
Nutzwert des Konzepts in Frage gestellt wird, zeigt dabei die Studie *Mediatization:
Key Concept or Conceptual Bandwagon?* von Dan Deacon und James Stanyer. Sie
untersuchten 93 Artikel von führenden Journals zu Religion und Medien im Zeitraum von 2002 bis 2012 und zeigten auf, dass dabei jeweils andere Definitionen
von „mediatization" vorlagen. Daraufhin kritisierten sie diverse Aspekte, wie etwa
die explizite Rolle der Medien oder das Verständnis eines historischen Wandels;[94]
eine ebenfalls kritische Antwort auf ihre Kritik wiederum folgte von Andreas Hepp,

---

89 Vgl. Hjarvard 2008.

90 Vgl. Lövheim 2014, 553f.

91 Vgl. ebd., 553.

92 Vgl. ebd., 559.

93 Siehe dazu etwa Meyer 2012; im Zusammenhang mit Imagination siehe Traut/Wilke
    2015, 51f.

94 Vgl. Deacon/Stanyer 2014.

Stig Hjarvard und Knut Lundby.[95] Die Kontroversen und Definitionsproblematiken bei Seite lassend, wird von folgender Grundbedeutung ausgegangen: Medialisierung „beschreibt den Strukturwandel und den Bedeutungszuwachs von Massenmedienkommunikation als Motoren gesellschaftlicher Veränderungen",[96] und impliziert demnach auch die Veränderung von Religion aufgrund medialer Veränderungen[97] sowie auch ein gesteigertes Interesse an Religion, sichtbar zu sehen in den modernen Massenmedien.[98]

Empirische Studien, wie das Projekt zu Meinungsmachern oder das Projekt zur Darstellung von Religion in den Schweizer Medien, kommen bei ihren Erhebungen mit Journalisten zu dem Ergebnis, dass Religion als Thema verhandelt wird, wie jedes andere auch,[99] demnach auch gewissen Medienlogiken unterliegt.[100] Mit Blick auf das Material werden daher kurz die Grundlagen zu den Besonderheiten des Mediensystems aus systemtheoretischer Perspektive nach Niklas Luhmann dargelegt.

Nach Luhmanns systemtheoretischem Ansatz besteht die wesentliche Funktion von medialer Öffentlichkeit aus der Selbstbeobachtung der Gesellschaft und demnach in der Transparenzfunktion:[101] „Es geht um die Möglichkeit, zu beobachten, wie der Beobachter selbst [...] und andere in der öffentlichen Meinung abgebildet werden."[102] Luhmann selbst führt die Spiegelmetapher an,[103] das Modell ist daher auch als Spiegelmodell bekannt. Laut Luhmann ist die Realität der Massenmedien eine Konstruktion.[104]

Die Massenmedien können die Wirklichkeit, über die sie berichten, nicht eins zu eins abbilden. Das Wirklichkeitsbild, das die Medien zeichnen, ist notwendigerweise das Resultat

---

95 Hepp/Hjarvard/Lundby 2015. Siehe zum Begriff „mediatization" auch Hepp/Krotz (2014), siehe auch Lundby (2014a, 2014b), der einen guten Überblick über unterschiedliche Perspektiven (etwa die kulturelle, materielle oder institutionelle) und Definitionen gibt und dabei auch auf die deutschen Schwierigkeiten der unterschiedlichen semantischen Füllungen von „Medialisierung" und „Mediatisierung" eingeht (Lundby 2014b, 10f.).

96 Meyen 2009, 20.

97 Vgl. Gabriel 2009b, 24; Lövheim 2014, 549; Neumaier 2018, 850.

98 Vgl. Lövheim 2014, 549.

99 Vgl. Gärtner et al. 2012, 54; Wyss/Keel 2009, 362.

100 Vgl. Gärtner 2014, 186; Katlewski 2008, 106f.

101 Siehe auch Neidhardt 1994.

102 Luhmann 1990, 181.

103 Vgl. ebd.

104 Vgl. Luhmann 1993, 320.

von Auswahl- und Selektionsprozessen, die als Filter zwischen die Welt und ihre mediale Konstruktion treten.[105]

So werden Nachrichten nach dem binären Code Information/Nichtinformation selektiert.[106] Hierbei entscheiden Selektionswerte, die die Aufmerksamkeit[107] steigern.[108] Luhmann benennt dabei den Neuigkeitswert, Konfliktwert, weiter Quantitäten, Lokalitäten, Normverstöße sowie Moralverstöße, Interesse an besonderen Personen, etwa Repräsentanten oder Prominenz[109] als „Aufmerksamkeitsfänger".[110] Ein weiterer Aspekt der Selektion besteht aus der Einpassung der Informationen, „die im System der Massenmedien schon weitestgehend vorseligiert sind, in Rubriken und Schablonen. Für die Letztauswahl spielen dann Zeit und verfügbarer Raum (freie Sendetermine, freie Spalten) eine ausschlaggebende Rolle."[111] Zudem „sind es schließlich Interaktionssysteme in den Medienorganisationen, die für die medialen Selektionsprozesse eine Rolle spielen [,] [...] sie [bilden] das Nadelöhr, durch das alle Entscheidungen hindurch müssen."[112]

Aber Wahres interessiert die Massenmedien nur unter stark limitierten Bedingungen, die sich von denen wissenschaftlicher Forschungen deutlich unterscheiden. Nicht in der Wahrheit liegt deshalb das Problem, sondern in der unvermeidlichen aber auch gewollten und geregelten Selektivität.[113]

Zusammenfassend besagt das systemtheoretische Spiegelmodell, dass die mediale Öffentlichkeit gesellschaftliche Ereignisse konstruiert wiedergibt und somit spiegelt; dabei gibt es Schlüsselereignisse, auf die immer wieder referiert werden kann und die als zentrale Marker verstanden werden können.[114]

Welche religiösen Ereignisse lassen sich demnach empirisch bezüglich Religion in den letzten Jahrzehnten spiegeln, wann wird Religion wie sichtbar? Wie bereits dargelegt, sind es vor allem Ereignisse aus den letzten zwei Jahrzehnten, die als

---

105 Gärtner et al. 2012, 34.

106 Vgl. Luhmann 2009, 28.

107 Siehe zur Aufmerksamkeit in Bezug zu Massenmedien auch Nolte (2005), die sich auch auf Luhmann bezieht (Nolte 2005, 89f.).

108 In der Forschung werden diese auf Grundlage von Luhmanns Auflistung häufig modifiziert oder ergänzt, wie etwa bei Katlewski (2008).

109 Vgl. Luhmann 2009, 42-48.

110 Ebd., 43.

111 Ebd., 51.

112 Gärtner et al. 2012, 35f.

113 Luhmann 2009, 41.

114 Vgl. Gärtner et al. 2012, 35; Luhmann 2009, 49.

Marker für die Sichtbarkeit herangezogen werden. Dazu gehören nicht nur die Terroranschläge des 11. September 2001, sondern auch der Tod von Johannes Paul II., die Papstwahlen sowie die Weltjugendtage. Dass dieser Öffentlichkeitsschub jedoch bereits zuvor beginnt und man von einer Entwicklung sprechen kann, klang bereits an, dabei gibt es jedoch Uneinigkeiten hinsichtlich der Datierung. Häufig wird der Anstoß in die 1960er Jahre gelegt und eine vermehrte Entwicklung auf die zweite Hälfte des 20. Jahrhunderts datiert.[115] Für die 1960er Jahren postulieren Hannig/Städter eine „Entkirchlichung der Medieninhalte"[116] und eine „kommunizierte Krise", da die Massenmedien selbst die Krise in ihrer Berichterstattung begründeten.[117]

Andererseits wird mit dem Übergang in die 1970er Jahre jedoch ein zunehmendes Interesse der Medien an religiösen Themen postuliert,[118] nicht nur an Ereignissen des Kirchenjahres,[119] sondern auch an neuen religiösen Bewegungen.[120] In den 1980er Jahren verstärke sich die kritische Positionierung gegenüber kirchlichen Themen, während christliche Glaubensinhalte in den Hintergrund rücken, dagegen intensiviere sich die Präsenz von religiösen Themen in Form von esoterischen und fernöstliche Religionen.[121] Vielmehr etabliere sich in den 1990er Jahren entgegen der vorherigen kirchen- und religionskritischen Einstellungen ein „eher neugierig indifferentes Verhältnis"[122] und Religion erhalte Aufmerksamkeit durch die Zunahme öffentlicher Kontroversen.[123] So lässt sich ein zweiter Öffentlichkeitsschub auf das Ende der 1990er, Anfang der 2000er datieren. Ausgehend vom Ende der 1990er Jahre lässt sich auf die bereits oben erwähnten Medienereignisse verweisen, die die 2000er Jahre bis heute geprägt haben und an denen Religion sichtbar erkenntlich wird.

Die Studie von Gärtner et al. zeigt, dass die Medientheorie Luhmanns in den Überlegungen und der Praxis von den ihnen befragten Journalisten eine Rolle spielt.

---

115 Vgl. Hannig 2010, 387; Gärtner 2008, 99; Gärtner et al. 2012, 53; Knoblauch 2009, 205f.

116 Hannig/Städter 2007, 179.

117 Vgl. Hannig/Städter, 182. Dies geschah etwa auch durch Meinungsumfragen, die erhoben wurden und dadurch persönliche, individuelle Religiosität an die Öffentlichkeit brachten. Erneut greift auch hier die These der Deprivatisierung von religiösen Themen (vgl. Hannig 2011, 172ff., siehe auch Kap. 5).

118 Vgl. Gärtner et al. 2012, 53.

119 Vgl. Hannig/Städter 2007, 179.

120 Vgl. Gabriel 2009b, 24.

121 Vgl. Gärtner 2008, 99.

122 Gärtner 2008, 99.

123 Vgl. Gärtner et al. 2012, 13.

Zum einen folgen sie in ihrer Deutung des Mediensystems dem Spiegelmodell,[124] zum anderen heben sie „als systematische Selektionskriterien des Mediensystems insbesondere den Problembezug, den Neuigkeits- und Konfliktwert sowie den möglichen Massenbezug einer Nachricht hervor."[125] In Anlehnung an Luhmann sind es gegenwärtig, so Gärtner et al., vor allem Konflikte[126] sowie Events bzw. Inszenierungen,[127] die Religion medial hervorbringen. Als Zäsur für religiöse Konflikte im Zusammenhang mit medial sichtbarer Religion sehen die von Gärtner et al. befragten Journalisten den 11. September 2001 an,[128] der auch das Interesse am Islam steigerte.[129]

Da die beiden hier analysierten Magazine *Stern* und *Spiegel* im Sinne Luhmanns als Spiegel gesellschaftlicher Prozesse fungieren und die Titelseiten als „Fingerzeige zu dem Antlitz einer Zeit"[130] verstanden werden sollen (siehe dazu Kap. 4.1), kommen demnach im Vergleich zu den oben genannten Ergebnissen folgende Fragen auf: Wann und wie wird Religion in *Stern* und *Spiegel* auf den Titelseiten sichtbar? Welche religiösen Themen werden auf den Titelseiten präsentiert? Und welche Wandlungsprozesse und religionssoziologischen Befunde lassen sich daran ablesen?

Diese Fragen werden in Kapitel 5 durch die Analyse der Titelseiten beantwortet. Als Hypothese lässt sich aufstellen, dass auch in *Stern* und *Spiegel* die einschneidenden Schlüsselereignisse der jeweiligen Zeit aufgenommen werden und auch die Anschläge des 11. September 2001 als entscheidender Marker fungieren. Zudem ist zwar davon auszugehen, dass auch Konflikte einen großen Teil der Repräsentation ausmachen. Durch die Tatsache, dass es sich jedoch um Zeitschriften handelt, die im Gegensatz zu anderen Medien, etwa der Zeitung, nicht zwingend der Aktualität unterliegen, kann hierbei die Hypothese aufgestellt werden, dass es bei *Stern* und *Spiegel* nicht nur Konflikte sind, die verhandelt werden.

Luhmanns systemtheoretische Perspektive muss jedoch ergänzt werden, da anhand des Modells dem Öffentlichkeitsprozess höchstens eine Anschlusskommunikation zukommt bzw. ein ‚agenda-setting' von aufmerksamkeitsförderlichen Themen.[131] Medien funktionieren jedoch nicht nur als Spiegel gesellschaftlicher Prozesse im Sinne einer Anschlusskommunikation, sie prägen durch ihre mediale Repräsentationen in Form von Konstruktion und Interpretation auch das

---

124 Vgl. Gärtner et al. 2012, 259.

125 Ebd., 259.

126 Vgl. ebd., 43f.

127 Vgl. ebd., 60. Siehe dazu auch Hepp/Krönert 2009.

128 Vgl. ebd., 259.

129 Vgl. Gärtner 2008, 100.

130 Schütt/Schwarzkopf 2000, 8.

131 Vgl. Beck 2013, 113; Neidhardt 1994, 9.

gesellschaftliche Bild und somit den Diskurs über Religion (was sich im Zuge der Medialisierungstheorie bereits andeutete).[132] Dafür muss die These gelten, dass Medien Meinungen hervorbringen, Meinungen und Wissen steuern und Realität konstruieren, sie demnach ein bestimmtes Machtpotenzial besitzen, da gesellschaftliche Veränderungen erst durch aufkommende Diskurse[133] geschehen: „Medien können öffentliche Meinung sowohl wiedergeben als auch beeinflussen."[134] Sie sind somit „Spiegel und Konstrukteur der Realität",[135] daher auch Diskursakteure:[136]

Demnach sind Medien Teilnehmer eines Diskurses, aber auch gleichzeitig Strukturierer desselben. Sie widerspiegeln durchaus, was gedacht wird, geben aber gleichzeitig Anweisungen, wie und worüber fernerhin gedacht werden soll. Medienwirklichkeiten können in dieser Doppelfunktion durchaus auch als ‚Wertespiegel einer Gesellschaft' betrachtet werden.[137]

In der Forschung wird dem Spiegelmodell von Luhmann dabei häufig das Diskursmodell von Habermas[138] gegenübergestellt, welches für die vorliegende Arbeit als unpassend erscheint, da er Diskurs „als eine möglichst herrschaftsfreie, rational argumentierende, öffentliche Debatte über bestimmte Gegenstände fasst, also einen

---

132 Requate (1999) spricht dabei von einem „komplizierten Wechselverhältnis von gesellschaftlichen Entwicklungen und ihren medialen Widerspiegelungen und Verarbeitungen sowie den Rückwirkungen medialer Prozesse auf die Gesellschaft" (ebd., 32). Hannig und Städter stellen fest: „Medieninhalte bilden in der Tat nicht nur Zeitläufe ab und beschränken sich ebenso wenig auf eine schlichte Spiegelung von Ereignissen oder Zusammenhängen. Vielmehr waren und sind sie aktiv an der Ausformung von Politik und Gesellschaft und auch an der Verortung von Kirche und Religion im Gesellschaftssystem der Bundesrepublik beteiligt, sodass eine Ausblendung ihres Einflusses auf gesellschaftliche Transformationsprozesse ein allzu verzerrtes Bild der Realität abgeben würde. Zu selten kommen allerdings bisherige Forschungen über diese Grundannahme hinaus" (Hannig/Städter 2007, 155).

133 Diskurse sollen im Sinne Jägers zunächst als „Fluß von ‚Wissen' bzw. ‚sozialen Wissensvorräten' durch die Zeit" (Jäger 2004, 188) verstanden werden; eine genaue Abhandlung zum Diskursbegriff findet sich in Kapitel 2.3 und Kapitel 3.1.

134 Beck 2013, 123.

135 Schiffer 2005, 22.

136 Siehe dazu auch das medientheoretische Interdependenzkonzept (vgl. Beck 2013, 186), welches in Kapitel 6.5 aufgegriffen wird.

137 Schiffer 2005, 22-23.

138 Siehe zur Gegenüberstellung von Spiegel- und Diskursmodell auch Gabriel (1996) oder Gärtner et al. (2012, 36). Siehe zum Diskursmodell auch Beck (2013, 111) sowie Neidhardt (1994, 9).

rationalen und machtneutralen Diskursbegriff propagiert."[139] Wie gerade aufgezeigt, ist es jedoch gerade die Machtfunktion, die den aufkommenden Diskursen zukommt. Aufgrund dessen soll Luhmanns Ansatz mit dem Foucault'schen Diskursbegriff verknüpft werden. Dieser beinhaltet die Konzeption, dass gesellschaftliches Wissen durch Diskurse konstituiert und geformt wird und dabei auch Machtstrukturen beinhaltet.[140] Somit üben Diskurse Macht aus, sie vermitteln Wissen,[141] welches gleichzeitig die Basis für „individuelles und kollektives Handeln"[142] und die Konstruktion und Konstitution von Wirklichkeit ist.[143] Foucault selbst

[…] hat im Rahmen seiner Diskurstheorie betont, dass Medien niemals nur informieren (informieren), sondern auch formieren. Sie formen mit ihrer spezifischen Berichterstattung Bewusstseinsinhalte im Kopf der Rezipienten, steuern Meinungen und erzeugen Perspektive auf Sachverhalte. Es ist nicht die Realität, die möglichst neutral und objektiv abgebildet wird, sondern jeweils eine Symbolwelt, die sehr spezifisch geformt ist durch die Einstellung des Produzenten. Sprache ist kein Abbild der Realität, der Wirklichkeit per se, sondern Sprache konstruiert Realität.[144]

An diesen Gedanken anschließend, wird nun im folgenden Kapitel die These verfolgt, dass das Wissen von Religion sowie Meinung über Religion in starkem Maße durch ihre mediale Repräsentation geprägt wird.

---

139 Jäger 2012, 25.
140 Vgl. Foucault 1976, 39.
141 Vgl. Jäger 2011, 98.
142 Jäger 2012, 73.
143 Vgl. ebd.
144 Schwarz-Friesel 2013a, 215.

2.3 VON DER SICHTBARKEIT ZUR REPRÄSENTATION

> So if the newspaper says there is something bad in
> Islam, I will see this in the eyes of Finns tomorrow.
> MARTIKAINEN 2013, 120

> Entscheidend für die Einstellung gegenüber einer
> Religion ist zunächst das Bild, das von ihr in den
> Medien verbreitet wird.
> POLLACK/MÜLLER 2013, 40

Wissen über Religion wird, neben Prägungen aus Familie und Bekanntenkreis, über Massenmedien bezogen. Darauf verweist nicht nur der Religionsmonitor 2013,[145] dies belegt etwa auch die Studie von Stolz et al.: „Die Massenmedien [...] tauchen an vielen Stellen des Materials auf und zeigen, dass die Befragten einen großen Teil ihres Wissens über Religionen in der Tat über diesen Kanal erworben haben."[146] Mediale Repräsentationen können dabei zu unterschiedlichen Wahrnehmungen von und Meinungsbildungsprozessen über Religionen führen. Lassen sich somit einerseits anhand von Massenmedien aktuelle Sichtweisen und Diskurse der jeweiligen Zeit ablesen, so wird andererseits der gesellschaftliche Wissenskanon erst durch die sprachlichen und visuellen Mittel geformt. Anknüpfend an diese bereits dargelegte These soll im Sinne des Kulturwissenschaftlers Stuart Hall davon ausgegangen werden, dass Sprache, in Anknüpfung an Hall also Text und Bild, nicht die Realität widerspiegelt, sondern zu einer Wirklichkeitskonstruktion beiträgt. Hall etabliert dabei in seinem Konzept den Begriff der Repräsentation[147]. Repräsentationen stellen Abwesendes vor und (re)produzieren Vorstellungen. Dabei werden Bedeutungen hergestellt:

In part, we give things meaning by how we *represent* them – the words we use about them, the stories we tell about them, the images of them we produce, the emotions we associate with them, the ways we classify and conceptualize them, the values we place on them.[148]

---

145 Vgl. Pollack/Müller 2013, 40.

146 Stolz et al. 2014, 166.

147 Auch in der Religionsästhetik findet sich ein Repräsentationsbegriff. Dieser ist jedoch im kunstgeschichtlichen Bereich und im Zusammenhang mit religiösem Kontext, und dabei eher im Sinne der „mediation" nach Meyer (2012) verortet. Siehe dazu auch Lanwerd (2012) sowie Mohn (2012).

148 Hall 2003, 3.

Repräsentation bezeichnet somit die "active work of selecting and presenting, of structuring and shaping: not merely the transmitting of an already-existing meaning, but the more active labour of *making things mean*."[149] Für die Analyse von medialen Repräsentationen spielen insbesondere zwei theoretische und methodische Konzepte eine relevante Rolle, bei denen es sich nicht um vollständig getrennte Konzepte handelt, sondern um Ansätze, die bereits in unterschiedlichen Studien miteinander kombiniert wurden: Semiotische sowie diskurstheoretische Konzepte. Während sich die Semiotik (mit Rückgriff auf Saussure und Barthes) damit beschäftigt, wie, also auf welche Art und Weise, mediale Repräsentationen durch Zeichen und Zeichensystem produziert werden,[150] beschäftigen sich diskurstheoretische Konzepte (mit Rückgriff auf Foucault) damit, welche gesellschaftlichen Auswirkungen und Machtwirkungen die medialen Repräsentationen haben.[151] So legt Hall dar:

> [...] the *semiotic* approach is concerned with the *how* of representation, with how language produces meaning – what has been called its 'poetics'; whereas the *discursive* approach is more concerned with the *effects and consequences* of representation – its 'politics'.[152]

Für die vorliegende Arbeit werden beide Perspektiven verknüpft und somit ein diskurstheoretisch-semiotischer Ansatz gewählt. Denn in der vorliegenden Arbeit wird nicht nur betrachtet, wie der Diskurs über Religion in *Stern* und *Spiegel* medial repräsentiert wird und welches Wissen zur Repräsentation hervorgebracht wird (kurz: Was wird repräsentiert?), sondern auch wie dabei durch sprachliche und visuelle Mittel Repräsentationen erzeugt werden, um bestimmte Meinungsbilder und Perspektivierungen über religiöse Themen zu etablieren (kurz: Wie werden Inhalte repräsentiert und perspektiviert?). Für die Analyse der medialen Repräsentation von Religion in *Stern* und *Spiegel* sind somit drei Konzeptualisierungen, zugespitzt auf die Analyse, relevant: Das Konzept des Diskurses, des Bildes (in Kombination mit Text) sowie der Sprache selbst. Diese sollen hier nun kurz vorgestellt werden, bevor sie im anschließenden Kapitel theoretisch verortet und für die Studie modifiziert werden.

Diskurs (siehe Kap. 3.1)

Wie bereits dargelegt, orientiert sich die Studie am Foucault'schen Diskursbegriff, der die Konzeption beinhaltet, dass gesellschaftliches Wissen durch Diskurse konstituiert und geformt wird. „Wissen ist demnach immer relativ. Es stellt eine für ei-

---

149 Hall 1982, 64.
150 Vgl. Hall 2003, 30ff.
151 Vgl. ebd., 41ff.
152 Ebd., 6.

ne bestimmte Zeit geltende Wahrheit dar, die sich je nach Kontext und Situation verändern kann und durch diskursive Formationen auch erst hervorgebracht wird."[153] Für die vorliegende Analyse wird der Foucault'sche Diskursbegriff jedoch linguistisch modifiziert und geschärft.[154] Hier wird Diskurs als Fluss von Wissen durch die Zeit verstanden, bei dem sich Wissen sprachlich manifestiert. Die Untersuchung betrachtet demnach die sprachlichen Phänomene innerhalb von Diskursen. Zudem wird auf Konzeptionsteile der Diskursanalyse nach Siegfried Jäger zurückgegriffen.[155] In Anlehnung an Jäger wird der gesamtgesellschaftliche Diskurs über Religion auf der Diskursebene der Medien, explizit *Stern* und *Spiegel* von 1960 bis 2014, untersucht. Dieser Gesamtdiskurs beinhaltet Diskursstränge, die aus unterschiedlichen Themen bestehen (z.B. Islam, Christentum etc., diese werden in Kapitel 5.1 aufgeschlüsselt) und damit aus einzelnen Diskursfragmenten (den einzelnen Artikeln, die in Kapitel 5.2 in Form von Feinanalysen analysiert werden).

Bild und Text (siehe Kap. 3.2)
Der Kommunikationswissenschaftler Werner Kroeber-Riel prägte den oft zitierten Satz „Bilder sind schnelle Schüsse ins Gehirn"[156] und verwies damit auf die Relevanz von Bildern, denen insbesondere im gegenwärtigen Medienzeitalter besondere Macht zugesprochen wird.[157] Pointiert zusammengefasst wird „das Bild [...] zur Macht, spiegelt Schlüsselmomente von Weltereignissen wider und schafft samt der Sprache kommunikative Diskurse, die das Denken und Handeln von Kulturgemeinschaften erheblich beeinflussen."[158] Aufgrund dessen sowie der Annahme einer Perspektivierung und Persuasion durch Bilder[159] soll auch in der vorliegenden Analyse die grafische Gestaltung miteinbezogen werden. Mehrfach wurde auf die Profitabilität des Einbezugs von Bildern in einer diskurstheoretischen Analyse hingewiesen.[160] Orientiert an Konzepten der Bildlinguistik[161] wird bei der vorliegenden Arbeit das komplexe Zusammenspiel von Text und Bild in Printmedien (Pressetexten) betrachtet (siehe Kap 3.2),[162] besonders bei der Analyse einzelner Diskurs-

---

153 Spieß 2009, 312.

154 Vgl. Spieß 2011, siehe Kapitel 3.1.

155 Vgl. Jäger 2004, 2012.

156 Kroeber-Riel 1993, ix.

157 Vgl. Klemm/Stöckl 2011, 7; Große 2011, 12.

158 Opilowski 2013b, 17.

159 Vgl. Lobinger 2012, 82f.

160 Vgl. Spieß 2012, 106; Meier 2011, 499f.; Friedrich/Jäger 2011; Schiffer 2005, 227.

161 Vgl. Stöckl 2004; Klemm/Stöckl 2011; Opilowski 2011.

162 Somit grenzt sich die Arbeit von dem Konzept einer Bilddiskursanalyse (Meier 2008, 2010; Maasen/Mayerhauser/Renggli 2006) ab.

fragmente, also der einzelnen Titelgeschichten, in denen das Titelbild sowie die grafische Gestaltung des Artikels Berücksichtigung findet.

Sprache (siehe Kap. 3.3)

1962 verweist der Publizist Wilmont Haacke in seinem Artikel über *Die Sprache der Massenmedien* auf eine „Macht des Wortes"[163]. Allgemeiner gefasst ist es die „Macht der Sprache"[164] durch die der Rezipient beeinflusst werden kann:

Sprache hat [...] Macht, weil sie ein Instrument der Beeinflussung und Lenkung unserer Gedanken und Gefühle ist, weil durch sie [...] Manipulation ausgeübt werden kann, ohne dass sie bewusst wird. Die Bedeutung von Wörtern schleicht sich oft unbemerkt in unseren Geist ein, sie hinterlässt Spuren, löst Assoziationen aus, prägt zum Teil langfristig Einstellungen und Gefühle. [...] Spezifische Repräsentationen und Wertungen [werden] aktiviert, die meinungsbildend sein können. Sprache übt somit kognitive Macht aus, die soziale Folgen haben kann. Die Macht des Wortes [...] ist heute empirisch nachgewiesen: Wörter aktivieren in unserem Langzeitgedächtnis in wenigen Millisekunden mentale Repräsentationen, setzen Gefühle frei, lassen spezifische mentale Bilder entstehen. Menschen lassen sich mehr beeinflussen, als sie denken, da viele Prozesse unbewusst ablaufen und sich der Kontrolle entziehen. [...] So ist es möglich, dass emotionsaktivierende Wörter oder Sätze Spuren im Langzeitgedächtnis hinterlassen oder Assoziationsverbindungen etablieren können, ohne dass der Hörer/Leser dies bemerkt oder gar möchte.[165]

Ausgehend von diesen Thesen und mit der Annahme, dass in der Pressesprache durch bestimmte Strategien die Etablierung eines Emotionspotenzials und bestimmte Perspektivierungen möglich sind (siehe Kap. 3.3.), werden nicht nur die Titelseiten betrachtet, sondern besonders die Artikel auf Argumentationen, Lexik, Metaphorik sowie Emotionalisierungsstrategien untersucht.

Zusammenfassend lässt sich festhalten: Mediale Repräsentationen, bestehend aus Sprache und Bildern, bringen Diskurse hervor, lenken Meinungsbildungsprozesse und bergen Evaluierungen, da die Wahl der Mittel und die Art und Anordnung der Informationsstruktur stets schon bestimmte Perspektivierungen vermitteln. Dabei untersucht die vorliegende Studie jedoch nicht die tatsächliche Reaktion des Rezipienten im Sinne einer Medienrezipientenforschung, dies ist jedoch auch nicht von Interesse: Im Fokus steht die intendierte Perspektivierung durch die konzipierte sprachliche und visuelle Gestaltung der Titelseiten und Artikel. Ziel ist somit vielmehr herauszufinden, wie in den unterschiedlichen Zeitkontrastschnitten die Repräsentationen über das jeweilige Thema dargestellt und perspektiviert wer-

---

163 Haacke 1962, 16.

164 Schwarz-Friesel/Reinharz 2013, 40.

165 Ebd., 40-42.

den. Wie wird Religion in *Stern* und *Spiegel* medial repräsentiert und wie werden dadurch Repräsentationen erzeugt, um bestimmte Meinungsbilder über religiöse Themen zu etablieren und diese als wahr zu verkaufen? Im folgenden Kapitel wird das linguistisch geprägte Instrumentarium, mit welchem die Repräsentationen untersucht werden, theoretisch und methodisch verortet.

3. Diskurs, Bild und Sprache –
Theorien und Methoden

3.1 „FLUSS VON WISSEN DURCH DIE ZEIT" – DER DISKURS

> Medien bringen Diskurse hervor und konstruieren
> Wirklichkeit.
> DREESEN/KUMIEGA/SPIEß 2012, 11

> In religiös pluralen Gesellschaften, die zugleich
> Mediengesellschaften sind, ist es unverzichtbar,
> mediale Darstellungen von Religionsgemein-
> schaften kritisch in den Blick zu nehmen.
> KARIS 2013, 16

In der Religionswissenschaft war es Hans G. Kippenberg, der, angelehnt an einen linguistischen Diskursbegriff mit Berufung auf Austins Sprechakttheorie und orientiert an Habermas,[1] den Begriff des Diskurses durch seinen Artikel *Diskursive Religionswissenschaft* 1983 erstmalig popularisierte. 20 Jahre später führte Kocku von Stuckrad die Konzeptionen weiter, orientierte sich dabei an den *Cultural Studies* und fasste den Mehrwert insbesondere in zwei Aspekten: einer Metaperspektive durch eine polyfokale Betrachtung sowie dem Verständnis von Religion nicht als Glaubenssystem, sondern als System von Kommunikation und Handlung aufzufassen.[2] Seitdem haben sich unterschiedliche Diskurskonzepte, auch aus anderen Disziplinen, in der interdisziplinär ausgerichteten Religionswissenschaft etabliert, einerseits um Religion diskursiv zu erfassen, andererseits als expliziten Materialzu-

---

1 Vgl. Kippenberg 1983, 21.
2 Vgl. Stuckrad 2003; Miczek 2013, 47-48; siehe auch Neubert 2014, 266f.

gang.[3] Für die vorliegende Arbeit, die ihren Fokus auf die Repräsentation von Religion in den Massenmedien und Perspektivierungen durch Sprache (Bild und Text) legt, erscheint ein Diskurskonzept aus der Linguistik als sinnvoll. Auch in der Linguistik lassen sich unterschiedliche Strömungen und Einflüsse verorten.[4] Für die Arbeit werden zwei unterschiedliche Diskurskonzepte aus den linguistischen Zweigen der Diskursanalyse herangezogen und kombiniert: die Kritische Diskursanalyse sowie die Diskurslinguistik. Trotz aller Unterschiede ist den gegenwärtigen Ansätzen, sei es in der Religionswissenschaft und auch der Linguistik, gemein, dass sie sich zumeist auf Foucault berufen. Gerade die zwei Ansätze der Kritischen Diskursanalyse nach Jäger und der Diskurslinguistik legen Foucaults Machtkonzeption dabei jedoch unterschiedlich aus und stehen daher miteinander in einem Disput. Die

---

3   Einen ausführlichen Überblick über die Diskursforschung in der Religionswissenschaft gibt Neubert (2014, 2016). Zurückgegriffen wird in rezenten Studien etwa auf die historische Diskursanalyse nach Landwehr (2008) oder vermehrt auf die wissenssoziologische Diskursanalyse nach Keller (2011) (Neubert 2014, 271f.). Diese erscheint beispielsweise aufgrund ihrer mangelnden linguistischen Betrachtung für die vorliegende Arbeit als unpassend: „Für die sozialwissenschaftliche Diskursanalyse weitestgehend uninteressant sind linguistische und grammatikalische Aspekte von Diskursen. […] [Es geht] in erster Linie um die Rekonstruktion der Wirklichkeitsordnung, die durch den Diskurs und im Diskurs konstituiert wird" (Keller 2011, 152). Dies lässt sich durchaus kritisch betrachten, sind es doch auch gerade „linguistische Aspekte" die den Diskurs konstituieren und prägen.

4   So gibt es die Heidelberger bzw. Mannheimer Gruppe unter Busse, Teubert und Hermanns (1994) mit dem Fokus auf Diskurssemantik und die Düsseldorfer Schule unter Stötzel sowie seinen Mitarbeitern Böke, Wengeler (z.B. Stötzel/Wengeler 1995; Wengeler 2000, 2003), die sich auf Metaphern-, Argumentationsanalyse und Schlüsselwörter stützte und die zur Konsolidierung der Strömung unter Warnke/Spitzmüller (2008) beitrug und sich heute als ‚Diskurslingiuistik nach Foucault' versteht. Auch innerhalb der Kritischen Diskursanalyse lassen sich unterschiedliche Ansätze finden. Neben der Bochumer Schule nach Jürgen Link (1986, 2006) und der Duisburger Schule nach Jäger (2004, 2012), der sich an Link orientiert, sind es im angelsächsischen Bereich vor allem Norman Fairclough (2010), Teun van Dijk (2001) sowie Ruth Wodak (2004), welche unterschiedliche Strömungen der Critical Discourse Analysis prägten; für einen Überblick siehe Wodak/Meyer (2009). Beziehen sich die deutschsprachigen Diskurskonzepte vor allem auf Foucault, so „findet man in der englischsprachigen Critical Discourse Analysis stärkere Bezüge u. a. zur Funktionalen Systemlinguistik von Halliday" (Kumiega 2012, 25). Für eine Übersicht der deutschsprachigen Schulen sowie ihren Programmen und Abgrenzungen siehe Bluhm et al. (2000), für eine umfassende Einführung in die Diskursforschung der Linguistik, ebenfalls mit Einbezug unterschiedlicher Strömungen siehe Reisigl/Ziem (2014).

Diskurslinguistik wirft der Kritischen Diskursanalyse moralische Wertungen vor und kritisiert die explizit politische Gesellschafts- bzw. Ideologiekritik,[5] die sie vertritt, wohingegen sie selbst sich an einer kritischen Deskription orientiert und somit deskriptiv-analytisch arbeitet. Jäger dagegen argumentiert, dass eine reine Deskription eine positivistische Befangenheit darstelle.[6] Er kritisiert eine Enthaltung einer Kritik und verweist auf den Machtbegriff Foucaults.[7]

Unabhängig des Disputs wird für die vorliegende Arbeit sein methodisches Instrumentarium der Kritischen Diskursanalyse übernommen (siehe Kap. 3.4), da er von einer (Re)Produktion von „Wahrheiten" in einem Mediensystem ausgeht, die durch die Diskursanalyse kritisch betrachtet werden. Im Sinne der Diskurslinguistik wird jedoch von seinem ideologiekritischen Anspruch und der damit einhergehenden Gesellschaftskritik abgewichen. Orientiert an der Diskurslinguistik wird der Diskursbegriff somit linguistisch perspektiviert. Im Folgenden soll zunächst kurz auf Jägers Diskurstheorie eingegangen werden, um anschließend die linguistische Ausrichtung zu erläutern. Das methodische Vorgehen wird in Kapitel 3.4 dargelegt.

Jägers Ansatz gründet sich auf Michel Foucaults Diskurstheorie und orientiert sich dabei besonders an der Rezeption Foucaults durch den Literatur- und Diskurswissenschaftler Jürgen Link. In seiner Kritischen Diskursanalyse definiert Jäger Diskurs als „‚Fluß von Wissen' bzw. ‚sozialen Wissensvorräten' durch die Zeit":[8]

Das Wissen und Meinen der Menschheit fließt durch viele Kanäle, die miteinander verbunden sein können, die einander kreuzen, ineinander übergehen und verschmelzen, gleichsam unterirdisch weiterfließen und wieder auftauchen, aber auch versiegen können. Diskurse sind Wer-

---

5   Sie distanziert sich dabei von der kritisch-normativen Ausrichtung (vgl. Kumiega 2012, 25). So betont etwa Meier (2008): „Die kritische Diskursanalyse ist allerdings problematisch, wenn sich durch den ideologiekritischen Anspruch gewisse Voreingenommenheiten in der Analysemethode und den -ergebnissen bemerkbar machen. Dies ist beispielsweise in einigen Arbeiten von Jäger zu bemerken, in denen selektiv ausgewählte Texte vorschnell als repräsentative Belege für einen rassistischen Diskurs in der Öffentlichkeit fungieren" (Meier 2008, 47).

6   Vgl. Jäger 2009.

7   Vgl. Diaz-Bone 2010. Siehe zum Disput zwischen Diskurslinguistik und Kritischer Diskursanalyse als Überblick Diaz-Bone (2010), sowie zur Kritik an einer Kritischen Diskursanalyse und Befürwortung einer Diskurslinguistik Vogel (2013a), Dreesen (2013), Kumiega (2012), siehe zu Jägers Rezension des diskurslinguistischen Bandes Jäger (2009). Siehe als Einführung in die Diskurslinguistik auch Bendel Larcher (2015).

8   Jäger 2004, 188. 2012 erweitert Jäger das Konzept des Flusses durch das Konzept des Raumes (vgl. Jäger 2012, 29f.), dieses ist jedoch für die vorliegende Analyse nicht von Belang.

ke tätiger Menschen. Diese nehmen sie auf, tragen sie weiter, verändern und vergegenständlichen sie. Als höchst differenzierter Fluß von Bewußtseinsinhalten durch die Zeit ist der Diskurs bzw. das verzweigte Netz der Diskurse zugleich der Ort, an dem Bedeutungen ausgehandelt und dadurch verändert werden. Und diese Bedeutungsnetze bestimmen und organisieren sowohl unsere Handlungen wie auch unsere Auffassungen von uns selbst und von der Welt, in der wir leben.[9]

Diskurse üben dabei Macht aus, da sie Wissen vermitteln, welches gleichzeitig die Basis für individuelles und kollektives Handeln und die Konstruktion und Konstitution von Wirklichkeit ist.[10] „Foucault spricht daher auch nicht von Wissen als solchem, sondern von *Macht-Wissen-Komplexen,* bei denen Macht und Wissen eine Einheit bilden."[11] Wie bereits oben ausgeführt kommt den Medien dabei eine tragende Rolle zu, da sie zur Konstituierung des Wissens beitragen und dabei nicht nur informieren, sondern auch das Bewusstsein formieren.[12] Gerade durch die Wahl der sprachlichen und visuellen Mittel wird dabei eine bestimmte Sichtweise generiert (siehe Kap. 3.2, 3.3), die somit noch nicht einmal explizit geäußert werden muss, dabei als „wahr" verkauft werden kann und als Wirklichkeit abgebildet wird.[13] Die Diskursanalyse „hinterfragt [diese] Selbstverständlichkeiten und problematisiert sie und ermöglicht Kritik an herrschenden Diskursen. Sie kann Vorschläge zur Veränderung von Seh- und Deutungsgewohnheiten erarbeiten und zur Diskussion stellen."[14] Die kritische Leistung wird dabei auf mehreren Ebenen verstanden. Sie besteht aus der Aufdeckung suggestiver Mittel sowie der Akzeptanzschaffung durch diese und der damit verbundenen Problematisierung zeitweilig gültiger Wahrheiten, die sich bereits aus der Thematisierung speist.[15]

So ist das Verfahren der KDA als solches bereits kritisch, da es herauszuarbeiten geeignet ist, was in unseren Gesellschaften als Wahrheit durchgesetzt wird und mit welchen Mitteln dies geschieht. Auch bereits die Auswahl der Themen bzw. der analysierten Diskurse/Diskursstränge stellt ein wichtiges kritisches Moment dar. [...] Die Beschäftigung mit gesellschaftlichen brisanten Themen ist – so gesehen – bereits im Ansatz mit einer kritischen Haltung verbunden.[16]

---

9   Jäger 1997, 71.

10 Vgl. Jäger 2012, 73.

11 Jäger 2012, 38.

12 Vgl. Jäger 2010, 320.

13 Vgl. Jäger/Jäger 2007, 7f.

14 Ebd., 7.

15 Vgl. Jäger 2005, 67.

16 Jäger 2012, 151.

Dabei führt Jäger fort: „Denn Diskursanalyse zeigt mit welchen Mitteln und für welche ‚Wahrheiten' in einer Bevölkerung Akzeptanz geschaffen wird, was als normal und nicht normal zu gelten habe, was als sagbar (und tubar) gilt und was nicht."[17] Neben diesem kritischen Ansatz ist es jedoch auch ein ideologiekritischer Anspruch, den Jäger verfolgt und den er mit Foucaults Machttheorie begründet.[18] Dabei wird Kritik auch mit gesellschaftlicher Veränderung gleichgesetzt.[19] Explizit hier kritisiert die Diskurslinguistik Jägers Ansatz.[20] Nicht nur an Jäger, sondern auch an anderen Richtungen der Kritischen Diskursanalyse wird Kritik an dieser expliziten Gesellschaftskritik und damit einhergehenden expliziten moralischen Wertungen geübt[21] und diese als „unangebracht"[22] tituliert. Anstatt sich moralischen Wertungen sozialer Zu- und Missstände und eines gesellschaftlichen Eingreifens zu verschreiben, versteht sich die Diskurslinguistik eher kritisch deskriptiv, wie Vogel pointiert zusammenfasst:

Linguistische Diskursanalyse habe Diskurse bzw. das sprachlich-kognitive Agieren von Diskursakteuren nicht zu bewerten, sondern zu beschreiben; ihre ‚Kritik' ziele auf die Bewusstmachung sprachlicher Zeichenverwendung und ihrer Folgen im Hinblick auf kulturelle Episteme und spezifischer Kontexte (Wengeler 2005: 280-211), kurz: ‚kritisch durch Deskription' (Wengeler 2011; so bereits Felder 1995: 52, 59).[23]

---

17 Jäger 2012, 161.

18 So argumentiert er: „Kritische Diskursanalyse kann möglicherweise einen Beitrag dazu leisten, die zu erwartenden ideologisch-diskursiven Kämpfe, die unvermeidlich sind, abzumildern, indem sie die Relativität der unterschiedlichen Konstrukte der Welterklärung aufweist, auf dieser Grundlage Modelle toleranter Kritik und Auseinandersetzung entwickelt und jeweilige Gültigkeiten und Normalitäten hinterfragt, problematisiert und kritisiert" (Jäger 2004, 232).

19 „Doch nicht zuletzt geht es darum, sich damit kritisch und in der Absicht, menschliche Verhältnisse zu verbessern, auseinanderzusetzen" (Jäger 2004, 225).

20 Vgl. Dreesen 2013, 178f.

21 Vgl. Warnke/Spitzmüller 2008, 18f.; Dreesen 2013, 178-179.

22 Warnke/Spitzmüller 2008, 19.

23 Vogel 2013a, 280. Auch an der linguistischen Diskursanalyse wird Kritik geübt, so fasst Spieß zusammen, dass dieser vorgeworfen werde, „dass diese [...] sich zu sehr auf Sprache konzentrieren und außersprachliche Faktoren nur am Rande thematisierten, den Handlungsaspekt von Diskursen jedoch vernachlässigten [...] und institutionelle Bedingungen und Zusammenhänge nicht einbezögen [...]. Im Zusammenhang der Kritik wird betont, dass auch außersprachliche Materialitäten und gesellschaftliche Faktoren in eine Diskursanalyse integriert werden müssten". Spieß legt dar, dass sie „diese Kritik nicht ganz korrekt" empfindet (Spieß 2012, 77), da Sprache und Gesellschaft in einem

In Anlehnung an diese Überlegungen schließt sich die vorliegende Studie der Kritik an. Da keine politische, ethische oder religiöse Haltung eingenommen wird, die Studie nicht mit politischem Engagement für sozial Benachteiligte einhergeht oder verdeckte Ideologien aufdecken möchte, distanziert sich die vorliegende Arbeit von Jägers Anspruch einer Ideologie- und Machtkritik und orientiert sich in Bezug zur Diskurstheorie an den theoretischen Überlegungen der Diskurslinguistik und am linguistischen Diskursbegriff.[24] In Anlehnung an Spieß – und somit auch an Busse und Warnke[25] – wird eine linguistische Perspektivierung eingenommen und der Diskursbegriff linguistisch geschärft: „Eine linguistische Perspektivierung geht dabei von der sprachlichen Verfasstheit von Wissen aus und legt ihr Augenmerk auf die sprachlichen Phänomene innerhalb von Diskursen."[26] Es liegt somit ein linguistischer Diskursbegriff vor, der Diskurs als Fluss von Wissen durch die Zeit versteht und bei dem sich Wissen sprachlich manifestiert. Analysiert wird, wie durch den Einsatz von sprachlichen Mitteln „Wirklichkeiten und Bedeutungen diskursiv hervorgebracht sowie Sachverhalte konstituiert werden."[27]

Trotz der genannten Kritik an Jägers Diskurstheorie wird bei der Diskursmethode (siehe Kap. 3.4) auf seine Methodik – allerdings in modifizierter Form – zurückgegriffen. Dies liegt in der für das Material passenden Vorgehensweise im Umgang mit den Einzeltexten auf der Mikroebene begründet. Sein Vorgehen bei der Feinanalyse, den Fokus auf die Gestaltung und textuelle Realisierung im Einzeltext zu legen, bietet Anknüpfungspunkte zur Modifizierung und führt zu einer Entwicklung eines eigenen Drei-Schritt-Modells, welches die Analyse von Text-Bild-Kombinationen und Emotionalisierungsstrategien miteinbezieht, jedoch losgelöst ist von gesellschaftspolitischer Motivation und Ideologiekritik. Welche Modifizierungen vorgenommen wurden und wie das Drei-Schritt-Modell aufgebaut ist, zeigt Kapitel 3.4.

Abhängigkeitsverhältnis betrachtet werden müssen und verweist auf die Sprachpragmatik (vgl. Spieß 2012, 78).

24 Die Ablehnung dieses Anspruchs der Ideologie- und Machtkritik, macht sich auch in der methodischen Vorgehensweise bemerkbar (siehe Kap. 3.4).

25 Busse 1987; Warnke 2007. Orientiert an Foucault hat sich ein linguistischer Diskursbegriff, unter anderem durch Busse (1987) und Warnke (2007) etabliert (vgl. Spieß 2009, 312). „Diskurslinguistik nach Foucault untersucht Sprache als Teil sozialer Praktiken der Wissensgenese und Wissensformation" (Warnke/Spitzmüller 2008, 16). Siehe ausführlich zur Konzeption der Diskurslinguistik sowie zur Kritik an Richtungen der Kritischen Diskursanalyse Warnke/Spitzmüller (2008). Siehe auch zu einer pointierten Zusammenfassung Vogel (2013a) sowie Diaz-Bone (2010), der die Rechtfertigung Jägers mit aufnimmt.

26 Spieß 2009, 332.

27 Spieß 2011, 5.

3.2 „SCHNELLE SCHÜSSE INS GEHIRN" – TEXT UND BILD

> Bilder sind schnelle Schüsse ins Gehirn.
> KROEBER-RIEL 1993, IX

Die Beispiele zu den Papst-Titelseiten (Abb. 3 und 4) zeigen nicht nur den Entstehungsprozess und die Alternativvorschläge hinsichtlich der Titelblattgestaltung. Es wird auch ersichtlich, wie Bild und Text so zusammengesetzt werden, dass sie möglichst wirkungsvolle „Schüsse ins Gehirn" garantieren und aufmerksamkeitserregende, meinungsbildende sowie emotionalisierende Wirkung entfachen.

Abbildung 3: Auszug aus der „Hausmitteilung",
Spiegel 32/1968

Gerade im *Stern* sind Bilder ein Charakteristikum: „In ihm und nur in ihm erwartet man die ganz aufregenden Bilder, und dieses Image ist Teil seines Erfolgs und seines Ansehens ebenso."[28] Aber auch der *Spiegel* setzt auf opulente Bilder auf den Titelseiten und in den Artikeln. Bilder erfüllen in der Presse „die Aufgabe von Fixpunkten, die zuerst die Aufmerksamkeit auf sich lenken, die man zuerst betrachtet. Die Bildnachricht kann deshalb auch eine starke Beeinflussung ausüben, manchmal auch stärker als der Text. Sie kann mehr emotionalisieren und meinungsbildend wirken."[29] Bilder bilden dabei nicht die Realität ab, sondern tragen zu einer Wirklichkeitskonstruktion bei:

---

28 Schneider 2000, 262.
29 Straßner 2002, 12.

Abbildung 4: Auszug des
Editorials, Stern 44/2013

Das Pressefoto genießt zu Unrecht einen Authentizitäts-bonus. Es vermittelt dem Betrachter den Eindruck, Au-thentisches abzubilden, wodurch es ein hohes Wirkungs-potenzial erlangt. Es verleiht uns das Gefühl, dabei gewe-sen zu sein, das Gezeigte mit eigenen Augen zu sehen. Im Grunde können Bilder aber die Realität nicht repräsentie-ren, da die Auswahl des Motivs und des Ausschnitts be-reits eine subjektive Interpretation der Wirklichkeit ist. [...] Der Kommentar kann dem Bild Eigenschaften zu-schreiben, die es gar nicht enthält bzw. die Wahrnehmung auf bestimmte Elemente einlenken, andere ausblenden.[30]

Aufgrund dieser Eigenschaften werden sie in der Analyse der vorliegenden Arbeit miteinbezogen. Bildern kommt im derzeitigen Medienzeitalter eine große Relevanz zu, sie zählen „neben der Sprache zu den wichtigsten zeichenvermittelnden Instru-menten der Repräsentation, Interpretation und An-eignung von Welt."[31] Der Bedeutungszuwachs von Bildern ist auch in der Wissenschaft nicht un-berücksichtigt geblieben, so spricht man bereits seit einiger Zeit vom „iconic turn" oder „pictorial turn".[32] Als Klassiker hinsichtlich der Bildsemiotik gelten zudem die Studien von Roland Barthes oder Umberto Eco, als Klassiker der Ikonologie, Ikono-grafie Erwin Panofsky sowie Ikonik Max Imdahl.[33] Inzwischen beschäftigen sich viele Disziplinen mit der Analyse von Bildern, etwa aus psychologi-scher[34] oder aus kommunikationswissenschaft-licher[35] Sicht. Auch die Religionswissenschaft be-schäftigt sich mit Bildern, vor allem im Gebiet der Religionsästhetik,[36] die sich „mit der sinnlichen

---

30 Schiffer 2005, 70-71.
31 Klemm/Stöckl 2011, 7.
32 Vgl. ebd.
33 Barthes 1969; Eco 1972; Panofsky 1932; Imdahl 1980.
34 Vgl. Schnotz/Bannert 2003; Kappas/Müller 2006.
35 Vgl. Lobinger 2012; Wolf 2006.
36 Vgl. Lanwerd 2012; Mohn 2012; Wilke 2012, 346f.; siehe dazu auch Kap. 6.4.

Wahrnehmung von Religion"[37] auseinandersetzt und auch hier einen „iconic turn" bzw. „visual turn" verzeichnet.[38] Im vorliegenden Fall wird jedoch nicht das Bild im religiösen Kontext fokussiert, sondern im Kontext von Pressetexten, bei denen die Verknüpfung von anderen Zeichen in Gesamttexten im Mittelpunkt steht, nämlich die Verknüpfung von Bild und Text. Eben darin liegt das Potenzial der Linguistik. Überraschenderweise hat die Linguistik die Relevanz der Bilder lange nicht beachtet.[39] Erst seit einigen Jahren konstituiert sich die sogenannte Bildlinguistik,[40] die als ein Teilbereich der Medien- und Textlinguistik verortet wird.

Die Bildlinguistik befasst sich mit der Wirkung und dem Zusammenspiel von Bild und Sprache in der Kommunikation der Massenmedien.[41] Dabei betrachtet sie die Bezüge zwischen Bild und Sprache im Gesamttext und die Verwendung „linguistischer Konzepte, Methoden und Modelle"[42] für die im Text integrierten Bilder. Zentral ist demnach „die Frage nach dem Funktionieren des Bildes in der Kommunikation und den Strukturen von Texten ebenso wie die Erforschung des komplexen Zusammenspiels von Bild und Sprache."[43] Grundsätzliche Fragen sind weiterhin, in welcher Relation Text und Bild zueinanderstehen, welche Funktionen Bilder haben, ob sie Illustration sind oder eigene Inhalte transportieren, welche Wirkung mit Sprache-Bild-Konzepten einhergeht und welche Textteile für Bild/Textbeziehung verstärkt genutzt werden. Betrachtet werden können dabei auch Aspekte der Strukturen, des Layouts oder der Farben.[44] Bevor auf die Analyseschritte eingegangen wird, soll zunächst in Anlehnung an Hartmut Stöckl (2004, 2011) definiert werden, wie Sprache und Bild zu verstehen sind.

Obwohl er dem Begriff Multimodalität kritisch gegenübersteht, orientiert sich Stöckl an Kress/van Leeuwen (1996, 2001), die den Begriff prägten. Der Begriff bezeichnet Texte, die verschiedene Zeichensysteme enthalten. In Anlehnung an Stöckl werden Sprache und Bild somit als zwei Zeichensysteme verstanden.[45] Diese sind zwar bezüglich ihrer Struktur, ihrer Semantik und ihrer Pragmatik unterschiedlich, können aber gerade deswegen in Texten kombiniert werden und sich in ihrer

---

37 Wilke 2012, 346.

38 Vgl. Wilke 2008, 217; siehe Kap. 6.4. Siehe zur Einführung in die Religionsästhetik Wilke 2008.

39 Vgl. Klemm/Stöckl 2011, 8.

40 Vgl. Straßner 2002; Schmitz 2011; Große 2011; Stöckl 1998, 2004, 2011; Klemm/Stöckl 2011; Opilowski 2011, 2013a, 2013b.

41 Vgl. Opilowski 2013a, 221.

42 Klemm/Stöckl 2011, 9.

43 Ebd.

44 Vgl. Opilowski 2013a, 221.

45 Vgl. Stöckl 2011, 45-48.

Darstellung und Aussage ergänzen.[46] Es beinhaltet ein Bedeutungspotenzial, welches durch den jeweiligen Kontext aktiviert und dekodiert werden muss. „Solche Kontexte können (sprachliche) Begleittexte, Genre/Stil- und enzyklopädisches Wissen sowie Erfahrung mit dem dargestellten Weltausschnitt und assoziierbaren Sachverhalt sein."[47] Komplexe Sachverhalte können dabei schnell vermittelt werden, da sie durch den visuellen Zeichengebrauch Denkprozesse erleichtern, Assoziationen freisetzen sowie Wissen schneller kombiniert werden und emotionalisiert werden kann.[48] Dabei sind Bilder allein kommunikationsfähig, als Teil des Gesamttextes werden sie jedoch von der Sprache adaptiert. Bei der Entschlüsselung von Bildern setzen einzelne Zeichen Denotationen und Konnotationen frei:

Die Dekodierung und Interpretation von Bildern beruht darauf, daß einzelne Zeichenkomplexe Denotationen und Konnotationen auslösen. Diese führen ihrerseits zur Generierung von Imagenen im imaginalen System und im Endeffekt zu Assoziationen des Rezipienten, die verschiedene Wissens- und Bewußtseinsinhalte miteinander verknüpfen können.[49]

Betrachtet man nun die Ebenen Sprache und Bild, definiert Stöckl das Bild als Teil des Gesamttextes.[50] Dabei sind lexikalische Einheiten „Schaltstellen" zwischen Bild und Text. An diesen Schaltstellen können sich Konnotationen von Bild und Text gegenseitig beeinflussen, stützen, modifizieren oder erweitern.[51] Dabei rekurrieren „die Konnotationen der visuellen Zeichen [...] auf den verbalen Text und darin enthaltene lexikalische Einheiten [...]. Die Art dieser Rekurrenz ist der Schlüssel zur semantischen Beziehung zwischen Text und Bild."[52]

Um diese Beziehungen zu untersuchen, hat Stöckl anhand von Tages- und Wochenzeitungen sowie Zeitschriften eine Typologisierung von Sprache-Bild-Bezügen aufgestellt, die für die vorliegende Arbeit – die Feinanalysen auf der Mikroebene –

---

46 Vgl. Klemm/Stöckl 2011, 9. Wichtig für die Bildauffassungen sind dabei besonders die Bildunterschriften: „Insgesamt kann die Bildaussage durch den Text ergänzt, damit aussagekräftiger und wahrer werden. Sie kann aber auch eingeengt und verfälscht werden" (Straßner 2002, 24).

47 Stöckl 2011, 49.

48 Vgl. Stöckl 1998, 78.

49 Ebd., 79.

50 Vgl. Stöckl 2004, 243.

51 Vgl. Stöckl 1998, 79.

52 Ebd.

genutzt wird. Diese unterschiedlichen Gebrauchsmuster von Sprach-Bild-Bezügen sollen im Folgenden nun kurz vorgestellt werden.[53]

Als eine der häufigsten Gebrauchsmuster wird die semantische *Parallelisierung* (1) benannt: Das Bild zeigt Teile dessen, worüber der sprachliche Text berichtet bzw. dieser versprachlicht Teile des gezeigten Bildes, es handelt sich um eine Bild-Wort-Passung, z.b. wenn der Theologe Eugen Drewermann vor einer Menschenmenge abgebildet ist und das Foto mit „Prediger Drewermann vor Anhängern" betitelt ist (siehe Kap. 5.2.1, S. 225). Bei der *metonymischen Konzeptassoziation* (2) dagegen werden „nur Teile bzw. assoziativ verknüpfte Inhalte zum begleitenden Text visualisiert"[54] und vice versa. Bedeutungsassoziationen stellen hier die Grundlage für das Verständnis dar. Als Beispiel lässt sich eine Titelseite anführen, auf dem die Figur des alles verschlingenden Moloch abgebildet ist. Erst durch den Titel „Die teuflische Macht der Sekten. Zwei Millionen Deutsche in den Fängen von Gurus, Gaunern und Exorzisten – für immer verloren?" und das fett gedruckte Lexem „Sekte" wird das Bild mit dem Sachverhalt verknüpft; die Assoziation und Bedeutungskomponente, sowie auch gleichzeitig Grundthese des Artikels Sekte = Gefahr wird verbildlicht, da Sekten mit dem Moloch verbunden werden (siehe Kap. 5.2.4, S. 349). *Symbolisierungen* (3) treten auf, wenn ein Bild oder Bilderkombinationen eine komplexe Textaussage symbolisch zusammenfassen und demnach das Bild durch sprachliche oder bildliche Symbole aufgeladen wird. Etwa wenn der weiße Kittel und das Stethoskop eines Arztes im Zusammenhang mit einem hellen Licht in seinen Händen die Verknüpfung von Schulmedizin und Alternativmedizin bzw. „Magie" symbolisiert, siehe Kap. 5.2.3, S. 333). Bei der *Metaphorisierung/ Literalisierung* (4) wird der Sprach-Bild-Bezug über eine Metapher hergestellt. Das Bild literalisiert diese, dabei ist jedoch Sprachwissen von Metaphern Grundvoraussetzung für die Entschlüsselung des Sprach-Bild-Musters. Dies ist zum Beispiel der Fall, wenn der Ausdruck „In den Fängen skrupelloser Wunderheiler. Die neuen Psycho-Sekten" durch eine Frau, die als Marionette dargestellt ist, verknüpft wird. Als Marionettenführer (der nicht abgebildet ist) erschließt der Rezipient damit die sogenannten neuen Sekten (siehe Kap 5.2.4, S. 361).

Liegt der Fokus eher weniger auf der inhaltlichen Passung zwischen Bild und Text, sondern auf der Bildgestaltung bzw. dem Design und einem „Verweis auf formale Produktions- und Zeicheneigenschaften"[55] des Bildes, handelt es sich um *Metakommunikation*, bzw. um einen *metakommunikativen Kommentar zum Bild* (5). Hinsichtlich des Gebrauchsmusters *Bedeutungsgegensatz bzw. Bedeu-*

---

53 Siehe dazu ausführlich Stöckl (2004, 253-300); siehe auch Janich (2010), die Stöckls Typologie komprimiert zusammenfasst und auf die Werbesprache anwendet (vgl. Janich 2010, 253-256).

54 Stöckl 2004, 266.

55 Janich 2010, 254.

tungsanalogie (6) „bietet [...] [das Bild] einen inhaltlichen Gegensatz bzw. ein Analogon zu einer sprachlichen Aussage."[56] Dafür müssen jedoch logische und assoziative Bezüge zwischen den Inhalten des Bildes und des Textes hergestellt werden. Beispielsweise ist ein Foto, welches Devotionalien zeigt, mit der Überschrift „Glaube der Ungläubigen" betitelt. Erst durch den Anreißer und den Text ist erkennbar, dass das Bild den „eingängigen Volksglauben" der katholischen Kirche visualisiert und die Ungläubigen dabei auch als diejenigen definiert werden, die sich diesem zu- und somit von der theologischen Lehre abwenden (siehe Kap. 5.2.1, S. 235). Ist auf einem Bild eine Person abgebildet und der Text suggeriert durch Anführungsstriche und Platzierung ein Zitat der abgebildeten Person, so wird dieses Muster als *Comic/Figurenrede* (7) bezeichnet. So wird etwa der Titel „Papst Paul VI.: Nein zur Pille" mit einem dynamischen Foto des Papstes kombiniert, sodass der Anschein erweckt wird, das „Nein zur Pille" stamme aus seinem Mund (siehe Kap. 5.2.2, S. 253).

Unter ‚Fachliche' Sprache-Bild-Bezüge bzw. Infografisches fasst Stöckl *Bildlegenden* (8), *Prozessmodelle* (9), etwa Schaubilder von Phasen oder Abläufen, und *Diagrammatisches* (10), in denen Mengen bzw. Größenverhältnisse visualisiert werden, etwa wenn Ergebnisse von Glaubensumfragen in farbigen Diagrammen festgehalten werden (siehe Kap. 5.2.1, S. 224). Auch das Einzelbild führt er unter *Bild solo* (11) als „sprachloses", jedoch trotzdem weitestgehend aussagefähiges Bild auf, welches eine Aktivierung von Weltwissen voraussetzt.

Als *Visiotypes* bzw. *Image icons* (12) dagegen werden Bilder bezeichnet, die „dank ihrer Bindung an grundlegende, konnotationsbeladene Konzepte zumeist über Kulturgrenzen hinweg vage Bedeutungen mitteilen."[57] Als Beispiel lässt sich eine Titelseite zur Alternativen Medizin anführen, bei dem mehrere bekannte Symboliken – Yin und Yang, Chakren, Lotusblüte – abgebildet sind, die in ihrer Synthese unter dem Titel „Alternative Medizin" alle mit dieser verknüpft werden (siehe Kap. 5.2.3, S. 306).

Werden zwei oder mehrere Bilder in einer Montagetechnik zusammengeführt, fasst Stöckl dies unter *Montage und Addition* (13). So zeigt das Titelbild „Der Papst und die Lust" eine Zeichnung Johannes Paul II., der mit spitzen Fingern ein Kondom in der Hand hält, welches in Fotoformat in die Hand des Papstes montiert wurde und somit in doppelter Weise als Fremdkörper fungiert (siehe Kap. 5.2.2, S. 268). Bei einer Verschmelzung mehrerer Bilder zu einer einheitlichen Gestalt betitelt Stöckl dies als *Mischung und ‚Morphing'* (14). Dies zeigt sich etwa in der Integration einer statischen Grafik zur Glaubensumfrage in ein Kirchenfenster, sodass ein durch den Graphen vermittelter Glaubensschwund auf traditionelle Kirchlichkeit trifft (siehe Kap. 5.2.1, S. 212).

---

56 Stöckl 2004, 298.
57 Ebd., 282.

Neben den bereits genannten Gebrauchsmustern fasst Stöckl Bild-Bild-Konstellationen auf, also das Vorkommen mehrere Bilder. Diese können in einem *spezifizierenden Bild-Bild-Bezug* (15) auftreten, etwa wenn Einzelbilder eine logische Beziehung und Kohärenz zueinander herstellen. Beispielsweise zeigen vier Bilder eines Artikels private Momente von Menschen während der Sakramente, durch die gleiche Syntax, jedoch eine geteilte Satzkonstruktion in den Bildunterschriften, stellen sie eine Kohärenz her und werden alle als „christliche Restbestände" klassifiziert (siehe Kap. 5.2.1, S. 211-212). Darunter können auch *temporale Bild-Bild-Bezüge* (16) gefasst werden, wenn demnach Einzelbilder eine Handlung ergeben, oder auch *vergleichende und kontrastierende Bild-Bild-Bezüge* (17) verstanden werden, bei denen Kontraste bzw. Gemeinsamkeiten fokussiert werden. So zeigen vier Bilder einer Bilderstrecke unterschiedliche Tatorte, die Bildunterschriften verweisen auf verschiedene Orte und Jahre, somit werden die Folgen eines „Sekteneintritts" als globales, tödliches Phänomen konstruiert (siehe Kap. 5.2.4, S. 351).

Stöckl betont, dass die Gebrauchstypen auch meist in einer Kombination vorliegen, zu den drei häufigsten und zentralsten Beziehungstypen zählt er die semantische Parallelisierung, Metonymien sowie metaphorische Sprach-Bild-Bezüge.[58]

Neben der Typologie Stöckls wird für die Feinanalyse der Titelseiten auch ein weiteres Konzept eingebunden. Auf Grundlage von *Spiegel*-Titelbildern hat Roman Opilowski (2008) die Interbildlichkeit von diesen im Zusammenhang mit dem Text untersucht und in Anlehnung an Mitchell eine Typologie für Referenzen aufgestellt, auf die auch bei der vorliegenden Arbeit in den Feinanalysen der Titelseiten zurückgegriffen wird. Es handelt sich dabei um Referenzen von Gemälden, Zeichnungen, Fotos, Statuen, Piktogrammen, literarischen und filmischen Bilder. Opilowski fasst diese als „persuasiv angewandte[.] Interbildlichkeit"[59] zusammen.

Zusammenfassend lässt sich festhalten, dass Bildern in den Printmedien längt nicht mehr eine rein illustrative Rolle zukommt,[60] in ihrer Funktion „ersetzen [...] [sie] sprachliche Textteile völlig oder teilweise, heben Teile der Textstruktur hervor oder fassen Teile des verbalen Textes symbolisierend zusammen und perspektivieren Textaussagen oder laden sie konnotativ auf."[61] Wie neben Bildern auch durch Sprache selbst perspektiviert wird, zeigt nun das nächste Kapitel.

---

58 Vgl. Stöckl 2004, 299.
59 Opilowski 2008, 67.
60 Vgl. Müller 2003, 91.
61 Stöckl 2004, 385.

3.3 DIE MACHT DER SPRACHE

„Sprache […] hat stets die Wirkungskraft, das Bewusstsein und die Einstellungen der Rezipienten maßgeblich zu beeinflussen. In dieser Einflussnahme liegt das Machtpotenzial von Sprache."[62] Allein die Tatsache, dass der *Spiegel* als Leitmedium verstanden wird (siehe Kap. 4.1), zeigt, dass ihm ein Macht- und Meinungspotenzial realisiert durch Sprache zugeschrieben werden kann. Der *Stern* versteht sich selbst als „meist gelesenes meinungsbildendes" Magazin Deutschlands, das neben der Meinungsbildung auch Emotionalität als wichtigen Aspekt in sein Leitbild hebt (siehe Kap. 4.3). So erklärt der ehemalige *Stern*-Chefredakteur Thomas Osterkorn im Interview mit der Frankfurter Allgemeinen Zeitung: „Unsere Erfahrung ist, daß die Titelthemen am besten laufen, die Menschen persönlich berühren, die etwas mit ihrem Leben zu tun haben. Nicht irgendwelche abstrakten Trends, sondern Ereignisse, die aufwühlen."[63] Doch wie werden die Themen aufbereitet, damit sie berühren bzw. „aufwühlen"? Wie kann Sprache Einstellungen des Rezipienten beeinflussen? Wie wird Meinung durch Sprache evoziert und wie werden Sachverhalte durch Sprache perspektiviert? Wie finden Bewertungen statt? Sprache bildet Realität nicht einfach ab. Bereits durch die Wahl der sprachlichen Mittel oder der Anordnung von Informationen werden Perspektivierungen und Evaluierungen hervorgebracht.

Jede verbale Realitätsdarstellung kann so durch die Gestaltung der Äußerung variiert und der Sprecherintention gemäß geformt werden. Lexikon und Grammatik liefern ein Reservoir an unterschiedlichen Wörtern für Benennungen sowie die Möglichkeit, syntaktische Strukturen flexibel auszuwählen, um Inhalte semantisch und strukturell verschiedenartig darzustellen.[64]

Allein eine Formulierungswahl hat eine bewusste oder unbewusste Entscheidung für eine Perspektive zur Folge.[65] Sogar die Präsentation „sogenannter Fakten mit ihrem impliziten Wahrheitsanspruch unterliegt der Perspektivierung, die durch Zeichenabwahl und Zeichenverknüpfung generiert wird."[66] Dabei werden nicht nur Assoziationen ausgelöst, sondern Wertungen aktiviert und auch das Aufkommen von Gefühlen und die Entstehung von mentalen Bildern, die sich langfristig einprägen können, sind empirisch erforscht und belegt.[67] Die Beeinflussung, die Lenkung von Gedanken oder Gefühlen, ist durchaus häufig, aber vielen Rezipienten

---

62 Schwarz-Friesel/Reinharz 2013, 44.

63 Lochte 2003, 38.

64 Schwarz-Friesel/Reinharz 2013, 33-34.

65 Vgl. Felder 2009, 12.

66 Ebd.

67 Vgl. Schwarz-Friesel/Reinharz 2013, 41.

nicht bewusst, da die Prozesse unbewusst verlaufen und mentale Bilder im Gedächtnis aktiviert werden, auf die ein kontrollierter Einfluss gar nicht möglich ist.[68]

Somit kann in der Pressesprache gerade „durch die gezielte Wahl sprachlicher Mittel [...] eine wertende Sichtweise auf berichtete Ereignisse oder Debatten nahegelegt, ohne explizit geäußert zu werden"[69] und dabei als ‚wahr' verkauft werden. Dabei können zudem durch die Betonung von unterschiedlichen Bedeutungsaspekten eines Referenzobjektes eingeengte Blickwinkel und somit Wertungen hervorgerufen werden, die das Potenzial besitzen, den Leser emotional anzusprechen.[70] Textproduzenten in der massenmedialen Berichterstattung können sich dies für eine Persuasion zu Nutze machen, die darauf ausgerichtet ist, den Rezipienten durch verschiedene sprachliche Mittel zu beeinflussen, um damit eine bestimmte Wirkung auf ihn zu erreichen.

Wie bereits erwähnt (siehe Kap. 3.1), orientiert sich die Arbeit an einem linguistischen Diskursbegriff angelehnt an Jäger und Spieß, der genau von einem solchen präsentierten Verständnis von Sprache ausgeht.[71] Während Jäger betont, in seinem theoretischen Ansatz die „suggestiven Mittel diskursiver Ansprache aufzuzeigen"[72], macht Spieß in ihrem Analysemodell deutlich, wie durch den Einsatz von sprachlichen Mitteln „Wirklichkeiten und Bedeutungen diskursiv hervorgebracht sowie Sachverhalte konstituiert werden."[73]

Für die Analyse der einzelnen Artikel wird ein Drei-Schritt-Modell entwickelt (siehe Kap. 3.4), dass auf der dritten Ebene (Sprachlich-rhetorische Mittel und Strategien) die Lexik in Form von Schlüsselwörtern bzw. Leitvokabeln[74] und die Metaphorik in einzelnen Artikeln untersucht.

---

68 Vgl. Schwarz-Friesel/Reinharz 2013, 41.

69 Androutsopoulos 2003, 7.

70 Vgl. Schwarz-Friesel 2013a, 213.

71 Vgl. Jäger/Jäger 2007, 7f.; Spieß 2011, 5.

72 Jäger 2004, Klappentext.

73 Spieß 2011, 5.

74 Spieß definiert Wörter, die „frequent gebraucht werden und somit durch ihren Gebrauch den jeweiligen Diskurs entscheidend strukturieren" (Spieß 2011, 201) als „Schlüsselwörter oder Leitvokabeln". Ihnen ist „die bewertende neben der deontischen und denotativen Bedeutungsdimension eigen, mit ihnen wird wertend Bezug auf etwas genommen" (Spieß 2011, 201). Dabei spezifiziert sie Schlüsselwörter bzw. Leitvokabeln noch weiter in Symbolwörter und Schlagwörter, während Schlagwörter gruppenübergreifend genutzt werden und von Langlebigkeit im Gebrauch zeugen, sind Symbolwörter kurzlebiger. Die Grenze zwischen beiden ist jedoch fließend (vgl. ebd., 201f). Die Differenzierung in Symbol- und Schlagwörter ist für die vorliegende Arbeit jedoch nicht von Interesse, da kein rein politischer Diskurs untersucht wird. Daher soll im Folgenden lediglich die Schlüsselwörter bzw. Leitvokabeln in Betracht gezogen werden.

Hinsichtlich der Bildlichkeit und der Metaphorik bietet sich dabei in der Analyse eine Unterscheidung im Sinne von Helge Skirl und Monika Schwarz-Friesel an, die zwischen lexikalisierten bzw. konventionellen und neuen Metaphern differenzieren. Lexikalisierte Metaphern sind „im Lexikon der Sprache bereits gespeichert"[75] und daher konventionell geworden, dagegen werden neue Metaphern „im Sprachgebrauch kreativ und innovativ [...] gebildet."[76] Dabei wird zwischen kreativen Metaphern, die auf bereits bekannte Konzepte zurückgreifen, und innovativen Metaphern, die völlig neue Konzepte einbringen, unterscheiden. Im Bereich zwischen konventionellen und neuen Metaphern liegt die klischeehafte Metapher, die zwar als Metapher verstanden wird, jedoch bereits stark lexikalisiert ist.[77] In ihren Funktionen schreiben Skirl/Schwarz-Friesel metaphorischen Konzepten etwa Persuasion, Implikatur oder Explikation zu, die ebenfalls einer Perspektivierung dienen können.[78]

Unter der Analyse der sprachlich-rhetorischen Mittel werden demnach für die Analyse folgende relevante Aspekte betrachtet: Lexik, das heißt Leitvokabeln, Wortfelder, Bezeichnungen für Akteure bzw. Referenzobjekte, sowie Metaphernkonzepte, unter denen auch Bildlichkeit und Redewendungen gefasst werden sollen. Dabei liegt die These zu Grunde, dass diese Elemente zu einer intendierten Argumentation bzw. Perspektivierung des Sachverhalts führen. Hinzukommend sollen nun Überlegungen und Konzepte zur Emotionalisierung miteingebunden werden. Schwarz-Friesel hat dies in ihren Überlegungen zur Symbiose von Sprache, Kogni-

---

Zwar bezieht sie sich auf den öffentlich-politischen Bereich, der Terminus „Schlüsselwort" kann jedoch auch außerhalb des politischen Bereichs genutzt werden, wie auch Liebert (1994) darlegt. Spieß benutzt Schlüsselwort und Leitvokabel synonym. In der vorliegenden Arbeit wird dies ebenso angewandt, wobei häufiger das Lexem „Leitvokabel" genutzt wird. Siehe zu Schlüssel- und Schlagwörtern auch die ausführliche Typologie Hermanns (1994).

75 Skirl/Schwarz-Friesel 2007, 28.

76 Ebd.

77 Vgl. ebd., 29.

78 Vgl. Skirl 2011, 193f.

tion und Emotion theoretisch fundiert,[79] dies soll kurz vorgestellt und für die Analyse ebenfalls fruchtbar gemacht werden.[80]

---

79 Vgl. Schwarz-Friesel 2013a. Die folgenden Ausführungen des Kapitels sowie Fußnote 80 stellen eine komprimierte sowie modifizierte Zusammenfassung eines Kapitels der unveröffentlichten Masterarbeit Stander (2013) dar. Für ausführliche Abhandlungen zur Verknüpfung von Kognition, Emotion und Sprache, sowie der Kodierung von Emotionen auf Grundlage theoretischer Modelle von Bühler über Hermanns bis Stenschke ebenso wie zur Emotionalisierung siehe demnach Stander (2013).

80 „Descartes' Axiom ‚Ich denke, also bin ich' – vielen auch unter ‚Cogito, ergo sum' [...] bekannt – wurde von einem der bekanntesten Neurobiologen unserer Zeit 1994 als Irrtum deklariert. Nicht ‚Ich denke, also bin ich' sondern ‚Ich fühle, also bin ich' postulierte Damasio für das menschliche (Bewusst-)Sein in einem weiteren, einflussreichen Werk" (Topalovic 2009, 269-270). In der Linguistik galt die Verbindung von Kognition und Emotion, also von Denken und Fühlen, welche der Neurowissenschaftler Antonio Damasio 1994 als zusammengehörig definiert, lange als unvereinbar. So bezeichnet sich die Sprachwissenschaftlerin Monika Schwarz-Friesel selbst „über viele Jahre im kognitionswissenschaftlichen Denk-Paradigma verhaftet" (Schwarz-Friesel 2013a, XI). Seit einigen Jahren ist jedoch von einer „emotionale Wende" (Schwarz-Friesel 2008, 128) in der Linguistik sowie auch in anderen Wissenschaften die Rede. Schwarz-Friesel verweist gegenwärtig auf eine „besonders intensive[n] Symbiose" (Schwarz-Friesel 2013a, 2) von Sprache und Emotion. In Anbetracht einer Definition von Sprache als „auf kognitiven Prozessen basierendes, gesellschaftlich bedingtes, historischer Entwicklung unterworfenes Mittel zum Ausdruck bzw. Austausch von Gedanken, Vorstellungen, Erkenntnissen und Informationen sowie zur Fixierung und Tradierung von Erfahrung und Wissen" (Bußmann 2008, 643), besteht die Symbiose aus einer Wechselbeziehung. Ausgehend davon, dass für den Ausdruck sprachliche Mittel „konstitutiv sind und dieser [...] emotional gesteuert wird, dann ist die menschliche Sprache nicht nur selbst emotional beeinflusst, sondern kann auch zur Kodierung von Emotionen dienen" (Topalovic 2009, 272). Bezogen auf die sprachlich-kommunikativen Mittel können diese Mittel Emotionen demnach ausdrücken, bezeichnen und auslösen (vgl. ebd., 273). In den linguistischen Studien, die aus der „emotionalen Wende" hervorgingen, wird dabei entweder gar keine Unterscheidung zwischen den Lexemen Emotion oder Gefühl getroffen (Stoeva-Holm 2005, Hermanns 2002a, 2002b, Jahr 2000) oder es handelt sich um gänzlich unterschiedliche Konzepte (Winko 2003, Woll 1997, Fries 2011). In der Emotionspsychologie wird Emotion als multidimensionales Konstrukt aufgefasst (vgl. Rothermund/Eder 2011, 167), bei der der Kern jeder Emotion aus subjektiven Bewertungen besteht, je nach positiver oder negativer Einschätzung gegenüber Personen oder Objekten entstehen so unterschiedliche Emotionen. Gefühl als Erlebniskomponente ist in diesem Konstrukt miteingeschlossen. In Anlehnung an die Konzeptionen der Emotionspsychologie und der Symbiose zwischen Sprache und Emotion wird demnach die Emotionsdefinition von

Anknüpfend an die oben ausgeführte These von Machtfunktionen und die aufgestellte These einer Beeinflussung durch sprachliche Mittel stellt sich die Frage, wie
ein Pressetext Bewertungen evozieren kann. Liest ein Rezipient einen Text, so konzeptionalisiert er in seinem Leseprozess die Sachverhalte des Textes und fertigt Re-
konstruktionen der Konzeptionalisierungen des Produzenten an. Durch die Ver-
sprachlichung verfolgt der Produzent ein bestimmtes mentales Bild, eine mentale
Repräsentation.

Auf der Ebene der Konzeptualisierung steuern nicht nur kognitive, sondern auch emotionale
Komponenten maßgeblich die mentale Repräsentation eines Sachverhalts [...]. Die Re-
ferenzialisierung betrifft die (spezifische) Darstellung von Sachverhalten mittels Sprache.
Hier wird die jeweilige Konzeptualisierung verbal kodiert.[81]

Der Produzent kann durch die verbale Kodierung seiner Konzeptionalisierung eine
bestimmte Perspektive auf einen Sachverhalt generieren, eine Evaluierung ist erkennbar. Schwarz-Friesel nennt dies „perspektivierte Referenzialisierung"[82], bei der
Bewertungen sprachlich konstruiert werden. Dem Text liegt somit ein Emotionspotenzial zu Grunde, welches in der Struktur der Information verknüpft ist und „als
inhärente Eigenschaft des Textes"[83] definiert werden kann. Er wird „von seinem
Referenz- und Inferenzpotenzial determiniert [...]. Dieses wiederum hängt von der
spezifischen Kodierung ab."[84] Durch verschiedene sprachliche Kodierung kann somit der gleiche Sachverhalt auf unterschiedliche Art und Weise präsentiert werden
und dadurch unterschiedliche Bewertungen evozieren. Durch die spezifisch sprachliche Gestaltung eines Textes können folglich (Be-)Wertungen kodiert und ein Wir-
kungs- bzw. Emotionspotenzial aufgebaut werden, welches zu einer Emotionalisierung des Lesers führen kann.

Schwarz-Friesel als grundlegend verstanden, die dabei ebenso Gefühl als Komponente
dieses Komplexes versteht: „Emotionen sind mehrdimensionale, intern repräsentierte und
subjektiv erfahrbare Syndromkategorien, die sich vom Individuum ich-bezogen intro-
spektiv-geistig sowie körperlich registrieren lassen, deren Erfahrenswerte an eine positive
oder negative Bewertung gekoppelt sind und die für andere in wahrnehmbaren Aus-
drucksvarianten realisiert werden (können)" (Schwarz-Friesel 2013a, 55). Siehe zu diesen
Ausführungen zu Sprache, Kognition und Emotion auch ausführlich Stander (2013, 8-
13), sowie zu theoretischen Modellen der sprachlichen Kodierung von Emotionen
Stander (2013, 13-18).
81 Schwarz-Friesel 2013a, 213.
82 Ebd., 214.
83 Ebd.
84 Ebd., 215.

Doch was bedeutet Emotionalisierung? Schwarz-Friesel definiert Emotionalisierung als einen Prozess bzw. einen „durch äußere Reize ausgelösten, reaktiven Vorgang der Emotionsauslösung"[85], mit Bezug auf Voss (1999)[86] fährt sie fort, dass dieser Vorgang „durch die kognitiven Informationseinheiten ausgelöst [wird]. Der Rezipient aktiviert aufgrund der spezifischen Textinformation und -struktur bestimmte Gefühle und evoziert spezifische Bewertungen."[87] Somit können sich Produzenten der massenmedialen Berichterstattungen dies für eine intendierte Emotionalisierung bzw. Perspektivierung zu Nutze machen, um Wertungen und Einstellungen zu Themen und Sachverhalten zu evozieren. Ob und inwieweit das Emotionspotenzial den Leser tatsächlich beeinflusst und welche Emotionen dabei hervorgerufen werden, ist schwierig zu bemessen[88] und steht dabei in Abhängigkeit von diversen Faktoren beispielsweise den Interessen oder dem Wissensbestand des Lesers. Aufgrund dessen muss demnach differenziert werden zwischen den im Pressetext vermittelten und dargestellten Emotionen bzw. Wertungen und dem „emotionalen Erleben des Rezipienten"[89]. Ist durch den Produzenten etwa eine starke Emotionalisierung bzw. Wertung beabsichtigt, muss sie nicht zwingend beim Rezipienten eintreten bzw. von diesem übernommen werden. Auch die vorliegende Arbeit kann die tatsächliche Reaktion der Rezipienten nicht nachweisen, dies ist jedoch auch nicht von Interesse. Im Fokus der Feinanalysen steht die intendierte Perspektivierung durch die konzipierte sprachliche und visuelle Gestaltung.

Aber wie sieht diese sprachliche Gestaltung aus? Schwarz-Friesel weist darauf hin, dass sich Produzenten bestimmte Mittel zur Etablierung eines Emotions- bzw. Wirkungspotenzials zu Nutze machen. Dazu können etwa emotionsausdrückende und emotionsbezeichnende Lexeme mit jeweiligen Konnotationen,[90] explizite oder

---

85 Schwarz-Friesel 2013a, 141.

86 Voss untersucht das Textverfahren und die Gestaltung der *BILD*-Zeitung im Hinblick auf Emotionalisierungen und arbeitet dabei mit folgendem Emotionalisierungsbegriff: „Unter Emotionalisierung wird der Prozeß des Nachempfindens von Gefühlen verstanden, der bei der Lektüre in Gang gesetzt wird. Dem Rezipienten soll eine gefühlsmäßige Teilnahme am präsentierten Geschehen ermöglicht, in ihm sollen eigene Emotionen geweckt werden durch die in die Artikel eingebauten Emotionen" (Voss 1999, 20).

87 Schwarz-Friesel 2013a, 214.

88 Vgl. Schütte 2011, 170.

89 Schwarz-Friesel 2013a, 216.

90 Als emotionsbezeichnende Lexeme werden Wörter verstanden, die direkt auf Emotionen referieren, etwa Nomina wie Freude, Wut, Zorn, Liebe und die dementsprechenden Verben, etwa lieben, hassen, freuen usw. (vgl. Schwarz-Friesel 2013a, 144). Emotionsausdrückende Lexeme vermitteln über ihre semantische Information emotionale Einstellungen, die beim Leser emotionsauslösend wirken können, etwa Substantive, Verben und Adjektive, ebenso wie Partikel und Modalwörter. Ausgehend davon, dass Emotionen

implizite Attribuierungen, Kollektivattribuierungen, Anaphern, Personifikationen, Implikaturen, Parallelismen oder auch eine gezielte Informationsstrukturierung in Form von Platzierung und Weglassung von Informationen zählen, ebenso wie die klassischen rhetorischen Mittel oder auch die Interpunktion. Zudem postuliert sie, dass Emotionalisierung auch als persuasive Strategie genutzt werden kann, um Wertungen zu evozieren und die Meinung und das Verhalten des Rezipienten intendiert zu steuern:

Somit lässt sich die über das Emotionspotenzial realisierte, vom Textproduzenten antizipierte und intendierte Emotionalisierung als persuasive Strategie beschreiben. Persuasive Strategien sind kommunikative Verfahrensweisen, die spezifisch rezipientenbeeinflussend, d.h. intentional auf eine bestimmte Wirkung ausgerichtet sind.[91]

In Anlehnung an Klein[92] stellt sie unterschiedliche Strategien der Persuasion in der massenmedialen Kommunikation auf:

- die Referenz auf Autoritäten (z.B. *„so der geistliche Gelehrte"*, *„einer der weltweit führenden Alternativmedizin-Forscher und wissenschaftlicher Berater dieser Serie"*),
- die Referenz auf Authentizität (z.B. *„erzählte sie dem Stern"*, *„Vertragsunterlagen, die dem Stern vorlagen"*),
- die Referenz auf regelhafte Beziehungen und kausale Faktoren (z.B. *„so geht das immer"*, *„traditionell"*)
- die Präsentation der Atmosphäre über Analogien (z.B. *„Während zahlreiche Kirchen auch am Sonntag so leer sind, wie es albanische Parkplätze einst unter Enver Hodscha waren"*)
- die Darstellung von Sympathieträgern (z.B. *„mutiger Katholik"*, *„Anhänger im Bildungsbürgertum, bei Studenten, alleinerziehenden Müttern und Singles"*),
- die Akzentuierung von Sachverhalten im positiven oder negativen Sinne (z.B. *„ein Papst, der sie das Fürchten um ihr Leben lehrt"*, *„fatalste katholische Fehlurteil dieses Jahrhunderts"*)

---

nicht nur lexikalisch realisiert sind, lassen sich zudem emotionsausdrückende Mittel festhalten, zu denen etwa Diminutivsuffixe, Bewertungspräfixe, Optativsätze sowie Exklamativsätze, Hyperbeln, Vergleiche oder auch Metaphern zählen, da sie ebenfalls emotionale Einstellungen ausdrücken (vgl. Schwarz-Friesel 2013a, 152f.). Eine Kombination von emotionsbezeichnenden und emotionsausdrückenden Lexemen ist nicht unüblich, um Wertungen zu vermitteln (vgl. Schwarz-Friesel 2013a, 152).

91 Schwarz-Friesel 2013a., 225.

92 Sie geht dabei nicht auf die Differenzierung von Klein (1994) ein, dieser unterteilt die persuasiven Strategien in argumentative und suggestive Strategien (vgl. Klein 1994, 5f.).

- Kontrastierungen (z.B. „*Wenige glauben viel*")
- sowie Erzählungen durch Einzelschicksale (z.B. „*Für Clemens wurde der Hindu-Guru zu einem allmächtigen Gott*"; „*zum Beispiel Pfarrer Klaus Zedtwitz aus Freiburg. Wie üblich stöberte der 63-Jährige...* ").[93]

Insbesondere Empathie und Identifikation werden dadurch fokussiert, die als Voraussetzung für eine wirkungsvolle Persuasion gelten und die Aufmerksamkeit des Lesers aktivieren. Durch diverse Formen der textuellen Ereignisdarstellungen, etwa der Augenzeugendarstellung oder der faktizierenden Ereignisdarstellung[94] kann die Persuasion verstärkt oder abgeschwächt werden. Somit wird entweder eine Distanz zum Sachverhalt eingewoben oder dieser verstärkt personalisiert und damit persuasiv aufgeladen. Schwarz-Friesel eruiert die persuasiven Strategien jedoch anhand ihres Korpus der Nahost-Konfliktberichterstattung, sodass es scheint, als seien diese auf politische Berichterstattung fixiert. Da die ausgewählten Artikel der vorliegenden Arbeit nicht in diese Sparte fallen, können weitere Strategien miteinbezogen werden, etwa die Einbindung von Prominenz oder die Referenz auf Zahlen.[95] Für die vorliegende Arbeit sollen diese Mittel und Strategien unter dem Begriff der „Emotionalisierungsstrategien" gefasst werden. Diese sollen hier nun nicht näher thematisiert werden. Dies liegt darin begründet, dass sie im Analyseteil (Kap. 5.2) genutzt werden um zu überprüfen, wie ein Wirkungspotenzial aufgebaut wird und wie Wertungen und Perspektivierungen evoziert werden.

Werden nun Sachverhalte durch die eben genannten sprachlichen Mittel und persuasiven Strategien dargestellt, so werden Wertungen in die Repräsentation miteingebracht und die Sachverhalte aus einem bestimmten Blickwinkel heraus präsentiert:

Je nach Textgestaltung und -information entsteht eine kognitive Zwischenebene, die den Weltausschnitt auf eine sehr spezifische Weise repräsentiert. Diese Darstellung entspricht nicht dem neutralen Kriterium der Objektivität und erfüllt selten das Informationsgebot der Neutralität: Vielmehr wird Realität (scheinbar objektiv) mittels Sprache bezeichnet, tat-

---

93 Vgl. Schwarz-Friesel 2013a, 226-227; die Beispiele sind den Feinanalysen entnommen.

94 Schwarz-Friesel differenziert zwischen fünf Formen der Ereignisdarstellung: „Augenzeugendarstellung [...], faktizierende Ereignisdarstellung ohne Kennzeichnung der Quellenperspektive [...], distanzierte Ereignisdarstellung mit Kennzeichnung der Quellenperspektive [...] [und] indirekte Ereignisdarstellung aus der Perspektive Dritter" (Schwarz-Friesel 2013a, 226).

95 Hierbei wird auch auf Voss (1999) zurückgegriffen, da diese anhand der *BILD*-Zeitung sensationalisierende Kriterien mit einbezieht, etwa die Referenz auf Zahlen (vgl. Voss 1999, 58).

sächlich aber über bestimmte Strategien aus einem eingeengten, spezifisch emotional und damit (be)wertend unterlegten Blickwinkel referenzialisiert.[96]

Durch diese subtile Bewusstseinsbeeinflussung ist eine Emotionalisierung im oben beschriebenen Sinne möglich. Zumindest können je nach Wissensstand und Interesse des Rezipienten die Evaluationen und Wertevorstellungen akzeptiert und sogar als geltend verinnerlicht und verfestigt werden. So erklärt Schwarz-Friesel:

> Die Betonung der emotionalen Aspekte eines Sachverhalts löst in der Regel Gefühlsregungen, d. h. emotionale Zustände von kurzer Dauer aus. [...] Die kontinuierliche Rezeption [...] zu einem bestimmten Referenzbereich oder Thema kann jedoch dazu führen, dass sich beim Lesen eine stabile emotionale Grundhaltung im Sinne einer allgemeinen Einstellung verfestigt.[97]

Auch Wissen ist durch Emotionen geprägt, da Sachverhalte, Dinge oder Personen immer mit Bewertungen verbunden sind. In Form von sprachlichen Mitteln und Strategien können Informations- und Wissensprozesse beeinflusst werden, da der Rezipient sein Wissen mit seinen emotionalen Einstellungen und Bewertungen verbinden kann. Durch die Bewertung von Wissen etabliert sich demnach ein Meinungsbild.[98]

Bereits zu Beginn des Kapitels wurde darauf eingegangen, dass bereits durch die Wahl der Ausdrucksweisen Wertungen vollzogen werden, etwa wenn bestimmte Bedeutungsaspekte eines Referenzobjektes betont werden.[99] Der gleiche Sachverhalt kann so vollkommen konträr dargestellt werden, indem er mit unterschiedlichen Bedeutungen verknüpft und semantisch aufgeladen wird und sich

---

96 Schwarz-Friesel 2013a, 225.

97 Ebd., 230.

98 Vgl. Stenschke 2005, 92. In diesem Zusammenhang lässt sich auf die gerade angesprochene kontinuierliche Rezeption von Schwarz-Friesel verweisen. So erklärt Jäger, dass bereits jeder einzelne Presseartikel Träger von Wissen ist und sich durch die Wiederholung von Informationen durch einzelne Artikel, also durch eine Rekurrenz, ein bestimmtes Wissen zu Sachverhalten verfestigen kann (vgl. Jäger/Jäger 2007, 185).

99 Felder zitiert den Politologen Martin Greiffenhagen, der 1980 das Buch *Kampf der Wörter* veröffentlichte, mit einem Zitat, welches Felder auch heutzutage als gültig betrachtet: „‚Wer die Dinge benennt, beherrscht sie. Definitionen schaffen ‚Realitäten'. Wer definiert, greift aus der Fülle möglicher Aspekte einen heraus, natürlich denjenigen, der ihm wichtig erscheint' [...] – und daran hat sich bis heute nichts geändert" (Felder 2010, 1). Zwar bezieht sich Felder auf den politischen Diskurs, nichtsdestotrotz zeigt die Analyse später, dass dies auch für die vorliegende Thematik von Belang ist (siehe Kap. 5.1.3, Begriff „Sekte" oder „Guru").

dadurch ein Meinungsbild im mentalen Gedächtnis verfestigt: „Einstellungen werden demnach durch die je spezifische Bedeutungsfestlegung kundgegeben [...]. Man spricht hier auch von Bedeutungskonkurrenzen"[100], die Bewertung vollzieht sich implizit, bestimmte sprachliche Ausdrücke erfahren dabei eine Konnotationsveränderung (siehe zum Beispiel im Fall der beiden Lexeme „Sekte" und „Guru" in Kap. 5.2.4). Die Bewertung eines Sachverhalts kann jedoch auch explizit erfolgen, im Fall von Nominations- und Bezeichnungskonkurrenzen, da mehrere Bezeichnungsalternativen für einen Sachverhalt genutzt werden[101] (siehe zum Beispiel bei den Nominationsausdrücken für *Humanae Vitae* z.b. als „neuer Fall Galilei" in Kap. 5.2.2). In beiden Fällen kann eine mentale Verfestigung eines Meinungsbildes erfolgen und Wissen über bestimmte Sachverhalte konstituiert und stabilisiert werden.[102]

Zusammenfassend lässt sich feststellen, dass durch die wiederholte Betonung von bestimmten Aspekten eines Referenzbereiches Einstellungen verfestigt werden können. Bestimmten Bezeichnungen und Ausdrucksweisen werden demnach Bedeutungen zugeschrieben, die sich im öffentlichen Bewusstsein verankern und damit gleichzeitig Wertungen mit sich bringen. Sprachliche Mittel besitzen demnach die „Macht", Wissen zu strukturieren, Grundhaltungen gemäß Wertungen und Einstellungen zu verfestigen und dabei die Gefühle des Rezipienten zu beeinflussen.

3.4 METHODEN AUF MAKRO- UND MIKROEBENE

Die dargelegten Aspekte werden nun methodisch zusammengeführt. Den in Kapitel 3.1 genannten diskursanalytischen Verfahren, denen ein linguistisches Konzept zugrunde liegt, ist gemeinsam, dass sie, wenn auch mit unterschiedlichem Ansatz und unterschiedlichen Ausrichtungen, einen Gesamtdiskurs skizzieren, aus dem einzelne Fragmente herausgenommen werden können, um diese sprachwissenschaftlich und exemplarisch zu untersuchen.[103] Die vorliegende Studie teilt dabei den Gesamtdiskurs mit seinen Diskurssträngen als Makroebene ein, während auf der Mikroebene einzelne Artikel betrachtet werden (zur Definition von Makro- und Mikroebene siehe Kap. 4.1). In Kapitel 5.1 werden demnach auf der Makroebene die unterschiedlichen Diskursstränge präsentiert (Kap. 5.1) und zeitlich verortet. Anschließend wird auf der Mikroebene (Kap. 5.2) anhand von Feinanalysen einzelner Diskursfragmente durch „Zeit-Kontrast-Schnitte" dargelegt, wie sich die Reprä-

---

100 Spieß 2011, 197.

101 Beide Konzepte (Bedeutungs- und Bezeichnungskonkurrenzen) werden bei Spieß unter dem Begriff der „Semantischen Kämpfe" zusammengefasst (vgl. Spieß 2011, 197f.).

102 Vgl. Felder 2009, 11.

103 Vgl. Jäger 2004; Spieß 2011.

sentation von religiösen Themen gewandelt hat, sich zu unterschiedlichen Zeitpunkten sprachlich und visuell manifestiert und unterschiedlich intendierte Haltungen evoziert. Somit wird nicht nur der Frage nachgegangen, *welche* religiösen *Themen* auf den Titelseiten der Magazine *Stern* und *Spiegel* im Zeitraum von 1960 bis 2014 verhandelt wurden. Aufgrund der Feinanalysen wird in einem zweiten Schritt somit auch betrachtet, *wie* durch visuelle und sprachlich-kommunikative Mittel *Perspektivierungen bzw. Haltungen* konstruiert werden und inwiefern religionssoziologische Annahmen zur Veränderungen von Religion in der Moderne erkennbar sind. Dafür wird nun die methodische Vorgehensweise für beide Ebenen dargelegt.

Makroebene

Grundsätzlich wird bei der Diskursmethode zunächst auf das Vokabular Jägers zurückgegriffen. Jäger geht hinsichtlich der Diskursstruktur davon aus, dass es einen *gesamtgesellschaftlichen Diskurs* gibt, der auf unterschiedlichen *Diskursebenen*, z.B. Wissenschaften, Politik, Medien, verortet sein kann. Der gesamtgesellschaftliche Diskurs besteht dabei aus thematisch unterschiedlichen *Diskurssträngen*, die durch *diskursive Knoten* vernetzt sein können. Die Diskursstränge wiederum bestehen aus einzelnen *Diskursfragmenten*, das heißt einzelnen Texten. Somit stellt der gesamtgesellschaftliche Diskurs ein verzweigtes Netz dar. Die Diskursanalyse macht es sich zur Aufgabe, dieses verzweigte Netz, das „*diskursive Gewimmel*", zu entwirren und dabei Diskursstränge herauszuarbeiten und Diskursfragmente in einer Feinanalyse zu betrachten.[104] Bezogen auf die vorliegende Arbeit wird demnach auf der *Diskursebene* der Printmedien, nämlich den Zeitschriften *Stern* und *Spiegel*, der *gesamtgesellschaftliche Religionsdiskurs* betrachtet, der sich in verschiedene *Diskursstränge* aufteilt, zum Beispiel Islam, Neue religiöse Bewegungen, Alternative Medizin, etc., die wiederum aus *Diskursfragmenten*, also Titelseiten und Artikeln, bestehen. Um das Netz des Gesamtdiskurses Religion auf den Titelseiten von *Stern* und *Spiegel* zu entwirren, soll Jägers Methode als Grundgerüst helfen. Jägers Methode fragt dabei nicht nur nach der Textbedeutung, sondern setzt sich auch mit der Gestaltung und der textuellen Realisierung auseinander, sodass sie sich auf Strukturen und Kriterien der Textanalyse der qualitativen Forschung beruft.[105] Sie beinhaltet dabei eine Sichtung und Aufbereitung des Materials, eine Feinanalyse einzelner Diskursfragmente, zum Beispiel einzelner Zeitungsartikel, und eine zusammenfassende Analyse bzw. Interpretation der erhobenen Ergebnisse.[106]

Bereits bei der inhaltlichen Strukturierung des Materials unterscheidet sich die vorliegende Arbeit jedoch von der Vorgehensweise Jägers. Sein Verfahren sieht

---

104 Vgl. Jäger 2004, 158ff.

105 Vgl. ebd., 25.

106 Vgl. ebd., 174.

vor, mit bereits existierenden Kategoriensystemen bzw. Hauptthemen und Unterthemen zu arbeiten und an das Material heranzutreten.[107] Bewusst wird auf dieses Kodierungsverfahren zur Inhaltserfassung verzichtet, sondern mit einem Werkzeug[108] der *Grounded Theory*[109] sowie der daran orientierten Textanalysesoftware (MaxQDA) gearbeitet, um den Diskurs über die Repräsentation von Religion mit den unterschiedlichen Subdiskursen bzw. Diskurssträngen auf den Titelseiten von *Stern* und *Spiegel* zu erfassen. Für das Forschungsdesign wird aus dem „Werkzeugkoffer" der *Grounded Theory* die Arbeitsstrategie des „Kodierens" genutzt, die eine Klassifizierung und Beschreibung von Daten vorsieht. Die Stärke des Kodierens im Sinne der *Grounded Theory* liegt darin, dem Material nicht mit bereits vorgefertigten Kategorien und Konzepten zu begegnen, sondern die Themen aus dem Material heraus zu kodieren; „sie [versteht] Kodieren als den Prozess der Entwicklung von Konzepten in Auseinandersetzung mit dem empirischen Material."[110] Durch die Kodierung, die anschließende Bildung durch objekt- und metasprachliche Kategorien und die Klassifizierung von Themen lässt sich dieser Ansatz mit der Diskursanalyse verbinden.[111] Während die *Grounded Theory* nahelegt, das Textkorpus in einzelne Sinnelemente zu zerlegen und durch Kategorien neu anzuordnen, geht die Diskursanalyse den umgekehrten Weg und setzt bei den Ordnungsstrukturen diskursiver Praktiken an.[112] Kombiniert man die Ansätze, ergänzen sich diese:

Einen ersten Eindruck von der Ordnung der Texte schafft die Grounded Theory – die Kategorien höherer Abstraktionsstufen lassen sich dann wiederum mit der Diskursanalyse begründen. Beide Ansätze zusammen genommen entpuppen sich somit als eine wirkliche Möglichkeit, innerhalb eines Textflusses eine höhere Ordnung emergieren zu lassen.[113]

Das „Werkzeug" des Kodierens wird dabei in Verbindung zur Diskursanalyse genutzt, um die verschiedenen Subdiskurse bzw. thematischen Diskursstränge heraus-

---

107 Vgl. Jäger 2004, 174; 2012, 87.

108 Der Begriff des Werkzeugs ist angelehnt an Foucaults Konzept der Werkzeugkiste: „Alle meine Bücher [...] sind [...] kleine Werkzeugkisten. Wenn die Leute sie aufmachen wollen und diesen oder jenen Satz, diese oder jene Idee oder Analyse als Schraubenzieher verwenden, um die Machtsysteme kurzzuschließen, zu demontieren oder zu sprengen, einschließlich vielleicht derjenigen Machtsysteme, aus denen diese meine Bücher hervorgegangen sind – nun gut, umso besser" (Foucault 1976, 53).

109 Vgl. Strauss/Corbin 1996.

110 Strübing 2008, 19.

111 Vgl. Keller 2007; Kajetzke 2008.

112 Vgl. Kajetzke 2008, 113.

113 Ebd., 113.

zufiltern,[114] die den Gesamtdiskurs der Repräsentation von Religion in *Stern* und *Spiegel* auf den Titelseiten darstellen.[115] Mit diesem Vorgehen und der Auswahl der zwei Magazine geht das Bewusstsein einher, dass keine Diskursanalyse im originalen Sinne vorliegt,[116] da mehrere und unterschiedliche Medien herangezogen werden müssten, um den Diskurs abzubilden. Die Studie versteht sich somit als ein Mosaikstein, der einen Teil des Diskurses über die Repräsentation von Religion in den Medien darstellt. Für die eigenen Ergebnisse hat dies zur Folge, dass diese nicht nur im zeitgeschichtlichen Kontext verortet, sondern auch durch Hinzuziehung anderer Studien kontextualisiert werden, um eine Einbettung zu gewährleisten.

Um den Gesamtdiskurs und die einzelnen Diskursstränge der Titelseiten herauszuarbeiten, wurden die 504 erhobenen Titelseiten der Magazine *Stern* und *Spiegel* aus dem Zeitraum von 1960 bis 2014 (zur Erhebung siehe Kap. 4.1) in das Softwareprogramm MaxQDA eingespeist und lexikalisch kodiert. Strauss/Corbin bezeichnen diesen Vorgang als „Offenes Kodieren"[117] und sprechen dabei von „In-vivo-Codes", also von Begriffen, die aus dem Material selbst entstammen.[118] Anschließend wurden die unterschiedlichen thematischen Kategorien weiter zusammengefasst und dabei zunächst objektsprachlich zusammengeführt. Innerhalb einiger Kategorien wurde ein metasprachlicher Oberbegriff etabliert, zum Beispiel wurde der objektsprachliche Begriff „Neue Religionen" durch den wissenschaftlichen metasprachlichen Terminus „Neue religiöse Bewegungen" ersetzt; der objektsprachliche Begriff „Kirche" beispielsweise jedoch beibehalten. Dieses Vorgehen brachte folgende thematische Kategorien hervor: Kirche, Katholizismus, Christentum, Papst, Glauben/Glaubensfragen, Gott, Heilig, Neue religiöse Bewegungen, Spiritualität, Alternative Medizin, Religionen, Islam, Judentum, Buddhismus und Wissenschaft, die in Kapitel 5.1 thematisch gebündelt und vorgestellt werden, um darzulegen, welche Themen wie und in welchen Zeitabschnitten repräsentiert werden.[119] Die Titelseite eines Magazin besitzt eine besondere Signifikanz (siehe dazu Kap. 4.1). Das Zusammenspiel von Text und Bild bzw. die visuelle Gestaltung per se ist dabei nicht nur Charakteristikum, sondern maßgeblich entscheidender Faktor zur Wahrnehmung des präsentierten Themas auf der Titelseite, wel-

---

114 Vgl. Jäger 2004, 188.

115 Diese Kombination erscheint angesichts der Fragestellung als sinnvoll. Auch Keller weist daraufhin, dass die Diskursforschung multimethodisch arbeitet und eine unterschiedliche Kombination von Methoden, bedingt durch Forschungsinteresse, Fragestellung und Material erfordert (vgl. Keller 2007, 71).

116 Vgl. z.B. Jäger 2004.

117 Strauss/Corbin 1996, 44.

118 Vgl. ebd., 50.

119 Der Diskursstrang Heilig erscheint in Stander-Dulisch (forthcoming).

che eine persuasive Funktion besitzt.[120] Die Titelseite wird dabei als Schnittstelle zwischen Text und Bild verstanden und die Titelbilder in der Präsentation der Diskursstränge exemplarisch herangezogen, um Themenverläufe, Argumentationsstrukturen sowie sprachliche Manifestationen und Veränderungen herauszustellen – und die Ergebnisse in den Kontext der oben skizzierten religionssoziologischen Annahmen einzubetten.

Mikroebene

Auf der Mikroebene wird vor dem Hintergrund der religionssoziologischen Annahmen von Veränderung von Religion in der Moderne dargelegt, wie durch visuelle und sprachlich-kommunikative Mittel Perspektivierungen und Meinungen in unterschiedlichen Zeitfenstern evoziert werden. Anhand von Zeit- und Kontrastlinien wurden Schnitte gesetzt, um jeweils drei Artikel eines Diskursstrangs auszuwählen, an denen ein Wandel und ein Kontrast deutlich werden. Die drei Artikel sollen nicht als Verallgemeinerung dienen, wie in *Stern* und *Spiegel* über bestimmte Themen berichtet wird. Vielmehr soll dargelegt werden, wie in den einzelnen Artikeln ein Emotionspotenzial aufgebaut wird, Emotionalisierungen und Wertungen evoziert werden und wie sich diese drei Artikel aus den verschiedenen Zeiträumen unterscheiden. Es handelt sich demnach um eine diachrone Untersuchung, die sich somit in ihrem Forschungsvorhaben von den oben genannten Verfahren unterscheidet. Materialgeleitet wurden dabei Diskursstränge ausgewählt, die gehäuft beim *Stern* sowie beim *Spiegel* auftraten.

Die Auswahl der einzelnen Diskursfragmente ist beim *Spiegel* aus dem Diskursfeld „Papst" entnommen. Dabei werden drei Artikel (*Spiegel* 32/1968, 52/1990, 5/2014) betrachtet, die das Thema Sexualität bzw. Sexualmoral aufgreifen und mit der Haltung des jeweiligen Papstes verknüpft sind. Durch den zeitlichen Abstand von etwa 20 Jahren ist gewährleistet, dass die Repräsentation dreier unterschiedlicher Päpste vor dem zeitgeschichtlichen Kontext (und der damit verbundenen Entwicklung hinsichtlich der Sexualmoral) betrachtet werden kann. Neben der Repräsentation des Papstes war die Frage nach Glaubensvorstellungen im *Spiegel* stark präsent. Aufgrund dessen soll im zeitlichen Abschnitt von ca. 20 Jahren der Betrachtung von Glaubensvorstellungen nachgegangen werden (*Spiegel* 52/1967, 25/1992, 52/2013). Zur Erhebung der drei Artikel diente nicht nur der zeitliche Abstand, sondern auch die in den ersten beiden Artikeln identische, im dritten Artikel nahezu identische Fragestellung auf dem Cover („Was glauben die Deutschen?", „Woran glaubt der Mensch?"). Gerade vor dem Hintergrund der religionssoziologischen Debatte erscheinen diese Diskursfragmente als besonders beachtenswert.

---

120 Vgl. Opilowski 2008, 49.

Während beim *Spiegel* eine starke Fokussierung auf den Papst und eine Tendenz zu Glaubensfragen ersichtlich ist, ist beim *Stern* eine vermehrte Titelung zu Spiritualität und neuen religiösen Bewegungen erkenntlich. Die Auswahl der einzelnen Diskursfragmente ist somit beim *Stern* aus dem Diskursfeld von neuen religiösen Bewegungen und Alternativer Medizin entnommen. Hinsichtlich neuer religiöser Bewegungen wurden bewusst drei Artikel aus dem Jahr 1995, 2002 und 2009 ausgewählt (*Stern* 19/1995, 43/2002, 49/2009). Durch die Sieben-Jahre-Schritte (1995-2002-2009) zeigen sich unterschiedliche Einstellungen und Einschätzungen zur Thematik über neue religiöse Bewegungen innerhalb eines kurzen Zeitraums. Insbesondere da anzunehmen ist, dass mit der Arbeit der staatlichen Enquete-Kommission „Sogenannte Sekten und Psychogruppen" (1996-98) Veränderungen, auch im medialen Diskurs, einhergingen. Als weiterer Diskursstrang im *Stern* konnte die Alternative Medizin herausgearbeitet werden (siehe Kap. 5.1.3), die ebenfalls auf der Mikroebene betrachtet wird (*Stern* 49/1991, 3/2004, 11/2014). Im Abstand von ca. 10 Jahren wird gezeigt, welche Veränderungen sich abzeichnen.

Die Auswahl unterschiedlicher Thematiken innerhalb der Diskursfragmente wurde getroffen, da die beiden Konkurrenten nicht dieselben Themen titeln (siehe dazu Kap. 4.1). Um jedoch eine Vergleichsebene herzustellen, wird neben der benannten Auswahl ein Thema betrachtet werden, welches von beiden Magazinen aufgegriffen wird. Hierbei bietet sich die Berichterstattung über die Papstwahlen an. Die Daten der drei Papstwahlen (1978-2005-2013) dienen dabei als Schnittstelle, bei denen sich zeigt, wie die Wahlen in den Magazinen auf unterschiedliche Art und Weise aufgenommen wurden. Eine Vergleichsmöglichkeit ist somit gegeben.

Betrachtet man die Themenauswahl der zu untersuchenden Artikel, zeigt sich ein breit aufgefächertes Spannungsfeld zwischen einem klassisch institutionellem Religionsbegriff auf der einen Seite (Papst, Glaubensfragen) und einem sehr weit gefassten Religionsverständnis auf der anderen Seite (Neue religiöse Bewegungen, Alternative Medizin). Dies ist nicht nur der materialgeleiteten Auswahl der Diskursstränge geschuldet. Zugleich lässt sich anhand dieser vier Themen – seien sie noch so unterschiedlich – die Abbildung eines religiösen Formenwandels nachweisen, der alle Artikel durchzieht (siehe dazu zusammenfassend Kap. 6.3).

Die diskurstheoretische Verortung um den Diskursbegriff und das Diskursverständnis wurde bereits in Kapitel 3.1 dargelegt. Wie sieht nun das konkrete methodische Vorgehen auf der Mikroebene aus? Für die Analyse der Artikel wurde ein Drei-Schritt-Modell entwickelt, bestehend aus drei Ebenen: (1) Institutioneller Rahmen, (2) Text-Oberfläche und 3) Sprachlich-rhetorische Mittel und Strategien. Als Grundlage dafür wurden die Kriterien der Feinanalyse Jägers als Analyseinstrument genutzt. Dies liegt zum einen darin begründet, dass die Feinanalyse nach Jäger eine Untersuchung des Inhalts, der sprachlichen und grafischen Gestaltung einzelner Diskursfragmente vorsieht und daher mit den Anforderungen an die eigene Analyse übereinstimmt. Damit einhergehend wurde das Modell als Grundlage gewählt, da es für das Material eine passende Vorgehensweise im Umgang mit den Einzeltexten auf der Mikroebene darstellt. Jäger legt bei seinen Feinanalysen den Fokus auf die Gestaltung und textuelle Realisierung im Einzeltext. In der vorliegenden Untersuchung sollen die Text-Bild-Kombination sowie die Emotionalisierungsstrategien mitbetrachtet werden. Dafür bietet dieses Vorgehen gute Anknüpfungsmöglichkeiten. Bewusst wurde hier auf andere Modelle als Grundlage, etwa das Mehrebenenanalysemodell nach Spieß,[121] verzichtet. So betrachtet Spieß auf der Mikroebene nicht den Einzeltext per se, sondern die sprachlichen Phänomene textübergreifend, intratextuell, in Einzeltexten. „Ausgehend vom Einzeltext werden diejenigen sprachlichen Phänomene fokussiert, die sich in der Zusammenschau der Einzeltexte als diskursiv relevant interpretieren lassen."[122] Spieß richtet ihr Modell somit nicht auf die Gestaltung eines Artikels, auch wenn der Einzeltext analysiert wird. Sie ist vielmehr an sprachlichen Phänomenen interessiert, anstatt an der Aufmachung einzelner Artikel selbst. „Sie versucht mit Bezug auf Busse (2005), sowohl die textliche Mikroebene (Einzeltext) als auch die textliche Makroebene (Texkorpus) zu einer kontextualisierenden semantischen Diskursanalyse zu integrieren."[123] In der vorliegenden Analyse wird jedoch jeder Artikel für sich im Ganzen untersucht und nimmt sprachliche Phänomene ebenso in den Blick wie die Aufmachung des einzelnen Artikels selbst. Daher bietet sich Jägers Analyseschema der Feinanalyse als Vorlage an, die für die Analyse einzelner Artikel zugeschnitten ist und dabei unterschiedliche Aspekte der Gestaltung berücksichtigt.

Jäger unterteilt seine Feinanalyse in fünf Schritte. Der erste Schritt, der *„Institutionelle Rahmen"* (1), dient dazu, den Artikel in seinen Kontext einzuordnen, sodass Autor, Erscheinungsdatum, Textsorte, Positionierung und Anlass für die Veröffentlichung betrachtet werden. Der zweite Schritt, die *„Text-Oberfläche"* (2) fokussiert die Sinneinheiten und die Argumentation, ebenso wie die grafische Gestaltung, zu der Fotos, Überschriften und Layout zählen. Die *„Sprachlich-Rhetorischen Mittel"* (3) umfassen die Untersuchung des Schreibstils, den Wortschatz sowie sonstige sprachliche Auffälligkeiten. Als vierten Punkt führt Jäger die *„Inhaltlich-ideologischen Aussagen"* (4) an, in denen, laut Jäger, ideologische Einschätzungen etwa hinsichtlich des Menschenbildes oder Normalitäts- und Wahrheitsvorstellungen getätigt werden. Der fünfte und letzte Schritt umfasst die *„abschließende Gesamtanalyse typischer Diskursfragmente"* (5), welche die Ergebnisse der vorherigen Schritte bündelt und in den Gesamtdiskurs einordnet.

---

121 Vgl. Spieß 2011.

122 Spieß 2012, 90.

123 Diaz-Bone 2010.

Das Analyseverfahren des Drei-Schritt-Modells wird individuell auf die vor-liegende Fragestellung angepasst, indem es sich an den Kriterien der Feinanalyse Jägers bedient, diese modifiziert und erweitert. Jäger selbst erläutert in seiner Ein-führung, dass die Analyse nicht als „starre Methode"[124], sondern vielmehr „als Ein-stiegshilfe für konkrete Analysen"[125] vorgesehen sei und die Analyseschritte der Feinanalyse in der Reihenfolge „nicht unbedingt zwingend und die angesprochenen Merkmale [...] nicht unbedingt vollständig [sind]."[126] Im Folgenden wird demnach dargelegt, mit welchen Konzepten und Analyseverfahren das Drei-Schritt-Modell entwickelt wurde. Der erste Baustein des Drei-Schritt-Modells, der „Institutionelle Rahmen" wird von Jäger übernommen, sodass sich folgender erster Schritt ergibt:

1) *Institutioneller Rahmen:* Der „Institutionelle Rahmen" ordnet die Artikel in den Kontext ein. Erscheinungsdatum, Textsorte,[127] Positionierung und Anlass für die Veröffentlichung werden mit einbezogen.

Der zweite Schritt des Drei-Schritt-Modells „Text-Oberfläche" wird ebenfalls von Jäger entlehnt. Jäger bezieht in diesem Schritt die Argumentation des Artikels eben-so wie die grafische Gestaltung mit ein.[128] Er bietet dafür jedoch kein Instrumenta-rium an. Mit Verweis auf methodische und analytische Ansätze der Bildlinguistik soll den Bildern in den einzelnen Artikeln größere Aufmerksamkeit zukommen, als ihnen bisher in der Feinanalyse zuteil wurde. Die Relevanz von (Titel-)Bildern wurde bereits herausgestellt. Diese exponierte Stellung erfordert eine detaillierte Beschreibung. Auch in der Schule Jägers wurde die Ergänzung der Feinanalysen durch Bildanalysen bereits diskutiert, dabei jedoch hauptsächlich auf Bilder selbst fixiert und nicht auf das Zusammenwirken von Bild und Sprache.[129] Hier setzt der Ansatz der Bildlinguistik an, der sich mit der Wirkung und dem Zusammenspiel von Bild und Sprache in der Kommunikation der Massenmedien befasst.[130] Die in Kapitel 3.2 dargestellten Typologisierungen von Sprache-Bild-Bezügen nach Stöckl werden demnach ebenso in der Analyse aufgegriffen wie die Referenztypologien

---

124 Jäger 2004, 172.

125 Ebd.

126 Jäger 2012, 98.

127 Zumeist handelt es sich bei den Artikeln um ein Feature (siehe Kap. 4.1), dies wird in den einführenden Worten der folgenden Kapitel jeweils dargelegt. Da jedoch auch ab-weichende Formen auftreten, werden jene in der Einführung bzw. des Institutionellen Rahmens aufgeführt.

128 Vgl. Jäger 2004, 179.

129 Vgl. Friedrich/Jäger 2011, o. S.

130 Vgl. Opilowski 2013a, 221; siehe auch Kap. 3.2.

nach Opilowski (siehe Kap. 3.2). Die zweite Ebene des Drei-Schritt-Modells ist demnach wie folgt konzipiert:

2) *Text-Oberfläche:* Die Ebene der „Text-Oberfläche" untersucht die Sinnein-
    heiten und die damit einhergehende Argumentationen der Artikel. Zudem
    wird betrachtet, wie die visuelle Gestaltung die Argumentation stützt, in
    welcher Relation Text und Bild zueinanderstehen und inwieweit auch die
    visuelle Gestaltung bestimmte Meinungen und Haltungen evoziert. Dafür
    werden die Typologisierung von Sprache-Bild-Bezügen nach Stöckl ebenso
    wie die Referenztypologien nach Opilowski genutzt.[131]

Auch der dritte Schritt, die *„Sprachlich-rhetorischen Mittel"*, wird von Jäger entlehnt, jedoch modifiziert. Jäger fasst unter seine sprachlich-rhetorischen Mittel Argumentationsstrategien, Implikate und Anspielungen, Bildlichkeit, Redewendungen, Sprichwörter, Wortschatz, Stil, Akteure und Referenzbezüge. Zwar
werden diese Aspekte ebenfalls beim Drei-Schritt-Modell betrachtet. Im analytischen Vorgehen soll das Augenmerk jedoch in Bezug zur Lexik vor allem auf
Wortfeldern sowie Leitvokabeln bzw. Schlüsselwörtern mit unterschiedlichen semantischen Bedeutungs- und Bezeichnungskonkurrenzen liegen. Je nach Wahl des
sprachlichen Ausdrucks und der entsprechenden Kontextualisierung wird so ermittelt, inwiefern unterschiedliche Bewertungen vorgenommen werden. Dieser Ansatz
ist somit an Constanze Spieß' Vorgehen orientiert.[132] Spieß Analysemodell sieht
vier Ebenen vor: 1) Situationalität und Kontext, 2) Funktionalität, 3) Thematizität
und 4) Strukturalität und sprachlicher Gehalt. Aus ihrem Modell werden die Ansätze aus Punkt 4) Strukturalität und sprachlicher Gehalt entnommen: die analytischen Zugänge zur Lexik und zu Metaphern. Spieß betrachtet hinsichtlich Einzeltexten die Ebene der Lexik in Form von Schlüsselwörtern bzw. Leitvokabeln, die
Ebene der Metaphorik sowie der Argumentationsmuster im Diskursausschnitt.[133]
Auch Spieß vertritt in ihrer Einführung eine flexible Handhabung der Methode:

Um die Heterogenität der Sprachphänomene zu erfassen, bedarf es eines Mehrebenenmodells,
das unterschiedliche Aspekte und Dimensionen bei der Analyse von Diskursen [bzw. Einzel-
texten] in den Blick nimmt und dementsprechend bedarf es eines entsprechenden Methodenmix […]. Die linguistischen Analysemethoden können dabei je nach Erkenntnisziel unterschiedlich gewählt werden, ebenso müssen nicht immer alle Ebenen erfasst werden.[134]

---

131 Vgl. Stöckl 2004; Opilowski 2008.
132 Vgl. Spieß 2011.
133 Vgl. Spieß 2009, 310.
134 Spieß 2008, 255.

Dieser „Methodenmix" wird weiter ergänzt, indem der dritte Schritt der *„Sprachlich-rhetorischen Mittel"* um eine weitere Kategorie erweitert wird; um die persuasiven Strategien der massenmedialen Berichterstattung[135] nach Monika Schwarz-Friesel.[136] Um eine intensivere Wirkung auf den Rezipienten zu erreichen, werden in der massenmedialen Berichterstattung persuasive Strategien eingesetzt, Texte können dabei mit einer Perspektivierung versehen werden (siehe Kap. 3.3). Durch die Erweiterung um die Emotionalisierungsstrategien wird somit analysiert, wie die Strategien in den ausgewählten Artikeln benutzt werden, um einen spezifisch emotionalen und damit (be-)wertenden Blickwinkel zu produzieren. Der dritte Schritt des Drei-Schritt-Modells ist demnach wie folgt aufgebaut:

3) *Sprachlich-rhetorische Mittel und Strategien:* Auf der Ebene der sprachlich-rhetorischen Mittel und Strategien werden – angelehnt an Spieß' Zugänge – bezogen auf die Lexik Wortfelder ebenso wie zentrale Leitvokabeln bzw. Schlüsselwörter mit ihren unterschiedlichen semantischen Bedeutungs- und Bezeichnungskonkurrenzen betrachtet.[137] Je nach Wahl des sprachlichen Ausdrucks und der entsprechenden Kontextualisierung wird so ermittelt, inwiefern unterschiedliche Bewertungen vorgenommen werden. Auf der Ebene der Metaphorik werden Metaphern und metaphorische Felder betrachtet. Durch Metaphern werden Perspektiven hervorgehoben, indem bestimmte Bedeutungsaspekte hervorgerufen oder verdrängt werden.[138] Metaphernkonzepte können demnach semantisch fixiert werden, sodass sie Argumentationsgänge unterstützen. Dabei bietet sich in der Analyse eine Klassifizierung im Sinne von Skirl/Schwarz-Friesel an,[139] die zwischen lexikalisierten bzw. konventionellen und neuen Metaphern differenzieren (siehe Kap. 3.3). Zudem werden weitere sprachliche Auffälligkeiten im Sinne Jägers, wie Redewendungen und Referenzbezüge ermittelt, die zu einer sprachlichen Wissenskonstituierung und -fixierung beitragen. Außerdem werden die unterschiedlichen persuasiven Strategien der massenmedialen Berichterstattung nach Schwarz-Friesel herausgearbeitet.[140] Damit soll überprüft werden, inwieweit in den Artikeln ein Emotionspotenzial zu einer intendierten Emotionalisierung des Lesers aufgebaut wird und wie Wertungen und Perspektivierungen evoziert und unterschiedliche Argumentationen hervorgebracht werden.

---

135 Im Folgenden auch unter ‚Emotionalisierungsstrategien' gefasst, siehe dazu Kap. 3.3.
136 Vgl. Monika Schwarz-Friesel 2013a, 224ff.
137 Vgl. Spieß 2011.
138 Vgl. Spieß 2009, 326.
139 Vgl. Skirl/Schwarz-Friesel 2007.
140 Vgl. Schwarz-Friesel 2013a, 224ff.

Aufgrund der oben genannten Kritik an Jägers Anspruch einer Ideologie- und Machtkritik (siehe Kap. 3.1), wird der vierte Schritt Jägers, die „Inhaltlich-ideologischen Aussagen" (4), entfernt ebenso wie der fünfte Schritt „abschließende Gesamtanalyse typischer Diskursfragmente". Dieser wird vielmehr durch eine Zusammenfassung nach der jeweiligen Feinanalyse ersetzt. Das individuelle Verfahren des Drei-Schritt-Modells besteht somit aus der Analyse dreier Ebenen: 1) Institutioneller Rahmen, 2) Text-Oberfläche und 3) Sprachlich-rhetorische Mittel und Strategien (Abb. 5).

Die Trennung der Ebenen ist dabei ein analytisches Konstrukt, da sie sich gegenseitig stützen, bedingen und ineinander übergreifen. Leitvokabeln/ Schlüsselwörter, metaphorische Felder, Emotionalisierungsstrategien vereinen somit Untersuchungen zur Lexik und zur Metaphorik sowie zu persuasiven Strategien. Durch die Einbettung der bildlinguistischen Zugänge wird das Zusammenwirken zwischen Bild und Sprache zusätzlich hervorgehoben. Diese Vernetzung ermöglicht eine umfassende Analyse, die zwar lexikalische Detailanalysen miteinschließt, jedoch darüber hinausgeht. Durch mehrere Stufen wird somit der Frage nachgegangen, welche Mittel und Strategien benutzt werden, um den Leser zu beeinflussen und Meinungen und Einstellungen zu unterschiedlichen religiösen Themen zu evozieren.

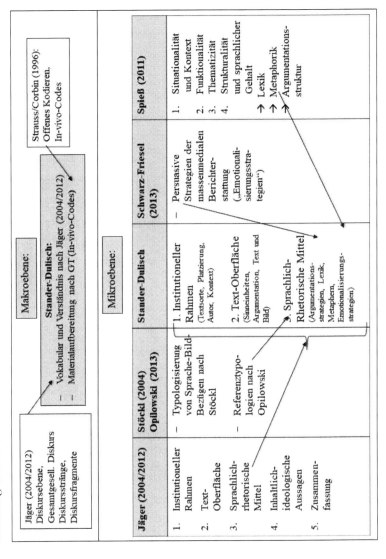

Abbildung 5: Drei-Schritt-Modell

4. Vorstellung des Korpus

4.1 THEORETISCHE REFLEXION

Zur Konzeption der Analyseebenen

Um die Leitfragen der Arbeit („Was wird in Bezug auf Religion in *Stern* und *Spiegel* wie repräsentiert?") zu beantworten, wurde ein Korpus erstellt, das sich der Repräsentation in Text und Bild widmet. Es ist untergliedert in eine *Makroebene* sowie eine *Mikroebene*. Die Begriffe Makroebene und Mikroebene grenzen sich von dem Verständnis der Soziologie ab, sie sind angelehnt an die linguistische Verwendung von Spieß.[1] Spieß' Mehrebenenanalysemodell beinhaltet Untersuchungen auf drei Ebenen: Makroebene, Mikroebene und diskursive Ebene. Auf der Makroebene werden bei ihr die kontextuellen und situativen Faktoren, die Überschneidungen, die Textsorten und die Rahmenbedingungen des Diskurses betrachtet. Die Mikroebene untersucht dagegen Einzeltexte auf unterschiedlichen sprachlichen Ebenen.[2] Durch ein wechselseitiges Verhältnis von Makro- und Mikroebene ergibt sich bei ihr die diskursive Ebene.[3] Die vorliegende Arbeit greift Teile dieses Verständnisses aufgrund der passenden Semantik von Oberfläche (Makro) und Tiefe (Mikro), von sichtbaren und dahinter liegenden Strukturen, auf. Im Gegensatz zu Spieß sollen in der vorliegenden Arbeit unter Makroebene jedoch nicht die von ihr benannten Faktoren betrachtet werden. Vielmehr fasst die Makroebene die Repräsentation der unterschiedlichen Diskursstränge des Gesamtdiskurses „Religion" auf, die anhand der Analyse der Titelblätter vorgenommen werden. Von diesen Diskurssträngen der Makroebene gelangt man zu einzelnen thematisch gebündelten Artikeln auf der Mikroebene, die demnach die kleinste Ebene darstellt und im Sinne von Spieß Einzeltexte auf unterschiedlichen sprachlichen (und auch visuellen) Ebenen untersucht. Die beiden Ebenen bedingen sich

---

1   Vgl. Spieß 2008, 2009.
2   Vgl. Spieß 2009, 310.
3   Vgl. Spieß 2008, 249.

ebenso und stellen die Repräsentation der Diskurse und ihre sprachlich-visuelle Hervorbringung dar.

Die *Makroebene* untersucht die Themenstränge und widmet sich somit der Frage „Was wird repräsentiert?", das heißt, wie Religion thematisch aufbereitet wird. Sie enthält alle Titelseiten der beiden Magazine *Stern* und *Spiegel* von Januar 1960 bis März 2014, die sich mit Religion beschäftigten (zur Auswahl und zur Einschränkung des Jahreszeitraums siehe S. 107f.). Die Titelseite wird dabei als Schnittstelle zwischen Text und Bild verstanden und die Titelbilder in der Präsentation der Diskursstränge herangezogen, um Themenverläufe, Argumentationsstrukturen sowie sprachliche Manifestationen zu sichten. Als Analysegrundlage wurde dabei aus dem „Werkzeugkoffer" der *Grounded Theory* die Arbeitsstrategie des „Kodierens" genutzt (siehe Kap. 3.4). Während die Makroebene somit den Gesamtdiskurs von Religion mit all seinen einzelnen Diskurssträngen in den Blick nimmt, werden auf der *Mikroebene* detailliert die Sprache und die Sprach-Bild-Bezüge einzelner Artikel untersucht und sich der Frage gewidmet, wie bestimmte Themen repräsentiert werden. Auf der Mikroebene soll demnach vor dem Hintergrund der religionssoziologischen Annahmen einer Veränderung von Religion in der Moderne dargelegt werden, wie durch visuelle und sprachlich-kommunikative Mittel Perspektivierungen und Meinungen in unterschiedlichen Zeitfenstern evoziert werden. Anhand von Zeit- und Kontrastlinien wurden Schnitte gesetzt, um jeweils drei Artikel eines Diskursstrangs auszuwählen, an denen ein Wandel und ein Kontrast deutlich werden. Die Artikel wurden mit Hilfe eines selbst angepassten Forschungsdesigns (siehe Kap. 3.4) in Form von Feinanalysen analysiert.

Warum *Stern* und *Spiegel*?

Bei *Stern* und *Spiegel* handelt es sich um zwei der auflagenstärksten Wochenmagazine Deutschlands. Durch ihren wöchentlichen Erscheinungsrhythmus bilden sie nicht nur die gesellschaftliche Komplexität umfassend ab,[4] sie sind zudem am Aktualitätskriterium orientiert, anders als Tagesmedien, die durch die Schnelligkeit des Nachrichtenflusses dem Zwang der Produktion von Neuigkeit unterlegen sind.[5] Des Weiteren zeichnen sie sich durch ihre Überregionalität aus, sind nicht nur in Deutschland, sondern auch im Ausland erhältlich und „[genießen] ein starkes Renommee [...] unter *opinion leadern* wie Akademiker[n], Politiker[n] und Medienmacher[n] selbst."[6] Bereits 1973 schreibt Dörger, dass ihnen „aufgrund von Image, Auflagenhöhe und Struktur der Leserschaft eine erhebliche meinungsbildende Wirkung zugeschrieben wird."[7] Daran hat sich bis heute nichts geändert. Der *Spiegel*

---

4 Vgl. Kamber/Ettinger 2008, 178.
5 Vgl. ebd.
6 Schiffer 2005, 26-27.
7 Dörger 1973, 8.

gilt unter Journalisten als „wichtigstes Orientierungsmedium, als inner-journalistischer Meinungsführer"[8] und wird heute auch als „Leitmedium"[9] bezeichnet. Er gehört mit Abstand zu den meistzitiertesten Medien, wie eine Erhebung des PMG-Presse-Monitor der Jahre 2009 bis 2013 ergab. Auch der *Stern* ist dabei unter den ersten zehn Plätzen.[10]

Mit ihrer Reichweite, ihrer Relevanz und ihrem Einfluss bringen sie dabei einerseits Meinungen hervor und konstruieren damit Wirklichkeit und prägen die Wahrnehmung bestimmter Themen. Andererseits können sie wissenschaftlich als „Indikatoren kulturell bedeutsamer Phänomene gelesen"[11] werden, sie dienen dabei auch als historische Leitlinie. Dies zeigt sich etwa in dem sechsten, 2015 erschienenen Band des *Handbuchs der Religionsgeschichte im deutschsprachigen Raum*, in dem sich Peter J. Bräunlein und Thomas Mittmann in ihren Abhandlungen über *Die langen 1960er Jahre*[12] und den *Zeitraum von 1975-1989*[13] auch auf die Magazine *Stern* und *Spiegel* beziehen. Die Magazine können somit als „Spiegel und Konstrukteur der Realität"[14] verstanden werden. Diese Spiegelung und Hervorbringung als Diskursakteure, die bereits in Kapitel 2.3 ausführlicher betrachtet wurde, wurde auch bei der Anlegung des Korpus mitbedacht. Wird vor allem auf der Makroebene vor allem die Spiegelung der Repräsentationen betrachtet, zeigt sich auf der Mikroebene, wie die Repräsentationen sprachlich und visuell konstruiert werden. Doch was sind die Zeitschriften *Stern* und *Spiegel* nun explizit? Nachrichtenmagazine? Illustrierte? Und worin unterscheiden sich die beiden?

Stern und *Spiegel* – Nachrichtenmagazine? Illustrierte?

Zeitschrift

Stern und *Spiegel* sind zunächst als Zeitschriften zu klassifizieren. Im Lexikon der Kommunikations- und Medienwissenschaft wird der Begriff Zeitschrift definiert als ein

Sammelbegriff für Druckschriften der periodischen Presse mit maximal wöchentlicher und mindestens halbjährlicher Erscheinungsweise, die sich an eine breite Öffentlichkeit, ein (fachlich) begrenztes Publikum oder spezielle Zielgruppen wenden.[15]

---

8   Meyn/Tonnemacher 2012, 79.

9   Ebd.

10 Vgl. PMG-Pressemitteilung 2014.

11 Vogt 1996, 12.

12 Vgl. Bräunlein 2015.

13 Vgl. Mittmann 2015.

14 Schiffer 2005, 22.

15 Raabe 2013b, 381.

Laut Johannes Raabe ist eine präzise Definition durch die heterogenen Erscheinungsformen nicht möglich. Zumeist wird die Zeitschrift zur Zeitung abgegrenzt, dabei liegen ihr ebenfalls zeitungstypische Merkmale wie Aktualität, Periodizität, Publizität und Universalität zu Grunde, die jedoch auch variieren können. Klassifiziert werden Zeitschriften nach Erscheinungshäufigkeiten, Inhalten und Leserschaft, sodass sich folgende Unterteilung ergibt: Publikumszeitschriften, Fachzeitschriften, Mitgliederzeitschriften, Kundenzeitschriften, Amtsblätter und Anzeigenblätter. Nachrichtenmagazine und Illustrierte werden dabei zu den Publikumszeitschriften gezählt.[16]

Publikumszeitschrift

Die Publikumszeitschrift stellt somit eine Unterkategorie der Zeitschrift dar. Im Gegensatz zur Fachzeitschrift mit einer funktionsbestimmten Zielgruppe, bieten Publikumszeitschriften, „ihren breiten Leserschichten in nichtberuflichen Lebenswelten Orientierungen und Erlebnisse."[17] Mit Verweis auf Koschnick und Blei legt Bettina Kaltenhäuser dar, dass die Inhalte „Unterhaltung, Lebenshilfe und allgemeinverständliche Informationen [umfassen], [...] [,] durch dieses breite Angebotsspektrum befriedigen sie vor allem das Bedürfnis nach Ablenkung, Entspannung und kognitiver sowie normativer Orientierung."[18] Auch die Publikumszeitschriften können weiterhin in Untergruppen klassifiziert werden. Kaltenhäuser orientiert sich dabei an der IVW-Sachgruppeneinteilung, die eine Kategorie „Aktuelle Zeitschriften und Magazine" enthält, in der auch *Stern* und *Spiegel* eingeordnet sind. Sie definiert diese als politische Publikumszeitschriften, zu denen Nachrichtenmagazine und politische Illustrierte gehören,[19] durch ihr wöchentliches Erscheinen werden sie auch den Wochenmagazinen zugeordnet.

Nachrichtenmagazin

Der Typ des Nachrichtenmagazins geht auf das in Amerika 1923 gegründete Magazin *Time* zurück, das Konzept verbreitete sich zügig auch in anderen Ländern.[20] Nachrichtenmagazine sind Publikumszeitschriften,

---

16 Vgl. Raabe 2013b, 381f.; Kaltenhäuser 2005, 22f.

17 Vogel 2013b, 285.

18 Kaltenhäuser 2005, 22.

19 Vgl. ebd., 22.

20 Der Begriff Magazin etablierte sich „in England des 18. Jh.s für publizistisch belehrende und unterhaltende Sammlungen im Sinne heutiger ‚Digests' [...], bevor illustrierende Magazine Ende des 19. Jh.s ein Massenpublikum erreichten" (Raabe 2013a, 241). Siehe dazu auch Stockmann (1999, 13f.).

[...] die dem Leser Nachrichten von allgemeinem Interesse vermitteln (Relevanz), [...] nicht im nüchternen Nachrichtenstil sondern als Geschichte verpackt. Aus ihrer Aufgabe der ‚Kontrolle und Kritik' beziehen sie ihr kritisches und problembewusstes Selbstverständnis, das sich äußert in scharfsinnig vorgetragener Kritik gegen politische oder gesellschaftliche Missstände.[21]

Nach dem Vorbild der *Time* wurde 1947 auch der *Spiegel* gegründet, welcher daher als klassisches Nachrichtenmagazin klassifiziert werden kann und in Deutschland lange die Monopolstellung hielt.[22] Erst 1993 erschien das Nachrichtenmagazin *Focus* als Konkurrent, welches jedoch eine andere Ausrichtung fokussierte[23] und auch als „illustriertes Nachrichtenmagazin"[24] charakterisiert wird. Mit der Definition als Prototyp des Nachrichtenmagazins unterscheidet der *Spiegel* sich zum *Stern*, der zunächst zu den Illustrierten zählte.

Illustrierte

Eine Illustrierte ist eine Publikumszeitschrift, die durch ihr erhebliches Bildmaterial geprägt ist.[25] Zudem dominiert die Funktion der Unterhaltung gegenüber der politischen Gesellschaftskritik:

> Gesetzt wird auf das Außergewöhnlich, Sensationelle, das Erregende. Der Millionenerfolg wird erzielt mit dem Prinzip des *Ankommens* bei den Massen, der Mischung des thematischen Angebots mit dem Augenreiz der Bilder [...]. Die Welt des schönen Scheins steht im Vordergrund, die der Stars, Mannequins, Schönheitsköniginnen, die Anhimmlung des Adels, des Fremden, Exotischen.[26]

Mit der Gründung des *Stern* 1947 war dieser zunächst eine reine Illustrierte, ein reines „Klatsch- und Unterhaltungsblatt, ohne politischen Anspruch und um Seriosität nicht durchweg bemüht."[27] Unter Henri Nannens Führung wurde der *Stern* mit dem Relaunch 1959 und in den 1960er Jahren jedoch zunehmend politischer und seriöser und verließ damit den Typus der reinen Illustrierten.[28] Er positionierte sich zunehmend selbst als Konkurrenzmagazin zu *Spiegel* und *Focus*, weshalb er als politische Publikumszeitschrift angesehen werden kann. Nichtsdestotrotz legte und legt

---

21 Stockmann 1999, 15.

22 Vgl. Kaltenhäuser 2005, 73; Raabe 2013a, 241.

23 Vgl. Raabe 2013a, 241.

24 Kaltenhäuser 2005, 75.

25 Vgl. Vogel 2013c, 120.

26 Straßner 1997, 15.

27 Schneider 2000, 24.

28 Vgl. Vogel 1998, 117.

er gerade auch heute Wert auf sein Charakteristikum, die opulenten Bilder, gemischt mit Unterhaltung, sodass er in Anlehnung an Kaltenhäuser als „politische Illustrierte"[29] klassifiziert werden kann, so wie sein Gründer Henri Nannen es bereits definierte: „Der STERN sollte etwas werden, was es noch nie gegeben hatte – eine politische Illustrierte."[30] Wurde der Unterschied zwischen den beiden Zeitschriften herausgearbeitet, wird nun auf ein Charakteristikum eingegangen, welches für beide als herausragend gilt und die Analysegrundlage für die Makroebene darstellt: das Titelblatt.

Das Titelblatt – Ein Werbeplakat

> Ein Titelbild ist das Einfallstor für zu eroberndes Gelände.
>
> (AUGSTEIN 2000, 7)

> Ein erfolgreiches Titelblatt ist die Geschichte von einer Liebe auf den ersten Blick. Ob es zwischen Betrachter und Titelbild funkt, entscheidet zuallererst die Titelbotschaft.
>
> BEHNKEN 1992, 204

Bereits die Zitate von *Spiegel*-Gründer Rudolf Augstein und *Stern* Art-Direktor Wolfgang Behnken verweisen auf die Relevanz eines Titelblatts. Beide Magazine betiteln das Titelblatt als ihre Visitenkarte,[31] es ist das Charakteristikum zum Wiedererkennen der jeweiligen Zeitschrift. Jedem Titelblatt kommen dabei vier grundlegende Hauptfunktionen zu: Markierung, Präsentation des Inhalts, Verpackung und Werbung.[32] Es fungiert somit besonders „als Präsentationsfläche für Themen und Bilder, die das Interesse eines potentiellen Käufers erregen sollen."[33]

Die Titelgeschichte ist dabei von besonderer Bedeutung, denn die Gelegenheitskäufer entscheiden sich meist aufgrund des Schwerpunktthemas für oder gegen den Kauf eines aktuellen Heftes.[34] Das Titelblatt mit dem wöchentlichen Titelthema ist folglich für die Verkaufszahlen mitverantwortlich, so erklärt der ehemalige *Stern*-Chefredakteur Osterkorn: „Der Titel hat großen Einfluss auf den Verkauf am Kiosk. Liegen wir daneben, kann uns das schon mal geschätzte 30 000 bis 50 000

---

29 Kaltenhäuser 2005, 23.

30 Schneider 2000, 26.

31 Vgl. Aust 2004, 6; Behnken 1992, 204.

32 Vgl. Kaltenhäuser 2005, 41.

33 Ebd., 36.

34 Vgl. ebd., 51.

Exemplare im Einzelverkauf kosten – und umgekehrt."[35] Vor diesem Hintergrund kommt das Titelblatt einem Werbeplakat gleich und besitzt demnach eine persuasive Funktion.[36]

Die Titelseiten des *Stern* lassen sich als multithematische Einbild-Titel bzw. multithematische Mehrbild-Titel einordnen:[37] Drei bis fünf Themen werden angekündigt und präsentieren das inhaltliche Angebot, das Titelthema nimmt durch das dominante Bildmotiv den größten Raum ein bzw. wird im Falle eines multithematischen Mehrbild-Titels durch ein weiteres Bild ergänzt. Bis zur Ausgabe 18 im Jahr 2014 konzipierte der *Spiegel* monothematische Einbild-Titel mit reiner Fokussierung auf dem Titelthema, gelegentlich wurde ein Nebentitel durch einen Ecken-Querstreifen angekündigt. Seit der 19. Ausgabe 2014 präsentiert der *Spiegel* ebenfalls multithematische Einbild-Titel, in denen drei weitere Nebentitel unterhalb des dominanten Bildmotivs angekündigt werden.[38] Alle Titelblätter „[zeichnen sich] häufig durch eine Symbolträchtigkeit und [...] durch eine hohe Symboldichte aus, die sich sowohl bildlich als auch textuell manifestiert."[39]

Die Titelblätter können als historische Leitlinie betrachtet werden, daher stellen sie im Korpus auf der Makroebene das zentrale Analyseelement dar, um darzulegen, wie Religion thematisch und medial aufgenommen wurde. Ein Blick in bisherige Publikationen zu Titelseiten stützt diese Konzeption. So heißt es im Vorwort des Ausstellungskatalogs zur Ausstellung *Die Kunst des Spiegel. Titelillustrationen aus fünf Jahrzehnten* zu den Titelseiten: „Im besten Falle sind Zeitschriftenillustrationen wegweisende historische Dokumente."[40] In der Einleitung zur *Spiegel*-Titelbilder-Dokumentation betonen Hans-Dieter Schütt und Oliver Schwarzkopf zudem, dass *Spiegel*-Titelbilder „Fingerzeige zu dem Antlitz einer Zeit [bieten]"[41] und „auskunftgebende Belege des Zeitgeistes"[42] darstellen.

Die Titelstory – Eine eigene Textsorte

Die Positionierung der Titelthemen suggeriert gleichzeitig die Wichtigkeit, die ihnen zugeschrieben wird. Die Titelthemen, die großflächig auf dem Cover angekündigt werden, nehmen meist die höchste Anzahl an Artikelseiten im jeweiligen Heft ein. Sie weisen dabei eine Mischung von Heftseiten und Bilderstrecken auf[43]

---

35 Karle 2005, 96.

36 Vgl. Opilowski 2008, 49.

37 Vgl. Kaltenhäuser 2005, 37.

38 Eine Maßnahme, die vermutlich auf sinkende Absatzzahlen zurückzuführen ist.

39 Schiffer 2005, 80.

40 Heller 2004, 16.

41 Schütt/Schwarzkopf 2000, 8.

42 Ebd., 9.

43 Die Größe der Bilderstrecken kann dabei je nach Thema variieren.

und sind mit ihrer Länge und ihrer grafischen Gestaltung charakteristisch für klassische Titelgeschichten des *Stern* und des *Spiegels*.

Hinsichtlich der Textsorte werden die Titelgeschichten des *Spiegel* in der Textlinguistik als eigene Textgattung klassifiziert.[44] Sie besitzen „faktizierende und erzählende (reportierende) Elemente, zu denen sich noch Kommentierendes gesellt."[45] Spitzmüller definiert sie als eine „Sonderform des Feature"[46], Püschel als eine „Mischform [...], in der sich Züge des Features und der Reportage befinden."[47] Dies lässt sich auch für das vorliegende Korpus bestätigen: Auch wenn es Abweichungen und Variationen je nach Themenfokus gibt,[48] so enthalten nahezu alle Artikel im *Spiegel*, aber auch im *Stern*, Elemente des Features. Ein Feature zeichnet sich durch die Kombination verschiedener publizistischer Textformen aus, so werden meist Reportage- und Interviewelemente mit der eigentlichen Sachaussage verknüpft.[49] Die Reportage hat grundlegend eine Informationsfunktion, etwa auch durch Statistiken und Umfragen gestützt, die sich jedoch durch „stark persönlich gefärbte Geschehens- und Situationsdarstellung"[50] auszeichnet, welche Nähe suggerieren soll.[51] Dies zeigt sich auch insbesondere anhand szenischer Einstiege. Dieser Effekt vermittelt den Eindruck, dass die Journalisten „die Position eines teilnehmenden Beobachters [einnehmen]; für den Leser ergibt sich dadurch so etwas wie Informationen aus erster Hand."[52] Charakteristisch dafür ist auch die Tempuswahl. Durch den Gebrauch des Präsens zur Schilderung der szenischen Situationen „wird ein Gefühl des Dabeiseins, die Möglichkeit des emotionalen Miterlebens"[53] unterstützt, ebenso wie die häufige Verwendung von Zitaten mit direkter Rede, die der Authentizität dienen.[54] Dabei sind es auch häufig Interviewelemente, die die Artikel prägen. Hinsichtlich des Interviews wird zwischen einer strengen Form, die ein Gespräch im ununterbrochen Dialog wiedergibt, und einer freien Form, die indi-

---

44 Vgl. Spitzmüller 2005, 86; siehe auch Schwitalla 1993, 9.

45 Püschel 1999, 877.

46 Spitzmüller 2005, 86.

47 Püschel 1999, 877.

48 Während der *Stern*-Artikel über Magie und Alternative Medizin (11/2014) beispielsweise von der Norm abweicht, da er aus der Perspektive eines populären Arzt und Kabarettisten geschrieben ist und somit eher einem Essay gleicht (vgl. Straßner 2000, 45), fehlt dem *Spiegel*-Artikel über Glaubensfragen (52/1967) themenbedingt etwa der szenische Einstieg, der durch die Darstellung brisanter Umfrageergebnisse ersetzt wurde.

49 Vgl. La Roche 2006, 157.

50 Lüger 1995, 113.

51 Vgl. ebd., 115.

52 Ebd.

53 Ebd.

54 Vgl. ebd.

rekte und direkte Rede, sowie Beobachtungen des Interviewers einfließen lässt, unterschieden.[55] Im Feature werden nur einzelne Interviewelemente übernommen. Die eigentliche Sachaussage, über die informiert wird, bildet die Grundstruktur des Features. Alle anderen Elemente dienen zur Illustration, um den Sachverhalt leicht verständlich und, auch in Anbetracht des meist großen Textumfangs, anschaulich zu präsentieren. Somit ist der „ständige Wechsel zwischen Anschauung und Abstraktion, zwischen Schilderung und Schlussfolgerung"[56] kennzeichnend für das Feature. Hinsichtlich der Titelgeschichten des *Spiegels* kommt dabei noch die abschließende Wertung bzw. pointierte Kommentierung hinzu.[57] Trotz der unterschiedlichen Ausrichtung und Definition der Magazine lassen sich die gleichen Merkmale auch für die Titelgeschichten des *Stern* festhalten; die Elemente sind ebenfalls im vorliegenden Korpus vorzufinden. Die ausgewählten Artikel im Korpus stimmen somit nicht nur inhaltlich, sondern auch in ihrer Form überein.

Zeitraum 1960 bis 2014
Warum wurde der Zeitraum von 1960 bis 2014 für das vorliegende Korpus und die damit einhergehende Analyse bestimmt? „Die sechziger Jahre waren bewegte Jahre"[58] – sie implizieren eine Phase des Wandels, des Umbruchs, der Transformation, der Reform.[59] Der Heraustritt aus der Nachkriegszeit war geprägt durch tiefgreifende Ereignisse, etwa den Vietnamkrieg und die internationale Protestwelle gegen den amerikanischen Eingriff, nordamerikanische Bürgerrechtsbewegungen, die 68er Bewegungen, die deutschen Studentenrevolten, den Mauerbau. Auch „sozialhistorische, ökonomische und kulturelle Faktoren"[60] spielten eine Rolle. Der Babyboom führte zu einer Verjüngung der Bevölkerung, diese veränderte sich auch durch die Einwanderer bedingt durch das Wirtschaftswunder, welches auch einen Strukturwandel bezüglich eines ansteigenden Wohlstandes und ein neues Freizeitverhalten mit sich brachte. Aufgrund der Erfindung der Pille kam es zur sexuellen Revolution und einer Veränderung der Geschlechterrollen. Auch in der massenmedialen Kommunikation gab es Veränderungen, etwa durch den Fernseher. Eine internationalisierende Jugendkultur begann sich zu etablieren.[61]

---

55 Vgl. La Roche 2006, 159.

56 Ebd., 156.

57 Vgl. Schwitalla 1993, 9; Püschel 1999, 877.

58 Großbölting 2013, 95.

59 Siehe ausführlich zu den Wandlungen und Umbrüchen in den 1960er Jahren, auch im Zusammenhang mit religiösem Wandel, bei Bräunlein (2015), Großbölting (2013, 95f.) sowie Glaser (1991, 147f.).

60 Großbölting 2013, 95.

61 Vgl. ebd., 97.

Der 68er-Generation (den sogenannten „Babyboomern") kommt dabei eine große Bedeutung zu, da sie durch die Ablehnung vorherrschender Lebensformen nicht
nur politische, sondern auch kulturelle Transformationen bewirkte. Dies führte zu
einem Generationenkonflikt, mit dem auch ein Wertewandel einherging. Es waren
vor allem der Drang nach individueller Freiheit und der Widerspruch gegen jegliche
Form von Autorität (staatlich, elterlich, politisch, kirchlich), die diese Generation
prägte.[62]

Die bereits genannten, aber auch viele weitere Veränderungen markieren die sechziger Jahre
als eine Phase, die vor allem von einer Lebensstilrevolution geprägt war. [...] Die Kombination von Wandel und Innovation bei stabilen politischen Verhältnissen und rasch anstei-
gendem Wohlstand bahnte den Weg aus der klassischen industriegesellschaftlichen Moderne.[63]

Die damalige religiöse Gegenwartskultur „stand im Zentrum dieser Veränderungen,
waren doch sowohl die Formen der kollektiven Sinnstiftung wie auch die individuellen Identitätskonstruktionen davon massiv beeinflusst."[64] Zudem kamen Veränderungen innerhalb der Großkirchen selbst hinzu. Auf der Seite des Katholizismus
ist das Zweite Vatikanische Konzil (1962-1965) zu nennen, als Versuch an die Anpassung an eine sich modernisierende Gesellschaft („Aggiornamento"). Das Konzil
wurde unterschiedlich wahrgenommen. Einerseits verstand man es als Öffnung zum
Volk, andererseits brachen alte Traditionen und Strukturen ein, die verlässliche Orientierungen geboten hatten. Zudem wurde über die Auslegung des Konzils, die
Sexualmoral, Paragraph 218 und die Pille debattiert. Daraus resultierten Verun-
sicherungen bis hin zu Abwendungen von der katholischen Kirche. Einigkeit
herrscht darüber, dass das Konzil eine Etappe im Transformationsprozess der sechziger Jahre darstellte.[65] Eine weitere Etappe waren die Veränderungen auf der Seite
des Protestantismus, in dem institutionskritische Schriften, etwa über den „Tod Gottes", Aufschwung erfuhren.[66]

Insgesamt gesehen bezeichnet Pollack die 1960er Jahre als „den wohl bedeu-
tendsten religiösen Wandlungsprozess"[67], der eine Umbruchsperiode in Gang setzte
und die religiöse Landschaft nachhaltig verändert hat, geprägt von einer „massive[n] Entkirchlichung großer Teile der Gesellschaft"[68] und einem Verlust der kirch-

---

62 Vgl. Stolz et al. 2014, 125, Knoblauch 2009, 39.
63 Großbölting 2013, 96.
64 Ebd.
65 Vgl. ebd., 108.
66 Vgl. Stolz 2014, 55; Bräunlein 2015, 205f.
67 Pollack 2013d.
68 Großbölting 2013, 97.

lichen, dominierenden Meinungsführerschaft, ebenso wie einer aufkommenden Individualisierung von Lebensentwürfen und Sinnstiftungskonzepten.

Die kulturelle Revolution, der wirtschaftliche Aufschwung, ein neues Freizeitverhalten, neue Kommunikationsformen sowie ein Generationenkonflikt und ein damit verbundener Wertewandel werden somit als ein Umbruch gesehen, in der die individuelle Wahl und persönliche Entscheidung zur Norm wird, auch in Bezug auf Religion. War Religion vor den 1960er Jahren ein für die Gesellschaft kollektives Identitätsmerkmal und das Christentum ein verbindendes Grundmerkmal, wurde Religion nun zur privaten, wählbaren Option und das Christentum nur eine Religion unter vielen.[69] „Das Schwinden traditioneller Bindungen und Sicherheiten korrespondiert mit der Individualisierung von Lebensentwürfen und identitätsrelevanten Sinnstiftungsmustern. Das moderne Individuum muss seine Identität bewusst und reflexiv schaffen."[70] Stolz et al. sprechen von einer „Ich-Gesellschaft", welche die Industriegesellschaft in den 1960er Jahren ablöste.[71] Durch die genannten gesellschaftlichen Veränderungen und ihren Folgen, etwa der Kritik an Autoritätsformen jeglicher Art und damit auch an den Kirchen, kam es zur Abwendung von traditioneller Religion und einer Zuwendung zu alternativen Formen.[72]

Als Ich-Gesellschaft wird dabei zwar der Verlust des Kollektivs in der Gesellschaft, jedoch nicht im negativen Sinne eine egoistische Gesellschaft verstanden. Vielmehr ist eine Subjektivierung gegeben, bei der die persönliche Entscheidung im Mittelpunkt steht. „Religiöses Entscheiden ist – wie alles andere (politische, wirtschaftliche, sportliche) Entscheiden – vollends privatisiert und der individuellen Entscheidung überlassen."[73] Das Individuum hat demnach die Wahl zur persönlichen Entscheidung, ob es sonntags in die Kirche geht, lieber einen Spaziergang durch den Wald oder Yoga im heimischen Wohnzimmer macht. Verstand sich die Gesellschaft vor den 1960er Jahren trotz konfessioneller Differenzen als christliche Gesellschaft, so wird diese durch die Umbrüche als pluralistische Gesellschaft verstanden, das Christentum nur als eine Option unter anderen angesehen und Religion dem Freizeitbereich zugeordnet.[74]

In der Religionssoziologie entwickelten sich seit den 1960er Jahren diverse, zum Teil kontroverse Modernetheorien, die diese Wandlungen unterschiedlich deuteten – die gängigen Säkularisierungstheorien, die ein Verschwinden von Religion aus der Gesellschaft annehmen, sowie Modernetheorien, die von einem Formen-

---

69 Vgl. Stolz et al. 2014, 14.

70 Großbölting 2013, 103.

71 Vgl. Stolz et al. 2014.

72 Vgl. Knoblauch 2009, 39; Stolz et al. 2014, 212; Großbölting 2013, 103; Bräunlein 2015, 209f.

73 Stolz et al. 2014, 182.

74 Vgl. ebd., 212.

wandel von Religion, geprägt durch Begriffe wie Individualisierung bzw. Subjektivierung und Pluralisierung, ausgehen, wurden bereits in Kapitel 2.1 ausführlich herausgearbeitet und gegenübergestellt.

Auch in den Redaktionen von *Stern* und *Spiegel* gab es in den 1960er Jahren Veränderungen, da man in der religiösen Gegenwartskultur ein „zugkräftiges Medienthema"[75] sah und eigene Kirchen- und Religionsressorts schuf, in denen theologisch sachkundige Religionsjournalisten angestellt waren. Diese publizierten erstmals kirchenkritische, populäre Reportagen und große Serien auf den Titelseiten zu theologischen oder kirchenpolitischen Kontroversen, in denen sie die Wandlungsprozesse ebenfalls zu erklären und auch zu initiieren versuchten.[76] Damit lässt sich eine Transformation im Gegensatz zu den 1950er Jahren eruieren, in denen noch kirchenkonform berichtet und Glaubensinhalte wissenschaftlich zu beweisen versucht wurden. Dieser Umbruch geht dabei unter anderem auch zurück auf einen stärkeren Akzent des politischen Journalismus, der zunehmend auch innenpolitische Bereiche fokussierte. War der Religionsjournalismus in den 1950er Jahren demnach durch Bestätigungsrhetoriken geprägt, etablierte sich nun eine kirchenkritische Haltung. Dabei waren

[...] es insbesondere die zentrale gesellschaftliche Stellung der Kirchen und deren enge Verflechtung mit dem Staat [...], die Journalisten Anlass zur Kritik gaben. Mit kalkulierten Normbrüchen, etwa in Reportagen über christliche Glaubensfundamente [...] verschafften sich einzelne Journalisten hohe Aufmerksamkeit nicht nur bei den regelmäßigen Lesern [...], sondern auch in Journalistenkreisen, für die sie als sichtbare Wegweiser großen Einfluss ausübten.[77]

Auch wenn die Kirchenredaktionen in den 1970er Jahren wieder aufgelöst wurden,[78] blieb doch Religion als Thema nach wie vor bestehen. Welche religiösen Themen als titelwürdig erachtet wurden und wie sich diese sprachlich und visuell manifestieren, zeigt sich im folgenden Kapitel (Kap. 5).

Die dargelegten Ausführungen stützen den gewählten Zeitraum ab den 1960er Jahren, der gerade aufgrund dieser Umbrüche und Entwicklungen als besonders spannend und untersuchungswert erscheint. Um Repräsentationen und damit Wandlungen herauszuarbeiten, die sich auch bedingt durch Ereignisse wie den 11. September 2001 oder das Papststerben Johannes Paul II. im Jahr 2005 vollzogen, erstreckt sich der Untersuchungszeitraum bis in die Gegenwart hinein – aus forschungsökonomischen Gründen wurde im März 2014 eine Grenze erhoben.

---

75 Hannig 2010, 390.

76 Vgl. ebd.

77 Ebd, 161.

78 Vgl. ebd., 19.

Erhebungsvorgehen

Um das Korpus zu erheben, wurden zunächst alle Titelseiten von *Stern* und *Spiegel* im Zeitraum von Januar 1960 bis März 2014, insgesamt 5.540 Titelseiten, mehrmals durchgesehen. Während die Titelseiten des *Spiegel* online abrufbar sind,[79] wurde für die *Stern*-Ausgaben auf das Zeitungs- und Pressearchiv Münster sowie das Dortmunder Institut für Zeitungsforschung zurückgegriffen.

Ins Korpus aufgenommen wurden die Titelseiten anhand eines Kriterienkatalogs. Zum einen wurden Titelseiten integriert, die mit einem engen Religionsbegriff verknüpft sind und somit die klassischen materiellen Religionen umfassen. Andererseits wurden ebenfalls Titelseiten miteingeschlossen, die mit einem weiten Religionsbegriff, im Sinne Luckmanns (siehe Kap. 2.1), verbunden sind und demnach auch moderne, institutionsungebundene Religiosität verhandeln. Der Kriterienkatalog wurde somit angelehnt an Annette Wilkes Religionsdefinition, die die substantialistischen und funktionalistischen Definitionen vereint (siehe Kap. 2.1). Somit wurden Titelseiten aufgenommen, die sichtbar in Text und Bild einen Religionsbezug (weit oder eng) auf dem Titel (Haupttitel und Nebentitel) herstellen. Auch hier wurde erneut differenziert. Inkludiert wurden Titel, die a) Religion in Text und Bild enthalten, b) Religion im Text aber nicht explizit im Bild enthalten, jedoch einen Religionsbezug herstellen sowie c) Religion im Bild, aber nicht explizit im Text enthalten, jedoch einen Religionsbezug herstellen. Durch diese Engführung wurde das Korpus reduziert. Titelseiten, die lediglich religiöse Wort- bzw. Bildspiele enthielten oder einen Religionsbezug in den Artikeln vermuten ließen, jedoch keinen expliziten Bezug dessen auf dem Titel herstellten, wurden aufgrund der Fokussierung auf eine sichtbare Repräsentation bewusst nicht inkludiert. Hier eröffnet sich jedoch ein weiteres Forschungsfeld, welches über die vorliegende Studie hinausgehend von Interesse wäre.[80]

Anhand des vorgestellten Rasters konnten für den Zeitraum von Januar 1960 bis März 2014 insgesamt 281 Titelseiten für den *Stern* und 223 Titelseiten für den *Spiegel* erhoben werden, die Religion als Titelthema bzw. Nebentitel repräsentieren. Diese stellen das Korpus für die Makroebene dar. Eine Tabelle mit allen Titelseiten wurde in eine Textanalysesoftware (MaxQDA) eingespeist, per Invivo-Coding, einem Analysewerkzeug der *Grounded Theory*, objektsprachlich und lexikalisch, aus dem Material erhoben codiert, um daraus objektsprachliche Kategorien zu formen,

---

79 Unter der Internetadresse http://www.spiegel.de/spiegel/print/ sind alle Titelseiten nach Jahren sortiert einsehbar.

80 Dies könnte mit Hilfe von Sabine Bauer (2007) vergleichend betrachtet werden, die in ihrer Studie aus linguistischer Perspektive 53 Printwerbungen im Zeitraum von 1996 bis 2006 untersuchte und die Etablierung von religiösen Elementen, vor allem religiösen Wortschatz, aufzeigt.

durch die die unterschiedlichen Diskursstränge des Hauptdiskurses „Religion" dargestellt werden können (siehe Kap. 5.1.2).

Das Korpus für die Mikroebene wurde aus dem Material selbst erhoben (siehe Kap. 5.2.1). Anhand von Zeit- und Kontrastlinien wurden jeweils drei Artikel eines Diskursstrangs ausgewählt, an denen ein Wandel und ein Kontrast deutlich werden, um so darzulegen, wie durch visuelle und sprachlich-kommunikative Mittel Perspektivierungen und Meinungen in unterschiedlichen Zeitfenstern evoziert werden. Da sich die beiden Magazine als Konkurrenz verstehen und dadurch nicht parallel die gleichen Themen titeln, wurden pro Magazin jeweils zwei unterschiedliche Diskursstränge ausgewählt, die sich, basierend auf den Ergebnissen der Makroanalyse, aus dem vorhandenen Schwerpunkt des jeweiligen Magazins ergaben. Fokussiert der *Spiegel* eher das katholische Christentum, widmet sich der *Stern* eher individueller Religiosität. Für den *Spiegel* sind es daher die Diskursstränge „Glaubensfragen" und „Papst und Sexualität", für den *Stern* „Neue religiöse Bewegungen" und „Alternative Medizin", die explizit betrachtet werden. Diese zwölf Artikel wurden anhand eines selbst erstellten Forschungsdesigns, basierend auf der Feinanalyse Jägers (siehe dazu Kap. 5.2.1), analysiert. Die Ergebnisse der Makroanalyse finden sich in Kapitel 5.1.2, die Ergebnisse der Mikroanalyse in Kapitel 5.2.2. Um *Stern* und *Spiegel* in Titelung und sprachlich-visueller Konzeption zu vergleichen und Unterschiede aufzuzeigen, werden zuzüglich zu den vorherigen Feinanalysen die Papstwahlen (1978, 2005, 2013) als Ereignis und vergleichendes Element herangezogen (Kap. 5.5).

4.2 DER *STERN* – DIE POLITISCHE ILLUSTRIERTE

Der *Stern* erscheint jeden Donnerstag zu einem Preis von 3,90 € und wird, unter Leitung von Andreas Petzold, vom Hamburger Druck- und Verlagshaus Gruner und Jahr herausgegeben. Chefredakteur ist seit August 2014 Christian Krug.

1984 von Henri Nannen gegründet war die Zeitschrift zunächst eine klassische Illustrierte (vgl. Kap. 4.1.3), ein reines „Klatsch- und Unterhaltungsblatt"[81]. Mit dem Relaunch im Jahr 1959 wurde der *Stern* unter Nannens Führung jedoch „Zug um Zug [...] seriöser und politischer" und positionierte sich als „politische Illustrierte"[82], als eigenständige Größe in der Medienlandschaft,[83] die vor allem durch Nannen hervorgebracht wurde.

---

81 Schneider 2000, 24; siehe auch Kapitel 4.1.

82 Ebd., 26.

83 Vgl. ebd., 28. 1983 erlebte der *Stern* jedoch einen tiefen Einschnitt in seiner Geschichte, da er die Hitler-Tagebücher veröffentlichte, die sich später jedoch als gefälscht herausstellten (vgl. Schneider 2000, 186f.; Meyn/Tonnemacher 2012, 91).

Betrachtet man das gegenwärtige redaktionelle Profil, bezeichnet sich der *Stern* selbst als „Reichweitenführer unter den aktuellen Wochenmagazinen" und „meistgelesene meinungsbildende Magazin Deutschlands"[84]. Als Charakteristikum hebt er nach eigenen Angaben „große, aktuelle und exklusive Geschichten, eine klare Haltung zu aktuellen gesellschaftlichen Fragen, die großzügige Optik sowie das ausgeprägte soziale Engagement" hervor und profiliert sich dadurch selbst als „einzigartig in der deutschen Medienlandschaft"[85].

Gemäß einer klassischen Illustrierten stand zu Gründungszeiten der reine Unterhaltungsanspruch im Vordergrund. Gegenwärtig definiert sich der *Stern* gegenüber seinen Lesern zudem auch als Orientierungsmedium:

Der Mensch wird heute von Informationen überschwemmt. Um sich zurechtzufinden, braucht er nicht noch mehr Fakten und Zahlen. Er wünscht sich ein Magazin, das auswählt, einordnet und bewertet. Der STERN hilft bei der Orientierung, da er nicht nur ‚Content', sondern auch Kontext bietet.[86]

Des Weiteren wird in der Beschreibung seiner Philosophie der Schwerpunkt auf Emotionalität deutlich, das Magazin symbolisiere „emotionale Intelligenz".[87] Als „Reporter-Magazin" veröffentliche es „die starken, investigativen Reportagen, die den Blick auf die Welt öffnen", die Berichterstattung wird dabei als „nah am Menschen, empathisch und konkret" profiliert: „Die Geschichte eines Menschen oder auch nur ein einziger Gesichtsausdruck sagt oft mehr über die Bedeutung eines Ereignisses als trockene Zahlen."[88]

Ein weiterer Schwerpunkt wird auf die Bilder gesetzt, die damals[89] wie auch heute nach wie vor das Markenzeichen des *Stern* darstellen: „Zur DNA des STERN gehören seine Opulenz, seine klare Bildsprache, seine visuelle Kraft"[90], und daher auch in der Analyse Berücksichtigung finden.

Mit dem präsentierten Profil stellt der *Stern* nach Daten der „Allensbacher Markt- und Werbeträgeranalyse 2015" (AWA 2015) mit 7,3 Millionen Lesern pro Ausgabe (10,5 % der deutschsprachigen Bevölkerung ab 14 Jahren) vor dem *Spiegel* mit 5,6 Millionen (8,1 %) und *Focus* mit 3,62 Millionen Lesern (5,2 %) das

---

84 *Stern*-Profil 2015, 2.

85 Ebd.

86 *Stern*-Profil 2013, 2.

87 *Stern*-Profil 2015, 2.

88 *Stern*-Profil 2013, 2.

89 So betont Schneider: „In ihm und nur in ihm erwartet man die ganz aufregenden Bilder und dieses Image ist Teil seines Erfolgs und seines Ansehens ebenso" (Schneider 2000, 262).

90 *Stern*-Profil 2015, 2.

reichweitenstärkste der Wochenmagazine dar.[91] Bei einer Druckauflage von 916.150 Heften im dritten Quartal 2015, davon 203.848 im Abonnement,[92] erreicht der *Stern* im Durchschnitt 4,12 Millionen Männer und 3,18 Millionen Frauen.[93] Aus der Markt-Media-Studie *Leseranalyse Entscheidungsträger 2015*, die die Daten bei 2.945.000 Entscheidungsträgern in Wirtschaft und Verwaltung erhob, geht hervor, dass 20,2 %[94] der Führungskräfte in Deutschland den *Stern* lesen.[95] Seine Leserschaft präsentiert der *Stern* in seinem redaktionellen Profil als „überdurchschnittlich jung" und „gebildet", sie bestehe aus „Meinungsführer[n] und einflussreiche[n] Entscheidungsträger[n] mit starken kommunikativen Fähigkeiten"[96].

4.3 DER *SPIEGEL* –
DAS KLASSISCHE NACHRICHTENMAGAZIN

Der *Spiegel*, der sich selbst als „Deutschlands bedeutendstes Nachrichtenmagazin"[97] bezeichnet, erscheint jeden Samstag zu einem Preis von 4,60 € und wird vom *Spiegel*-Verlag Rudolf Augstein GmbH & Co. KG herausgegeben. Derzeitiger Chefredakteur ist Klaus Brinkbäumer, ebenfalls Herausgeber von *Spiegel Online*.[98]

Im Jahr 1947 wurde der *Spiegel* von Rudolf Augstein gegründet und herausgegeben und war dabei nach dem Muster der britischen und amerikanischen Nachrichtenmagazine, wie etwa der *Time*, konzipiert. Jahrzehntelang prägte Augstein, der 2002 verstarb, das Magazin und machte es zu einem Leitmedium.[99] Seine Biographie[100] nahm dabei auch Einfluss auf Themen bezüglich Religion und Kirche, da er sich als „Aufklärer in fundamental theologischen Fragen verstand"[101] und seine

---

91 Vgl. AWA 2015, 16.

92 Vgl. IVW 2015.

93 Vgl. Media Impact.

94 Reichweite der Leser pro Ausgabe.

95 Vgl. LAE 2015.

96 *Stern*-Profil 2014, 3.

97 *Spiegel* Webseite.

98 Auch *Spiegel Online* wird als Leitmedium verstanden (vgl. Bönisch 2006, 143f.; Fengler/ Vestring 2009, 90), ist aber redaktionell von der Print-Redaktion des *Spiegel* getrennt (vgl. Ruß-Mohl 2012, 93).

99 Vgl. Meyn/Tonnemacher 2012, 70.

100 Zu seiner Biographie und dabei auch seinem Religionsverständnis siehe Hannig (2006) sowie Hannig (2010, 111f.).

101 Hannig 2009, 47.

Auseinandersetzungen mit der Kirche, nicht erst nach seinem Kirchenaustritt 1968, in die Öffentlichkeit trug.[102]

Es war vor allem der Spiegel-Herausgeber Rudolf Augstein, der mit seinem Nachrichtenmagazin eine stärkere Kritik- und Konfliktorientierung nicht nur auf dem Gebiet des Politischen, sondern auch in kirchlichen und religiösen Bereichen allmählich salonfähig machte. Sichtbar wurde dieser Umschwung in der Weihnachtsausgabe des Spiegel 1958, in der Augstein unter der Rubrik ‚Forschung' eine 14-seitige Reportage publizierte, die die Schriftrollenfunde von Qumran zum Anlass nahm, in eine breite theologische Diskussion einzusteigen.[103]

Zwar fanden seine Thesen, zum Beispiel über die Zweifel der Existenz des historischen Jesus,[104] in der Wissenschaft keine Beachtung bzw. eher Geringschätzung, so veröffentlichte er diese jedoch massenwirksam in Büchern und Artikeln.[105] Er kritisiert auch weiterhin den „sozialen und politischen Einfluss besonders der Katholischen Kirche"[106] und begann damit eine publizistische Kirchenkritik.[107]

Zudem fokussiert der *Spiegel* von 1947 bis heute politische sowie soziale Missstände und deren Enthüllungen und machte „immer wieder Affären und Skandale publik [...] – mit einschneidenden politischen und wirtschaftlichen Konsequenzen."[108] Als einschneidendes Beispiel kann dabei die „*Spiegel*-Affäre" aus dem Jahr 1962 betrachtet werden.[109]

---

102 Vgl. Hannig 2006, 77.

103 Hannig 2009, 46. In den Jahren zuvor wurde die Institution Kirche eher selten hinterfragt (vgl. Hannig/Städter 2007, 164).

104 Vgl. Hannig 2006, 74.

105 Vgl. Hannig/Städter 2007, 164. Siehe zu der Reportage der Schriftrollenfunde von Qumran Hannig (2010, 113f.).

106 Hannig 2006, 77.

107 Vgl. Hannig 2010, 117, siehe auch Kap. 5.1.2.

108 *Spiegel* Webseite.

109 Die sogenannte *Spiegel*-Affäre wurde durch die Titelgeschichte „Bedingt abwehrbereit" ausgelöst, in der interne Dokumente über die Bundeswehr veröffentlicht wurden. Daraufhin ordnete der damalige Verteidigungsminister Franz Josef Strauß mit Unterstützung von Konrad Adenauer Redaktionsdurchsuchungen und Haftbefehle an. „Er vermutete einen ‚Abgrund von Landesverrat', ein Vorwurf, der sich dann als unhaltbar erwies; den SPIEGEL aber als Kontrollorgan und Hüter der demokratischen Grundrechte in der noch jungen Bundesrepublik etablierte" (Meyn/Tonnemacher 2012, 79). Meyn/Tonnemacher (2012) führen zudem weitere Beispiele an, in denen der *Spiegel* Skandale in die Öffentlichkeit brachte (vgl. ebd., 79ff.).

Laut dem redaktionellen Profil ist der *Spiegel* „politisch unabhängig"[110] und zeichnet sich „durch gründliche Informationen, gute Recherche und verlässliche Qualität aus."[111] Jahrzehntelang wurde das Magazin mit dem Slogan „Spiegel-Leser wissen mehr" beworben.[112] Im Profil wird es als „Synonym für ‚investigativen Journalismus'" bezeichnet,[113] mit einem „Hauptaugenmerk auf politische[n] und gesellschaftliche[n] Ereignissen."[114] Nach Angaben der *Allensbacher Markt- und Werbeanalyse 2015* liegt der *Spiegel* mit 5,60 Millionen Lesern pro Ausgabe (8,1 % der deutschsprachigen Bevölkerung ab 14 Jahren) hinter dem *Stern* und vor dem *Focus*.[115] Mit einer Druckauflage von 974.376 Exemplaren im dritten Quartal 2015, davon 385.000 im Abonnement,[116] erreicht das Magazin im Durchschnitt 3,59 Millionen Männer und 2,01 Millionen Frauen.[117] Die Studie *Leseranalyse Entscheidungsträger 2015* konnte darlegen, dass 29,6 % der Führungskräfte in Deutschland den *Spiegel* lesen,[118] damit liegt dieser vor *Focus* und *Stern* und bezeichnet sich daher als „Nummer Eins bei Entscheidern"[119] und als „Pflichtlektüre für alle am politischen, wirtschaftlichen und kulturellen Geschehen Interessierte."[120] Im redaktionellen Profil werden die Leser als „männlich, gebildet und einkommensstark"[121] beschrieben.

---

110 *Spiegel* Webseite.

111 *Spiegel* QC 2015, 1.

112 2015 wurde der Slogan umgeändert zu „Keine Angst vor der Wahrheit". Brinkbäumer und Harms begründen die Änderung: „In Zeiten allgegenwärtiger Information im Internet kommt es heute aber nicht allein darauf an, mehr zu wissen – sondern vor allem darauf, mehr zu verstehen, Zusammenhänge zu erkennen, die Bedeutung von Geschehnissen einschätzen zu können. [...] In der Flut von Informationen, die täglich, stündlich, minütlich über uns alle hereinbricht, scheiden SPIEGEL und SPIEGEL ONLINE das Wichtigste vom Unwichtigen, sie machen Kompliziertes überschaubar, und sie erklären und ordnen die relevanten Geschehnisse ein" (Brinkbäumer/Harms 2015). Auch der *Spiegel* fungiert somit als Orientierungsmedium.

113 *Spiegel* QC 2015, 1.

114 *Spiegel* Webseite.

115 Vgl. AWA 2015, 16.

116 Vgl. IVW 2015.

117 Vgl. Media Impact.

118 Vgl. LAE 2015.

119 *Spiegel* QC LAE 2015, 2.

120 *Spiegel* Webseite.

121 *Spiegel* QC Webseite.

5. Mediale Repräsentationen von Religion in *Stern* und *Spiegel*

5.1 MAKROEBENE

5.1.1 Einführung in den Gesamtdiskurs

Einen ersten Überblick über den Gesamtdiskurs der Repräsentation von Religion in *Stern* und *Spiegel*, das heißt alle Titelseiten aus dem Korpus, die sprachliche Konstituierung sowie über die einzelnen Subthemen geben aus dem reinen Textkorpus erstellte Wortwolken, welche die Diskurslexik aller Titelseiten von *Stern* und *Spiegel* repräsentieren, die sich mit religiösen Themen beschäftigen.[1] Die hervorgehobenen Lexeme verweisen dabei auf die Dominanz signifikanter Diskursstränge und die herausragenden Jahreszahlen. Betrachtet man beide Zeitschriften zusammen (Abb. 6), zeigt sich, dass die Lexeme „Papst", „Kirche", Gott", „Islam" und „(Alternative) Medizin" hervortreten und somit als Diskursthemen im Zeitraum von 1960 bis 2014 häufig auf den Titelseiten erscheinen.[2] Auch der Bezug zu Deutschland hinsichtlich religiöser Thematik ist erkennbar.

---

1 Die Wortwolken bestehen somit nur aus den Worten, die tatsächlich auf den Titeln abgedruckt sind.

2 Wie und wann die Themen auftreten, wird in den einzelnen Diskurssträngen dargelegt.

Abbildung 6: Wortwolke über die Titelthemen von Stern und Spiegel im Zeitraum von 1960 bis 2014

Betrachtet man die beiden Zeitschriften getrennt, ist eine unterschiedliche Gewichtung in der Titelblattthematik ersichtlich. Beim *Spiegel* (Abb. 7) zeigt sich eine Häufung von Lexemen, die größtenteils dem Christentum sowie dem Judentum zuzuordnen sind („Papst", „Kirche", „Gott", „Jesus", Juden"). Die klein gedruckten Lexeme verweisen dabei auf Kontextualisierungen, etwa „Israel" (siehe dazu auch Kap. 5.1.4, S. 192) oder „Glauben" (siehe dazu auch Kap. 5.1.2, S. 149). Auch wenn der Islam nicht explizit als groß gedrucktes Lexem hervortritt, zeigen sich doch Lexeme wie „Allah", „Chomeini" und „Muslime", die im übergeordneten Diskursstrang „Islam" auftreten (siehe dazu auch Kap. 5.1.4, S. 182).

Abbildung 7: Wortwolke der Spiegel-Titelthemen von 1960 bis 2014

Abbildung 8: Wortwolke der Stern-Titelthemen von 1960 bis 2014

Der *Stern* (Abb. 8) nimmt ebenfalls die christlichen Thematiken „Kirche", Gott" und „Jesus" auf, der „Papst" ist jedoch nicht so hervorgehoben wie beim *Spiegel*; zudem zeigt sich eine eindeutige Hervorhebung des Adjektivs „neu". Dieses verweist zum einen auf das Selektionskriterium des Neuigkeitswerts (z.b. 14/2010 „Ist das Jesus? Das Geheimnis des Turiner Grabtuchs. Ein neuer Blick auf die kostbarste Reliquie des Christentums"), vor allem aber auf neue religiöse Bewegungen in den 1980er und 1990er Jahren (z.b. *Stern* 48/1985 „*Stern*-Reporterin bei den ‚Übersinnlichen'. Die neuen Scharlatane"; *Stern* 28/1987 „Magische Steine. Kraft aus dem Kristall? Ein neuer Wunderglaube fasziniert Millionen", *Stern* 52/1990 „Neue Religionen erobern die Welt. Hat Jesus verloren?") sowie auf spirituelle Phänomene in den 2000er Jahren (*Stern* 48/2008 „Auf der Suche nach Sinn. Bestseller-Autor David Precht über die neue Lust an der Philosophie; *Stern* 49/2009 „Neue Sehnsucht nach Spiritualität und Wellness-Religionen").

Bereits der erste Überblick belegt, dass der *Stern* im Gegensatz zum *Spiegel* gehäuft mit Themen der „Spiritualität" sowie „Neue religiöse Bewegungen" titelt. Dies wird auch hinsichtlich der Kontextualisierungen in der Wortwolke deutlich („Magie", „Meditation"). Die Papstberichterstattung nimmt jedoch nicht so viel Raum ein wie beim *Spiegel*. Diesem Ergebnis wird in den einzelnen Diskurssträngen weiter nachgegangen. Zudem werden „Alternative Medizin", ebenso explizit wie der „Islam", aber auch „Weltreligionen" oder der „Vatikan" auf den Titelblättern im Zeitraum von 1960 bis 2014 thematisiert.

Die Wortwolken erlauben nicht nur Zugänge zu den Thematiken, sondern lassen ebenfalls erste Schlüsse zu den unterschiedlichen Repräsentationszeiten zu. Bei beiden Magazinen stechen das Jahr 1979 sowie die 2000er Jahre hervor, in diesen Zeitabschnitten wurde besonders häufig mit religiösen Themen getitelt.

Abbildung 9: Anzahl der Titelseiten mit Religionsbezug in Stern und Spiegel von 1960 bis 2014

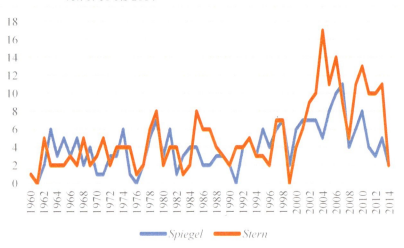

Die Grafik (Abb. 9) zeigt, dass die Anzahl der Titelseiten, die sich mit Religion beschäftigen, bei beiden Magazinen seit den 2000er Jahren ansteigt. Zudem ist bei beiden ein Anstieg im Jahre 1979 ersichtlich. Dies kann auf die Berichterstattung über die Iranische Revolution zurückgeführt werden, wird jedoch in den einzelnen Diskurssträngen überprüft. Auch wenn an dieser Stelle noch keine Aussagen zu Inhalten, Medialisierung oder Individualisierungs-, Säkularisierungstendenzen getroffen werden,[3] kann die oben aufgestellte These bereits bestätigt werden: Seit dem 11. September 2001 wird Religion zunehmend sichtbar auf den Titelblättern repräsentiert. Welche Themen dabei verhandelt werden und ob es sich vor allem um den Islam handelt, zeigen die nächsten Kapitel.

Zudem ist auffällig, dass neben dem Anstieg im Jahre 1979 eine ähnliche Steigerung beim *Stern* in den Jahren 1985 bis 1988 zu verzeichnen ist. Vor dem Hintergrund, dass sich in diesem Zeitraum zunehmend „Patchwork-Religiosität" entfaltete – als Folge einer Zersplitterung der in den 1960er und 1970er Jahre aufkommenden religiösen Gruppierungen –[4] lässt sich bestätigen, dass die Titelblätter in diesem Zeitraum die Zersplitterungsphase und die Entfaltung „neuer" (Abb. 8) Religiosität thematisieren.

---

3   Die Einordnung in den theoretischen Rahmen erfolgt in der abschließenden Zusammenführung der Ergebnisse der Makroebene (siehe Kap. 5.1.6) sowie im Ergebniskapitel (siehe Kap. 6).

4   Vgl. Süss 2002, 6.

Die Grafik zeigt, dass beide Magazine ihren Höchstwert in den 2000er Jahren, der *Spiegel* im Jahr 2007, der *Stern* im Jahr 2004 erreichen. Doch wie begründet sich der Anstieg? Welche Themen werden in diesen Jahren repräsentiert? Im Jahr 2007 geht der *Spiegel* auf seinen Titelseiten vor allem auf den religiösen und politischen Islam ein. Dabei wird nicht nur der Islam in Deutschland thematisiert (23/2007 „Mekka Deutschland. Die stille Islamisierung"), sondern auch der „Koran" (52/2007) und drei Titelthemen zum Islam in Verbindung mit Terror in Pakistan und deutschen Terroristen (38/2007, 1/2008). Neben dem Islam finden sich auch zwei Titel zum Buddhismus, ein Porträt des Dalai Lama (29/2007) anlässlich seines Deutschlandbesuchs; ebenso die Thematisierung der Aufstände in Burma, wenn auch nur als Nebentitel (40/2007). Religiöse Konflikte behandelt auch das Titelblatt, welches sich mit dem „Kreuzzug der neuen Atheisten" beschäftigt (22/2007). Zudem lässt sich jeweils ein Titelblatt zum Thema „Glaubensfragen" (15/2007), Alternative Medizin (26/2007) und wissenschaftlich orientierten Themenbereich (31/2007) zuordnen.

Der *Stern* kündigt im Jahr 2004 auf seinen Titelseiten vor allem zwei seiner groß angelegten Serien an, die die hohe Anzahl der Titelblätter mit Religionsbezug im Jahr 2004 begründen. So beginnt das Jahr 2004 mit einer Serie über Alternative Medizin (3/2004); dabei werden Teile der Serie, etwa zu Yoga und Meditation (5/2004), TCM (6/2004) oder Ayurveda (7/2004), auf den folgenden Titelblättern angekündigt. Ende des Jahres startet eine neue Serie, die sich mit den sechs „Weltreligionen" beschäftigt (47/2004); demnach erscheinen auf den nachfolgenden Titeln Judentum (48/2004), Islam (50/2004), Taoismus und Konfuzianismus (51/2004) sowie das Christentum (52/2004). Zudem rückt der Islam auch im Jahr 2004 beim *Stern* vermehrt ins Zentrum der Aufmerksamkeit und wird dabei nicht nur im Zuge der Serie zu den „Weltreligionen" präsentiert (50/2004), sondern auch in Relation zur Verbreitung in Deutschland (15/2004) und zum Fundamentalismus (1/2004, 42/2004, 48/2004). Neben den Thematisierungen über den Islam und den beiden großen Serien zu Alternativer Medizin und den Weltreligionen finden sich noch vereinzelt Titelblätter, die in Form von Nebentiteln Artikel über den Buddhismus (8/2004) oder das Christentum in Verbindung zum populären Film „Sakrileg" ankündigen (9/2004).

Die Ankündigung groß angelegter Serien zu religiösen Themen auf den Titelseiten ist beim *Stern* keine Seltenheit. So finden sich diverse Serien bereits in den 1970er Jahren zu „Juden in Deutschland" (8/1977) oder „Sekten in Deutschland" (50/1978), in den 1980er Jahren zum „Sekten-Staat Bhagwan" (5/1985), der Frage „Ist Gott ein Mann?" (14/1986) oder in den 1990er Jahren zu „Neuen Heilern" (7/1993), die allesamt auf die Pluralisierung von religiösen Gruppierungen sowie Glaubensvorstellungen hindeuten. Besonders ab den 2000er Jahren zeigen sich Serien im *Stern* zu unterschiedlichen Themengebieten, etwa zum Fundamentalismus im Islam (44/2001), den Weltreligionen (47/2004), den Heiligen Schriften

(48/2010), der Geschichte der Päpste (15/2005), Meditationstechniken (40/2007) oder zu Liebe und Sex in unterschiedlichen Kulturen (30/2005). Sie sind dabei entweder an bestimmte Ereignisse verknüpft (11. September, Tod des Papstes und neue Papstwahl) oder erscheinen unabhängig auf der Themenagenda. Der *Spiegel* dagegen kündigt seine Serien zu religiösen Themen selten auf den Titelblättern an.[5] Im gesamten Korpus lassen sich nur vier Serien finden, die allesamt einen christlichen bzw. katholischen Bezug aufweisen: So werden Serien zum zweiten Vatikanischen Konzil (40/1962), zu internen Strukturen des Vatikans (43/1974) sowie zur Schuldhaftigkeit der Kirche im Nationalsozialismus (8/1965, 31/2001) angekündigt.

Anhand der Serien und der Höchstwerte der Titelblattanzahl in den Jahren 2004 und 2007 wird zunächst folgendes erkennbar: Das Material bestätigt die von anderen Studien[6] aufgestellte These, dass Religion vor allem als Nachrichtenfaktor in Verbindungen mit Konflikten, insbesondere hinsichtlich des Islams, auftritt, auch für die Titelseiten des *Stern* und *Spiegel*. Jedoch deutet sich bereits an, dass die Magazine – anders als etwa Tageszeitungen – unabhängig vom aktuellen Tagesgeschehen den Raum besitzen, religiöse Themen auch losgelöst von dem Nachrichtenfaktor „Konflikt" aufzunehmen und zu verhandeln, z.B. durch Thematisierung der Weltreligionen, Heiliger Schriften oder Alternativer Medizin, und somit auch über religiöse Tradition, moderne Praktiken oder gelebte Spiritualität berichten. Das bereits durch die Wortwolke und auch durch die Serienüberschau herausgearbeitete Ergebnis, dass der *Spiegel* dabei eher traditionelle Religionen, insbesondere Christentum und Islam, der *Stern* dagegen neue religiöse Bewegungen und Spiritualität bzw. andere Glaubensvorstellungen fokussiert, wird in den nächsten Kapiteln näher betrachtet.

Abschließend lässt sich ein weiterer Aspekt anführen: Die Analyse der Titelblattanzahl ergab nicht nur einen Anstieg seit den 2000er Jahren. Die Monatsauszählung der Titelseiten von 1960 bis 2014 zeigt, dass vermehrt Titelthemen mit religiösem Inhalt im April, insbesondere aber im Dezember präsentiert werden (siehe Abb. 10).

---

5 Dies ist jedoch mitunter vor allem auch dem Layout der beiden Zeitschriften geschuldet, da der *Stern* durch seine Nebentitel mehr Raum bietet, um etwa Serien-Ankündigungen vorzubringen.

6 Vgl. Gärtner et al 2012, 56; Koch 2012, 322; Hafez/Schmidt 2015, 23.

Abbildung 10: Titelseitenhäufigkeit mit Religionsbezug pro Monat von 1960 bis 2014

Die Monate April und Dezember legen dabei eine Relation zu den christlichen Festtagen Weihnachten und Ostern nahe. Dabei werden jedoch nicht zwingend die Festtage als Titelthemen verhandelt.[7] Gärtner et al. stellen in ihrer Studie zu Elitejournalisten fest:

> Die jährlich wiederkehrenden Festtage, insbesondere Weihnachten und Ostern, bieten Gelegenheit, religiöse Themen medial zur Sprache zu bringen. Dabei geht es weniger um die Möglichkeit, einem kirchlich distanzierten Publikum den jeweiligen dogmatischen Hintergrund der Feste zu erklären und nahe zu bringen. Vielmehr werden sie genutzt, um existenzielle, spirituelle, aber auch politische Fragen mit weitreichenden Wertbezügen medial zur Sprache zu bringen.[8]

Christliche Feiertage dienen somit auch als Anlass, „um abseits vom politischen Alltagsgeschäft etwas ‚Zeitloses' zu religiösen Fragen zu schreiben, indem sie z.B. über die Theodizee reflektieren."[9] Beides, eine direkte Thematisierung der Festtage

---

7 Vgl. Hasse 2010, 18f.
8 Gärtner et al. 2012, 64.
9 Ebd., 119.

sowie „zeitlose" Themen, lassen sich anhand des vorliegenden Korpus für *Stern* und *Spiegel* verifizieren (siehe dazu auch Kap. 5.1.2).[10]

Die Betrachtung des Gesamtdiskurses in Form von Auszählungen und Wortwolken der Titelseiten liefert damit Ergebnisse hinsichtlich der Themengewichtung und den zeitlichen Vorkommnissen: Während bei beiden Magazinen Diskursfelder um den Papst, die Kirche, den Islam und Alternative Medizin sichtbar werden, zeigt sich bei einzelner Betrachtung eine andere Gewichtung: Tritt beim *Spiegel* das Christentum auf den Titelblättern besonders hervor, so sind es beim *Stern* Themen, die sich mit Spiritualität und neuen religiösen Bewegungen beschäftigen, dies wird auch bei einer Analyse der Serienthematiken erkennbar. Die Auswertung zeigt zudem nicht nur, dass die Titelung mit religiösen Themen mit den christlichen Feiertagen Ostern und Weihnachten verknüpft ist. Es lässt sich ebenfalls festhalten, dass bei beiden Magazinen ein Anstieg Ende der 1970er Jahre sowie nach dem Jahr 2001 zu verzeichnen ist, während dies ebenfalls in den 1980er Jahren für den *Stern* vermerkt werden kann – ein direkter Zusammenhang mit der Iranischen Revolution, der Entfaltung von „Patchwork-Religiosität" sowie dem 11. September 2001 liegt nahe. Dabei überwiegen jedoch nicht nur Konflikte, auch Titelstorys über gelebte Religionspraxis sind als Ankündigung auf der ersten Seite der Magazine zu finden. Im Folgenden werden die unterschiedlichen Diskursstränge präsentiert, um den Fragen nachzugehen, welche Themen explizit auf den Titelseiten angekündigt und wann und wie diese repräsentiert werden.

5.1.2 Kirche, Katholizismus, Christentum, Papst, Glaube/Glaubensfragen

Kirche

Der Diskursstrang „Kirche" nimmt einen großen Teil der Berichterstattung auf den Titelseiten ein, besonders im *Spiegel*, und ist dabei, bis auf die 1980er Jahre, ein konstantes Thema auf den Titelseiten beider Magazine. In den 1960er und 1970er Jahren ist es vor allem das Narrativ der Kirchenkrise der beiden Großkirchen, das auf den Titelblättern hervortritt. War die Mehrheit der Bevölkerung in den 1950er Jahren noch christlich und die beiden Großkirchen in Fragen der Moral, Ehe, Familie, Sexualität und Erziehung meinungsführend, ändert sich dies in den 1960er und

---

10 Andere Studien belegen ebenfalls die an den christlichen Feiertagen orientierte Titelung von religiösen Themen: Städter (2011) postuliert dies etwa für die 1960er Jahre für *Stern*, *Quick*, *Kristall* und *twen* (Städter 2011, 367-368), Kröger (2008) für die Titelseiten von *Focus* und *Spiegel* im Zeitraum von 2000 bis 2006 (vgl. Kröger 2008, 115). Eine gezielte Betrachtung hinsichtlich des Weihnachtsthemas erfolgt im Diskursstrangs „Christentum" (Kap. 5.1.2).

1970er Jahren: Es kam zu einer Entkirchlichung großer Teile der Gesellschaft.[11] Um die Gründe für die große Zahl der Kirchaustritte herauszufinden, wurden Meinungsforschungsinstitute und Sozialwissenschaftler von den Großkirchen beauftragt. Diese postulierten, dass die Mitglieder sich von „Glaubenssätzen und Verhaltensanforderungen, die die Kirchen formulierten"[12], distanzierten. Mit Hilfe sozialwissenschaftlicher Untersuchungsmethoden konnte diese Krise der Kirche analysiert werden, die jedoch erst durch die mediale Öffentlichkeit zu einer breiten Debatte wurde: „Erst durch die Aufnahme der Massenmedien gewann der in den 1950er Jahren regional sehr begrenzte Krisendiskurs innerhalb und vor allem außerhalb des kirchlichen Kommunikationsraums an Relevanz."[13] Als Wendepunkt kann dabei bereits Augsteins Reportage Ende der 1950er Jahre über die historische Jesusforschung angesehen werden, die „den Grundstein für eine massive publizistische Kirchenkritik"[14] legte. Drei Jahre später nahm der *Stern* mit „Gott in Deutschland" diese Kritik auf.

Es folgten vor allem sozialwissenschaftlich gestützte Umfragen, die in den Magazinen *Stern* und *Spiegel* groß publiziert wurden. Exemplarisch dafür ist die *Stern*-Umfrage von 1967 „Warum treten Sie nicht aus der Kirche aus?". Der *Spiegel* zog im selben Jahr mit der Umfrage „Was glauben die Deutschen?" nach (siehe dazu auch S. 150). Hannig/Städter sprechen in ihren Studien von einer „Entkirchlichung der Medieninhalte"[15] und postulieren eine „kommunizierte Krise", da die Massenmedien selbst die Krise in ihrer Berichterstattung begründeten[16] und gerade diese durch Glaubensumfragen initiiert wurde. Hannig stellt dabei die Überlegung auf, dass diese Verhandlung von religiösen Themen „die Säkularisierungswelle verstärkt, wenn nicht sogar initiiert" haben könne;[17] auf diese These wird im Fazit näher eingegangen. Diese „kommunizierte Krise" findet sich auch auf den Titelseiten. Bezogen auf beide Großkirchen zeigen sich Titelblätter über brisante und kritische Themen in den 1960er und 1970er Jahren. So erscheint etwa mehrfach die Frage nach der Kirchensteuer als Diskussionspunkt auf dem Titelblatt (*Stern* 33/1968, 7/1973; *Spiegel* 22/1964, 12/1969). Besonders der *Spiegel* widmet sich zudem den kontroversen Debatten um die Konfessionsschulen (*Spiegel* 20/1965, 20/1967) sowie der Mischehe (*Spiegel* 10/1962). Der *Stern* dagegen thematisiert auch den Bruch mit der Kirche selbst, indem er einen Artikel über die Gründe für die Massenaustritte ankündigt (5/1970). Beide Magazine beschäftigen sich zudem,

---

11 Vgl. Großbölting 2013, 97.
12 Ebd., 100.
13 Hannig/Städter 2007, 176.
14 Hannig 2010, 117.
15 Hannig/Städter 2007, 179.
16 Vgl. ebd., 182.
17 Hannig 2011, 171.

scheinbar vergleichend, mit kirchlicher Zugehörigkeit außerhalb der Bundesrepublik Deutschlands, in Russland (*Stern* 46/1979) sowie in der DDR (*Spiegel* 1964/52). Auffällig ist, dass in dieser Zeit Fragen zu einigen Kontroversen auf dem Titelblatt genutzt werden, um Themen anzukündigen, den Leser direkt anzusprechen („Warum treten Sie nicht aus der Kirche aus?", „Was machen die Kirchen mit unserem Geld?", „Was machen die Kirchen mit der Kirchensteuer?"), in dessen Sinne nachzufragen oder um das Thema pointiert darzulegen. Erwartet wird dabei eine Antwort im jeweiligen Magazin („Welchen Papst braucht die Kirche jetzt?", „Getrennt beten, getrennt lernen?", „Ende der Konfessionsschule?").

Weitet man nun den Zeitraum aus, tritt bei beiden Magazinen die Kirche in den 1980er Jahren – abgesehen von einem Titelblatt des *Spiegels* zur Friedensbewegung im Jahr 1981 – als eigene Thematik nicht hervor. Dies mag mit dem medialen Aufkommen zu neuen religiösen Bewegungen und Spiritualität einhergehen (siehe Kap. 5.1.3). Während in den 1990er Jahren im *Stern* das Thema „Kirche" nur sehr vereinzelt auf den Titelseiten verhandelt wird, sind es in den 2000er Jahren unterschiedliche Bereiche, die beide Kirchen betreffen, etwa der Umgang der Kirchen mit der Shoah (40/2002), Geheimnisse und populärwissenschaftliche Verschwörungstheorien, die um die Kirche ranken und im Zuge von Dan Browns Roman „Sakrileg" (9/2004) und schließlich aufgrund des gleichnamigen Films als Aufhänger dienen (19/2006) oder die religiöse Spaltung, die in der „Geschichte der Deutschen" historisch entfaltet wird (47/2006). Bedeutsam ist, dass auch der Glaubenszuwachs unabhängig von den christlichen Institutionen und somit eine erneute Abwendung von den Großkirchen thematisiert wird. So titelt der *Stern* im Jahr 2011 „Oh Gott. Warum so viele Menschen gläubig sind, sich aber von den Kirchen abwenden" (39/2011) und läutet damit scheinbar erneut ein Krisennarrativ der Kirchen ein. In den 1990er Jahren werden im *Spiegel* beide Kirchen kritisch auf den Titelseiten verhandelt, während sich das Magazin in den 2000er Jahren hauptsächlich der Katholischen Kirche widmet. Die Themen der 1990er Jahre im *Spiegel* betreffen beide Großkirchen und sind dabei äußerst kritisch gehalten: Sie behandeln die Einstellungen der Kirchen zu den Frauen („Die Macho-Kirche") (52/1992), den Theologen Drewermann, der Kritik an den Kirchen übt und vom *Spiegel* als „Rebell" bezeichnet wird (51/1993), den Reichtum des „Konzerns Kirche" (10/1995), die Kontroversen um den Kruzifixstreit und den „Abschied von der christlichen Kultur" (33/1995) sowie bereits Ende der 1990er Jahre das Phänomen der Glaubenszunahme jenseits der Kirchen: „Jesus allein zuhaus. Glauben ohne Kirche" (52/1997).

Betrachtet man beide Großkirchen getrennt voneinander über den vollständigen Zeitraum, lässt sich postulieren, dass die protestantische Kirche auf den Titelseiten äußerst gering bis nahezu nicht repräsentiert wird. So titelt der *Stern* in der Zeit von 1960 bis 2014 nur einmal im Jahr 2011 explizit über das „Lohndumping bei Unternehmen der evangelischen Kirche" (3/2011); dies erscheint auch nur als Nebentitel.

Der *Spiegel* widmet sich im kompletten Zeitraum zweimal der Person Martin Luther (45/1967, 51/2003), verbindet den Papstbesuch 1980 mit „Luthers Land" (46/1980), und macht den Skandal über die alkoholisierte Autofahrt der damaligen Vorsitzenden der evangelischen Pfarrerin und damaligen Ratsvorsitzenden der EKD, Margot Käßman, in Verbindung mit dem Umgang mit Schuld zum Aufhänger (9/2010, 25/2010). Wie sich des Weiteren zeigen wird (siehe dazu S. 126), sind gerade solche „Moralverletzungen, d.h. der Verstoß eines religiösen Akteurs gegen die Prinzipien der Religionsgemeinschaft [...] für die Journalisten interessant."[18] Eine geringe Beachtung der protestantischen Kirche bzw. des Protestantismus allgemein in den Medien postuliert Koch auch für die Schweizer Medien.[19]

Im Gegensatz zur protestantischen Kirche erhält die katholische Kirche mehr Aufmerksamkeit, vor allem jedoch in Form von Kritik und tritt somit durch negative Titelseiten hervor. Sind es Ende der 1980er Jahre im *Stern* noch Schlagzeilen, die mit der Papstwahl in Zusammenhang gebracht werden (33/1978, 5/1979), so erscheinen Mitte der 1990er Jahre und Anfang der 2000er Jahre die Fragen nach brisanten Verhaltensnormen zu Kirche, Sexualität und Moral und damit einhergehenden Moralverstößen (16/1995, 44/2000).[20] In aller Deutlichkeit bildet der *Stern* dabei bei beiden Titelblättern Priester mit nackten Frauen in anrüchiger Gestik ab, um die Brisanz des Themas weiter hervorzuheben und zu skandalisieren. Das letzte Jahrzehnt ist geprägt von Skandalen. So rücken der Williamson-Skandal (8/2009), die Missbrauchsfälle (7/2010), die daraufhin folgende Abwendung von der Kirche (39/2011) sowie der Verlust der Glaubwürdigkeit der katholischen Kirche, als „reich und selbstherrlich" charakterisiert, im Zuge des Skandals um „Protz-Bischof" Tebartz von Elst (44/2013) in den Fokus der Aufmerksamkeit. Die „dunklen Geheimnisse" sowie die „dunkle Macht" der katholischen Kirche werden dabei auch metonymisch visualisiert: Eine in schwarz gehaltene und das Gesicht nicht zu erkennende Gestalt prägt das Titelbild ebenso wie der mit dem Rücken zum Leser gewandte, als „falscher Freund" konzipierte Geistliche vor dramatisch verdunkeltem Himmel (siehe Abb. 11).

---

18 Koch 2012, 108.

19 Vgl. ebd., 316, siehe dazu auch Kapitel 6.1, S. 412.

20 Auf die Sexualmoral in den 1960er Jahren verbunden mit der katholischen Kirche geht das nächste Kapitel „Katholizismus" näher ein.

Abbildung 11: „Die dunkle Macht", Stern 44/2013,
„Die dunklen Geheimnisse der
Kirche", Stern 19/2006

Ähnliche Entwicklungen zeigen sich beim *Spiegel*, der die katholische Kirche öfter zum Aufhänger auf dem Titelblatt erklärt. So wird nicht nur das zweite vatikanische Konzil (40/1962, 50/1963), sondern auch das Verhalten der katholischen Kirche im Nationalsozialismus (8/1965, 43/1997) oder der Hirtenbrief zur Bundestagswahl betitelt (39/1980). Kritische Titel erscheinen dabei ebenso wie im *Stern* in den 2000er Jahren zum Verhalten des Papstes Benedikt XVI. bezüglich des Bischofs Williamson (6/009), zu den Missbrauchsfällen der „Scheinheiligen" (6/2010) sowie zur „Kluft zwischen Kirche und Gläubigen" (5/2015) hinsichtlich der Sexualmoral der katholischen Kirche. Auch der *Spiegel* bringt seine Kritik durch eindeutige Bilder hervor, etwa durch die Bildmontage zum Titel der Kirchenaustritte, in dem Jesus allein am Tisch sitzt, während eine Flucht der Jünger angedeutet wird. Weitere Beispiele sind etwa die Abbildung eines an der Kleidung erkennbaren, aber durch den fehlenden Kopf anonymisierten Priesters, der die Hand in der Hose hält, sich befriedigt und dabei als „scheinheilig" gekennzeichnet wird; oder die Fotomontage zu Papst Franziskus, dessen Foto umfunktioniert und als Geste des Entsetzens hinsichtlich der Sexualmoral benutzt wird (Abb. 12).

Abbildung 12: Kirchenkritische Titelseiten des Spiegel: Spiegel 52/1997,
Spiegel 6/2010, Spiegel 5/2014

Die vermehrte Titelung über Themen, die die katholische Kirche betreffen, mag darin begründet sein, dass jene Angriffsflächen durch strikte Vorgaben, wie Sexualmoral oder Leben in Armut, bietet und gleichzeitig Skandale und Einzelfälle hervorgehoben werden, die gegen diese vermeintlich veralteten Vorgaben verstoßen. Auffällig ist dabei ebenso, dass beide Magazine die religionssoziologischen Entwicklungen der Glaubenszunahme bei gleichzeitig schwindender Kirchlichkeit thematisieren.

Die Analyse der Titelblätter bestätigt Hannigs, Becks und Dörgers Beobachtungen:[21] Während sich die kirchliche Bindung in den 1950er Jahren auflöste und auch die Presse der Kirche an Auflagen verlor, zeigt sich die Präsenz kirchlich kontroverser Themen und vor allem eine kritischen Titelung in den 1960er und 1970er Jahren. Rücken in den 1980er Jahren Titelseiten in Bezug zu kirchlichen Themen in den Hintergrund, treten sie in den 1990er Jahren sowie in den 2000er Jahren wieder verstärkt kritisch hervor. Dabei ist es hauptsächlich die katholische Kirche, die in Form von Skandalen oder brisanten Thematiken in den Fokus der Aufmerksamkeit tritt.

Katholizismus

Neben dem Lexem Kirche und der Person des Papstes treten hinsichtlich des Katholizismus bei beiden Magazinen Diskursstränge um Moralpolitik, den Vatikan sowie katholische Amts- und Würdenträger als Glaubensvertreter und somit als Akteure hervor. In den 1960er Jahren zeigt sich ein Wandel der Moralvorstellungen, der mit der Enttabuisierung von Sexualität verbunden ist und zu einem öffentlichen Thema

---

21 Vgl. Hannig 2011, 171; Beck 1994, 302; Dörger 1973, 396, 403.

wird. Dabei wurde nicht nur das vorherrschende Verständnis der Geschlechterrollen neu bedacht. Auch die Verfügbarkeit von Verhütungsmitteln, vor allem die Pille, löste erstmals in der Geschichte eine Trennung von „sexuelle[m] Erleben, Geschlechtsverkehr und Empfängnis"[22] aus. Von kirchlicher Seite führte dies zu Kontroversen, da die neue Sexualmoral mit kirchlicher Morallehre kollidierte[23] und etwa durch die von Papst Paul VI. herausgegebene Enzyklika *Humanae Vitae* Debatten über Empfängnisverhütung, Abtreibung, den kirchlichen Eingriff in das eheliche Intimleben oder auch Grundfragen zur Sexualmoral in der Kirche, wie das Zölibat, evozierte und in Frage stellte.[24] Die mediale Berichterstattung trug zu dieser öffentlichen Auseinandersetzung bei und thematisierte die Pille und die Moral (*Stern* 21/1966) und auch das Zölibat (*Spiegel* 3/1970) sowie den fortschreitenden Priestermangel (*Spiegel* 43/1971).

Wurden die Glaubensumfragen von beiden Magazinen bereits oben erwähnt, titelte der *Stern* im Jahr 1968 als Reaktion auf *Humanae Vitae* und mit expliziter Adressierung „Nehmen Sie die Pille trotzdem? Stern-Umfrage an die deutschen Katholiken" (*Stern* 39/1968). Der *Spiegel* stellte die Haltung des Papstes Paul in den Mittelpunkt (*Spiegel* 32/1968 „Papst VI: Nein zur Pille"). Katholiken erscheinen dabei zweimal als Akteure auf den Titelseiten im Diskurs über die Abtreibung: ein katholischer Theologe bezieht Stellung zur Abtreibungsdebatte (*Stern* 30/1971 „Katholischer Theologe befürwortet Reform des Paragraphen 218") und Katholiken stellen sich gegen das Vorgehen des Papstes (6/1998 „Der Abtreibungsskandal. Katholiken gegen den Papst"). Auch die Stellungnahme Bischof Lehmans wird auf dem Titelblatt angekündigt (*Stern* 7/1998 „Abtreibung. Bischof Lehmann rechtfertigt sich").

Nicht nur zu diesem Thema treten katholische Amts- und Würdenträger hervor, dies postuliert Koch auch für Schweizer Medien in ihrer Studie.[25] Handelt es sich beim *Stern* um spektakuläre bzw. brisante individuelle Norm- oder Moralverstöße, werden diese Storys auf den Titelseiten angekündigt, etwa die Ehe des damalig geistlichen Betreuers der deutschen Olympiamannschaft 1968 (*Stern* 37/1968 „Kaplan Leberts große Liebe"), eine Serie zu Geheimnissen aus dem Leben eines anonymisierten Pfarrers (*Stern* 26/1971 „Pfarrer X. Ein Geistlicher redet sich von der Seele, was er seiner Gemeinde verschweigen muß"), Sexualität im Priestertum (16/1995 „Kirche und Sex. Wenn Priester schwach werden", *Stern* 12/2013 „Ich liebe Gott (und eine Frau). Katholische Priester fordern vom Papst: Befrei uns end-

---

22 Bräunlein 2015, 185.

23 Vgl. ebd.

24 Zur Enzyklika *Humanae Vitae* siehe auch Diskursstrang „Papst", zu weiterer Sexualmoral bezüglich beider Kirchen siehe „Christentum".

25 Vgl. Koch 2012, 318.

lich vom Zölibat!") oder das luxuriöse Leben Geistlicher (44/2013 „Tebartz-van-Elst. So tickt der Skandal-Bischof").

Im *Spiegel* sind es nicht so viele Titelseiten wie im *Stern*, die individuelle Norm- oder Moralverstöße von Geistlichen betrachten. Vielmehr werden Amts- und Würdenträger als Repräsentanten für bestimmte religiöse Themenbereiche, Stellungnahmen, durchaus auch Fehlverhalten und kirchliche Auseinandersetzungen genutzt. Der „katholische Dogmatiker Schmaus" wird zur Mischehe (10/1962) präsentiert, Kardinal Frings zum zweiten Vatikanischen Konzil (50/1963), der „schwarze Papst" Arrupe zu den Jesuiten (44/1965), die Porträtierung des Weihbischofs Defregger zu Kriegsverbrechen (32/1969), der Mord an Priester Popieluszko (5/1985), Theologe Drewermann und Erzbischof Degenhardt zu Thesen Drewermanns (12/1992, 51/1993) und Bischof Tebartz van Elst zu seiner „verschwenderischen" Lebensweise (42/2013) präsentiert.

Betrachtet man die bildliche Darstellung, so zeigt sich, dass all diese Personen auf den Titelbildern des *Spiegels* in Form von Fotos abgebildet werden. Städter formuliert in seiner Studie, dass sich die Darstellungsform des „diskutierenden und streitbaren Gottesmanns, der seinen persönliche, politischen Standpunkt im öffentlichen Raum vertritt und verteidigt",[26] in den sechziger Jahren etablierte. „Dabei hielten Geistliche einerseits Einzug in die Spalten der Lebensberatung, in denen sie ihre Gedanken und Meinungen über religiöse, aber auch scheinbar profane Themen äußerten."[27] Seine These wird etwa in der Serie im *Stern* zu „Pfarrer X" bestätigt (siehe oben). „Daneben wurden sie zum Sprachrohr einer medial formulierten Kirchen-, Religions- und Gesellschaftskritik"[28], dies zeigt sich auf den Titelseiten. Auch Beck stellt in seiner Studie zum *Spiegel* eine Verlagerung von „theologischen […] Berichten hin zu ‚kirchlichen (personenbezogenen) Stories' auf den Titelseiten"[29] fest.

Neben den Amts- und Würdenträgern wird auch der Vatikan vereinzelt auf den Titelseiten thematisiert, ist dabei jedoch zumeist mit der Person des Papstes verknüpft. Bei beiden Magazinen werden im Laufe der Jahre Komponenten des Skandals (*Stern* 28/1982) und der Intrigen (*Stern* 17/1987, *Stern* 24/2012) ebenso hervorgehoben wie die nicht einsehbaren Strukturen im Vatikan (*Stern* 43/1974), etwa auch zur Papstwahl (*Spiegel* 8/2013), und die Einstellungen zur Inquisition (*Spiegel* 23/1998) oder sexuellen Themen (*Spiegel* 5/2014), zum Beispiel die „Homo-Ehe" (*Stern* 33/2003). Besonders der mysteriöse, „geheime" Charakter, der der Institution Vatikan anlastet, wird nicht nur sprachlich, sondern auch visuell, durch dunkle bzw.

---

26 Städter 2011, 297.

27 Ebd.

28 Ebd.

29 Beck 1994, 250.

schwarze Hintergründe, sich zusammenbrauende Wolken als Zeichen des Unheils und dominierenden Personendarstellungen hervorgebracht (Abb. 13).

Abbildung 13: Vatikan: Spiegel 43/1974, Spiegel 23/1998, Spiegel 8/2013, Stern 17/1987

Zusammenfassend zeigt sich hinsichtlich des Katholizismus, dass insbesondere Themen, die die Moral betreffen, von *Spiegel* und *Stern* in den 1960er und 1970er Jahren im Zuge des Narratives der sexuellen Revolution auf den Titelseiten aufgenommen werden. Auch wenn der Moraldiskurs in den 1970er Jahren verebbt und die Kirche nicht mehr Leitkultur für das Verhalten ihrer Mitglieder war, nehmen die Themen um die Sexualmoral und die kirchliche Moralpolitik jedoch nicht ab. Titelseiten, die etwa Moral- bzw. Normverstöße beinhalten, sind dabei nicht nur im Bezug zur Sexualmoral, sondern auch zu anderen kirchlichen Werten sowie dem Vatikan ersichtlich. Die Geistlichen erscheinen hierbei als Glaubensvertreter, die die in-

dividuellen Normverstöße sowie auch religionskritische Stimmen oder Stellungnahmen zu bestimmten Themen repräsentieren.

Christentum

Das Diskursfeld Christentum speist sich aus unterschiedlichen Thematiken und ist
bei beiden Magazinen durchgängig ein relevantes Thema, besonders auch in den
2000er Jahren. Zunächst wird im Folgenden das Thema „Weihnachten" betrachtet.
Auch wenn in den 1960er Jahren das Krisennarrativ Einzug erhält und eine vermehrte Kirchenkritik in den Magazinen auftritt, wird das Weihnachtsfest in den
1960er Jahren als Anlass genutzt, um christliche Fotografien oder Zeichnungen
aufzunehmen.[30] Wurden im Zuge der Krise die Glaubensinhalte hinterfragt, rückten
gerade in der Weihnachtszeit die christlichen Bilder in den Vordergrund: „Der kritische Blick auf Kirche und Religion wurde in den sechziger Jahren somit von eska-
pistischen Bildern begleitet, die einen sentimentalen Blick auf die christliche Prägung der eigenen Kultur transportierten."[31] Städter zeigt, dass sich die Tradition
dieser Weihnachtstitel nicht nur im *Stern*, sondern auch in den Magazinen *Quick*
und *Kristall* finden lässt.[32]

Beim *Stern* sind es vier Ausgaben aus den Jahren 1960, 1962, 1964 und 1965,
in denen christliche Malerei oder christliche Figuren als Titelblatt genutzt werden
und statt weiterer Nebentiteln lediglich die Bildunterschrift „Frohe Weihnachten"
oder „stern wünscht Frohe Weihnachten" getitelt wird (Abb. 14). Gegen Ende der
1960er Jahre verliert sich die Tradition, 1966 werden zwar nach wie vor die Weih-
nachtswünsche betitelt, das Bild besteht jedoch nicht mehr aus christlicher Malerei
oder Figuren, sondern zeigt ein verschneites, durch Lichter illuminiertes Dorf bei
Nacht (siehe Abb. 15).

---

30 Vgl. Städter 2011, 361f.
31 Ebd.
32 Vgl. ebd.

*Abbildung 14: Weihnachtstitel des Stern in den
1960er Jahren, Teil I:
Stern 52/1960, Stern 51/1962,
Stern 52/1964, Stern 52/1965*

Abbildung 15: Weihnachtstitel des Stern in den 1960er Jahren, Teil II:
Stern 52/1966, Stern 52/1967, Stern 52/1968

Als Abschluss macht Städter das Cover aus dem Jahr 1968 („Wie sieht Gott aus?")
geltend: Durch den Verzicht auf jegliche religiöse Symbolik, jedoch durch Gestaltung eines Portraitfotos und der Frage nach individuellen Glaubensvorstellungen,
findet eine zunehmende Fokussierung auf individuelle Religiosität statt.[33] Dieses
Titelblatt kann somit durchaus als wichtiger Bruch betrachtet werden. Der eigentliche Abschluss wird jedoch bereits zuvor eingeläutet.[34] So zeigt das Cover aus dem
Jahr 1967 zwar ein christliches Bild, Maria und das Jesus-Kind. Die Titelfrage
„Was geschah in Bethlehem wirklich?" rekurriert jedoch bereits auf die Infragestellung des Weihnachtsfestes in christlich-biblischer Tradition. Das Adverb „wirklich" impliziert einen Zweifel an vorherigen biblischen Überlieferungen: Die Frage
kommt auf, was den (historischen) Tatsachen bzw. der Wahrheit entsprechend am
Geburtstort Jesu und nicht, wie implizit durch das Bild dargestellt, den biblischen
Überlieferungen entsprechend geschah. So zeigt sich, dass die kirchenkritischen
Berichte – im gleichen Jahr titelt der *Stern* „Warum treten Sie nicht aus der Kirche
aus?" – auch Einzug in die Weihnachtstitel erhalten haben und ein Bruch der Weihnachtstitel bereits im Jahr 1967 auftritt.

Betrachtet man den vollständigen Zeitraum lässt sich auf die bereits oben dargestellten Analyseergebnisse verweisen: Auch wenn die „Weihnachtstitel" in den
1960er Jahren enden, so erscheinen doch gehäuft im Dezember sogenannte „Weihnachtsausgaben",[35] das heißt in der letzten Dezember-Ausgabe wird nahezu jährlich
ein christliches bzw. religiöses Thema behandelt, dass nicht das Hochfest per se

---

33 Vgl. Städter 2011, 368.

34 Städter verweist auf einen Bruch, da er sich mit religiösen Bildern beschäftigt und ein
    Bilderbruch wahrlich erst im Jahre 1968 stattfindet.

35 Vgl. Hasse 2010, 18.

zum Thema hat. Die Ergebnisse zeigen, dass dies auch für den *Spiegel* zutrifft; das Weihnachtsfest selbst wird im *Spiegel* jedoch nicht auf dem Titelblatt aufgenommen.[36] Im *Stern* wird das Fest vereinzelt thematisiert, es erscheint im untersuchten Korpus nur einmalig in Bezug zu Konsum (*Stern* 51/2009) oder im Vergleich zu anderen Kulturen (*Stern* 53/2004). Mehrmals wird jedoch die heilige Familie thematisiert. Das Familiennarrativ schneidet dabei Aspekte der historischen bzw. biblischen Tradition und Sakralisierung der Familie an, sodass diese in einer säkularen Zeit zu etwas Religiösem und Besonderem stilisiert wird.[37] Abgesehen von der expliziten Familienthematisierung zeigt sich dies auch zweimal implizit in den letzten Jahren, in denen Weihnachten zwar nicht mit religiösen Bildern verknüpft ist, jedoch zweimal als Quelle und Zeit des „Glücks" ästhetisiert wird und mit „nach Hause kommen" auf den angestammten Wohnsitz und auf die Rückbesinnung zur Familie rekurriert. Dies geschieht jedoch, abgesehen von den Lexemen „Fest der Stille" und „Weihnachten", ohne religiöse oder christliche Kontextualisierungen.

Ein weiteres Thema, das in den sechziger Jahren auf beiden Covern vermehrt auftritt, jedoch ebenfalls an christlicher bzw. religiöser Kontextualisierung verliert, ist die bereits mehrfach angesprochene Sexualmoral. Wie im vorherigen Kapitel dargelegt, betrifft dies in den 1960er Jahren einerseits Themen des Katholizismus, zum Beispiel Haltungen zur Pille (*Stern* 39/1968), dabei explizit die päpstliche Haltung (*Spiegel* 32/1968). Es sind aber auch allgemein Themen zur „neuen Moral" (*Spiegel* 47/1968) in Bezug zur Liebe (*Stern* 48/1963), Pille (*Stern* 21/1966) und der Keuschheit außerhalb Deutschlands (*Stern* 17/1971). Ende der 1970er Jahre verlieren sich die Themen der sexuellen Revolution, der *Stern* betitelt dies in einer Umfrage im Jahr 1978 „Wie halten es die jungen Deutschen mit der Liebe? Moral `78 Die Folgen der sexuellen Revolution" (*Stern* 22/1978). Die Titelung zeigt, dass verschiedene Haltungen möglich sind und sich mit dem Ende der 1960er Jahre die

---

36 Edgar Sebastian Hasse (2010) untersucht in seiner theologischen Studie, wie das Weihnachtsfest in elf Zeitschriften sowie Zeitungen im Zeitraum von 1955 bis 2005 verhandelt wird, darunter sind auch *Stern* und *Spiegel*. Die hier angeführten Beobachtungen zum *Spiegel* bestätigen auch die inhaltsanalytische Untersuchung Hasses, in der er festhält, dass der *Spiegel* das Weihnachtsfest nur gering aufnimmt und dabei auf eine fundamentale Kritik des Festes verzichtet. Er legt dann eher den Fokus auf biblische Quellen oder Personen des Neuen Testaments (vgl. Hasse 2010, 310). Zudem wird eher über Geschenke und Festkultur allgemein berichtet (vgl. ebd., 311). Siehe weiterführend zu den theologisch geprägten Inhaltsanalysen des Weihnachtsfestes im *Spiegel* Hasse 2010, 295-231, zum Weihnachtsfest im *Stern* Hasse 2010, 334-351.

37 Hasse legt dar, dass auch in den Artikeln auf ikonographischer Ebene besonders oft das Familienmotiv gewählt und sich allgemein am familialem Brauchtum orientiert wird. Dagegen wird die biblisch-christliche Tradition nur in geringen Maße kritisiert (vgl. Hasse 2010, 349f.).

„Pluralisierung [...] als Denk- und Erfahrungsmuster gegen den Verbindlichkeits-anspruch der Autorität [etablierte]."[38]

Wenn auch die kirchliche Autorität über Moral und Sittsamkeit abnimmt, so spielen, wie bereits im vorherigen Kapitel gezeigt werden konnte, moralische Fragen und Verhaltensnormen im Katholizismus, das heißt die päpstliche bzw. kirchliche Haltung zu Fragen der Sexualität oder zu Normverstößen, jedoch weiterhin eine Rolle (z.B. *Stern* 17/1987, *Spiegel* 5/1998, *Stern* 44/2000, *Spiegel* 6/2010). In den 1990er und 2000er Jahren werden in beiden Magazinen zudem moralische Fragen an sich verhandelt, unabhängig von der sexuellen Revolution und kirchlichen Normverstößen. So erscheint im *Stern* ein Titel zur gesellschaftlichen Moral vor dem Hintergrund der Begünstigungen für die damalige Bundestagspräsidentin Süssmuth (*Stern* 13/1991), der *Spiegel* thematisiert ebenfalls die zeitgenössische Moral, jedoch vor biblischem Hintergrund der zehn Gebote (51/1999). Auch das wissenschaftliche Moralverständnis (31/2007) und die Sünde (7/2010), jedoch nur implizit mit Moral verbunden, werden zu Coverthemen des *Spiegels*.

Durchaus auch mit dem moralischen Diskurs verbunden lässt sich das nächste Thema anschließen, welches als Randthema jedoch keinem bestimmten Zeitpunkt zuzuordnen ist, sondern in allen Jahren vereinzelt auftritt. Das Thema „Tod" bzw. „Sterben" wird in unterschiedlichen Facetten immer wieder aufgenommen, von Grenzerfahrungen (*Spiegel* 1977/26) und wissenschaftlichen und religiösen Verhandlung der Unsterblichkeit (*Spiegel* 15/2007, *Stern* 42/1965, 18/1997) bis hin zur Sterbehilfe (*Spiegel* 18/1984, 5/1989, 47/1992, 6/2014; *Stern* 49/1996, 26/2010).

Als weiteres immer wieder auftretendes Thema lässt sich die biblische Figur Jesus Christus anführen. Bereits 1958 erscheint erstmals eine Titelgeschichte über den historischen Jesus von Nazareth im *Spiegel*, welche Städter und Hannig als Wende- und Startpunkt für eine mediale Kirchenkritik sowie öffentliche Auseinandersetzung mit der Thematik Kirche, Religion und Theologie ansehen.[39] Nur sechs Jahre später, in der Hochzeit der „kommunizierten Krise", erscheint im *Spiegel* erneut eine wissenschaftliche Abhandlung um die Jesus-Figur, in der die Infragestellung Jesu als König der Juden auf dem Titelblatt präsentiert wird (*Spiegel* 6/1966). Die historische Berichterstattung stagniert zunächst in den 1970er und 1980er Jahren, andere Facetten um die Figur Jesus Christus rücken in den Vordergrund. Das Aufkommen der Jesus-People oder Jesus-Freaks, einer christlichen Reformbewegung entstanden in Kalifornien, erregt das mediale Interesse des *Stern*, der die Bewegung Anfang der 1970er Jahre als „neuen Hexenwahn" definiert (*Stern* 3/1970), jedoch eine Einordnung als Aufmerksamkeit steigerndes Element bewusst offen hält (*Stern* 46/1971 „Traumtanz, Rummel oder Revolution?"). Die Bewegung wird jedoch präsentiert, sie erscheint zweimal als Titel-Story. Hannig postuliert die-

---

38 Großbölting 2013, 148.
39 Vgl. Hannig/Städter 2007, 164.

se Bewegung als eine derjenigen, die zwar zahlenmäßig unbedeutend war, jedoch eine breite mediale Präsenz erfuhr.[40] Auch die Populärkultur verhandelt die Figur Jesus Christus. *Stern* und *Spiegel* nutzen dies als Aufhänger: Der *Spiegel* spielt in seinem Titelblatt von 1971 „Jesus im Schaugeschäft" (*Spiegel* 8/1972) auf das erfolgreiche Musical von Llyod Webber „Jesus Christ Superstar" an, welches 1971 Premiere hatte und 1973 in den USA als Film erschien, und hinterfragt die Verbindung von Religion, Showgeschäft und finanziellem Profit. Der *Stern* thematisiert 1988 die Kontroversen um den Film „Die letzte Versuchung Christi" unter der personalisierten Frage „War Jesus ein Sünder?" (*Stern* 46/1988).

In den 1990er Jahren werden neue Forschungsergebnisse um Jesus Christus als Aufhänger genutzt (*Stern* 1/1992, *Spiegel* 22/1996). Die zunehmende Pluralisierung und Individualisierung sowie der Verlust der kirchlichen Bindung bildet sich auch in den Titelstories ab, die religionssoziologischen Entwicklungen werden kritisch verhandelt: Der *Stern* betitelt die „Eroberung der neuen Religionen" und repräsentiert Jesus als Verlierer (*Stern* 52/1990), der *Spiegel* thematisiert in Form eines Wortspiels in Anlehnung an den Film „Kevin allein zu Haus", den Rückgang der Gläubigen („Jesus, allein zuhaus") und den „Glauben ohne Kirche" (*Spiegel* 52/1997) und hinterfragt die Werte, die von Jesus vorgelebt wurden, in der zeitgenössischen Kultur (*Spiegel* 21/1999). Jesus erscheint somit als Repräsentant des kirchlichen Christentums, das zunehmend einen Schwund an Werten und Anhängern verzeichnet. Diese Repräsentation verliert sich jedoch in den 2000er Jahren.

In Form von Wellenbewegung rücken hier erneut historische Fragestellungen in den Vordergrund (*Stern* 52/2002), die jedoch bei beiden Magazinen zunehmend personalisiert und skandalisiert werden (*Spiegel* 16/2004 „Mordfall Jesus Christus. Geschichte einer Kreuzigung", *Stern* 14/2010 „Ist das Jesus? Das Geheimnis des Turiner Grabtuchs", *Stern* 17/2011 „Machtspiele, Intrigen, Verrat. Weshalb Jesus sterben musste", *Spiegel* 17/2011 „Der Rebell Gottes. Als Christus Rom herausforderte"). Auch die Populärkultur bietet einen erneuten Aufhänger. Der Roman „Sakrileg" von Dan Brown erscheint im Jahr 2004 und wird im Jahr 2006 verfilmt. Die Aufnahme der beiden Magazine legt deren unterschiedliche Schwerpunkte dar: Während sich der *Stern* auf Jesus im Zusammenhang mit einer Geliebten und Verschwörungen der Kirche fokussiert (*Stern* 9/2004), nutzt der *Spiegel* die eher historisch-wissenschaftliche Komponente als Aufhänger (*Spiegel* 52/2004 „Mythos um den heiligen Gral und die Legenden um Jesus, Maria Magdalena und die Tempelritter"). Die Ergebnisse zeigen, dass nicht nur die historische Jesus-Forschung, sondern auch die Popularisierung der Jesus-Figur in der Populärkultur ein wiederkehrendes Thema ist. Zudem werden auch religionssoziologische Entwicklungen kritisch aufgenommen, in denen Jesus als Repräsentant für das Christentum fungiert. Betrachtet man die Titelbilder aller Themenbereiche, zeigt sich nicht nur eine Re-

---

40 Vgl. Hannig 2010, 362.

kurrenz auf historische Gemälde. Vor allem beim *Spiegel* treten Inszenierungen in Form von Bildmontagen zur Jesus-Figur auf (siehe Abb. 16, 17, 18).

Abbildung 16: Jesus, Teil I: Spiegel 6/1966, Stern 46/1971, Spiegel 8/1972

Abbildung 17: Jesus, Teil II: Stern 52/1990, Stern 1/1992, Spiegel 22/1966

Diese wird dabei durch die klassische Jesus-Ikonographie, eine Gestalt mit langem Haar und Bart, erkennbar visualisiert, jedoch an kritische, zeitgenössische Umstände angepasst und modifiziert, z.b. als Che Guevara oder im Stile Andy Warhols (siehe Abb. 18 und 17). Ein Bild ist bei beiden Magazinen vorhanden, jedoch zeitlich voneinander getrennt (siehe Abb. 18, 3 und 4).

Abbildung 18: Jesus, Teil III: Spiegel 52/1997, Stern 52/2002, Spiegel 16/2004, Stern 14/2010, Stern 17/2011, Spiegel 17/2011

Neben Jesus werden auch vereinzelt Titelgeschichten um die biblische Figur der Maria auf den Titelseiten angekündigt. Der *Stern* berichtet 1975 von der Marienverehrung in Altötting (*Stern* 31/1975), der *Spiegel* widmet sich der „Jungfrau, Gottesmutter, Königin" im Zusammenhang mit dem Papst und der Auflebung des Marienkultes (*Spiegel* 51/1983). 1992 dagegen kündigt der *Stern* reißerisch auf dem Titelblatt an, die historische „Wahrheit" über die „mißbrauchte Mutter Gottes" im Heft zu präsentieren (*Stern* 53/1992). Wie bereits dargelegt, ist auch die Repräsentation der Jesusfigur in den 1990er Jahren vor dem Hintergrund der schwindenden Kirchenzugehörigkeit kritisch geprägt – die pejorativ konnotierte Lexik des Titelblatts aus dem Jahr 1992 verwundert daher nicht. Dies ändert sich im Jahr 2005, in dem Maria als Aufsteigerin „vom Dorfmädchen zur Himmelskönigin" repräsentiert wird und der göttliche Charakter wieder betont wird. Des Weiteren wird sie im Jahr 2009 als Teil der Heiligen Familie präsentiert (*Stern* 53/2009), die jedoch auch hier erneut historisch hinterfragt wird.

Neben den biblischen Figuren rückt auch die Bibel selbst auf die Themenagenda der *Stern*-Titelseiten. Begründete die Serie zu „Gott in Deutschland" in den
1960er Jahren den Anfang der „kommunizierten Kirchenkrise" im *Stern* (siehe
oben), wird dabei in einem Teil der Serie die Glaubwürdigkeit der Bibel in Frage
gestellt (*Stern* 41/1962 „Hat die Bibel recht?"). Danach tritt sie erst in den 2000er
Jahren wieder auf dem Titelblatt in Erscheinung: Die Cover-Story widmet sich der
Entstehung der Bibel. Die Infragestellung der 1960er Jahre ist einer positiv konnotierten Lexik gewichen; die Entstehungszeit von der „Schriftrolle" zum „Bestseller"
wird angekündigt (*Stern* 52/2007). Des Weiteren wird der Bibel als Teil der Serie
zu den „Heiligen Schriften" als Titelgeschichte Platz auf der Titelseite eingeräumt
(*Stern* 48/2010, 50/2010); der Vergleich zu Schriften anderer Religionen sticht dabei hervor. Die Thematisierung der biblischen Figuren sowie der Bibel selbst weist
auf ein mediales Interesse am christlichen Kulturgut hin, auch im Vergleich zu anderen Religionen.

Der *Spiegel* zeigt im Gegensatz zum *Stern* eine andere Gewichtung auf. Werden
zwar häufiger Titelstorys über die Kirche oder den Papst im *Spiegel* aufgenommen,
zeigt sich dies nicht vermehrt für Maria oder die Bibel. Dagegen spielt die
Schöpfung, die wiederum der *Stern* nicht als titelrelevant erachtet, beim *Spiegel* eine Rolle. Seit 1983 treten konstant Titel, etwa zur Evolution (10/1998, 52/2005),
zum Urknall (52/1998), zu neuen Biotechnologien (47/1983, 10/1997, 27/2008,
1/2010), zur Entschlüsselung der DNA (26/2000, 9/2003) hervor und verweisen dabei immer wieder auf den christlichen Aspekt der Schöpfung vor dem Hintergrund
rationaler, wissenschaftlicher Erklärungen, sei es visuell, etwa in Form von einer
bildlichen Darstellung von Adam und Eva in einer DNA-Helix, oder lexikalisch
bzw. inhaltlich (Abb. 19).

Abbildung 19: Schöpfung: Spiegel 52/1998, Spiegel 10/1998, Spiegel 26/2000, Spiegel 9/2003, Spiegel 5/2005, Spiegel 1/2010

Dass diese „Popularisierung neuer Entdeckungen in Physik und Biologie"[41] mit christlichen Glaubensnarrativen in Verbindung gebracht wird, deutet auf die nach wie vor anhaltende Verknüpfung um Technik bzw. Naturwissenschaft und Religion hin.

Zudem lassen sich vereinzelt Titelblätter auflisten, die mit dem Christentum in Verbindung stehen. In den 68er Jahren wird etwa ein Sakrament in Verbindung mit Prominenz zum Titelthema (*Stern* 42/1968 „Taufe bei Hildegard Knef"), oder aber auch Beweggründe für Glaubensentscheidungen (*Stern* 23/1977 „Junge Nonnen und Mönche – warum sie ins Kloster gingen"):

Kirchliche Ereignisse und Lebensformen werden auch deshalb Gegenstand medialer Bericht-erstattung, weil sie aus Gründen ihrer Exotik und Außeralltäglichkeit Anziehungskraft be-

---

41 Bräunlein 2015, 211.

sitzen. Für das Kloster und die Lebensform von Ordensleuten ist dies sicher schon länger der Fall.[42]

Im Zeitraum der 2000er Jahre sind es jedoch auch vermehrt Themen, die nur einen impliziten Bezug zum Christentum aufweisen, etwa zum Paradies (*Stern* 52/1994 „Der Menschheitstraum vom Paradies. Wie wir unser Glück suchen"), zur Seele (*Stern* 8/2011 „Hat der Mensch wirklich eine Seele?"), oder nach 2001 zu neuen Werten (*Stern* 52/2001 „Die neuen Zehn Gebote. Welche Werte heute wichtig sind"). Nach 2001 erscheinen auch historische und gegenwärtige Religionskonflikte im Zusammenhang mit dem Christentum auf dem Titelblatt des *Stern* (13/2005 „Die Kreuzzüge. Wie die Christen den Hass säten", 39/2012 „Muslime gegen Christen. Kreuzzug der Feiglinge").

Für den *Spiegel* wurde bereits erwähnt, dass die Veränderung der christlichen Kultur durch neue Religionsformen und andere Religionen thematisiert werden, dabei spielt auch der Schwund des Christentums eine Rolle, etwa im Zuge des Kruzifixstreits (*Spiegel* 33/1995 „Das Kreuz mit dem Kruzifix. Abschied von der christlichen Kultur), des Papstbesuches zum Weltjugendtag 2005 (*Spiegel* 33/2005 „Gläubige verzweifelt gesucht. Heimkehr in ein unchristliches Land") oder das Aufkommen neuer „Atheisten", verglichen mit Kreuzzügen (*Spiegel* 22/2007 „Gott ist an allem Schuld. Der Kreuzzug der neuen Atheisten"). Auch politisch-religiöse Themen, wie etwa der Glaube des George W. Bush wird bei beiden Magazinen als titelrelevant erachtet (*Stern* 37/2004, *Spiegel* 8/2003).

Das Lexem „Christentum" als Religion erscheint erst in den 2000er Jahren auf dem Titelblatt, dies lässt sich als Folge der Pluralisierung, Diversität und damit einhergehenden Auseinandersetzungen mit anderen Religionen begründen; das Christentum insgesamt wird erst dann thematisiert, wenn auch andere Religionen in den Blick geraten. Die Themen stützen diese These. Als Teil der Serie zu den Heiligen Schriften unterschiedlicher Religionen wird das Christentum mit der Bibel im *Stern* präsentiert (*Stern* 48/2010, 50/2010). Der *Spiegel* vergleicht das Christentum mit anderen Religionen, etwa die 10 Gebote und Wurzeln der drei abrahamitischen Religionen (*Spiegel* 16/2006), ebenso wie Konfliktthemen (*Spiegel* 52/2008) oder Kontroversen zwischen Christentum und Islam (*Spiegel* 52/2009). Im *Stern* erscheint zudem 2004 ein Porträt des Christentums als Teil der Serie zu den „Weltreligionen" und wird beginnend als „vorderasiatische Sekte" nun als „erfolgreichste Religion" betitelt (*Stern* 52/2004). Eine ähnliche Konzeption zeigt sich im *Spiegel*, auf dessen Titelblatt 2008 die Ankündigung erscheint „Als Jesus noch ein Guru war. Von der Christus-Sekte zur Weltreligion" (*Spiegel* 13/2008). Auffällig ist bei beiden Magazinen die negative Konnotation der Lexeme Sekte und Guru und die

---

42 Gärtner et al. 2012, 65.

daraus resultierende Entwicklung zu einer positiv konnotierten Religion („erfolgreichste Religion", „Weltreligion").

Die Ergebnisse zeigen, dass moralisch-ethische Themen, die in den 1960er und 1970er Jahren im Zusammenhang mit der Institution Kirche verhandelt wurden, verschwinden – dies geht mit der abnehmenden Leitfunktion der Kirchen in moralischen Fragen einher. Auch das Thema Weihnachten wird nicht mehr explizit kirchlich verhandelt, vielmehr tritt zum Beispiel im *Stern* das Familienthema auf, welches subjektive Tendenzen beinhaltet und die Familie an Weihnachten in den Vordergrund rückt. Der Rückgang der institutionellen Kirchenzugehörigkeit wird von den Magazinen dabei als Schwund des Christentums aufgenommen und vor dem Hintergrund des Aufkommens neuer Religionen in den 1990er Jahren und in den 2000er Jahren thematisiert. Zeichnet sich somit einerseits ein Rückgang ab, lässt sich jedoch andererseits ein Aufschwung festhalten.

Bedingt durch die Pluralisierung, die religiöse Vielfalt, aber auch die Ereignisse 9/11s zeigt sich ein Aufkommen christlicher Titelgeschichten ab den 2000er Jahren: Es lässt sich somit ein mediales Interesse am christlichen Kulturgut postulieren (etwa an Jesus, Maria, der Bibel, der Schöpfung, aber auch der Moral, durchaus auch an Skandalen und Personalisierungen orientiert), auch im Vergleich zu anderen Religionen, zum Beispiel anhand der unterschiedlichen Weltreligionen, Heiligen Schriften, Geboten, dem Weihnachtsfest, jedoch auch anhand von Religionskonflikten. Im Sinne von Bruce Cultural Defense und Cultural Transition (siehe Kap. 2.1) lässt sich, bezogen auf den medialen Diskurs, hier von einer Fokussierung auf das Christentum als Folge der Pluralisierung, Diversität und damit einhergehenden Auseinandersetzungen mit, aber auch einer Abgrenzung von anderen Religionen sprechen. Wird das Christentum dabei auch durchaus kritisch betrachtet, erscheint es somit doch bei beiden Magazinen als Fundament der Kultur.

Papst

Der Papst als Repräsentant des Christentums ist ein konstantes Thema auf den Titelseiten beider Magazine, und besonders im *Spiegel* präsent. Im Folgenden erscheint es als sinnvoll, die Titelthemen in die Papst-Amtszeiten und somit in explizite Zeiträume zu gliedern, „da mit jedem neuen Pontifex immer auch ein neu justierter Blick auf das Papstamt entworfen wurde, der seinerseits auch die öffentliche Rezeption der katholischen Kirche insgesamt prägen konnte."[43] Beginnend 1960 kündigt der *Stern* im Zeitraum der Amtszeiten von Johannes XXII. (1958-1963), Paul VI. (1963-1978) und Johannes Paul I. (1978) nur zweimal ein den Papst betreffendes Thema auf dem Titelblatt an und dies nur als Nebentitel. Diese Titel betreffen auch nicht die gerade genannten Päpste, sondern die scheinbar geplante Entführung Papst Pius XII. im zweiten Weltkrieg (17/1972) sowie die Frage nach ei-

---

43 Städter 2011, 28.

nem neuen Papst im Zuge der Papstwahl 1978 (33/1978). Dem Papst wird somit vor der Amtseinführung Johannes Paul II. nur sehr geringe Aufmerksamkeit auf den Titelblättern zuteil. Der *Spiegel* dagegen räumt dem Papstthema mehr Raum ein. In der Amtszeit von Papst Johannes XXIII. (1958-1963) steht jedoch ebenfalls Papst Pius XII. im Fokus (17/1963). Dies geht zunächst mit der Veröffentlichung des Schauspiels „Der Stellvertreter" des Schriftstellers Rolf Hochuth im Jahr 1963 einher, der darin die Haltung des Vatikans zur Shoa thematisiert, Papst Pius XII. „als personifizierten schweigenden Katholizismus" (Städter 2011, 330) fokussiert und damit einen Skandal auslöst. Erst mit dem Tod Johannes XXIII. widmet der *Spiegel* diesem eine Porträtierung auf der Titelseite (24/1963). Betrachtet man die Amtszeit von Paul VI. (1963-1978) im *Spiegel*, rückt erneut die Kontroverse um Pius XII. und das Verhalten sowie die Debatte um die Schuldhaftigkeit der Kirche im Nationalsozialismus in den Vordergrund und wird als titelrelevant erachtet (47/1964). Erst im Jahr 1965 erscheint ein Porträt Papst Pauls VI. (52/1965). Anschließend wird die Papstberichterstattung von der Debatte um die Enzyklika *Humanae Vitae* geprägt. Diese, am 25. Juli 1968 von Papst Paul VI. für alle Katholiken erlassen, sorgte für Kritik, da das Schreiben die Empfängnisverhütung verbot und in das eheliche Intimleben eingriff.[44] Der *Spiegel* zeichnet die Haltung Pauls VI. nach (32/1968) und fokussiert insbesondere dessen persönliches Scheitern (18/1969);[45] der Umgang mit der sogenannten Krise im Vatikan führt daraufhin zu einer eigenen *Spiegel*-Serie (43/1974) (siehe Abb. 20).

Das Bild des scheiternden Papstes, der die katholische Amtskirche gegen die Mehrheit der Laien und einen Teil des Klerus zu lenken versucht, wurde schnell zum Sinnbild einer überholten Kirchlichkeit, die vornehmlich auf hierarchische Entscheidungsprozesse baute und die Masse der Gläubigen in scheinbarer Ignoranz der Anstöße des Konzils paternalistisch zu bevormunden zu versuchte.[46]

Städter verweist zudem auf eine neue visuelle Etablierung in den Magazinen hinsichtlich Religion und Kirche, die mit dem Scheitern des Papstes einhergeht – das „parodistische Spottbild"[47]. Das Bild des gescheiterten Papstes begleitet Paul VI. bis in den Tod im Jahr 1978 und erst die mediale Faszination Papst Johannes Paul II. generiert einen positiven Blick auf das Pontifikat.[48]

---

44 Vgl. Großbölting 2013, 111.
45 Für eine Analyse der Titelseite „Papst in Bedrängnis" (*Spiegel* 18/1969) siehe auch Städter 2011, 342f.
46 Ebd., 29.
47 Ebd., 316.
48 Vgl. ebd., 334.

Abbildung 20: Papst Paul VI.: Spiegel 32/1968, Spiegel 18/1969,
Spiegel 43/1974

Den Titel „Medienpapst" des 20. Jahrhunderts, der Kirchen- und Kommunikations-
geschichte erhält Johannes Paul II. (1978-2005) nicht grundlos.[49] Stärker als seine
Vorgänger tritt er in die mediale Öffentlichkeit, dies beginnt bereits mit seinem
Amtseintritt: „Zu einer seiner ersten Amtshandlungen [gehörte] eine Audienz für
1500 Medienvertreter."[50] Auch in den Magazinen *Stern* und *Spiegel* werden nicht
nur der Beginn seines Pontifikats in Form von persönlichen Porträtierungen (*Stern*
44/1978, *Spiegel* 43/1978, siehe Abb. 21), sondern die Umstrukturierung der Kirche
(*Stern* 5/1979), ebenso wie seine vielseitigen Reisen (*Stern* 15/1985), besonders in
das sozialistische Polen (*Stern* 23/1979, *Spiegel* 23/1979), aber auch nach Kuba
(*Stern* 5/1998) oder Deutschland (*Spiegel* 46/1980) zu medialen Ereignissen in personalisierter Form. Dies trifft auch auf die katholischen Medien zu:

Auch die kirchliche Inszenierung Papst Johannes Paul II. verstand es gerade zu Beginn der
achtziger Jahre, die Berichte über dessen Pontifikat ganz auf sein charismatisches Auftreten
bei seinen Auslandsreisen nach Polen oder in die Bundesrepublik und weniger auf die struk-
turellen und theologischen Probleme zu lenken.[51]

Ebenso werden das Attentat auf den Papst (*Stern* 22/1981, *Spiegel* 21/1981) sowie
seine Stellungnahme zur Empfängnisverhütung und Abtreibung (*Stern* 6/1998,
Spiegel 52/1990) in beiden Magazinen zu Coverstorys. Während seiner Amtszeit ist
jedoch die Kontroverse um Papst Pius XII. für den *Spiegel* ein wiederholtes Thema

---

49 Vgl. Schlott 2008, 2.

50 Ebd., 2.

51 Städter 2011, 384.

(*Spiegel* 43/1997), welches sogar in einer mehrteiligen Serie aufgenommen wird (*Spiegel* 31/2001 „Hitler und der Papst").

In den Jahren 2003 (*Stern* 17/2003) und 2005 (*Spiegel* 13/2005) skizzieren beide Magazine große Porträts des „Jahrtausend-Papsts" (*Spiegel* 13/2005). Sein Tod und seine Beisetzung werden ebenfalls als Titelgeschichten präsentiert (*Stern* 15/2005, *Spiegel* 14/2005, 15/2005, siehe Abb. 11). Der *Stern* veröffentlicht anlässlich des Todes die „Bilder seines Lebens" sowie eine mehrteilige Serie über die Geschichte der Päpste (*Stern* 15-17/2005), wobei diese auf den Titelseiten durch Skandale angekündigt wird (*Stern* 2005/16, „Größenwahn der heiligen Väter im sündigen Avignon", *Stern* 2005/17 „Lotterleben in Rom"). Diese stehen im Gegensatz zu den vorherigen Porträtierungen und Berichten über Johannes Paul II, der als „Super-Papst" (*Stern* 5/1979) und „Friedensapostel" (*Stern* 17/2003) „die Zukunft rettet" (*Stern* 15/1985). Der *Stern* greift dabei vor allem auf andächtige Fotografien oder Momentaufnahmen des Papstes zurück (siehe Abb. 21).

Abbildung 21: Johannes Paul II.: Stern 44/1978, Spiegel 43/1978, Spiegel 52/1990, Stern 17/2003, Stern 15/2005, Spiegel 13/2005

Auch der *Spiegel* inszeniert den „Jahrtausend-Papst" (*Spiegel* 13/2005), in Anlehnung an päpstliche Unfehlbarkeit als „den Unsterblichen" (*Spiegel* 13/2005).
Trotz dieser positiv skizzierten Repräsentation zum Ende der Amtszeit sind jedoch
die Titel über Abtreibung und Empfängnisverhütung durchaus kritisch gehalten
(6/1998, „Der Abtreibungs-Skandal. Katholiken gegen den Papst") oder werden
beim *Spiegel* visuell modifiziert, sei es in Form von Karikaturen (52/1990) oder
Fotomontagen (5/1998).

Gerade der Tod Johannes Paul II. und die daraufhin stattfindende Papstwahl
werden im Jahr 2005 zum zentralen Medienereignis und neben dem 11. September
2001 als prägende Einschnitte, nicht nur in der medialen Religionsgeschichte,
wahrgenommen. Der Tod Johannes Paul II., sein Begräbnis,[52] die neue Papstwahl
und die Serie zu den Päpsten der Geschichte erklären somit auch die hohe Anzahl
der Titelseiten im Jahr 2005. Beck spricht anlässlich dieser großen medialen Aufmerksamkeit von einem massenmedialisierten Papsttum: „Rund um den Erdball
nehmen Milliarden Menschen an dem halböffentlichen Sterben von Papst Johannes
Paul II. teil"[53], verfolgen die Papstwahl und schließlich die Inthronisation von Benedikt XVI. durch die Massenmedien. Diese Entwicklung postuliert Beck als „Be-
nedikt-Phänomen": Einerseits ist ein Mitgliederrückgang in den christlichen Kirchen zu verzeichnen, andererseits tritt das mediale Interesse an diesen katholischen
Ereignissen hervor. Beck spricht dabei von einem

[…] ‚kosmopolitischen Ereignis', das die kulturell Anderen – Religiöse und Nichtreligiöse,
Getaufte und Nichtgetaufte, Häretiker, Atheisten, Fundamentalisten usw. – einbezieht, und
zwar nicht durch Zwang, sondern freiwillig, aufgrund eines Bedürfnisses nach Spiritualität.
[…] Die Weltkirche, massenmedial inszeniert und erfahrbar geworden, mobilisiert die gesamte subjektive Fragezeichen-Kultur.[54]

Diese positive Resonanz ändert sich unter dem Pontifikat Benedikt XVI. (2005-
2013), den Schlott als „Medienpapst wider Willen"[55] betitelt und seine Amtseinführung wie folgt charakterisiert:

Der Nachfolger trat in große mediale Fußstapfen und fand ein schweres Erbe vor. Benedikt
XVI. versuchte erst gar nicht das Medienstar-Image seines Vorgängers nachzuahmen. Großer,
plakativer Gesten enthielt er sich bisher. Ganz im Gegenteil: Wer den ersten Auftritt des neu-

---

52 Eine kommunikationswissenschaftliche Analyse der Trauer um Papst Johannes Paul II.
    findet sich bei Döveling (2007), zum Tod des Papstes als globales Medienereignis siehe
    auch Schlott (2008) sowie Sieprath (2009b).
53 Beck 2008, 55-56.
54 Ebd., 56-57.
55 Schlott 2008, 4.

gewählten Papstes am Abend des 19. April 2005 auf der Loggia des Petersdomes in Erinnerung hat, sieht das Bild eines schüchtern wirkenden, unbeholfen winkenden Mannes, der den Jubel der Menge keineswegs zu genießen scheint.[56]

Die mediale Resonanz auf den Titelseiten des *Spiegel*s und des *Stern*s ist dabei ebenfalls äußerst verhalten, wenn auch zu Beginn noch positiv gestimmt.[57] Nach der Wahl porträtiert der *Stern* den „Menschen Ratzinger" (18/2005) sowie den „netten Hardliner aus Altötting" (37/2006). Der *Spiegel* dagegen schaltet kein Porträt auf seiner Titelseite, sondern betitelt die erste Aufgabe des Papstes zum Weltjugendtag, indem die Heimkehr des Papstes in ein „unchristliches Land" hervorgehoben wird (33/2005). Wurde in der ersten Hälfte der 2000er Jahre zunächst positiv über die katholische Kirche und die Päpste getitelt, sorgen seit dem Jahr 2006 jedoch diverse Ereignisse für eine mediale Krise der Kirche und des Papstes.[58] „Der Versöhnungsversuch ausgerechnet mit einem abtrünnigen Bischof und Holocaustleugner, unbedachte Formulierungen in einer Vorlesung zur Rolle des Islam und das erkennbare Unverständnis gegenüber der Tragweite des Missbrauchsskandals in der katholischen Kirche bewirkten einen überraschenden Umbruch in der medialen Berichterstattung."[59] Das untersuchte Material bestätigt diese These. Der *Stern* thematisiert etwa das Vorgehen des Papstes hinsichtlich des Holocaustleugners Richard Williamson (*Stern* 8/2009) sowie scheinbare Intrigen und Korruption im Vatikan und um Papst Benedikt XVI. (*Stern* 24/2012). Bei seinem Rücktritt zollt der *Stern* ihm jedoch „Respekt" für diese Geste (*Stern* 8/2013) (siehe Abb. 22). Im *Spiegel* dagegen zeigt sich eine vermehrte kritische Titelseitengestaltung, nicht nur zur Haltung des Papstes zum Islam (*Spiegel* 38/2006). Explizite Kritik tritt bezüglich des Vorgehens bei Bischof Williamson hervor (*Spiegel* 6/2009, „Der Entrückte. Ein deutscher Papst blamiert die katholische Kirche"), steigert sich bei den Miss-

---

56 Schlott 2008, 4.

57 Dies geht besonders mit dem Event des Weltjugendtages einher. Christian Klenk (2008) untersucht die mediale Berichterstattung zum Weltjugendtag und zum deutschen Papstbesuch inhaltsanalytisch anhand von zehn Zeitungen und zwei Zeitschriften, darunter auch der *Spiegel*. Als Ergebnis hält er u. a. fest, dass das Ereignis Anknüpfungspunkte für Berichte über Jugend, Glaube und Religion allgemein bot (vgl. Klenk 2008, 151), es jedoch nach Beendigung sofort wieder aus den Medien verschwand (vgl. ebd., 152). Der Weltjugendtag sowie der Papstbesuch und somit das Image Benedikts XVI. wurden dabei überwiegend positiv bewertet, so Klenk (vgl. ebd., 154, 158). Auffällig ist dabei, dass in den Artikeln Papst Johannes Paul II. jedoch besser bewertet wurde als Papst Benedikt XVI. (vgl. ebd., 154), ein Ergebnis, bei dem die Popularität Johannes Paul II. erneut ersichtlich wird.

58 Vgl. Bösch/Hölscher 2009b, 8.

59 Gärtner et al. 2012, 52.

brauchsfällen in der katholischen Kirche (*Spiegel* 14/2010 „Der Fehlbare. Die gescheiterte Mission des Joseph Ratzinger") und findet den Höhepunkt im Jahr 2011, in welchem dem Papst die Schuld am Rückgang der Gläubigen zugesprochen wird und die Unzufriedenheit über das Verhalten des Papstes deklariert wird (*Spiegel* 38/2011 „Der Unbelehrbare. Ein Papst lässt die Deutschen vom Glauben abfallen").

Abbildung 22: Papst Benedikt XVI.: Stern 18/2005,
Stern 8/2013

Abbildung 23: Papst Benedikt XVI.: Spiegel 6/2009, Spiegel 14/2010,
Spiegel 38/2011

In den Titelseiten von 2009, 2010 und 2011 (siehe Abb. 23) lässt sich somit eine Kohärenz postulieren. In allen Titeln wird auf die päpstliche Unfehlbarkeit referenziert, diese jedoch verfremdet oder ins Gegenteil verkehrt: Erscheint Johannes Paul II. noch als „der Unsterbliche", wird Papst Benedikt XVI. als entrückt, fehlbar und unbelehrbar repräsentiert; explizite Wertungen treten hervor.

Dabei widmet der *Spiegel* ihm auch kein Titelblatt zu seinem aus Altersgründen bedingten Rücktritt, einzig die neue Papstwahl rückt ins Zentrum der Aufmerksamkeit (*Spiegel* 8/2013). Papst Benedikt XVI. kann somit das Image seines Vorgängers, des Medienpapstes, nicht aufrechterhalten und stürzt, vor allem in den letzten Jahren seiner Amtszeit, die Kirche durch negative Schlagzeilen erneut in eine mediale Krise.[60]

Mit der neuen Papstwahl im Jahr 2013 wird jedoch ein katholisches Event in Form eines Medienereignisses geschaffen, welches beide Magazine aufgreifen (*Stern* 12/2013, *Spiegel* 8/2013). Während der *Stern* vor der Papstwahl die Herausforderungen des neuen Papstes hinsichtlich der Zölibatsfrage in den Fokus stellt (*Stern* 12/2013, „Ich liebe Gott (und eine Frau). Katholische Priester fordern vom neuen Papst: Befrei uns endlich vom Zölibat"), besteht die Porträtierung von Papst Franziskus (seit 2013) nach der Wahl nur aus einem klein angekündigten Nebentitel; andere Akzente werden gesetzt (siehe Abb. 24).

Abbildung 24: Stern 12/2013, Stern 13/2013, Stern 43/2013

Der *Spiegel* dagegen (siehe Abb. 25) widmet Papst Franziskus die Titelgeschichte und hinterfragt ihn als „Gottes besten Mann" und „modernen Reaktionär" (*Spiegel* 12/2013). Im Jahr der Wahl erschüttert jedoch ein erneuter Skandal die katholische Kirche: Der damalige Limburger Bischof Franz-Peter Tebartz-van Elst gelangt durch hohe Baukosten für das Diözesane Zentrum Sankt Nikolas in die öffentliche Kritik. Im Oktober 2013 wird er von Papst Franziskus von seinen Pflichten entbun-

---

60 Diese Ergebnisse bestätigen sich in einer Analyse von Radde-Antweiler (2015), die im Zeitraum von März 2013 bis Februar 2014 neben dem *Spiegel* auch die Medienberichterstattung der *Bild*-Zeitung sowie der *Zeit* betrachtete.

den. Als Normverstoß und Skandal wird dies ebenfalls von den beiden Magazinen aufgenommen, auch in Relation zu Papst Franziskus (*Stern* 43/2013, *Spiegel* 42/2013).

Abbildung 25: Papst Franziskus: Spiegel 12/2013, Spiegel 42/2013, Spiegel 5/2014

Bei diesem wird jedoch im Gegensatz zum verschwenderischen Bischof die Volks-nähe und die lateinamerikanische Bescheidenheit stilisiert und auf den Titelseiten hervorgehoben, nicht zuletzt aufgrund einer im November 2013 veröffentlichten sozialkritischen Aufforderung an die Kirche, sich um die Armen und Schwachen zu kümmern, ebenso wie einer scharfen Kritik an der Wohlstandskultur der westlichen Gesellschaft. Wird Tebartz-van Elst von *Stern* und *Spiegel* stark kritisiert (*Stern* 44/2013 „Skandal-Bischof", *Spiegel* 42/2013 „verschwenderischer Bischof"), wird Papst Franziskus als „fröhlich und bescheiden" (*Stern* 13/2013), als „Papst der Ar-men" (*Spiegel* 42/2013), der seinen „Kampf gegen Protz, Prunk und Größenwahn" (*Stern* 43/2013) antritt, repräsentiert und Tebartz-van Elst somit kontrastierend als Sympathieträger gegenübergestellt (siehe Abb. 24, 25).[61] Neben dem Skandal wird

---

61 Klenk legt in seiner Studie (2014) anhand von Inhaltsanalysen die positive Bericht-erstattung in Tageszeitungen, Fernsehnachrichten und Online-Medien im Zeitraum von März 2013 bis Januar 2014 über Papst Franziskus dar. Des Weiteren stellt er die Popula-rität von Franziskus heraus. Er verweist auf die dreimalige Titelung des *Time Magazines*, welches Franziskus 2013 auch zur „Person of the Year" (23.12.2013) kürte, ebenso wie auf das Musikmagazin *Rolling Stone*, welches ihm eine Titelseite widmete sowie die Ti-telung der italienischen *Vanity Fair* und die amerikanische Zeitschrift *The Advocate*, die ihn im Jahr 2013 als „Mann des Jahres" betitelten (vgl. Klenk 2014, 73-74). (An dieser Stelle lässt sich auch auf die im Frühjahr 2015 von Panini gegründete Zeitschrift *Mein Papst* verweisen, die ebenfalls einen spannenden Untersuchungsgegenstand darstellt.) Mit Referenz auf den medialen Stimmungsumschwung bei Papst Benedikt XVI. hinter-

im *Spiegel* auch Franziskus Haltung sowie eine Umfrage im Vatikan zu Sexualität angekündigt (5/2014).

Betrachtet man die Repräsentation aller Päpste rückblickend, lässt sich festhalten, dass zu jedem Papst eine unterschiedliche mediale Haltung eingenommen wird. Besonders tritt dabei der „Medienpapst" Johannes Paul II. hervor. Doch auch durch die Titelseiten und Themenaufnahmen der anderen Päpste zeigen sich die unterschiedlichen medialen Wahrnehmungen des Papstamtes in *Stern* und *Spiegel*: Die Figur des scheiternden Paul VI. tritt ebenso hervor wie der Medienpapst Johannes Paul II., der „Medienpapst wider Willen" Benedikt XVI., der eine mediale Krise herbeiführte, ebenso wie der lateinamerikanische „Papst der Armen" Franziskus, der, charakterisiert durch seine Bescheidenheit, dem in Luxus lebenden Bischof Tebartz-van Elst gegenübergestellt wird. Die Papstwahlen und Wechsel der Repräsentanten der katholischen Kirche dienen den Magazinen dabei als Titelgeschichtenaufhänger. Insgesamt zeigt sich eine starke Personalisierung und mediale Inszenierung des Papsttums und der jeweiligen Repräsentanten – „die Einmaligkeit des Papstamtes sorgt bereits für das Starpotential und sichert der altehrwürdigen Institution des Papsttums die andauernde öffentliche Faszination."[62]

Glaube/Glaubensfragen

Nach den Anschlägen des 11. September 2001 zeigt sich nicht nur eine, wenn auch kritische, Beschäftigung mit dem Christentum. Auch die Auseinandersetzung mit eigenen sowie fremden Glaubensvorstellungen oder dem Phänomen des Glaubens im Allgemeinen nimmt zu, besonders beim *Spiegel*. Wie bereits an einigen Stellen hervorgehoben, beginnt die Beschäftigung und auch Hinterfragung der eigenen Glaubensvorstellungen bereits in den 1960er Jahren. Mit den Glaubensumfragen wird dabei das Narrativ der medialen Kirchenkrise eingeleitet. Vorreiter ist der *Stern*, der im Jahr 1962 seine dreizehnteilige „Dokumentation über Glaube und Kirche" in Deutschland veröffentlicht (siehe Abb. 1, Bild 1). Neben der inhaltlichen Besonderheit hebt Städter auch die Einzigartigkeit des Titelblatts hervor, da der *Stern* „mit Hinblick auf die visuelle Gestaltung des Titels mit einer lang etablierten Konvention auf dem deutschen Illustriertenmarkt [brach]: Die Blattmacher verzichteten auf das ganzseitige, großflächige Foto als Blick fangendes Titelbild"[63] mit einem „kommunizierten Anspruch, den Leser auf den folgenden Seiten weniger mit opulenten Bildern zu fesseln, sondern mit einem nüchternen, die Schwierigkeiten

---

fragt Klenk die Dauer der positiven Berichterstattung, die ebenfalls mit Wünschen und Erwartungen an eine liberale katholische Lehre einhergehe (vgl. ebd., 89f.) und verweist auf Perspektivierungen zugunsten einer positiven Berichterstattung (vgl. ebd. 90).

62 Schlott 2008, 3.

63 Städter 2011, 177.

der Kirchen aufzudeckenden Text."[64] Legte der *Stern* mit dieser Serie den Grund-stein, folgten in den kommenden Jahren weitere Umfragen, auch ohne des Lexems „Glauben" (13/1967 „Warum treten Sie nicht aus der Kirche aus?", 39/1968 52/1968 „Wie sieht Gott aus?"). Auch der *Spiegel* kultiviert Umfragen mit (religi-ons)soziologischem Fokus in den 1960er Jahren. Hannig stellt dabei die These auf, dass die Umfragereportagen in der Öffentlichkeit

[…] eine Entdogmatisierung des Glaubens ein[leiteten], mit der sie die Gleichsetzung von Religion und Kirche semantisch und scheinbar demokratisch auflösten. Denn indem die Me-dien vorgaben, über Glaubens- und Transzendenzvorstellungen ‚abstimmen' zu lassen, de-mokratisierten sie zugleich die Religion und deklarierten sie damit zu einer Art Verhand-lungssache. Zweifelsohne lancierten Journalisten hier keine wirklichen Abstimmungen, mit deren Hilfe sie dann eigene Dogmen strickten. Gewiss konnten ihre Reportagen aber zu breit rezipierten religionssoziologischen Stichwort- und Impulsgebern einer Art Deinstitutionalisie-rung des Glaubens werden. Die Bundesrepublik erschien dabei als eine Gesellschaft, die mit kirchlich normierter Religiosität zwar nur noch wenig anzufangen wisse, aber weiterhin Ant-worten auf Sinnfragen des Lebens suche und offen sei.[65]

Diese These mag auf die durch Umbrüche geprägten 1960er Jahre zutreffen. Um-fragen wie auch die Glaubensfragen sind jedoch nicht allein ein Phänomen der 1960er Jahre, sie treten auch in den Jahrzehnten danach immer wieder vereinzelt auf. Abbildung 26 zeigt, dass die Titelthemen dabei der Frage nach Glaubens-inhalten („Was glauben die Deutschen?", „Woran glaubt der Mensch?") ebenso nachgehen wie Fragen der Sinnhaftigkeit („Warum glaubt der Mensch?"). Relevant ist dabei, dass ein christlicher Bezug durch visuelle Symbolik (Kreuz, betende Hän-de, klassische Mariendarstellung) hergestellt wird. Von besonderem Interesse ist die nahezu gleiche Fragestellung in unterschiedlichen Jahrzehnten (52/1967, 25/1992, 52/2013) und die damit einhergehenden Haltungen und Transformationen zu und von Religion. Anhand der Feinanalyse auf der Mikroebene werden die drei Artikel untersucht (siehe Kap. 5.2.1), um aufzuzeigen, welche Meinungen zur Transfor-mation von Religion in unterschiedlichen Jahrzehnten sprachlich und visuell etab-liert werden und um darzulegen, welche religionssoziologischen Prozesse auf-genommen werden, die sich bereits anhand der Titel andeuten („Abschied von Gott", „Zwischen Religion und Magie"). Hannig spricht hinsichtlich der Glauben-sumfragen von einer Deprivatisierung von religiösen Themen, da die Meinungsum-fragen persönliche, individuelle Religiosität an die Öffentlichkeit brachte.[66]

---

64 Städter 2011, 179.
65 Hannig 2010, 309-310.
66 Vgl. Hannig 2011, 185.

Abbildung 26: Glaubensfragen: Spiegel 52/1967, Spiegel 25/1992, Spiegel 52/2000, Spiegel 52/2012, Spiegel 52/2013

Neben den Glaubensfragen lassen sich seit dem Jahr 2001 weitere Titelgeschichten um das Lexem „Glauben" eruieren. Zusätzlich zu der verstärkten Auseinandersetzung mit dem Christentum wird demnach die These einer zunehmenden Beschäftigung mit eigenen oder fremden Glaubensvorstellungen seit dem 11. September 2001 gestützt. Dabei wird einerseits der Verlust des christlichen (*Spiegel 33/2005, 38/2011*) bzw. institutionellen Glaubens (*Spiegel 52/1997*) und des Glaubens an sich (*Spiegel 52/2001, 22/2007*) präsentiert. Ohne sich religionssoziologischem Fachvokabular zu bedienen, werden somit Phänomene der Individualisierung sowie Säkularisierung verhandelt. Auch besondere Glaubensvorstellungen, etwa an die Seele oder den Buddhismus, der als „Glaube ohne Gott" (*Spiegel 16/1998*) repräsentiert wird, ebenso wie Konflikte um christliche Glaubensvorstellungen in Bezug zum Islam (*Spiegel 38/2006* „Glaubenskampf") oder die Entstehung des Glaubens aus Forschungsperspektive (*Spiegel 21/2002*) zeigen sich auf den Titelseiten. Neben der groß angekündigten Dokumentation über die Glaubenssituation in den 1960er Jahren lassen sich keine weiteren Umfragen zu Glaubensvorstellungen in Deutschland im *Stern* anführen. Es werden aber Glaubenskonflikte in Bezug zum Islam und der iranischen Revolution aufgenommen („Glaubenskrieg", *Stern* 51/1979), oder die indirekte Auseinandersetzung mit der nicht explizit genannten Individualisierungsthese und dem Phänomen „believing without belonging" (*Stern* 39/2011 „Oh Gott. Warum so viele Menschen gläubig sind, sich aber von den Kirchen abwenden") betitelt.

Betrachtet man das Verb „glauben" auf den Titelseiten, tritt es mit neuen sowie auch alten Glaubensvorstellungen an Wiedergeburt (*Stern* 27/1986), Hexen (*Stern* 38/1986), oder Prophezeiungen des Astrologen Nostradamus (*Stern* 50/2003) in Erscheinung, ebenso wie mit dem Islam (*Stern* 41/2001, 50/2004) (siehe Abb. 27). Die Themen werden dabei häufig mit ähnlicher Syntax versehen: Die Anzahl der Glaubensanhänger, die Gründe der Glaubensanhänger ebenso die Inhalte werden angekündigt („Millionen Menschen glauben den neuen Propheten", „15 Millionen Menschen glauben an die Macht der Magie", „Geheimnis Islam. Woran über eine Milliarde Menschen glauben", „Unheimliche Prophezeiungen und warum so viele daran glauben"). Die meist äußerst hoch gehaltene, häufig hyperbolische Anzahl schafft dabei Brisanz; der Bezug zu Deutschland gleichzeitig Nähe. Das Islam betreffende Titelblatt in diesem Zusammenhang wurde im Oktober 2001, kurz nach dem 11. September, getitelt und zeigt eine klare Abgrenzung auf: Durch die Pronomen „uns" und „ihre" werden die Akteure explizit zugewiesen und die Gefahr und das damit verbundene ‚Feindbild' des Islams etabliert (siehe auch Kap. 5.1.4, S. 182). Im Gegensatz zu den als fremd dargestellten Glaubensvorstellungen wird der Buddhismus als neuer „Trend" zum „sanften Glauben" positiv konnotiert (8/2004) (siehe auch Kap. 5.1.4, S. 198).

Abbildung 27: „glauben": Stern 27/1986, Stern 38/1986, Stern 41/2001, Stern 8/2004, Stern 50/2004

Die Analyse konnte zeigen, dass nicht nur eigene, sondern auch vermeintlich fremde Glaubensvorstellungen im *Stern* seit den 1960er Jahren verhandelt werden. Der *Spiegel* dagegen betitelt Themen rund um den „Glauben" meist in christlicher Kontextualisierung und vor allem nach 9/11. Zudem ist die Frage nach Glaubensinhalten und Sinnhaftigkeiten von Glauben im *Spiegel* über Jahrzehnte hinweg ein konstantes Thema.

Gott

Das Lexem „Gott" tritt auf den Titelseiten vereinzelt in den 1960er Jahren, in den 1980er Jahren und vermehrt in den 2000er Jahren und in unterschiedlichen Zusammenhängen auf. Einerseits wird es dabei als anthropomorphes Stilmittel verwendet, das heißt, dem Lexem Gott werden menschliche Eigenschaften zugeschrieben und es wird auf Titelblättern häufig als Personifikation genutzt – und dies aus unterschiedlichen Gründen: Zum einen dient es als Verweis auf das höchste, übernatürliche Wesen, als Schöpfer der Natur. Dies zeigt sich zum Beispiel in Bezug zu kontroversen Themen hinsichtlich Naturwissenschaften und Religion (*Stern* 12/1988 „Forscher, die Gott spielen", *Stern* 47/2010 „Darf der Mensch Gott spielen", *Spiegel* 52/2005 „Gott gegen Darwin").

Zum anderen wird ein klarer Bezug zur christlichen Religion als Personifikation und somit Gott als höchster Stellvertreter des Christentums ersichtlich, etwa wenn der Glauben in unterschiedlichen Ländern betrachtet wird (*Stern* 38-41/1962 „Gott in Deutschland", *Stern* 46/1979 „Gott in Russland") oder der Schwund des Christentums (*Spiegel* 25/1992 „Abschied von Gott", *Spiegel* 51/1993 „Gott ja – Kirche Nein", *Spiegel* 16/1998 „Glauben ohne Gott", *Stern* 49/2009 „Selig ohne Gott"), die Kirchensteuer (*Stern* 33/1968 „Gott ist zu teuer") oder die Debatte um die Stellung der Frau in der katholischen Kirche verhandelt wird (*Spiegel* 52/1992 „Gott und die Frauen"). Vereinzelt findet sich dies auch für den Monotheismus (*Spiegel* 52/2006 „Gott kam aus Ägypten") oder andere Religionen (*Stern* 15/2012 „Gott im Pott"). Drittens dient es als schmückendes Beiwerk bzw. Wortspiel, um Neugierde auf das religiöse Thema zu wecken (*Stern* 39/2011 „Oh Gott", *Stern* 12/2013 „Ich liebe Gott (und eine Frau), *Spiegel* 22/2007 „Gott ist an allem Schuld") oder um darzulegen, das Religion in anderen Themenbereichen involviert ist, etwa beim Fußball (*Stern* 13/1998 „Gott spielt mit") oder bei politischen Wahlen (*Stern* 37/2004 „Gott als Wahlhelfer").

Der Genitiv „Gottes" wird weiterführend als Zuschreibung, dabei als Redewendungen genutzt (*Stern* 1/1992 „Sohn Gottes", *Stern* 53/1992 „Mutter Gottes" und *Spiegel* 51/1983 „Gottesmutter" für Maria, *Stern* 48/2004 „Gottes auserwähltes Volk" für Juden) oder als Stilmittel der Umschreibung, die entweder Wissen voraussetzt oder sich durch weitere Zuschreibungen oder das Titelblatt erklärt (*Stern* 11/1984 „Falschspieler Gottes" als Bezeichnung für Zeugen Jehovas als Betrüger und mit Bezug auf das Buch von Rolf Nobel, *Stern* 29/1986 „Apotheke Gottes" als Bezeichnung für Heilkräuter und mit Bezug auf das Buch von Maria Treben; *Spiegel* 23/1998 „Folter im Namen Gottes" für Inquisition, *Spiegel* 52/1998 „Gottes Urknall" für Schöpfungsgeschichte in Bezug zur Evolution, *Spiegel* 52/2002 „Erfindung Gottes" für Heilige Schrift oder *Spiegel* 42/2013 „Gottes teurer Diener" als Bezeichnung für Tebartz-van Elst). Der Gottesbegriff ist dabei im Monotheismus verankert und betrifft, bis auf wenige Ausnahmen (z.B. den Islam betreffend im *Spiegel* 52/2009, „Wer hat den stärkeren Gott?", *Spiegel* 36/2003 „Gotteskrieger" als Bezeichnung für Schiiten), besonders das Christentum. Nur einmal in beiden Magazinen zeigt sich ein Bezug zum Buddhismus, wenn auf unterschiedliche Gottesvorstellungen verwiesen wird (*Spiegel* 16/1998 „Glauben ohne Gott") bzw. die Vorstellung des tibetischen Buddhismus, des Dalai Lama als Boddhisattva präsentiert wird (*Stern* 43/1993 „Ein Kind ist Gott", *Spiegel* 29/2007 „Dalai Lama. Der Gott zum Anfassen").

Auch das Wesen „Gott" wird zum Thema. „Die Frage nach dem Wesen Gottes zog in unterschiedlichen Kontexten Kreise und provozierte [Ende der 1960er Jahre] sehr unterschiedliche Antwortversuche"[67] – auch in den beiden Magazinen. Vor allem der *Stern* setzt sich in den 1960er Jahren in Abgrenzung von einer traditionellen zu einer Pluralisierung von Gottesvorstellungen mit Fragen nach dem Aussehen (*Stern* 40/1966 „Wer sagt uns denn, dass Gott kein Neger ist?", *Stern* 52/1968 „Wie sieht Gott aus?", *Stern*-Serie, ab 14/1986 „Ist Gott ein Mann?"), dann 1971 und in den 2000er Jahren vermutlich als Folge des Rückgangs christlicher Religionszugehörigkeit und Entkirchlichung mit der Existenz Gottes auseinander (*Stern* 52/1971„Versuch, Gott zu beweisen", *Stern* 40/2007 „Warum es keinen Gott gibt", *Stern* 38/2013 „Ich halte Gott für eine lächerliche Idee – Rushdie"), ebenso wie der *Spiegel* (*Spiegel* 42/1988 „Gibt es Gott?", *Spiegel* 12/1978 „Lebt Gott?", *Spiegel* 21/2002 „der gedachte Gott")

Zusammenfassend betrachtet wird deutlich, dass die Benutzung des Lexems „Gott" auf den Titelseiten eine klare Positionierung in Form einer christlich-theologischen Objektsprache darlegt und somit eine dezidiert christliche Perspektive impliziert.

5.1.3 Neue religiöse Bewegungen/ „Sekten", Spiritualität, Alternative Medizin

Neue religiöse Bewegungen/ „Sekten"

Stagnieren Titelseiten zu kirchlichen und konfessionellen Themen in den 1980er Jahren (siehe Kap. 5.1.2), beginnt Ende der 1970er und Anfang der 1980er Jahre religiöser Pluralismus in Form von neuen religiösen Bewegungen hervorzutreten und ist dann vereinzelt Thema auf den Titelseiten, vor allem im *Stern*. Die Entwicklungen der religiösen Monokultur hin zu religiöser Pluralität setzen in den 1960er Jahren ein und werden dann ab den 1970er Jahren sichtbar. Die Entwicklung lässt sich in mehrere Phasen einteilen: Angefangen von der christlichen Ausdifferenzierung in den 1950er Jahren, zur Einwanderung und dem Boom religiöser Gemeinschaften in den 1960er Jahren (einhergehend mit der Hippiekultur) kommt es zur Konsolidierung dieser oder weiterer Neubildungen in den 1970er Jahren, auch unter dem Begriff New Age, die später unter dem Begriff „Spiritualität" gefasst werden (siehe dazu auch S. 170). Eine Zersplitterungsphase und Etablierung der sogenannten Patchwork-Religiosität lässt sich für das Ende der 1980er Jahre anführen, in denen kleinere Gruppierungen des Lebenshilfemarkts, unabhängig von Konversion, spirituelle Angebote offerieren und eine zunehmende „Kundenorientierung" zu verzeichnen ist.[68] Mit dem Rückgang der Mitgliederzahlen der Neureligionen steigt das

---

67 Großbölting 2013, 172.

68 Vgl. Süss 2002, 7; Hero 2010, 43f.

Interesse an „traditionsgebundener Frömmigkeit", etwa an buddhistischen Gemeinschaften ebenso wie das Interesse an spirituellen Angeboten bis in die 2000er Jahre, in dem der „spirituelle Supermarkt"[69] boomt.

Stern und *Spiegel* nehmen diese Entwicklungen partiell auf und tragen sie medial weiter voran. Das Aufkommen neuer Religionen wird 1970 im Zuge des Hippiekults implizit thematisiert (*Stern* 3/1970), in den 1970er und 1980er Jahren werden „neue" Glaubensformen explizit aufgegriffen (*Spiegel* 12/1978, *Spiegel* 41/1983). In den 1990er Jahren wird das Phänomen der „Flucht ins Spirituelle. Sehnsucht nach Sinn" (*Spiegel* 52/1994) und das „Erobern neuer Religionen" (*Stern* 52/1990) in den Blick genommen. Erst- und einmalig fällt auf der Titelseite des *Spiegel* der Esoterik-Begriff im Zuge der Teneriffa-Gruppierung, der jedoch negativ konnotiert als „sanfter Wahn" kontextualisiert wird (3/1998). Der Rücktritt offizieller, institutioneller Religion (*Spiegel* 52/1997, *Spiegel* 33/2005) und Gewinn individueller Religionsformen bleibt nicht unbeachtet: Der Trend und die „Suche nach Spiritualität und Wellness-Religionen" wird ebenso thematisiert (49/2009) wie die zeitgenössischen Glaubensformen, die im Grenzbereich „zwischen Religion und Magie" verortet werden (52/2013) (siehe Glaubensfragen, Kap. 5.2.1). Werden zwar die Modernetheorien um Säkularisierung und Individualisierung nicht explizit thematisiert, so werden die Entwicklungen jedoch angedeutet; die Pluralisierung des religiösen Feldes, die in der deutschen Gesellschaft vorherrscht, wird herausgearbeitet und die kulturelle Vielfalt sowie die erfahrungszentrierte Religiosität dargelegt.

Wie bereits anklang, sind die Entwicklungen nicht frei von Konflikten. „Phänomene, die man religionswissenschaftlich mittlerweile als ‚*Neue Religiöse Bewegungen*' fasst [...], gelten in der Regel als bedrohlich"[70], wie Koch, Hannig und Städter in ihren Studien zur medialen Repräsentation darlegen.[71] Der mediale Diskurs trägt insbesondere seit den 1970er Jahren neben den Sektenbeauftragten der Großkirchen zu dieser Etablierung bei, dies zeigt sich auch anhand der Titelseiten von *Stern* und *Spiegel*. Zunächst werden dabei nun Gruppierungen betrachtet, die namentlich auf den Titelseiten angekündigt werden. Dabei rücken vorerst Gruppierungen in den Fokus, die einmalig auf den Titelseiten auftreten, anschließend wird die Repräsentation der Wicca-Bewegung, Bhagwan sowie Scientology vorgestellt. Abschließend wird unabhängig von der namentlichen Nennung die Repräsentation zu Sekten per se betrachtet.

Im Laufe der Jahrzehnte treten Gruppierungen bzw. Strömungen vereinzelt, hauptsächlich als Nebentitel hervor, die jedoch nicht unerwähnt bleiben sollen, da sie den Diskurs ebenfalls prägen. Beginnend in den 1970er Jahren sind es die Jesus

---

69 Süss 2002, 7.

70 Bräunlein 2015, 220.

71 Vgl. Koch 2012, 320f.; Hannig 2010, 378f.; Städter 2011, 370f., 389.

People, die in Zusammenhang mit der Hippiekultur noch wohlwollend verhandelt werden (*Stern* 46/1971 „Die Jesus-Welle. Traumtanz, Rummel oder Revolution?"). Dagegen wird die von Maharishi Mahesh Yogi gegründete Transzendentale Meditation im Zuge der *Stern*-Serie „Sekten in Deutschland" (*Stern* 50/1978) aufgrund ihrer Lehre des sogenannten Yogischen Fliegens[72] spöttisch angekündigt (*Stern* 51/1978 „Wer's glaubt, der fliegt"). Die Zeugen Jehovas treten als „Falschspieler Gottes" in Erscheinung, betrügerische Absichten werden implizit unterstellt (*Stern* 11/1984 „Zeugen Jehovas. Die Falschspieler Gottes"), 1985 erscheint dazu das Buch von Rolf Nobel („Falschspieler Gottes. Die Wahrheit über Jehovas Zeugen"). Auch die Gefahr einzelner Gruppierungen rückt in den Fokus: Die von der Würzburgerin Gabriele Wittek im Jahr 1984 gegründete Bewegung „Universelles Leben" wird auf der Titelseite als „Deutschlands gefährlichste Sekte" tituliert (*Stern* 16/1997), die Strömung des Satanismus mit „tödlichen Ritualen" in Verbindung gebracht und anhand von Einzelschicksalen personalisiert (*Stern* 3/2002 „Prozess. Die tödlichen Rituale der Satanisten"). Die einzelnen Gruppierungen werden somit in Form von Spott, Bedrohung und Betrug kontextualisiert. Allein die Wahl der einzelnen Bewegung zeigt auf, dass nicht die Größe der Anhängerschaft, sondern vor allem die brisanten Aufmerksamkeitswerte ausschlaggebend sind und damit die kleinen Gruppierungen in den Fokus rücken, die kontrovers diskutierte Lehren beinhalten, welche wiederum negativ perspektiviert dargestellt werden. Zwar treten sie nur vereinzelt und als Nebentitel im *Stern* auf, sie sind jedoch Teil einer negativen Diskursrepräsentation um neue religiöse Bewegungen.

Einen größeren Teil in der Berichterstattung auf den Titelseiten nimmt in den 1980er Jahren die hinduistisch-synkretistische Neureligion Bhagwan um Rajneesh Chandra Mohan Jain (1931-1990), besser bekannt als Osho, ein. Gegründet in den Anfängen der 1970er Jahre fand er, besonders seit der Etablierung des Ashrams in Poona im Jahr 1974, großen Zulauf, vor allem auch aus westlichen, insbesondere deutschen Studenten- und Intellektuellenkreisen, denn „seine religiöse Botschaft passte perfekt in die jugendbewegte Aufbruchsstimmung der 1968er; sie war gleichsam anarchistisch, radikal, provokant und freizügig, sie war ebenso spirituell wie körperlich und emotional."[73] Nach dem großen „Boom" folgte jedoch, ähnlich wie auch in anderen neuen religiösen Bewegungen, eine Phase der Stagnation und des Rückgangs der Mitgliedschaften (durchaus auch aufgrund negativer Medienberichterstattung), die Umstrukturierungen und organisatorische Aufrüstungen für den Selbst- und Attraktivitätserhalt mit sich brachte.[74]

Osho verließ Poona 1981 überraschend. Als Gründe wurden medizinische Behandlungen in den Vereinigten Staaten angegeben. Er zog dabei, von vielen nicht

---

72 Vgl. Willms 2012, 194.

73 Ebd., 191; vgl. auch Süss 1996, 12.

74 Vgl. Hero 2010, 43f.

erwartet, mitsamt des Ashrams in den US-Bundestaat Oregon.[75] Betrachtet man die Titelseiten, zeigt sich, dass nicht die Anfänge der Bewegung in den 1970er Jahren als Thema verhandelt werden, sondern die Berichterstattung im *Stern* mit dem spontanen Umzug und der Schließung Poonas sowie dem Verweis auf Umstrukturierungen beginnt (*Stern* 33/1981 „Wegen Geschäftsaufgabe geschlossen. Die verkauften Jünger. Poona am Ende"). Der *Spiegel* dagegen thematisiert kurz vor Bekanntgabe des Umzugs bereits die sexuelle Freizügigkeit und Methoden Bhagwans (*Spiegel* 10/1981 „Poona. Orgie oder Offenbarung?"), die nicht nur im Westen, sondern auch in Indien auf Unverständnis stießen.[76] Mit dem Umzug nach Oregon trat eine neue Phase ein, die Großkommune Rajneeshpurem (Rajneesh-Stadt) wurde gegründet. Standen vorher die Erfahrungen der eigenen Körper und Gefühlswelt im Fokus, war es nun die Arbeit des Kollektivs in der Kommune, die als spirituelle Bewährung galt und für die man auch zahlen musste. Der Ausbau der Kommune ging so zügig voran, dass diese schnell Stadtrechte erlangte.[77] Der wirtschaftliche Aspekt wird dabei vom *Spiegel* aufgenommen (*Spiegel* 6/1984 „Die Geschäfte der Bhagwan-Sekte"), der *Stern* dagegen nutzt das Phänomen der Rajneesh-Stadt als Aufhänger für eine mehrteilige Serie im Januar 1985: „Der Sektenstaat. Wie Bhagwan ein Imperium aufbaut" (*Stern* 5/1985). In beiden Magazinen erscheint die Bezeichnung der Bewegung als „Sekte", die mit Hervorhebung der Ökonomie und Autonomie negativ kontextualisiert wird (zum Sektenbegriff siehe auch Kap. 5.2.4). Die Großkommune befand sich zunehmend unter Maßnahmen der Institutionalisierung, die vor allem von Oshos Vertrauter Ma Anand Sheela ausgingen, welche auch aufgrund von Manipulationen und Missmanagements für das Ende der Kommune im September 1985 mitverantwortlich war.[78] Kurz zuvor kündigt der *Spiegel* im August 1985, jedoch nur als Nebentitel, ein *Spiegel*-Gespräch mit Bhagwan an (*Spiegel* 32/1985), einen Monat später brüstet sich der *Stern* im September 1985 mit einem Exklusiv-Interview mit Sheela, welches als prominente Haupttitelseite über zwei Ausgaben angekündigt wird und die ‚Wahrheit' über die Kontroverse zwischen Sheela und Osho sowie die Bewegung avisiert (*Stern* 40-41/1985 „Stern-Exklusiv: ‚Zur Hölle mit Bhagwan' Sheela, die heimliche Herrscherin der rosaroten Sekte packt aus"). Die Interviews zeigen, dass die Bewegung, insbesondere durch die deutschen Anhänger, auch in Deutschland im Fokus des Interesses stand.

---

75 Vgl. Süss 1996, 16.
76 Vgl. ebd.
77 Vgl. ebd., 16f.
78 Vgl. ebd., 20.

Abbildung 28: Bhagwan: Spiegel 10/1981, Spiegel 6/1984, Spiegel 32/1985, Stern 33/1981, Stern 5/1985, Stern 40/1985

Bereits die Aufhänger der Magazine zeigen eindeutige Positionen gegenüber Bhagwan, die durch die sprachliche und visuelle Gestaltung unterstrichen werden. Bei den Titelseiten des *Spiegels* sowie des *Stern* rückt die sexuelle Freizügigkeit in den Vordergrund, die im *Spiegel* in einem ekstatisch-pornographischen Titelbild, welches von Kamasutra-Stellungen umrahmt ist, ersichtlich ist (siehe Abb. 28). Zudem wird in *Stern* und *Spiegel* die wirtschaftliche Umstrukturierung negativ ausgelegt, indem die religiöse Komponente mit geschäftlicher Ausbeutung in Verbindung gebracht wird („Geschäftsaufgabe", „Geschäfte der Bhagwan-Sekte", siehe Abb. 28). Im *Stern* wird die wachsende Autonomie in Form von Kriegs- und Herrschaftsvokabular pointiert hervorgehoben, welches die Gefahr unterstreicht (*Stern* 40/1984 „aufrüsten", „Heils-Armee", *Stern* 5/1985 „Imperium", „Sekten-Staat", *Stern* 40/1985 „Herrscherin", *Stern* 46/1985 „letzter Kampf"). Des Weiteren wird Osho als Person fokussiert, der in der westlichen, medialen Öffentlichkeit als „Prototyp des Gurus überhaupt erklärt wurde"[79] und mit seinem langen, seine Mitglieder darin verfangenen Bart und seinen weit aufgerissenen Augen auf den Titelbildern suggestiv und bedrohlich wirkt (siehe Abb. 28). Die negative Repräsentation in *Stern* und *Spiegel* stellt nur einen Teil des Diskurses dar. Auch in anderen westlichen Medien „überschlugen sich die Berichte von Vergewaltigungen und Sexorgien, von Prostitution, Diebstählen und Drogenschmuggel, von Gehirnwäsche, körperlicher Folter und Nervenzusammenbrüchen, von unwürdigen hygienischen und sozialen Bedingungen"[80], die somit ein negatives Bild der Bewegung skizzierten, welches konträr zu Berichten ehemaliger Mitglieder steht.[81]

Wie anhand der vereinzelten Gruppierungen bereits gezeigt werden konnte, ist Bhagwan dabei kein Einzelfall. Die Stilisierung neuer religiöser Bewegungen im Zusammenhang mit einer Gefahren-, Kriminalitäts- und Aufklärungsrhetorik wird später anhand von Feinanalysen dezidiert herausgearbeitet (siehe Kap. 5.2.4).[82]. Hannig verweist dabei auch auf eine Verschiebung der Aufmerksamkeitskriterien, da „Nachrichtenwerte wie ‚Nacktheit', ‚Exotik' und ‚Kriminalität' [...] insbesondere für den Religionsjournalismus der großen Boulevardblätter immer mehr an Bedeutung [gewannen] und [...] so für eine markante Engführung in der öffentlichen Interpretation religiöser Ausdrucksformen [sorgten]."[83] Nach Ende der Großkommune sowie den Ashrams um 1988 und dem Tod Oshos 1990 endet auch die mediale Berichterstattung über Bhagwan. Die Bewegung erlebte jedoch eine Phase der Konsolidierung und ist weltweit verbreitet.[84] Heute erfährt sie Akzeptanz,[85] der damalige Ashram in Poona ist heute ein Wellness- und Urlaubs-Ressort mit Fokus auf Meditationen („Osho International Meditation Ressort").[86] Wie auch die Hare Krishna Bewegung („International Society for Krishna Consciousness", kurz ISKCON), die bemerkenswerterweise zu keiner Zeit auf den Titelseiten der beiden Magazine auftritt, hat sich die Osho-Bewegung durch Umstrukturierungen und diskursiven Veränderungen zu einer größtenteils anerkannten neureligiösen Strömung entwickelt.[87]

---

79 Willms 2012, 190.

80 Ebd., 192.

81 Vgl. ebd.

82 Siehe dazu in anderen Medien auch Koch (2012, 321f.) und Hannig (2010, 376).

83 Hannig 2010, 385.

84 Vgl. Süss 1996, 21, 25.

85 Siehe dazu auch die Feinanalyse zum Artikel „Selig ohne Gott" (*Stern* 49/2009), Kapitel 5.2.4.

86 Vgl. Willms 2012, 193. Siehe dazu auch www.osho.com/visit

87 Die diskursive Entwicklung der ISKCON-Bewegung skizziert Neubert in seinem Artikel „Von der verfolgten ‚Sekte' zur etablierten Religionsgemeinschaft. Die Wandlungen der Hare Krishna Bewegung" (2010).

Neben hinduistisch-synkretistischen[88] Neureligionen wie der Osho-Bewegung wird der abendländische Okkultismus[89] wiederentdeckt und populär. Eine recht kleine Form des Neo-Paganismus[90], die Hexen bzw. Wicca-Bewegung[91], schafft es dabei dreimal auf die Titelseiten des *Stern*, 1970 im Zusammenhang mit anderen neuen Strömungen, den Jesus-Freaks, in Anlehnung an die Hippie-Kultur Kaliforniens (*Stern* 3/1970), in den 1980er Jahren in Form von zwei eigenständigen Titelgeschichten (*Stern* 36/1982 „Übersinnlich oder von Sinnen? Hexen ‚82"; *Stern* 27/1986 „Die Hexen kommen. 15 Millionen Deutsche glauben an die Macht der Magie").

Auch eine Neubildung aus der esoterisch-okkulten[92] Strömung, Scientology, findet Verbreitung. Die vom amerikanischen Science-Fiction Autor Lafayette Ronald Hubbard in den 1950er Jahren gegründete Scientology-Organisation wurde

---

88 Synkretismus bezeichnet die Vermischung unterschiedlicher Elemente aus verschiedenen Religionen. Dabei wird davon ausgegangen, dass „diese Religionen voneinander deutlich unterscheidbar sind – und dass diese Unterscheidbarkeit auch von den ‚Laien' erkannt wird" (Knoblauch 2009, 25). Im Zuge der Individualisierungstheorie ist der Begriff differenziert bis kritisch zu verwenden: „Wenn nämlich jeder Mensch die Inhalte seines Glaubens nach Belieben zusammensetzen kann und wenn nicht notwendigerweise eine religiöse Autorität den Anspruch auf ein bestimmtes Wissen geltend machen kann [...] dann ist die Quelle dessen, was zusammengemischt wird, nicht mehr erkennbar" (Knoblauch 2009, 25-26).

89 Zu Okkultismus werden Magie, Wahrsagepraktiken, Astrologie und Alchemie gezählt. „Im Unterschied zur stärker theoretisch und weltanschaulich orientierten Esoterik gilt der Okkultismus als stärker praktisch orientiert" (Knoblauch 2009, 103), beide besitzen jedoch einen subjektiven Erkenntnisanspruch, eine Ausgewähltheit, einen „privilegierten spirituellen [...] Zugang" (ebd.). „Betont der Begriff der Esoterik die geistigen Aspekte der Beziehung von Mensch, Natur und Kosmos sowie die damit verbundenen Ideen einer höheren Wirklichkeit und damit eines tieferen Sinnes der menschlichen Existenz, so bereiten diese Vorstellungen den Boden für okkulte Betätigungen, zu denen auch die klassischen magischen Praktiken zählen" (ebd.). Eine trennscharfe Unterscheidung ist schwer möglich.

90 Neopaganismus bezieht sich auf Bewegungen und Weltanschauungen, die auf „vorchristlich-indigene Kulturelemente zurückgreifen: Nativismus-Ideologien, [...], ‚Zurück zur Natur'- und Ökologie-Bewegungen" (Hehn 2000, 1) sowie Gruppen, die sich auf vorchristlich keltische, germanische und nordische Kulturtraditionen berufen. Siehe dazu auch Willms 2012, 224.

91 Die Wicca-Bewegung, eine Strömung des Neopaganismus, ist eine Hexen-Bewegung, die heutzutage aus zahlreichen Traditionen besteht. Als Gründer wird gemeinhin der britische Schriftsteller Gerald Gardner (1884-1964) benannt. Siehe zu Wicca Willms 2012, 225f.

92 Siehe Kapitel 5.1.3, Fußnote 89.

1971 unter dem Namen „Scientology Kirche Deutschland" in München etabliert. Insbesondere tritt sie jedoch in den 1990er Jahren in den medialen Fokus. Gerald Willms bezeichnet die Zeit als „Hochphase der öffentlichen Debatte"[93], da „beinahe täglich Artikel in der lokalen und überregionalen Tagespresse, in den Wochenzeitungen und den Unterhaltungsjournalen [erschienen]."[94] Die Presse bringt dabei, laut Willms, einen „höchst einseitigen, undifferenzierten und teilweise ins Wahnhafte gesteigerten Gefahrendiskurs"[95] hervor, der einer „vergleichsweise nüchternen Wirklichkeit" gegenübersteht (ebd.). Auch der *Stern* lässt sich in diese Hochphase einordnen, in der er ebenfalls Teil des Gefahrendiskurses ist und die Komponente der Gefahr in seinen Ankündigungen hervorhebt (*Stern* 9/1993 „gefährliche Verführer", *Stern* 43/1995 „Verstrickung der Scientologen", 25/1997 „Seelenfänger"). Der *Spiegel* macht Scientology nur einmal zum Thema in Form eines Nebentitels, indem er die Bewegung, ebenso wie Bhagwan, als „Sekte" betitelt (*Spiegel* 10/1993). In den 2000er Jahren zentriert sich die Aufmerksamkeit zudem auf die fehlende Transparenz, die negativ stilisiert wird: Eine Undercover-Reportage (*Stern* 21/2008 „Scientology. Undercover in der Berliner Zentrale") sowie ein exklusives Interview mit einer Verwandten der Scientology-Leitung wird angekündigt (*Stern* 15/2013 „Mutig. Die Nichte des obersten Scientologen packt aus"). Scientology wird bereits in den 1990er Jahren durch die Mitgliedschaft von Hollywood-Stars (der *Stern* nimmt auch diesen Trend auf: *Stern* 4/1997 „Scientology. Hollywood gegen die Deutschen"), zudem in den 2000er Jahren vor allem durch das wohl prominenteste Mitglied, den Schauspieler und seit 1986 Scientologen, Tom Cruise, populär. Die Titelgeschichten zeigen jedoch, dass Tom Cruise neuer Film bzw. die Biographie Andrew Mortons über Tom Cruise sowie seine Scheidung als Aufhänger fungieren. Die Erwähnung Scientologys wird verwendet, um Aufmerksamkeit und Brisanz zu erzeugen und die damit einhergehenden, möglichen Konfliktpotenziale zu präsentieren (*Stern* 4/2008 „Scientology und der Stauffenberg-Film. Die Mission des Tom Cruise. Was eine neue Biographie über den US-Star enthüllt", *Stern* 12/2008 „Tom Cruise und Katie Holmes. Scheidung wegen Scientology?"). Einzig im Zusammenhang mit Tom Cruise erscheint Scientology dabei nicht als Nebentitel, sondern als prominente Titelgeschichte; der hohe Stellenwert des Nachrichtenwerts Prominenz ist ersichtlich.

Wurden bisher die namentlich erwähnten Bewegungen behandelt, wird nun auf den Sektendiskurs eingegangen. Hervorzuheben ist, dass das Lexem „Sekte" im *Stern* in den 1970er Jahren sowie den Anfängen der 1980er Jahre nicht auf den Titelseiten auftritt. Zwar beginnt Ende der 1970er Jahre mit den Massenselbstmorden der pfingstlerischen Volkstempler in Jonestown/Guyana die Bericht-

---

93 Willms 2012, 246.

94 Ebd., 246f.

95 Ebd., 248.

erstattung über sogenannte „Sekten" auf den Titelseiten (*Stern* 49/1978), und auch die *Stern*-Serie „Sekten in Deutschland" startet im Jahr 1978 (*Stern* 50/1978). Dies zeigt sich jedoch nicht auf dem Titelblatt, denn das Referenzobjekt „Sekte" wird implizit thematisiert: Betrachtet man aus onomasiologischer Perspektive die Bezeichnungen für die Gruppierungen zeigt sich, dass Bezeichnungen für religiöse bzw. spirituelle Führungspersonen benannt werden. Viele Gruppierungen oder Bewegungen sind um eine Person zentriert, die „als Offenbarer, Prophet, Meister, Guru etc. im Mittelpunkt der Organisation, des Kultus oder auch der individuellen Frömmigkeit steht."[96] Auf den Titelblättern wird diese Komponente hervorgehoben; Führungspersonen werden dabei nicht nur als „neu" deklariert (*Stern* 48/1985 „neuen Scharlatane", *Stern* 27/1986 „neue Propheten"). Durch pejorative Lexik (*Stern* 48/1985 „Scharlatane"[97]) und Distanzmarker (*Stern* 48/1985 „'Übersinnlichen'"), Kontextualisierungen in Form von Machteinflüssen (*Stern* 49/1978 „Massen-Selbstmord auf Befehl", *Stern* 50/1978 „Folge mir") und Aufklärungsrhetoriken (*Stern* 50/1978 „falsche Propheten", *Stern* 52/1983 „Warnung vor falschen Propheten") wird impliziert, dass diese nicht die „richtigen" Führungspersonen sind, negative Wertungen treten hervor. Nach der Darstellung eines Leichenfotos der pfingstlerischen Volkstempler in Jonestown/Guyana (*Stern* 48/1978) treten Führungspersonen dabei vereinzelt auch visuell in den Fokus, deren Anonymität (*Stern* 50/1978), sexuelle Freizügigkeit (*Stern* 27/1986) sowie später auch vor allem Machteinfluss (*Stern* 27/1986, 19/1992, 43/2002) betont werden (siehe Abb. 29). Dabei werden auch Glaubenselemente vereinzelt hervorgehoben (Weltuntergang 1983, Wiedergeburt 1986).

---

96 Süss 2002, 6.

97 Das Lexem „Scharlatan" tritt auch in Bezug zur Alternativen Medizin, vor allem in Bezug zu Heilpraktikern auf (siehe dazu auch S. 176).

Abbildung 29: Spirituelle Führungspersonen bzw. „Sekten": Stern 49/1978, Stern 50/1978, Stern 27/1986, Stern 19/1992, Stern 7/1993

Bedeutsam ist die Ausdifferenzierung zur Alternativen Medizin und zum New Age, aus denen sich einzelne Bewegungen heraus konstituieren. Hier werden Behandlungs- bzw. Lehrmethoden in Form von Führungspersonen angekündigt und deren Aufkommen und Machteinfluss thematisiert, die jedoch im „Heilungsdiskurs" und ab den 1990er Jahren auch medizinisch verortet sind (*Stern* 41/1979 „Die heimliche Macht der Wunderheiler", *Stern* 1982/2 „Exotische Heiler. Ist auf Wunder wirklich Verlass?", *Stern* 1993/7 „Der wundersame Erfolg der Para-Medizin. Die neuen Heiler"). Sie können jedoch auch zu den neuen religiösen Bewegungen gezählt werden (siehe dazu auch S. 155). Hinsichtlich der visuellen Repräsentation zeigt die Analyse, dass es vor allem Frauen sind, die auf den Titelseiten als ‚Opfer' und abhängiges ‚Sektenmitglied' visualisiert werden, während die Führungspersonen männlich sind und etwa durch Handauflegung oder Kleidung als ‚dominierend' dargestellt werden (siehe Abb. 29). Durch diese mediale Geschlechterkonstruktion wird eine stereotype Rollenverteilung verfestigt,[98] die der Tatsache widerspricht, dass vor allem über-durchschnittlich gebildete Frauen die Anbieterseite der alternativen Spiritualität dominieren.[99] Durch die Repräsentation der männlichen, Frauen in den Bann zie-henden Führungsperson wird jedoch die Gefahr und Macht des vermeintlichen „Scharlatans" zusätzlich visuell betont. Städter (2011) zeigt die Verbildlichung neuer religiöser Bewegungen über Führungspersönlichkeiten als dominierendes Motiv in den 1970er und 1980er Jahren für andere Zeitschriften auf.[100]

Das Lexem Sekte tritt im *Stern* erstmals Mitte der 1980er Jahre im Zuge Bhag-wans auf den Titelseiten hervor. Die Großkommune Rajneesh-Stadt wird als „Sek-ten-Staat" (*Stern* 5/1985), die Bewegung selbst in Anspielung auf die Farbtöne der Kleidung als „rosarote Sekte" (*Stern* 40/1985) betitelt. Die „verderbliche" Macht der Sekten bzw. „Psycho-Sekten" rückt dann auf den Titelseiten verstärkt in den 1990er Jahren bis Anfang der 2000er Jahre in den Fokus und ist Teil des damaligen Gefahrendiskurses um sogenannte „Sekten". Nur ein weiteres Mal ist eine explizite Bewegung mit dem Begriff verbunden (*Stern* 16/1997 „Universelles Leben"), an-sonsten ist der Begriff allgemein gegen jegliche Gruppierungen gehalten, die pejo-rativ kontextualisiert und deren negative Macht- und Abhängigkeitseinflüsse betont werden (*Stern* 19/1992 „Sie predigen Heil und bringen Verderben. Die Macht der Sekten", *Stern* 19/1995 „Die teuflische Macht der Sekten. Zwei Millionen Deutsche in den Fängen von Gurus, Gaunern und Exorzisten – für immer verloren?", *Stern* 4/1998 „Sekten. Abgedreht in Teneriffa", *Stern* 43/2002 „In den Fängen skrupel-loser Wunderheiler. Die neuen Psycho-Sekten").

Dabei wird durchaus auf einzelne Gruppen oder aufkommende Gruppierungen angespielt, die sich auf psychisches Gedankengut stützen. Sie werden jedoch, zu-sammen mit anderen neuen religiösen Gruppierungen, alle unter dem negativ kon-notierten Begriff „Sekte" verhandelt. Visuell wird dabei besonders die Gefahr in Form von Abhängigkeit und Macht avisiert, etwa durch eine Führungsperson, die Gestalt des Molochs oder das Bild der Marionette (siehe Abb. 30).[101]

---

98   Der Terminus „Stereotyp" wird im Sinne von Uta Quasthoff (1998) verstanden: „Ein Stereotyp ist der verbale Ausdruck einer auf soziale Gruppen oder einzelne Personen als deren Mitglieder gerichtete Überzeugung, die in einer gegebenen Gemeinschaft weit verbreitet ist. Es hat die logische Form eines Urteils, das in ungerechtfertigt ver-einfachender und generalisierender Weise, mit emotional-wertender Tendenz, einer Klasse von Personen bestimmte Eigenschaften oder Verhaltensweisen zu- oder ab-spricht" (Quasthoff 1998, 48). Zu Stereotypen in der medialen Repräsentation von Reli-gion siehe auch Thiele (2015) und Zschunke (2015).

99   Vgl. Knoblauch 2009, 282

100 Vgl. Städter 2011, 374.

101 Siehe dazu auch die Feinanalysen in Kapitel 5.2.4.

Abbildung 30: „Sekten": Stern 19/1992, Stern 19/1995, Stern 43/2002

Auf den Titelseiten des *Spiegel* tritt das Lexem Sekte früher, nur dreimal und dabei als Kompositum auf. Bereits 1978 kündigt der *Spiegel* seine Titelgeschichte „Jugend-Sekten. Die neue Droge" (29/1978) an, die zur Konstituierung des Begriffs Jugend-Sekte/Jugendreligion hinzugezählt werden kann. Der Diskurs in den 1970er Jahren wird vor allem durch die Sektenbeauftragten der Großkirchen geprägt, die über die Gefahren der Gruppierungen zum Schutz der Jugend Auskunft erteilen, ebenso wie die 1974 erschienene Abhandlung des Pfarrers Friedrich-Wilhelm Haack.[102] Somit werden die Begriffe Jugendreligion und Sekte in den 1970er und 1980er Jahren eindeutig geprägt.[103]

Die Konnotationen, mit den in der Öffentlichkeit kursierenden Etiketten wie ‚Jugendreligionen', ‚Jugendsekten' oder ‚destruktiven Kulten' verbunden sind, weisen unmissverständlich abwertende und gefahrensuggerierende Züge auf. Dies hat zur Folge, dass dauerhafte Mitgliedschaftsbeziehungen in neuen religiösen Bewegungen von nun an unter einem erheb-

---

102 Vgl. Hero 2010, 44.

103 „Pfarrer Friedrich Wilhelm Haack, der Anfang der 70er Jahre zum ersten Mal eine breitere Öffentlichkeit auf das Phänomen neuer religiöser Bewegungen aufmerksam gemacht hat, wählte zur Bezeichnung dieser Bewegung den Sammelbegriff ‚neue Jugendreligionen'. In der öffentlichen Diskussion wurde diese Terminologie jedoch bald verändert. Statt von ‚Jugendreligionen' wurde von ‚Jugendsekten' geredet, und schließlich einfach von ‚Sekten' nachdem bemerkt worden war, daß es sich bei den Mitgliedern keineswegs überwiegend um Jugendliche handelt" (Seiwert 1998, 12). Zum Phänomen der neureligiösen Bewegungen unter Jugendlichen und den sogenannten „Jugendsekten" in den 1970er und 1980er Jahren, auch im medialen Diskurs siehe Siegert (1981), Usarski (1988) und Scheffler (1989).

lichen Rechtfertigungsdruck stehen. Dem Stigma des ‚Sektenmitglieds' ist dabei kaum noch zu entgehen.[104]

In den 1980er Jahren wird die „Bhagwan-Sekte" (*Spiegel* 6/1984), in den 1990er Jahren die „Scientology-Sekte" (10/1993) angekündigt. Das Phänomen der „Sekten" per se wird auf den Titelseiten des *Spiegels* nicht thematisiert. Der englische Begriff „cult", der, ähnlich des deutschen Sektenbegriffs, vor allem den englischsprachigen Raum in seiner pejorativen Konnotation prägte und dann durch den Ausdruck „new religious movements" ersetzt wird,[105] taucht in der Übersetzung nur einmal im Zusammenhang mit der Ankündigung eines „neuen Psycho-Kults" auf, der Jenseitsvorstellungen behandelt (*Spiegel* 41/1983).

Der Wandel innerhalb des religiösen Feldes lässt sich anhand der Titelseiten ablesen. Waren die Bewegungen in den 1970er Jahren geprägt von religiösen Führerfiguren, fokussierten sie nun eher das Individuum und waren unternehmerisch in Form von Dienstleitungen tätig. Dabei wurden neue Gemeinschafts- und Organisationsstrukturen etabliert.[106] Neue religiöse Bewegungen werden dann mit dem Ende der 1980er Jahre und Anfang der 1990er Jahre ohne Differenzierungen mit dem Stigmawort „Sekte" bezeichnet, das sich durch Wiederholungen und Kontextualisierungen als Gefahr einprägt und auch als Gefahrenmarker in Form von Komposita genutzt wird (z.B. „Scientology-Sekte"). *Stern* und *Spiegel* sind dabei nur ein Teil eines großen Diskurses, der unter anderem dazu beiträgt, dass der deutsche Bundestag eine Enquete-Kommission „Sogenannte Sekten und Psychogruppen" (1996-98) einsetzt. Aufgabe der Kommission war es, die Konflikte im Bereich der neuen religiösen und ideologischen Gemeinschaften zu untersuchen. Sie beschäftigte sich dabei auch mit den Bezeichnungen, die Konfliktpotenziale bargen. Als Ergebnis hält die Kommission fest, dass zwar individuelle Konflikte möglich seien, gesamtgesellschaftlich jedoch keine Gefahr durch neue religiöse Bewegungen bestehe.[107] Als wünschenswert halte sie jedoch den Verzicht des Lexems Sekte,[108] mit dem eine negative Konnotation einhergehe.[109] Als Folgen lassen sich zum Beispiel die Umbenennung des Herder-Lexikon-Bands zu neuen religiösen Bewegungen[110] oder die

---

104 Hero 2010, 44.

105 Vgl. Dawson 2003, 2; siehe auch Coney 2000, 64f.

106 Vgl. Hero 2010, 46.

107 Vgl. Enquete-Kommission 1998, 149.

108 Vgl. ebd., 154.

109 Vgl. ebd., 4.

110 Das Herder-Lexikon betitelt seinen Band zu neuen religiösen Bewegungen 1990 noch mit „Lexikon der Sekten, Sondergruppen und Weltanschauungen. Fakten, Hintergründe, Klärungen". 15 Jahre später heißt es in der Neuauflage 2005 „Lexikon neureligiöser Gruppen, Szenen und Weltanschauungen". Auffallend ist die Tilgung des

Ergänzung des Duden-Eintrags zum Lemma Sekten anführen (siehe dazu auch Kap. 5.2.4, S. 364). Diese Veränderungen machen demnach nicht nur auf einen Wandel in der Einschätzung der religiösen Bewegungen aufmerksam, sie repräsentieren ebenfalls ein Bemühen um Objektivität und sozialwissenschaftlichen Sprachgebrauch und weisen auf eine sprachliche Entwicklung hin.[111] Der Wandel zeigt sich auch bei *Stern* und *Spiegel*, die jedoch allein schon aufgrund ihres Genres weniger um Objektivität bemüht sind. Wie bei den Lexika ist auch hier im Laufe der Jahre auf den Titelseiten eine Tilgung der Sektenbezeichnung festzustellen. Dieser wird noch einmalig verwendet, jedoch in beiden Zeitschriften in Relation zum Christentum benutzt (*Stern* 52/2004 „Von einer vorderasiatischen Sekte zur erfolgreichsten Religion der Erde. Das Christentum", *Spiegel* 13/2008 „Als Jesus noch ein Guru war. Von der Christus-Sekte zur Weltreligion").

Dabei wird nicht auf die ursprüngliche Bedeutung des Sektenbegriffs eingegangen. Denn die Terminologie war zunächst christlich-theologisch fixiert: Sekte wurde als Abspaltung der Gruppen verstanden, die sich von den repräsentierten Grundwerten der Kirche abwandten, und bezog sich „ursprünglich sogar nur auf Gruppen aus diesem Bereich – christliche Häresien nämlich."[112] Vielmehr wird der Begriff Sekte in diesem Zusammenhang als erfolglose Minderheitengruppierung kontextualisiert, die sich zu einer „erfolgreichen Weltreligion" entwickelt hat. Zwar ist der Begriff nicht mehr mit Gefahr konnotiert, eine pejorative Komponente haftet ihm jedoch nach wie vor an. Daneben behandelt der *Stern* ebenso wie der *Spiegel* den Wandel in der religiösen Gegenwartskultur (z.B. *Stern* 39/2011) sowie weiterhin auch neue religiöse Bewegungen. Diese werden jedoch unter dem Begriff „Spiritualität und Wellness-Religionen" verhandelt (*Stern* 49/2009), zudem rücken keine Gruppierungen, sondern, im Zuge der Individualisierung, spirituelle Glaubensformen wie zum Beispiel Magie[113] besonders im *Stern* hervor. Die Entwicklung selbst wird auch im *Spiegel* zum Thema, in dem der Grenzbereich „zwischen Religion und Magie" (*Spiegel* 52/2013) zur Sprache kommt.

Während demnach ein negativer Diskurs um neue religiöse Bewegungen beginnend in den 1970er Jahren über Führungspersonen und ausgewählte Gruppierungen bis in die neunziger Jahre unter dem Lexem „Sekte" in den Medien dominierte, etabliert sich in den letzten Jahren ein positiv aufgeladener Spiritualitätsdiskurs, der, mit Ausnahme von Scientology, die größten neuen religiösen Bewegungen mit

---

Lexems „Sekte", welches auch im Vorwort des Lexikons durch „neureligiöse Gruppe" ersetzt wird. Eine erweiterte Ausgabe 2009 trägt den Titel „Lexikon neureligiöser Bewegungen und Weltanschauungen" (vgl. Wilke 2012, 319).

111 Vgl. Wilke 2012, 320.
112 Süss 2002, 25.
113 Siehe zum Magiebegriff Kapitel 5.2.1, S. 236.

einschließt.[114] Als Gründe lassen sich die Durchsetzung der Ergebnisse der Enquete-Kommission, sowie das etablierte Pluralisierungsnarrativ in der Religionssoziologie[115] ebenso wie die inzwischen etablierte gesellschaftliche Akzeptanz neureligiöser Bewegungen, nicht zuletzt auch durch ihre eigenen Wandlungen[116] sowie neureligiöser und spiritueller Phänomene benennen. „Was einst als Inbegriff für die Exklusivität und öffentliche Unzugänglichkeit religiöser Ideen galt, hat sich mittlerweile ins Gegenteil verkehrt. ‚Esoterik' und ‚Spiritualität' sind längst zu leicht zugänglichen Formen religiöser Praxis und damit zu populären Begriffen geworden."[117] Welche spirituellen Themen von *Stern* und *Spiegel* aufgenommen werden, zeigt das nächste Kapitel. Als weiterer Grund für die Tilgung der negativen Berichterstattung lässt sich zudem eine Verschiebung der medialen und gesellschaftlichen Feindbilder anführen: Seit den Anschlägen des 11. Septembers 2001 tritt die negative Repräsentation des Islam zunehmend hervor und ist nach wie vor präsent (siehe Kap. 5.1.4).

Zusammenfassend lässt sich festhalten, dass neue religiöse Bewegungen und ihre mediale Präsenz „zur Pluralisierung und Entkonfessionalisierung des religiösen Feldes bei[trugen]."[118] Auch wenn viele Autoren – in Anbetracht über die Titelung zur Wicca-Bewegung oder zum „Universellen Leben" durchaus zu Recht – die These vertreten, dass die Medienpräsenz der neuen religiösen Gruppen in keinem Verhältnis zu ihrer Größe stand,[119] ist die Berichterstattung jedoch nicht weniger prägend. Städter hebt besonders für den Zeitraum Ende der 1970er Jahre die Signifikanz der massenmedialen Berichterstattung

[...] für die öffentliche Wahrnehmung der neuen religiösen Bewegungen [hervor, die] kaum zu überschätzen [ist], denn ein Großteil der bundesdeutschen Bevölkerung kannte Sekten und Gurus nicht aus eigener Anschauung, sondern erblickten sie erst in ihrer visuellen Repräsentation durch die Medien. Somit gelangten auch marginale und kurzlebige religiöse Gruppen in die Öffentlichkeit und konnten den neuen Blick auf die nun zunehmend plural wahrgenommene religiöse Landschaft in der Bundesrepublik prägen.[120]

Die geringe mediale Berichterstattung über kirchliche und konfessionelle Themen in diesem Zeitraum konnte oben bereits dargelegt werden. Die Titelseiten des *Stern*

---

114 Die sprachliche Manifestation dieser Entwicklung zeigt sich anhand der Feinanalyse in Kapitel 5.2.4.
115 Vgl. Hannig 2010, 396.
116 Vgl. Lüddeckens/Walthert 2010, 45.
117 Hero 2010, 47.
118 Mittmann 2015, 226.
119 Vgl. z.B. Gärtner 2008, 99; Hannig 2010, 362.
120 Städter 2011, 370.

und *Spiegel* sind dabei Teil eines negativen Sektendiskurses, der sich ab den 2000er Jahren (mit Ausnahme von Scientology und in vereinzelter Verwendung in Relation zum Christentum) verflüchtigt und einem positiven Spiritualitätsdiskurs weicht, der nun näher betrachtet werden soll.

Spiritualität

Spiritualität tritt besonders im *Stern* hervor, es ist jedoch nicht allein ein Phänomen der 2000er Jahre. Bereits in den 1970er und 1980er Jahren treten im Zuge der Formen nicht-institutionalisierter, alternativer Religion und individuellen Sinnsuche, Ausdifferenzierung und Strömungen auf, die unter dem Begriff New Age zusammengefasst werden können.[121] Knoblauch konstatiert eine Ausweitung und Ausbreitung des New Age unabhängig von einem kultischen Milieu bereits in den 1990er Jahren: Die Praktiken und Vorstellungen sind laut Knoblauch in die Gesellschaft hinein diffundiert, daher spricht er von populärer Spiritualität und benennt die Berichterstattung und Medialisierung als ausschlaggebenden Teil des Phänomens, bei dem vor allem die Subjektivierung im Fokus steht.[122] Hannig fasst dies gebündelt zusammen:

[...] Sinnsuche entwickelte sich nun immer häufiger auch fernab von traditioneller familiengebundener kirchlicher Frömmigkeit. Eine individuelle Sehnsucht nach Transzendenzerfahrung schien zumindest derart verbreitet, dass sich ein religiös-esoterischer Markt auszubreiten begann, der sich unmittelbar betreten, aber auch mittelbar über seine intensive Medialisierung erfassen ließ.[123]

So treten in *Stern* und *Spiegel* in den 1960er und 1970er Jahren vereinzelt Themen etwa zum Faktor PSI (*Spiegel* 5/1974, 17/1981), Magiern wie Uri Geller (*Stern* 5/1974), Wahrsagen (*Spiegel* 9/1967, *Stern* 23/1976), Yoga als „Volkssport" und „Heil aus dem Osten" (*Spiegel* 5/1975) oder Grenzbereiche des Todes (*Spiegel* 26/1977) auf.

---

121 Vgl. Lüddeckens/Walthert 2010; Knoblauch 2009, 108f. Der Begriff des New Age war zunächst als Selbstbezeichnung gebräuchlich. Zur Entwicklung des New Age-Begriffs zum Spiritualitätsbegriff siehe Lüddeckens/Walthert 2010, 42; Knoblauch 2009, 114f.

122 Knoblauch nutzt den Terminus „kultisches Milieu" in Anlehnung an Jorgensen (1982) und definiert ihn als ein abgegrenztes Milieu, das als Netzwerk fungiert, unterschiedliche Kulte des New Age bündelt und somit ein Geflecht von unterschiedlichen Glaubenssystemen darstellt (vgl. Knoblauch 1989, 516). Der Begriff geht jedoch ursprünglich auf das von Campbell 1972 entwickelte Konzept zum „cultic milieu" zurück (vgl. Campbell 1972, 121).

123 Hannig 2010, 360.

In beiden Magazinen erscheinen zudem durchgängig Titelthemen, die sich mit Astrologie beschäftigen. Während der *Stern* sich dabei dem ‚Aberglauben' über Kometen (*Stern* 50/1973), dem Interesse an Horoskopen (1/1986, 2/1998) und Wahrsagen (23/1976, 1/1983, 2/1987) sowie Nostradamus (50/2003), der Macht der Sterne (32/2004) und Magie des Mondes (22/2005) auseinandersetzt, und somit die verschiedenen Glaubensformen thematisiert, kontextualisiert der *Spiegel* die Astrologie zunächst pejorativ. So werden in den 1970er und 1980er Jahren Negativbeispiele (*Spiegel* 22/1973 „Astrologe Imiela. Lebenslänglich"), wirtschaftliche Interessen (*Spiegel* 53/1974 „Das Geschäft mit der Astrologie") und Abhängigkeiten (*Spiegel* 49/1981 „Mode-Droge Astrologie") hervorgehoben.

Später sind es eher Themen der Astronomie, die verhandelt werden und die dem wissenschaftlichen Profil des *Spiegel* gerecht werden (*Spiegel* 14/1997 „Komet Hale Bopp. Himmelszeichen. Sinnsuche zwischen Astrologie und Astronomie", *Spiegel* 52/1998 „Gottes Urknall. Kosmologie an der Grenze zur Religion", *Spiegel* 11/2005 „Jenseits der Wirklichkeit. Parallel-Universen. Quantencomputer. Zeitreisen"). Neben der Astronomie sind Themen der Spiritualität auf den Titelseiten des *Spiegel* selten. Vereinzelt sind Titel zu finden, die christlich motiviert scheinen (*Spiegel* 15/2007 „Der Glaube an die Unsterblichkeit der Seele") und sich etwa mit der Macht des Schicksals (*Spiegel* 1/2007) beschäftigen. Ein größeres Diskursfeld besteht aus Alternativer Medizin, in der zum Beispiel auch die Meditation lokalisiert ist[124] und die im nächsten Kapitel betrachtet wird. Anhand der Titelseiten zeigt sich ein wesentlich größerer Fokus des *Stern* auf spirituelle Themen in den 2000er Jahren. Bemerkenswerterweise sind es Konzepte, die in den 1970er, 1980er oder 1990er Jahren auftreten und in den 2000er Jahren wieder aufgenommen werden, wie zum Beispiel der christlich inspirierte Engelskult (siehe Abb. 31).

---

124 Die Zuordnung von Meditation zur Alternativmedizin erklärt sich durch den explizit medizinisch gerahmten Kontext, siehe z.B. „Meditation als Medizin" (*Stern* 29/1998) oder „Medizin: Gesund durch Meditation und Entspannung" (*Spiegel* 21/2013) (siehe dazu auch S. 175).

Abbildung 31: Engelskult: Stern 1/1976, Stern 52/2010

Auch das Lexem Kraft tritt vermehrt auf und wird in den 1980er Jahren mit dem Kristallglauben kontextualisiert (*Stern* 28/1987); in den 2000er Jahren wird es im Zuge von Meditation gebraucht (*Stern* 40/2007, *Stern* 30/2010). Im Zusammenhang mit Meditation tritt auch Yoga in Erscheinung. Eine Diffusion im Sinne Knoblauch lässt sich bestätigen, etwa wenn der Yogabegriff mit Meditation bei Alternativer Medizin (*Stern* 5/2004) und unter Sportreisen auf Ibiza (*Stern* 20/2007) auftritt. So wird das Lexem beispielsweise auch im Kontext der Meditation mit Kraft und Ruhe gegen Stress und Hektik des Alltags positioniert, mit der Yogaposition „Stehender Bogen" (*danda-yamana dhanurasana*) des Bikram-Yoga visualisiert und als gesellschaftliches Phänomen skizziert.

Magie ist ein weiteres prominentes Beispiel. Beginnend in den 1970er und 1980er Jahren in Verbindung mit Magiern (*Stern* 5/1974), Hexenbewegungen (*Stern* 38/1986), Kristallglauben (*Stern* 28/1987) und Stätten von „Urreligionen" (*Stern* 39/1988), tritt es in den 1990er Jahren nicht mehr auf. Erst in den 2000er Jahren erscheinen Themenfelder, die sich mit der „Magie des Übersinnlichen" auf wissenschaftlicher Ebene (*Stern* 44/2003) beschäftigen und die Titelseiten zur Magie des Mondes (*Stern* 22/2005), der Steine (*Stern* 28/2008), der Engel (52/2010) oder, im Zusammenhang mit Alternativer Medizin, zur Dichotomie von Magie und Medizin (*Stern* 11/2014) ankündigen.

Eine zunehmende Individualisierung und Subjektivierung werden vor allem durch das Narrativ der Suche und das Narrativ des Selbst ersichtlich. Es ist dabei nicht nur die Suche nach Erleuchtung im Zusammenhang mit sogenannten Sekten (*Stern* 50/1978) oder Glück im Paradies (*Stern* 52/1994). Vielmehr wird auf einer Metaebene die Sinnsuche unabhängig von den kirchlichen Institutionen thematisiert (*Spiegel* 52/1994 „Flucht ins Spirituelle. Sehnsucht nach Sinn") und der starke

Wunsch nach spirituellem Wohlbefinden betont, der sich hyperbolisch im Ausdruck „Sehnsucht" zeigt (*Stern* 49/2009 „Sehnsucht nach Spiritualität", auch im Zusammenhang mit Hermann Hesse: *Stern* 27/2002, *Spiegel* 32/2012). Rückt dabei auch das breite Therapieangebot der Selbstverwirklichung bereits in den 1980er Jahren im Zuge des New Age in den Fokus (*Stern* 49/1987 „Therapie-Boom. Reise nach Innen", „Suche nach sich selbst"), wird auch in den 2000er Jahren das Subjekt betont (*Stern* 15/2007 „Pilgern" auf dem Weg zu dir selbst, *Stern* 8/2009 Fasten „mit sich selbst ins Reine kommen", *Stern* 8/2009 „innere Stärke und das Selbst").

Der Spiritualitätsdiskurs ist dabei positiv konnotiert; es treten weder Gefahren- oder Aufklärungsrhetoriken noch diffamierende Bezeichnungen hervor. Vielmehr werden die unterschiedlichen Themenbereiche häufig nicht nur durch die tiefgründige, ruhige Farbe Blau[125] sowie Gold/Gelb als spirituelle Farbe der Erleuchtung[126] aufbereitet (siehe Abb. 32). Spirituelle Themen werden zudem vielfach mit Frauen visualisiert (siehe Abb. 32). Es lässt sich die These aufstellen, dass die Themen somit an ihre Leserschaft und Interessengruppe angepasst werden, denn Frauen sind „die wichtigste Trägergruppe der Spiritualisierung"[127]. Zudem werden die Anbieter abgebildet, denn „Frauen stellen die deutliche Mehrheit bei denjenigen, die auf der Anbieterseite der ‚alternativen Spiritualität' stehen [dar]."[128]

---

125 Vgl. Heller 2000, 48; Hofhansel 1983, 26.
126 Vgl. Heller 2000, 90.
127 Knoblauch 2009, 282.
128 Ebd.

*Abbildung 32: Spiritualität: Stern 1/1982, Spiegel 49/1981, Stern 2/1987,
Stern 28/1987, Stern 49/1987, Spiegel 14/1997, Stern 44/2003,
Stern 15/2007, Spiegel 15/2007*

Das Wissen um die unterschiedlichen Sinnangebote wird mit Beginn der 1960er Jahre zunehmend verbreitet,[129] tritt jedoch in *Stern* und *Spiegel*, die einen Teil des Diskurses darstellen, erst später vereinzelt auf. In zeitgenössischen Studien herrscht Uneinigkeit über die mediale Verbreitung und die tatsächliche Relevanz. Auf Basis eines weiten Begriffs von „Spiritualität" postuliert Knoblauch eine große Verbreitung.[130] Wie in Kapitel 2.1 gezeigt werden konnte, legt der Religionsmonitor 2013 durchaus eine Hinwendung zu Spiritualität und Patchwork-Religiosität dar. Es hält sich jedoch die These, dass die alternative Religiosität den Relevanzverlust in traditioneller Form bei weitem nicht kompensiert,[131] der ‚Trend' der Spiritualität gar nicht so groß ist wie medial vermittelt wird[132] und großen Kirchen nach wie vor bedeutende religiöse Institutionen darstellen.[133] Jedoch ist Spiritualität auch hier angelangt, die Kirchen selbst haben sich verändert durch Aufnahme neureligiöser Form[134] und Inszenierung und Eventisierung kirchlicher Feste, etwa dem Weltjugendtag.[135] Das Kapitel konnte zeigen, dass spirituelle Formen und Glaubensrichtungen seit den 1970er und 1980er Jahren zunehmend medial präsent waren und auch nach wie vor sind und dabei nicht nur von einer Diffusion, sondern auch einer positiven Kontextualisierung geprägt sind.

Alternative Medizin

Als Teil des Spiritualitätsdiskurses ist die Alternative Medizin „zum Teil zunächst innerhalb gemeinschaftlicher Formen entwickelt und praktiziert worden und diffundierte dann ebenso wie andere Praktiken und Konzepte Neuer Religiöser Bewegung, in die breitere Gesellschaft."[136] Dabei erhält Religion „in medizinischen Kontexten […] Einzug, während andererseits in religiösen Kontexten das Thema Gesundheit behandelt wird."[137] Das Interesse daran nimmt in den 1970er Jahren zu,[138] auch medial. Es ist eine Zeit, die geprägt ist von einem neuen Gesundheits- und Ökologiebewusstsein, ebenso wie von einer Auffassung von Grenzen der Biomedizin.

Die Diffusion hin zu einer zunehmenden gesellschaftlichen Akzeptanz lässt sich auch anhand der beiden Magazine ablesen, dabei steht die Heilung besonders im

---

129 Vgl. Großbölting 2013, 262.

130 Vgl. Knoblauch 2009, 166.

131 Vgl. Pollack/Müller 2013, 56.

132 Vgl. Hannig 2010, 362.

133 Vgl. Großbölting 2013, 254.

134 Vgl. ebd., 255.

135 Vgl. Hepp/Krönert 2009.

136 Lüddeckens 2012, 287.

137 Ebd., 283.

138 Vgl. ebd., 288.

Fokus. Im Zuge der neuen religiösen Bewegungen bzw. des Sektendiskurses sind es in den 1980er Jahren Heiler als Akteure, die mit ihren Methoden in den Fokus rücken und dabei eher im medizinischen Kontext verortet werden (*Stern* 41/1979, *Stern* 43/2002, *Spiegel* 17/1981, *Spiegel* 21/1997 „Wunderheiler", *Stern* 2/1982 „exotische Heiler", *Spiegel* 42/1986 „Geistheiler"), denen 1993 ein Erfolg zugesprochen wird (*Stern* 7/1993 „Der wundersame Erfolg der Para-Medizin. Die neuen Heiler"). Auch der Berufsstand des Heilpraktikers wird im Zuge des Fernsehauftritts von Heilpraktiker Manfred Köhnlechner populär, dabei kritisch hinterfragt (*Spiegel* 9/1974 „Heilpraktiker Köhnlechner. Medizin am Rande der Wissenschaft", *Stern* 48/1975 „Heilpraktiker Sankt Köhnlechner. Wundertäter oder Scharlatan?"), jedoch 1987 differenziert betrachtet, indem zwischen sogenannten „Scharlatanen" und „Helfern" unterschieden und Orientierung angeboten wird (*Stern* 26/198 „Heilpraktiker in Deutschland. Helfer oder Scharlatan. Wie sie den Richtigen finden können"). Auch wenn eine zunehmende Akzeptanz ersichtlich ist, wird diese erneut Ende der 1990er Jahre hinterfragt (*Spiegel* 21/1997 „Milliarden für Wunderheiler. Bonn plant: ‚Sanfte Medizin' auf Krankenschein"), da die Debatte um die Kostenübernahme von alternativmedizinischen Praktiken der Krankenkasse beginnt.

Des Weiteren zeigt sich im *Stern* ein Subdiskurs zu Heilkräutern, Klostermedizin und Naturmedizin. Wird in Anbetracht Maria Trebens 1980 erschienenen Buchs „Gesundheit aus der Apotheke Gottes" die Kräutermedizin Mitte der 1980er Jahre als „Schwindel" diffamiert und hinterfragt (*Stern* 29/1986 „Der Schwindel mit der ‚Apotheke Gottes'. Grüne Medizin. Gesund durch Kraut und Rüben?"), zeigt sich bald eine positive Repräsentation, die den Heilungsbegriff mit einbezieht und bis in die 2000er Jahre anhält (*Stern* 41/1989 „Die Erfolge der grünen Medizin", *Stern* 46/1993 „Ärzte denken um – zurück zur Naturmedizin", *Stern* 2/1996 „Grüne Medizin. Heilung aus dem Urwald", *Stern* 15/2003 „Heilen mit Kräutern. Die Geheimnisse der Klostermedizin", *Stern* 13/2009 „Die Heilkraft der Pflanzen. Überraschende Erkenntnisse: Was hilft, was nicht hilft").

Mitte der 1980er Jahre und zu Beginn der 1990er Jahre treten unterschiedliche Praktiken erstmals gesammelt unter dem Begriff „Alternative Medizin" auf den Titelseiten hervor. Im Zuge des Bestsellers „Bittere Pillen" und einer gewissen Skepsis gegenüber der klassischen Schulmedizin ist 1991 die Alternative Medizin im *Stern* erstmals „im Test" (*Stern* 49/1991). Auf den Titelseiten werden darunter „Akupunktur, Homöopathie, Neuraltherapie und andere 30 Heilmethoden" definiert. Herausragend ist des Weiteren das Jahr 2004 im *Stern*, in dem eine eigene Serie über Alternative Medizin erscheint (*Stern* 3/2004), in der Yoga und Meditation (5/2004), Traditionelle Chinesische Medizin (6/2004), Ayurveda, die „indische Heilkunst" (7/2004), Homöopathie (8/2004) und Heilen mit den Händen (9/2004) jeweils separat auf den Titelseiten angekündigt und ästhetisiert werden. War die Alternative Medizin 1991 noch „im Test", wird 2004 angekündigt „wie sie helfen kann" (*Stern* 3/2004).[139]

Einzelne Praktiken werden jedoch bereits Ende der 1990er Jahre betrachtet. Ab Ende der 1990er und mit Beginn der 2000er Jahre wird die Globalisierung der Heilkenntnisse hervorgehoben (*Spiegel* 18/2000) und die Praktiken Yoga (*Spiegel* 5/1975), Heilkunst aus Asien bzw. Akupunktur (*Stern* 22/2001), Heilkraft per se (*Spiegel* 26/2007) ebenso verhandelt wie Homöopathie (*Stern* 12/1991, *Stern* 42/2012) und Meditation als Medizin (*Spiegel* 18/2000, *Spiegel* 21/2013, *Stern* 29/1998, *Stern* 40/2007). Der Gegensatz bzw. die Überschneidung zur Schulmedizin sowie die Ganzheitlichkeit spielen dabei eine besondere Rolle. „,Ganzheitlichkeit' postuliert die Wahrnehmung einer Einheit von Körper/Sinnen, Geist/Intellekt und emotionalem Erleben. Er fungiert als Gegenbegriff [...] zu einer Sicht auf den Menschen, die – von Moderne, Naturwissenschaft und Technik geprägt – als defizitär und mechanistisch gewertet wird."[140] Dass Heilung im Sinne der Alternativen Medizin als Ganzheitlichkeit im Einklang mit der Natur kontrovers zum Reparatur-Gedanken der Schulmedizin steht, ist dabei ein dichotomes Argumentationsmuster, das nicht nur sprachlich, sondern auch visuell hervorgehoben wird. So werden die Praktiken als „sanfte Medizin" (*Stern* 12/1991, *Spiegel* 21/1997), „sanfte Heilkunst" (*Spiegel* 49/1985), „sanfte Heilkunst aus Fernost" (*Spiegel* 18/2000), „alternative Heilmethoden" (*Stern* 11/2014), „Para-Medizin" (*Stern* 7/1993) „zwischen Akupunktur und Hightech" (*Spiegel* 18/2000) betitelt, die nicht nur die Heilung, sondern auch das Wohlbefinden und somit das „Wellness-Phänomen"[141] ansprechen. Die Titelseiten zieren dabei Symbole östlicher Religionen, beispielsweise den Lotussitz oder Yin und Yang, die ebenfalls Elemente der Wellnessbewegung und Spiritualität darstellen, oder heben den Aspekt der Verbundenheit des Menschen zur Natur hervor, indem Kräuter, Pflanzen oder Blätter in die Darstellung mit eingebunden werden (siehe Abb. 33). Diese Symbole und Bilder werden dabei teilweise mit Symbolen der klassischen Schulmedizin verbunden, etwa dem Arztkoffer, dem Stethoskop oder EKG um einerseits den Gegensatz, andererseits den Grenzbereich bzw. die Vereinbarkeit der beiden medizinischen Richtungen zu betonen. Häufig werden auch hier Frauen repräsentiert und der weibliche Körper sexualisiert in den Fokus gesetzt.[142]

---

139 Zur genaueren Feinanalyse der Artikel siehe Kapitel 5.2.3.

140 Lüddeckens 2012, 286.

141 Graf 2008, 5.

142 Die Abbildung von spärlich bekleideten Frauen begann im Zuge der sogenannten „Sexwelle" der 1960er Jahre, einer Kommerzialisierung der Sexualität in den Medien. In *Stern* und im *Spiegel* sowie auch in anderen Zeitschriften vervielfältigten sich die Abbildungen von spärlich bekleideten bis komplett nackten Frauen auf den Titelseiten mit Beginn der 1960er Jahre. Auch Reportagen über das Sexualleben waren ein begehrtes

Abbildung 33: Alternative Medizin: Stern 2/1982, Stern 49/1991, Stern
29/1998, Stern 3/2004, Spiegel 21/1997, Spiegel 18/2000

Zeigen sich demnach anfangs skeptische und kritische Verhandlungen sind die Praktiken, die dem esoterischen Denken entstammen, inzwischen ein Bestandteil

Thema (vgl. Eder 2015, 38). Der *Stern* wurde dabei als erste Illustrierte auf den Index für jugendgefährdende Schriften gesetzt (vgl. Sarnow 2013, 39). Zur Auflagensteigerung wurden dabei auch zunehmende sexistische Titelblätter abgedruckt. Die von Alice Schwarzer herausgegebene Zeitschrift *Emma* erhob 1978 Klage gegen den *Stern* aufgrund der Repräsentation der Frau als bloßes Sexualobjekt. Prominente Frauen und auch der deutsche Frauenrat schlossen sich der Klage an, die jedoch juristisch scheiterte, da kein entsprechendes Gesetz vorlag (vgl. Lenz 2009, 210). Kaltenhäuser (2005) stellt gegenwärtig fest, dass die These „sex sells" vor allem für den *Stern* nach wie vor bestätigt werden kann, da häufig Titelgeschichten mit erotischer Personendarstellung angekündigt werden (vgl. Kaltenhäuser 2005, 175, 211), häufig auch bei gesundheitlichen bzw. medizinischen Themen.

der modernen Gesellschaft, so die mediale Repräsentation der Titelseiten. Heilung wird dabei als ganzheitliches Körperkonzept aufgefasst und durch Aspekte der östlichen Religion, der Natur oder Körperlichkeit visualisiert, ästhetisiert und versinnlicht. Dies ist eng mit dem Konzept des Wellness-Phänomens verbunden, welches „das subjektive Moment des Wohlfühlens (Well-being) in Bezug auf die Persönlichkeit und die Beziehung des Individuums zum sozio-ökologischen Umfeld heraus[stellt]."[143] Hierbei steht das Erleben und Erfahren im Vordergrund, welches alle Sinne anspricht. Alternative Medizin ist somit erfahrungszentriert und sinnlich fokussiert, bietet ein spirituelles Angebot und eine damit verbundene Heilung. Dass die Praktiken heutzutage als Bestandteil der modernen Gesellschaft angesehen werden können, lässt sich anhand aktuellerer Titelseiten der Magazine konstruieren. Im *Spiegel* (*Spiegel* 21/2013) wird in Anspielung auf den heiligen Geist der „heilende Geist" betrachtet, der dem arbeitenden Manager, der über seinem Schreibtisch schwebend im Lotussitz meditiert, zur Gesundheit „durch Meditation und Entspannung" verholfen hat. Im *Stern* (*Stern* 11/2014) wird der Titel „Magie und Medizin" durch einen dekontextualisierten Ausschnitt visualisiert. Ein Mann, durch den weißen Kittel und das Stethoskop als Arzt gekennzeichnet, hält die Hände offen zum Leser, als wolle er den scheinbar leuchtenden Titel „Magie und Medizin" schützend halten. Dabei werden durch Dr. Eckhart von Hirschhausen, Komiker und selbst Arzt (somit auch Experte) nicht nur die Erfolge der Alternativen Medizin hervorgehoben („Warum alternative Heilmethoden wirken"), sondern zudem auch die klassische Medizin bloßgestellt, in dem das Bild des allwissenden Arztes und somit die ärztliche Autorität untergraben wird („was Ihr Arzt davon lernen kann").[144]

Lüddeckens konstatiert eine Entdifferenzierung von Religion und Medizin; insbesondere auch „im Rahmen des gesellschaftlichen Prozesses der Individualisierung"[145], in dem es für „Individuen zunehmend wichtig [wurde] ihre Rolle als PatientIn als durch eigene Entscheidung geprägt wahrzunehmen."[146] Die aus den einerseits neuen religiösen Bewegungen etablierten Praktiken, aber auch alte östliche Traditionen sind heute teilweise wissenschaftlich anerkannt und in die klassische Medizin integriert. Dies zeigt sich auch bei der zunehmenden Kostenübernahme seitens der Krankenkassen. Der mediale Diskurs nimmt diese Weiterentwicklung auf und steuert diese. Medial wird Alternative Medizin als Teil und überschneidendes Konzept der Spiritualität verhandelt, welches Heilung dabei als ganzheitliches

---

143 Graf 2008, 8.

144 Die Entwicklung der alternativen Medizin hinsichtlich ihrer sprachlich-visuellen Mittel und Argumentationen wird anhand dreier Artikel des *Stern* näher betrachtet (siehe Kap. 5.2.3).

145 Lüddeckens 2012, 292.

146 Ebd., 292; siehe auch Bochinger et al. 2009, 128.

Körperkonzept auffasst, welches zudem ebenfalls als Wellnessphänomen verhandelt und ästhetisiert wird. Das Ergebnis bestätigt somit bestehende Ergebnisse soziologischer Studien.[147]

5.1.4 Religionen, Islam, Judentum, Buddhismus

Religionen

Der Religionsbegriff im Singular tritt im *Stern* nur einmal im Zusammenhang mit dem Christentum auf, die als „erfolgreichste Religion der Erde" betitelt wird (*Stern* 41/2001). Des Weiteren erscheint er nur zweimal im Zusammenhang mit dem Islam nach dem Jahr 2001, welcher als „gefährliche" Religion hinterfragt (*Stern* 41/2001) und als „geheimnisvoll" charakterisiert wird (*Stern* 50/2004). Der singuläre Religionsbegriff im *Spiegel* wird dagegen dreimalig verwendet um Grenzbereiche aufzuzeigen; für die Verortung von Buddhismus – „zwischen Religion und Esoterik" (*Spiegel* 16/1998); Kosmologie – an der „Grenze zur Religion" (*Spiegel* 52/1998) und zeitgenössische Glaubensformen – „zwischen Religion und Magie" (*Spiegel* 52/2013). Religion wird somit als einzelne Systemkategorie definiert, die Magie, Esoterik und Kosmologie gegenübersteht.

Der Religionsbegriff im Plural tritt ebenfalls nur vereinzelt auf, beginnend im Jahr 1990 im *Stern*, in dem er auf die „Neuen Religionen" verweist, welche „die Welt erobern" (*Stern* 52/1990). Gemeint sind in diesem Zusammenhang neue religiöse Bewegungen und vermeintlich fremde Religionen. In Anbetracht der Pluralisierung (und Entkonfessionalisierung) wird das Lexem „Religionen" genutzt, um abrahamitische Religionen in ihren Unterschieden und Gemeinsamkeiten zu skizzieren (*Spiegel* 52/2008 „Abraham. Christen, Juden, Muslime: Wem gehört der Urvater der Religionen?" *Stern* 52/2008 „Das Heilige Land. Faszinierende Bilder wiederentdeckt: Die Wiege unserer Religionen vor 100 Jahren"). Des Weiteren tritt der Terminus „Weltreligion" hervor (*Stern* 47-52/2004, 15/2012, *Spiegel* 13/2008), der in der Religionswissenschaft als strittig gilt, da er durch einen eurozentrierten Blick geprägt ist:

> Der abendländisch-alltagssprachliche Begriff Weltreligion weist nicht nur eine große Bandbreite an Interpretationen auf, sondern ist auch noch in einer weiteren Hinsicht problematisch, weil nämlich Religionen, die wie in der abendländischen Tradition mit dem vereinheitlichenden Etikett ‚Weltreligion' versehen, von Angehörigen dieser Religion nicht in jedem Fall als solche wahrgenommen werden müssen.[148]

---

147 Vgl. z.B. Knoblauch 2009.
148 Hutter 2006, 16.

Er wird demnach als Begriff deklariert, „der aus einem europäischen Blickwinkel unterschiedliche Religionen in eine Kategorie zwängen will."[149] Dies lässt sich anhand einer *Stern*-Serie veranschaulichen. Der *Stern* widmet sich im Jahr 2004 einer sechsteiligen Serie zu den „sechs Weltreligionen" (*Stern* 47/2004, siehe Abb. 34). Durch das Titelblatt wird eingängig definiert, welche Religionen dazugehören: Judentum, Islam, Christentum, Taoismus und Konfuzianismus, Buddhismus und Hinduismus. Während die drei monotheistischen Religionen in der Serie großflächig auf dem Titelblatt angekündigt werden (*Stern* 48/2004, 50/2004, 52/2004), erscheinen Taoismus und Konfuzianismus nur als Nebentitel (*Stern* 51/2004), Buddhismus und Hinduismus werden auf den Titelblättern in der Serie nicht angekündigt. Die eurozentrierte Perspektive wird somit nicht nur durch die gezielte Auswahl, sondern auch durch die klare Positionierung deutlich.

Abbildung 34: Stern 47/2004

Mit Blick auf weitere Komposita lässt sich einzig das Lexem „Wellness-Religionen" ausfindig machen, welches im Jahr 2009 im Zusammenhang mit der Berichterstattung über zeitgenössischer Spiritualität auf dem Titelblatt des *Stern* erscheint (siehe dazu Kap. 5.2.4, S. 381). Im Zuge der Pluralisierung und Entkonfessionalisierung zeigt sich eine vermehrte Aufmerksamkeit für die sogenannten Weltreligionen, die vor allem in den 2000er Jahren auftritt. Welche Religionen explizit auf den Titelseiten von *Stern* und *Spiegel* verhandelt werden, wird nun dargelegt.

---

149 Hutter 2006, 15.

Islam

Stellt die Repräsentation von Religion in *Stern* und *Spiegel* bis auf wenige Studien ein Desiderat dar, so sind es doch zahlreiche Studien, die sich mit der Islam-repräsentation in den Medien, zum Beispiel im Fernsehen[150] oder Weblogs[151], aber auch der Presse allgemein[152] und vor allem mit dem *Spiegel* und zu unterschiedlichen Themenfeldern auseinandergesetzt haben.[153]

Einschneidend sind bei vielen Studien und auch im vorliegenden Korpus die Ereignisse der Iranischen Revolution um das Jahr 1979: Die „Entmachtung und Vertreibung des Schah, die Rückkehr des Ajatollah Chomeini nach Iran und die Durchsetzung einer Islamischen Revolution im Iran, die schließlich zur Errichtung der Islamischen Republik Iran führte, sind direkt und indirekt die bestimmenden Themen."[154] Der Islam tritt erstmalig im Zusammenhang mit der Iranischen Revolution auf den Titelseiten von *Stern* und *Spiegel* auf und wird dabei als macht-fordernd („Der Islam fordert die Macht", *Spiegel* 7/1979) und „unaufhaltsam" (*Stern* 12/1979) charakterisiert, der im „Glaubenskrieg" „keinen Pardon kennt" (*Stern* 51/1979). Dabei wird insbesondere die Person Chomeinis im Zuge der Irani-schen Revolte (*Spiegel* 4/1979, „Fanatiker Chomeini" 46/1979, 47/1979) sowie des ersten Golfkrieges („Kriegsherr Chomeini" *Spiegel* 23/1984, *Spiegel* 9/1989 „Kopf-jäger Chomeini", *Stern* 34/1987, *Stern* 9/1989, *Stern* 10/1989) als entscheidender Akteur porträtiert, als ein „griffiges Bild des ‚bösen Moslem', das […] oft sensationsverstärkend ausgeschmückt wird."[155] Der erste Golfkrieg ist ebenso wie der Nahostkonflikt ausschlaggebend für die Titelung vom „blutigem Islam" (*Spiegel* 33/1987) und der Verknüpfung zum Terror, sodass der Fundamentalismus und politische Krisen des Nahen Osten sowie des Iran, aber etwa auch der Fall des Salman Rushdie (*Stern* 9/1989) in den 1980er Jahren auf den Titelseiten der Maga-zine ins Zentrum der Aufmerksamkeit rücken (siehe Abb. 35). In den 1990er Jahren wird das negative Bild, etwa durch den Anschlag in Luxor verstärkt (*Stern* 49/1997 „mörderischer Islam"). Zudem zeigt sich im Zuge der Migration eine erste, pejora-tive Auseinandersetzung mit dem Islam in Deutschland (*Stern* 16/1997 „Gefährlich fremd. Ausländer und Deutsche. Das Scheitern der multi-kulturellen Gesellschaft"). In den 1990er Jahren sind es insgesamt jedoch nur vereinzelte Titelseiten.

---

150 Hafez/Richter 2007; Schenk 2009; Karis 2013.

151 Engelmann et al. 2010.

152 Hottinger 1995; Glück 2007; Hafez 2002a, 2002b, 2010, 2013a.

153 Vogt 1996; Thofern 1998; Kliche/Adam/Jannik 1999; Hoffmann 2004; Schiffer 2005; Kneidinger 2005; Görlach 2009; Röder 2007; Brema 2010; Massud 2011.

154 Thofern 1998, 93.

155 Ebd., 136.

Abbildung 35: Titelseiten zum Islam nach 1979 und
im Zusammenhang mit Chomeini:
Spiegel 7/1979, Stern 51/1979,
Spiegel 33/1987, Stern 10/1989

Der zweite große Einschnitt, neben der Iranischen Revolution 1979 und deren Folgen, sind die Terroranschläge des 11. Septembers 2001. Dass sich die Medienlandschaft und die Berichterstattung über Religion seit diesem Ereignis verändert und die Thematisierung des Islams erneut hervorgebracht hat, bestätigen auch die befragten Journalisten in der Studie Gärtners et al.: „Religiöse Konflikte seien in das Zentrum des medialen Interesses gerückt. Im Vordergrund stehe der Islam mit seinem Anspruch auf die Gestaltung des öffentlichen Lebens."[156] So wird nicht nur im *Stern* unmittelbar nach den Anschlägen von 2001 der Islam als „Geheimnis" (*Stern* 41/2002) und „gefährlich" (*Stern* 41/2001) bestehend aus „Wurzeln des Hasses" (*Stern* 44/2001); Muslime als „radikal" (*Stern* 40/2001) und als „Mohammeds zornige Erben" betitelt (*Stern* 44/2001). Es findet auch eine zu-

---

156 Gärtner et al. 2012, 56.

nehmende Kontextualisierung im Zusammenhang mit Fundamentalismus, Terror und Gefahr statt, die bis heute anhält. Dies wird nicht nur bezogen auf den Irak (*Spiegel* 36/2003 „Irak: Gotteskrieger kämpfen um die Macht. Die Schiiten"), Amerika (*Stern* „Amerika. Hass auf Muslime"), Moskau (*Spiegel* 44/2002 „Allahs Selbstmord-Kommando in Moskau. Der terroristische Weltkrieg") oder den Iran (*Stern* 5/2006 „Die Mullahs und die Bombe"), sondern auch vor allem im Zusammenhang mit dem Nahostkonflikt (*Stern* 31/2006 „In den Händen der Hisbollah. Wie die radikalen Schiiten im Libanon herrschen"), Al-Qaida (*Spiegel* 1/2008 „Alarmstufe Grün. Kampf um Pakistan. Das Attentat auf Benazir Bhutto - Al-Qaida und die islamische Bombe"), Osama bin Laden selbst sowie seine ‚Nachfolger‘ (*Spiegel* 38/2007 „Terror Basis Pakistan. Bin Ladens deutsche Jünger", *Stern* 25/2011 „Islamisten. Bin Ladens deutsche Erben"), den dänischen Mohammed-karikaturen (*Spiegel* 6/2006 „Zwölf Mohammed Karikaturen erschüttern die Welt. Der heilige Hass") oder islamischen Fundamentalismus per se (*Stern* 42/2004 „Mord im Namen Allahs. Al-Zarqawi: Die Geschichte des gefährlichsten Terroristen der Welt", *Spiegel* 38/2012 „Der unheilige Zorn. Aufstand der Muslime").

Besonders die Terrorgefahr für Deutschland wird ausgiebig thematisiert (*Stern* 40/2001 „Terror-Gefahr in Deutschland. Geheimdienste warnen vor Anschlägen radikaler Muslime", *Stern* 15/2004 „Islam in Deutschland. Zwischen Kopftuch-Streit und Terror-Angst", *Stern* 35/2006 „Der Terror ist da! Das auffällige Leben des Kieler Bombenlegers. Wie sicher sind wir in Deutschland? Die Chronik der islamistischen Gewalt bei uns", *Stern* 38/2007 „Wie gefährlich ist der Islam? Warum so viele Terroristen Muslime sind. So bildete sich die Terrorzelle um Fritz Gelowicz", *Spiegel* 37/2007 „Allahs deutsche Jünger. Die neuen Terroristen", *Stern* 11/2011, Terror in Frankfurt: Islamist tötet US-Soldaten. Wie ihn das Internet zum Attentäter machte"). Der Islam wird aufgrund der Ereignisse 1979 folglich als „blutig", „mörderisch", nach 2001 als „geheimnisvoll", „gefährlich" und „böse" betitelt. Häufig wird durch das Lexem Allah implizit eine Verbindung zum Islam hergestellt, ohne diesen explizit zu benennen (*Spiegel* 44/2002 „Allahs Selbstmord-Kommando in Moskau. Der terroristische Weltkrieg", *Spiegel* 49/2005 „Geiselgeschäfte in Namen Allahs. Todesfalle Irak", *Spiegel* 37/2007 „Allahs deutsche Jünger. Die neuen Terroristen", „Spiegel 40/2001 „Der Terrorauftrag. Gehirnwäsche in Namen Allahs", *Stern* 42/2004 „Mord im Namen Allahs. Al-Zarqawi: Die Geschichte des gefährlichsten Terroristen der Welt.). Wurden in Zeiten der Iranischen Revolution und deren Folgen auf orientalistische Stereotype (Säbel, Turban) zurückgegriffen, zeigt sich in den 2000er Jahren beim *Spiegel* eine Auffälligkeit der schwarz-grünen Einfärbung des Titelbildes. Sind die Hintergründe häufig schwarz gehalten (siehe Abb. 36), wird grün als Farbe des Islam oft als Schriftfarbe gebraucht, Nebentitel werden in grünen Bannern angekündigt. Die Farben geben dem Thema einen eigenen Erkennungswert und dienen implizit der negativen Konnotation (siehe Abb. 36), ebenso wie das Bild der verschleierten Muslima, auf welches gleich näher eingegangen wird.

Die Kontextualisierung und negative Themeneinbettung sorgt für eine implizite und explizite Stereotypisierung des Islams als bedrohlich und gefährlich, „dadurch wird in hohem Maße gesteuert, worüber der Rezipient nachdenkt."[157] Die oben genannten Studien bestätigen die Ergebnisse nicht nur für unterschiedliche Medien, sondern auch für die Berichterstattung des *Stern* und des *Spiegels* unabhängig von der Titelseitengestaltung. In älteren sowie neuen Studien, d.h. vor und nach dem 11. September 2001, wird das Bild des Islams als Negativbild konstruiert, was einerseits explizit verbal hervortritt, etwa bei muslimischen Akteuren,[158] andererseits implizit durch Kontextualisierungen oder Bildkompositionen verwoben wird.[159]

Insbesondere in den neuen Studien wird das Stereotyp der Gewaltbereitschaft und die Gefahr bzw. die Bedrohung für den Westen, die vom Islam ausgeht hervorgebracht, sodass alles, was in Bezug zum Islam auftritt, als fundamentalistisch und terroristisch repräsentiert wird.[160] Gewalttaten in anderen Ländern vor anderem kulturellen und gesellschaftlichem Hintergrund, das heißt medial vermittelte Fernbilder, und einzelne Gruppierungen prägen dabei das Bild des Islams zusätzlich.[161] Zudem ist „aktuell [...] das Bild vom Islam als ein potenzielles Sicherheitsrisiko nach wie vor noch von den Terroranschlägen des 11. Septembers 2001 in den USA geprägt."[162] Die Ergebnisse des Religionsmonitors 2013 und 2015, der Islam werde von der Mehrheit der Bevölkerung als Bedrohung und als unvereinbar mit dem Westen angesehen,[163] verwundern daher nicht. „Der Islam besitzt folglich im öffentlichen Ansehen der deutschen Bevölkerung ein sehr viel schlechteres Image als alle anderen Weltreligionen",[164] Hafez und Schmidt vertreten die These, dass sich im Wissenschaftsdiskurs der Begriff „Islamfeindlichkeit"[165] konsolidiert hat, „da es sich bei der negativen Wahrnehmung des Islams nicht nur um Bedrohungsängste handelt."[166]

Es lassen sich auch Themen finden, die die Religion unabhängig von Terror und Fundamentalismus thematisieren. Eine negative Kontextualisierung hält dabei je-

---

157 Hafez/Schmid 2015, 61.

158 Vgl. Thofern 1998, 101f., 136f.; Koch 2012, 319; Schiffer 2005, 79.

159 Vgl. Schiffer 2005, 79f.; Vogt 1996, 286f.; Massud 2011, 73.

160 Vgl. Schiffer 2005, 146f.; Massud 2011, 74.

161 Vgl. Hafez/Schmidt 2015, 19, 23.

162 Großbölting 2013, 218.

163 Vgl. Hafez/Schmidt 2015, 23, 64.

164 Ebd., 18.

165 Hafez/Schmidt 2015, 27. Siehe dazu auch den gleichnamigen Sammelband von Schneiders (2010) und die Monographie Cakirs (2014).

166 Ebd., 23.

doch größtenteils an. So werden der Islam in Deutschland sowie diverse Kontroversen hinsichtlich der kulturellen Fremdheit des Islams in einem christlich geprägten Land auf den Titelseiten angekündigt (*Spiegel* 40/2003 „Das Prinzip Kopftuch. Muslime in Deutschland", *Stern* 8/2006, „In deutschen Moscheen. Versöhnen oder spalten, was Imame predigen", *Stern* 42/2010 „Vom guten und bösen Islam") und ein Bild der ‚Anderen' konstruiert (*Stern* 42/2006 „Muslime in Deutschland. Unbekannte Nachbarn. Wer sie sind, wie sie denken wie sie leben", *Stern* 7/2006 „Islam. Wie viel Rücksicht müssen wir nehmen?"). Dabei rücken das für den Westen ‚fremde' Frauenbild (*Stern* 28/2010 „Frauen im Islam. Wie sie im Namen Allahs unterdrückt werden und sich dagegen wehren", *Spiegel* 47/2004 „Allahs rechtlose Töchter. Muslimische Frauen in Deutschland"), die Sarazzindebatte (*Spiegel* 35/2010 „Streitfall Sarrazin. Wie deutsch müssen Muslime sein?") sowie die vermeintliche „Überfremdung" Deutschlands (*Spiegel* 13/2007 „Mekka Deutschland. Die stille Islamisierung") oder das Aufkommen von Salafisten (*Stern* 17/2012 „Salafisten. Die unheimlichen Koranjünger") in den Fokus der Aufmerksamkeit. Unterschiedliche Diskursverschränkungen treten hervor.

*Abbildung 36: Islam: Spiegel 47/2004, Spiegel
13/2007, Spiegel 52/2007, Spiegel
38/2006*

Des Weiteren wird der Islam als Teil der „Weltreligionen" repräsentiert, der Koran wird als Heilige Schrift (*Spiegel* 52/2007 „Der Koran. Das mächtigste Buch der Welt"), Mekka als zentrale Stadt (*Spiegel* 51/2010 „Mythos Mekka. Die Schicksals-Stadt des Islam") thematisiert. Zudem zeigen sich Titelblätter des Islam in Verbindung zu den anderen großen monotheistischen Religionen, indem gemeinsame Wurzeln und die daraus entstehenden Konflikte (*Spiegel* 16/2006 „Du sollst nicht... Moses Zehn Gebote und die gemeinsamen Wurzeln von Juden, Christen und Moslems, *Spiegel* 52/2008, „Abraham. Christen, Juden, Muslime: Wem gehört der Urvater der Religionen?") oder die Verbindungen und Konflikte zum Christentum, etwa anlässlich der Regensburger Rede Papst Benedikts XVI., fokussiert werden (*Spiegel* 52/2009 „Wer hat den stärkeren Gott? Islam und Christentum. Der ewige Zwist", *Spiegel* 38/2006 „Papst contra Mohammed. Glaubenskampf um den Islam, die Vernunft und die Gewalt", *Stern* 39/2012 „Muslime gegen Christen. Kreuzzug der Feiglinge").

Im *Stern* tritt zudem das Themenfeld um den Islam in Verbindung zur Sexualität hervor, ein Thema, welches erneut Kulturunterschiede fokussiert (*Stern* „Die Liebe in der Welt des Islam. Die Lust, die Sünde und der Koran.", *Stern* 33/2007 „So liebt die Welt. Türkei: Zwischen Kopftuch und String-Tanga").[167] Dabei ist der Islam nicht immer explizit negativ repräsentiert, er wird in diesem Diskursstrang als Faszinosum und im Sinne des Orientalismus-Konzepts von Edward Said (1978) implizit pejorativ konstruiert. Vor allem ästhetische Bilder von verschleierten Frauen dominieren die Visualisierungen im *Stern* und präsentieren nicht nur Anonymität und Verborgenheit, sondern auch die stereotype Rolle der exotischen Schönheit (siehe Abb. 37). Die Repräsentation steht damit konträr zum *Spiegel*, der das Bild der verschleierten Muslima zwar ebenfalls in seinen Visualisierungen repräsentiert (siehe etwa Abb. 36), jedoch hauptsächlich als Symbol für Unterdrückung (*Spiegel* 47/2004), Anonymität (*Spiegel* 52/2007) oder im politischen Kontext (*Spiegel* 1/2008) verwendet. Das Stereotyp der „exotischen Schönheit" ist dabei nicht präsent. Die Ergebnisse decken sich somit mit Röders (2007) Untersuchung, die in ihrer Durchsicht von *Spiegel*-Artikeln im Zeitraum von 1975 bis 2005 darlegt, dass „Politik und Recht die kontinuierlichsten Themen [sind], innerhalb derer Musliminnen Handlungsrollen als Opfer, moderne Frau und Rollen innerhalb von Politik und Familie einnehmen. Die exotische Schöne [...] scheint genau wie die fanatischen Extremisten keinen Platz zu finden."[168] Zudem postuliert Röder eine durch Negativität geprägte Berichterstattung, in der eine „Markierung als Fremdgruppe"[169] erfolgt. Schiffer definiert die Darstellungen als Metonymie, die verschleierte Frau repräsentiere den Islam,[170] der Schleier fungiere als ein Zeichen:

Der Schleier der Muslima ist für westliche Vorstellungen das augenscheinlichste Merkmal für die Andersartigkeit der islamischen Kultur und lässt sich zudem noch am einfachsten darstellen in Vertretung einer generischen Klasse – die Muslime. Die verschleierte Muslima oder auch ihr Schleier allein haben Hochkonjunktur bei der Darstellung des Islams in den west-

---

167 Die Titel sind dabei Teil der Serie „So liebt die Welt", die 2005 erschien und 2007 sowie 2009 erneut aufgelegt wurden. So lautet der Titel aus dem Jahr 2005: „China. Brasilien. Japan. Afrika. USA. Indien. Russland. Islam. So liebt die Welt. Stern-Serie über Sex im Zeitalter der Globalisierung". Werden unterschiedliche Länder bzw. Kontinente aufgezählt, wird der Islam als einzige Religion namentlich erwähnt und in die Reihung mit aufgenommen. Hier zeigt sich, welcher Aufmerksamkeitswert und scheinbare Leseanreiz der Religion des Islam zukommt.

168 Röder 2007, 115.

169 Ebd., 116.

170 Vgl. Schiffer 2005, 81.

lichen Medien. Immer wieder begegnet uns der Hinweis auf Verschleierung als Beispiel und Metapher für die Unterdrückung und Unfreiheit im Islam, wird gar anstelle von Informationen über den Islam platziert, was der Funktion eines *Verdichtungssymbols* entspricht.[171]

Als Verdichtungssymbole fungieren auch die Bilder auf den Titelseiten; nur eines beschäftigt sich explizit mit der Rolle der Frau im Islam, die anderen Bilder werden zur Ankündigung anderer Themen genutzt (siehe Abb. 37 sowie z.B. *Stern* 42/2006 „Muslime in Deutschland. Unbekannte Nachbarn. Wer sie sind, wie sie denken, wie sie leben"), dadurch verfestigt sich eine Stereotypisierung des weiblichen Frauenbildes.

Abbildung 37: Repräsentation der Frau in Bezug zu Themen des Islams auf Stern-Titelseiten: Stern 41/2001, Stern 50/2004, Stern 15/2004, Stern 36/2005, Stern 28/2010

---

171 Schiffer 2005, 82.

Zusammenfassend lässt sich festhalten, dass insbesondere nach den Ereignissen aus den Jahren 1970 und 2001[172] eine negative Repräsentation des Islams dominiert, welche nicht nur politische Konflikte und Fundamentalismus umfasst, sondern das Zusammenleben und kulturelle Unterschiede fokussiert sowie Stereotype konstruiert.[173] Laut Hafez/Schmidt änderte sich die Berichterstattung mit dem arabischen Frühling, der „gewisse Modifikationen in das deutsche Medienbild des Islams [brachte]."[174] Dieser wird jedoch auf den Titelseiten der Magazine nur marginal aufgenommen (*Spiegel* 26/2009 „Rebellion gegen die Radikalen", siehe Abb. 38), im *Stern* dagegen eher mit der Geschichte des Iran verknüpft und als Serienanlass genutzt (*Stern* 27/2009 „Neue Serie: Geschichte des Iran"). Auch hier zeigt sich erneut das Verdichtungssymbol des Schleiers auf den Titelseiten und kann exemplarisch als Gegenüberstellung der politischen Repräsentation (*Spiegel*) versus der exotischen Schönheit (*Stern*) betrachtet werden.

Abbildung 38: Spiegel 26/2009

In Anbetracht der Ereignisse in Paris im Januar 2015, den Anschlägen auf die französische Zeitschrift *Charlie Hebdo*, zeigt ein exemplarischer Blick außerhalb des

---

172 Der hohe Anstieg der *Stern*-Titelseiten im Jahr 2006 lässt sich durch die Ereignisse der Regensburger Papstrede und des dänischen Karikaturenstreits erklären, die zu medialen Kontroversen und Debatten zum Islam, auch in Deutschland, führten.

173 In seiner Untersuchung zum Islambild in der überdeutschen Presse von 1955 bis 1994 postuliert Hafez (2002a, 2002b), dass sich in *Stern* und *Spiegel* eine stärkere Tendenz zur negativen, polarisierenden und sensationalistischen Berichterstattung abzeichnet als etwa in den Tageszeitungen *Frankfurter Allgemeine Zeitung* und *Süddeutsche Zeitung* (Hafez 2002b 297); vor allem der *Spiegel* sei ein „Meinungsführer für ein Negativbild" (ebd., 297).

174 Hafez/Schmidt 2015, 27. Siehe dazu auch den Sammelband von Hafez 2013a.

Korpus (siehe Abb. 39), dass das negative Islambild – zumindest im *Stern* – weiterhin anhält. Während auf dem Titelblatt des *Spiegel* die Motive der Einzeltäter hinterfragt werden (*Spiegel* 4/2015 „Terror der Verlierer. Warum junge Männer Europa den Krieg erklären"), nutzt der *Stern* den islamischen Hintergrund der Einzeltäter aus, um die Terrorgefahr durch den Islam (angedeutet durch die implizite Referenzialisierung „Terror im Namen Allahs") für Deutschland zu hinterfragen (*Stern* 4/2015 „Hass gegen Angst. Terror im Namen Allahs: Wie groß ist die Gefahr für Deutschland?") und eine Serie über die historischen „blutigen Konfrontationen" zwischen „Islam und Europa" hervorzubringen (*Stern* 5/2015 „Islam und Europa. Der ewige Zorn. Von Napoleon bis zu den Anschlägen von Paris – 200 Jahre blutige Konfrontation"). Da das „o" des ewigen Zorns als Mondsichel gestaltet ist, ist explizit erkennbar, wessen ewiger Zorn gemeint ist, die ‚Täter' eindeutig identifiziert und die Assoziation der Konzepte ‚Terror' und ‚Islam' aktiviert. Erneut wird der Islam mit Hass und Krieg in Verbindung gebracht. Eine eurozentristische und im Sinne Saids orientalistische Sichtweise, nicht zuletzt auch dadurch, dass eine Religion einem politisch-geographischen Staatenverbund gegenübergestellt wird, ist zeitgenössisch nach wie vor präsent.

Abbildung 39: Spiegel 4/2015, Stern 5/2015

Judentum

Das Judentum bzw. das Bild Israels[175] ist ein Diskursstrang, der vor allem im *Spiegel* hervortritt und im *Stern* zunächst nur vereinzelt, später häufiger auf den Titelseiten thematisiert wird. Schon 1998 stellt Thofern in seiner Untersuchung der Inhaltsverzeichnisse des *Spiegels* der Jahre 1945 bis 1989 fest, dass sich

[...] die Berichterstattung zum Judentum [...] geographisch auf die Bundesrepublik Deutschland und Israel [konzentriert]. Sie hat einen relativ hohen Anteil beim Sachgebiet Kultur. Auf die Sachthemen bezogen, ist die Berichterstattung überwiegend an dem Konflikt der Juden als religiöser Minderheit mit staatlichen Institutionen orientiert. Die Beschäftigung mit Ereignissen und Auswirkungen des Holocaust spielt hier eine bedeutende Rolle.[176]

Die Shoa nimmt einen Teil der Berichterstattung ein, jedoch vor allem in den 1960er bis 1990er Jahren. Dabei wird das Leben von Juden in Deutschland (*Spiegel* 31/1963 „Juden in Deutschland, *Stern* 8/1977 „Juden in Deutschland. Woher sie kamen, was sie erlitten und wie sie heute leben", *Stern* 52/1992 „Juden in Deutschland") oder in Amerika (*Spiegel* 6/1974 „Jürgen Thorwald. Juden in Amerika"), die Beziehung von Juden und Deutschen zueinander, (*Spiegel* 32/1965 „Juden und Deutsche"), die historische Aufarbeitung, der Umgang der Kirche mit der Shoa (*Spiegel* 43/1997 „Rudolf Augstein: Die Kirche und der Holocaust. Papst Pius XII", *Stern* 40/2002 „Zeitgeschichte: Kirche und Holocaust") sowie der Umgang mit Erinnerung (*Spiegel* 35/1998 „Holocaust-Mahnmal in Berlin. Zuviel Erinnerung?") auf den Titelseiten angekündigt. Zudem werden hinsichtlich der Populärkultur Filme wie „*Holocaust*" (*Stern* 6/1979 „Holocaust. Mußte dieser Film sein?", *Spiegel* 5/1979 „Holocaust. Der Judenmord bewegt die Deutschen"), „Spiel um Zeit – Das Mädchenorchester in Auschwitz" (*Stern* 12/1981 „Millionen sahen im Fernsehen. Das Mädchenorchester in Auschwitz. Überlebende des KZ berichten. Wiedersehen mit der Hölle") oder „*Schindlers Liste*" (*Spiegel* 8/1994 „Der gute Deutsche. Spielbergs Holocaust-Drama: Juden-Retter Schindler", *Stern* 10/1994 „Gerettete Juden berichten. Schindlers Liste") verhandelt, die zu Kontroversen führten und Diskussionen um die nationalsozialistische Vergangenheit Deutschlands hervorbrachten.

Vereinzelt zeigen sich zudem Titelthemen zum Antisemitismus, etwa die Porträtierung der Antisemitin Mathilde Ludendorff (*Spiegel* 8/1960) oder ein

---

175 „Da Israel das bekannteste Symbol für jüdisches Leben darstellt und als jüdischer Staat konzeptualisiert wird, ergibt sich [...] automatisch eine mentale Relation zwischen den Konzepten JUDENTUM und ISRAEL. Die Assoziationsrelation ‚israelisch-jüdisch' kann kognitionslinguistisch als usuell und prozessual betrachtet als automatisiert angesehen werden" (Schwarz-Friesel/Reinharz 2013, 250).

176 Thofern 1998, 93.

Streitgespräch zwischen dem ehemaligen Vorsitzenden des Zentralrats der Juden, Ignatz Bubis, und dem Publizisten und Politiker Cohn-Bendit anlässlich des Theaterstücks Fassbinders *Der Müll, die Stadt und der Tod* 1985 in Frankfurt. Der *Stern* fragt im Jahr 2003 infolge der als antisemitisch kritisierten Rede Martin Hohmanns im Bundestag zum Tag der Deutschen Einheit am 3. Oktober 2003 „Wie judenfeindlich sind die Deutschen?" (48/2003) und kündigt im Jahr 2013 einen Nebentitel über Judenfeindlichkeit in Ungarn (23/2013) an.

In den 2000er Jahren werden die Shoa und die damit verbundene Vergangenheitsbewältigung kaum bis gar nicht thematisiert. Andere Themen rücken in den Fokus der Aufmerksamkeit. Während der *Spiegel* lediglich marginal die Wurzeln und Konflikte zu den anderen monotheistischen Religionen auf den Titelseiten behandelt (*Spiegel* 16/2006 „Moses zehn Gebote und die gemeinsamen Wurzeln von Juden, Christen und Moslems, *Spiegel* 52/2008 „Abraham. Christen, Juden, Muslime: Wem gehört der Urvater der Religion?"), wird erneut die unterschiedliche Ausrichtung der beiden Magazine ersichtlich, da sich der *Stern* eher populären Themen widmet, die die Religion per se betreffen: So tritt das Judentum im *Stern* ebenfalls als Teil der Reihe zu den Weltreligionen (*Stern* 47, 48/2004), den Heiligen Schriften (*Stern* 48, 49/2010) und zur Reihe „Sex in Zeiten der Globalisierung" (*Stern* 27/2007) hervor. Zudem gewinnt die mystische Tradition des Judentums, die Kabbala, an Popularität (*Stern* 49/2009). Im Zuge des Aufkommens neuer Spiritualität wird ein Interview mit Madonnas Kabbala-Lehrer angekündigt („Interview mit Madonnas Kabbala-Lehrer"). Sein Name wird nicht erwähnt, sein Bezug zu Madonna ist relevant, der Nachrichtenfaktor Prominenz fungiert dabei als Aufmerksamkeitsstrategie. Hafez bemerkt, dass man zwar viel über den Holocaust, jedoch „nahezu nichts über Talmud, Tora oder jüdische religiöse Traditionen und moderne Praxen"[177] erfahre. Zumindest für den *Stern* lässt sich diese These widerlegen, denn es zeigen sich auf populärer Ebene vereinzelte Verhandlungen, wie gerade eben dargestellt.

Visuell wird besonders hinsichtlich der Serien im *Stern* häufig eine stereotype Vorstellung von Juden unterstützt: Das Judentum bzw. Israel als „Judenstaat" (*Stern* 32/2006) wird in Form von Bildmontagen durch einen orthodoxen Juden mit schwarzem Hut oder in Gebetskleidung mit Tallin und Tefillin repräsentiert (siehe Abb. 40). Kröger zeigt dies auch für ihre Untersuchung der Artikel über Religion in *Focus* und *Spiegel* im Jahr 2000.[178]

---

177 Hafez 2013b, 3.

178 Vgl. Kröger 2008, 117. Sie greift dabei auch die bereits oben benannte Islamrepräsentation auf. Die Repräsentation vermittelt dabei nicht nur ein militantes Bild von Muslimen, sondern ein orthodoxes Bild von Juden: „Das in der Welt nicht alle Juden ein orthodoxes und nicht alle Moslems ein militantes Erscheinungsbild haben, ist jedoch offensichtlich" (Kröger 2008, 117).

Abbildung 40: Judentum: Stern 47/2004, Stern 48/2004, Stern 49/2010

Das Judentum rückt im *Stern*, vermehrt jedoch im *Spiegel* (aufgrund der politischen Ausrichtung) hauptsächlich durch die Berichterstattung über Israel[179] und den Nahostkonflikt auf die Titelseiten – und dies durchgängig von 1960 bis 2014, verstärkt jedoch seit den 2000er Jahren aufgrund der zunehmenden Konflikte, z.b. der Intifada. Ein Anstieg der Titelseiten im Jahr 2006 erklärt sich durch die Auseinandersetzungen zwischen der autonomen libanesisch-islamischen paramilitärischen Hisbollah und dem Staat Israel, dem sogenannten „Zweiten Libanonkrieg", der auch als Aufhänger zur Porträtierung der konfliktgezeichneten Stadt Jerusalem genutzt wird (*Stern* 30/2006, *Stern* 32/2006, *Stern* 52/2006). Hafez/Schmidt sehen durch die Themenvernetzung zu Israel und dem Nahostkonflikt einen Grund für die „Bedrohungswahrnehmung"[180] des Judentums. Denn obwohl der Religionsmonitor 2013 darlegt, dass die Mehrheit der Ost- und Westdeutschen das Judentum als bereichernd ansieht,[181] ist ein weiteres Ergebnis des Religionsmonitor 2013 und 2015,[182] dass „die Einstellung gegenüber dem Judentum noch stark von Vorurteilen und Ängsten bestimmt"[183] ist. Studien, die den Nahostkonflikt in unterschiedlichen Medien untersuchen und dabei diverse Ereignisse (z.B. die erste und zweite Intifada) fokussieren,[184] postulieren dabei eine stärkere Präsenz von Israel als von Geschehnissen anderer Länder[185] sowie eine eher monoperspektivische Nahostbericht-

---

179 Siehe Fußnote 175.

180 Hafez/Schmidt 2015, 23.

181 Vgl. Pollack/Müller 2013 40.

182 Vgl. Hafez/Schmidt 2015, 23.

183 Pollack/Müller 2013, 40.

184 Vgl. Jäger/Jäger 2003; Behrens 2003; Schwarz-Friesel/Reinharz 2013.

185 Vgl. Behrens 2003, 150.

erstattung, die tendenziell kritisch gegenüber Israel eingestellt ist.[186] Zudem ist die Berichterstattung vermehrt emotionalisiert[187] und von „pauschalen Opfer-Täter-Festlegungen"[188] bzw. Polarisierungen[189] und Schuldzuweisungen geprägt.[190] Werden Palästinenser dabei als schwach und hilflos repräsentiert, werden die Israelis als stark, überlegen und militant dargestellt.[191] Mit Berufung auf Behrens (2003) und eigenen Untersuchungsergebnissen stellen Schwarz-Friesel/Reinharz fest, dass Israel-Artikel des *Spiegel* durch „intensiv evaluierenden Hyperbeln und Metaphern" gekennzeichnet sind und die „Referenzialisierungen von Israel [...] eine sensationalistische und überdramatisierende Tendenz auf[weisen]."[192]

Diese Beobachtung lässt sich auch für die Titelseiten der beiden Magazine bestätigen. So finden sich biblische Metaphern oder Phraseologien, die auf den Konflikt verweisen (siehe Abb. 41): Sie werden pejorativ gebraucht, um den bereits in der Bibel geschilderten Konflikt als historisch verankert zu konstruieren (*Spiegel* 48/1967 „Gelobtes Land, erobertes Land"), einen Zweikampf mit Antagonisten herauszustellen (15/2002 „Auge um Auge. Der biblische Krieg", vgl. zur Gegenüberstellung Arafat/Sharon auch Behrens 2003) oder durch den Bezug auf David die gefährliche Seite Israels zu betonen (*Stern* 12/1980 „Das Auge Davids", *Stern* 42/1986 „Die Bombe Davids", *Spiegel* 3/2011 „Davids Rächer"). Israel wird bei der Berichterstattung auf den Titelseiten hauptsächlich negativ repräsentiert und als „Besatzungsmacht" (*Spiegel* 12/1988) und „Militärstaat" (*Spiegel* 29/1982), der auf „Rache" (*Stern* 15/2002) sinnt, dargestellt. Zudem wird es als ein Land, das „so aggressiv" (*Stern* 32/2006)[193] ist, konstruiert, welches „mörderische Rechte" (*Stern* 46/1995) und „geheime Killer-Kommandos" (*Spiegel* 3/2011) bereithält. Dem Heiligen Land wird dabei der Terror kontrastiv gegenübergestellt (*Stern* 48/2012 „Terror im Heiligen Land; *Spiegel* 12/1988 „Terror im Heiligen Land").

---

186 Vgl. Schapira/Hafner 2010, 123, vgl. Halbinger 2012, 138.

187 Schwarz-Friesel 2013a, 226f.

188 Schwarz-Friesel/Reinharz 2013, 198; vgl. dazu auch Beyer 2013, 1028.

189 Vgl. Jäger/Jäger 2003, 342f.

190 Vgl. Behrens 2003, 149.

191 Vgl. Schwarz-Friesel/Reinharz 2013, 247; Schwarz-Friesel 2013a, 229; Jäger/Jäger 2003, 342f., 357.

192 Schwarz-Friesel/Reinharz 2013, 248.

193 Zur textlinguistischen Analyse des Titelblatts „Israels. Was das Land so aggressiv macht. Die Geschichte des Judenstaats" (*Stern* 32/2006) siehe auch Beyer 2013, 1020f.

Abbildung 41: Biblische Analogien auf der Textebene: Stern 12/1980, Spiegel 15/2002, Spiegel 3/2011

Visuell dominiert der Davidsstern. Das Symbol des jüdischen Volkes und des Judentums wird dabei häufig, vor allem im *Spiegel*, in Bildmontagen eingebunden und negativ verfremdet, etwa durch Panzer, Waffen, zerrissene Flaggen (siehe Abb. 42), sodass das jüdische Symbol mit Gewalt evoziert und assoziiert wird und die Negativierung noch stärker hervorgebracht und gefestigt wird.

Abbildung 42: Einbindung des Davidsterns: Spiegel 48/1967, Spiegel 5/1969,
Spiegel 42/1973, Spiegel 12/1988, Spiegel 29/1982, Spiegel
23/1996

Welche Reaktionen aufgrund von monoperspektivistischer Berichterstattung und emotionalisierter Darstellung hervortreten können, haben Schwarz-Friesel/Reinharz (2013) anhand von Briefen und E-Mails an den Zentralrat der Juden in Deutschland (ZJD) und die Israelische Botschaft in Deutschland (IBD) sowie anhand von Leserbriefen und Leserkommentaren regionaler und überregionaler Presse untersucht. Häufig werden intertextuelle Verweise auf die Berichterstattung über den Nahostkonflikt angebracht, um anti-israelische und anti-jüdische Haltungen und Stereotype zu artikulieren und zu legitimieren.[194] Die Art der Repräsentation in monoperspektivischer und emotionalisierter Form trägt somit zu einer Evozierung und Etablierung eines negativen Israel-Bilds bei. Durch die Verknüpfung der Konzepte

---

194 Vgl. Schwarz-Friesel/Reinharz 2013, 234; Schwarz-Friesel 2013b, 1006f.; siehe dazu
   auch Beyer 2013, 1012f.

„Israel" und „Judentum" und der Assoziationsrelation werden negative Referenzialisierungen undifferenziert auf Israelis und Juden bezogen,[195] sodass negative Einstellungen vermittelt, reaktiviert oder verstärkt werden können.[196]

Buddhismus

Hinsichtlich des Buddhismus wurde bereits dargelegt, dass gesamtgesellschaftlich nicht nur ein zunehmendes Interesse an buddhistischen Gemeinschaften zu verzeichnen ist (siehe S. 155), sondern auch verschiedene buddhistische Yoga-Arten oder Meditationstechniken in den medialen Diskurs diffundiert sind, die sich unabhängig des Lexems „Buddhismus" finden lassen, und dem positiv konnotierten Spiritualitätsdiskurs zuzuordnen sind (siehe S. 170). Die Praktiken sind dabei inzwischen fest in der Gesellschaft und somit in der Lebenswelt vieler Menschen verankert. Grundsätzlich lässt sich festhalten, dass der Buddhismus eine äußerst kleine Kategorie darstellt und als Anlass zumeist der Besuch des Dalai Lama in Deutschland genutzt wird (*Stern* 45/1998, *Spiegel* 16/1998, Besuch 1998 in Münster, *Stern* 32/2009, Besuch 2009 in Frankfurt; *Spiegel* 29/2007, Besuch in Hamburg/Freiburg Juli 2007, *Spiegel* 20/2008, Besuch 2008 in Bochum), um über den Buddhismus oder den Dalai Lama selbst zu berichten, gar ein Interview mit ihm zu führen (*Spiegel* 20/2008) oder auf Konflikte in Tibet oder Myanmar aufmerksam zu machen. Die Repräsentation auf den Titelseiten ist dabei nicht nur marginal, sondern auch ambivalent. Wird im Jahr 1993 über den Dalai Lama als Repräsentanten des Buddhismus berichtet (*Stern* 43/1993 „Vom Nomadenjungen zum neuen Buddha – Ein Kind ist Gott"), zeigt sich noch im Jahre 1998 anlässlich des Deutschlandbesuchs eine Hinterfragung der Person und Religion an sich: „Dalai Lama in Deutschland – Sinnstifter oder Seelenfänger?" (*Stern* 45/1998) – die Diffamierung „Seelenfänger" tritt sonst nur im Kontext der sogenannten ‚Sekten' hervor (siehe S. 354). Auch der *Spiegel* betrachtet die Religion vor dem Hintergrund eines theologisch-christlichen Gottesbildes, repräsentiert den Buddhismus als „Glauben ohne Gott" und ordnet ihn als Grenzkategorie „zwischen Religion und Esoterik" ein (Abb. 43).

---

195 Vgl. Schwarz-Friesel 2013b, 1008.

196 Vgl. ebd.

Abbildung 43: Spiegel 16/1998

In den 2000er Jahren ist dann ein Wandel zu verzeichnen: Wird einerseits der Buddhismus als „sanfter Glauben" und die Hinwendung zu diesem als „Trend" charakterisiert (*Stern* 8/2004), wird der Dalai Lama als „sanfter Tibeter" (*Stern* 32/2009) und als „Gott zum Anfassen" (*Spiegel* 29/2007) porträtiert und der Repräsentant, auch durch Fotos, die freundliche, offenen Gestik und Mimik enthalten, damit als positiv und volksnah dargestellt. Diese Repräsentation zeigt sich auch in anderen Printmedien.[197] Zudem wird der Buddhismus im Zuge der *Stern*-Serie als Weltreligion deklariert (*Stern* 47/2010) und ist mit dem Pali-Kanon (Tripitaka) Teil der Serie zu den Heiligen Schriften (*Stern* 48/2010). Visuell treten dabei Fotos des Dalai Lama und der Mönche in den klassischen roten Roben (siehe Abb. 44) sowie Figuren des Buddha oder Bodhisattvas hervor (siehe Abb. 43, 44).

Auch wenn es nur wenige Titelseiten sind, so zeigen sie doch, dass einerseits ein positives Bild des Buddhismus skizziert wird, andererseits auch Konflikte Aufmerksamkeit erhalten, etwa die Buddhistenkrise 1963 in Südvietnam (*Spiegel* 37/1963) oder die Demonstrationen und Proteste der Nonnen und Mönche in Myanmar und Tibet in den Jahren 2007 und 2008 (*Stern* 41/2007, *Stern* 21/2008). Im Gegensatz zu anderen Konflikten, etwa dem Nahostkonflikt, ist die Titelung jedoch marginal, beschränkt sich auf einzelne Titelseiten und wird lediglich zweimal als Haupttitel in Verbindung mit dem Dalai Lama (mit einer direkten Aufforderung: „Die Welt muss uns helfen!" *Spiegel* 20/2008, *Stern* 32/2009) und ansonsten als Nebentitel repräsentiert (*Stern* 41/2007, *Stern* 21/2008, *Spiegel* 40/2007).

---

197 Vgl. Kurzke 2009, 240f.

Abbildung 44: Buddhismus: Stern 8/2004, Spiegel 29/2007, Stern 32/2009, Spiegel 40/2007, Spiegel 20/2008

An dieser Stelle sei angemerkt, dass auch der Hinduismus, außer bei der Welt-religionen-Serie (*Stern* 47/2004) und Schriften-Serie (*Stern* 48/2010), der neo-hinduistischen Strömung Bhagwan (siehe Kap. 5.1.3, S. 157) und einzelnen religiö-sen Praktiken, etwa der Wiedergeburt (*Stern* 27/1986), nicht auf den Titelseiten auf-tritt und dabei auch keine Konflikte fokussiert werden. Der Religionsmonitor 2013 begründet dies wie folgt:

> Es verwundert nicht, dass dem Buddhismus und dem Hinduismus sowohl in Ost- als auch in Westdeutschland kaum Bedrohungspotenziale zugeschrieben werden. Diese beiden Religio-nen haben (trotz einer teilweise durchaus anderen Realität) das Image von friedensstiftenden Religionen, die anderen religiösen Überzeugungen mit Toleranz und Respekt begegnen und in der Lage sind, in allen Religionen einen Wahrheitskern zu entdecken.[198]

---

198 Pollack/Müller 2013, 38-39.

Die Verankerung neureligiöser Praktiken in der Gesellschaft, die aus beiden Religionen hervorgehen, mögen zu der positiven Beurteilung bzw. der marginalen Aufmerksamkeit beigesteuert haben.[199] Auch wenn in beiden Magazinen nicht nur Konflikte, sondern auch gelebte Religionspraxis in den Vordergrund rücken, konnte etwa anhand des Islams und des Nahostkonfliktes die „verkaufsfördernde Medienlogik ‚only bad news is good news'"[200] bewiesen werden, die für Hinduismus und Buddhismus aufgrund ihres Medienbildes und der gesellschaftlichen Akzeptanz nur eine marginale Rolle spielt.

5.1.5 Wissenschaft

Der wissenschaftliche Anspruch der Magazine in Bezug auf die Titelthemen wurde bereits hinsichtlich religionssoziologischer Glaubensumfragen thematisiert (siehe Kap. 5.1.2, S. 149), kam jedoch auch bei anderen religiösen Themen auf, in denen die wissenschaftliche Perspektive eine Rolle spielte. Die Beschäftigung mit religiösen Themen auf populärwissenschaftlicher Basis ist in den beiden Magazinen kein neues Phänomen. Städter vermerkt dies bereits für die 1950er Jahre, in denen es um das „naturwissenschaftlich beweisbare und visuell darstellbare Wissen über historische Wahrheiten [ging]. In das Zentrum der Suche nach den Ursprüngen der Religion gerieten nicht Priester und Theologen, sondern Archäologen, Abenteurer und Restauratoren."[201] Die Thematisierung wissenschaftlicher Ansätze in Bezug zu religiösen Themen zeigt sich jedoch erst ab den 1980er Jahren, und verstärkt in den 2000er Jahren auf den Titelseiten, besonders im *Spiegel*, dessen wissenschaftlicher Anspruch deutlicher hervortritt.

In beiden Magazinen treten Themen zur ägyptischen Archäologie hervor. So werden die „letzten Geheimnisse der Pyramiden" (*Spiegel* 52/1995, *Spiegel* 1/2006), „Sensationsfunde in der Wüste" (*Spiegel* 24/2000), „Pharao Echnaton" und der Monotheismus (*Spiegel* 52/2006), „exklusive Grabkammer-Bilder" (*Stern* 29/2003) oder das „Grab des Tutanchamun" (*Stern* 15/2009) angekündigt. Die ägyptische Kultur wird dabei als geheimnisvolles Gut repräsentiert, das es zu entdecken gilt. Dies zeigt sich im *Spiegel* auch für andere Hochkulturen, etwa die Azteken (22/2003). Im *Spiegel* treten zudem biblische Themen bzw. biblische Archäologie hervor, die populärwissenschaftlich verhandelt, aufbereitet und hinterfragt werden, zum Beispiel die Arche Noah (50/2002), die Königin von Saba (16/2001), die Bibel selbst (52/2002), der Garten Eden (23/2006) oder die Figur des Judas (16/2009). Dabei rückt bei der wissenschaftlichen „Suche" und den „Spuren"

---

199 Vgl. auch Hafez/Schmidt 2015, 18.

200 Gärtner 2008, 99.

201 Städter 2011, 386.

nach den Ursprüngen bzw. Mythen der Religion die Expertise von „Forschern", „Archäologen" und „Wissenschaftlern" in den Fokus. Dies betrifft auch Themen unabhängig von der Bibel, etwa wenn im *Stern* die historische Hinterfragung Jesu (*Stern* 1/1992, *Stern* 52/2002) oder die Präsentation des Wissenschaftlers Dawkins und seiner These Nicht-Existenz Gottes als Thema auf die Titelseite rückt (*Stern* 40/2007) (siehe Abb. 45). Die wissenschaftliche Erforschung von „Geheimnissen" religiöser Themen ist damit ein weiterer Diskursstrang, welcher die Hinterfragung der Religion und religiösem bzw. christlichen Kulturgut hervorbringt, dieses ent-mythisiert und wissenschaftlich-rationale Erklärungsmuster des substanziell nicht Begreifbaren präsentiert. Dieser Diskursstrang kann somit im Zuge der Säkularisierungsthese aufgefasst werden.

Abbildung 45: Wissenschaft: Spiegel 50/2000, Spiegel 16/2001, Spiegel 23/2006, Stern 1/1992, Stern 40/2007, Stern 15/2009

5.1.6 Zusammenfassung der Ergebnisse

Betrachtet man die Ergebnisse zusammenfassend, lässt sich anhand der Titelseiten der beiden Magazine im untersuchten Zeitraum ein wachsendes Interesse an religiösen Themen erkennen. Dabei sind es vor allem Ereignisse wie die Iranische Revolution, die Terroranschläge des 11. Septembers 2001, aber auch der Tod Johannes Paul II. und die Papstwahlen, die als Marker für die Sichtbarkeit von Religion auf den Titelseiten *Stern* und *Spiegel*s dienen. Dass dieser Öffentlichkeitsschub jedoch bereits zuvor beginnt, konnte der Überblick darlegen.

In den 1960er Jahren dominiert die kritische Berichterstattung über das Christentum und die Kirchen, bei der zum Beispiel sexualmoralische Themen oder Kontroversen über die Kirchensteuer fokussiert und hauptsächlich vom *Spiegel* getragen wurde. Auch Glaubensumfragen, die erste Anzeichen der Entkonfessionalisierung andeuten, beginnen in den 1960er Jahren. Dabei entwickelt sich die Frage nach Glaubensinhalten und Sinnhaftigkeit von Glauben jedoch zu einem konstanten Thema, welches vor allem aufgrund religiös motivierter Konflikte nach 9/11 gehäuft im *Spiegel* hervortritt. Während kritische Titelthemen über das Christentum und die Kirchen die 1960er und 1970er Jahre dominieren, rücken diese in den 1980er Jahren in den Hintergrund und treten in den 1990er Jahren sowie in den 2000er Jahren wieder verstärkt hervor. Dabei ist es hauptsächlich die katholische Kirche, die in Form von Skandalen oder brisanten Thematiken in den Fokus der Aufmerksamkeit tritt, die protestantische Kirche wird marginal repräsentiert. Hinsichtlich des Katholizismus sind es Moral- bzw. Normverstöße, die die Themenagenda der Titelseiten dominieren. Des Weiteren ist der Papst als zentraler Repräsentant des katholischen Christentums durchgängig präsent und ist häufig Anlass für eine Titelgeschichte des *Spiegel*s, insbesondere anlässlich von Papstwahlen. Es konnte herausgearbeitet werden, welche unterschiedlichen Haltungen zu den verschiedenen Päpsten vom scheiternden Papst Pius, über den Medienpapst Johannes Paul II., und den unbeliebten Papst Benedikt XVI. bis hin zum neuen und reformerischen Papst Franziskus im Laufe der Jahre hervorgebracht und sprachlich sowie visuell konstruiert werden. Hinsichtlich des Christentums zeigt sich, bedingt durch Pluralisierung, religiöse Vielfalt aber auch die Ereignisse des 11. Septembers 2001 ein Aufkommen christlicher Titelgeschichten ab den 2000er Jahren. Es lässt sich somit ein mediales Interesse am christlichen Kulturgut postulieren (etwa an Jesus, Maria, der Bibel, der Schöpfung, aber auch der Moral, durchaus auch an Skandalen und Personalisierungen orientiert) auch im Vergleich zu anderen Religionen, zum Beispiel anhand der unterschiedlichen Weltreligionen, Heiligen Schriften, Geboten, dem Weihnachtsfest, oder auch von Religionskonflikten. Wird das Christentum dabei durchaus kritisch betrachtet, etwa durch die Hinterfragung religiösen Kulturguts aus wissenschaftlich-rationaler Perspektive, erscheint es doch bei beiden

Magazinen als Fundament der Kultur: Dezidiert christliche Perspektiven treten hervor. Dies zeigt sich insbesondere anhand der Themenkategorie Gott, aber auch anhand der an den christlichen Feiertagen orientierten Titelung von religiösen Themen. Die 1970er Jahre sind geprägt von aufkommenden Konflikten, als besonders stellt sich das Jahr 1979 aufgrund der Iranischen Revolution und deren Folgen heraus. Diese Ereignisse prägen ein negatives Islambild, welches nach 2001 zusätzlich verstärkt wird, und auch trotz des Arabischen Frühlings auf den Titelseiten keine Modifizierung aufweist. Die Anschläge auf die Redaktion der französischen Zeitung Charlie Hebdo zeigen, zumindest auf den Titelseiten des *Stern*, eine weitere Verknüpfung des Islams mit Terror und Gewalt. Hinzukommend werden seit 2001 diverse Kontroversen hinsichtlich der kulturellen Fremdheit des Islams in einem christlich geprägten Land auf den Titelseiten fokussiert. In den 1980er Jahren rückt die Berichterstattung über christliche Glaubensinhalte und die beiden Kirchen in den Hintergrund. Titelgeschichten zu neuen religiösen Bewegungen, sogenannten „Sekten" sowie spirituelle Themen sind vor allem im *Stern* präsent. Werden diese Themen und Bewegungen anfangs diffamiert und in einem negativ konnotierten Sektendiskurs etabliert, zeigt sich im Laufe der Jahre eine zunehmende Akzeptanz, die in einem zeitgenössischen positiven Spiritualitätsdiskurs mündet. Dieser schließt auch die Alternative Medizin mit ein, die in der Gesellschaft verankert ist und in Kombination mit der klassischen Schulmedizin repräsentiert wird. In den 1990er Jahren treten vermehrt Auseinandersetzungen hervor. Das Judentum, über welches zunächst nur aufgrund der Shoa und dem Zusammenleben von Juden und Deutschen berichtet wird, wird zunehmend mit dem Nahostkonflikt und der Orthodoxie in Verbindung gebracht, sodass ähnlich dem Islambild eine negative Kontextualisierung entsteht. Neben Islam und Judentum wird als weitere Religion der Buddhismus thematisiert, jedoch nur vereinzelt und meist im Zusammenhang mit dem Deutschlandbesuch des Dalai Lama oder Konflikten in Tibet. Das Material bestätigt insbesondere für den Islam, das Judentum und marginal für den Buddhismus die von anderen Studien aufgestellte These, dass Religion vor allem als Nachrichtenfaktor in Verbindungen mit Konflikten auftritt.[202] Jedoch konnte dargelegt werden, dass vor allem auch in den 2000er Jahren, in denen ebenfalls eine zunehmende Auseinandersetzung mit sogenannten Weltreligionen erfolgt, die Heiligen Schriften, religiöse Traditionen, moderne Praxen oder gelebte Spiritualität auf den Titelseiten erscheinen und damit eine Reduzierung auf den Nachrichtenwert „Konflikt" für *Stern* und *Spiegel* nicht haltbar ist.

Die Betrachtung der Ergebnisse vor dem Hintergrund der Säkularisierungs- und Individualisierungsdebatte lässt folgende Schlüsse zu: Hannigs selbst revidierte These, die mediale Inszenierung der Kirchenkrise habe die Säkularisierungswelle

---

202 Vgl. Gabriel 2009b, 24f.; Gärtner et al 2012, 56; Koch 2012, 322; Hafez/Schmidt 2015, 23.

weiter hervorgebracht, mag zu weit gegriffen sein.[203] Jedoch zeigt sich, dass mit Beginn der kritischen Berichterstattung über die beiden großen Kirchen und über traditionelle Religiosität eine Präsentationsfläche für die Entkonfessionalisierung geboten wurde. Wenngleich die Medialisierung zunächst für eine Diffamierung neuer religiöser Bewegungen sorgte, gewannen diese jedoch zunehmend mediale Präsenz vor allem in den 1980er Jahren und brachten religiösen Pluralismus medial hervor. Die Konzepte der Medialisierung und der Pluralisierung greifen dabei ineinander über:

Medialisierung und Pluralisierung waren zwei eng miteinander verbundene Entwicklungen. *Erstens* sorgten die Medien dafür [...] dass das Wissen um das sich wandelnde religiöse Feld, um die Individualisierung oder auch die Säkularisierung fest ins öffentliche Bewusstsein einging. *Zweitens* verliehen sie der Pluralisierung eine qualitative Dimension. Unterschiedliche Religionsformen standen einander im Licht der Öffentlichkeit demnach keineswegs gleichberechtigt gegenüber. [...] Die Medien nahmen *drittens* [...] eine wichtige Vermittlungsrolle ein, indem sie trotz ihrer oftmals harschen Stigmatisierung neue religiöse Bewegungen ins Blickfeld der Öffentlichkeit rückten [...], dass eine weit verzweigte Szene „neuer" Religionen existierte, erfuhren viele erst über die Massenmedien. *Viertens* hatte sich schließlich ein eigentümlicher, aber für die Pluralisierung der Religion durchaus typischer Dualismus von Privatheit und Popularität herausgebildet: Neuartige Frömmigkeitspraktiken vollzogen sich vornehmlich im privaten Raum. Gleichzeitig verbreiteten sich aber das diesbezügliche Wissen, die neuen Techniken und Glaubensformen größtenteils über die Öffentlichkeit.[204]

Auch die Individualisierung spielt eine Rolle, jedoch war diese im Sinne Luckmanns nicht „unsichtbar", da die Berichterstattung über individuelle Sinnsuche und die individuelle Religiosität sowie neue Glaubenskonzepte auf den Titelseiten erschienen und somit in die Öffentlichkeit getragen wurden. Dabei wurde die Debatte um Säkularisierung und Individualisierung und den Formenwandel von Religion selbst auf den Titelseiten thematisiert. Wenngleich auch ohne explizites Fachvokabular zeigen sich bei beiden Magazinen Thematisierungen über die Entwicklung von traditioneller, institutioneller Religiosität und modernen Religionsformen.

Die Analyse der Titelseiten von *Stern* und *Spiegel* zeigt dabei, wie sich die Repräsentation von Religion gewandelt hat und welche unterschiedlichen Diskursfelder hervorgebracht werden – das Material bestätigt eine zunehmende Pluralisierung und eine Zunahme von individuellen Religionsmustern sowie eine zunehmende Sichtbarkeit von Religion. Wie bereits ausführlich dargelegt, funktionieren Medien nicht nur als Spiegel gesellschaftlicher Prozesse, sie prägen auch den Diskurs über Religion und religiöse Themen. Welche Haltungen und Meinungsbilder sowie

---

203 Vgl. Hannig 2011, 171.
204 Hannig 2010, 386.

intendierte Perspektivierungen allein durch die Titelseiten hervortreten und konstruiert werden können, konnte in einem ersten Schritt bereits gezeigt werden. Im Folgenden wird anhand einzelner Diskursfragmente und anhand von Zeit-Kontrast-Schnitten dargelegt, wie durch visuelle und sprachlich-kommunikative Mittel in unterschiedlichen Zeitabschnitten Wirklichkeiten konstruiert und Meinungen über religiöse Themen evoziert werden.

5.2 MIKROEBENE

Abbildung 46: Feinanalyse I, Titelseiten: Spiegel 52/1967, Spiegel 25/1992, Spiegel 52/2013

Abbildung 47: Feinanalyse II, Titelseiten: Spiegel 32/1968, Spiegel 52/1990, Spiegel 5/2014

Abbildung 48: Feinanalyse III, Titelseiten: Stern 49/1991, Stern 3/2004, Stern 11/2014

Abbildung 49: Feinanalyse IV, Titelseiten: Stern 19/1995, Stern 43/2002, Stern 49/2009

5.2.1 Von der „Glaubenskrise" zu „Magievorstellungen" – Glaubensfragen

Die erste Feinanalyse untersucht drei Artikel des *Spiegel* aus den Jahren 1967, 1992 und 2013 (Abb. 46, *Spiegel* 52/1967, 25/1992, 52/2013). In allen Artikeln wird über die Glaubenssituation in Deutschland berichtet. Bei den ersten beiden Artikeln handelt es sich um vom *Spiegel* in Zusammenarbeit mit dem Emnid-Institut initiierte Glaubensumfragen, während der dritte Artikel Analyseergebnisse zur religiösen Gegenwartskultur aus der ALLBUS-Studie 2012 sowie aus dem Religionsmonitor 2013 aufgreift. Allen Artikeln liegen somit Statistiken und Untersuchungen zu Grunde. Mit der Frage nach dem Glauben in Deutschland bzw. dem Glauben des Menschen haben sie dabei einen gemeinsamen Kanon, wobei unterschiedliche Schwerpunkte gesetzt werden. Dies zeigt bereits ein Blick auf die Titelseite: Fragt der *Spiegel* 1967 nach den Glaubensinhalten der Deutschen, wird diese Frage 1992 aus dem Zentrum genommen, um den „Abschied von Gott", also den christlichen Mitgliederrückgang ins Zentrum zu stellen, während der dritte Artikel aus dem Jahr 2013 den Grenzbereich „zwischen Religion und Magie" öffnet. In allen Artikeln zeigen sich Elemente des Features, etwa Interviewelemente in strenger und freier Form sowie der Wechsel zwischen Anschauung und Abstraktion. Der dritte Artikel ist personalisierter geschrieben als die ersten beiden, da er den Leser durch unterschiedliche Stilmittel noch konkreter in das Geschehen mit einbezieht.

1) „Was glauben die Deutschen?" (1967)

1) Kontext (Institutioneller Rahmen)
Der erste Artikel erschien am 18. Dezember 1967 in der 52. Ausgabe des *Spiegel* und ist mit „Was glauben die Deutschen?" betitelt. Autor ist der 2014 verstorbene Redakteur Werner Harenberg, der sich im Zuge des aufkommenden Kirchen- und Religionsjournalismus der 1960er Jahre als „professioneller Religionsjournalist"[1] profilierte und weitreichende, meist kirchenkritische Berichte über Kontroversen der Kirchenpolitik oder der Theologie einem breiten Publikum zugänglich machte.[2] Im vorliegenden Artikel (Titel: „Diesseits und Jenseits") werden die Umfrageergebnisse der Emnid-Studie vorgestellt, die auf Abweichungen zwischen der christlichen Glaubensdoktrin und den Glaubensinteressen bzw. der Glaubensausführung der christlichen Mitglieder hinweisen. Im Fokus liegt dabei auch die Kontroverse

---

1 Städter 2011, 390.
2 Vgl. Hannig 2011, 390.

um die Bekenntnisbewegung „Kein anderes Evangelium"[3], die gleichzeitig den Aufhänger für den Artikel und die vom *Spiegel* initiierte Glaubensumfrage darstellt.

2) Text-Oberfläche

Der erste Teil (Z. 1-88) beginnt mit der Darlegung brisanter Ergebnisse der vom *Spiegel* beauftragten Emnid-Studie, beispielsweise zur Jenseitsvorstellung, an die nur die Hälfte der Bundesbürger glaube. Mit der Präsentation von ersten Zahlen stellt der Autor die These einer großen Kirchlichkeit auf. Die Zahlen belegen, dass es anhand von Ritualen wie Taufe, Hochzeit oder auch des Kirchgangs eine große Zugehörigkeit zur Kirche gebe. Mit dem zweiten Teil (Z. 89-122), eingeleitet durch das „doch" (Z. 89), wird ein Bruch erzeugt. Anhand der Umfrage zeigt er, dass Glaubenspraxis und religiöses Wissen in der Bevölkerung konträr zur skizzierten großen Kirchlichkeit stehen und der Kirchgang (ganz im Sinne Luckmanns) nicht als Messung für konkrete Glaubenspraxis genutzt werden kann. Im dritten Teil (Z. 122-167) entfaltet er die Hauptthese, indem er den Kirchen eine „Krise des Glaubens" (Z. 123-124) unterstellt und diese mit Hilfe eines zeitgenössischen Beispiels belegt: der Kontroverse um die Bekenntnisbewegung „Kein anderes Evangelium". Orthodoxe und Reformer werden vor- und gegenübergestellt, die These durch Autoritäten bekräftigt und abgesichert. Dies wird im vierten Teil (Z. 168-263) vertieft. Stellungnahmen zu unterschiedlichen Glaubenstraditionen werden präsentiert. Anschließend (Z. 264-336) wird der Glaube an sich und dessen Definition hinterfragt und die Unwissenheit der Theologen über die Realität in den Kirchen hervorgehoben. Der Autor bekräftigt die bereits oben aufgestellte These: Zwar ist die Kirchlichkeit hoch, der christliche Glaube jedoch gering. Der größte Part (Z. 337-1291) stellt erneut die Einzigartigkeit der Umfrage heraus, indem dargelegt wird, dass der *Spiegel*, im Gegensatz zu führenden Theologen, aufgrund der Umfrage Wissen über individuelle Glaubensansichten erworben habe. Umfrageergebnisse zu 34 Themen geben detailliert Auskunft über die Antworten der Befragten im Hinblick auf unterschiedliche Glaubensdoktrinen und moralische Fragen, etwa Jenseitsvorstellungen oder Schwangerschaftsabbruch, teilweise hinterlegt mit Argumenten von führenden Theologen. In nahezu allen Umfrageergebnissen belegt der Autor die oben aufgestellte These der Krise. In die reine Ergebnisdarstellung bettet er dabei zwei Thesen über die Gründe für den abnehmenden Glauben und die Distanz zur Kirche: die zunehmende Rationalität der Menschen (Z. 496-505) ebenso

---

3   Die Bewegung, die aus dem „Bethel-Kreis" hervorging, wurde am 12. Januar 1966 gegründet (vgl. Hermle 2007, 334) und stellte sich gegen die „moderne Theologie". Durch die Theologie Rudolf Karl Bultmanns und sein Programm der Entmythologisierung (vgl. Glaser 1991, 75) sahen sie die Gemeinde und den theologischen Nachwuchs als gefährdet an (vgl. Hermle 2007, 327-328). Die Bewegung fand dabei sehr großen Zuspruch (vgl. Hannig, 2009; Hermle 2007, 338).

wie die Machtstellung der Kirchen im öffentlichen und politischen Bereich (Z. 1225-1231). Der letzte Abschnitt (Z. 1292-1355) gleicht einer Konklusion und gibt in sarkastischer Form die Antwort auf die im Titel präsentierte Frage nach dem Glauben der Deutschen: Welche Glaubenskonstellation auch immer vorliege, die Deutschen glauben ohne bzw. außerhalb von kirchlicher Bindung. Die Kernthese, eine Krise der Kirchen und damit ein Entkirchlichungsprozess seien im Gange, wird abschließend erneut bekräftigt.

Das Titelbild lässt den Betrachter aus oberer Perspektive in einen Kirchenraum, gekennzeichnet durch Ambo, Altar und Kreuz, schauen. Ein protestantischer Geistlicher, der in der Mitte des Bildes allein vor dem Altar und unter einem illuminierten Kreuz steht, sowie die schlichte Ausstattung des Kirchenraums deuten auf eine evangelische Kirche hin. Die zusammenlaufende Form des Daches ergibt mit dem Altarraum eine Dreiecksform, die das Kreuz mittig einschließt. Dabei wird zweifach christliche Symbolik aufgenommen, durch das Kreuz sowie durch das Dreieck als Zeichen für die Trinität Gottes.[4] Während der Geistliche in der Weite des Altarraums allein und verloren wirkt, sind auch die Reihen nur spärlich besetzt. Die christliche Symbolik wird demnach mit der kritischen Aussage zur Kirchenkrise verbunden: Die traditionelle Art des Gottesdienstes scheint nur noch wenige Menschen anzusprechen.[5] Der große Abstand zwischen dem allein stehenden Pfarrer und der in den hinteren Reihen sitzenden Menschen visualisiert die Distanz zwischen Glaubensdoktrin und Gläubigen. Angesichts der kaum gefüllten Kirche gibt das Bild somit die im Text aufgestellte Konklusion zur im Titelblatt unten abgebildeten Frage „Was glauben die Deutschen?" wieder: Sie folgen nicht den Lehren der Kirche. Es handelt sich demnach um den Beziehungstyp der Metonymie: Die Frage wird somit beantwortet, indem die leere Kirche mit der Assoziation des Mitgliederschwunds gleichgesetzt wird.

Das Spannungsverhältnis zwischen traditioneller christlicher Symbolik und Glaubensdoktrin einerseits und der tatsächlichen Praxis und Glaubenswelt der Bevölkerung andererseits wird auch im Artikel visualisiert. Die vier Fotos auf der ersten Doppelseite des Artikels (Bild 1-4) stehen in einem spezifizierenden Bild-Bild-Bezug[6] zueinander. Sie alle zeigen private Momente von Menschen während der Sakramente, wobei ein Geistlicher im Zentrum steht und die kirchliche Institution verkörpert. Durch die gleiche Syntax, jedoch geteilte Satzkonstruktion und die fett markierten Überschriften etablieren die Einzelbilder eine logische Beziehung und stellen eine konzeptuelle Kohärenz her: Zwar greifen nur die ersten beiden Bilder das Zitat Karl Rahners aus dem Text auf (Z. 318-321 „Wir leben in einem Heidenland mit christlicher Vergangenheit und christlichen Restbeständen") welches,

---

4 Vgl. Städter 2011, 356.

5 Vgl. ebd.

6 Vgl. Stöckl 2004, 290ff.

nicht als solches gekennzeichnet, Einstimmigkeit mit seiner „pessimistischen" (Z. 314) These signalisiert, doch durch die Kohärenz werden die eigentlich positiv verbundenen Bilder der Religionsausübung durch ihre Verkettung alle als „christliche Restbestände" (Bild 2) klassifiziert und evozieren eine negative Sichtweise auf den Sachverhalt.

Diesem visuellen Argumentationskomplex der „restlichen" traditionellen Kirchlichkeit steht die Statistik auf der nächsten Seite gegenüber (Bild 5), die die Glaubensabnahme darlegt. Durch das Element des Morphings[7] werden dabei die statistische Grafik, die einige brisante Ergebnisse der Emnid-Umfrage enthält, in das Bild eines Kirchenfensters integriert. Es scheint, als würde der dargestellte Graph die traditionelle Kirchlichkeit in Form des Fensters überdecken. Durch die absteigende Reihenfolge wird dem Rezipienten auf den ersten Blick eine stetige Abnahme des Glaubens suggeriert. Auf den zweiten Blick wird ersichtlich, dass das Schaubild gar keine Entwicklung anzeigt, sondern den Zustand der hohen kirchlichen Zugehörigkeit durch Sakramente, dem geringen Glauben an kirchliche Lehren, zum Beispiel der Jungfrauengeburt gegenüberstellt. Diese Brisanz wird durch die Überschrift zusätzlich fokussiert: Die Kopfstellung des substantivierten, unbestimmten Zahladjektivs „wenig" legt den Fokus auf die geringe Zahl; durch den syntaktisch kurzen Kontrast („Wenige glauben viel") wird die Brisanz zusätzlich hervorgebracht. Mit Hilfe der Überschrift und der Gestaltung werden die Resultate der tatsächlichen Glaubensausübung der Bevölkerung dramatisiert und zu einer Krise stilisiert.

Auch die Konfliktlinie zwischen den kirchlichen Mitgliedern und den Vertretern der kirchlichen Hierarchien wird visuell aufgenommen und anhand von kontrastierenden Bild-Bild-Bezügen[8] dargelegt. Erneut gleichen sich Syntax und Fettdruck der Bildunterschrift und bilden eine Kohärenz. Inhaltlich sowie visuell wird jedoch ein Kontrast fokussiert. Das obere Foto (Bild 12) zeigt sechs Bischöfe, die starr und ohne Regung auf ihren Stühlen sitzen, während das untere Foto (Bild 13) eine Gruppe junger Frauen zeigt, die lachend und scheinbar froh gestimmt den evangelischen Kirchentag besuchen. Während die Bischöfe somit auch die Starrheit der Kirche repräsentieren, verkörpern die Besucherinnen die Dynamik des Kirchentags und des reformierten Denkens.[9] Während die Bischöfe „vor Irrlehren" warnen, wird den Besucherinnen Beifall für „Ketzer" unterstellt; erneut zeigt sich die Diskrepanz zwischen Amtskirche und Mitgliedern der Großkirchen. Werden die Akteure somit in Kirchenmitglieder und Autoritäten unterteilt, wird jedoch auch der Generationskonflikt betrachtet.

Die Bilder im Artikel sind in schwarz-weiß gehalten. Daher sticht die bunte Bilderstrecke hervor (Bild 6-11), deren Bilder kurz und bündig angekündigt werden

---

7 Vgl. Stöckl 2004, 287.

8 Vgl. ebd., 294f.

9 Vgl. Städter 2011, 358.

und syntaktisch erneut Kohärenz herstellen. Sie zeigt Transformationsprozesse in der Jugendkultur, die eine liberale, individualistische Einstellung zur Kirche verfolgt. Die Prozesse werden jedoch nicht aufgenommen, vielmehr werden durch die metaphorische Wendung der „Suche nach Christen" die Ausschnitte als Bemühungen der Pfarrer stilisiert, um die verlorengegangene Jugend an diesen Orten und mit diesen Bestrebungen wiederzufinden und zurückzuholen („Kreuz im Kino", „Agape 1967", „Zwischen Supermarkt und Boutique", „Werbung am Straßenrand", „Gottesdienst ohne Predigt", „Kirche an der Wasserfront"). Somit werden Transformationsprozesse durch den Begleittext negativ evaluiert und der Schwund der kirchlichen Zugehörigkeit in der Jugend ebenfalls betont, wie auch in der älteren Generation: Diese wird etwa durch den älteren Mann visualisiert (Bild 32), der in der ansonsten verlassend wirkenden Kirche auf der Bank kniend mit dem Rücken zum Betrachter abgebildet ist. Die Bildunterschrift („betender Protestant") suggeriert den Eindruck der Rarität dieses Moments sowie eine Leere in der Kirche.

Auch kontroverse Themenkomplexe werden visualisiert. Hervorzuheben ist, dass bei den vier Themenkomplexen (Bild 26-29), in denen Text und Bild semantisch parallel zueinanderstehen, auf die Kontroversen zurückgegriffen wird, in denen die Mehrheit der Bevölkerung eine Ablehnung vertritt und somit eine konträre Haltung zur Kirche einnimmt. Die Bildunterschriften sind in Frageform konzipiert und lassen sich aus dem Text heraus alle verneinen: Die Mehrheit der Bevölkerung will weder mit der Pille „auf den Papst warten" (Bild 26) noch durch das Fegefeuer auf die „Reinigung hoffen" (Bild 28), hinsichtlich der Konfessionsschulen nicht „getrennt bis in die Klassen" (Bild 27), und hinsichtlich moralischer Vorstellungen nicht „keusch bis in die Ehe" (Bild 29) sein. Die Distanz zwischen der entgegengesetzten Haltung der Kirchenmitglieder gegenüber den kirchlichen Glaubenslehren wird komprimiert wiederholt. Gegenüber diesen kontroversen Haltungen werden biblische und traditionelle Bilder und Symboliken christlicher Religiosität als „Kontrastfolie"[10] eingeflochten: Szenen aus dem Alten Testament (Bild 22-25) und die Gestalten Adam und Eva (Bild 19) zieren den Artikel, während in den dazugehörigen Abschnitten die Abkehr von diesen Vorstellungen propagiert wird.

Als wären im Artikel nicht bereits genug Zahlen benannt, treten neben den Bildern auch Infokästen (Bild 18, 21, 30) hervor, die weitere Ergebnisse darlegen – es scheint, als müsse die Glaubensabnahme durch weitere Zahlen gestützt werden. Dabei werden einerseits Ergebnisse aus dem Artikel selbst aufgenommen und ausführlicher präsentiert, zum Beispiel wird die Antwort auf die Frage nach den Konfessionsschulen nach Bundesländern aufgeschlüsselt (Bild 30, Z. 90f.). Interessant ist, dass einige Ergebnisse offenbart werden, die im Artikel explizit nicht auftreten, etwa die Bejahung des „Aberglaubens", in Form von Vorankündigungen (Bild 30, Z. 195) oder „Sternenglauben" (Bild 30, Z. 127). Dies belegt, dass der Glaube

---

10 Städter 2011, 355.

durchaus präsent ist, jedoch von der Kirche abweicht. Anhand der Infokästen erfährt der Artikel, neben der Masse an Prozentzahlen jedoch auch Auflockerungen, damit einhergehend auch Perspektivierungen. Irrelevante oder skurrile Ergebnisse der Umfrage werden als Überschriften für die Infokästen genutzt. Sie dienen der Unterhaltung und wecken Neugierde (Bild 21, „Freundin für den Kummer", Bild 18, „Der Mensch stammt aus dem Meer", Bild 30, „Mehr Kochbücher als Bibel") und fokussieren dadurch zugleich auf sarkastische Art die Abwendung in Lebensführung und Glaubenspraxis. Zudem werden falsche Antworten (Bild 18, Z. 69f. 2 % „halten Pfingsten für den Tag der Himmelfahrt"), sowie skurrile Antworten aus der Umfrage ebenso präsentiert wie vereinzelte Meinungen (Bild 18, Z. 34, Der Mensch „stammt aus dem Meer") oder irrelevante Zahlen (Bild 21, Z. 55f. „Je drei Prozent würden [wenn sie verzweifelt sind] weinen ‚wie ein Schloßhund'", oder „sechs Prozent […] saufen"), die hauptsächlich aufgrund ihres Unterhaltungswertes präsentiert werden und die scheinbare Naivität und Unwissenheit der Christen ebenso wie ihre Distanziertheit zur Kirche zusätzlich betonen und sarkastisch ins Lächerliche ziehen.

Zusammenfassend ist allen Illustrationen gemein, dass sie die Krisenargumentation fokussieren. Selbst Bilder und Grafiken, die nicht zwingend negative Transformationsprozesse zeigen, werden durch den Begleittext und die Einbettung (z.B. „Auf der Suche nach Christen") passend zur Krisensemantik konstruiert oder so dargestellt, dass ein Rückgang des Glaubens auf allen Ebenen evoziert wird (siehe Bild 5). Die Grafiken, Überschriften und Illustrationen suggerieren demnach hyperbolisch, dass es kaum noch Christen und christlich fundiertes Wissen gibt und die Distanz zwischen Kirche und ihren Mitgliedern unüberbrückbar scheint. Zudem dienen sie der Unterhaltung: Die Infokästen mit ihren zum Teil skurrilen Antworten bringen keine neuen Erkenntnisse oder zahlenmäßig keine großen Ergebnisse vor. Vielmehr dienen sie einerseits dazu den statistiklastigen Text aufzulockern, andererseits die Unwissenheit der Mitglieder über kirchliche Glaubensgrundsätze und die Distanz zur Kirche in der Lebensführung hervorzuheben und ins Lächerliche zu ziehen. Damit geht gleichzeitig eine Wertung einher. Die Illustrationen dienen somit auch der Emotionalisierung bzw. Meinungsbildung. Auch ohne den Inhalt zu kennen, unterliegt dem Artikel damit allein durch die grafische Gestaltung bereits eine bestimmte Perspektivierung, die eine scheinbare Realität wiedergibt. Besonders durch Bild-Bild-Bezüge wird die Kirchenkrise visualisiert, Kontraste werden dabei als Stilmittel eingesetzt: Szenen traditioneller Kirchlichkeit oder christliche Bilder biblischen Inhalts werden Infokästen und Grafiken mit Ergebnissen des Entkirchlichungsprozesses gegenübergestellt, der Konflikt zwischen kirchlichen Mitgliedern und Vertretern der kirchlichen Lehre durch Fotos visualisiert. Es deutet sich ein eingeengter, spezifisch (be)wertend unterlegter Blickwinkel an, welcher dem Leser eine gewisse Haltung bzw. Meinung zu dem Thema auferlegen will.

3) Sprachlich-rhetorische Mittel

Allen Artikeln ist gemein, dass sie Veränderungen von Religion aufgreifen. Im zweiten Kapitel wurden bereits die unterschiedlichen Verwendungen und Bedeutungen dieser Veränderungsprozesse herausgearbeitet (z.b. Individualisierung, Pluralisierung, Säkularisierung, siehe Kap. 2.2). Diese dienen nun aus semasiologischer Sicht dazu zu prüfen, welche Konzepte und welche Bedeutungsaspekte mit dem Referenzobjekt bzw. Sachverhalt „religiöser Transformationsprozess" einhergehen. Bereits durch die Text-Oberfläche in Form von Argumentation und Bildern konnte herausgearbeitet werden, dass insbesondere Tendenzen der Säkularisierung, stellenweise auch der Individualisierung und Privatisierung im Artikel auftreten, ohne jedoch explizit benannt zu werden.[11] Es lässt sich dabei darlegen, dass der Sachverhalt des religiösen Transformationsprozesses als Krise konzeptualisiert wurde. Dies zeigt sich auch auf der lexikalischen Ebene. Hier rückt die Leitvokabel bzw. das negativ konnotierte Schlüsselwort „Glaubenskrise" in den Fokus, welches im Artikel explizit benannt (Z. 1226) und implizit durch unterschiedliche Wortfelder kontextualisiert wird und die negative Bedeutungskomponente des Sachverhalts, die Deinstitutionalisierung des Glaubens, betont. Das Wortfeld des negativen Lexems „Krise" wird dabei an das Lexem „Kirche" gekoppelt und bringt so die „Glaubenskrise" hervor (siehe Tab. 1).

Tabelle 1: Textbelege zum Wortfeld Glaubenskrise

	Textbelege
Wortfeld Glaubenskrise	• „Kirchen sind in Krise des Glaubens geraten", Z. 123 • „Glaubenskrise", Z. 1226 • „kirchenfremden Christen", Z. 305 • „heidnisches Land", Bildunterschrift Bild 1 • „tief in die Krise der Glaubenslosen", Z. 894 • „der Kirche nur geschadet", Z. 1191 • „negative Ansichten über die Kirchen", Z. 1220 • „Distanz zwischen Kirche und Christen", Z. 1227 • „Kirche flieht aus der Welt", Z. 1304

Durch die Kombination mit dem Wortfeld des emotionsausdrückenden Lexems „Gefahr" wird ein Bedrohungsszenario konstruiert, welches durch Kontextualisierungen implizit kodiert wird (siehe Tab. 2).

---

11 Siehe dazu auch Hannig 2011, 181 und Kapitel 6.

Tabelle 2: Textbelege zum Wortfeld Gefahr

	Textbelege
Wortfeld Gefahr	• „Kirche [...] droht zur Sekte zu werden", Z. 1307f. • „„vom Unglauben bedroht"", Z. 235 • „Gefahrenpunkte", Z. 243 • Ergebnisse „erschütternd", Z. 842 • „warnen", Z. 248 • „Warnungen", Z. 251 • „Warnung vor Irrlehren", Bildunterschrift Bild 12

Es wird suggeriert, dass die Kirche in ihrer Standhaftigkeit von den Veränderungen hinsichtlich der Glaubenspraxis regelrecht bedroht wird. Dieses Bedrohungsszenario wird durch das Wortfeld der Menge, eines abnehmenden Prozesses, zusätzlich unterstrichen, welches den Prozess des Rückgangs und des Schwundes der Anhängerschaft und der Glaubensüberzeugungen impliziert (siehe Tab. 3).

Tabelle 3: Textbelege zum Wortfeld Menge – abnehmender Prozess

	Textbelege
Wortfeld Menge – abnehmender Prozess	• „wenige glauben viel", Überschrift Bild 5 • „Bestände schwinden", Z. 1303 • „schwindet jene Gewißheit", 268f. • „immer kleiner werdende Christenschar", 316f. • „wächst die Zahl der Christen ohne Kirche", Z. 1311 • „christliche Restbestände", Bildunterschrift Bild 2 • „wird die Minderheit kleiner, die daran glaubt", Z. 657 • „noch schmaler ist die Basis", Z. 1032 • „schmilzt Mehrheit auf [...] die Hälfte zusammen", Z. 108 • „gelichtete Herde des Glaubens", Z. 1356

In Form einer Personifikation wird der Kirche selbst jedoch aufgrund von Weltfremdheit, Starrheit und Floskelhaftigkeit die Schuld daran zugesprochen (Z. 1304f. „Die Kirche, die aus der Welt flieht..."). Glaube wird dabei mit christlicher Religion und Kirche gleichgesetzt, jegliche Abweichungen oder Interpretationen diffamiert als „Unglaube" (Z. 43, 138, 267, 326, 516), „Aberglaube" (Z. 115, Bild 30, Z. 128), „Irrglaube" (Z. 138), „Irrlehre" (Bildunterschrift Bild 12) oder „Gegen-Wahrheit" (Z. 153). Nichtsdestotrotz wird eine Deinstitutionalisierung der Glaubenspraxis der Bevölkerung betont und diese besonders durch die implizite Leitvokabel der „Distanz" hervorgebracht. Diese deutet sich bereits durch die doppeldeutige Überschrift „Diesseits und Jenseits" an. Verweist die Überschrift zunächst auf die Dichotomie von irdischem Leben einerseits und paradiesischer Ortsvorstellung andererseits, repräsentiert sie im Gebrauch als Präposition bzw. Adverb auch die Dichotomie zwischen den Glaubenssätzen der Bevölkerung, die jenseits der traditionellen Lehren sind und ihr damit gegenüberstehen.

Das Distanzkonzept prägt den Artikel und zeigt sich dabei auf weiteren Ebenen: Zwischen Christen und der Kirche, dem Glauben der Bevölkerung und den kirchlichen Lehrmeinungen, den kirchlichen Autoritäten und den Gläubigen, den orthodoxen Theologen und Reformtheologen, den Katholiken und Protestanten sowie den Kirchgängern und Nicht-Kirchgängern zeigen sich Spannungsverhältnisse, die durch das Wortfeld der Spaltung verstärkt werden (siehe Tab. 4).

Tabelle 4: Textbelege zum Wortfeld Spaltung

Textbelege
Wortfeld Spaltung   • „Diesseits und Jenseits", Überschrift   • „widerspricht katholischer Glaubenslehre", Z. 399f.   • „Kirchliche Lehre [...] abgewandt", Z. 794f.   • „entgegen weit verbreiteter Pastorenmeinung", Z. 645   • „Ansichten gehen weit auseinander", Z. 905   • „denkt anders als diese Hirten", Z. 61   • „predigen gegen die Volksmeinung", Z. 1100   • „Meinungen geteilt", Z. 1129   • „Distanz zwischen Kirche und Christen", Z. 1226-1227   • „mit Gott oder ohne Gott leben", Z. 33-34   • „ergibt sich unterschiedliches Bild", Z. 366f.   • „andere Ansicht als Kirche", Z. 412   • „gehen Ansichten [...] auseinander", Z. 440f.   • „scheidet [...] in zwei konfessionelle Lager", Z. 446f.   • „Gegensatz zum Glauben", Z. 503f.   • „teilt [...] in zwei Gruppen", Z 926f.   • „von Theologen abgelehnt, von [...] Deutschen gut geheißen", Z. 1140f.   • „Themen, [...] die entzweien", Z. 380

Auch die Autoritätspersonen, die durch direkte oder indirekte Zitate in den Artikel eingebunden sind, können als Leitvokabel festgemacht werden. Die Nennung von 23 Autoritätspersonen, darunter zwölf Theologen, sechs Geistliche, drei christliche Autoren, ein Philosoph und ein Kirchenhistoriker, dient einerseits der Authentizität

und Beweisführung. Andererseits dienen sie dazu, die Differenzen innerhalb und
außerhalb der Kirche darzulegen.

Betrachtet man aus onomasiologischer Perspektive die unterschiedlichen Bezeichnungen für zentrale Akteure, zeigt sich folgendes: Hinsichtlich der Theologen
werden Bezeichnungen gebraucht, die zunächst ihre Autorität hervorheben (Z. 214
„Gottesmänner", Z. 296 „Verfeindete Gottesmänner", Z. 227 „geistliche Gelehrte",
Z. 1153 „Fachleute"). Bei der Unterteilung in Reformtheologen und Orthodoxe
zeigt sich nicht nur Kampf- und Kriegsmetaphorik (siehe Metaphern), um die internen kirchlichen Spannungen zu fokussieren. Auch werden die Theologen, die ein
gesellschaftskritisches Christentum repräsentieren, aufgrund ihrer reformerischen
Haltung mit negativ konnotierten Lexemen bezeichnet, um Kritik an ihrer kontroversen Haltung hervorzuheben. Sie werden als „moderne Theologen" (Z. 293), „ir-
rende Theologen" (Z. 247), „Neutestamentler" (Z. 916), „Widerspenstige" (Z. 248)
und „Ketzer" (Bildunterschrift Bild 13) bezeichnet, während sich veränderte Lexik
bei den konservativen Theologen nicht zeigt. Lediglich die Bekenntnisbewegung
wird ebenfalls negativ kontextualisiert (siehe Metaphern), um ihren revolutionären
Charakter darzulegen. Bei den Geistlichen lassen sich wertneutrale Bezeichnungen
wiederfinden wie „Pastor" (Z. 118), „Pfarrer" (Z. 91), „Priester" (Z. 118), „katholische und evangelische Geistliche" (Z. 88) und „die Frommen" (Z. 90). Bei den Bischöfen dagegen dominiert die Autorität und Hierarchie durch das Lexem „Kir-
chenführer" (Z. 1355) ebenso durch die Hirtenmetaphorik (Z. 1062 „Hirten") und
das Lexem „Oberhirten" (Z. 246).

Hinsichtlich der Bezeichnungen für die Gläubigen des Christentums zeigen sich
weniger Wertungen, vielmehr werden durch die Bezeichnungen unterschiedliche
Typen der Glaubenszugehörigkeit präsentiert. Die Bezeichnungen verdeutlichen
dadurch den religiösen Transformationsprozess der Spaltung und suggerieren, dass
es kein einheitliches Christentum mehr gibt. Die unterschiedlichen Abstufungen
werden besonders durch Adjektive oder substantivierte Adjektive hervorgebracht.
Christliche Gläubige werden unterteilt in die Menschen, die 1) gläubig sind (Bild
11 „Gläubige", Z. 925 „schlichte Christen", Z. 378 „gläubige Christen", Z. 610
„Gott-Gläubigen", Z. 1014 „fromme Christen", 2) regelmäßig in die Kirche gehen
(Z. 1107, 1128 „kirchentreue Christen", Z. 1145 „Kirchentreuen"), 3) nicht mehr
oder nur vereinzelt glauben (Z. 379 „ungläubige Christen", Z. 894 „Glaubenslosen"), und 4) zwar auf eine gewisse Art und Weise glauben und auch in der Kirche
gemeldet sind, jedoch den kirchlichen Lehren nicht mehr folgen (Z. 305 „Kirchen-
fremde Christen", Z. 1312 „Christen ohne Kirche", Bild 11 „Steuer-Christen",
Z. 1105 „Gebildete Deutsche"). Auch innerhalb der Katholiken wird weiterhin differenziert, in 1) „strenggläubige Katholiken" (Z. 841), „gläubige Katholiken"
(Z. 959), 2) „katholische Kirchgänger" (Z. 410-411), „kirchentreuen Katholiken"
(Z. 1175), 3) „praktizierende Katholiken" (Bild 20) und 4) „Katechismus-Katholi-
ken" (Bild 30, Z. 165). Den Protestanten kommt die Bezeichnung „Nichtkatholi-

ken" (Z. 857, 877, 956) zu, was sie als nichtzugehörig diffamiert, zudem werden sie ebenfalls in 1) „evangelische Kirchgänger" (Z. 634) 2) „praktizierende Protestanten" (Bild 20) und 3) „Bekenntnis-Protestanten" (Z. 139) unterteilt.

Der zahlenlastige Artikel ist nur partiell durchzogen von Metaphernkonzepten: Zu Beginn des Artikels finden sich metaphorische, innovative Wendungen, welche die äußere Kirchlichkeit der Bevölkerung fokussieren, die jedoch nichts mit Glaubensüberzeugungen mehr gemein hat; die Kirche wird dabei nur noch als „Zubehör" stilisiert (Z. 322f.). Durch metaphorische, spöttische Wendungen wird die scheinbar angeborene und dann anhaftende Zugehörigkeit zur Kirche (Z. 323 „in die fast jeder als Säugling hineingetragen und aus der fast jeder im Sarg wieder hinausgetragen wird") als reine „Fassade" (Z. 322) deklariert, zu der sich manche nur aufgrund von Vorteilen äußerlich bekennen (Z. 329 „in dem das richtige Gesangsbuch der Karriere nützlich sein kann").

Die Atmosphäre des negativen Wandels wird in Form von Analogien präsentiert und das Verhalten pejorativ kontextualisiert. In Form eines innovativen Vergleichs wird die Institution der Kirche weitergehend „wie eine gute alte Tante" (Z. 1317) beschrieben, die bei Familienfesten und Sakramenten noch dabei sein soll, jedoch ansonsten keine große Rolle mehr übernimmt. Die marginale Stellung der Kirche wird durch den Vergleich noch stärker bildlich hervorgebracht, indem die Überlegung mit konkreter Erfahrung in Verbindung gebracht wird. Dieser negativ konzeptionalisierte Wandel und Transformationsprozess wird auch durch die Akteursbeschreibungen suggeriert. An zwei Stellen wird auf die konventionelle, biblische Metapher des Schafes und des Hirten zurückgegriffen. Dabei verkörpern die Gläubigen die Schafsherde, bei der suggeriert wird, dass diese keinen großen Bestand mehr habe (Z. 1337 „gelichtete Herde des Glaubens"). Die konventionelle Metapher vollzieht zudem einen Wandel, in dem sie zu einer kreativen Metapher verkehrt wird: Es wird suggeriert, dass die kirchlichen Autoritäten die Glaubensgemeinde nicht mehr unter Kontrolle hätten und sie ihnen in dem Versuch sie wieder für sich zu gewinnen, nicht folge (Z. 169f. „die Hirten hinter ihren Herden herziehen"). Die eigentlich positive Metapher der Bibel wird dementsprechend hier ins Negative verkehrt: Menschen, die normalerweise dem Hirten folgen, bestimmen den Weg selbst und wenden sich von der Kirche ab.

Das Metaphernfeld der konventionellen Kampf- und Kriegsmetaphorik wird eingesetzt, um die Drastik des Streits und des Gegeneinanders verschiedener Interessen darzulegen und die Zerrissenheit und Spaltungen innerhalb des Christentums und innerhalb der Großkirchen zu verbildlichen, etwa zwischen den unterschiedlichen Positionen von orthodoxen Theologen, personalisiert durch die Bekenntnisbewegung, und den Reformtheologen (Z. 284 „bekämpfen", Z. 288 „verspotten", Z. 296 „verfeindete Gottesmänner", Z. 294 „schreiten aus", Z. 140 „beherrschen das Feld"). Die Bekenntnisbewegung wird dabei noch stärker als Täter stilisiert und mit pejorativ konnotiertem Vokabular beschrieben: Sie „überziehen das Land"

(Z. 132), die Reformer werden von der Bewegung „verketzert" (Z. 140), von ihnen „bekämpft" (Z. 286), der Kirchentag von ihnen „boykottiert" (Z. 144).[12]

Betrachtet man die unterschiedlichen Akteure, zeigen sich implizite und explizite Wertungen, die größtenteils auf Kritik in Form von Sarkasmus hinsichtlich der akuten Glaubenssituation aufgebaut sind. So gewinnt der Theologenstreit an Brisanz, da diese sich „nicht einmal mehr über Gott noch einigen" (Z. 214) können; saloppe Zitate und Bemerkungen über unterschiedliche Glaubensvorstellungen (Z. 191 „die Himmelfahrt nach drei Metern endet") untergraben die autoritären Vorstellungen. Spöttisch wird dargelegt, dass die einzige Gemeinsamkeit der Autoritäten die „Ungewißheit" (Z. 297) über die Glaubenssituation in den Kirchen vor Ort ist. Die anaphorische Klimax (Z. 304-305 „Sie wissen nicht" […] und schon gar nicht wissen sie") verbunden mit einem Wortspiel (Z. 303 „gleich gültig oder gleichgültig") suggeriert Ratlosigkeit bzw. Unwissenheit der Experten im distanzierten Verhältnis zur Gemeinde.

Den Theologen, aufgrund ihres teils aufklärerischen Denkens explizit „wie Atheisten" (Z. 295) karikiert, werden die „schlichten Christen" (Z. 925), also Laien, gegenübergestellt, die wiederum als unwissend über die Kontroversen repräsentiert werden. Durch die fehlende Reflektion werden die Gläubigen dabei explizit als naiv (Z. 988 „naiver Bibelglaube") und leicht beeinflussbar attribuiert (Z. 989f. „halten es ohne Prüfung für wahr", Z. 813 „Kirche lässt sie im Kinderglauben"). Dass sie hinter der kirchlichen Lehrmeinung zurückbleiben, unterstreicht einerseits ihre Naivität, andererseits die erneute Distanz zwischen Gläubigen und Theologen. Gleichzeitig dient es als Legitimierungsstrategie zur Hervorhebung der Krise: Obwohl sie nicht von kontroversen Expertenmeinung wissen, weichen sie zum Teil trotzdem von vorgegebenen Lehren ab (Z. 926). Anhand von impliziten Attribuierungen und Wertungen (Z. 851 „weil sie es gar nicht kennen"), wird dabei des Weiteren die Unwissenheit und Naivität evoziert: Das Dogma der Unbefleckten Empfängnis ist für sie ein „römisches Dorf" (Z. 878), obwohl versucht wurde es ihnen „so einfach wie nur möglich […] nahezubringen" (Z.861). Für die Nottaufe wussten nur wenige einen Grund und dabei „nicht immer den richtigen" (Z.103). Die Belege dienen dabei nicht nur der Darstellung der „Ratlosigkeit" (Z. 891), sie kommen einer Bloßstellung der Gläubigen gleich. Dem Leser wird suggeriert, dass drastische Zustände herrschen.

Diese Zustände finden ihren Höhepunkt in der Skizzierung des neuen und – so wird suggeriert – weit verbreiteten Glaubens-Typus „Christ ohne Kirche" (Z. 1296, 1311). Gleichgültigkeit gegenüber Kirche und Christentum werden hervorgehoben, Autonomie und Ignoranz unterstellt (Z. 1326 „glauben, was und wie es ihnen ge-

---

12 Hannig zeigt auf, dass auch in anderen Medien die Gegenüberstellung zwischen Reformern und Traditionalisten mit Kampf- und Kriegsmetaphorik versehen und dadurch dramatisiert wird (vgl. Hannig 2009, 57).

fällt", Z. 1328 „so gleichgültig"). Die dramatische Steigerung des Geschehens findet sich im Schlusssatz, der zeigt, dass es keinem, weder Kirchengegnern noch Kirchenführern, gelingt, diesen neuen Typus zurückzuholen (Z. 1355). Der Leser muss demnach die Inferenz ziehen, dass die Situation mehr als nur bedrohlich ist, ein Ende der Kirche wird suggeriert. Wird der Artikel durch brisante Ergebnisse der Studie eingeleitet, die einen Schwund des christlichen Glaubens belegen, schließt der Artikel mit der Feststellung eines schwindenden Christentums. Suggestiv wird der Artikel somit implizit von der „Glaubenskrise" gerahmt.

Es zeigt sich, dass die Argumentation sich dabei nicht nur auf die Ergebnisse der Studie, sondern auch auf Spekulationen (Z. 619 „sind wohl auch toleranter") und Mutmaßungen stützt (Z. 481 „könnte etliche Theologen bestärken"). Dies geht soweit, dass sich beispielsweise die These der Gleichgültigkeit auf die reine Spekulation des Autors beruft (Z. 546f. „Ihnen ist Gott, wie es scheint, so gleichgültig geworden") und dabei als gegeben angesehen und durch Theologenaussagen gestützt wird (Z. 551 „Hier vor allem ist jene Gleichgültigkeit zu finden"). Sie geht jedoch aus der Umfrage und aus den Ergebnissen nicht explizit hervor. Durch diese Anordnung zeigen sich subjektive Wertungen des Sachverhalts, die ihn noch brisanter erscheinen lassen. Insbesondere Implikaturen suggerieren dem Leser dabei ein wahres Katastrophenszenario: So wird der Eindruck erweckt, es sei die schlimmste Krise in der Geschichte der Kirchen (Z. 124f. „in zwei Jahrtausenden ihrer Geschichte fast ohne Beispiel"), es gebe Verrat in eigenen Reihen (Z. 119f. „nicht mal mehr des Glaubens [...] ihrer Amtsbrüder gewiß"), die Kirchen versuchten eine Geheimhaltung dieser Krise (Z. 127 „mühsam verborgen", Z. 61f. „durften nicht veröffentlicht werden", Z. 65f. „nur für Bücherschränke von Bischöfen"). Durch die Informationsstrukturierung wird suggeriert, dass der Spiegel in seiner Einzigartigkeit der Studie diese Geheimnisse aufdecken konnte (Z. 339f. „bestätigten [...] insgeheime" Ergebnisse). Die Brisanz findet ihren Höhepunkt in den Gradpartikeln „nur" und „sogar", die den kompletten Artikel durchziehen („nur" insgesamt 42-mal, „sogar" 15-mal). Sie drücken die Überraschung der Ergebnisse aus, heben ihre Drastik und Brisanz hervor und dienen der Steigerung der Aussage einer Glaubenskrise (Bild 18, Z. 48 „Täglich beten *nur* 19 Prozent der Protestanten", Z. 48, „doch *nur* zwei Drittel glauben an Gott", Z. 170 „*Nur* jeder zehnte Katholik ist regelmäßiger Kirchgänger", Z. 410 „*sogar* unter katholischen Kirchgängern", Z. 843 „*sogar* jeder vierte katholische Kirchgänger glaubt nicht").

Wie bereits oben im Überblick dargelegt werden konnte (siehe Kap. 5.1.2, S. 149), mehren sich zum Ende der 1960er und 1970er Jahre die Umfragen in den Magazinen zum Glaubensleben der Bevölkerung. Die Wandlungsprozesse innerhalb der Kirchen fanden jedoch bereits früher statt, sie wurden von Journalisten erst in den 1960er Jahren in den Blick genommen.[13] War die Krise zuvor lokal begrenzt,

---

13 Vgl. Hannig/Städter 2007, 153.

umfasste sie, auch aufgrund der medialen Darstellung, nun ebenfalls den innerkirchlichen Diskurs.[14] Die „medial ausgehandelte Krisenkommunikation schürte gewiss auch die innerhalb der Kirchen gärenden Krisenängste"[15]. Städter und Hannig
betrachten die Kirchen- und Berichterstattungen wie die hier exemplarisch analysierte dabei als „Dynamisierungsfaktor".[16] Der „kirchliche Krisendiskurs [hat]
durch die Berichterstattung in den Medien eine entscheidende Dynamisierung erfahren"[17]. In Anlehnung an Hannig und Städter kann demnach der untersuchte Artikel als Exempel der „kommunizierten Krise" dienen.

2) „Abschied von Gott – Was glauben die Deutschen?" (1992)

1) Kontext (Institutioneller Rahmen)
Mit der Überschrift „Abschied von Gott. *Spiegel*-Umfrage: Was glauben die Deutschen?" betitelte der *Spiegel* am 15. Juni 1992 seine 25. Ausgabe. Ebenso wie der
Artikel aus dem Jahr 1967 ist auch diese Titelgeschichte von *Spiegel*-Redakteur
Werner Harenberg geschrieben. Waren es 1967 innerkirchliche Auseinandersetzung
der Evangelischen Kirche, nimmt der *Spiegel* 25 Jahre später die innerkirchliche katholische Kontroverse zwischen Kirchenkritiker Eugen Drewermann und Erzbischof Johannes Joachim Degenhardt und den zwei Tage nach Erscheinung der *Spiegel*-Ausgabe stattfindenden Katholikentag in Karlsruhe, bei dem Drewermann
Raum zur Rede gelassen wird, zum Anlass, um erneut eine initiierte Emnid-Umfrage zu präsentieren. Der katholische Theologe Eugen Drewermann wurde durch
seine öffentliche Kirchenkritik, vor allem hinsichtlich der Sexualmoral der katholischen Kirche bekannt,[18] und führte öffentliche Auseinandersetzungen mit dem
Erzbischof Johannes Joachim Degenhardt. Dieser entzog Drewermann im Oktober
1991 die Lehrerlaubnis, im Januar 1992 die Predigtbefugnis und suspendierte ihn
schließlich im März 1992 vom Priesteramt. Die theologische Kontroverse fand auch
Interesse in den Medien und zierte zweimal die Titelseite des *Spiegel* (12/1992 „Der
Fall Drewermann: *Spiegel*-Gespräch mit Erzbischof Degenhardt", 51/1993 „Rebell
Drewermann: „Gott ja – Kirche nein"). Im Artikel werden die neuen Ergebnisse der
Emnid-Umfrage vorgestellt und dabei nicht nur in den direkten Vergleich zu den
Ergebnissen des ersten Artikels von 1967 gesetzt, sondern auch zu einer Umfrage
aus dem Jahr 1980, die anlässlich des Deutschlandbesuchs des polnischen Papstes
initiiert wurde. Im Artikel (Titel: „Nur noch jeder vierte ein Christ") werden somit
einerseits die Ergebnisse der nun neuen Glaubensumfrage dargelegt und mit ande-

---

14 Vgl. Hannig/Städter 2007, 153.
15 Ebd., 175.
16 Ebd., 153.
17 Ebd., 176.
18 Vgl. Großbölting 2013, 247.

ren Studien verglichen. Die Position Drewermanns wird präsentiert und Degenhardt bzw. dem Papst gegenübergestellt. Andererseits werden erneut der religiöse Transformationsprozess und eine Abnahme der christlichen Bindung an die Kirche fokussiert.

2) Text-Oberfläche

Erneut werden dramatische Ergebnisse der Umfrage genutzt, um einen Leseanreiz zu schaffen (Z. 1-7). Der Artikel wird eingeleitet (Z. 7-134) mit der Kontroverse zwischen Drewermann und Degenhardt bzw. der katholischen Kirche sowie Drewermanns umstrittenen Auftritt auf dem anstehenden Katholikentag. Drewermann wird als Bedrohung für die katholische Kirche personifiziert und porträtiert. Eine Überleitung zu den kontroversen Themen sowie ein Rückbezug zur evangelischen Kontroverse um Bultmann und die Bekenntnisbewegung folgen. Im zweiten Teil (Z. 135-260) werden erste Ergebnisse im Vergleich zu 1967 dargelegt, die Häufung der zurückgehenden Zahlen sowie die These einer aufkommenden Gruppierung, den Konfessionslosen, entfaltet. Die anschließende Präsentation der Ergebnisse dient der Problematisierung und Beweisführung der These eines Glaubensschwunds, der seit 1967 zugenommen hat, und leitet zur Kernthese (Z. 261-609) über. Der Autor behauptet, dass eine Distanz zur Kirche vorliege sowie ein Wunsch nach Selbstbestimmtheit gegenüber der kirchlichen Autorität, welche einen „neuheidnischen Trend" (Z. 794) und „neue Heiden" (Z. 427) entstehen ließe. Die Figur des Papstes und sein scheinbarer Ansehensverlust leiten den vierten Teil ein (Z. 610-790), indem der Autor die Wunschkirche der Gläubigen der Realität sowie die Figur des Papsts dem als reformerisch skizzierten Degenhardt kritisch gegenübergestellt. Der fünfte Teil (Z. 791-899) endet mit einer Schlussfolgerung: Es seien sich nun „nahezu allesamt einig" (Z. 800), dass ein „Christ sein, ohne Kirche zugehörend" (Z. 803) möglich sei, und dies könne nun auch durch den Kirchenaustritt bestätigen werden, da „die meisten" (Z. 811) ein Leben ohne Kirche schon lange führten. Schlussendlich geht er dabei auf die Themen des Kirchenaustrittes und Kirchensteuer ein, die erneut mit einer revolutionären Stellungnahme Drewermanns verknüpft werden, sodass sich eine Rahmung durch die Person Drewermanns ergibt.

Das Titelbild zeigt einen dekontextualisierten Ausschnitt, zwei Hände sind in gefalteter Haltung zu sehen. Während die Hände grau meliert sind, sind die Ärmel sowie der Bildhintergrund in den Farben Schwarz, Rot, Gold gehalten. Neben den Händen ist in weißer Schrift der Titel „Abschied von Gott" platziert, darunter steht in gelber Farbe „Spiegel-Umfrage: Was glauben die Deutschen?". Im Vergleich zum ersten Titelblatt wird zwar der gleichen Frage nachgegangen, diese rückt jedoch in den Hintergrund, um – im Gegensatz zum ersten Artikel – eine direkte Anspielung auf den Transformationsprozess zu geben („Abschied von Gott"). Der Spiegel bedient sich hinsichtlich des Covers der Strategie der Interbildlichkeit mit

Rückbezug auf ein Gemälde.[19] Es handelt sich um die Zeichnung „Betende Hände", welche 1508 von Albrecht Dürer angefertigt wurde. Die Darstellung prägte seitdem die christliche Kunst, da es als traditionelles christliches Bild, als Ikone, innige Frömmigkeit verkörpert. Im vorliegenden Fall zeigt sich das Bild jedoch in modifizierter Form. Die in der Originalzeichnung grauen Ärmel symbolisieren in ihrer schwarz-rot-goldenen Einfärbung die Farben der Fahne der Bundesrepublik Deutschland und stellen somit die Kohärenz zur Glaubensfrage unter den „Deutschen" her. Weiterhin modifiziert ist die Richtung: Während die betenden Hände im Original nach links zeigen, sind sie nun spiegelverkehrt abgebildet und zeigen in die rechte Richtung. Im Zusammenhang mit der Überschrift „Abschied von Gott" ergibt sich durch die abwendende Haltung die metonymische Konzeptassoziation einer Abwendung von Gott; die Frömmigkeit ist nicht mehr Gott zugewandt. Die Entschlüsselung dieser Modifikation basiert jedoch auf dem Hintergrundwissen über die Gestaltung des Gemäldes. Auch ohne dieses Wissen wird jedoch durch das Lexem „Abschied", also Trennung von Gott, sowie die christliche Ikonographie die Abwendung vom christlichen Glauben assoziiert.

Im Gegensatz zum ersten Artikel finden sich im Fließtext nur drei alleinstehende Fotos. Durch den vergleichenden Bild-Bild-Bezug dienen die ersten beiden Bilder (Bild 1, 3) der Beweisführung. Das linke Bild zeigt einen Kirchenraum, die Bänke sind leer, wenige Menschen sitzen in einem geöffneten Stuhlkreis vor dem Altarraum. Auf dem rechten Bild ist eine Liegewiese und ein Teil eines Schwimmbeckens zu sehen, zwei Frauen in Badekleidung gehen über die Wiese, auf der sehr viele Menschen liegen. Durch die Bildunterschrift „Deutsche zu Pfingsten 1992", die beiden Bildern unterliegt, wird Kohärenz zwischen den Bildern hergestellt. Zudem wird weiterhin darauf verwiesen, dass es sich um die Hamburger Heiligengeistkirche und ein Hamburger Freibad handelt. Auch wenn die direkte Vergleichsfolie fehlt (Ist das Bild am gleichen Tag, zur gleichen Uhrzeit aufgenommen worden?), zieht der Rezipient die Inferenz, dass sich die Mehrheit der Bevölkerung an einem christlichen Feiertag lieber ins Freibad als in eine Kirche begibt. Die Ergebnisse der Umfrage werden nicht, wie im ersten Artikel, in den Fließtext mit eingebunden, sondern graphisch abgesetzt, in Form von teilweise sogar farbigen Diagrammen im ansonsten schwarz-weiß gehaltenen Artikel. Zentral ist, dass nicht nur ein direkter Vergleich zu den Ergebnissen von 1967 und 1980 gezogen wird, sondern in den Ergebnissen ebenfalls noch zwischen Kirchgängern und Abstufungen innerhalb des Kirchgangs differenziert wird. Der Kirchgang dient somit nach wie vor als Messinstrument.

Allen Grafiken ist gemein, dass sie durch negative Überschriften perspektiviert werden und dadurch einen Rückgang der Kirchlichkeit und des orthodoxen christlichen Glaubens postulieren. Auch wenn die Ergebnisse weniger brisant oder gar ab-

---

19 Vgl. Opilowski 2008, 52.

solut niedrig sind, werden sie durch die Überschrift negativ kontextualisiert. Nur 4 % der Protestanten und 3 % der Katholiken sind sich hinsichtlich eines Kirchenaustritts sicher, jedoch suggeriert die Überschrift „Vor einer Welle vor Austritten?" (Bild 14) hyperbolisch, dass die Kirche in naher Zukunft keine Mitglieder mehr habe. Diese Perspektivierung tritt auch durch die Fotos und Symbole neben den Grafiken hervor. Diese dienen nicht nur der Illustration, etwa wenn die Frage nach dem Gottesglauben durch das Symbol der Bibel und dem Thuribulum illustriert wird (Bild 5). Sie personalisieren die Diagramme – beispielsweise wird die Frage nach der Zustimmung oder Ablehnung Drewermanns durch ein Foto von ihm ergänzt (Bild 7) – und perspektiveren bzw. akzentuieren die Grafiken. Die Ergebnisse zur Ablehnung der Jungfrauengeburt sind mit einem Foto Degenhardts verknüpft, der das Dogma verteidigt (Bild 8). Seine Niederlage wird dadurch hervorgehoben. Auch die Grafik zu Sympathiewerten des Papstes wird zwar mit einem jubelnden Papst visualisiert. Die Mitra, als Symbol eingefügt, liegt jedoch auf dem Boden und repräsentiert den Verfall seiner Sympathiewerte (Bild 9). Die Überschrift hebt dies zusätzlich hervor: Drewermann ist populärer als der Papst. Die Grafik sowie die Art der Präsentation der Ergebnisse suggerieren, dass nach einem direkten Vergleich zwischen Drewermann und Papst Johannes Paul II. gefragt wurde. Dies ist jedoch nicht gegeben, die Sympathiewerte wurden getrennt voneinander ermittelt. Drewermann wird als populär und revolutionär dargestellt (Bild 7, 8, 9). Seine Rolle als Revolutionär wird besonders im Infokasten des Artikels betont (Bild 11). Geschrieben von *Spiegel*-Reporter Hans Joachim Noack, stellt dieser ein Porträt Drewermanns dar.[20] Als Beweisführung, dass seine Art Anklang findet, dient das Foto, welches im Rahmen des Porträts platziert ist. Ein voller Hörsaal ist abgebildet, der Betrachter blickt in ein großes Publikum, Drewermann ist nur von schräg hinten zu sehen, er steht am Rednerpult, semantisch parallelisiert zeigt es den „Prediger Drewermann vor Anhängern." Der Bildunterschriftzusatz gibt den Hinweis, dass das Bild in Paderborn aufgenommen wurde. Dies ist nicht irrelevant, so ist doch Paderborn auch Sitz des Erzbischofs Degenhardt. Die Information verdeutlicht in Form einer metonymischen Konzeptassoziation (siehe S. 71), dass Drewermann selbst an dem Ort seines Gegenspielers Zuspruch findet. Durch die Überschrift des Porträts („Den hätt ich gleich am Haken") im Zusammenhang mit dem Foto ergibt sich der Typ der Figurenrede, die auf die überlegene Haltung Drewermanns referenzialisiert.

---

20 Ein revolutionäres Bild Drewermanns als „Prediger" (Bildunterschrift), „Rebell" (Z. 59) und „Kirchenkritiker" (Z. 50) wird durch viele Adjektive („widerspenstig", „unbeirrt kämpferisch", „haushoch überlegen" Z. 133), bildliche Wendungen („stoische Unnachgiebigkeit", „kämpft", „Brückenkopf ausbaut") und szenische Elemente sowie Zitate gezeichnet. Zudem wird er als „pointensicher" (Z. 70) und „up to date" (Z. 72) mit einfachen Mitteln (Z. 93 „primitiven Kassettenrekorder") aber dem wirksamen „Wort" (Z. 95) dem „halsstarrigen Erzbischof" (Z. 185) gegenübergestellt.

3) Sprachlich-rhetorische Mittel

Während im ersten Artikel der Sachverhalt des „religiösen Transformationsprozesses" als Krise bzw. Glaubenskrise konzeptionalisiert wurde, zeigen sich im zweiten Artikel Schlüsselwörter, Leitvokabeln und Wortfelder, die darlegen, dass der Prozess eine Stufe weiter gerückt ist. Befand man sich 1967 in der „Glaubenskrise", ist der Artikel aus dem Jahr 1992 durch das negativ konnotierte Schlüsselwort „Glaubensschwund" geprägt, welches den Artikel explizit und implizit durchzieht. Das Wortfeld der Entwicklung zeigt, dass der Transformationsprozess als Wandel bzw. als Trend stilisiert wird, der zudem „heidnische" Züge besitzt (siehe Tab. 5).

Tabelle 5: Textbelege zum Wortfeld Entwicklung; Einbindung des Adjektivs „heidnisch"

	Textbelege
Wortfeld Entwicklung	• „Wandel", Z. 353 • „deutliches Zeichen starken Wandels", Z. 669 • „Trend", Z. 464, 623 • „Trend der Zeit", Z. 448
	Textbelege
Adjektiv „heidnisch"	• „heidnisches Land mit christlichen Restbeständen" Z. 2 • „heidnische Ängste", Z. 370 • „kräftigen heidnischen Schub", Z. 186 • „anhaltenden neuheidnischen Trend", Z. 794

Das negativ konnotierte Lexem „heidnisch" wird hierbei nicht nur als nicht-christlich, sondern auch als ungläubig kontextualisiert und verweist demnach auf eine dem Christentum abgewandte Entwicklung. Auch im vorliegenden Artikel wird die Distanz zwischen der deutschen Bevölkerung und der Kirche bzw. der christlichen Religion in den Vordergrund gerückt, die jedoch noch eine Steigerung erfährt: Das Wortfeld der Entfremdung zeigt die Brisanz der Situation auf (siehe Tab. 6).

Tabelle 6: Kontextualisierung zum Referenzobjekt „Entfremdung"

	Textbelege
Kontextualisierung zum Referenzobjekt „Entfremdung"	• „Distanz zur Kirche", Z. 233 • „auf Distanz bedacht", Z. 413 • „Bruch zwischen den Generationen", Z. 371 • „in Frage gestellt wird sogar Gott", Z. 466 • „der Kirche so fern und fremd", Z. 245 • „Glauben und der Kirche so fern", Z, 792 • „Religion und Kirche eine fremde Welt", Z. 184 • „entfremden", Z. 742, „abgrenzen", Z. 717 • „vom eigenen Kirchenvolk isoliert", Z. 696

Das Resultat und der Höhepunkt der Entfremdung finden sich im Verlust des christlichen Glaubens, im negativ konnotierten Schlüsselwort „Glaubensschwund" (siehe Tab. 7).

Tabelle 7: Textbelege zum Schlüsselwort „Glaubensschwund"

	Textbelege
Schlüsselwort „Glaubensschwund"	• „bundesdeutschen Glaubensschwund", Z. 339 • „dieser Glaubensschwund", Z. 370 • „Glaubensschwund", Z. 598 • „verlorengegangener Glaube", Z. 428 • „Glaube an Gott verloren", Überschrift, Z. 287

Das im Jahr 1967 skizzierte Bedrohungsszenario scheint eingetreten, dies vermitteln nicht nur die neuen Ergebnisse der Umfrage im Vergleich zum Jahr 1967. Auch die Überschrift des Artikels trägt dazu bei, die ein vermeintlich schockierendes Ergebnis präsentiert („Nur noch jeder vierte ein Christ"), welches Fragen nach sich zieht und somit einen weiteren Leseanreiz schafft (Warum? Welche Gründe gibt es dafür? Was ist mit den anderen Menschen, was glauben diese nun?). Während im Jahr 1967 insbesondere die Spaltung auf unterschiedlichen Ebenen fokussiert wurde, wird nun eine einheitliche Kirchenkritik in der Bevölkerung propagiert, die, personifiziert durch Drewermann, der Spitze der Kirche, dem Papst und Degenhardt, gegenübergestellt wird und in der Bevölkerung unterschiedliche Glaubenstypen erreicht hat, vom kritischen Christen bis zum „neuen Heiden".

Als Leitvokabel fungiert dabei der Eigenname Drewermann, der nicht nur Kritik sondern auch den Wunsch nach Selbstbestimmtheit gegenüber den kirchlichen Autoritäten und damit einhergehend auch Gefahr für die Kirchen personifiziert, ausgedrückt durch das emotionsbezeichnende Lexem der Furcht (Z. 61 „wie sehr die Kirche ihn fürchtet"). Sein Name tritt immer wieder auf, durch indirekte und direkte Zitate werden seine rebellische Position, auch in Bezug zu den Ergebnissen der Emnid-Studie, und seine Popularität herausgestrichen. Zudem ist der Artikel durch seine Handlungen und Haltungen gerahmt. Durch Gegenüberstellungen („meinen im Sinne Drewermanns", Z. 666-667, „meinen im Sinne Degenhardts", Z. 664-665) werden Drewermanns und Degenhardts Positionen sowie die des Papstes benutzt um darzulegen, welchen Zuspruch Drewermann mit seiner Kritik erfährt und welche Abwendungen Degenhardt und auch der Papst erfahren müssen – trotz ihrer Machtpositionen. Aus onomasiologischer Perspektive lassen sich anhand der Bezeichnungen die prominente und rebellische Position Drewermanns erkennen. Er tritt als „Hauptfigur" (Z. 14), als „Ketzer" (Z. 14), „Kirchenkritiker" (Z. 15, Z. 871), „Einzelkämpfer" (Z. 755) und „gemaßregelter Theologe" (Z. 787) hervor. Im Gegenzug erscheint erneut die Bezeichnung „Oberhirten" (Z. 784) sowie „Gefolgsleute" (Z. 729) für autoritäre Personen, die Machtposition wird dabei insbesondere hinsichtlich des Papstes hervorgehoben (Z. 762 „'Heilige Vater', „Herr über fast eine Milliarde Katholiken"), ihr mangelnder Zuspruch und ihre Starrheit kritisch, beinahe polemisch kontextualisiert (z.B. Z. 770f.).

Wie im Artikel aus dem Jahr 1967 zeigen sich Unterschiede und Abstufungen innerhalb des Katholizismus und Protestantismus, sie werden jedoch nicht fokussiert, vielmehr stehen sich zwei übergeordnete Gruppierungen gegenüber: Die Christen mit Glauben (Z. 587 „sonntägliche Meßbesucher", Z. 541 „Glaubens-Christen", Z. 507 „gläubige Christen") werden den Deutschen, die ihren Glauben verloren haben, gegenübergestellt. Wurde die zweite Gruppierung bereits 1967 erwähnt, wird sie nun weiter hervorgehoben und bekommt eine eigenständige Bezeichnung. Sie besteht aus „den meisten Deutschen" (Z. 427), diese werden nicht nur als „ungläubige Deutsche" (Z. 550), sondern als „neue Heiden" (Z. 427, Z. 512) oder „Heiden" (Z. 577) bezeichnet. Semasiologisch betrachtet bezeichnet der Begriff „Heiden" als „Sammel- und Ausgrenzungsbegriff"[21] „diejenigen, die der eigenen (Religions-)Gemeinschaft nicht zugehören [...] [und] gehört demnach zu jenen Kollektivbenennungen, die eine ‚Wir/Sie'-Unterscheidung treffen, die die outgroup zusammenfassen und in der Regel gegenüber der ingroup abwerten."[22] Im vorliegenden Artikel wird ein bestimmter Bedeutungsaspekt des Referenzobjektes hervorgehoben, der Begriff erscheint als Sammelbegriff für die neuen Glaubenslosen. Sie werden zwar wertend betrachtet (siehe Emotionalisierungsstrategien), jedoch nicht gegenüber den Gläubigen abgewertet. Vielmehr werden sie als Resultat der autoritär geführten, starren Kirchenführung des Papstes und seiner Gefolgschaft angesehen, die den Glaubensschwund zusätzlich verstärkt. Die beiden Gruppierun-

---

21 Mohr 1999, 10.
22 Ebd.

gen stehen sich, im Gegensatz zum ersten Artikel, somit nicht kontrovers gegenüber. Auch wenn es Uneinigkeiten gibt, wird jedoch betont, dass in der ganzen Bandbreite „vom erklärten Atheisten bis zum dogmengläubigen Katholiken" (Z. 801) Einigkeit darüber herrscht, dass ein Christsein ohne Institution Kirche möglich ist. Auch hier zeigt sich demnach der fortgeschrittene Transformationsprozess. Klang das Christsein ohne die Kirche 1967 noch als Glaubenstypus an, der bereits verbreitet ist, wird vorliegend suggeriert, dass sich diese Meinung und eine Kirchenkritik in der gesamten Bevölkerung und bei jeglicher Art von Glaubenskonstellation nun verbreitet hätten, und als Folge Kirchenaustritte mit sich bringe. Eine neue Stufe im Prozess ist demnach erreicht.

Auch der zweite Artikel greift auf unterschiedliche Metaphernkonzepte zurück, die teilweise deckungsgleich zum ersten Artikel sind. Um die Kontroverse zwischen Drewermann und Degenhardt bzw. dem Papst zu dramatisieren und seine rebellische Position hervorzuheben, wird auf konventionelle Kampfmetaphorik zurückgegriffen (Z. 790 „Kampf", Z. 173 „Widersacher Degenhardt", Z. 745 „Gegenspieler", Z. 120 „ausgetragen", Z. 126 „aufbegehrt", Z. 755 „Einzelkämpfer"). Bildliche Darstellungen (Z. 755f.) sowie Parallelismen und Lokaladverbien (Z. 755 „hier", Z. 762 „dort") verdeutlichen den Kontrast zwischen der Einfachheit Drewermanns und der Macht des Papstes: Während suggeriert wird, dass Drewermann Anklang findet, wird impliziert, dass der Papst Ablehnung erfährt (Z. 770 „Die meisten der 400 000 Priester des Papstes predigen sonntags in ziemlich leeren Kirchen. Drewermann spricht in überfüllten Sälen"). Anhand eines Vergleichs in Form einer anaphorischen Klimax (Z. 780 „mit der Präzision einer Maschine: ohne Skript, ohne Pause, ohne Versprecher") wird Drewermann die Macht des Wortes attestiert, die dem Papst zu fehlen scheint. Drewermann wird zudem durch die konventionelle biblische Metapher von Goliath und David als Bedrohung für die Kirche personifiziert. Hintergründe der biblischen Geschichte sind dabei nicht relevant, die Geschichte wird auf ihren Kern reduziert. Der Schafhirte David besiegt den starken Riesen Goliath – die Kirche als Riese „zittert" vor der Einzelperson Drewermanns (Z. 62). Durch diese Art der Präsentation erhält Drewermann Anerkennung als Kirchenkritiker, der Autor evaluiert die kritische Stellung Drewermanns als positiv, während er die Position der Kirche abwertet.

Die Schwäche der Institution Kirche erfährt durch weitere Metaphernkonzepte zusätzliche Evaluationen. Anhand der innovativen Krankheitsmetapher (Z. 212 „Kirchen kranken an Schwindsucht") wird den Kirchen das Krankheitsbild der Tuberkulose auferlegt. Es ist ein schleichender, zur Auszehrung und schließlich zum Tode führender Prozess, der dabei auf die Entwicklung innerhalb der Kirchen referiert und den Prozess der Entkirchlichung dramatisiert. Diesem Prozess des Glaubensschwundes innerhalb der Kirchen, der als Trend stilisiert wird, wird durch konventionelle, lexikalisierte Bewegungsmetaphorik eine zusätzliche Dynamik gegeben (Z. 248 „hat sich viel verschoben", Z. 261 „hat sich beschleunigt, Z. 189 „hat einen kräftigen Schub gegeben", Z. 795 „Trend zu stoppen").

Der Vergleich der Kirche mit einer „alten Tante" tritt auch im Jahr 1992 auf, hier zeigt sich eine Verbindung zum ersten Artikel, die durch den gleichen Autor gegeben ist. War die Kirche 1967 als „gute alte Tante" noch auf Familienfesten und bei Sakramenten dabei, wird sie nun als Tante mit sporadischem Kontakt stilisiert, die schließlich ganz fern bleibt ohne aufzufallen (Z. 440). Hier wird explizit die Entwicklung der Entkirchlichung hervorgebracht, in dem die Kirche als Institution skizziert wird, die nicht mehr nur noch eine marginale Rolle innehat, sondern aus dem Leben der Menschen verschwindet und dabei durch die Starrheit selbst Schuld daran trägt. Die explizite und implizite Kirchen- und Papstkritik sowie die Rolle des Kirchenkritikers Drewermann werden durch persuasive Strategien zusätzlich verstärkt.

Implikaturen bringen eine autoritäre Haltung des Autors gegenüber den Kirchen hervor, der ihnen die Selbstsicherheit abspricht (Z. 292 „Kirchen dürfen in der Zahl […] keinen Beweis sehen", Z. 298 „Und es ist längst nicht sicher", Z. 307 „Kirchen dürfen auch nicht mit jenen rechnen"). Explizit und implizit wird dabei auf die Starrheit referiert und das Festhalten an alten Traditionen gegenüber der Moderne abgewertet (Z. 868 „Aber darüber lassen die Kirchen nicht mit sich reden", implizit: Z. 477 „Auf neue Fragen alte Antworten", Z. 720 „würde es auch dann nicht geben") und anhand einer bildlichen Beschreibung des Gottesdienstes eine Inferenz zur fehlenden Individualität und Selbstbestimmtheit gezogen (Z. 496 „Wer sonntags in die Kirche geht, tut nichts anderes als seine Nachbarn zur Linken und zur Rechten").

Erneut zeigt sich eine Parallele und Weiterentwicklung zum ersten Artikel: Karl Rahners Zitat, im Artikel aus dem Jahr 1967 noch als „pessimistisch" erachtet, wird nun als „wahr geworden" (Z. 391) deklariert und ohne Kennzeichnung, d.h. in reinster Übereinstimmung im Anreißer und den Bildunterschriften verwendet (Z. 2 „heidnisches Land mit christlichen Restbeständen"). Spekulationen über den weiteren Rückgang des Glaubens aufgrund der Kirchenhaltungen (Z. 369 „viel spricht dafür, daß sich dieser Glaubensschwund fortsetzt"), auch in Form des Konjunktivs, gipfeln in der Kritik an der Kirchensteuer und dem als Konsequenz daraus gezogenen Kirchenaustritt. Die Kirche und ihre Autoritätspersonen werden eindeutig als mitverantwortlich für den Rückgang des Glaubens dargestellt. Anhand der Emnid-Ergebnisse wird ein Fall des Papstes „von [der] positiven zu negativen Figur" (Z. 672) hervorgehoben, seine Macht, aber abnehmende Sympathie durch polemische Wortspiele unterstrichen (Z. 714 „einsame Spitze") und durch politische Vergleiche (Z. 681f.) sowie Lexik der Kontrolle hervorgehoben (Z. 717 „überwachen", Z. 715 „über Kirche thront"). Sein Handeln wird explizit attribuiert (Z. 97, 692 „rigorose Moraldoktrin") und Distanz zu den Katholiken fokussiert (Z. 696 „vom Kirchenvolk isoliert"). Durch Parallelismen und Kollektivattribuierungen wird suggeriert, dass er sich mit seiner Haltung in vielen Bevölkerungsgruppierungen unbeliebt macht (Z. 101). Parallelismen deuten auf seine monotone, unveränderbare Haltung hin, die sich in der Kirchenführung niederschlägt und mitverantwortlich für den Glaubensschwund ist (Z. 618, 700).

Der Papst wird als Gegenspieler Drewermanns skizziert und der Kritik an ihm viel Raum eingeräumt, währenddessen der eigentliche Kontrahent Degenhardt nur am Rande hervortritt und seltener wörtlich zitiert wird. Ist der Streit zwischen den beiden zwar Anlass des Artikels, so liegt der Fokus konkret auf Papst Johannes Paul II. und Drewermann, die als Autoritäten fungieren. Im Gegensatz zum ersten Artikel kommen keine Theologen zu Wort. Allein diese Art der Informationsstrukturierung und Weglassung von einer Stellungnahme Degenhardts zeigt eine Positionierung und damit Evaluierung zugunsten Drewermanns. „Die Darstellung von zwischenmenschlichen Machtbeziehungen, insbesondere in einer bipolaren Personenkonstellation verfügt über einen hohen Grad an Dramatik und ist daher besonders zur Emotionalisierung des Lesers geeignet."[23]

Drewermanns rebellische Natur wird positiv evaluiert. Qua Analogien wird sein Berühmtheits- und Einflussfaktor hervorgehoben (Z. 69f.), seine Sympathiewerte liegen „sogar noch über dem Papst" (Z. 79). Implikaturen zeigen, wie die Kirche versucht, die Haltung Drewermanns in der Ausbreitung einzuschränken (Z. 55 „wurde nicht um Gegenvorschläge gebeten", Z. 37 „scheinheiliger Vorwand") und Kontrolle auf ihn auszuüben (Z. 46 „darf nur", Z. 49 „Thema bestimmten Funktionäre"). Auch wenn ihm als Person explizit keine positiven Attribute zugeschrieben werden, wird er jedoch durch seine rebellische und kirchenkritische Rolle als Sympathieträger skizziert. Kirchenkritik wird somit durch seine Person vermittelt, er steht neben den neuen Ergebnissen der Umfrage im Fokus.

Zur Strukturierung der Zahlenmenge zeigen sich elliptische Sätze versehen mit dem Interpunktionsmittel des Doppelpunkts (z.B. Z. 600 „Die Gesamtzahlen:", Z. 339 „Weitere Zahlen über den bundesdeutschen Glaubensschwund:"). Der Doppelpunkt wird dabei auch gehäuft genutzt, um die Drastik zu erhöhen und nachfolgende brisante Ergebnisse, Argumente oder Thesen zugespitzt hervorzubringen (siehe Tab. 8).

---

23 Voss 1999, 84.

Tabelle 8: Textbelege zum Interpunktionsmittel des Doppelpunkts

	Textbelege
Interpunktionsmittel Doppelpunkt zur Steigerung der Drastik	• „Einzige Ausnahme:", Z. 638 • „Kein größerer Kontrast ist denkbar:", Z. 754 • „Diese Zahl sagt aus, wie wenige Christen es dem Glauben nach im vereinten Deutschland gibt:", Z. 388 • „Stark unterscheiden sich kirchenverbundene Katholiken und Protestanten in ihren politischen Ansichten:", Z. 569 • „In zwei zentralen Glaubensfragen wechselte die Mehrheit:", z. 586

Zur Veranschaulichung der Zahlenmengen finden sich Erklärungen, die zwar auch zur Vorstellung der Größenordnung dienen sollen, jedoch an erster Stelle einen hyperbolischen Charakter einnehmen (siehe Tab. 9).

Tabelle 9: Textbelege zu Hyperbeln

	Textbelege
Hyperbolische Erklärungen zur Vorstellung der Größenordnung	• „gleich 4,7 Millionen – so viele Menschen wie in Rheinland-Pfalz und im Saarland wohnen – aus der Kirche ausgetreten", Z. 220 • „gleich 5,7 Millionen [...] anderen Sinnes geworden als der Papst. Das sind mehr Katholiken als in den Diözesen Aachen, Köln und Paderborn leben", Z. 665 • „Das war ein Wert, den Brandt, Schmidt und Genscher – die populärsten Bonner Politiker der letzten Jahrzehnte – nie erreicht haben", Z. 683

Wurde im ersten Artikel die Glaubenskrise und marginale Rolle der Kirche hervorgehoben, wird nun dargelegt, dass der religiöse Transformationsprozess fortgeschritten ist. Immer wieder finden sich dabei Bezugspunkte zum Artikel aus dem Jahr 1967 (Ergebnisse, Bultmann-Bewegung, Metaphorik), die darauf hindeuten, wie weit die Entwicklung seitdem fortgeschritten ist. Dabei unterliegt dem Artikel nach wie vor ein enger Religionsbegriff, der eng mit Kirche verbunden ist, sich jedoch von der Institution Kirche löst. Es wird differenziert zwischen Kirchenzugehörigkeit und Glauben, wobei mit Glauben nach wie vor der christliche Glaube verknüpft ist. Erneut wird jedoch auch hier das Modell „Christ sein ohne Kirchen" vertreten, das heißt, Glaube ohne Kirchenzugehörigkeit als möglich erachtet, wobei der Schwerpunkt auf der Darlegung der abgewandten Christen, den „neuen Heiden" liegt. Ganz klar zeigen sich hier Tendenzen der Säkularisierung, und auch Luckmanns Konzept einer Abwendung der institutionellen Religion hin zur individuellen Religion deutet sich im Wunsch der Individualität und Selbstbestimmung im Gegensatz zur hierarchischen Autonomie nicht nur an, sondern wird explizit hervorgebracht (Z. 659 „Glaube ist Sache des einzelnen"). Der Artikel ist somit stark religions- und kirchenkritisch positioniert. „Religiöse Themen [erhalten] seit den 1990er Jahren auch deshalb eine gesteigerte Aufmerksamkeit, weil die öffentlichen Auseinandersetzungen zunehmen",[24] etwa durch politische Umbrüche oder Konflikte. Dies zeigt sich auch anhand des Artikels, in dem mehrere Konfliktlinien und Diskursverschränkungen verknüpft werden (Papst-Bild, Kontroverse Drewermann-Degenhardt, Kirchensteuer) und die Papst- und Kirchenkritik explizit hervorgebracht wird.

3) „Zwischen Religion und Magie: Woran glaubt der Mensch?" (2013)

1) Kontext (Institutioneller Rahmen)

Am 21. Dezember 2013 warb der *Spiegel* mit „Zwischen Religion und Magie. Woran glaubt der Mensch?" auf dem Cover seiner 52. Ausgabe. Geschrieben von Manfred Dworschak, ehemaliger Journalist der *Zeit* und Redakteur des Wissenschaftsressorts des *Spiegel*, erschien der Artikel (Titel: „Der Glaube der Ungläubigen") in der letzten Ausgabe des Jahres 2013 und stellt damit die sogenannte „Weihnachtsausgabe" dar. Der Artikel beschäftigt sich mit dem Grenzbereich „zwischen Religion und Magie", dem Glauben der Menschen fernab der christlichen Religion. Dabei nimmt er Bezug auf Ergebnisse des Religionsmonitors 2013 und der ALLBUS-Studie 2012 sowie auf viele Experimente und Forschungsergebnisse unterschiedlicher Forschungsrichtungen. Im Gegensatz zu den ersten beiden Artikeln wird kein konkreter Anlass, etwa in Form einer Kontroverse, genannt, auch das Thema Weihnachten selbst wird nicht aufgegriffen.

2) Text-Oberfläche

Eingeleitet wird der erste Teil (Z. 1-100) des Artikels mit Fragen nach magischen Vorstellungen, die der Mensch, trotz Aufklärung, von Natur aus in sich habe. Weiterführend wird dargelegt, dass diese auch mit einer Abwendung der christlichen Lehre einhergingen, da die Menschen diese nicht verstünden. Es kommt zu einer Problematisierung, die in der Leitfrage endet, woran der Mensch abgesehen von der christlichen Lehre glaube. Eingeleitet durch diese Frage werden die zwei Kernthe-

---

24 Gärtner et al. 2012, 13.

sen des Artikels aufbereitet: Von Wissenschaftlern abgestützt, legt der Autor erstens dar, dass die Kirche keinen Einfluss auf den Glauben habe und zweitens, dass Forschungen den Hang zum Übersinnlichen beweisen könnten. Im zweiten Teil (Z. 101-177) werden diese beiden Thesen anhand von Forschungsergebnissen bekräftigt. Drei explizit beschriebene Experimente von unterschiedlichen Forschern dienen im dritten Teil (Z. 178-295) der Beweisführung der zweiten These: Magie wird scheinbar bewiesen (Experiment 1), nicht nur bei Kritikern (Experiment 2), sondern auch bei Atheisten (Experiment 3). Im vierten Teil (Z. 296-487) wird die erste These fokussiert und die Diskrepanz zwischen Lehre und dem Glauben christlicher Gläubigen problematisiert. Als ein Grund für die Abwendung von den Kirchen und die Hinwendung zum Magischen wird die Erlebnisarmut bzw. der Erlebnisreichtum angeführt; ein Gegenszenario wird eröffnet, indem das Erlebnis eines schamanischen Rituals beschrieben wird. Der fünfte Teil (Z. 488-787) leitet über zu der Vorstellung eines Wesenskerns, vier weiteren Experimenten sowie Beispielen aus der Populärkultur. Erneut wird im sechsten Teil (Z. 788-926) die erste These aufgenommen und anhand von Historikern eine Fiktion des gläubigen christlichen Abendlandes skizziert, die bereits im Mittelalter begann. Durch Berufung auf Forschungsergebnisse weist der Autor anhand der Beispiele Europa, der ehemaligen DDR und dem Osten Deutschlands auf eine Abnahme der Kirchlichkeit und des christlichen Glaubens hin. Im letzten Teil (Z. 927-1052) führt er dies weiter aus und fokussiert die Distanz zwischen kirchlicher Lehre und Glauben. Der Artikel schließt mit einer Darlegung der nach wie vor vorhandenen Funktion der Kirche in der heutigen Zeit, führt unterschiedliche Glaubenstypen auf und endet mit der Schlussfolgerung eines Theologen, der ein Wachstum der Zahl derjenigen aufzeigt, denen die Kirche gleichgültig ist.

Das Titelbild nutzt die Strategie der Interbildlichkeit mit einer Zeichnung als Referenzquelle,[25] die einem Gemälde gleichkommt. Diese zeigt eine Frau von Kopf bis zur Hüfte vor hellblauem Hintergrund, die Hände sind zum Gebet gefaltet. In den für sie klassischen Farben rot und blau sowie Symboliken der christlichen Ikonographie (Heiligenschein, Mantel) ist sie als Maria erkenntlich. Ihr Gesichtsausdruck sowie ihre Körperhaltung verraten dynamische Züge. Ihre Mimik und Gestik – ihr rund geöffneter Mund und ihre hochgezogenen Augenbrauen sowie ihre zurückweichende Körperhaltung – visualisieren Ängstlichkeit und Erschrecken. Sie scheint beim Beten gestört. Ihrem Blick auf den rechten Bildrand folgend erfährt der Rezipient den Grund: eine schwarze Katze wird so dargestellt, als laufe sie von rechts nach links auf dem für den *Spiegel* typischen roten Rahmen entlang. Der Titel des Covers ist mittig über der Szenerie platziert. In hellen Farben und klein gehalten steht „Zwischen Religion und Magie" über der Hauptüberschrift mit der Frage „Woran glaubt der Mensch?". Im Gegensatz zu den ersten beiden Artikeln

---

25 Vgl. Opilowski 2008, 55.

fällt auf, dass die Frage anders formuliert ist: Es wird nicht der Glaube einer ganzen Nation („den Deutschen"), sondern der Glaube des Individuums fokussiert. Auch das Fragewort hat sich von „was" zu einem expliziteren „woran" geändert. Hinsichtlich der Sprach-Bild-Relation handelt es sich um den Beziehungstyp der Metonymie in Verbindung mit einem Image icon: Die als Maria erkenntliche Frau wird mit Religion, assoziativ explizit der christlichen Religion, in Verbindung gebracht. Die schwarze Katze wird mit Magie assoziativ mit „Aberglauben" verknüpft, den sie symbolisiert. Da die schwarze Katze als Unglück bringend codiert ist, wird das Lexem Magie durch diese Kohärenz negativ konnotiert. Der Betrachter zieht die Inferenz, dass der Aberglaube die christliche Religion verschreckt und im Artikel dieser Grenzbereich der Glaubensalternativen zwischen den beiden Feldern christlicher Religion und Aberglaube betrachtet wird, das Titelblatt weckt Neugierde. Bereits durch diese Sprach-Bild-Relation wird eine Perspektivierung deutlich.

Die Antwort auf die Frage und den angespielten Bereich zwischen christlicher Religion und Magie, vielmehr „Aberglaube", geben sechs großflächige Bilder sowie sechs kleine, grafisch in den Fließtext eingesetzte Statistiken, die in ihrer Form Diagrammatisches mit Symbolen anschaulich verbinden. Im Gegensatz zu den anderen Artikeln zeigt sich, dass die Gestaltung nicht der Beweisführung einer Abnahme der christlichen Religion dient. Vielmehr werden durch die Statistiken, die aus dem Religionsmonitor 2008, 2013 sowie der ALLBUS-Studie 2012 entnommen sind, Antworten auf die Frage „Woran glaubt der Mensch?" gegeben und somit die Pluralität fokussiert: 38 % glauben an Engel, 54 % der Westdeutschen und 23 % der Ostdeutschen an etwas Göttliches, 52 % an Wunder, 24 % an die Wiedergeburt, 26 % der Westdeutschen, 13 % der Ostdeutschen greifen für sich selbst auf Lehren verschiedener religiöser Traditionen zurück. Die Ergebnisse der Statistiken zeigen, dass der Grenzbereich zwischen christlicher Religion und Aberglaube in der Spiritualität liegt, auch wenn diese im Artikel so nicht benannt wird. Allein anhand der Ergebnisse der Statistiken werden jedoch unterschiedliche Formen des Glaubens aufgenommen, die Knoblauch unter populärer Spiritualität fasst (siehe Kap. 2.1).

Auch die Bilder verdeutlichen dies. Es sind sechs Fotos, die durch ihre Bildunterschrift einen vergleichenden Bild-Bild-Bezug und damit Kohärenz herstellen: Bei allen wird in der Bildunterschrift dargelegt, an welchem Ort welche „magische" Glaubensform abgebildet ist. Insbesondere das erste Bild weckt Neugierde durch den Text-Bild-Bezug aufgrund der Überschrift „Glaube der Ungläubigen". Es zeigt Marienstatuen und andere Devotionalien, die als Ausdruck für Frömmigkeit stehen und dadurch assoziativ als semantisch nicht passend zu einem Glauben für Ungläubige erscheinen, sind sie doch schließlich mit dem christlichen Glauben eng verbunden. Auf den ersten Blick wird somit ein Bedeutungsgegensatz zwischen den assoziativen Bezügen zwischen Text und Bild hergestellt. Erst durch den Anreißer und den Artikel selbst wird erkennbar, dass das Bild den „eingängigen Volksglauben" der katholischen Kirche visualisiert[26] und die Ungläubigen dabei auch als diejenigen definiert werden, die sich diesem zu- und von der theologischen Lehre abwenden. Kohärenz des Bildes zum Textinhalt wird auch bei den anderen Fotos hergestellt, da Zitate, Thesen und Fakten aus dem Text als Bildunterschrift eingebunden werden, wobei diesen zum Teil Erklärungen fehlen oder sie noch weitere Informationen geben, die der Artikel nicht aufnimmt.

Zudem werden bekannte Glaubensformen, etwa der Marienkult in Form von Marienstatuen oder Lourdes-Pilgern ebenso wie der Buddhismus durchaus positiv, der Voodoo-Zauber und das schamanische Ritual negativ perspektiviert und repräsentiert. So zeigt das zweite Bild für den westlichen Leser fremdartiges „Voodoo-Zubehör". Schädel und Gebisse toter, gefährlicher Tiere, nehmen den größten Teil des Bildes ein. Dabei ist es der Verkäufer, der durch die Bildunterschrift fokussiert wird und auf den der Blick fällt. Sein Gesicht und seine Mimik sind sichtbar, der Rest seines Körpers ist durch das Zubehör verdeckt. Durch seinen ausdruckslosen bis bösen Blick zur Seite und die Kombination mit der Bildunterschrift wird suggeriert, dass er jemanden „von hinten anblickt", und dieser Blick einem bösen Blick eines Voodoo-Zaubers gleichkommt. Das Bild wird somit negativ perspektiviert, die stereotype Darstellung des faszinierenden und schaurigen Voodoo-Bildes betont.[27]

3) Sprachlich-rhetorische Mittel

Wird im vorliegenden Artikel nicht die Kirchenkrise oder der Kirchenschwund in den Fokus gestellt, wird zwar ebenfalls die Abwendung von den Kirchen thematisiert. Jedoch ist ein neuer Ansatz in den Mittelpunkt des Interesses gerückt und der Prozess erneut eine Stufe fortgeschritten: Die gegenwärtige Spiritualität, im Artikel als „Übersinnliches", als „Magie" bezeichnet, wird betrachtet. Aus semasiologischer Sicht soll zunächst die Bedeutung des Wortes Magie herausgearbeitet werden, um anschließend zu prüfen, welche Bedeutungsaspekte im Artikel hervorgehoben werden. Ein Blick in den Duden zeigt, dass Magie als „faszinierende, geheimnisvoll wirkend Kraft" definiert wird. Das Metzler Lexikon Religion verweist darauf, dass die Dichotomie zwischen Religion und Magie von

[...] historischen Konstellationen der europäischen Frühneuzeit [...] [geprägt ist]: [...] Sie ergibt sich oft als Resultat sozialer Prozesse, in denen verschiedene Religionen miteinander in Kontakt kommen, sich in ein Verhältnis setzen und sich in einer Situation von Kultkonkurrenz gegenseitig zu be- und überstimmen suchen [...]. Dabei wird der Magie das zugewiesen, was in der eigenen (offiziellen etc.) Religion keinen Platz haben darf oder soll: das Unmorali-

---

26 Siehe zu Devotionalien auch Wilken 2014.

27 Vgl. Reuter 2003, 7.

sche und Minderwertige, das Fremde (‚Stammesreligion' treiben Magie, keine Religion), die verbotene, unautorisierte, übertriebene Kulthandlung.[28]

Auch bereits Durkheim, Frazer und Eliade beschäftigten sich mit der Dichotomie zwischen Religion und Magie[29] und verwandten den Begriff pejorativ,[30]

[...] diese pejorative Konnotation ist aber die Hauptkritik, die dem Begriff der ‚Magie' quer durch die Disziplinen entgegenschlägt. ‚Magie' wurde von der Kirche verpönt und geächtet und die Fortführung dieser Rhetorik führt mitunter auch zu einer Diskriminierung der Spirituellen unserer Tage.[31]

Wie wird der Begriff nun im vorliegenden Artikel gebraucht? Was sich bereits durch die grafische Gestaltung andeutete, wird nun anhand der Lexik explizit. Im Artikel wird das Schlüssellexem „Magie" pejorativ konnotiert und kontextualisiert. Zunächst wird dafür eine Unterteilung vorgenommen: Als Oberbegriff für den Sachverhalt dient das Lexem „Übersinnliches" bzw. „übersinnliches Denken" (Z. 77).[32] Dieses wird differenziert: An der Oberfläche befindet sich „Aberglaube" (Z. 81), tiefer darunter „Magie" (Z. 104) bzw. „Magisches Denken" (Z. 135), das „Essenzen" in sich trägt. Diesem kompletten Konzept wird der Begriff „Volksglaube" (Z. 169, 791, 851) übergestülpt, der dem „Kirchenglauben" (Z. 155) und der „offiziellen Religion" (Z. 64), dem Christentum, gegenübergestellt wird. Die Bedeutungsverschiebung des Lexems „Glaube" im Gegensatz zu den beiden anderen Artikeln wird hier deutlich, besonders auch an der Überschrift („Glaube der Ungläubigen"). War das Lexem in den Artikeln von 1967 und 1992 noch explizit mit dem christlichen Glauben verwoben und konnotiert, hat es nun eine Verschiebung erfahren, wird weiter differenziert und bezeichnet den Aberglauben oder je nach Konzept auch – nicht nur im christlichen Kontext – „Volksglauben" (z.B. in der Überschrift) oder Kirchenglauben. Allein diese Begrifflichkeiten sind ebenso wie das Lexem der Magie problematisch. Das Lexem „Aberglaube"[33] mit seiner

---

28 Bäumer 1999, 361.

29 Siehe dazu auch Hock (2008, 40f.) sowie Stuckrad (2004, 101) und Bäumer (1999, 364f.).

30 So postulierte Eliade 1961: „Der Prozess der Entsakralisierung der menschlichen Existenz führte vielfach zu hybriden Formen von niederer Magie und Affenreligion." (Eliade 1990, 177, zitiert nach Radermacher 2014, 392).

31 Radermacher 2014, 392.

32 Dieser Begriff erscheint jedoch nur marginal. Gehäuft finden sich „Magie" und „magisches Denken", die ihn als Leitvokabel und Schlüsselwort auszeichnen.

33 Radermacher (2014) verweist auf die Problematisierung des Aberglaubenbegriffs durch die Herausgeber des Handwörterbuchs des deutschen Aberglaubens. Im Gegensatz zur

Konnotation des nicht-richtigen, des falschen Glaubens ist ebenso negativ konnotiert wie auch der Terminus „Volksglaube". Das Wort „Volks-" impliziert eine
„Differenz zwischen Elite und Laien, zwischen Plebs und Patres."[34] Bereits 1974
wurde von Natalie Z. Davis in dem Aufsatz *Some Tasks and Themes in the Study of
Popular Religion* darauf hingewiesen, dass „die Dichotomie zwischen ‚Volksreli-
gion' und ‚offizieller Religion' schon allein für den christlichen Bereich keine adä-
quate Diagnose sei" und gefordert, „diese Dichotomie durch das Konzept der ‚popular religion' zu umgehen."[35]

Dass der wissenschaftliche Begriff „populäre Religion" in einem populären Artikel nicht aufkommt, verwundert nicht, jedoch erstaunt, dass das Lexem „Spiritualität" nicht verwendet wird. Es scheint so, als sei dieses zu positiv konnotiert. Zudem bringt es die Unterscheidung zwischen Volk und der autoritären Lehrmeinung
nicht hervor. Dieser Gegensatz wird jedoch als Argument für die Entkirchlichung
stark fokussiert (Z. 435). Des Weiteren werden diverse Ausprägungen des „Volksglaubens" – sei es nun oberflächlicher „Aberglaube" oder „magisches Denken" negativ kontexualisiert. Dies beginnt bereits bei der Aufstellung der These, bei der
eine „tiefe Anfälligkeit des Menschen für übersinnliches Denken" (Z. 77) hervorgehoben wird. Das meliorativ besetzte Nomen „Empfänglichkeit" wird im Haupt-
text nicht verwendet, sondern das pejorative assoziierte Lexem „Anfälligkeit", eher
bekannt aus dem Krankheitskontext. Das übersinnliche Denken wird so negativ als
Krankheit stilisiert. Weitergehend wird diese „Anfälligkeit" auch als „diese Nei-
gung" (Z. 80) bezeichnet, gegen die es „leider" (Z. 40) trotz Aufklärung (Z. 36) und
„kühlen Verstandes" (Z. 18) jedoch „wohl kein Entkommen gibt" (Z. 130). Der
Autor suggeriert ein wahres Sträuben gegen das Übersinnliche. Zwar wird auch die
geheimnisvolle Komponente erwähnt (z.B. Z. 131 „Einflüsterungen", Z. 689 „auf
geheimnisvolle Weise"), jedoch werden alle Abstufungen des Übersinnlichen mit
einem Wortfeld konzeptualisiert, das explizit und implizit auf Zustände und Prozesse der Angst und Furcht referiert (siehe Tab. 10).

Vorgehensweise des Herder-Lexikons, einer Tilgung des Sektenbegriffs (siehe Kap.
5.1.3, Fußnote 110), wurden jedoch keine Titeländerungen vorgenommen (vgl.
Radermacher 2014, 392).

34 Radermacher 2014, 395.

35 Ebd.

Tabelle 10: Textbelege zum Wortfeld Angst/Furcht

	Textbelege	
Wortfeld Angst/ Furcht	• „Furcht", Z. 5 • „magische Hemmung", Z. 209 • „Furcht vor höheren Mächten", Z. 292 • „magisch verfinsterte Gehirne", Z. 38 • „Spuren finsterer Mächte", Z. 50 • „bange Gefühle", Z. 213 • „einschüchtern lassen", Z. 224	• „fürchten sie", Z. 113 • „Angst", Z. 22 • „Hölle", Z. 24 • „potentiell unheilvolle Dinge", Z. 747 • „böser Blick", Z. 791 • „volkstümliches Pandämonium", Z. 861

Sind die Wörter semantisch verschieden, ist ihnen jedoch gemeinsam, dass „der Bewertungsparameter einen Negativ-Wert hat und die Antizipation von etwas Schlechtem, Gefährlichem, Bedrohlichem involviert ist."[36] Dies führt zu einer Konzentration der emotionalen Aussagekraft. Es wird dargelegt, dass es die Furcht ist, die das Denken lenke.

Zudem wird eindeutig pejorative Lexik in einem saloppen Sprachduktus benutzt. Oberflächlicher Aberglaube wird als „solcher Schmu" (Z. 89), „derlei Gebräuche" (Z. 96) und „Schrullen" (Z. 97) benannt. Auch in unterschiedlichen Formen des Glaubens werden Rituale abwertend als „Zaubersprüche und anderer Brimborium" (Z. 223), „allerhand Beschwörungsformeln" (Z. 242), „bewährte Flüche" (Z. 251), „‚Tamtam für die Sinne'" (Z. 467) und Homöopathie als „magische Kügelchen" (Z. 645), die „angeblich" (Z. 637) helfen sowie die Kunst als „magisch kontaminierter Plunder" (Z. 674) evaluiert. „Magie" wird dem Leser so als etwas Negatives präsentiert, gegen das man sich aufgrund rationalen Denkens sträuben möchte, jedoch aus Furcht nicht könne. Diese Repräsentation dient als Strategie um darzulegen, wie tief im Inneren des Menschen „magisches Denken" steckt. Dies wird auch durch das räumliche Konzeptualisierungsmuster der Tiefe deutlich, welches mit dem metaphorischen Wortfeld der Verwurzelung und dem Unterbewussten einhergeht und sich als Leitvokabel durch den Artikel hindurchzieht (siehe Tab. 11).

---

36 Schwarz-Friesel 2013a, 253.

Tabelle 11: Textbelege zum Konzeptionalisierungsmuster der Tiefe

	Textbelege
Konzeptionalisierungs-muster der Tiefe	• „dieser Gefühlswelten kaum bewusst", Z. 121 • „weil sie meist unterschwellig bleiben", Z. 132 • „unterschwellig das Denken lenkt", Z. 1 • „wie eingewurzelt im Hirn", Z. 32 • „wie tief magisches Denken wurzelt", Z. 178 • „tief in der menschlichen Natur verwurzelt", Z. 614 • „wie tief dieser Glaube vergraben ist", Z. 227 • „wie tief die Magie in den Köpfen steckt", Z. 104 • „so etwas prägt sich tiefer ein", Z. 414

Es lässt sich darlegen, dass zwar auch eine geheimnisvolle, jedoch vor allem eine pejorative Komponente des Sachverhalts hervorgebracht wird. Dabei wird auch versucht Erklärungsmuster, für die „Anfälligkeit" nachzuzeichnen. Anhand von ausgeprägter Adjektivredundanz, die als Indikator für Bewertungen fungiert, wird suggeriert, dass dies vor allem an der Einfachheit kleiner Religionen oder des Volksglaubens liege (Z. 464 „volksnah", Z. 489 „recht eingängig", Z. 494 „nicht allzu unverständlich", Z. 364 „schlicht", Z. 364 „menschennah") sowie an Erfahrungszentriertheit (Z. 485 „gemeinsames Erlebnis", Z. 462 „spektakuläre, bildstarke Ritual", Z. 464 „seltenes, dafür unvergessliches Erlebnis", Z. 995 „religiöses Erleben").

Dem gegenüber steht das Christentum mit seiner Kirchenlehre, das anhand vieler negativ konnotierter Adjektive wertend gekennzeichnet ist durch Abstraktheit, Unzugänglichkeit (Z. 66 „von Herzen fremd", Z. 55 „kompliziert", Z. 156 „wenig anschaulich, bürokratisch", Z. 166,„verordnet", Z. 297,„unbegreiflich"; Z. 448 „langweilig", Z. 6 „kalt und abstrakt", Z. 950 „weltfern") und mangelnder Erfahrung und Rationalität (Z. 444 „Erlebnisarmut", Z. 456 „geringem Erlebniswert", Z. 808 „Mangel an Glaubenseifer"). Wurde in den anderen Jahrzehnten (1967, 1992) die Entkirchlichung als neues, brisantes Szenario aufbereitet, zeigt sich hier eine Abgeklärtheit, die mit der These einhergeht, dass eine Abwendung der Kirchlichkeit nicht neu ist, sondern bereits seit dem Mittelalter besteht, welches „vorgeblich" (Z. 804) und „angeblich so fromm" (Z. 164), ein „Trugbild vergangener Frömmigkeit" (Z. 926) darstellt. Als brisant erscheint lediglich die These einer „Fiktion" des christlichen Abendlandes (Z. 860). Auch wenn ein Kirchenschwund klar benannt wird (Z. 155 „Niedergang", Z. 142 „schwindet Einfluss"), trotzen die Kirchen dennoch „Umfragen, Krisen und Skandalen" (Z. 987), wenn auch nur als „Dienstleister" (siehe Metaphern).

Als weitere Leitvokabel lassen sich somit, wie auch in den beiden Artikeln, Autoritätspersonen nennen. Im Gegensatz zu den ersten Artikeln, in denen Theologen, der Papst oder Kirchenkritiker Drewermann zur Beweisführung angeführt werden, sind es vorwiegend jedoch Wissenschaftler, allen voran Psychologen (Z. 70, 180, 220 – der Begriff erscheint elfmal), jedoch auch Forscher (Z. 4, 191, 240), Historiker (Z. 154, 831), Kulturwissenschaftler (Z. 384), Religionsforscher (Z. 69, 154), Religionssoziologen (Z. 934) und Anthropologen (Z. 421, 434), die direkt oder indirekt zitiert werden. Lediglich ein Theologe wird herangezogen. Die Nennung der namhaften Autoritäten aus der Wissenschaft erscheint als Wahrheitsbekräftigung aus dem rationalen, wissenschaftlichen Bereich und dient dem Anschein der Seriosität seiner Argumentation.

Betrachtet man aus onomasiologischer Perspektive die Bezeichnungen für die unterschiedlichen „Glaubenstypen", ist ersichtlich, dass der Fokus nicht mehr auf den Gläubigen und deren Spaltung liegt und auch keine explizite Differenzierung zwischen Protestanten und Katholiken vorgenommen wird. Die „Gläubigen" (Z. 284) werden nur am Rande als „leichtgläubige oder geistersinnige Kandidaten" (Z. 217) sowie als „Anhänger" (Z. 372) bzw. „Kundschaft" (Z. 1001) bezeichnet. Besonders bei Letzteren wird ihr Rationalismus hervorgehoben, indem sie die Kirche nur noch für bestimmte Dienstleistungen, wie Sakramente, in Anspruch nehmen. Der Fokus liegt jedoch auf den „Ungläubigen" (Überschrift), welche Rationalisten der höchsten Form seien und keinerlei Glauben besäßen. Dies wird dem Rezipienten anhand der Adjektive und Bezeichnungen suggeriert: Es handelt sich um „überzeugte Atheisten" (Z. 4), „überzeugteste Gottlose" (Z. 264), „erklärte Atheisten" (Z. 271), „ausgekochte Skeptiker" (Z. 282), „Aktivisten der Rationalen" (Z. 290), „gestandene Akademiker" (Z. 255), „Skeptiker" (Z. 218, 238), „aufgeklärte Zeitgenossen" (Z. 230). Brisant unterstellt der Autor selbst diesen Nervosität (Z. 265, „fangen an zu schwitzen", Z. 116 „kommen ins Schwitzen", Z.197 „[geraten] buchstäblich ins Schwitzen") wenn es um Übersinnliches geht, was er anhand der Experimente beweist. Er nutzt diese Akteure und ihre Reaktionen auf die Experimente demnach als Legitimationsstrategie für die These der tiefen Verwurzelung des magischen Denkens, welches trotz des selbsternannten Unglaubens besteht. Im Gegensatz zu den vorherigen Artikeln, die sich auf Zahlen und Statistiken berufen, um ihre Argumentation abzusichern, erscheinen diese nur am Rande und rücken durch die Experimente in den Hintergrund. Beispiele aus anderen Religionen oder Kulten dienen als weitere Legitimierungsstrategie, um die Distanz zwischen Lehre und Glaubenspraxis und die daraus resultierende Hinwendung zum „Volksglauben" zu belegen.

Es ist auffällig, dass der Artikel – im Gegensatz zu den anderen beiden – nicht viele Metaphern verwendet, da er bereits durch den Sprachstil (siehe Emotionalisierungsstrategien) sowie die Beschreibungen der Experimente und den Zitaten der Forscher lebendig wirkt. Im Gegensatz zu den 1967 und 1992 zahlenlastigen Texten ist er demnach nicht auf Metaphernkonzepte zur Auflockerung oder Steigerung des Unterhaltungswertes angewiesen. Nichtsdestotrotz wird der Verlust der Kirchenmitglieder, der „nie Erreichten" (Z. 834), durch einen bildhaften Vergleich (Z. 834 „wie lose Blätter vom Baum") beschrieben. Auch die konventionell biblische Schaf-Metapher findet sich wieder, diesmal jedoch in klassischer Weise. Durch die Diminutivsuffixe „-lein" und „-chen" wird auf die Obhut der Kirchen angespielt, die sie einerseits für ihre Mitglieder verloren haben (Z. 64) und andererseits versuchen wiederzugewinnen (Z. 888). Szenische Beschreibungen dienen nicht nur der Verbildlichung eines unfrommen Gottesdienstes im Mittelalter (Z. 830f.), sondern auch zur Explikation der Experimente (Z. 879).

Besonders viel Raum wird der heutigen Funktion der Kirche in Form der konventionellen Wirtschaftsmetapher gegeben. Die Kirche handelt als „Dienstleister" (Z. 1000), der ein „virales Marketing" (Z. 503) betreibt, dabei bereits im Mittelalter „Untertanen pauschal einkassierte" (Z. 835) und „Kundschaft" (Z. 1001) besitzt, die ein bestimmtes „Preis-Leistungs-Verhältnis" (Z. 1048) vor sich sehen. Durch dieses metaphorische Konzept wird die fehlende Erfahrungskomponente und die herrschende Rationalität und Autorität der Kirchen noch weiter unterstrichen. Dabei werden auch die „Kunden" kritisch-belustigend betrachtet und in Form von syntaktischen Parallelismen gegenübergestellt („da ist zum Beispiel die mobile Finanzelite", „da sind noch die superkritischen Lehrer", „und dann ist da noch...", Z. 1013f.). Den „Kunden" wird dabei ebenso Rationalität unterstellt, die der Autor kritisch hinterfragt, da sie die Kirche nur noch für bestimmte Dienstleistungen, etwa die Taufe, aufsuchen. Der Vergleich aus dem Alltag unterstreicht spöttisch die Rationalität und die Gleichgültigkeit des Sakralen, „mit der gleichen Einstellung suchen sie einen Handwerker, der ihnen das Bad saniert" (Z. 1049). Kritik übt der Autor an dieser Gruppe in Form eines direkten Zitats des Theologen, der – so wird suggeriert – resigniert „seufzt" (Z. 51), dass genau diejenigen Glaubenstypen wachsen, denen die Kirche zunehmend gleichgültig ist und die nur Rituale als Dienstleistungsverhältnis in Anspruch nehmen. Dadurch, dass das Zitat den Artikel abschließt und nicht weiter kommentiert wird, dient es als Schlusswort und impliziert eine Zustimmung des Autors. Neben Lexik und Metaphorik kann besonders anhand der persuasiven Strategien kann gezeigt werden, dass der Artikel eine bestimmte Perspektive einnimmt.

Dies beginnt bereits mit dem Einstieg. Zwei Szenarien werden skizziert und mit rhetorischen Fragen an den Leser, in direkter Ansprache, formuliert (Z. 11 „Würden Sie, Hand aufs Herz, unterschreiben?") – es handelt sich um Experimente, die die meisten Leser mit Nein beantworten würden. Darauf zielt der Autor ab und baut seine Argumentation auf, indem er darlegt, wie leicht „abergläubisches" Denken beim Menschen hervorkommt – trotz Aufklärung und Rationalismus. Der Artikel unterscheidet sich demnach von den anderen Artikeln: Die persönliche Involviertheit des Autors ist durch generische Aussagen und Fragen gestaltet (siehe Tab. 12).

Zum einen sind es rhetorische Fragen, die den Leser ansprechen und direkt mit in das Geschehen einbeziehen und ihn somit „ad hoc auf[fordern] zu einem kurz und bündig präsentierten Sachverhalt Stellung zu nehmen."[37] Eine Art „Pseudo-Dialog"[38] mit dem Leser entsteht, insbesondere wenn dieser persönlich angesprochen wird, dies verstärkt die emotionale Authentizität. Diese wird zudem durch mündlichen Sprachgebrauch (Z. 329 „und siehe da", Z. 503 „Na so was") und Floskeln (Z. 160 „sagen Ja und Amen", Z. 11 „Hand aufs Herz") zusätzlich verstärkt, die durch ihre saloppe Form dabei auch einer Ironie bzw. Spott dem Sachverhalt gegenüber unterliegen und ihn implizit bewerten. Die ironisch-spöttische Bewertung findet sich durch Modalpartikel („doch noch", „gar etwas", „schon") innerhalb der Fragen, die einen Sprachduktus hervorbringen, der den rationalen Charakter gegenüber dem „Abergläubischen" zusätzlich verstärkt.

Neben rhetorischen Fragen werden jedoch auch solche benutzt, die mögliche Fragen des Lesers antizipieren, um den forschenden Charakter hervorzuheben und Neugierde hervorzurufen. Die Antworten werden in einem nächsten Schritt durch den Autor oder durch Autoritätspersonen und damit einhergehend Expertenmeinungen beantwortet.

---

37 Voss 1999, 39-40.
38 Ebd., 87.

Tabelle 12: Textbelege zu Fragen

	Textbelege
Fragen – Rhetorisch	• „Würden Sie, Hand aufs Herz, mit Ort und Datum unterschreiben?", Z. 11 • „Würden Sie einen tadellosen, frisch gereinigten Pullover aus dem Nachlass Adolf Hitlers überziehen?", Z. 13 • „Wer glaubt schon, dass Bleigießen, dreimaliges Klopfen auf Holz oder Daumendrücken wirklich hilft? Dass schwarze Katzen wirklich Unglück bringen?", Z. 84 • „was, wenn das Kind plötzlich glaubt, es gehe mit der Kopie nach Hause?", Z. 610
Fragen – Selbstbeantwortung, Beantwortung durch Autoritäten	• „Woher dann der Mythos von den gottesseeligen Vorfahren?", Z. 913 • „Oder spekulieren die Käufer vielleicht profan auf den steigenden Marktwert?", Z. 702 • „Wie also könnte je aus einer Art eine andere werden, ohne dass dabei ihre Essenz verloren gehe?", Z. 626 • „Ist es die Art, wie sie sich anfühlen? Ihr Geruch? Oder gar etwas, was den Sinnen nicht zuträglich ist?", Z. 535 • „Ist Europa je gründlich christianisiert worden? Hat die Religion die Menschen in der Fläche wirklich erreicht?", Z. 861 • „Also was ist schon dabei?", Z. 21 • „Waren also zwei Jahrtausende Kirchengeschichte und Predigteifer vergebens?", Z. 353f. • „Aber was ist mit der Aufklärung? Hat sie nicht das Licht angeknipst in unseren magisch verfinsterten Gehirnen?", Z. 36f. • „Woran glaubt der Mensch dann?", Z. 67f. • „Wie kann so etwas außerhalb der Priesterseminare überleben?", Z. 300f.

Durch die persönliche Ansprache im Einstieg und die perspektivierte Referenzialisierung durch das Pronomen „wir" wird der Leser miteingebunden. Dies dient dabei als Strategie, um dem Rezipienten eine rationale Haltung aufzuerlegen und seine Meinung zu lenken und zu perspektiveren. Der Autor gibt die Meinung für das Kollektiv vor, indem er eine Abwertung des „Volksglauben" hervorbringt und an den rationalen Charakter des Menschen appelliert. Dabei wird die Hingezogenheit zum Übersinnlichen als Instinkt erklärt und auch eine Täuschung suggeriert, die der „Wahrheit" und „Wirklichkeit" gegenübersteht (siehe Tab. 13).

Tabelle 13: Textbelege zu generischen Aussagen

	Textbelege
Generische Aussagen in Verbindung mit Wahrheitserkenntnis	• „Wir wissen: So ist es nicht", Z. 27 • „wir können nicht anders", Z. 28 • „wer glaubt schon", Z. 84 • „Wir sind uns dieser [...] Gefühlswelten kaum bewusst", Z. 121 • „Wir kennen allenfalls die Rituale", Z. 122 • „wirklich hilft", Z. 86 • „wirklich Unglück bringen", Z. 87 • „in Wahrheit sehen wir, indem Licht in unser Auge fällt", Z.783

Nicht nur dadurch wird der Sachverhalt evaluiert. Bestimmte Haltungen werden demnach auch durch die Art und Weise der Informationsstrukturierungen evoziert. Komplexe Sachverhalte unterliegen einer Reduzierung und Fragmentierung, die brisant stilisiert werden. Dies lässt sich anhand eines Beispiels darlegen. Der Autor verfolgt die These, dass die Distanz zwischen Glaubensdoktrinen und Glaubenspraxis damit einhergehe, dass die Lehren keinen Erlebnischarakter besäßen und sich das gemeinsame Erlebnis, etwa eines „rauschhaften Opferfestes" (Z. 465) oder eines „schreckensreichen Initiationsritus" (Z. 466) dagegen stärker einpräge. Als Beispiel für die Einprägsamkeit führt er ein Ritual eines in Nepal lebenden Volkes an. Detailgetreu werden ein Kampf und die Tötung eines Widders geschildert und durch die Fokussierung auf Einzelheiten inszeniert (Z. 468f.). Ein für den westlichen Kulturkreis fremdartiges, brachiales Verhalten wird betont, welches den Eindruck eines brutalen und Ekel erregenden Rituals evoziert (Z. 472 „in die Zunge zu beißen", Z. 475 „schlägt ihm den Kopf an", Z. 476 „schneidet Herz heraus", Z. 478 „das noch warme Widderherz zwischen den Zähnen"). Dabei wird nicht erklärt, dass es sich um einen schamanischen Initiationsritus, die „öffentliche Geburt am Lebensbaum"[39] handelt, bei dem zwar ein Kampf mit einem Widder vorgesehen ist, jedoch nicht in dieser expliziten Weise. Zudem steht dieser Kampf auch nicht im Vordergrund des Ritus.[40] Darüber hinaus fehlt die Erklärung, dass ein schamanisches Weltbild starke Initiationen benötigt. Durch diese verkürzte Darstellung entsteht ein völlig anderer Blickwinkel auf den Sachverhalt eines schrecklich-faszinierenden, ekelerregenden Rituals.

---

39 Gmoser 2008, 83.
40 Vgl. Sauter 2009, 71; Heller 1990, 167.

Warum wurde diese Darstellung gewählt? Nach der detailgetreuen Szenerie erscheint die Schlussfolgerung in Form eines Vergleichs (Z. 414 „so etwas prägt sich tiefer ein als die sonntägliche Lesung aus dem Evangelium nach Matthäus"). Der Ritus wird mit der Lesung des Christentums verglichen. Die Darstellung des Sachverhalts dient demnach dazu, die Langweile und Erlebnisarmut der Lehre des Christentums noch weiter hervorzuheben. Dabei ist es nahezu unmöglich, die beiden Sachverhalte einem Vergleich zu unterziehen, da sie anderen Kulturkreisen entsprechen. Der Initiationsritus wird durch diese Präsentation implizit bewertet, jedoch nicht erklärt. Diese Art der Informationsstrukturierung und Weglassung von Informationen zur Hervorhebung von Brisanz findet sich auch an weiteren Stellen im Text, etwa anhand der Beschreibung eines Kultes in Brasilien (Z. 405f.) oder des Voodoo-Phänomens (Z. 215). Die Sachverhalte werden zwar angesprochen und zur Darlegung der Argumentation oder zur Unterhaltung genutzt und bewertet, jedoch nicht weiter erklärt.

Im Gegensatz zu den ersten Artikeln, in denen die Emnid-Studie ausgiebige Erläuterungen findet, werden die hier genutzten Studien im Fließtext lediglich kurz herangezogen, und nicht weiter in ihren Erhebungskontext eingebettet. Neben den gehäuften Experimenten finden sich des Weiteren Forschungstheorien, die implizit und explizit angesprochen werden (z.B. Slone – „theological incorrectness", Boyer – „tragedy of the theologian", Platon – „Essenz"). Der Artikel rekurriert dabei auch auf die biologistisch argumentierende kognitive Religionswissenschaft (Justin Barrett, Pascal Boyer, Harvey Whitehouse).[41] Es zeigt sich eine Verschränkung von unterschiedlichen, auch fachwissenschaftlichen Diskursen, die zwar der Argumentation dienen, dabei jedoch zum Teil verworren zusammengefügt werden. Zudem finden sich Pauschalisierungen, um die Distanz zwischen Lehre und Glaubenspraxis auf alle Religionen und Kulte zu übertragen (Z. 426 „so geht das immer") sowie Spekulationen (Z. 113f. „offenbar fürchten sie") und explizite Bewertungen (Z. 372 „beten ungeniert ihren Buddha an"), die das abwendende Verhalten der Gläubigen von den Lehren fokussieren und dem Leser ein einheitliches Szenario präsentieren. Die Beschäftigung mit „Übersinnlichem" wird somit als Lückenfüller stilisiert, da sie die Distanz zur Lehre füllt und dies, so wird suggeriert, nicht nur bei allen anderen Religionen und Kulten vorliegt, sondern auch historisch gesehen, nicht als neues Phänomen erscheint.

Alle Ebenen betrachtend zeigt sich, dass Spiritualität, besonders grafisch in Form von Fotos und Statistiken, in den Mittelpunkt des Interesses rückt. Sie wird differenziert in Übersinnliches, Aberglaube und Magie bzw. „Volksglaube" und durchaus negativ stilisiert, indem die pejorative Bedeutungskomponente anhand der Lexik und auch der grafischen Gestaltung betont wird. Unter dem Begriff Religion ist zwar auch die christliche Religion gefasst, die als „offizielle Religion" tituliert

---

41 Vgl. Schüler 2012.

wird; der Religionsbegriff schließt jedoch auch andere Religionen mit ein. Im Gegensatz zu den ersten beiden Artikeln zeigen sich hier nicht nur klare Auswirkungen der Säkularisierung, es werden auch Entwicklungen präsentiert und widerge-
spiegelt, die auf die Pluralisierung und Individualisierung anspielen (Z. 60 „Der
gläubige Mensch pickt sich aus dem jeweils herrschenden religiösen Angebot vor
allem heraus, was ihm einleuchtend und hilfreich erscheint") und Züge der populären Spiritualität deutlich werden lassen, indem auch eine Entgrenzung deutlich
wird. Der Artikel schildert damit einen religiösen Transformationsprozess und somit einen Formenwandel von Religion.

Zusammenfassung der Ergebnisse

Betrachtet man alle Ergebnisse der drei Artikel vergleichend, werden je nach Zeitraum unterschiedliche Bedeutungsaspekte des Referenzobjektes „Religiöser Transformationsprozess" betont. Die ersten beiden fokussieren eine Glaubenskrise sowie
einen Glaubensschwund der christlichen Kirchen. Glaube ist dabei mit dem christlichen Glauben verknüpft. Die Abnahme der institutionellen Religion wird im Artikel
von 1967 als Krise, im Artikel von 1992 als Schwund und als Trend stilisiert und
bei beiden durch die Argumentation sowie die sprachliche Gestaltung in Form von
Gradpartikeln, Hyperbeln und Kampfmetaphorik als Bedrohungsszenario konzeptualisiert (siehe Abb. 50).

Dabei treten in beiden Artikeln die Spaltung und Distanz zwischen den Gläubigen und der Kirche hervor. Als Aufhänger werden dafür innerkirchliche Kontroversen genutzt, die personalisiert werden. Ist es 1967 die Bekenntnis-Bewegung, rückt
1992 der Streit um Drewermann und Degenhardt bzw. die Gegenüberstellung zum
Papst in den Fokus. Im Artikel aus dem Jahr 2013 zeigt sich eine Verschiebung des
Scheinwerfers. Der Kirchenschwund wird zwar thematisiert ebenso wie die Spaltung zwischen den Überzeugungen der Gläubigen und den Lehren der Kirche, jedoch nicht als Bedrohungsszenario stilisiert. Dem Schwund kommt Akzeptanz und
Gleichgültigkeit zu, er wird dabei historisch verortet, was ihm eine gewisse Brisanz
einräumt. Eine Bedeutungsverschiebung des Lexems „Glauben" hat stattgefunden,
dieses bezeichnet nun nicht nur den christlichen Glauben, sondern die Zuwendung
zu Übersinnlichem in christlichen aber auch anderen religiösen Kontexten, tituliert
unter „Volksglauben". Bereits angedeutete Phänomene, etwa „Aberglauben" (1967)
oder „Jeder sucht sich seinen Glauben aus" (1992), sind im Jahr 2013 voll ausgebreitet. Unterschiedliche spirituelle Glaubenskonzepte werden dabei als im Menschen verwurzelt, jedoch mit gewissem Spott betrachtet. Vor allem die Dichotomie
zwischen Rationalität und Glaube an Spiritualität wird fokussiert. Alle drei Artikel
berufen sich dabei auf Statistiken. Während der Artikel sich diese 1967 zu Nutze
macht, um den Artikel brisant zu machen und Meinungen zu evozieren, etwa durch
die ironische Darstellung von falschen Antworten der Umfrage, ist es 1992 die Personalisierung durch den Kirchenkritiker Drewermann, der als Rebell gleichzeitig als

Sympathieträger präsentiert wird. 2013 wird für eine Perspektivierung die Autor-Leser-Bindung genutzt, die durch generische Aussagen und Fragen gestaltet ist. In ihrer Argumentation sind die Artikel sich dabei sehr ähnlich, da allen eine explizite Kirchenkritik unterliegt. Die Kirchen und ihre Autoritäten werden kritisiert, pejorativ bewertet und persuasiv negativ skizziert.

Die Frage „Was glauben die Deutschen?" bzw. „Was glaubt der Mensch?" zu den unterschiedlichen Zeit-Kontrast-Schnitten zeigt demnach die unterschiedlichen Antworten auf, anhand derer sich die Veränderung von Religion und die unterschiedlichen Modernetheorien ablesen lassen. Während in allen drei Artikeln vor allem die Säkularisierungstheorie wiederzufinden ist, zeigen sich bereits Züge der Individualisierung in den ersten beiden Artikeln. Im dritten Artikel werden Elemente der Säkularisierung sowie der Individualisierung und Pluralisierung explizit sichtbar. Zudem findet sich die These eines Aufkommens von populärer Spiritualität, die negativ kontextualisiert wird. Insgesamt ist ersichtlich, wie die Entwicklungen sprachlich und gestalterisch aufbereitet werden und wie eine explizite Kirchenkritik und somit kritische Haltung gegenüber der Kirche – ebenso wie über Spirituelles – evoziert wird.

Abbildung 50: Übersicht zu den Ergebnissen der drei untersuchten Artikel

		1967	1992	2013
Text-Oberfläche	Aufbau	Ergebnisse, Kontroverse Bekenntnisbewegung, Orthodoxe vs. Reformer, Distanz Kirchenmitglieder vs. Kirchenlehre	Ergebnisse, Kontroverse Drewermann vs. Degenhardt, Papst, Distanz Kirchenmitglieder vs. Kirchenlehre	Ergebnisse, Fokus Experimente, Hinwendung zum Übersinnlichen, Distanz Kirchenmitglieder vs. Kirchenlehre
	Grafische Gestaltung	Statistiken (Fokus: Rückgang), Fotos, Spannungsverhältnis christliche Symbolik vs. Praxis	Statistiken und Fotos (Fokus: Rückgang), Porträt Drewermann, Abwendung christliche Religion	Statistiken, Fotos (Fokus: Pluralität), Hervorhebung Magie als „Aberglaube"
Sprachlich-rhetorische Mittel	Leitvokabeln	Glaubenskrise, Distanz, Autoritätspersonen (Theologen)	Glaubensschwund, Drewermann	Magie, Volksglaube, Kirchenniedergang, Autoritätspersonen (Forscher)
	Wortfelder	Krise, Gefahr, abnehmende Menge, Spaltung	Entwicklung, Entfremdung	Verwurzelung, Tiefe, Angst/Furcht
	Bezeichnung Akteure	Gottesmänner, Gelehrte, Widerspenstige, Ketzer, Kirchenführer, Oberhirten, Hirten, Gottgläubige, Kirchentreue, praktizierende Katholiken, strenggläubige Katholiken, Katechismus-Katholiken, Bekenntnis-Protestanten, Glaubenslose, Steuer-Christen, Christen ohne Kirche	Heilige Vater, Hauptfigur, Ketzer, Kirchenkritiker, Oberhirten, Gefolgsleute, sonntägliche Messbesucher, dogmengläubige Katholiken, weniger kirchenverbundene Katholiken, Christen ohne Kirche, ungläubige Deutsche, Konfessionslose, neue Heiden	Anhänger, Gläubige, Kundschaft, Zeitgenossen, geistersinnige Kandidaten, Ungläubige, Überzeugte Atheisten, aufgeklärte Zeitgenossen, überzeugste Gottlosen, ausgekochte Skeptiker, erklärte Atheisten, Aktivisten der Rationalen
	Metaphern-konzepte	Verkehrte Schafs-Hirten-Metaphorik, Kampf- und Kriegsmetaphorik, Vergleich „alte Tante"	Krankheitsmetaphorik, Kampfmetaphorik, Vergleich „alte Tante", Konzept David-Goliath, Bewegungsmetaphorik	Wirtschaftsmetaphorik, konventionelle Schafsmetaphorik, Vergleich Steinzeit
	Emotionali-sierungs-strategien	Berufen auf Theologen, kirchliche Autoritäten, Implikaturen, Spekulationen, Geheimhaltung, implizite und explizite Attribuierungen, Interpunktionsmittel zur Ergebnisstrukturierung	Berufen auf wertende Porträtierung und Kontrastierung der Akteure Drewermann/Papst, Kirchenkritiker als Rebell und Sympathieträger, Hyperbeln, Implikaturen, Interpunktionsmittel zur Drastikerhöhung, Vergleich politischer Kontext	Berufen auf Wissenschaftler (v. a. Forscher, Psychologen)/Experimente/Theorien, Fragen, direkte Leseransprache, perspektivierte Referenzialisierung, generische Aussagen, Perspektivierung, Fragmentierung, Interpunktionsmittel zur Brisanzerhöhung
	Intendierte Argumentation Perspekti-vierung	Kirchenkritik (Schuldzuweisung), Bedrohungsszenario, Krise, Glaube ohne Kirche, Spaltung, Sarkasmus über Abwendung und Unwissenheit	Kirchenkritik (Schuldzuweisung), Papstkritik, Bedrohungsszenario, Glaube ohne Abwendung, Sarkasmus über Abwendung	Kirchenkritik (Schuldzuweisung), Akzeptanz Glaube ohne Kirche, alternative Glaubenskonzepte, Dichotomie Rationalität vs. Übersinnliches, Erfahrbarkeit, Abwertung und Sarkasmus gegenüber Übersinnlichem

5.2.2 „Pillen-Papst", „katholischer Oberbefehlshaber", „good cop" – Paul VI., Johannes Paul II., Franziskus und die Sexualmoral

In der vorliegenden Feinanalyse werden drei *Spiegel*-Artikel aus den Jahren 1968, 1990 sowie 2014 betrachtet (Abb. 47, S. 207, *Spiegel*, 32/1968, 52/1990, 5/2014). Als gemeinsames Thema liegt ihnen die Haltung des jeweiligen Papstes zur Sexualmoral zu Grunde. Während im Artikel aus dem Jahr 1968 die Haltung Papst Paul VI. und die gerade verkündetet Enzyklika *Humanae Vitae* im Fokus stehen, ist der Artikel aus dem Jahr 1990 nicht an ein bestimmtes Ereignis geknüpft, sondern thematisiert die Einstellung Johannes Paul II. Wie bereits im Titelbild erkennbar ist, wird im Artikel auf seine in Ruanda gehaltene Predigt gegen Kondome Bezug genommen. Der letzte Artikel fokussiert die Einstellung Papst Franziskus zur Sexualmoral und nimmt Bezug auf die im Oktober 2014 herausgegebene Umfrage des Vatikans an die Gemeinden hinsichtlich diverser Themen, unter anderem der Fragen der Sexualmoral. Alle Artikel haben demnach die gleiche Basis, da sie unterschiedliche Päpste und deren Haltungen zur Sexualmoral in den Blick nehmen,[42] alle sind zudem in Form eines Features geschrieben.

1) „Papst Paul VI: Nein zur Pille" (1968)

1) Kontext (Institutioneller Rahmen)

„Papst Paul VI: Nein zur Pille" betitelt der *Spiegel* am 5. August 1968 seine 32. Ausgabe und nimmt Bezug auf die umstrittene Enzyklika *Humanae Vitae*, die am 25. Juli 1968 vom Papst verkündet wurde. Erstmalig hatte Papst Pius XI. 1930 in seinem Lehrschreiben *Casti connubii* ausgedrückt, dass es neben dem Ehezweck der Nachkommenszeugung noch die zweite Ordnung, die eheliche Liebe, gebe. Hinsichtlich des Eheakts seien aber keine unnatürlichen Mittel zur Verhinderung unerwünschter Geburten erlaubt, so der Papst.[43] Im Laufe der Zeit und der Entwicklung der Verhütungsmittel wurden im Zuge unterschiedlicher Haltungen von katholischen Ärzten und Kirchenleuten und vor allem des zweiten Vatikanischen Konzils (1962-1965) mehr Offenheit in Zeiten des gesellschaftlichen Wandels signalisiert. Diese wurde jedoch durch die vom Papst vorgelegte Enzyklika *Humanae Vitae* rückgängig gemacht, die ein Verbot der „künstlichen" Verhütung vorsieht und Proteste, nicht nur außerhalb sondern auch vor allem innerhalb der Kirche nach sich zog, die von Glaubwürdigkeit- und Autoritätszweifeln gekennzeichnet waren.

---

42 Eine Chronologie ist nicht gegeben: Die Haltung Benedikts fehlt. Dies liegt darin begründet, dass der *Spiegel* kein Titelblatt zu Papst Benedikt XVI. und seiner Haltung zur Sexualmoral herausbrachte.

43 Vgl. Denzler 1990, 21.

Die Enzyklika regelte nicht nur Sexualität und Reproduktion, sondern auch das Geschlechterverständnis, Paar- und Elternbeziehungen, Vernunft und Freiheit. „Durch die Betonung der immensen Bedeutung des Gegenstandes wurde den Gläubigen durch das Lehrschreiben zugleich die Pflicht zum Gehorsam eingeschärft. [...] Darüber hinaus [...] [stütze sich] die Autorität des Papstes [...] auf den besonderen Beistand des Heiligen Geistes."[44] Daraufhin relativierten die deutschen Bischöfe in ihrer „Königsteiner Erklärung" von 1968 die Aussagen hinsichtlich der päpstlichen Verbindlichkeit und sprachen „sich für eine persönliche Gewissensentscheidung und Verantwortung des Einzelnen aus."[45] Der Widerstand zeigte sich auch besonders in der medialen Öffentlichkeit sowie anlässlich des Essener Katholikentags, in der der Papst zu einer Änderung seiner Haltung aufgefordert wurde, auf die er jedoch bis zu seinem Lebensende nicht einging. Die *Spiegel*-Ausgabe erscheint demnach einen Monat vor dem von Protest und Widerstand gegen die Amtskirche gezeichneten Kirchentag in Essen im September 1968. Der Artikel (Titel: „Last und Lust") betrachtet die Entscheidung des Papstes, sich gegen künstliche Verhütungsmittel auszusprechen, kritisch auf historischer und gegenwärtiger Ebene. Er fokussiert die Folgen dieser Entscheidung, nimmt das umstrittene Verhütungsmittel – die Pille – in den Blick und bezieht Stellung zur Person des Papstes per se und zu Grundfragen der Sexualmoral hinsichtlich Empfängnisverhütung, Abtreibung und des kirchlichen Eingriffes in das eheliche Intimleben. Der Autor des Textes wird nicht genannt.[46]

2) Text-Oberfläche

Der erste Teil des Artikels (Z. 1-181) beginnt mit einem szenischen Einstieg, der auf die Befürwortung für Verhütungsmittel während des zweiten Vatikanums verweist. Entgegen dieser Befürwortung wird als Gegenszenario die Stellungnahme des Papstes dargelegt und die Enzyklika *Humanae Vitae* als „neuer Fall Galilei", als neuer Irrtum, tituliert. Mit Hinweis auf die Haltung der früheren Päpste sowie auf ihre Missachtung von Bittschreiben namhafter Persönlichkeiten und die möglichen Folgen hinsichtlich des Bevölkerungswachstums entfaltet der Autor die These eines

---

44 Großbölting 2013, 111.

45 Eder 2015, 35.

46 Dies ist beim *Spiegel* nicht unüblich. Wurden zwar im Editorial manchmal die Namen der Autoren genannt (etwa bei den analysierten Artikeln aus Kapitel 5.2.1), wurden die Namensveröffentlichungen der Autoren unter den Artikeln erst Anfang 1990er Jahre unter Leitung des damaligen neuen Chefredakteurs Stefan Aust eingeführt. Die Anonymität der veröffentlichen Artikel ging auf Augstein zurück: „Augsteins Grundgedanke war, daß überhaupt kein Name auftauchen soll. Das Magazin solle so aussehen, als sei es von einem Menschen für einen anderen geschrieben" (Schütt 2000, 36), dies empfand Aust jedoch als unhaltbar (vgl. ebd.).

kirchlichen Rückschrittes, wertet die Enzyklika als Fehlurteil ab und bekräftigt und belegt seine These durch Zitate internationaler Zeitungen sowie Stellungnahmen von Pillenmiterfinder, Bischöfen und Moraltheologen, die sich von der Enzyklika distanzieren. Im zweiten Teil (Z. 182-262) wird anhand der Vergleichsfolie mit Galilei der Alleingang des Papstes pointiert, sein Vorgehen gegen die Mehrheit der Kirche kritisiert und durch Vergleiche mit anderen Päpsten als einzigartig in der Geschichte stilisiert. Durch eine Expansion im dritten Teil (Z. 263-423) wird das Festhalten Pauls VI. an veralteten Lehren betont und ihm und weiteren Konservativen der katholischen Kirche Weltfremdheit unterstellt, die durch Fallschilderungen bekräftigt wird. Anhand derer wird der konservativen Seite eine Unvereinbarkeit von Religion und sexueller Lust nachgesagt; historische Beispiele dienen der Beweisführung sowie Illustration und führen schließlich zurück auf die gegenwärtige Situation und dem durch Pius XI. eingeleiteten und Paul VI. weitergeführten Verbot der Pille. Es folgt eine Skizzierung der nationalen und internationalen Debatte um die Pille (Z. 424-717). Unterschiedliche Meinungen von Ärzten und der Erfolg des Medikaments werden mit Berufung auf Zahlen abgesichert. Als Autoritäten für ein Plädoyer des Verhütungsmittels fungieren Ergebnisse der Börse sowie der Forschungsetat. Hier, so wird suggeriert, hätte man im Gegensatz zum Vatikan die Not des Verhütungsmittels verstanden. Um diese Not herauszustellen, werden anhand von Zahlen und Statements von Regierungspräsidenten sowie durch eindringliches Vokabular die Folgen einer Überbevölkerung und die bereits vorhandenen Hungersnöte aufgezeigt sowie die päpstliche Ignoranz dieser Problematik stark kritisiert. Zudem wird im fünften Teil (Z. 718-969) zunächst eine weitere Problematik, die Abtreibung, fokussiert und die These aufgestellt, dass diese durch Empfängnisverhütung vermeidbar sei. Zur Beweisführung dieses Arguments werden Studien und historische Skurrilität herangezogen, die zur rettenden Maßnahme, der Pille, überleiten. Die Argumentation für die Pille wird gestärkt, dabei werden jegliche Vorbehalte (Nebenwirkungen, Gesundheitsschäden) ausgeräumt. Erneut dienen Ärzte als autoritäre Bekräftigung der Argumentation. Welche Konflikte die ärztliche Zustimmung mit der Vereinbarkeit der Enzyklika in Krankenhäusern und im ehelichen Alltag hervorbringt, zeigt die Problematisierung im sechsten Teil (Z. 970-1200) anhand einer *Spiegel*-Umfrage in Krankenhäusern, Ergebnissen der Prill-Studie sowie Erfahrungsberichten deutscher Katholiken. Erneut werden die Position des Papstes und seine Machtstellung hervorgehoben, auch entgegen der bereits vorgezeichneten Offenheit des zweiten vatikanischen Konzils. Der Artikel schließt (Z. 1201-1386) mit einer Abwägung eines Eingeständnisses Paul VI., welches auf Fehlbarkeit hinweisen würde. Anhand von Verweisen auf Irrlehren und Widersprüche vergangener Päpste sowie Pauls Revision der Feuerbestattung wird dargelegt, dass eine Zurücknahme möglich sei – er diese aufgrund seiner Forderung nach blindem Gehorsam jedoch nicht billige. Der Autor schlussfolgert jedoch, dass das Papstwort aufgrund der aufgezeigten Unstimmigkeiten in sämtlichen Bereichen (bevölkerungspolitisch, medizinisch, moralisch, theologisch) der innerkirchlichen Entwicklung diesmal nicht standhalten könne und attestiert die Grundthese eines „großen Ungehorsam[s]" (Z. 1386), der angesichts der Entwicklung und Haltung des Papstes begonnen habe.

Mit dem Titelbild schuf der *Spiegel* eine „visuelle Ikone"[47], die auch später noch das Bild von Paul VI. in der Öffentlichkeit prägte. Dieser wurde aufgrund der medialen Repräsentation in der Öffentlichkeit nicht mit den Erfolgen seiner Regentschaft (z.B. Liturgiereform, Enzyklika *Populorum progressio*) wahrgenommen, sondern aufgrund der Proteste gegenüber seiner Enzyklika *Humanae Vitae* als gescheitertes Oberhaupt hinsichtlich der Akzeptanz seiner Kirche gebrandmarkt. Der Hintergrund des Titelbildes ist schwarz eingefärbt, im Kontrast dazu sticht ein dekontextualisierter Foto-Ausschnitt des Papstes, erkennbar an der weißen Soutane und weißem Pileolus, hervor. Nur der Oberkörper des Papstes ist auf der unteren Hälfte des Bildes ersichtlich. Das Foto zeigt ihn bei der Ausführung der Segensgeste, sein Mund ist geöffnet, die segnende Hand ausgestreckt. Über ihm, in der oberen Bildhälfte prangt in großen Buchstaben, das halbe Titelbild einnehmend und in grüner Schrift der Titel „Nein zur Pille". Dass diese Worte von Papst Paul VI. stammen wird durch den Zusatz „Papst Paul VI:" in kleinerer Schrift und weißen Buchstaben suggeriert und erkenntlich gemacht. Durch die Verknüpfung von Bild und Text wird der Eindruck erweckt, dass das wortwörtliche „Nein zur Pille" von Papst Paul VI. selbst stamme (es ist in dieser Form jedoch nie vorgekommen) und die Geste aufgrund dieses Ausspruchs ausgeführt sei. Stöckl (2004) spricht hinsichtlich solch einer Koppelung von einem „Comicmuster des Sprache-Bild-Bezugs", indem er auf die Figurenrede verweist[48] und diese als typisch für Zeitschriften klassifiziert, da gerade hinsichtlich brisanter Äußerungen die Urheberschaft eine wichtige Rolle spielt. Die Segenspose wird demnach durch die Kopplung von Text und Bild umcodiert zu einer Haltung, „die den Papst als gestrengen Mahner präsentiert, der in paternalistischer Selbstgewissheit resolut seinen Einspruch gegen die künstliche Empfängnisverhütung erhebt."[49] Zudem findet sich im Titelbild eine weitere Montage: Der i-Punkt des Lexems „Pille", ebenfalls in Weiß gehalten und daher herausstechend, ist in Form des Verhütungsmittels der Pille visualisiert. Die Dynamik erzeugende Geste des Unterarms Pauls führt geradewegs zu diesem i-Punkt und visualisiert den Kontrast zwischen kirchlicher Lehrmeinung und dem von den Reformern befürwortenden Verhütungsmittel.

Die Bilder im Artikel visualisieren einzelne Inhalte bzw. Argumente des Artikels. So wird einerseits die Machstellung des Papstes hervorgehoben (Bild 1), der im Seitenprofil zu sehen ist, erhöht über den ihm zujubelnden Menschen thront, auf

---

47 Städter 2011, 335.
48 Vgl. Stöckl 2004, 272.
49 Städter 2011, 335.

sie hinunterschaut, dabei jedoch nicht auf die Einzelperson blickt, die ihm die Hand reicht. Allein durch das Bild und die Bildunterschrift („Pillen-Gegner Paul VI in Castelgandolfo: Ein zweiter Fall Galilei") erschließt sich dem Betrachter die Haltung des Autors gegenüber dem Papst: Durch die Bezeichnung und Rekurrenz auf den „zweiten Fall Galilei" und das Kompositum „Pillen-Gegner" wird explizit suggeriert, dass der machtvolle Papst der Pille feindlich gegenübersteht und dabei einem Irrtum unterliegt.

Welche Folgen die Einstellung des Papstes hat, visualisieren die Bilder auf der gleichen Artikelseite und stellen damit durch ihre Anordnung einen spezifizierenden Bild-Bild-Bezug her, da konzeptuelle Kohärenz hergestellt wird. Die drei Bilder (Bild 2, 3, 4) bilden eine in sich geschlossene Einheit: Alle rekurrieren auf das Problem der Überbevölkerung bzw. der Hungersnot und Armut in unterschiedlichen Teilen der Erde. Während das erste Bild eine große Familie in Armut zeigt, ist auf dem zweiten Bild eine Masse von Menschen zu sehen. Das dritte Bild zeigt eine Gruppe von Kindern, anhand deren hervorquellender Bäuche Unterernährung zu erkennen ist. Nicht nur die Bildnachricht ist emotional aufgeladen. Die in ihrer Syntax gleich angeordneten Bildunterschriften verweisen auf die Aufnahmeorte der Fotos (Lateinamerika, Indien, Afrika) und sind mit Zitaten der Pariser Zeitschrift Combat („Todesurteil für Katholiken"), der Wiener Arbeiterzeitung („Sieg der Weltfremdheit") und Pillen-Erfinder Hoagland („Verbrechen an der Menschheit") versehen, die in ihren Statements ihre Reaktion gegenüber der Enzyklika kundtun. Es handelt sich um negativ konnotierte Lexeme wie „Tod", „Verbrechen", „Weltfremdheit", die die Bilder zusätzlich aufladen. Die Reaktionen werden demnach in Relation zu den Bildern der Überbevölkerung bzw. Hungersnot gestellt und dienen somit auch als Anklage gegen die Entscheidung des Papstes. Den Fotos kommen dabei eine „Beleg- und Beglaubigungsfunktion"[50] zu.

Auch die Positionierung der unterschiedlichen Meinungsparteien und die Lehrverkündung einer Minderheitengruppierung werden visualisiert durch ein Bild der Kommission der Enzyklika (Bild 5), Bilder der „Pillen-Gegner" (Bild 6) sowie der „Pillen-Befürworter" (Bild 7). Durch Syntax, Fragestellung und Aufteilung sind sie kohärent verbunden und werden kontrastierend gegenübergestellt. Die provozierenden Fragen („Prostitution im Ehebett?") spielen auf Verweise im Text an, etwa die Dramatisierung Ruffinis, Eheleute würden sich in Prostitution stürzen, wenn die Ehe nicht christlich gehalten sei. Des Weiteren zeigen sich Fotos der Pillen-Erfinder Pincus und Rock (Bild 9), die, so wird betitelt, „Schutz für 25 Millionen Frauen" bieten. Durch die positiven Porträtfotos – beide lächeln – sowie dem positiv konnotierten Wort „Schutz" werden sie zu Sympathieträgern. Der Schutz – vom Papst nicht gegeben – wird demnach durch die Wissenschaftler verkörpert. Auch die kontrovers diskutierte singende Nonne Schwester Sourire wird abgebildet (Bild 8),

---

50 Voss 1999, 92.

die mit ihrem Lied „Glory be to God for the Golden Pill" die Empfängnisverhütung unterstützt. Durch die Bildunterschrift wird sie mit einem weiteren Bild (Bild 10) verknüpft, welches eine Frau mit einem Kind auf dem Arm zeigt, die aufgrund der Pille, die ihr gereicht wird, lächelt. Alle Bilder visualisieren demnach eine Argumentation für die Pille. Unterstützt wird diese Argumentation indem auch auf dieser Seite die Überbevölkerung in Form einer Grafik (Bild 11), betitelt mit „Völker ohne Raum", ins Gedächtnis gerufen wird: Erneut wird somit visuell suggeriert und appelliert, welche Problematik sich ohne das als positiv beurteilte Verhütungsmittel ergibt.

Zudem präsentiert der *Spiegel* ein Interview mit einem der ersten priesterlichen Befürworter der Pille, Jesuitenpater Dr. Jakob David, der ebenfalls mit einem Foto abgebildet ist. Bereits die Tatsache, dass ein Befürworter und nicht etwa ein Kritiker der Pille Platz für seine Thesen bekommt, verweist auf die Positionierung des Magazins. Zudem wird ein Zitat des Paters zur Dramatisierung als Titel benutzt („Zerreißprobe in der Kirche"), welches zusammen mit dem Foto als Figurenrede funktioniert. Die Fragen des *Spiegel* zielen darauf ab, einen Widerstand bzw. Gefahr für die Kirche zu bestätigen. Die Antworten, in denen es zwar scheint, als wolle er die Thesen relativieren, zeigen jedoch Kritik und Zweifel an der päpstlichen Entscheidung auf. Das Interview bekommt demnach eine Beweisfunktion, aufgrund der Kritikbestätigung durch eine kirchliche Autorität. Da der Pater in seiner Antwort weitere Problematiken aufzählt, die im Artikel nicht erwähnt werden, etwa die Folgen einer möglichen Ablehnung des Priesterberufes, die Ausführung der Beichte sowie die Entfernung von der Kirche unter den Gläubigen, dient das Interview somit auch als argumentative Weiterführung des Artikels.

3) Sprachlich-rhetorische Mittel

Alle drei Artikel greifen einen bestimmten Sachverhalt hinsichtlich der kirchlichen Sexualmoral auf und skizzieren dazu die jeweilige Haltung des Papstes. Daher wird nun im Folgenden dargelegt, wie das Referenzobjekt bzw. der Sachverhalt zur kirchlichen Sexualmoral und die jeweilige Charakterisierung des Papstes sprachlich aufbereitet werden. Betrachtet man aus onomasiologischer Sicht die Bezeichnungen für *Humanae Vitae* wird schnell deutlich, dass allein anhand der Nominationen die Haltung und die Entscheidung explizit als Fehler bewertet und gleichzeitig die Macht des päpstlichen Alleingangs hervorgehoben wird (siehe Tab. 14).

Tabelle 14: Nominationsausdrücke zum Referenzobjekt „Haltung Sexualmoral/Humanae Vitae"

Referenzobjekt	Nominationsausdrücke
Haltung Sexualmoral/ *Humanae Vitae*	• „neue Fall Galilei", Z. 21 • „zweite Fall Galilei", Z. 183 • „fatalste katholische Fehlurteil", Z. 104 • „Verdammungsurteil", Z. 392 • „Irrlehre", Z. 278 • „Irrtum", Z. 359 • „Papst-Wort", Z. 332 • „päpstliche Bannbulle", Z. 640 • „Pillen-Enzyklika", Z. 1258 • „Vorschriften […] für […] Liebesleben", Z. 193 • „Ansichten einer Minderheit zur amtlichen Lehre", Z. 260 • „längst antiquierte Lehre", Z. 264 • „Bannstrahl aus dem Vatikan", Z. 564 • „Forderung nach blindem Gehorsam", Z. 1373 • „Macht-Wort", Z. 338

Als Leitvokabel fungiert dabei der „Fall Galilei". Besonders in der Einleitung wird mit Bezug auf Kardinal Suenens die päpstliche Entscheidung mit dem historischen Irrtum des Falls Galilei verglichen und als „neuer" oder „zweiter" Fall Galilei betitelt. Die Kirche mochte damals den wissenschaftlichen Fortschritt, durch Galilei vertreten, nicht anerkennen. Mit der Herausgabe der Enzyklika wird ihr erneut die Nichtbeachtung neuester wissenschaftlicher Erkenntnisse unterstellt. Der Galilei-Vergleich wird jedoch nicht allein vom *Spiegel* genutzt. Mit Blick auf andere Studien zeigt sich auch in anderen Zeitungen die Relation zum Fall Galilei,[51] sodass der Vergleich als diskursspezifisch für den Diskurs um *Humanae Vitae* bezeichnet werden kann. Die Ignoranz gegenüber dem wissenschaftlichen Fortschritt sowie die Gestaltung der Enzyklika als „Ermahnung in Sachen Autorität und Gehorsam im Katholizismus"[52] werden im Artikel stark kritisiert. Hierbei lässt sich auf Karl Gabriel verweisen, der unterschiedliche Muster der päpstlichen Autoritätsbeziehung unterscheidet, die funktionale Autorität (1), d.h. Sach-, Fach oder Expertenautorität, die Amtsautorität (2) und die persönliche Autorität (3), die auf Anerkennung herausragender Eigenschaften beruht.[53] Im Artikel wird dem Papst zwar seine

---

51 Vgl. Bock 2010, 274; Faber 2006, 236.
52 Großbölting 2013, 113.
53 Vgl. Gabriel 2008b, 363.

Amtsautorität nicht abgesprochen (er tritt etwa in seinem Amt ermahnend auf, was sich anhand der Verben zeigt), jedoch jegliche Form der funktionalen und persönlichen Autorität: Anhand seiner Akteursbezeichnungen wird er als Feindbild konstruiert und seine Entscheidung werden in expliziter und impliziter Form spöttisch bis zynisch bewertet und kontextualisiert (siehe Tab. 15).

Tabelle 15: Textbelege zur Konzeptionalisierung des Papstes als Feindbild

	Textbelege
Verben, die ermahnende Haltung ausdrücken	• „nicht hinnehmen", Z. 27 • „verbieten", Z. 35 • „vorschreiben", Z. 44 • „bekräftigen", Z. 61, 390 • „belehren", Z. 398 • „anklagen", Z. 658 • „lenken", Z. 1205
Feindbild Papst VI.	• „Papst, der sie das Fürchten um ihr Leben lehrt", Z. 117 • „Lust-Feind", Z. 100 • „Anti-Pillen-Papst", Z. 311 • „Pillen-Gegner Paul VI.", Z. 657, 1011
negative Attribuierungen seiner Handlung	• „nicht minder grotesk", Z. 671 • „konservativ", Z. 1201 • „unwissend", Z. 190 • „ganze Engstirnigkeit reaktionär-katholischen Weltverständnisses", Z. 659 • „außer Paul und seinen Ottavianis bezweifelt kaum ein Nachdenklicher unter der Sonne", Z. 595 • „Börsianer […] verstanden die Welt besser als der Papst", Z. 573 • „steht der Papst ziemlich allein", Z. 146 • „zweifelhaft, ob der Papst und seine Berater wirklich […] Probleme ins Auge gefasst haben", Z. 705 • „offenkundig […] Augen verschlossen […] vor Problem", Z. 710 • „Eingeständnis eines Irrtums", Z. 1359 • „Forderung nach blindem Gehorsam", Z. 1374 • „Papst hat die Ansichten einer Minderheit zur amtlichen Mehrheit gemacht", Z. 260

Hierbei zeigen sich nicht nur Zweifel gegenüber der Verpflichtung und Verantwortung des Papstes, zudem wird ein Verlust von Autorität und Glaubwürdigkeit evoziert, der gleichzeitig die Unfehlbarkeit in Frage stellt. Der Schluss des Artikels bekommt damit einen revolutionären Charakter gegen die päpstliche Haltung (Z. 386 „der große Ungehorsam hat begonnen").

Wie aus den Kontextualisierungen deutlich wird, handelt es sich nicht nur um Kritik am Papst selbst, sondern auch um Kritik an denjenigen Akteuren, die die gleiche Haltung des Papstes vertreten. Betrachtet man aus onomasiologischer Perspektive die Personenbezeichnungen, wird nicht nur ersichtlich, dass sie dem Papst Gefolge leisten und durch das Pronomen „diese" eine Abwertung erfahren. Obwohl sie die Enzyklika befürworten, werden sie nicht positiv als Befürworter der Enzyklika bezeichnet oder kontextualisiert, sondern als Gegner, als Feind der Pille, sodass aus semasiologischer Sicht nur die Bedeutungskomponente des Pillenverbots, nicht jedoch die ganze Enzyklika *Humanae Vitae* fokussiert wird. Der Name des konservativen Kardinals Ottaviani wird dabei als Synonym für die konservative Position eingesetzt und als Kompositum oder als Gruppenbezeichnung umcodiert, um konservative Anhänger zu kennzeichnen (siehe Tab. 16).

Tabelle 16: Nominationsbezeichnung für die Akteure „Befürworter der Enzyklika"

Akteure	Nominationsbezeichnung
Befürworter der Enzyklika	• „Pillen-Gegner", Bildunterschrift Bild 6 • „Minderheit", Z. 300 • „diese Konservativen", Z. 295 • „diese geistlichen Gefolgsleute des Anti-Pillen-Papstes", Z. 310 • „diese Geistlichen", Z. 305 • „papstfrommen Bischöfe", Z. 148 • „Papst und seine Berater", Z. 706 • „Ottaviani und seine kleine Schar der Pillengegner", Z. 1215 • „Ottaviani-Minderheit", Z. 1226 • „Ottaviani-Gruppe", Z. 1237 • „Paul VI. und seinen Ottavianis", Z. 595

Dass die Enzyklika fernab von jeglichem Zeitgeist ist, wird durch das Wortfeld der Realitätsferne und Weltfremdheit hervorgebracht, in der sich die Autoritätenkritik ebenfalls explizit und auch implizit (siehe letzten Beleg) widerspiegelt (siehe Tab. 17).

Tabelle 17: Textbelege zum Wortfeld der Realitätsferne

	Textbelege
Wortfeld der Realitätsferne	• „wie weltfremd ihnen die Vorschriften sind", Z. 193 • „wie fremd ihnen die Welt", Z. 312 • „Weltfremdheit", Z. 126 • Forderungen „so überaus weltfremd und unmenschlich", Z. 1262 • „solch weltfremder Askese", Z. 681 • „außer Paul und seinen Ottavianis bezweifelt kaum ein Nachdenklicher unter der Sonne", Z. 595

Neben der Kritik an der Persönlichkeit und der fehlenden Verantwortung ist es auch die Sichtweise auf Sexualität (die aus kirchlicher Sicht jenseits der Fortpflanzung als Sünde gilt), die als „ein schier unlösbares Problem" (Z. 345) deklariert und mit Referenz auf Kirchenväter und historische Beispiele als ein Problem mit Tradition konstruiert wird (Z. 347f.). Dabei wird die Sexualität der Religion in Form einer Dichotomie gegenübergestellt und dramatisierend mit Konzepten des Hasses (emotionsbezeichnend) und der Feindlichkeit (emotionsausdrückend) versehen (Überschrift „Lust und Last", Z. 335 „Bruch zwischen Religion und Eros"; Z. 306 „Sex-Feindlichkeit", Z. 349 „Leib und die Liebe haßten", Z. 372 „'Sexuelle als Gegen-Wert des Religiösen", Z. 342 „Sex zwischen Sünde und Sakrament"). Ein weiterer Aspekt, bei welchem dem Papst besonders die funktionale Autorität abgesprochen wird, ist seine Verkennung des problematischen Bevölkerungswachstums, welches mit der Zulassung von Verhütungsmitteln eingeschränkt werden könne (Z. 705 „zweifelhaft, ob der Papst und seine Berater wirklich [...] Probleme ins Auge gefasst haben", Z. 710 „offenkundig [...] Augen verschlossen [...] vor Problem"). Dramatisch wird durch emotionsbezeichnende und emotionsausdrückende Lexeme sowie durch Konzeptualisierungen und Verbalisierungen von Elend, Tod, Bedrohung, Angst und Furcht nicht nur auf bereits bestehende Hungersnöte und dramatische Zustände in der „dritten Welt" referiert, sondern zudem durch den Gebrauch des Konjunktiv II eine Schreckenswelt konstruiert, die mit der Entscheidung des Papstes einhergeht – es wird regelrecht der Untergang der Menschheit suggeriert (siehe Tab. 18).

Tabelle 18: Konzeptionalisierung eines Schreckensszenarios

	Textbelege
Schreckens-szenario, Elend, Tod, Bedrohung	• „explodierende Bevölkerungszahl", Z. 708 • „Verdopplung der Bevölkerung droht", Z. 649 • „eine Welt des Schreckens und des Todes", Z. 107 • „die von Hungersnot bedrohte Welt", Z. 677 • „würde so überbevölkert, daß an Hunger in jedem Jahr mehr Menschen sterben müssten als in allen Kriegen der Menschheit zusammen", Z. 111 • „Apokalypse, die der Menschheit droht", Z. 598 • „Pandämonium von Hunger, Seuchen, Krieg und Tod", Z. 598 • „Menschen auf der Erde drängen", Z. 628 • „verheerende Folgen", Z. 641 • „mit einer Hungerdiät [...] vegetieren", Z. 651 • „durch Hungertod begrenzen", Z. 632 • „im Kampf gegen Krankheit und frühen Tod", Z. 663 • „Papst, der sie das Fürchten um ihr Leben lehrt", Z. 117

Dieser Entwurf des Bedrohungs- und Schreckensszenarios bringt ein textuelles Emotionspotenzial hervor, welches auf dem Gefühl der Wut, Empörung und Unverständnis gegenüber dem Papst und seiner Entscheidung basiert, der, so wird suggeriert, diese Not und den Zustand der Welt durch seine Haltung verkennt und das scheinbare „Hilfsmittel" für die Lösung des Problems der Welt verbietet.

Durch die Einbindung von Zitaten im Artikel, etwa aus dem Gutachten der Kommission seitens Ottavianis, wird belegt, dass dieses „Hilfsmittel" von katholischer Seite als „Mord" und „verdammenswertes Laster" (Z. 301) diffamiert wird. Brisant ist, dass diese Haltung auch Papst Paul VI. unterstellt wird, der dies nie gesagt hat und in dieser Form auch nicht in seiner Enzyklika hervorbringt. Wie bereits dargelegt, positioniert sich der Artikel gegen die Entscheidung des Papstes; die Pille wird dabei als „Allheilmittel" konstruiert – als wissenschaftlicher Fortschritt, Erfolg gegen die Abtreibungsquote, als Rettung vor dem Bevölkerungswachstum und als sexuelle Befreiung für die Frau wird sie zudem noch entgegen sämtlicher Annahmen als nicht gesundheitsschädigend dargestellt. Die positive Kontextualisierung des Verhütungsmittels gleicht einer Werbemaßnahme, in der auch in Form eines Appells für die Pille plädiert und die Geburtenkontrolle appelliert wird und der Artikel somit versucht, zur Akzeptanzschaffung des Verhütungsmittels beizutragen (siehe Tab. 19).

Tabelle 19: Textbelege zur positiven Kontextualisierung des Referenzobjektes „Pille"

	Textbelege
Positive Kontextualisierung des Referenzobjektes „Pille"	• „gefahrlos und zuverlässig", Z. 429 • „Siegeszug", Z. 485 • „Vormarsch der Pille", 1067 • „in denen die Pille die Welt eroberte", Z. 1146 • „stört weder Ästhetik noch Empfindung des Sexualaktes und sie wirkt hundertprozentig sicher", Z. 494 • „gottgefälliger Menschheitsfortschritt", Z. 662 • „Produkt moderner Wissenschaft", Z. 419 • „kein anderes Produkt [...] so sorgsam geprüft", Z. 451 • „auf Ärztetagungen weiterhin für Pille plädiert", Z. 938 • „keines der schwerwiegenden Verdachtsmomente hat sich bestätigt", Z. 844 • „beträchtliche Unzuverlässigkeit anderer Methoden", Z. 1069 • Andere Methoden „teils skurril, durchweg unzuverlässig", Z. 818 • „Sorge Pillen-Gegner unbegründet", Z. 1038

Die Art der Repräsentation kann als Gegenreaktion auf Medienberichte, besonders der katholischen Presse, betrachtet werden, die sich die Nebenwirkungen der Pille oft zum Thema machten und sich regelmäßig auf vermeintliche oder tatsächliche Schäden der Gesundheit beriefen.[54] Neben dieser positiven Kontextualisierung treten im Artikel zudem verdichtete Komposita in Verbindung mit dem Lexem „Pille" auf: Der Papst wird zum „Anti-Pillen-Papst" (Z. 311), die Enzyklika zur „Pillen-Enzyklika" (Z. 1258) oder zum „päpstlichen Pillen-Papier" (Z. 757), die Kommission zur „Pillen-Kommission" (Z. 1257), die sich in „Pillen-Gegner" (Z. 290) und „Pillen-Fürsprecher" (Z. 295) spaltet. Hieran zeigt sich, wie der Sachverhalt auf das Verhütungsmittel der Pille fokussiert wird. Die Komposita fördern zudem die Einprägsamkeit. Im Diskurs sind es besonders die negativ gefärbten Komposita „Pillen-Enzyklika" und „Pillen-Paul", die sich im Volksmund sprachlich manifestieren und dabei Spott zum Ausdruck bringen.[55] Als weiteres Ergebnis lässt sich der neunmalige Gebrauch des Lexems „Antibabypille" im Artikel festhalten. In der ersten Hälfte der 1960er Jahre war das Kompositum prägend, wurde aber als Pejorativ an-

---

54 Vgl. Silies 2015, 160.
55 Vgl. Bräunlein 2015, 185; Bock 2010, 270.

gesehen. So heißt es im 17. Bulletin der Bundesregierung aus dem Jahr 1965 in einem Statement von Bundeminister Höcherl in einer Fragerunde:

Die mißglückte Wortneuschöpfung ‚Antibaby-Pille' wird immer mehr zu einem Schlagwort. Das ist sehr zu bedauern, weil die Zusammenstellung von ‚Anti' und ‚Baby' gemütskalt wirkt und das natürliche Empfinden vieler Menschen verletzt. Im Bundestag wurde schon die Frage aufgeworfen, ob nicht die Würde des Menschen angetastet werde, wenn Schlagzeilen empfängnisverhütende Mittel als ‚Antibaby-Pillen' bezeichnen. Die Bundesregierung hält dieses Schlagwort für anstößig, ist aber nicht der Meinung, daß es bereits eine Verletzung des Artikels 1 des Grundgesetzes bedeute. Es handelt sich wohl eher um eine aus Gedankenlosigkeit entstandene Sprachentgleisung. Die Bundesregierung bittet alle, die herzlose, ja barbarische Bezeichnung ‚Antibaby-Pille' zu vermeiden.[56]

In der Diskussion um *Humanae Vitae* wurde das Kompositum zu „Pille" verkürzt.[57] Nichtsdestotrotz wird deutlich, dass im Artikel zwar vermehrt das Lexem „Pille" benutzt wird, jedoch an prägnanten Stellen in der Argumentationsführung auf das Kompositum „Antibabypille" zurückgegriffen wird (z.B. Z. 35, Z. 423, Z. 457), was auf das bewusste Evozieren von Provokation und Brisanz schließen lässt.

Hinsichtlich der bildhaften Sprache wurde bereits auf den Vergleich mit Galilei aufmerksam gemacht. Neben dieser Referenz auf einen historischen Irrtum wird zudem die Brisanz und Sprengkraft des Verhütungsmittels der Pille metaphorisch hervorgehoben. Der Artikel wird in Form eines voranstehenden Eingangszitates eingeleitet, in welchem Erzbischof Thomas Roberts zitiert wird, der die Pille als „kleine Bombe" bezeichnet, die zwar ungefährlich aussehe, in der aber „so viel Dynamit" stecke. Diese innovative Metapher dient der Explikation, die Konflikthaftigkeit wird an dieser prominenten Stelle zum Ausdruck gebracht. Dadurch, dass das Zitat von einem Erzbischof stammt, macht es zudem implizit auf die Konflikthaftigkeit zwischen der katholischen Kirche und dem Verhütungsmittel deutlich. Die Metapher der Pille als Bombe ist dabei jedoch nicht unbekannt. Die *Bild*-Zeitung sensationalisierte die Pille Mitte der 1960er Jahre als „grüne Bombe", da sie in einer grünen Schachtel verpackt war.[58] Die Anspielung auf die kreative Metapher der „grünen Bombe" findet sich ebenfalls im Artikel (Z. 533). Die Konflikthaftigkeit wird durch die konventionelle Metapher des Gewitters weiter hervorgehoben, in dem auf den nahenden innerkirchlichen Konflikt und die Wut gegenüber des Papstentscheids innerhalb der Kirche spekuliert und gemutmaßt wird (Z. 179 „Und vieles spricht dafür, daß es bei solchem Grollen in der katholischen Kirche nicht bleiben, daß sich ein Gewitter erst noch entladen wird").

---

56 Bulletin der Bundesregierung 1965, 136.

57 Vgl. Tönnesen 1995, 600.

58 Vgl. Eder 2015, 34.

Neben dieser großen Bildhaftigkeit ist der Artikel durchzogen mit konventionalisierter Metaphorik: Das Konzept der Sichtbarkeit verweist auf die Verkennung des Bevölkerungswachstums seitens der Kirche (Z. 709-711 „Augen verschlossen", „ins Auge gefasst"), das Vokabular der Fahrtrichtung eines Schiffs dient dazu, die Dynamik der Kirche im Verhalten gegenüber Irrtümern darzulegen (Z. 1330f. „schleppte", „Zickzackkurs", „schnell korrigiert").

Saloppes Vokabular (Z. 441 „schnippen [..] aus der Silberfolie"), Detailreichtum hinsichtlich alten, unbekannten Verhütungsmethoden (Z. „795 „zitronensaftgetränkter, in die Scheide eingelegter Schwämmchen"; Z. 800 „bei dem mit harten Schnürgriff um den Penis") machen den Artikel bunter. Zudem nehmen sie dabei, ebenso wie die Metaphern und Vergleiche, auch Kritik in Form von Spott und Zynismus auf, etwa wenn auf die Enzyklika-Entstehung mit Beistand durch den Heiligen Geist referiert wird (z.B. Z. 1238 „deutete an, daß dann der Heilige Geist wohl oft unterwegs sei").

Des Weiteren werden durch hyperbolische Dramatisierungen die historische Einzigartigkeit der als Fehlentscheid stigmatisierten Enzyklika und der Alleingang des Papstes hervorgehoben (siehe Tab. 20).

Tabelle 20: Textbelege für hyperbolische Dramatisierungen

	Textbelege
Hyperbolische Dramatisierungen	• „fatalste katholische Fehlurteil dieses Jahrhunderts", Z. 103 • „jüngste Niederschlag von 2000 Jahren christlicher Leibfeindlichkeit", Z. 332 • „noch niemals in den letzten Jahrhunderten hat sich ein Papst so über die Mehrheit in seiner Kirche hinweggesetzt", Z. 229 • „Heute aber geschieht etwas Spektakuläres, und Kirchenhistoriker werden nicht viele Parallelen in der Vergangenheit finden: Der Papst handelt gegen seine Kirche", Z. 198

Ebenso treten Parallelismen in Kombination mit Kontrasten bzw. Anaphern auf (siehe Tab. 21), um in Form einer Klimax diverse Argumente zu stärken, etwa die Haltung bzw. Ignoranz des Papstes jenseits aller Beratungsinstanzen oder die positive Hervorhebung der Pille.

Tabelle 21: Textbelege zu anaphorischen Parallelismen in Kombination mit Kontrasten

	Textbelege
Anaphorische Parallelismen, kombiniert mit Kontrasten	• „Vier Jahre lang [...] hat der Papst gezögert" – „Vier Jahre lang haben ungezählte Katholiken und Nichtkatholiken versucht", Z. 65 • „Damals ging es nur [...] Heute geht es um das Leben dieser Welt" – Damals waren die meisten [...] unwissend" – „Heute wissen die meisten" – „Damals gab es unter den Gläubigen keine Gegen-Partei" – „Heute aber geschieht etwas Spektakuläres", Z. 186 • „die Mehrheit der Pillen-Kommission [...], die Mehrheit der katholischen Moraltheologen, die Mehrheit der katholischen Bischöfe" – „Und vor allem: Die Mehrheit der katholischen Ehepaare", Z. 207 • „Die Toten anders ruhen zu lassen – dazu war Paul VI. bereit. Die Lebenden anders lieben zu lassen – dazu ist Paul VI. nicht bereit", Z. 1354 • „Ärzte, die sich zu Hütern der Moral aufwarfen, brandmarkten sie" – „Ärzte, die Renommee zu erlangen hofften [...] verdächtigten sie" – Doch all das konnte den Siegeszug der Antibabypille nicht aufhalten" • „Kein anderes Produkt [...] so sorgsam geprüft, so argwöhnisch [...] beobachtet worden. Kein anderes ist von Weltlichen so heftig geschmäht, befehdet und verleumdet worden", Z. 450

Hier wird erneut die Kritik an Papst Paul VI. erkenntlich. Als ein weiterer Kritikpunkt wird das Argument stilisiert, dass die Enzyklika eine Entscheidung alter Männer über ein ihnen fremdes Thema ist. Dies zeigt sich bereits im szenischen Einstieg, in dem zuerst die Tatsache des Altersdurchschnitts und des Unverheiratetseins in die Diskussion der Pille miteingebunden werden und erst bei der Nennung des Petersdoms deutlich wird, dass es sich um Bischöfe und schließlich um die Referenz auf das Konzil handelt (Z. 1-4, „Der jüngste war 37, der älteste 94. Die Männer, alle unverheiratet, waren nahezu unter sich. Es ging um die Pille – im Petersdom zu Rom").

Des Weiteren werden unterschiedliche Personen zitiert, die die kritische Argumentation weiter stützen und dieser Authentizität verleihen. Erstens werden Textbelege aus der Enzyklika zitiert, um auf explizite Stellen Bezug zu nehmen. Es wird demnach suggeriert, direkt am Dokument zu arbeiten (Z. 48, 319, 674). Zweitens wird auf Zeitungsartikel Bezug genommen und deren Schlagzeilen sowie Stellungnahmen veröffentlicht. Besonders bezüglich der Reaktionen auf *Humanae Vitae* wird auf europäische Zeitungen verwiesen, die allesamt eine Abwertung der Enzyklika vertreten (Z. 119 „Für den Stockholmer ‚Expressen' ist diese Enzyklika eine ‚Herausforderung an die gesamte Menschheit', für den Pariser ‚Combat' das ‚Todesurteil für Katholiken in unterentwickelten Ländern', für die Wiener ‚Arbeiter-Zeitung' ein ‚Sieg der Weltfremdheit'"). Durch die Wiedergabe fremder Positionen ohne Kommentierung werden die Stellungnahmen der Zeitungen als Legitimation für die eigene Position verwendet. Drittens finden sich häufig Einbindungen von Theologen gegen die Enzyklika, ebenso von Ärzten oder Studien, vor allem wird jedoch die Argumentation für die Pille sowie die schwere Vereinbarkeit von *Humanae Vitae* in den Krankenhäusern medizinisch abgesichert durch Experten in Form von Ärzten (Z. 956, 1000). Viertens wird durch die Auflistung der Bittsteller die ganze Bandbreite deutlich, die sich gegen die Enzyklika wendet. Dabei spielen insbesondere auch die Zahlen eine Rolle, die den Sachverhalt untermauern (Z. 85 „75 Nobelpreisträger [...], 3500 katholische Ärzte und 600 katholische Professoren aller Fächer [...], Arbeitsgemeinschaft katholischer Frauen Bayerns (400 000 Mitglieder)"). Fünftens werden „Erfahrungsberichte" von Katholiken miteingebunden, die „Qualen in katholischen Schlafzimmern" (Z. 1111) und „selbstquälerische Sozialaskese" (Z. 1127) aufgrund der Enzyklika erleiden. Durch die Schicksale der Einzelpersonen wird eine psychologische Nähe hergestellt und auf Mitleid, eventuell sogar auf die gleiche Situation des Lesers rekurriert. Die Erfahrungsberichte werden genutzt, um dramatisierend darauf aufmerksam zu machen, dass *Humanae Vitae* nicht nur dazu führt, dass die sexuelle Vereinigung in der Ehe zu einem seltenen Ereignis wird, sondern auch, dass ein schlechtes Gewissen aufgrund des kirchlichen Verbots erfolgt. Zudem wird anhand der Berichte die Argumentation gestützt, dass sich auch Katholiken der Enzyklika widersetzen.

Durch die positive Kontextualisierung des Referenzobjektes der Pille als geradezu Allheilmittel und das Skizzieren eines Schreckensszenarios angesichts einer mangelnden Geburtenkontrolle bezieht der Artikel explizit Stellung gegen die päpstliche Entscheidung – diese wird auf allen Ebenen, bevölkerungspolitisch, medizinisch, moralisch und theologisch, kritisiert. Durch diese Kritik wird nicht nur Zweifel gegenüber der Verpflichtung und Verantwortung des Papstes hervorgebracht, zudem wird ein Verlust von kirchlicher Autorität und Glaubwürdigkeit evoziert, der gleichzeitig die Unfehlbarkeit in Frage stellt. Im Sinne Gabriels (2008b) wird Paul VI. im Artikel nicht nur die funktionale Autorität und die persönliche Autorität abgesprochen, sondern zudem seine Amtsautorität hinterfragt. Faber und Hannig konstatieren eine durch *Humanae Vitae* eingeleitet und medial hervorgebrachte katholische „Autoritätskrise"[59] im Pontifikat Paul VI., besonders auch gegeben durch die zuvor medial vermittelte „Reformeuphorie" des zweiten vatikanischen Konzils, die eine solche „Fallhöhe"[60] zudem erst möglich machte.[61] „Deutlich wurde dabei jedoch auch, dass es nicht die Religion war, die hier öffentlich an Glaubwürdigkeit verlor, sondern die katholische Kirche oder, genauer: der Heilige Stuhl. Die Medien glaubten daher, nicht unbedingt Spannungen zwischen Religion und Moderne, sondern einen ‚Konflikt zwischen der Autorität des Papstes und der des Glaubens' zu erkennen", so Hannig mit Verweis auf den Zeitungsartikel „Autoritätsverlust", vom 2. August 1968 der Frankfurter Allgemeinen Zeitung.[62] Der hier analysierte Artikel kann demnach als ein Teil dieses medialen Diskurses betrachtet werden, da er durch die hier dargestellte visuelle und sprachliche Stilisierung den Autoritätsverlust und das mediale Bild des Papstes Paul VI. „als gescheitertes Oberhaupt der Kirche"[63] mitprägte.

2) „Der Papst und die Lust" (1990)

1) Kontext (Institutioneller Rahmen)

„Der Papst und die Lust" betitelt der *Spiegel* am 24. Dezember 1990, und somit brisanterweise an Weihnachten das Titelblatt seiner 52. Ausgabe. Diese Tatsache sorgte für Empörung bei der Deutschen Bischofskonferenz. So zitiert der *Spiegel* die Meldung der Katholischen Nachrichtenagentur in seiner ersten Ausgabe 1991:

Die Deutsche Bischofskonferenz hat scharfe Kritik am Wochenmagazin SPIEGEL geübt, der seine Weihnachtsausgabe unter den Titel ‚Der Papst und die Lust' stellte und auf der Titelseite eine Karikatur des Papstes mit einem Kondom in der Hand abbildete. SPIEGEL-Herausgeber Rudolf Augstein habe ein ‚neurotisches Verhältnis' zur katholischen Kirche und bringe dies mit einer gewissen Regelmäßigkeit vor christlichen Feiertagen zum Ausdruck, erklärte der Sekretär der Deutschen Bischofskonferenz, Prälat Wilhelm Schätzler, am Montag in Bonn. Es sei verwunderlich, daß es der Redaktion nicht gelinge, diese ‚irrationalen Ausbrüche' zu verhindern. Auch diesmal sei der Bericht voller Un- und Halbwahrheiten, erklärte der Prälat. Der Beitrag biete keine Informationen, sondern liefere nur Agitation. Die Geschmacklosigkeit des Titelbildes gerade zum Weihnachtsfest spreche für sich, sagte Schätzler. (*Spiegel* 1/1991)

---

59 Faber 2006, 234; Hannig 2010, 296.
60 Hannig 2010, 294.
61 Vgl. ebd.
62 Vgl. ebd., 295.
63 Städter 2011, 334.

Durch welche weiteren Text-Bild-Strategien und sprachlichen Mittel diese Empörung hervorgebracht wurde, wird die Analyse zeigen. Stand 1968 die Haltung Papst Paul VI. und die gerade verkündete Enzyklika *Humanae Vitae* im Fokus, ist der Artikel (Titel: „„Ein verdammenswertes Laster"") 22 Jahre später nicht an ein gerade geschehenes Ereignis geknüpft, sondern thematisiert die Einstellung Johannes Paul II., der an der traditionellen Sexualmoral im Sinne *Casti connubii* und *Humanae Vitae* festhält. Erst fünf Jahre später, am 25. März 1995, erscheint die Enzyklika *Evangelium Vitae*, in der er die Ablehnung von Sterilisation und Verwendung von Kondomen, auch zum Schutz vor sexuell übertragbarer Krankheiten vertritt, vor allem der seit Anfang der 1980er Jahre entdeckten Krankheit Aids. Das Titelbild spielt jedoch auf seine Predigt im September 1990 im überbevölkerten Ruanda an, in der er den Gebrauch von Kondomen verurteilte, was angesichts der akuten Zahl von Aidskranken und -opfern Kritik auslöste. Der Artikel selbst nimmt diese Rede auf und berichtet kritisch unter Einbezug von *Casti connubii* und den Entwicklungen um *Humanae Vitae* über die Haltung des in den 1980er Jahren als Medienpapst gefeierten Pontifex, und bezieht Stellung zu seiner Person bezüglich der Grundfragen der Sexualmoral. Auch hier ist der Autor des Artikels unbekannt.

2) Text-Oberfläche

Der erste Teil des Artikels (Z. 1-82) beginnt zunächst mit dem Lead (Z. 1-6), der auf die traditionelle Lehre der Kirche bezüglich der Sexualmoral verweist und auf Papst Johannes Paul II. nicht verändernde Haltung zu Abtreibung und Empfängnisverhütung. Anschließend erfolgt der eigentliche Einstieg, der mit einem, wie der Leser später erfährt, fiktiven Szenario beginnt: Proteste gegen den Papst aufgrund seiner Beharrlichkeit auf Unfehlbarkeit werden skizziert und ein Papstrücktritt postuliert. Die Auflösung des Szenarios erfolgt mit der Behauptung, dass dieses Szenario möglich sei, angesichts der kontroversen Haltungen zwischen Katholiken und dem Pontifex bezüglich der Sexualmoral. Ähnlich wie im ersten Artikel werden Zitate aus Zeitungen eingeflochten, die der Bekräftigung und Beweisführung dieser These dienen. Der zweite Teil (Z. 83-176) belegt diese These mit Fakten durch Umfrageergebnisse und leitet zu den Protesten gegenüber Johannes Paul II. und seinen Prinzipien zu Zölibat, Homosexualität und dem Verbot der natürlichen und künstlichen Empfängnisverhütung über. Der dritte Teil (Z. 177-443) dient der Erläuterung der Folgen seiner Haltung: Wie auch im vorherigen Artikel wird das Argument der Überbevölkerung angeführt und durch Zahlen belegt. Zudem geht der Artikel auf die Reisen des Pontifex ein und kritisiert sein dortiges Verhalten, bekräftigt durch Zitate der jeweiligen Regierung und dem beobachteten Verhalten der Gläubigen selbst. Dabei wird die Ignoranz des Papstes hervorgehoben. Gleich dem ersten Artikel wird im vierten Teil (Z. 444-600) für dieses Verhalten eine Erklärung gesucht und die These der Unvereinbarkeit von Religion und sexueller Lust angeführt. Erneut dienen historische Beispiele der Beweisführung sowie Illustration und führen schließlich zurück auf die durch Pius XI. eingeleiteten und Paul VI. weitergeführten Verbote der Empfängnisverhütung, um dazulegen, dass Johannes Paul II. dieser Haltung nicht nur folgt, sondern sie noch verschärft. Als Bekräftigung und Beweisführung folgen Belege der Amtshandlungen Johannes Paul II. (Z. 601-717). Dies wird noch gesteigert, indem die These der Verschärfung der Sexualmoral durch Macht, Kontrolle und Verrat gegenüber Theologen, Priesterseminaren, Verlagen und der Presse mit Hilfe von Kardinal Ratzinger problematisiert wird (Z. 718-859). Weiterführend wird nicht nur dieses Vorgehen, sondern erneut die Haltung bezüglich *Humanae Vitae* anhand der Autorität eines Medizinprofessors als falsch deklariert und die Einstellung gegenüber der Abtreibung kritisiert (Z. 860-985). Als quasi resümierende Erläuterung schließt der letzte Teil des Artikels (Z. 986-1106) mit Rückgriff auf Moral- und Pastoraltheologen, dass die kirchliche Macht, der päpstliche Eingriff in das Privatleben der Gläubigen, der „wichtigste Schlüssel" zum Verständnis der verschärften Sexualmoral sei und die zunehmende Emanzipationsbewegungen und Selbstverantwortung der Gläubigen innerhalb der Kirche die autoritäre Haltung nach Gehorsam noch stärker hervorbringe. Metaphorisch endet der Artikel mit Kritik und der Infragestellung, inwieweit die Gläubigen mit derlei Haltung noch mitgehen mögen.

Betrachtet man das Titelbild, handelt es sich um eine Montage, da einerseits eine Zeichnung als Referenzquelle dient, die einer Karikatur gleichkommt, jedoch andererseits auch ein Fotoelement eingebunden ist. Die Zeichnung zeigt den Oberkörper Johannes Paul II., erkennbar als Pontifex anhand der Mitra, die über den Rand der *Spiegel*-Typographie hinausragt. Sein Kopf und seine rechte Hand sind im Fokus. Das gelbe Kreuz auf der weißen Mitra sowie der gelbe Rand stechen hervor. Gelb und Weiß symbolisieren dabei die Farben der katholischen Kirche bzw. des Vatikans. Auf der Höhe der Mitra steht in schwarzen Buchstaben der Titel „Der Papst und die Lust". Der Gesichtsausdruck Papst Johannes Paul II. wirkt verkniffen, neben der Mitra ist seine Hand im Zentrum: Mit spitzen Fingern hält er ein rosafarbenes Kondom in Teufelsform in der Hand, die Teufelsfigur streckt die Zunge in Richtung des Papstes heraus. Das Kondom ist in Fotoformat in die gezeichnete Hand des Papstes integriert und erscheint im doppelten Sinne als Fremdkörper in der Hand des Papstes. Während zwischen dem Lexem „Papst" und der Zeichnung eine Parallelisierung von Sprache und Bild gegeben ist, wird das Lexem „Lust" durch gleich zwei metaphorisch visualisierte Ausdrücke semantisch aufgeladen. Zum einen wird die wörtliche Redewendung „mit spitzen Fingern anfassen" visualisiert, die ausdrückt, dass man etwas aus Ekel, aus Widerwillen nicht richtig anfassen möchte. Zum anderen wird die wörtliche Bedeutung des metaphorischen Ausdrucks „verteufeln" bzw. „Teufelszeug" verbildlicht, zumal die Teufelsfigur die Zunge in Richtung des Papstes rausstreckt. Durch diese Sprach-Bild-Beziehung wird daher die Abneigung des Papstes gegenüber Verhütungsmitteln ausgedrückt und das Lexem „Lust", seitens des katholischen Oberhauptes, negativ konnotiert.

Brisant kommt dabei auch die Zweideutigkeit der violetten Hintergrundfarbe ins Spiel: So ist die liturgische Kirchenfarbe Violett die Farbe der Buße[64] und symbolisiert demnach den Aufruf zur Besinnung und Umkehr, was sich hierbei auch auf den Einsatz von Verhütungsmitteln übertragen lässt. Zum anderen ist Violett seit dem 19. Jahrhundert, verstärkt jedoch seit den 1970er und 1980er Jahren die Farbe der Frauenbewegung[65] als Ausdruck für Unabhängigkeit und Eigenverantwortung hinsichtlich Sexualität und spielt somit auf eine weitere Kontroverse hinsichtlich der kirchlichen Sexualmoral an. Im Titelblatt werden demnach durch die Sprach-Bild-Beziehungen bereits explizit und implizit unterschiedliche Kontroversen bezüglich der päpstlichen Sexualmoral spöttisch inszeniert. Dass diese Titelseite an Weihnachten Empörung seitens der katholischen Bischofskonferenz hervorbrachte, mag dabei nicht verwundern.

Ähnlich wie im ersten Artikel werden besonders die Macht des Papstes und der katholischen Kirche visuell hervorgehoben und der Notsituation in den Entwicklungsländern in einem kontrastierenden Bild-Bild-Bezug gegenübergestellt. Das erste Bild (Bild 1), von oben aufgenommen, gibt die Sicht auf die von Bischöfen voll besetzte Messe im Petersdom zur Bischofssynode frei, hebt per Untertitel die Hierarchien durch die Akteursbezeichnungen hervor („Katholische Kirchenfürsten", „Chef Johannes Paul II.") und verweist durch die Zitateinbindung der Süddeutschen auf die Rückschrittlichkeit der Kirche in Form eines Inquisitionsvergleichs („‚Ein Weg in Richtung Mittelalter und Inquisition'"). Durch den Blick auf den Petersdom wird Pracht und Prunk der Kirche ersichtlich. Auch Bild 15 nimmt ein Machtverhältnis auf, fokussiert dabei jedoch Papst Johannes Paul II. im Seitenprofil, der, gekleidet im liturgischen Gewand, oberhalb vor einer nicht mehr individuell erkennbaren Masse an Menschen steht und auf diese hinunterschaut. Der Untertitel verweist auf Mexiko. Der Machtbezug entsteht einerseits durch seine höher gelegene Position, andererseits durch das als Untertitel eingebundene Zitat „Macht über Seelen", welches vom Moraltheologen und Kritiker Mieth stammt und im Artikel eingebunden ist. Die Seelen werden somit durch die Masse an Menschen visualisiert. Durch die Zitatform entsteht jedoch eine noch verstärkte negative Perspektivierung: Ohne zu wissen, dass das Zitat von Mieth stammt, wird es durch den Untertitel als Ausspruch Papst Johanes Paul II. zugeordnet und suggeriert daher, dass er selbst ausspricht, dass er Macht über Seelen besitzt und ausübt.

Diesen Bildern wird, wie auch im ersten Artikel, in Form eines kontrastierenden Bild-Bild-Bezugs die Not der Entwicklungsländer gegenübergestellt, etwa anhand eines ausgemergelten Kindes (Bild 2), die Schuld daran implizit der Sexualmoral der Kirche zugeschrieben („Kinderelend im Sudan: Menschenpflicht zum Kinderkriegen"). Liegt der Fokus zwar nicht wie im ersten Artikel auf einem Verhütungs-

---

mittel, wird Kritik am Festhalten der moralischen Grundsätze geübt, besonders an der päpstlichen Verkennung der Notsituation sogar vor Ort während seiner Reisen in den Entwicklungsländern selbst (Bild 3 und 4). Das Bevölkerungswachstum wird durch eine Schar von Menschen vor einem Familienplanungsplakat in Ghana visualisiert und als Untertitel mit dem Bibelvers aus dem Buch Genesis „Seid fruchtbar" versehen. Der zweite Teil des Verses („…und mehret euch") ist der Titel der in Rot besonders hervorstechenden Grafik des ansonsten schwarz-weiß gehaltenen Artikels zur Entwicklung der Erdbevölkerung, die in Form eines Graphen ein enormes Wachstum visualisiert und durch den Verweis auf den Bibelvers, die Schuld an das Oberhaupt der Kirche weitergibt, welches nach wie vor an diesem Bibelvers festhält. Somit wird die Kirche zwar nicht explizit, jedoch implizit angeklagt.

Wurden im ersten Artikel Fürsprecher und Gegner der Pille visualisiert, treten hier Bilder der strikten Päpste hervor, die mit Namen und gleichzeitig mit einem negativen Schlagwort stellvertretend für ihre Haltung hinsichtlich der Sexualmoral charakterisiert und in einer Art Chronologie präsentiert und gleichzeitig angeprangert werden (Bild 8 „Papst Pius XI. Machtbesessen, hochneurotisch", Bild 9 „Papst Pius XI „Zeitweilige Enthaltsamkeit", Bild 10 „Papst Paul VI. ,Verbrechen, Mord'"). Zudem wird einer der größten konservativen Vertreter, Caffara, ebenfalls aufgelistet. Eine konservative Linie wird suggeriert (Bild 11 „Monsignore Caffara Drang zum Dogma"). Ein Gemälde, welches eine halb entblößte Frau auf einem Scheiterhaufen zeigt und auf die Hexenverbrennung im 16. Jahrhundert referiert, dient dazu, die Haltung der aufgelisteten Akteure zu untermalen, die sich, so wird suggeriert, seit dem 16. Jahrhundert nicht mehr verändert hat: Die Inquisition wird erneut als Vergleichsfolie herangezogen, um die kirchliche Durchsetzung der katholischen Lehre durch Druck und Gehorsamszwang sowie die Abneigung gegenüber der sexuellen Lust auf die Gegenwart zu beziehen und die Rückschrittlichkeit in den Fokus zu setzen. Demgegenüber steht weiterführend die Gegenpartei. Drei Bilder der katholischen Professoren, die sich am kritischsten, auch öffentlich, gegen die damalige Sexualmoral stellten (Mieth, Drewermann, Böckle) werden visualisiert und den konservativen Traditionalisten als Gegenbilder kontrastierend gegenübergestellt. Als Untertitel gilt ein Ausspruch des Papstes („Gefährliche Mächte"), welches suggeriert, er hätte diese drei Theologen derart bezeichnet. Es handelt sich jedoch um ein Zitat gegenüber aufklärerischem Gedankengut und Verhütungsmitteln.

3) Sprachlich-rhetorische Mittel

Wie wird nun im vorliegenden Artikel von 1990 der Sachverhalt der kirchlichen Sexualmoral hervorgebracht, und wie wird Papst Johannes Paul II. charakterisiert? Aus onomasiologischer Sicht geben die Bezeichnungen bereits Aufschluss: Ist es im ersten Artikel die Deklaration *Humanae Vitae* als Fehlurteil, zeigen die Nominationen im vorliegenden Artikel, dass vor allem die autoritäre Haltung sowie der machtvolle Eingriff Johannes Paul II. in Privatleben und Lehre pejorativ hervorgehoben werden (siehe Tab. 22).

Tabelle 22: Nominationsbezeichnung zum Referenzobjekt „Haltung zur Sexualmoral"

Referenzobjekt	Nominationsausdrücke
Haltung zur Sexualmoral	• „rechte Moral", Z. 124 • „Fruchtbarkeitsideologie", Z. 292 • „päpstlichen Zeugungsgebote", Z. 428 • „seine hektische Kampagne", Z. 445 • „2000 Jahre lang durchgeboxte Kirchen-Botschaft", Z. 462 • „wahnhaft rigoristische kirchliche Sexualmoral", Z. 987 • „Doppelmoral", Z. 967 • „Eingriff in intimsten und empfindlichsten menschlichen Bereich", Z. 992 • „römisch-katholischen Sexualzwänge", Z. 1011 • „Kontroll-Wut der Amtskirche", Z. 1013 • „Kontrazeption durch solches Teufelszeug wie Pille und Kondom", Z. 1083 • „Menschenpflicht zum Kinderkriegen", Z. 210 • „altväterische Zucht", Z. 141 • „kirchliche Gängelung", Z. 91 • „alttestamentliche Strenge", Z. 599 • „wahrer Moralskandal", Z. 174

Emotionsbezeichnende (Wut, empfindlichste) und emotionsausdrückende Lexeme (Teufelszeug, hektisch durchgeboxt, Gängelung) evozieren pejorative Konnotationen. Die Nominationen betonen Strenge, lassen sich zum Teil dem Wortfeld einer diktatorischen Herrschaftsweise zuweisen (Ideologie, Kampagne, wahnhaft rigoristisch, Zwänge, Kontroll-Wut, Pflicht, Gängelung, Strenge) und vermitteln daher den Eindruck einer regelrechten ‚Papst bzw. Kirchendiktatur'. Zugleich lässt sich dabei die Leitvokabel „Moralskandal" bzw. „Doppelmoral" hervorheben, mit der die päpstliche Beharrung auf der traditionellen Sexualmoral bezeichnet wird, angesichts des Bevölkerungswachstums und der als in sich widersprüchlich dargelegten Lehre. Die Wertung als Skandal, also als ein Geschehnis, das Aufsehen erregt, manifestiert sich auch in der Frage, die absolutes Unverständnis ausdrückt („Was treibt den Papst dazu, eine überbevölkerte Welt durch seine hektische Kampagne noch dichter bevölkern zu wollen?", Z. 444). Noch expliziter zeigen sich dieses Unverständnis und eine Art Grenzüberschreitung gegenüber seinen Handlungen durch Adjektive, Adverbien und Modalpartikel, die zusätzliche Empörung ausdrücken (siehe Tab. 23).

Tabelle 23: Textbelege zu wertenden Ausdrücken der Empörung/des Unverständnisses

	Textbelege
Wertende Ausdrücke der Empörung/des Unverständnisses durch Adjektive, Adverbien und Modalpartikel	• „rief der Stellvertreter Gottes doch tatsächlich" – „und das in einem Land", Z. 384 • „Obgleich er […] kennt, mutet er ausgerechnet zu", Z. 205 • „Treueeid" – „angesichts einer Bibel, in der […] steht, man solle überhaupt nicht schwören", Z. 726 • „verbiete er diesen Maßstab ausgerechnet", Z. 897 • „denn Vernunft kann es wirklich nicht sein", Z. 860

Bereits hier wird erneut eine Autoritätenkritik deutlich. Auf der einen Seite wird seine autoritäre Haltung verstärkt hervorgehoben, etwa durch Verben (z.B. „dekretieren") oder durch die Nominationsausdrücke („katholische Oberbefehlshaber") (siehe Tab. 24).

Tabelle 24: Verben; Nominationsausdrücke

	Textbelege
Verben, die autoritäre Haltung ausdrücken	• „energisch ins Gewissen reden", Z. 371 • „geißeln", Z. 374 • „ermahnen", Z. 380 • „obrigkeitlich ermahnen", Z. 629 • „zumuten", Z. 206 • „missionieren", Z. 296 • „dekretieren", Z. 634 • „maßregeln", Z. 812 • „zog den Knebel fester", Z. 603

Referenzobjekt	Nominationsausdrücke
Papst Johannes Paul II.	<ul><li>„Chef Johannes Paul II.", Überschrift Bild 1</li><li>„Papst und seine Claqueren", Z. 194</li><li>„Stellvertreter Gottes", Z. 384</li><li>„265. Nachfolger des heiligen Petrus", Z. 142</li><li>„Pontifex maximus", Z. 671</li><li>„derzeitige Amtsinhaber", Z. 846</li><li>„dieser kirchenkonforme Mann", Z. 1076</li><li>„katholische Oberbefehlshaber", Z. 1100</li><li>Personifizierung der „Leib- und Lustfeindlichkeit", Z. 448</li><li>„Mann aus Rom", Z. 253</li><li>„einflußreicher Papst-Berater" (als Kardinal bei Paul VI.), Z. 537</li></ul>

Andererseits manifestieren sich die negativen Bewertungen über explizite und implizite Attribuierungen. Im Sinne von Gabriels Autoritätsbeziehung wird Papst Johannes Paul II. genauso wie Paul VI. im ersten Artikel nicht nur die persönliche Autorität abgesprochen, indem er zwar als autoritär, jedoch aber gleichzeitig als unwissend, realitätsfern, naiv und unvernünftig charakterisiert wird, auch unter Einbezug eines spöttisch-zynischen Stils durch saloppe Ausdrücke („fällt für ihn eben immer noch, platsch, direkt vom Himmel", „denn Vernunft kann es wirklich nicht sein"). Zudem spricht der Artikel ihm, ebenso wie im ersten Artikel Paul VI., die funktionale Autorität, also die Sach-, Fach-, Expertenautorität ab, da sein akademisches Wissen ihm explizit („pseudowissenschaftlich") und implizit aberkannt wird („glaubt etwas davon zu verstehen") (siehe Tab. 25).

Tabelle 25: Textbelege zu expliziten und impliziten negativen Attribuierungen

	Textbelege
Explizite und…	• „rückschrittlich", Z. 109 • „so rigoros und so weltfremd", Z. 115 • „denkt verquer", Z. 904 • „naiv-gläubigen polnischen Katholizismus", Z. 1042 • „praktizierte jene pseudo-wissenschaftliche Methode", Z. 1051 • Ignoranz des Papstes als „typisch", Z. 340
…implizite negative Attribuierungen	• „von Ethik und Moral […] glaubt der Papst etwas zu verstehen", Z. 1056 • „so viel eigene Meinung dürfen sich die Bischöfe unter dem jetzigen Papst kaum noch leisten", Z. 594 • „warum sich der Mann aus Rom ausgerechnet um das Leben vor der Geburt so sehr sorgt", Z. 253 • „Die Wahrheit fällt für ihn eben immer noch, platsch, direkt vom Himmel, wie er es als Schüler in seinem polnischen Katechismus gelernt hat", Z. 1047 • „wo den Papst die triste Wirklichkeit […] einholte", Z. 349 • „Unfehlbarkeit des Papstes […] Synonym für Lernunfähigkeit", Z. 841 • „denn Vernunft kann es wirklich nicht sein", Z. 860

Durch die Referenz auf Zitate aus Leserbriefen bindet der Artikel dabei strategisch noch implizite Charakterisierungen mit ein, die das negative Papstbild zusätzlich verstärken und als Strategie dienen, die Haltung der Katholiken selbst zu belegen (Z. 62 ,„sexualneurotische Züge', ,blind, starr oder ignorant', ,zynisch und menschenverachtend'). Alles in allem werden hierbei ebenso wie im ersten Artikel Johannes Paul II. die persönliche, funktionale Autorität aberkannt und somit auch Zweifel an der Amtsautorität geschürt. Es zeigen sich weitere Parallelen zum ersten Artikel, vor allem auch in der sprachlichen Gestaltung. Dies wird etwa hinsichtlich des Dichotomie-Konzeptes zwischen Religion und sexueller Lust erkennbar. In Form von Lexik, mit der der bezeichnete Sachverhalt emotive Informationen vermittelt, wird das Konzept der sexuellen Lust sowie auch Empfängnisverhütung im Sinne des Papstes abgewertet (siehe Tab. 26). Dabei wird zusätzlich die These betont, dass Empfängnisverhütung einem Mord gleichkommt.

Tabelle 26: Lexik zur Bewertung des Referenzobjekts „Sexualität"

Referenzobjekt	Lexik zur Vermittlung emotiver Information
Sexualität (Lust/Verhütung)	• „verdammenswertes Laster", Überschrift • „‚ein verdammenswertes Laster, ein vorweggenommener Mord'", Z. 701 • „Nicht nur Abtreibung ist Mord, sondern letztlich auch Empfängnisverhütung", Z. 4 • „Verhütung mit künstlichen Mitteln ist schwere Sünde", Z. 166 • „Abtreibung war für ihn ‚direkte und gewollte Tötung menschlichen Lebens', ‚ein verabscheuungswürdiges Verbrechen', ‚Mord'", Z. 571 • „Lebensfeindlichkeit", Z. 3 • „‚feindlichen, gefährlichen Mächte des Bösen', etwa [...] die Kontrazeption durch solches Teufelszeug wie Pille und Kondom erst recht", Z. 1080 • „Sexuelle Lust [...] ist böse, teuflisch, macht schuldig und verlangt nach Strafe, nach Buße und Vergebung", Z. 461 • „Geschlechtliche Lust ist Sünde", Z. 1 • „Verboten ist, was Lust macht", Z. 124

Diese These erschien bereits unter Paul VI., und wurde durch Johannes Paul II. bestätigt. Hervorzuheben ist in diesem Zusammenhang die Überschrift des Artikels „Ein verdammenswertes Laster". Durch die Ankündigung der Titelgeschichte („Der Papst und die Lust") wird suggeriert, dass das Zitat ein Ausspruch von Papst Johannes Paul II. darstellt. Erst spät im Artikel wird jedoch ersichtlich, dass es aus der Kommission zur Enzyklika *Humanae Vitae*, und hier noch nicht einmal von Papst Paul VI., sondern Kardinal Alfred Ottaviani stammt. Durch die Überschrift wird dem Leser jedoch klar suggeriert, dass dies die Haltung des jetzigen Papstes Johannes Paul II. gegenüber der Empfängnisverhütung und Abtreibungsdebatte sei.

Bereits hier lässt sich auf die persuasive Strategie der Informationsstrukturierung verweisen, die später noch näher ausgeführt werden soll. Es zeigt sich, dass die päpstliche Haltung ins negative Licht gerückt wird, jedoch in beiden Artikeln, 1968 sowie auch 1990, keine positiven Argumente angeführt werden, etwa aus moralethischer Perspektive. Allein durch diese Gewichtung werden beide Artikel klar gegen die päpstliche Handhabung perspektiviert. Um diese Perspektivierung weiter zu stützen wird, auch wie im Artikel von 1968, ein Schreckensszenario aufgebaut. Das Wortfeld Tod/Sterben/Armut dominiert. Emotionsausdrückende Adjektive („dramatisch", „beklemmend", „überbevölkert", „zweitelendeste", „bettelarm",

„dichtbesiedelt", „trist") und vor allem das Nomen „Elend" bringen ein Szenario des Schreckens auf den Reisen des Papstes hervor (siehe Tab. 27).

Tabelle 27: Textbelege zum Wortfeld Tod/Armut/Sterben

	Textbelege
Wortfeld Tod/Sterben/Armut	• „dramatisches Bevölkerungswachstum", Z. 354 • „beklemmendes Bevölkerungswachstum", Z. 175 • „immer tiefer ins Elend sinken lassen", Z. 356 • „Kinderelend", Bildunterschrift Bild 2 • „Apokalypse, die der Menschheit droht, ist das Pandämonium von Verelendung, Hunger, Seuchen und Tod nicht abzuwenden", Z. 198 • „überbevölkerte Mexiko", Z. 228 • „zweitelendeste Land Lateinamerikas", Z. 244 • „Ärmsten der Armen", Z. 242 • „bettelarme Ruanda", Z. 348 • „dichtbesiedelten Ruanda", Z. 358 • „triste Wirklichkeit eines Kontinents", Z. 350 • „wachsende Verschuldung", Z. 353

Des Weiteren treten Implikaturen hervor, die auf die Missstände durch Überbevölkerung hinweisen und suggerieren, dass diese vom Papst verkannt werden und seine Hinwendung zur Empfängnisverhütung als sinnlos erscheint (Z. 256 „300 von 1000 bolivianischen Kindern sterben vor ihrem sechsten Geburtstag", Z. 365 „jedes vierte Kind stirbt in den ersten fünf Lebensjahren"). Besonders durch die Referenz auf das Kindersterben gewinnt der Artikel noch mehr an Dramatik. Ihr Tod erscheint besonders sinnlos und lässt die Situation noch verzweifelter erscheinen. Dabei wird suggeriert, dass der Tod durch eine veränderte Haltung des Papstes hätte verhindert werden können. Die Situation erscheint alarmierend, die passive Untätigkeit erfordert ein Handlungsbedürfnis. Das Emotionspotenzial basiert demnach hier auf Mitleid einerseits, aber ebenso auf Wut und Empörung andererseits.

Seine Reisefreudigkeit, die ihm in den 1980er Jahren das positive Image des Medienpapstes bescherte und die zuvor seine Popularität ausmachte, wird damit nun ins Negative verkehrt, in dem ein falsches Verhalten in seinen Reisen angeprangert wird (Z. 212). Zwar unterscheidet sich die Argumentation hinsichtlich der Reisen vom ersten Artikel, jedoch spätestens anhand der Dichotomie gegenüber Abtreibung und sexueller Lust sowie der Konzeption des Schreckensszenarios wird eine exakt gleiche Argumentation zum ersten Artikel ersichtlich. Eine Gegenüberstellung verdeutlicht, dass sogar gleiche Textbausteine benutzt und dabei lediglich der Name des Papstes, von Papst Paul VI. zu Papst Johannes Paul II., ausgetauscht wurde (siehe Tab. 28).

Tabelle 28: Textbausteine zu „Papst Paul VI. Nein zur Pille" (1968) und „Der Papst und die Lust" (1990)

Textbausteine	
„Papst Paul VI.: Nein zur Pille" (1968)	„Der Papst und die Lust" (1990)
• „Für Papst Paul VI. ist die Zeit im Jahre 1930 stehen geblieben. Damals hat Pius XI. jedwede Empfängnisverhütung verdammt und katholischen Ehepaaren lediglich die völlige oder zeitweilige Enthaltsamkeit erlaubt", Z. 54	• „Für Papst Johannes Paul II. ist die Zeit mindestens vor 60 Jahren stehen geblieben. Damals 1930, hatte Papst Pius XI. in seiner Enzyklika „Casti connubi" bereits jedwede aktive Empfängnisverhütung verdammt und katholischen Ehepaaren als einziges Verhütungsmittel die völlige oder zeitweilige Enthaltsamkeit erlaubt", Z. 486
• „Denn außer Paul VI. und seinen Ottavianis bezweifelt kaum ein Nachdenklicher unter der Sonne: Anders als durch konsequenten, weltweiten Einsatz moderner Empfängnisverhütung ist die Apokalypse, die der Menschheit droht, ist das Pandämonium von Hunger, Seuchen, Krieg und Tod nicht abzuwenden", Z. 593	• „Außer dem Papst und seinen Claqueren bezweifelt kaum noch jemand: Ohne konsequenten und weltweiten Einsatz moderner Empfängnisverhütung ist die Apokalypse, die der Menschheit droht, ist das Pandämonium von Verelendung, Hunger, Seuchen und Tod nicht abzuwenden", Z. 194
• „Und so wie damals die Menschheit vom grausam-inhumanen Weg der Natur abwich, muß nun der zweite Schritt der Humanität getan werden: Steuerung der Geburtenrate wird zum moralischen Postulat", Z. 608	• „Die Steuerung der Geburtenrate mit künstlichen Mitteln wird geradezu zum moralischen Postulat", Z. 201
• „Doch in der vergangenen Woche fiel das bislang fatalste katholische Fehlurteil dieses Jahrhundert", Z. 102	• „fatalsten Fehlentscheidungen, zu der sich ein Papst hinreißen ließ", Z. 532

- „Das Papst-Wort ist der jüngste Niederschlag von 2000 Jahre christlicher Leibfeindlichkeit. [...] Lang ist die Liste der Päpste, der Heiligen und der Kirchenväter, die den Leib und Liebe haßten. Der heilige Augustinus etwa konnte sich das Leben im Paradies nur lustlos vorstellen: Gezeugt worden sei dort mit ‚Gliedern, die vom Willen bewegt, nicht durch die Lust erregt wurden‘ [...] Was den Beischlaf angeht, so unterschied sich für den heiligen Hieronymus der Mensch ‚in nichts von den Schweinen und unvernünftigen Tieren‘", Z. 332

- „In Johannes Paul II. kristallisieren sich 2000 Jahre christlicher Leib- und Lustfeindlichkeit. Lang ist die Liste der Päpste, der Heiligen und Kirchenväter, die den Leib und die Liebe haßten. Der heilige Augustinus beispielsweise (354 bis 430) konnte sich das Leben im Paradies nur lustlos vorstellen. Gezeugt worden sei dort mit ‚Gliedern, die vom Willen bewegt, nicht durch die Lust erregt wurden‘ [...] Im Beischlaf unterscheidet sich für den heiligen Hieronymus der Mensch ‚in nichts von den Schweinen und unvernünftigen Tieren‘", Z. 447

Die Textbausteine sind nicht nur ein Zeichen für Zeitersparnis bezüglich des Schreibprozesses des Autors. Sie zeigen zudem, dass die gleiche Argumentation, stellenweise sogar mit dem exakt identischen Wortlaut benutzt wurde, um dasselbe negative Papstbild zu evozieren und die gleiche Haltung gegenüber dem Papst hervorzubringen – trotz eines anderen Papstes. Der Name wird austauschbar.

Wie bereits durch die Nominationsausdrücke des Sachverhalts angedeutet, wird im zweiten Artikel jedoch die Macht Johannes Paul II. noch mehr hervorgebracht als bei Paul VI. Die Kontextualisierungen legen dar, wie sein Handeln als machtvoll im negativen Sinne stilisiert wird, da ein autoritärer Eingriff über Privatleben und Lehre in den Fokus gerückt und somit der Bedeutungsaspekt des Eingriffs und der Entmachtung des Individuums betont wird (siehe Tab. 29).

Tabelle 29: Textbelege zu Pejorativa zur päpstlichen Macht über Privatleben und Lehre

	Textbelege
Pejorativa zur päpstlichen Macht über Privatleben und Lehre	• „geistige Entmündigung katholischer Theologen", Z. 739 • „geschlossene System priesterlicher Bevormundung", Z. 747 • „Denk- und Redeverbot für kritische Theologinnen und Theologen", Z. 753 • „Schlangenbrut, die er seit Jahren auszumerzen versucht", Z. 789 • „explizite römische Anweisung", Z. 827 • „Macht über die Seelen", Z. 992 • „Eingriff in intimsten und empfindlichsten menschlichen Bereich", Z. 991 • „römischen-katholischen Sexualzwänge", Z. 1011 • „Kontroll-Wut der Amtskirche", Z. 1013 • „zur Pflicht macht: eine Sache so zu drehen, daß letzlich die Lehre der Amtskirche als wahre erscheint", Z. 1069 • „kirchliche Macht über die Menschen", Z. 1038

Gleichzeitig durchzieht das Wortfeld des Widerstands und der Ablehnung den Artikel, welches seine autoritäre Haltung unterbindet und untergräbt (siehe Tab. 30).

Tabelle 30: Textbelege zum Wortfeld des Widerstandes

	Textbelege
Wortfeld der Ablehnung, des Widerstands	• „Proteste […] kaum noch zu zählen", Z. 93 • „holte sich […] eine Abfuhr bei den Gläubigen", Z. 283 • „wehte ihm […] zunehmend rauerer Wind entgegen", Z. 309 • „derart erbittet Front gegen Heiligen Vater machen", Z. 60 • „wurde […] barsch daran erinnert", Z. 72 • „brüllte ihm die Masse entgegen: ‚Nein'", Z. 294

Durch Zitate werden dabei die Akteure benannt, die diese ablehnende Haltung dem Papst gegenüber einnehmen (kirchentreue Katholiken, Deutscher Katechetenverein, Bischöfe). Den Zitaten kommt dabei somit auch eine Beleg- und Beweisfunktion zu. Auch bei den jeweiligen Einwohnern des vom Papst besuchten Landes, wird implizit auf die Ablehnung gegenüber dem Papst verwiesen. Als weitere Akteure, die diese Ablehnung noch stärker hervorbringen, werden Theologen als Autoritätspersonen für die wissenschaftliche Perspektive herangezogen. Auffällig ist dabei, dass die wissenschaftliche Abstützung nur von Theologen erfolgt, die sich explizit gegen die Empfängnisverhütung und die Haltung des Papstes aussprechen. Theologische Positionen für die Entscheidung werden nicht eingebunden. Lediglich die Anhänger des Papstes werden herangezogen und dabei eher als gut ausgewählte Mitläufer karikiert (Z. 194 „Papst und seine Claqueure").

Auch im vorliegenden Artikel werden dabei ganz klar Sympathieträger und Feindbilder aufgebaut. Die, so wird suggeriert, rebellierenden Theologen werden als Sympathieträger ebenso präsentiert (z.B. Drewermann „der die Ursachen [...] bislang am klarsten aufgedeckt hat") wie die Regierungspräsidenten oder -sprecher, etwa Ruandas. Durch seine in Zitatform eingebrachten, syntaktisch gleichen Fragen, die von Hilflosigkeit zeugen und auf Missstände aufmerksam machen (Z. 310), wird er nicht nur als Augenzeuge vor Ort präsentiert, sondern auch als „mutiger Katholik" (Z. 330), der dem Papst gegenübertritt. Der Papst wird dabei implizit als gefühlskalt und von den Nöten des Landes nicht berührt dargestellt (Z. 318 „versteinert dreinblickender Papst"). Seine Ignoranz wird durch seine fehlende Antwort hervorgehoben und seine Entschuldigung in Form des Konjunktivs erklärt (Z. 345 „weil dazu die Zeit gefehlt habe, hieß es später"). Das metaphorische Wortfeld des Gefechts verstärkt die Gegenüberstellung von Klerus und Papst versus Regierungssprechern und reformerischen Theologen (Z. 260 „torpedieren", Z. 264 „boykottieren", Z. 273 „lautstark protestierenden", Z. 274 „entgegenschleudern"). Als Feindbilder erscheinen zudem Caffara und Ratzinger, die die Haltung des Papstes befürworten. Das Vokabular des „Gemauschels" impliziert, dass sie negativen Einfluss auf seine Entscheidung und sein Handeln nehmen (Z. 658 „drängen", Z. 718 „dafür sorgen", Z. 730 „auf Unfehlbarkeit gemünzt", Z. 749 „schob er nach").

Dies leitet zum metaphorischen Teil über. Denn im Zuge dieser Darstellung Caffaras und Ratzingers tritt auch die Evaluierung der Kirche als Geheimpolizei hervor – kontextualisiert durch das Vokabular aus dem Staatssicherheitsdienst, den reformerischen Positionen als Straftätern und den Verben, die eine Überwachung im negativen Sinne ausdrücken (siehe Tab. 31).

Tabelle 31: Textbelege zum Vokabular aus dem Staatssicherheitsdienst, Verben der Überwachung

	Textbelege
Evaluierung der Kirche als Geheimpolizei, Vokabular aus Staatssicherheitsdienst vs. Straftäter	• „Ratzinger-Behörde", Z. 718, 792 • „römische Glaubensschnüffler", Z. 796 • „vatikanischen Zensoren", Z. 814 • „Kundschafter vor Ort", Z. 797 • „Allerloyalsten", Z. 832 • „laxe Moraltheologen", Z. 798 • „Ermahnten", Z. 806 • „zum Bußschweigen Verurteilten", Z. 807 • „Geschaßten", Z. 808 • „theologische Protestgruppen", Z. 829
Verben der Überwachung	• „indizierten", Z. 816 • „besondere Kontrollen", Z. 825 • „verstärkt Druck ausgeübt", Z. 834 • „vergibt tunlichst nur noch an Allerloyalsten", Z. 831 • „beschwören", Z. 963 • „ließen […] vertreiben", Z. 818

Die Überwachung, die Kontrolle und der Verrat referieren dabei auf Zeiten der Inquisition, die demnach auch als Leitvokabel eruiert werden kann. Das Vorgehen betont die kirchliche Durchsetzung der katholischen Lehre durch Druck und Gehorsamszwang und die damit verbundene Entmündigung, Beharrung auf Unfehlbarkeit seitens des Papstes aber auch Rückschrittlichkeit der gegenwärtigen Situation in die Zeit des Mittelalters.

Auf der Ebene der Metaphorik finden sich im Fließtext nur einzelne metaphorische Verweise, etwa wenn auf die Eigenständigkeit des Individuums und dem daraus resultierenden, zusammenbrechenden vatikanischen System in Form einer kreativen Metapher angespielt wird (Z. 1035 „vatikanische Gedankengebäude zum Einsturz bringen würde"). Vor allem ist jedoch das Ende des Artikels metaphorisch geprägt. Hier werden durch drei verschiedene Metaphern bzw. Idiome, die Handlung des Papstes und die aktuelle Lage der Kirche resümierend und kritisch zugespitzt. Die Metaphern sind dabei jedoch keine Eigenkonzeptionen des *Spiegels*, sondern stützen sich auf Zitate deutscher und amerikanischer, reformerischer Moraltheologen. So wird auf die kreative Metapher der Stadt-Belagerung verwiesen (Z. 1092), die die autoritäre Haltung des Papstes erklären soll. Bei dieser Konzeption wird die Kirche einer belagerten Stadt gleichgesetzt, der Papst will sich und seine Kirche durch Parolen vor Angriffen und Belagerungen, im übertragenen Sinne seitens Reform- und Emanzipationsbewegungen, schützen. Dabei wird seitens des *Spiegels* im gleichen metaphorischen Stil, dieses Konstrukt angegriffen und auf die Naivität des Papstes referiert (Z. 1100 „Noch glaubt der katholische Oberbefehlshaber, er könne die Seinen mit Gehorsamsappellen bei der Stange halten. Doch beim Zählen seine Truppen könnte er sich womöglich verrechnen"). Zudem wird das Idiom „wie hoch der Preis ist" (Z. 1113) angebracht um darzulegen, dass die Gläubigen nicht dazu bereit sind, jede Amtshandlung des Papstes zu akzeptieren. Erneut wird hier implizit auf die Selbstbestimmtheit des Individuums angespielt. Der Artikel endet mit einer innovativen, vergleichenden Metapher. Durch den Ausspruch „Es ist schwer geworden, die Zahnpasta wieder in die Tube zurückzudrücken" (Z. 1128) wird zweierlei konzeptionalisiert. Zum einen ist dieser Vorgang nicht schwer, sondern unmöglich. Zum anderen wird diese Schlussfolgerung auf die aktuelle Lage in der katholischen Kirche zurückbezogen, in der es demnach als unmöglich erscheint, die kritischen Stimmen innerhalb der Kirche und seitens der Gläubigen durch päpstlichen Zwang, versuchter Autorität und Gehorsamsdruck zurück zur kirchlichen Lehre der Sexualmoral zurückzudrängen. Die individuelle Selbstbestimmtheit und die damit verbundene Kluft zwischen der Lehre und den Laien rückt demnach als Fazit in den Fokus.

Der Schluss bildet somit zusammen mit der Einleitung einen Rahmen. Denn auch der szenische Einstig verweist auf den innerkirchlichen Protest und die Eigenständigkeit des Individuums, welches sich gegen den autoritären Duktus des Papstes stellt und dadurch einen (fiktiven) Rücktritt des Papstes erzwingt. Die Rahmung des Artikels evoziert demnach, wie im ersten Artikel, eine antiautoritäre Haltung dem Papst gegenüber. Solche Perspektivierungen, die den Blick des Lesers lenken sollen, lassen sich auch im Artikel finden. So ist festzuhalten, dass die moralisch-ethische Dimension nicht thematisiert wird. Bei beiden Artikeln steht das Verbot der Empfängnisverhütung im Fokus. Durch diesen strategischen Aufbau des Auslassens von Informationen wird beim Leser die Haltung zur Sexualmoral als nicht nachvollziehbar evaluiert und ein Emotionspotenzial aufgebaut, welches Unverständnis hervorruft. Durch die Berufung auf Autoritäten, etwa die Theologen, aber auch auf ihre Schriften, die sogar absatzweise und formal hervorgehoben wiedergegeben werden (z.B. Z. 779), die Leserbriefe, den Pressespiegel sowie Studien wird dieses Potenzial zusätzlich verstärkt.

Auch die Informationsstrukturierung trägt zur Perspektivierung bei. Als Beispiel kann die Ankunft des Papstes in Bolivien herangezogen werden. Ein positiv konnotiertes Szenario seitens der „Indios" wird evoziert durch Farben und den familiären Bezug (Z. 236 „leuchtend bunte Ponchos", Z. 236 „Kinder in Tüchern geschnürt", Z. 242 „begrüßen"). Dieses wird kontrastiert durch die Referenz auf die Armut und die ermahnende Haltung des Papstes. Die Handlung des Papstes wird als unangemessen bewertet, die „unbewegten Gesichter" (Z. 249) implizieren keine

Mimik, keine Gestik, keine Freude. Die Implikatur suggeriert, dass sie den Papst auch wenn sie ihn sprachlich verstanden hätten, seine Argumentation aufgrund ihrer Situation nicht hätten nachvollziehen können (Z. 250 „Selbst wenn sie ihn verstanden hätten, wäre es ihnen schwergefallen einzusehen"). Die Annahmen werden nicht durch Zitate gestützt, sondern basieren lediglich auf den subjektiven Beobachtungen und Deutungen des Autors, der die Haltung der „Indios" antizipiert. Diese Darstellung wiederum dient nicht der Information, sondern der reinen Perspektivierung und ist dabei so strukturiert wird, dass Unverständnis gegenüber der Haltung des Papstes evoziert wird. Weitere Wertungen finden sich etwa in Form von sekundären Interjektionen (Z. 576 „‚Mord', basta"), Onomatopoetika (Z. 1048 „Wahrheit fällt für ihn immer noch, platsch, direkt vom Himmel") oder Redewendung (Z. 563 „hat Pech gehabt"), die das Verhalten des Papstes spöttisch bewerten oder seine Haltung dadurch wiedergeben.

Die Kirche wird dabei durch Adjektive als „inkonsequent" (Z. 960) und *Humanae Vitae* als „absurd" (Z. 921) und „schon entwicklungsgeschichtlich falsch" (Z. 922) positioniert. Insgesamt wird der Artikel, ebenso wie der erste Artikel durch Parallelismen, meist auch anaphorisch und in Form einer Klimax, sensationalisiert (siehe Tab. 32). Sie dienen der Dramatisierung und der Brisanz. Wiederholungen verstärken diesen Effekt.

Tabelle 32: Textbelege zu Parallelismen

	Hervorhebung	Textbelege
	Innerkirchlicher Protest gegen *Humanae Vitae*	• „Der Katholikenprotest gegen die Enzyklika war so weltweit, so unisono und heftig", Z. 583
	Alleingang Paul VI.	• „Gegen eine erdrückende Mehrheit von Katholiken, insbesondere auch gegen die Mehrheit einer von ihm selbst eingesetzten Fachkommission", Z. 540
Parallelismen, meist auch in Form einer Klimax	Striktes Verbot über jegliche Bereiche	• „Kein Bereich – ob vor oder außerehelicher Verkehr, ob Ehescheidung oder Wiederheirat, ob Selbstbefriedigung oder Empfängnisverhütung -, für den der Papst nicht die rechte Moral verordnet hätte", Z. 118
	Charakter Johannes Paul II.	• „gegen nichts so häufig, so rigoros und so weltfremd", Z. 115
	Situation Entwicklungsländer	• „bereits heute […] ohne einwandfreies Trinkwasser […], „ohne sanitäre Versorgung", Z. 186
	Komplexe Situation	• „weder einseitig noch eindeutig noch jemals befriedigend oder gar mit absoluter Verbindlichkeit entschieden werden können – im Falle der Empfängnisverhütung und der Abtreibung am wenigsten von Männern, die weder schwanger werden können noch verheiratet sind noch Geschlechtsverkehr haben", Z. 851

Die Autorität des Papstes wird ihm, wie auch Paul VI., im Sinne Gabriels auf der Ebene der persönlichen und funktionalen Autorität aberkannt und die Amtsautorität zudem in Frage gestellt. In Ergänzung zum ersten Artikel liegt die Betonung jedoch auf dem autoritären Eingriff ins Leben und die Lehre und damit auf der Beharrung auf der Unfehlbarkeit sowie der Entmündigung des Individuums. Lüdecke (2010) fasst hinsichtlich der Lehre Johannes Paul II. zusammen: „Er sorgte […] für die systematische Rekonsolidierung und Verstärkung der kirchlichen Autorität. […] In zahlreichen Ansprachen und Lehrschreiben vertiefte und verschärfte er die Lehre von *Humanae Vitae*, um sie schließlich 1997 unter die unfehlbaren Lehren zu zählen."[66] Der Artikel greift diese Verschärfung und Verstärkung auf und stützt sich zudem auf den damit erhobenen Widerstand und den damit einhergehenden Autoritätsverlust des Papstes. Auch wenn dieser hinsichtlich seiner Sexualmoral stark kritisiert und dies auch medial aufgenommen wurde, lässt sich trotzdem kein Abbruch der populären Repräsentation des Medienpapstes Johannes Paul II. feststellen.[67] Sein Tod im Jahr 2005 kann als einschneidendes Medienereignis, nicht nur in der medialen Religionsgeschichte, angesehen werden, welches ihn zum „Jahrtausend-Papst" (*Spiegel* 13/2005), zum „Unfehlbaren" (*Spiegel* 13/2005) und zum „Friedensapostel" (*Stern* 17/2003) stilisiert.

3) „Der Papst und der verdammte Sex" (2014)

1) Kontext (Institutioneller Rahmen)

Mit der Überschrift „Der Papst und der verdammte Sex. Vatikan-Umfrage zur Kluft zwischen Kirche und Gläubigen" betitelte der *Spiegel* am 27. Januar 2014 seine 5. Ausgabe und bezieht sich auf die von Papst Franziskus und dem Vatikan initiierte Umfrage, die Ende Oktober 2013 mit 39 Fragen weltweit an alle Bistümer verschickt wurde, um ein Stimmungsbild zu Familie, Ehe und Sexualität zu erhalten. Seit *Humanae Vitae* im Jahr 1968 gab es keine einschneidenden Veränderungen an der Sexualmoral. Wie sich im zweiten Artikel bereits anhand der Repräsentation Kardinal Ratzingers andeutete, vertrat derselbe später als Papst Benedikt XVI. die konservative Sexualmoral unter Papst Johannes Paul II. auch weiterhin und hielt an der traditionellen Linie fest. Der Artikel (Titel: „Herausgefordert") präsentiert dabei die bisherigen Ergebnisse aus 27 Diözesen Deutschlands vor der offiziellen Auswertung und Ergebnispräsentation sowie -diskussion der Sondersynode im Herbst 2014. Hinsichtlich reformatorischer Schritte kann die Sondersynode im Herbst 2014 jedoch als erfolglos bezeichnet werden:

Die erste große Enttäuschung folgte dann bei der Abstimmung des Synodenpapiers, das derzeit als Arbeitsgrundlage den Bischofskonferenzen zur Verfügung steht. Vorschläge der Beurteilungs- und Haltungsänderung gegenüber vorehelichen bzw. nichtehelichen Lebensgemeinschaften, homosexuell[en] [...] Menschen, wiederverheirateten Geschiedenen haben die notwendige Zweidrittel-Mehrheit nicht erreicht. So wird die Bischofssynode im Herbst 2015 unter Beweis stellen müssen, ob die Kirche zu grundlegenden Reformen bereit ist oder nicht. Vor allem wird sich dann zeigen, wie Papst Franziskus darauf reagiert, wenn ihm die Bischöfe seinen expliziten Reformwillen vereiteln.[68]

---

66 Lüdecke 2010, 543.

67 Sieprath spricht von einem „‚Super-Star-Image'" (Sieprath 2009b, 19).

68 Gruber 2015, 41-42.

Als Ergebnis der Synode „Die Berufung und Sendung der Familie in Kirche und Welt von heute" im Herbst 2015 lässt sich ein Abschlusspapier festhalten, welches mit einer Zweidrittelmehrheit verabschiedet wurde. Darin sind zwar keine großen Reformen zu verzeichnen, so sind zum Beispiel Wiederverheiratete weiterhin nicht zur Kommunion zugelassen. Es zeigt sich jedoch, dass in Zukunft Lebenssituationen individuell betrachtet und darüber entschieden werden solle.[69] Papst Franziskus ging bei seiner Abschlussrede zur Synode auf die verschiedenen Positionen innerhalb der Kirche ein:

> Und – jenseits der vom Lehramt der Kirche genau definierten dogmatischen Fragen – haben wir auch gesehen, dass das, was einem Bischof eines Kontinentes als normal erscheint, sich für den Bischof eines anderen Kontinents als seltsam, beinahe wie ein Skandal herausstellen kann – beinahe! –; was in einer Gesellschaft als Verletzung eines Rechtes angesehen wird, kann in einer anderen eine selbstverständliche und unantastbare Vorschrift sein; was für einige Gewissensfreiheit ist, kann für andere nur Verwirrung bedeuten. Tatsächlich sind die Kulturen untereinander sehr verschieden, und jeder allgemeine Grundsatz – wie ich sagte: die vom Lehramt der Kirche genau definierten dogmatischen Fragen – jeder allgemeine Grundsatz muss inkulturiert werden, wenn er beachtet und angewendet werden soll.[70]

Sein Lehrschreiben zu Ehe und Familie *Amoris Laetitia – Über die Liebe in der Familie* ist im April 2016 erschienen. In diesem fasst er die Ergebnisse der Bischofssynoden zusammen; im Unterschied zu seinen Vorgängern jedoch im unterhaltenden Schreibstil. Hinsichtlich Wiederverheirateten ändert Franziskus nicht komplett die Fahrtrichtung, plädiert aber an die individuelle Entscheidung einzelner Pfarrer und verspricht die Prüfung von Einzelfällen. Mit dieser Haltung, einer Zuwendung, stellt er sich gegen seine Vorgänger. Unter Theologen wird das Schreiben als „Reformschreiben", als ein erster Schritt des Umdenkens gewertet. Im Vergleich zu den vorherigen Päpsten ist dabei hervorzuheben, dass Franziskus kein Machtwort propagiert, sondern an Gewissensentscheidungen des Einzelnen plädiert. Auf den Umgang mit Homosexuellen geht er jedoch kaum ein. Im vorliegenden Artikel (5/2014) stellt die Haltung des Papstes nur einen Teil des Artikelinhaltes dar. Im Fokus stehen die Ergebnisse der Umfrage und das daraus interpretierbare Spannungsverhältnis zwischen katholischer Lehre und Lebensweise der Katholiken in Deutschland und ihrer Haltung zu sexualmoralischen Fragen. Autoren des Artikels sind Theresa Authaler (Ehemalige Journalistin des *Spiegel*), Frank Hornig (Wirtschaftsjournalist und Leiter des Berliner Büros), Sebastian Jannasch (Auslandsvertretung Rom), Conny Neumann (Redaktionsvertretung München) und Peter Wensierski (Redakteur Berlin).

---

69 Vgl. DBK Abschlusserklärung 2015, 2.
70 DBK Abschlussrede Papst Franziskus 2015, 3.

2) Text-Oberfläche

Der erste Teil (Z. 1-124) des Artikels beginnt mit einem szenischen Einstieg, der die Ansichten und Wünsche Jugendlicher zu Lehren der Sexualmoral widergibt. Eine Überleitung zur Umfrage erfolgt. Der Fragebogen wird erklärt und dargelegt, dass der *Spiegel* erste Ergebnisse der Deutschen Diözesen vor offizieller Veröffentlichung präsentiert. Anschließend wird die eigentliche Problematisierung hervorgebracht, bei der der Artikel die These aufstellt, dass das Gesamtergebnis der Umfrage unter den deutschen Diözesen eine Distanz zwischen päpstlicher Lehre und Lebenswirklichkeit aufzeige. Problematisiert wird diese These im zweiten Teil (Z. 125-291), mit der kritischen Frage nach dem Umgang Papst Franziskus zu diesem Ergebnis. Die Wünsche der Katholiken gegenüber ihrer Kirche werden herausgestellt und der Weg des Fragebogens, vom Entwurf, bis zum Umgang seitens der die Umfrage bremsenden Bischofskonferenz und seitens einer ausgewählten, ambitionierten Gemeinde exemplarisch präsentiert. Im dritten Teil (Z. 292-540) erfolgt eine Expansion. Der Artikel zeigt die Ergebnisse der Diözesen zu den verschiedenen Themenfeldern hinsichtlich Ehe, Familie und Sexualität auf und belegt damit die aufgestellte These einer Diskrepanz zwischen Katholiken und katholischer Lehre. Angezweifelt wird, ob diese Ergebnisse den Papst erreichen und falls ja, die Frage aufgestellt, wie dieser damit umgehe. Die Beantwortung der Frage erfolgt im vierten Teil (Z. 541-813), in dem jedoch die Unkenntnis über seinen Umgang dargelegt wird. Anhand von Beispielen seines Verhaltens erfolgt die Präsentation Papst Franziskus als Zuspruch erlangender Reformer, der jedoch auch mit Kritik innerhalb der Kirche konfrontiert sei und in gutem Kontakt mit den als konservativen „Hardlinern" (Z. 712, 401) präsentierten Müller und ehemaligen Papst Benedikt stehe. Der Artikel schließt im fünften Teil (Z. 814-838) mit der Kritik aus konservativer Richtung an Papst Franziskus normabweichendem Verhalten und stellt die Behauptung eines „Machtkampfs" (Z. 892) zwischen der päpstlichen reformerischen Haltung und konservativen Traditionalisten auf. Es wird ein Rahmen gebildet und an den Anfang angeknüpft, da die Wünsche der Katholiken aufgegriffen und die Frage nach Erfüllung dieser gestellt werden. Jedoch wird zugleich die Sorge über zu hohe Erwartungen, auch durch das Zitat Semeraros, Sekretär des Kronrats, dargelegt, da dieser darauf verweist, dass der Fragebogen keine Abstimmung der Laien darstelle.

Das Titelbild ist in Form einer Montage gestaltet, bei der ein Foto als Referenzquelle dient. Das Foto zeigt den Oberkörper von Papst Franziskus, er ist erkennbar an der weißen Soutane, seinem weißem Pileolus ebenso wie dem Fischerring an der rechten Hand. Er hält die Hände an die Wangen, seine Augen sind weit aufgerissen, die Augenbrauen hochgezogen, die Stirn in Falten gelegt, der Mund geöffnet, seine Gestik und Mimik verkörpern Entsetzen und Erschrockenheit. Sein Blick und seine Körperstellung sind leicht nach rechts gewandt. Der Titel der Ausgabe „Der Papst und der verdammte Sex. Vatikan-Umfrage zur Kluft zwischen Kirche und Gläubigen" ist rechts auf der Höhe des Kopfes von Franziskus platziert, was den Anschein erweckt, als schaue Franziskus direkt auf die Überschrift. Diese ist komplett in Weiß gehalten, jedoch ist der Teil „und der verdammte Sex" in Gelb (und somit erneut in den Farben des Vatikans) und zudem fett eingefärbt, sodass dieser besonders hervorsticht. Durch diese Einfärbung und die Kopplung von Foto und Text wird der Eindruck erweckt, der Papst führe die Gestik und Mimik des Entsetzens aufgrund des „verdammten Sex" sowie auch aufgrund der Aussage einer Kluft zwischen Kirche und Gläubigen aus. Es handelt sich demnach nicht nur um eine Montage, sondern auch um eine metonymische Konzeptassoziation. Das Adjektiv „verdammt" dient dabei als Synonym und kann aus der Metasprache der Kirche heraus einmal als salopp abwertend im Sinne einer im höchsten Grade unangenehmen Sache verwandt, andererseits im wörtlichen Sinne der Verdammung der sexuellen Lust verstanden werden. Im übertragenen Sinne stellt das Titelbild somit die Reaktion des Papstes nicht nur auf den „verdammten Sex" dar, sondern beantwortet dabei auch die im Artikel gestellte Frage nach der Reaktion des Papstes auf das Ergebnis der Umfrage. Brisant erscheint auch hier die Hintergrundfarbe. Diese ist pink eingefärbt und erinnert an das Titelblatt des zweiten Artikels. Auch hier lässt sich das Pink auf die Farbe Violett zurückführen, als liturgische Kirchenfarbe der Buße und Symbol zum Aufruf zur Besinnung und Umkehr ebenso wie auf die Farbe der Frauenbewegung[71] als Ausdruck für Unabhängigkeit und Eigenverantwortung hinsichtlich Sexualität. Ein kleines Detail pointiert das Titelblatt: Der pinkfarbene Hintergrund erweckt durch ein hell aufgedrucktes Muster den Anschein einer Tapete. Bei näherem Hinsehen fällt auf, dass es sich um das Emblem des persönlichen Papstwappen Franziskus handelt, jedoch in veränderter Form: Die persönlichen Elemente auf dem Schild Franziskus (Emblem des Jesuitenordens, das für Jesus stehende Monogramm IHS, Stern als Symbolisierung der Jungfrau Maria, Lavendelblüte als Symbol für Heiligen Josef) wurden ersetzt durch Gendersymbole, die Heterosexualität jedoch vermehrt Homosexualität symbolisieren. Somit wird der metaphorische Ausdruck „sich auf die Fahne schreiben", also sich etwas zum Ziel machen, verbildlicht, denn die Montage spielt auf Franziskus Einstellung bezüglich der Akzeptanz von Homosexualität innerhalb der Kirche und dabei auf eine Vereinbarkeit von Homosexualität und päpstlicher Lehre an, die er sich offenbar zum Ziel gemacht hat. So wird nicht nur seine erschrockene Reaktion angesichts des Ergebnisses, sondern subtil, nahezu kaum sichtbar, seine Rolle als Reformer visualisiert.

Im Artikel selbst rückt Papst Franziskus auf einem großflächigen Foto direkt zu Beginn des Artikels in den Fokus. Das Bild nimmt zwei Drittel der Seite ein und damit mehr Raum als der Text. Der Titel besteht aus dem Partizip Perfekt „Herausgefordert", sodass sich automatisch die Frage stellt, wer warum herausgefordert

---

71 Vgl. Heller 2000, 201, 209.

wurde. Die Antwort geben Bild und Anreißer. Das Foto, von unten aufgenommen, zeigt eine Momentaufnahme Papst Franziskus, der vor dem Petersdom entlangläuft, im Hintergrund sind neben einem Leibwächter nicht nur Fotografen, sondern Menschen hinter Absperrungen zu sehen. Durch die von unten aufgenommene Perspektive ragt der Papst förmlich in den blauen, sonnenbeschienenen Himmel hinein, seine Bewegung vermittelt Dynamik, da er während eines Schrittes fotografiert wurde. Das gesamte Bild vermittelt durch seine Komposition Aufbruchsstimmung, nicht zuletzt auch durch den Blick des Papstes, der lächelnd in die Ferne schaut. Hier setzt jedoch der kritische Punkt des Artikels an: Während das Bild durch die Figur des Papstes positiv konnotiert ist, wird durch den Anreißer die Herausforderung in Form einer Frage gestellt („Wird der Papst die Kirche reformieren, oder belässt er es bei freundlichen Gesten?"). Durch den Text wird die freundliche Aufbruchsstimmung abgetan und nach der tatsächlichen Bereitschaft zur Handlung bzw. zur Reform gefragt, die der Herausforderung entspricht. Ein weiteres Bild im Artikel selbst zeigt dabei die Verbindung Papst Franziskus zum ehemaligen Papst Benedikt, die sich die Hand vor dem Sekretär Georg Gänsewein geben und damit auf Franziskus strategische Einbindung des konservativen Papstes und seinen Gefolgsleuten anspielt. Diese Dekodierung ist jedoch nur durch das Wissen des Artikels möglich und nicht durch die Bildunterschrift gegeben.[72]

Neben der „Hauptfigur" werden die kirchliche Seite in Form des Klerus und damit die Entscheidungsträger ebenso visualisiert wie die Gläubigen, die Laien. Dies zeigt sich etwa anhand der versammelten Bischöfe (Bild 2), das Bild zeigt einen Raum voll älterer Männer, die sich unterhalten. Auf der nächsten Seite dagegen sind die Gläubigen, nämlich, so verrät der Bilduntertitel Besucherinnen des Weltjugendtages 2013 in Rio de Janeiro abgebildet (Bild 5). Das Foto ist eine Momentaufnahme und zeigt drei Nonnen sowie zwei junge Mädchen am Strand beim Planschen, im Hintergrund sind das Meer zu sehen sowie entfernt weitere Leute, die in den Wellen stehen und baden. Die Nonnen halten ihre Schuhe mit den Händen in die Höhe, die Wellen spritzen an ihnen hoch, es sind vergnügte Gesichter, alle lachen. Das Foto referenzialisiert auf Spaß und Spontaneität und bricht mit den stereotypen Bildern von gesitteten Nonnen. Im Artikel wird auf diese Momentaufnahme nicht eingegangen. Das Bild ist jedoch an der Stelle des Artikels positioniert, an der die Generationsveränderung, die Vereinbarkeit von Sakramentteilnahme und Selbstbestimmtheit von Katholiken sowie das Brechen mit Konventionen thematisiert wird.

---

72 Nahezu alle Bildunterschriften der Bilder im Artikel werden weder reißerisch, noch tiefergehend oder wie in den ersten Artikel Kohärenz bildend gebraucht. Es zeigen sich hauptsächlich Parallelisierungen, da die Untertitel aus Namen, Orts- oder Jahreszahlenangaben bestehen. Die Einbindungen und Dekodierungen der Fotos erschließen sich somit aus dem Artikeltext selbst.

Dieses Argument wird demnach durch das der Norm abweichende Bild der Nonnen aufgenommen.

Des Weiteren ist der Textfluss durch drei kleine Porträtfotos (Bild 3, 6, 8) unterbrochen, die durch ein groß gedrucktes Zitat untertitelt werden. Es handelt sich um das Comicmuster des Sprach-Bild-Bezugs, bei dem das Zitat der abgebildeten Person entspricht. Auch hier werden die Positionen der Basis der klerikalen Hierarchie gegenübergestellt und personalisiert: Auf zwei Porträtfotos sind zum einen Laienvertreterinnen sowie ein Pfarrer abgebildet, die kritisch den Umgang mit der Umfrage hinterfragen und dabei Zweifel und Schiebung an der Umfrage seitens der Kirche unterstellen. Dem gegenüber steht der im Artikel als „Hardliner" bezeichnete Glaubenspräfekt Müller, der die konservative Position vertritt. Sein Zitat drückt Beharrung und Vertretung der Unfehlbarkeit aus und evoziert Unverständnis, da Veränderung seitens der Katholiken ausdrücklich gefordert wurde.

Des Weiteren prägen zwei Grafiken den Artikel (Bild 4, 7), denen beiden eine Beweis- bzw. Belegfunktion zukommt und die das eruierte Ergebnis des *Spiegels* einer Diskrepanz zwischen Lehre und Lebenspraxis bestärken. Zum einen (Bild 4) sind Kreisdiagramme abgebildet, in denen der orangene Teil des „Nein" mehrheitlich und gut sichtbar hervorsticht, und das homophone Wortspiel „Leere Lehre", dargelegt, dass sich die Katholiken der Lehre der Sexualmoral widersetzen, dabei jedoch keinen Widerspruch empfinden, sondern trotzdem an Sakramenten teilnehmen. Die andere Grafik (Bild 7) stellt farblich und grafisch abgesetzte Zitate, alphabetisch nach Bistümern sortiert in eine Reihe, die einzelne Stellungnahmen bzw. Ergebnisse der Bistümer aufschlüsseln. Sie stützt das Argument eines Spannungsverhältnisses, durch Referenz auf Abwendung, Spaltung, falsche Behandlung, Vorwürfe, Weltfremdheit, Bedeutungsverlust und Unverständlichkeit. Hier treten teilweise Argumente auf, die von den vorherigen Artikeln bekannt sind, zum Beispiel die Weltfremdheit. Im Gegensatz zu den ersten beiden Artikeln wird aber deutlich, dass differenziert wird: Nicht der Papst, sondern vielmehr die Kirche als Institution und Hüterin der konservativen Morallehre wird kritisch in den Blick genommen. Der Papst wird mit seiner Herausforderung eher als Hoffnungsträger stilisiert.

3) Sprachlich-rhetorische Mittel

Welche sprachliche Gestaltung zeigt sich demnach angesichts eines sich verändernden Papstbildes? Betrachtet man zunächst onomasiologisch die Ausdrücke für das Referenzobjekt der Sexualmoral, geben die Ausdrücke zwar wieder, dass es sich um eine Kontroverse handelt, dem Papst wird jedoch im Gegensatz zum ersten Artikel keine Schuld eingeräumt. Auch die autoritäre Haltung und der machtvolle Eingriff der Kirche werden bei weitem nicht so stark pejorativ hervorgebracht wie in den ersten beiden Artikeln (siehe Tab. 33).

Tabelle 33: Nominationsausdrücke zum Referenzobjekt „Haltung Sexualmoral"

Referenzobjekt	Nominationsausdrücke
Haltung Sexualmoral	• „strittigsten Themen des Katholizismus", Z. 62, 237 • „konservative Doktrin eines umstrittenen Vorgängers", Z. 146 • „von Kirche verdammte Pille oder [...] verdammten Kondome", Z. 95 • „Umfrage zur Familienlehre", Z. 256 • „diese Regeln", Z. 650 • „zentrale Fragen der Sexualität", Z. 403 • „verschiedene Verbote", Z. 425 • „Machtkampf", Z. 892 • „Testfall", Z. 2 • „größte Herausforderung", Z. 118

Vielmehr lässt sich die Leitvokabel des „Testfalls" bzw. „Herausforderung" herausarbeiten: Die redundante Wiederholung des negativen Umfrageergebnisses sowie das metaphorische Bild einer Kluft und demnach einer Divergenz zwischen der amtlichen Kirche und den Mitgliedern schaffen ein Problemszenario, welches nun von Papst Franziskus zu bewältigen ist (siehe Tab. 34).

Tabelle 34: Textbelege zur Redundanz und zur Divergenz

	Textbelege
Redundanz der negativen Kontextualisierung des Ergebnisses	• „Ergebnis ist vernichtend", Z. 3 • „Ergebnis ist niederschmetternd für die Hüter der reinen Lehre", Z. 81 • „ein so schlechtes Zeugnis", Z. 349 • „Dokument der Entfremdung", Z. 364 • „für die Kirche schmerzliche Diagnose", Z. 435
Divergenz	• „tiefe Kluft zwischen Lebenswirklichkeit und Lehre", Z. 105 • „Zerrissenheit der Kirche", Z. 116 • „tiefe Kluft zwischen Kirchenvolk und Hierarchie", Z. 359 • „Dokument der Entfremdung", Z. 364 • „tiefen Spalt zwischen Amtskirche und Gläubigen" (durch HV), Z. 386 • „starke Diskrepanz zwischen Lehramt und Wirklichkeit", Z. 536

Hinsichtlich der Divergenz treten dabei einerseits „zahllose Katholiken" (Z. 177), die „Basis" (Z. 187) bzw. „Basis-Katholiken" (Z. 929) als Akteure auf. Wurde bereits in den vorherigen Artikeln auf den innerkirchlichen Protest verwiesen, wird durch die Kontextualisierung suggeriert, dass dieser einer Selbstbestimmtheit gewichen ist (siehe Tab. 35).

Tabelle 35: Textbelege zur Kontextualisierung „Selbstbestimmtheit"

	Textbelege
Kontextualisierung Selbstbestimmtheit	• „verweigern die Gläubigen die Gefolgschaft", Z. 405 • ohne „Theologen-Sound", Z. 273 • „machen einfach, was ihnen gefällt", Z. 322 • „verbaten sich Einmischung ins Leben", Z. 371 • „ignorieren fast alle Katholiken" • „dem Papst die Meinung [...] zu sagen", Z. 469 • „um der Amtskirche endlich die Meinung zu sagen", Z. 295

Sie stehen damit der klerikalen Amtskirche gegenüber, die eindeutig negativ als Autorität und an Tradition festhaltend klassifiziert wird („machtbewusste Eliten",

Z. 169, „veränderungsfeindliche Kurie", Z. 180, „Kirchenhierarchie", Z. 188). Neben einem Reformer werden dabei vor allem Traditionalisten als Autoritäten angeführt, die jedoch auch als Feindbilder stilisiert werden.

Dazwischen, so suggeriert das Wortfeld des Gefechts (Z. 862 „wortstark angeführt", Z. 891 „Attacke", Z. 892 „Machtkampf"), steht der Papst. Die Nominationsausdrücke geben Aufschluss über die Bewertung. Papst Franziskus wird nicht nur durch seine Einführung im Amt, seine Herkunft und seinen sozialen Hintergrund charakterisiert, positiv konnotierte Lexeme und Wendungen („Star", „Mann mit Zukunft") vermitteln seine Popularität und etablieren ein positives Assoziationskonzept. Wiederholend treten meliorativ konnotierte Adjektive auf, die seinen Charakter, seine Handlung positiv beschreiben (siehe Tab. 36).

Tabelle 36: Nominationsausdrücke zum Referenzobjekt „Papst Franziskus" und meliorative Adjektive seines Handels

Referenzobjekt	Nominationsausdrücke
Papst Franziskus	• „Hirten ‚vom Ende der Welt'", Z. 129 • „globaler Star", Z. 130 • „PR-Genie", Z. 139 • „Mann mit Zukunft", Z. 144 • „Gegenpol zu Benedikt XVI.", Z. 773 • „älterer Herr aus Argentinien", Z. 186 • „Papa Francesco", Z. 618 • „‚good cop'", Z. 677 • „Pontifex", Z. 546 • „der argentinische Papst", Z. 154 • „neue Bewohner", Z. 162 • „neuer Chef", Z. 605 • „Adressat all dieser Bemühungen", Z. 542
Meliorative Adjektive	• „demütige Auftritte", Z. 127 • „überraschende Interviews", Z. 128 • „sendet frohe Botschaften", Z. 134 • „bescheidene, oft unkonventionelle Auftritte", Z. 551 • „freundliche Gesten", Z. 4 • „große Worte", Z. 165

Gleichzeitig geben jedoch nicht nur die Bezeichnung „PR-Genie", sondern auch weitere explizite Attribuierungen Aufschluss darüber, dass seine Handlungen und Gesten auch als Strategie evaluiert werden (siehe Tab. 37).

Tabelle 37: Textbelege zur expliziten Attribuierung Papst Franziskus

	Textbelege
Explizite Attribuierung	• „strategisch schlau", Z. 772 • „scheinbar verständnisvoll", Z. 581 • „gab sich einfühlsam", Z. 587 • „zu befreien verspricht" von konservativen Doktrinen, Z. 148 • „hält sich vorerst alle Optionen offen", Z. 753 • „tröstet sie, was wie zufällig die halbe Welt erfährt", Z. 683

Zudem werden vor allem sein Verzicht, etwa auf das Papamobil[73] und sein von der Norm abweichendes Verhalten besonders hervorgehoben (Z. 550-568). Dabei wird gemutmaßt, dass sich dies ebenfalls als Strategie herausstellt (Z. 569 „Jeder dieser Auftritte wirkt wie ein kalkuliertes Signal"). Durch einen Perspektivwechsel wird die kritische Sicht der Konservativen an seinem Verhalten wiedergegeben (Z. 821 „Und erst sein Wohnsitz [...]. Und dann macht er das ohne Termin [...]. So erzählt man es sich in seinem Hofstaat mit Gruseln"). Auch sein antiautoritäres, demokratisches Verhalten (Initiierung der Umfrage, Etablierung des päpstlichen "G8") und seine Spontaneität werden betont. So wird etwa durch hyperbolische Hervorhebungen die Imitierung der Umfrage als positiv herausgestellt (z.B. Z. 51 „kommen dort die Gläubigen in einer Vielzahl zu Wort wie wohl noch nie zuvor in 2000 Jahren Kirchengeschichte").

Zurückgreifend auf Gabriels Muster der päpstlichen Autorität lässt sich festhalten, dass Papst Franziskus im Gegensatz zu den beiden ersten Päpsten Paul VI. und Johannes Paul II. nicht nur eine funktionale Autorität, nämlich als Stratege zugesprochen wird, sondern vor allem eine persönliche Autorität, die auf der Hervorhebung seiner herausragenden Eigenschaften beruht. Gerade dadurch, dass er keine autoritäre Rolle einnimmt, bekommt er einerseits Autorität zugeschrieben: Sein Verhalten wird eindeutig aufgewertet. Andererseits wird durch seinen fehlenden autoritären Stil sein reformatorisches Durchsetzungsvermögen in Frage gestellt. Aufgrund seines Verhaltens wird die Wirkung seiner Gesten und dabei sein konkretes Handeln im Artikel hinterfragt, denn, so merkt der Artikel kritisch an: „Kein einziges Dogma seiner strengen Kirche hat der argentinische Papst, obwohl er es im Alleingang könnte, bislang gemildert oder gar gestrichen" (Z. 152). Stilistisch spiegelt sich die kritische Haltung vor allem durch die Satzkonstruktion des indirekten

---

73 Dieses Ergebnis bestätigt Kerstin Radde-Antweiler auch für andere Medien: „Erste Analyse-Ergebnisse zeigen, dass die Mehrheit der Presseberichte das Wort ‚Verzicht' in den Fokus stellte, sei es den Verzicht auf die Papstwohnung, auf Urlaub, auf die roten Schuhe oder auch das Papamobil" (Radde-Antweiler 2015, 58).

Fragesatzes mit „ob" und Konzessivsätzen wieder, die eine oder-verbundene Alternative enthalten und ein Emotionspotenzial der Skepsis etablieren (siehe Tab. 38). Im Sinne Gabriels zeigt sich somit auch Kritik an der Amtsautorität, hinsichtlich der Durchführung von erhofften Reformen.

Tabelle 38: Textbelege zur direkten und indirekten Hinterfragung

	Textbelege
Direkte und indirekte Hinter- fragung seiner Haltung	• „Wird der Papst die Kirche reformieren, oder belässt er es bei freundlichen Gesten?", Z. 3 • „Ob er dem Ruf seiner Gläubigen Folgen und den Katholismus reformieren will. Oder ob er es bei seinen sympathischen, mit großem Applaus bedachten aber wirkungslosen Gesten belässt", Z. 122 • „Oder hat sich am Heiligen Stuhl nur der Sound geändert – nicht aber die Substanz?", Z. 149 • „Ob er seinen Apparat in den Griff bekommt oder zum Getriebenen der ihn umgebenden machtbewussten Eliten wird", Z. 165 • „ob der neue Bewohner mehr kann als Charisma und große Worte", Z. 162

Franziskus' Amt und Verhalten wird kritisch mit der Präsidentschaft Barack Obamas verglichen und gleichgesetzt. Es wird suggeriert, dass bei beiden ein „entrückter" Vorgänger den Platz einnahm, beiden wird charismatisches Verhalten unterstellt, deren Durchsetzungsvermögen sich erst noch beweisen muss (Z. 140f.). Auch in weiteren Teilen des Artikels wird die Situation Franziskus auf die Politik übertragen, etwa um seine Strategie (Z. 573 „in der Politik würde es heißen"), aber auch um die innerkirchliche Kritik an dieser hervorzuheben (Z. 615 „wie dem real existierenden Sozialismus. ‚Papastroika' spotten Kritiker bereits"), ihn aufgrund seiner fehlenden Handlung als gegensätzlich zu Gorbatschows zu stellen (Z. 622) und erneut seinen mangelnden reformerischen Aktionismus herauszustellen (Z. 624 „bislang keine einzige relevante Vorschrift geändert oder gestrichen"). Auch wenn sich die Kritik auf einer anderen Ebene befindet als in den ersten beiden Artikeln, wird auch Papst Franziskus angegriffen. Wird einerseits sein mangelnder reformerischer Einsatz seitens der Autoren kritisiert, wird andererseits sein mangelnder autoritärer, konservativer Einsatz seitens der Traditionalisten ebenfalls wiedergegeben. Dabei dient etwa eine innovative Metapher dazu, in dem die biblische Metapher „die Axt an die Wurzeln legen" der Gegenwart angepasst wird, um die päpstlichen Schritte zu einer reformatorischen Haltung aus Sicht der Konservativen als Zerstörung der katholischen Lehre zu klassifizieren (Z. 888 „lege der Papst die Axt an die Wurzeln des katholischen Glaubensgebäudes"). Das konventionalisierte Konzept der Wellenmetapher dient der Dramatisierung der innerkirchlichen Widersetzung (Z. 101 „auf Rom rollt eine Protestwelle zu"). Zudem machen Anglizismen (Z. 274 „Theologen-Sound", Z. 150 „nur der Sound geändert"), Idiome (Z. 922 „die Geister, die er rief") oder konventionalisierte metaphorische Redensarten (Z. 815 „die Nase rümpfen", Z. 225 „spielte den Ball weiter") den Artikel bunter.

Auch im vorliegenden Artikel zeigen sich Emotionalisierungsstrategien. Akteure werden als Feindbilder und Sympathieträger präsentiert und mit Wertungen versehen. Als Sympathisanten erscheinen die „Basis-Katholiken" (Z. 929). Dies zeigt sich schon an dem szenischen Einstieg, bei dem die Situation in einem katholischen Jugendzentrum in Berlin skizziert wird. Durch die Situations- sowie Raumbeschreibung und atmosphärische Gestaltung wird Nähe und ein positives Emotionspotenzial etabliert. Der Leser bekommt den Eindruck als wäre der Reporter vor Ort und säße zwischen den Jugendlichen und dem Seelsorger (Z. 11 „Die Wände sind bunt gestrichen, auf einem Tisch in der Mitte liegen Gummibärchen-Tüten und Schokolade", Z. 16 „ein freundlicher Herr mit Halbglatze und Brille"). Der Gebrauch des Präsens unterstützt zusätzlich das Gefühl des Miterlebens. Hinsichtlich der kirchlichen Lehre wird eine jugendliche Reaktion auf die Moralvorstellung evoziert, in dem suggeriert wird, dass die Lehre einem Witz gleicht (Z. 24 „tuscheln", „grinsen", Z. 30 „prusten los") und gleichzeitig durch mündlichen Sprachgebrauch Unverständnis dieser gegenüber mit eingebunden (Z. 27 „‚Hä?', fragt ein Mädchen und verzieht das Gesicht. ‚Das ist doch keine Straftat', ruft ein Junge im Kapuzenpulli'"). Die Situationsdarstellung dient auf mehreren Ebenen als Implikatur: Zum einen wird impliziert, dass es sich um junge und gläubige Katholiken handelt, die mit ihren 16 Jahren eigenständige Haltungen gegen die Morallehren der Kirche vertreten (Z. 40 „‚Damit Kirche zu allen passt, sollten auch Homosexuelle heiraten dürfen', sagt Jonas. ‚Es ist der Kirche nicht gestattet, sich da einzumischen'"). Somit dient der Einstieg dazu, dass derzeitige, gesellschaftliche Moralverständnis exemplarisch darzustellen. Zum anderen dient die Darstellung der Personalisierung. Durch den Einbezug der namentlich benannten Jugendlichen (Z. 15 „Hannah, Jonas und ihre Freunde") wird emotionale Authentizität erwirkt. Diese Darstellung von namentlichen Einzelschicksalen durchzieht den Artikel und knüpft vor allem an die Gefühlswelt der Betroffenen an: „Die Konfrontation mit einem identifizierbaren, konkret beschriebenen Individuum ermöglicht eine wesentlich größerer Einfühlung als mit einer anonym und generisch benannten Menge."[74] Im Gegensatz zu den ersten Artikeln, die besonders Theologen zu Wort kommen ließen, sind es nun vor allem „Stimmen der Basis", also Pfarrer, Laienvertreter, aber auch Theologen, die sich zu einer Reform in der katholischen Kirche bekennen, dabei als Sympathieträ-

---

74 Schwarz-Friesel 2013a, 227.

ger skizziert werden, deren Schwierigkeiten der Umfrage, aber auch Probleme mit den kirchlichen Vorstellungen fokussiert werden und den Artikel damit perspektiveren. Das Ergebnis der Umfrage wird somit vermenschlicht und greifbarer.

Als ein weiteres Merkmal, das den Artikel durchzieht, kann der Perspektivwechsel angeführt werden, in denen die Autoren durch sprachliche Mittel die Haltung der jeweils eingebundenen Person antizipieren. So wird aus Sicht eines Pfarrers nachgefragt (Z. 267 „Wie sollten seine Gläubigen verstehen"), durch die Bezeichnungen „Oma und „Opa" auf die Sichtweise einer jungen Generation und den damit verbundenen Generationen-Ansichtswechsel verwiesen (Z. 316 „In Moralpredigten hatten Oma und Opa noch gelernt, sich [...] ‚beschmutzt' zu fühlen") oder aus Sicht der Laien allgemein argumentiert und nachgefragt (Z. 916 „Dürfen die Laien darauf vertrauen, dass die Kirche sich künftig auch nach ihren Wünschen entwickelt?").

Die in den Artikel eingebundenen Rückantworten der Umfrage erinnern an die Erfahrungsberichte und Leserbriefe aus den ersten beiden Artikeln. Diesen wird im vorliegenden Artikel jedoch wesentlich mehr Raum eingeräumt. Skurrile Antworten, etwa die Unkenntnis über *Humanae Vitae* (Z. 377 „‚10 von 10 spontan Befragten dachten an eine vitalisierende Körperlotion'") oder jugendliche Einstellungen (Z. 325, „wenn Gott gewollt hätte, dass man keinen Sex hat, hätte er es sicher nicht so spannend gestaltet'") dienen einerseits dem Unterhaltungswert, andererseits um die Unwissenheit der Katholiken gegenüber kirchlichen Sexualmoral zu betonen. Vor allem werden mit den Antworten aber emotionale Zustände beschrieben. In Form von pejorativ konnotierten emotionsbezeichnenden (Z. 442 „geschockt", Z. 85 „Desinteresse, Häme und tiefe Verletztheit") und emotionsausdrückenden Lexemen (Z. 431 „erzürnt", Z. 369 „klagen", Z. 440 „krass") im Fließtext aber auch den eingebundenen Zitaten wird dem Leser ein Einblick in die Gefühlswelt und das Leben der Katholiken suggeriert, wodurch ein negatives Emotionspotenzial evoziert wird.

Neben dieser Sichtweise wird jedoch auch aus der Sichtweise der Reformkritiker argumentiert und durch die Anlehnung an den mündlichen Sprachgebrauch (Z. 835 „und dann macht er das") sowie die Partikel „erst" (Z. 822) und die Repetition (Z. 835 „ohne Termin, ohne Vorabsprache, ohne dass er jemand etwas darüber erzählt") das Entsetzen ihrerseits gegenüber des Verhaltens Franziskus ausgedrückt (Z. 822 „Und erst sein Wohnsitz [...] Und dann macht er das, ohne Termin [...]. So erzählt man es sich in seinem Hofstaat mit Gruseln"). Diese Repräsentation leitet über zu den Feindbildern. Explizit negativ werden die Reformkritiker attribuiert. Dies gilt auch für die vorherigen Päpste. Wird Papst Johannes Paul II. lediglich als „unbarmherzig" (Z. 396) attribuiert, dient Papst Benedikt XVI als Verkörperung der traditionellen und konservativen Lehre, die dabei als negativ karikiert wird (siehe Tab. 39).

Tabelle 39: Nominationsausdrücke zum Referenzobjekt „Papst Benedikt"

Referenzobjekt	Nominationsausdrücke
Papst Benedikt XVI.	• „entrückter Professor", Z. 139 • „konservative Doktrin eines umstrittenen Vorgängers", Z. 145 • „Fixstern der Traditionalisten", Z. 776 • „strenge Weltbild seiner Ära", Z. 785 • „Ideal einer entweltlichten Kirche als Gegenpol zu einer säkularisierten, haltlosen Gesellschaft", Z. 794 • „wandte sich von modernen Lehren ab und bestand auf uralten Dogmen", Z. 114

Auffällig ist, dass es hinsichtlich des strengen Gehorsams nicht die Initiatoren der Sexualmoral, Paul VI. oder Johannes Paul II. sind, die in den Fokus gerückt werden, sondern vor allem Benedikt. Dies ist mit seiner allgemeinen negativen Repräsentation und seinem Rücktritt zu erklären. Neben Benedikt werden die weiteren konservativen Reformkritiker, pejorativ als „Hardliner" (Z. 401) bezeichnet. Das krasseste Feindbild findet sich jedoch in Glaubenspräfekt Müller wieder. Dieser wird pejorativ konnotiert als „Hardliner" (Z. 712), „Scharfmacher" (Z. 669), „Glaubenswächter" (Z. 674) mit seiner „erzkonservativen Position" (Z. 662), seinem „unerschrockenen Umgang mit kritischen Medien" (Z. 665), dabei „geißelt er jede Verfehlung" (Z. 680) und „überwacht die Einhaltung der Regeln streng" (Z. 650). Er wird dabei durch einen Vergleich aus amerikanischen Fernsehserien (Z. 679 „good cop", „bad cop") kontrastierend zu Papst Franziskus stilisiert, gleichzeitig weist der Artikel auf die strategische Einbindung Müllers seitens Papst Franziskus hin. Implizit wird dabei diese Einbindung kritisch hinterfragt (Z. 669 „Franziskus hätte den Scharfmacher in ein weniger exponiertes, einflussärmeres Amt versetzen können") und dabei als strategisches Bindemittel zwischen der konservativen Basis verstanden. Der Artikel schließt mit dem Zitat des Sekretärs, mit dem kritisch in Erinnerung gerufen wird, dass die letztendliche Entscheidungsgewalt über die Reform dem Papst und den Bischöfen zukommt, die sich aufgrund ihrer Position auch gegen die Mehrheit der Umfrage richten können.

Laut Kerstin Radde-Antweiler sind es drei Narrative, die in der Berichterstattung über Franziskus zu finden sind: (1) die „Hoffnung auf einen Umbruch innerhalb der Katholischen Kirche", (2) die Vorstellung des Papstes als „Anwalt der Armen", etwa durch seinen Verzicht und seinen Lebensstil sowie (3) die „menschliche Seite des Papstamtes"[75]. Alle Narrative sind auch im vorliegenden Artikel zu

---

75 Radde-Antweiler 2015, 59.

finden. Hinzukommend wird hier jedoch sein Verhalten als strategisch bewertet und sein Durchgreifen kritisch hinterfragt. Der Artikel suggeriert demnach, dass Franziskus durch sein Auftreten einen Weg für Reformen bereitet, stellt jedoch die Umsetzung, angesichts des nach wie vor noch vorhandenen, mehrheitlich konservativen Lagers in Frage und kritisiert seinen bisherigen mangelnden Aktionismus. Im Sinne Gabriels Autoritätenkonzepts unterscheidet sich Franziskus von den vorher analysierten Papstrepräsentationen. Durch die Hervorhebung seines strategischen Vorgehens sowie durch sein normabweichendes Verhalten und seine besonderen Eigenschaften, etwa seiner Spontaneität, wird funktionale sowie persönliche Autorität generiert. Gerade dadurch, dass er keine Rolle als alleinige Entscheidungsautorität einnimmt, wird ihm Autorität zugesprochen. Gleichzeitig wird herausgestellt, dass es bisher keine Veränderungen unter Franziskus gegeben hat. Kritisch in Frage gestellt wird dabei seine Amtsautorität. Denn trotz demokratischer Umfrage wird auf seine Entscheidungsmacht hingewiesen und seine Behauptung gegenüber der konservativen Mehrheit hinterfragt, denn „eine nachhaltige und nach unten durchgreifende Reform ist nur erfolgreich, wenn sie – wie das II. Vatikanum – von einem gemeinsamen Reformprozess der ganzen Kirche getragen ist."[76]

Zusammenfassung der Ergebnisse

Betrachtet man alle Ergebnisse der drei Artikel vergleichend, werden je nach Zeitraum unterschiedliche Papstrepräsentationen hervorgebracht. Dabei ist relevant, dass zeitgeschichtlich keine Änderung bzw. keine Reformen hinsichtlich der Sexualmoral der katholischen Kirche zu verzeichnen sind. Die Artikel aus den unterschiedlichen Jahrzehnten unterliegen einer Perspektivierung, da sie alle eine Reform der Sexualmoral befürworten und konservative Päpste und Kleriker, die an Traditionen festhalten, kritisieren. Nichtsdestotrotz werden dabei unterschiedliche Papstbilder skizziert, die mit der Papstpersönlichkeit und seinem jeweiligen autoritären Verhalten einhergehen (siehe Abb. 51).

So werden in den ersten beiden Artikel, 1968 und 1990, Papst Paul VI. und Papst Johannes Paul II. in spöttisch-zynischem Stile pejorativ bewertet und persuasiv negativ repräsentiert. 1968 wird dabei eine explizit befürwortende Haltung für die Pille und Geburtenkontrolle eingenommen, die sich gegen Papst Paul VI. und gegen die Kirche stellt, den Papst als Autorität in Frage stellt und aufgrund seiner Haltung zur Unfehlbarkeit und seinem aufgezwungenen Gehorsam ein Feindbild und Autoritätsverlust propagiert. 1990 sind es Verhütungsmittel allgemein und deren Ablehnung durch Papst Johannes Paul II., die im Fokus stehen. Durch eine ähnliche bis nahezu gleiche Argumentation wird er ebenfalls als Feindbild stilisiert, jedoch liegt der Fokus verstärkt auf seiner autoritären Verschärfung, ihm wird damit gleichzeitig auch eine Rückschrittlichkeit und ein Autoritätsverlust attestiert. Die

---

76 Gruber 2015, 42.

Artikel aus den Jahren 1968 und 1990 bringen somit beide ein Emotionspotenzial der Empörung und des Unverständnisses dem Verhalten des jeweiligen Papstes gegenüber hervor, welches durch die stilistische und grafische Gestaltung etabliert wird. Im Gegensatz dazu steht der Artikel aus dem Jahr 2014. Papst Franziskus wird als populärer Sympathieträger und als Stratege stilisiert, seine explizit nichtautoritäre Haltung und sein von der Norm abweichendes Verhalten wird gegenüber seinen Vorgängern besonders hervorgehoben. Nichtsdestotrotz zeigt sich – jedoch längst nicht so wie in den anderen Artikel – eine kritische Hinterfragung der Handlung des Papstes bzw. an seinem mangelnden Aktionismus. Wie auch in den ersten Artikeln findet sich hier verstärkt Kritik an der konservativen und gegen den Zeitgeist handelnden Kirche. Auch hier wird ein Emotionspotenzial der Empörung etabliert, das sich jedoch nicht gegen den Papst, sondern vor allem gegen die konservativen Entscheidungsträger der katholischen Kirche richtet, diese werden demnach als Feindbilder skizziert. Während sich die ersten beiden Artikel vor allem auf Stellungnahmen von Theologen als Akteure stützen und ein Bedrohungsszenario durch die Skizzierung einer Überbevölkerung dramatisieren, liegt der Fokus im dritten Artikel auf der vom Papst mitinitiierten Umfrage und somit auf Stimmen der Gläubigen. Durch die Einbindung von Einzelschicksalen unterliegt dem Artikel dabei eine starke Personalisierung, die dem Leser suggerieren soll, dass eine Rückbesinnung auf die Kirche hinsichtlich der Lebensführung nicht mehr gegeben ist. Im Gegensatz zu den anderen Artikeln weicht der vorliegende Artikel somit stark ab. Zwar kritisiert der Artikel ebenfalls die Haltung der Kirche, fokussiert das für die Kirche negative Umfrageergebnis eines Spannungsverhältnisses und steht auch der noch nicht einzuschätzenden Haltung Franziskus kritisch gegenüber. Jedoch ist ein deutlich positiveres Papstbild erkenntlich. Auch wenn sich seit *Humanae Vitae* 1968 keine Änderungen, auch nicht unter Franziskus, ergeben haben, wird somit im Artikel nicht das alte Phänomen, das Festhalten an alten Traditionen betont (auch wenn es nach wie vor aufgegriffen wird), sondern die neue Herangehensweise, die Umfrage und auch das Verhalten Franziskus, als Bedeutungskomponente fokussiert und auch hinterfragt.

Abbildung 51: Übersicht zu den Ergebnissen der drei untersuchten Artikel

		1968	1990	2014
Text-Oberfläche	Aufbau	Humanae Vitae, Alleingang Papst, Überbevölkerung, Pille, Erfahrungsberichte, Unfehlbarkeitsethos	Fiktives Rücktrittsszenario, päpstliches Verhalten auf Reisen, Überbevölkerung, Humanae Vitae	Explikation und Weg des Fragebogens, Umfrageergebnisse, Skizzierung Person Papst Franziskus im kirchlichen Umfeld
	Grafische Gestaltung	Papst als Mahner, päpstliche Machtstellung, Alleingang, Minderheitenentscheid, Überbevölkerung, Spaltung Kontroverse Pille, Konflikte durch Humanae Vitae, Befürworter vs. Gegner	Päpstliche Machtstellung, Gehorsamszwang, Überbevölkerung (auch durch Grafik), Reisen, Anprangerung konservativer Päpste	Umfrageergebnisse Diskrepanz Lehre vs. Lebenspraxis (Grafiken), Hoffnungsträger Papst, kirchliche Entscheidungsträger vs. Laien
Sprachlich-rhetorische Mittel	Leitvokabeln	Neuer/zweiter Fall Galilei	Moralskandal/Doppelmoral, Inquisition	Herausforderung/Testfall
	Wortfelder	Realitätsferne, Zeitkonzept, Dichotomie sexuelle Lust vs. Religion	Ablehnung, Widerstand, Zeitkonzept, Dichotomie sexuelle Lust vs. Religion	Selbstbestimmtheit, Divergenz Lehre vs. Lebenspraxis, Gefecht
	Bezeichnung Akteur Papst	Papst, der sie das Fürchten um ihr Leben lehrt, Lust-Feind, Anti-Pillen-Papst, Pillen-Gegner Paul VI	Katholische Oberbefehlshaber, dieser kirchenkonforme Mann, Mann aus Rom	Globaler Star, PR-Genie, Mann mit Zukunft, Gegenpol zu Benedikt XVI., neuer Chef
	Attribuierungen	pejorativ: konservativ, grotesk, unwissend, Engstirnigkeit reaktionär-katholischen Weltverständnisses	pejorativ: rückschrittlich, rigoros und weltfremd, denkt verquer, naiv-gläubigen polnischen Katholizismus	meliorativ: freundliche Gesten, demütige Auftritte, unkonventionelles Treiben, strategisch schlau, aber Hinterfragung Handlung
	Metapherkonzepte	Gewitter-Metaphorik, Bomben-Metaphorik, Sichtbarkeitskonzept	Kirche als Geheimpolizei, Überwachungsmetaphorik, Zahnpasta-Metaphorik, Metaphorik der Stadtbelagerung, Preis-Idiomatik	Politik-Vergleich, innovative biblische Metapher, Kluft-Metaphorik, Anglizismen, Idiome
	Emotionalisierungsstrategien	Positive Kontextualisierung Pille, Berufen auf Ärzte, Theologen, Erfahrungsberichten, Pressespiegel, Hyperbolische Dramatisierungen, Syntaktische Parallelismen, Schreckensszenario, Überbevölkerung, einseitige Argumentation, Spekulationen, Interpunktion	Berufen auf Ärzte, protestierende Theologen als Sympathieträger, Überbevölkerung, Einbindung von Leserbriefen, Pressespiegel, Implikaturen, Syntaktische Parallelisierungen, einseitige Argumentation	Berufen auf Laien als Sympathieträger, Feindbild konservativer Klerus, Einbindung von Umfrageergebnissen, namentliche Einzelschicksale, Hyperbeln im positiven Sinne, direkte und indirekte Hinterfragungen der Papsthandlungen, Implikaturen, Perspektivwechsel
	Intendierte Argumentation Perspektivierung	Papst als Feindbild, Kirchenkritik, Kritik an Unfehlbarkeit, Bedrohungsszenario Überbevölkerung, Empörung/Wut/Unverständnis über Alleingang, Rückschrittlichkeit, Autoritätsverlust (funktionale A., persönl. A., Amtsautorität), Rebellion innerhalb der Kirche, reformbefürwortende Perspektivierung	Papst als Feindbild, Kirchenkritik, Bedrohungsszenario, Empörung/Wut/ Unverständnis über Rückschrittlichkeit, Autoritätsverlust (funktionale A., persönl. A., Amtsautorität), reformbefürwortende Perspektivierung	Papst als Sympathieträger und Stratege, Kirchenkritik, Unverständnis über konservative, Hinterfragung der päpstlichen Umsetzung und damit der Amtsautorität, Selbstbestimmtheit innerhalb der Kirche, reformbefürwortende Perspektivierung

Im Sinne von Gabriels Autoritätskonzept zeigt sich, dass in den Artikeln aus den Jahren 1968 und 1990 beiden Päpsten in zynisch-spöttischem Stil die persönliche und funktionale Autorität abgesprochen werden und dabei zudem auch die Amtsautorität hinterfragt wird. Brisant erscheint dabei das Ergebnis, dass die gleiche Haltung auch an den gleichen Textbausteinen erkenntlich wird, bei denen lediglich der Name des Papstes ausgetauscht wurde. Im Jahre 2014 handelt es sich zwar um eine alte Sachlage, jedoch eine neue Herangehensweise des Papstes. Durch seine als bescheiden und menschlich skizzierte Haltung und sein als strategisches, von der Norm abweichendes skizziertes Vorgehen wird ihm funktionale und persönliche Autorität im Artikel zugesprochen. Nichtsdestotrotz zeigen sich ebenfalls Kritik und eine Hinterfragung an der Amtsautorität aufgrund seines mangelnden Aktionismus.

Die Analyse zum Papstbild und der Haltung zur Sexualmoral zu den unterschiedlichen Zeit-Kontrast-Schnitten lässt demnach folgende Schlüsse zu: Zum einen konnte gezeigt werden, wie unterschiedliche Papstbilder durch stilistische und grafische Mittel etabliert und dabei je nach Persönlichkeit des Papstes perspektiviert werden. Zum anderen ist ein Relevanzverlust von Religion hier nicht erkenntlich, vielmehr ist durch die Zeit-Kontrast-Schnitte die gesellschaftliche Veränderung wahrnehmbar: Denn durch die öffentlich ausgetragenen Kontroversen um die Sexualmoral, das Spannungsverhältnis zwischen Kirche und Gesellschaft und Verhütungsmittel wird in den 1960er Jahren

[...] der Abschied von der ‚einen Wahrheit‘ [eingeläutet]. Sie wird ersetzt durch ‚verschiedene Haltungen, Einstellungen und Verhaltensweisen‘ und es etabliert sich ‚Pluralisierung [...] als Denk- und Erfahrungsmuster gegen den Verbindlichkeitsanspruch der Autorität‘, stellt Thomas Großbölting fest. Die kirchliche Deutungsoberheit über Moral und sittliches Verhalten schwindet damit rapide.[77]

Es ist demnach auch die abnehmende Bedeutung von Kirche als Leitkultur für das Verhalten ihrer Mitglieder, die an den drei ausgewählten Artikeln, neben der Repräsentation des Papstbildes, ersichtlich wird.

---

77 Bräunlein 2015, 209.

5.2.3 Vom „Humbug" zur „Heilmethode"? – Alternative Medizin

Im Folgenden werden Ergebnisse der drei Artikel aus dem *Stern* aus den Jahren 1991, 2004 und 2014 dargelegt, die sich mit Alternativmedizin auseinandersetzen (Abb. 48, S. 208, *Stern* 49/1991, 8/2004, 11/2014). Der *Stern*, der sich laut seines Leitprofils auch als „Orientierungsmedium" versteht, fungiert dabei als Ratgeber: in allen drei Artikeln werden alternative Heilmethoden vorgestellt. Haben sie eine gemeinsame Basis, so zeigt sich bereits anhand der Titel eine unterschiedliche Sichtweise: Sind die Methoden 1991 „im Test", wird im Jahr 2004 eine achtteilige Serie hervorgebracht, die unterschiedliche Methoden fokussiert und erläutert „wie sie [Alternative Medizin] helfen kann". Im Jahr 2014 übernimmt der Arzt und Kabarettist Dr. Eckart von Hirschhausen eine Rolle als Gastautor und führt aus seiner Position als Arzt anknüpfbare Elemente für die Schulmedizin an. Alle drei Artikel weichen von der Textsorte des Features ab, da sie stilistische Elemente enthalten, die den Leser persönlich involvieren, etwa wenn Elemente des Erfahrungsberichtes mit eingebunden werden (1991), das Kollektiv durch das Pronomen „wir" mit einbezogen wird (2004) oder eine direkte Ansprache an den Leser erfolgt (2014), was sich bereits im Titel manifestiert („was Ihr Arzt davon lernen kann"). Diese Einbindung lässt sich auf die Ratgeber- bzw. Servicefunktion zurückführen, die der *Stern* im vorliegenden thematischen Fall übernimmt.

1) „Alternative Medizin im Test" (1991)

1) Kontext (Institutioneller Rahmen)

Am 28. November 1991 bringt der *Stern* seine 49. Ausgabe unter dem Titel „Nach dem Bestseller ‚Bittere Pillen' Alternative Medizin im Test. Akupunktur, Homöopathie, Neuraltherapie und 30 andere Heilmethoden" heraus. Er nimmt durch den Titel dabei Bezug auf den 1983 erstmalig erschienenen Medikamentenratgeber „Bittere Pillen", in dem die Medikamente und Praktiken der Pharmaunternehmen kritisch hinterfragt wurden. Der Artikel mit dem Titel „Wunderheiler und Krankbeter" stellt dabei eine Vorveröffentlichung des Buches *Die andere Medizin* dar, welches von der Medizinjournalistin Krista Federspiel und der Pharmazeutin und Journalistin Vera Herbst geschrieben und von der Stiftung Warentest herausgegeben wurde. 78 alternative Heilmethoden und Verfahren werden darin kritisch bewertet. Am 28. September 2005 erschien die 5. Auflage des Buches. Bereits im Dezember 2005 wurde der Verkauf eingestellt, da die Deutsche Homöopathie Union eine einstweilige Verfügung aufgrund angeblich falscher Darstellungen der Methoden beantragt hatte, der seitens des Landgerichts Hamburg stattgegeben wurde. In einem Kommentar des Deutschen Ärzteblatts kritisieren zwei Ärzte vom Institut für angewandte Erkenntnistheorie und medizinische Methodologie in Bad Krozingen:

Das Ziel einer wissenschaftlichen Bewertung der ,anderen' Therapieansätze wurde nicht erreicht. Wegen fehlender Transparenz der Methodik, zahlreicher Fehler, vermutlicher Willkür bei Evidenzauswahl und -bewertung und fraglicher Fachkenntnis bleibt die Beurteilung der Wirksamkeit der betreffenden Therapien offen. Das Warentest-Buch erweist sich somit als Eminenz-basierte, nicht als eine Evidenz-basierte Beurteilung.[78]

Wie der Artikel konstruiert ist, zeigen die folgenden Ergebnisse. Für den vorliegenden Artikel testeten einer der Autoren von „Bittere Pillen", Hans Weiss, sowie die Autorin und Journalistin Krista Federspiel jeweils zehn unterschiedliche Praktiker. Die als „Reportage" deklarierten Artikelteile sind somit an Erfahrungsberichte angelehnt. Der gesamte Artikel fokussiert zunächst Weiss', dann Federspiels Perspektive. Anschließend erfolgt die Vorstellung des Buches *Die andere Medizin* sowie Ergebnisse daraus, geschrieben von Wissenschaftsjournalist Michael O. R. Kröhler. Ein zweiter Teil dieses Artikels war geplant, in dem „Geschädigte"[79] der Alternativen Medizin namentlich vorgestellt werden sollten. Doch der vorliegende, kritische Artikel brachte derart große Empörung und Proteste seitens der Heilpraktiker hervor, dass „die Redaktion aus Angst und Leserverlust die Veröffentlichung des zweiten Teils scheute. Sie legte ihn wochenlang auf Eis und sagte schließlich ganz ab. Man zahlte und gab die Rechte an die Autoren zurück."[80] Warum und wie jene Empörung hervorkam, zeigt nun die Analyse.

2) Text-Oberfläche

Der Artikel wird zunächst durch den Anreißer angekündigt, der abgesetzt vom eigentlichen Artikel erscheint und die Ausgangssituation erläutert: Die Buchvorstellung und Tests der Reporter zur besseren Übersicht bei den Angeboten der alternativen Medizin werden angekündigt (Z. 1-15). Der eigentliche Artikel gliedert sich in drei Teile: Zunächst erscheint die Reportage von Hans Weiss (Z. 16-446), darauf erfolgt die Reportage von Krista Federspiel (Z. 447-489). Beide sind durch die Ich-Perspektive an einen Erfahrungsbericht angelehnt. Visuell abgesetzt wird der dritte Teil präsentiert (Z. 768-1022), der die Buchvorstellung einnimmt. Der erste Teil beginnt mit dem Besuch beim ersten Praktiker. Der Leser erfährt von der Testsituation und von der Behandlung (Z. 116-127). Darauf folgen die Entfaltung der Kernthese und gleichzeitig das Testergebnis (Z. 128-146): Von vierzehn Besuchen bei alternativen Praktikern gebe es vierzehn verschiedene Diagnosen. Dieses Ergebnis wird dazu benutzt, die These des Betrugs der alternativen Medizin zu etablieren. Der Besuch beim zweiten Praktiker dient der Entfaltung einer weiteren These, der finanziellen Ausbeutung (Z. 147-205). Im Folgenden dienen die Be-

---

78 Kienle/Kiene 2005, 3310.

79 Federspiel 2007.

80 Ebd.

schreibungen von zwei weiteren Arztbesuchen der Beweisführung. Der Autor verweist bei gleicher Behandlungsmethode auf unterschiedliche Ergebnisse und stützt dadurch die aufgestellte These (Z. 206-236). Eine Expansion erfolgt. Der fünfte und sechste Besuch hat die Funktion, dem Leser die unbekannte Methode als Skurrilität darzulegen (Z. 237-345). Die Deskription des siebten Besuchs bekräftigt die vorherigen Eindrücke und dient der Beweisführung einer finanziellen Ausbeute, der Unwissenschaftlichkeit und Gefährlichkeit des behandelnden Praktikers (Z. 346-421). Der letzte Abschnitt wird als Schlussfolgerung genutzt, indem der Autor sich auf die Autorität eines Internisten beruft, sein Vorgehen und seine Behandlung als richtig bewertet, sowie seinen Zustand als völlig gesund präsentiert (Z. 422-446). Die zweite Reportage ist ähnlich aufgebaut. Auch hier werden die Besuche der Praktiker aus der Ich-Perspektive kommentiert. Der erste Besuch dient der Problematisierung, der Leser erfährt von dem eigentlichen Gesundheitszustand der Autorin (Z. 447-489). Anhand des zweiten Besuchs werden durch die Deskription nicht nur finanzielle Ausbeute, sondern auch mangelnde Kompetenz und die Unwissenschaftlichkeit der Methode hervorgehoben (Z. 490-586), auch hier wird eine unterschiedliche Diagnose trotz gleichen Behandlungsverfahrens anvisiert (Z. 587-609). Anschließend erfolgt die Deskription bei drei unterschiedlichen Heilpraktikern, die unterschiedliche Verfahren anwenden, zu unterschiedlichen Ergebnissen kommen und dies trotz gleicher Methode; erneut wird die These durch die Beispiele bei den Praktikern bekräftigt (Z. 609-762). Wie auch im ersten Teil erfolgt eine Schlussfolgerung durch den Besuch eines Internisten, bei dem der „völlig gesund[e]" (Z. 766) Zustand bescheinigt wird (Z. 763-767).

Im dritten Teil wird das Buch präsentiert, mit dem Ratgeber „Bittere Pillen" verglichen und das Hauptergebnis dargelegt (Z. 768-823): Von 78 untersuchten Verfahren würden die Autoren von mehr als der Hälfte abraten, lediglich siebzehn seien „uneingeschränkt empfehlenswert" (Z. 801). Durch ein Zitat der Autorin wird dabei die Popularität der Alternativmedizin erklärt, diese steige durch die Abwendung der Menschen gegenüber der Schulmedizin (Z. 815). Unter Berufung auf Experten wird das Vorgehen des Ratgebers und der Kriterienkatalog zur Begutachtung der verschiedenen Methoden dargelegt (Z. 824-916). Die Brisanz der Ergebnisse wird in den Vordergrund gerückt und durch Berufung auf Statistiken die These der Verbreitung Alternativer Medizin unter Ärzten und Patienten gestützt (Z. 917-944). Zwei neue Thesen werden entfaltet. Zum einen referiert der Autor auf die Alternative Medizin als „lohnendes Geschäft" und thematisiert die finanzielle Komponente (Z. 945-976). Zum anderen wird das Argument des Placebo-Effektes, der „Scheinmedizin" hervorgehoben (Z. 977-994). Als Schlussfolgerung (Z. 995-1022) fungiert eine Erklärung für die Hingezogenheit zur Alternativen Medizin – nämlich die Aufbringung von mehr Zeit und aufrichtigem Interesse durch die Behandelnden. Zwei Zitate der Autorin des Ratgebers schließen den Artikel ab, in dem einerseits ihre Einlenkung, andererseits erneut ihre Ablehnung der Alternativen Medizin gegenüber herausgestellt wird: zwar könne sie sich einige Anwendungen durchaus vorstellen, jedoch nur unter Voraussetzung einer Untersuchung „‚nach allen Regeln der ärztlichen Kunst'" (Z. 1020), die, so suggeriert es der Artikel, nur im Sinne der Schulmedizin gegeben sei.

Das vorliegende Titelblatt nutzt eine Zeichnung als Referenzquelle. Zu sehen ist ein Ausschnitt eines nackten Mannes, sein Kopf, seine Arme und sein Rumpf sind abgebildet. Seine Arme sind geöffnet und weit ausgebreitet, er schaut mit geöffneten Augen nach oben. Die Zeichnung erscheint bläulich, der Hintergrund ist in unterschiedlichen bläulichen Farben und hellen, weiß-gelben und rosafarbenen Elementen durchzogen. In die Zeichnung des Mannes sind acht unterschiedliche Symboliken integriert, die Zeichnung rückt dadurch eine Ebene in den Hintergrund. Auf den ersten Blick fällt besonders das Yin und Yang-Zeichen auf, welches farblich hervorgehoben, mittig platziert ist und dabei das Geschlechtsteil des Mannes verdeckt. Des Weiteren finden sich ein Dreieck, welches den Kopf des Mannes umrahmt, zwei Hände, die von seinen Achseln ausgehen, zwei kreisförmige Elemente um seinen Unterkörper herum, zudem sind unter der linken Achsel ein Fußabdruck, unter der rechten eine Pflanze abgebildet. Punkte sind über dem Kopf des Mannes, auf seiner Stirn, auf seiner Brust und zwischen seinen Beinen eingezeichnet.

Es handelt sich bei dem Titelbild um die Synthese mehrere Bilder bzw. Symbole, sodass es sich als „Morphing" klassifizieren lässt, bei dem einzelne Bildelemente zu einem Gesamtbild verschmolzen werden. Auf der unteren linken Seite ist der Titel abgedruckt: „Nach dem Bestseller ‚Bittere Pillen' Alternative Medizin im Test. Akupunktur, Homöopathie, Neuraltherapie und 30 andere Heilmethoden". Die Ellipse („Nach dem Bestseller ‚Bittere Pillen'") dient als Hinweis auf eine kritische Betrachtung der Alternativen Medizin, als Nachfolger des Bestsellers „Bittere Pillen". Durch die Aufzählung dreier Praktiken (Akupunktur, Homöopathie, Neuraltherapie) wird ein erster Eindruck vermittelt, was unter „Alternativer Medizin" zu verstehen ist. Betrachtet man den Sprach-Bild-Bezug ist dieser als „Image Icon" einzuordnen. Alle Symboliken, die auf dem Titelbild abgebildet sind, stehen vage für den großen Bedeutungskomplex der Alternativen Medizin. In der Synthese und der massenhaften Verbreitung geht die Denotation und somit der eigentliche Sachbezug verloren und die Konnotationen nehmen zu. Die Teilbedeutungen verbinden sich dabei additiv-assoziativ. Durch den Titel werden somit alle Symbole allgemein und vage mit Alternativer Medizin verknüpft, da höchstwahrscheinlich nicht jede Symbolik bekannt ist. Denn fraglich ist, ob eine religionswissenschaftlich nicht-vorgebildete Leserschaft, die einzelnen Elemente, die aus dem esoterischen Denken oder Religionen entstammen, erkennt und zuordnen kann. Eine Aufschlüsselung legt folgende Ergebnisse dar. Scheint die Darstellung des Mannes, besonders auch aufgrund des fett gedruckten Lexems „Medizin", an den vitruvianischen Menschen nach Da Vinci angelehnt zu sein, zeigen sich von der Geste her Unterschiede: Sein Kopf schaut im vorliegenden Bild nach oben, die Arme sind weiter geöffnet. Die

Haltung erinnert an das vom Lebensreformer und Maler Fidus entworfene Bild des „Lichtgebetes", welches als Ikone der Lebensreformbewegung fungierte. Das um den Kopf gezeichnete Dreieck symbolisiert im alternativmedizinischen Kontext Körper, Geist und Seele und somit die ganzheitliche Komponente der Alternativmedizin. Das Bild des Fußabdrucks unter der linken Achsel ist Teil einer Lehrtafel zu den Fuß-Reflexzonen, während die Pflanze unter der linken Achsel als Heilpflanze und somit der Phytotherapie zugehörig ist. Yin und Yang aus der chinesischen Philosophie dürften am bekanntesten sein und symbolisieren im vorliegenden Kontext die Traditionelle Chinesische Medizin. Um dieses Symbol herum ist eine Lotusblüte gestaltet, die wiederum von einem buddhistischen Vajra mit der Silbe Om umgeben wird, dies kann als Anspielung auf das tibetische Medizinbuddha-Mantra decodiert werden. Das Ganze, so scheint es, wird vom Symbol für die „heilenden Hände" umschlossen, ein Symbol für das Konzept des Reiki. Zudem symbolisieren die Punkte auf der Stirn, über dem Kopf, auf der Brust, am Bauchnabel und zwischen den Beinen die verschiedenen Chakren, also Energiezentren des Menschen, ein aus dem tantrischen Hinduismus stammendes Konzept, welches gegenwärtig vor allem in esoterischen Lehren zu finden ist. Die Farbkomposition der ruhigen Farbe Blau, die sich hier in unterschiedlichen Tönen wiederfindet, in Kombination mit den Farben Gelb, Blass-Rosa, Weiß gehört zu den Farbklängen des „Leichten", „Zarten" und der Farbe des Lichts, die „im übertragenen Sinn zur Farbe der Erleuchtung"[81] wird. Die für den Leser vermutlich fremde Symbolik wird in Kombination mit dem Hintergrund, der Ästhetisierung durch Farben und Licht und des Titels zu einer Komposition unterschiedlicher Heilmethoden der Alternativen Medizin, die mit Spiritualität codiert und assoziativ verknüpft werden.

Das Titelbild steht dabei mit seiner Gestaltung im Kontrast zu der visuellen Gestaltung des Artikels. Spiritualität wird durch die Fotos explizit nicht aufgenommen. Eine doppelseitige Großaufnahme (Bild 1) sowie fünf weitere Fotos (Bild 2, 3, 4, 5, 6) zeigen eine ähnliche Situation: Es handelt sich um die Untersuchung bzw. Behandlung bei den jeweils von den Journalisten im Test besuchten Praktikern. Den Fotos kommt somit die Beweisfunktion zu, dass die Journalisten für ihren Test wirklich bei den jeweils im Text genannten Praktikern waren. Diese werden durch die Überschrift des Artikels als „Wunderheiler und Krankbeter" betitelt. Die Bilder zeigen jedoch nicht nur alle eine ähnliche Situation, sie sind auch gleich aufgebaut. Die Bildüberschrift hebt jeweils das zu behandelnde Körperteil oder die Methode in den Fokus, sodass eine Parallelisierung zwischen Text und Bild vorliegt (z.B. Bild 2 „Diagnose aus Hand und Fuß").

Bei allen Bildern folgt eine Bildunterschrift, die die zu sehende Methode beschreibt. Auffällig ist, dass bei nahezu allen Bildern, Distanzmarker die Handlungen oder Behandlungen zieren. Zum einen werden die Handlungsverben, die aus

---

81 Heller 2000, 90.

dem schulmedizinischen Kontext stammen, in Anführungsstriche gesetzt, um eine Distanz aufzubauen und die Unwissenschaftlichkeit der Praktiker hervorzuheben (z.b. Bild 1 „Durch ein Vergrößerungsgerät ‚erkennt' die Berliner Heilpraktikerin"). Zum anderen wird die Objektsprache, also die Lexik der jeweiligen Methode oder Diagnose in Anführungsstriche gesetzt, einerseits um diese wörtlich wiederzugeben (Bild 5 „mit einer ‚audio-energetischen' Musikcassette"), im Zusammenhang mit den anderen Distanzmarkern jedoch auch, um diese implizit abzuwerten (Bild 3 „die ‚Energie' im Mund von Hans Weiss"). „Distanzmarker dienen dazu, dem Sachverhalt gegenüber eine negative bzw. kritische Einstellung zu bekunden."[82]

Hinzukommend wird in der Bildunterschrift die Diagnose des Praktikers mit der Diagnose eines akademischen Arztes der Schulmedizin oder mit der Selbsteinschätzung des Journalisten abgeglichen – durch die Interpunktion des Doppelpunktes (Bild 1, „Die Untersuchung beim Internisten ergibt: Die Niere ist völlig gesund") oder des Bindestrichs (Bild 3, „doch Beschweren davon hatte er nie – und essen kann er wirklich alles") – um die Diagnose des Heilpraktikers als Lüge darzustellen (siehe Tab. 47). Die Bildunterschrift bezeichnet die Praktiker somit implizit und explizit als Betrüger und perspektiviert die Fotos. Suggeriert der Titel durch das negativ konnotierte Lexem „Krankbeter", also jemand der um Krankheit betet, bereits, dass es im Bereich der Alternativen Medizin auch Betrüger gibt, werden diese dem *Stern*-Leser durch die Fotos und die dazugehörige Bildunterschrift persuasiv präsentiert.

Während die Fotos die Reportage der beiden Journalisten visualisieren und die Perspektive des Lesers lenken, besteht der dritte Teil des Artikels aus drei Grafiken. Diese stellen aus dem Buch „Die andere Medizin" 33 der insgesamt 78 untersuchten Methoden und Verfahren Alternativer Medizin in tabellarischer Zusammenfassung vor. Auch hier wird bereits durch den Titel der Grafik der Blick perspektiviert: Als Ergebnis wird zusammengefasst, dass von den 33 Methoden lediglich elf Methoden empfehlenswert seien, „wenn auch nur mit Einschränkungen". Auch hier wird dem Leser bereits ohne einen Blick auf die Tabelle suggeriert, dass die Methoden eigentlich nicht in Frage kommen.

Betrachtet man die Tabellen, ist zunächst auffällig, welche Bandbreite und Vielfalt unter Alternativer Medizin gefasst werden. So wird darunter nicht nur Akupunktur, Homöopathie oder Ozontherapie, sondern auch Yoga, Eigenbluttherapie und Ayurveda gebündelt. Die verkürzte Darstellung in Tabellenform und der Unterteilung in Verfahren, Idee, Anwendung, Nutzen, Risiken und Bewertung wird den Methoden und Behandlungen nicht gerecht. Da die Tabelle einem Ratgeber gleichkommt, finden sich eindeutige Wertungen. Die Therapien und Methoden sind dabei mit Maßstäben der akademischen Medizin bewertet, der Reparaturgedanke der Biome-

---

82 Spieß 2011, 366.

dizin wird in der ersten Spalte ersichtlich, wenn unter dem Kriterium „Idee" die Krankheitsdefinition und Störung in der vorgestellten Methode präsentiert wird. Die Tabellenpräsentation schließt sich der visuellen Argumentation an. Die Idee des Betrugs wird implizit unterstützt, indem bei vielen Methoden die Verbesserungen der Methode ausschließlich auf den Placebo-Effekt zurückgeführt werden und die nicht fassbare Beweisbarkeit sowie die Wirksamkeit pejorativ pointiert werden („Wirksamkeitsnachweis fehlt", Anwendung „gegen alles und jeden"). Nahezu allen Methoden werden Gefahr und Risiken in allen Facetten unterstellt, etwa Schock, Blutvergiftung, Ausschlag, Bewusstseinsstörungen, Erblinden bis hin zum Tod. Besonders dramatisch erscheinen Homöopathie, Ozontherapie und Chelattherapie, bei denen erkenntlich gemacht wird, dass auch „Todesfälle bekannt" sind; Feldenkrais und Yoga wird das „Auslösen psychischer Krisen" bescheinigt, bei der Theurer-Therapie und Nosoden kann, laut Tabelle, Rinderwahnsinn übertragen werden. Neben den Gefahren sind es vor allem Zweifel, wie auch eine abgesprochene Kompetenz gegenüber fast jeder Behandlung, aufgrund des fehlenden schulmedizinischen Wissens („schwere Krankheiten werden nicht erkannt", Krankheiten „nicht wirksam behandelt", „Risiko von Fehlbehandlungen", „Gefahr von Falschdiagnosen", „Fehldiagnosen").

Dem Leser wird suggeriert, dass nahezu jede Methode Risiken berge, jeder Praktiker inkompetenter Betrüger sei und Alternative Medizin auf Scheinmedizin fuße. Lediglich Ayurveda wird mit „westlicher Schulmedizin" verglichen und anthroposophische Medizin als „Begleitung von schulmedizinischen Behandlungen" empfohlen. Als einzig empfehlenswert ohne Risiken wird „Qigong, die chinesische Entspannungstechnik" deklariert. Der ganzheitliche Charakter alternativmedizinischer Methoden, etwa bei Ayurveda oder anthroposophischer Medizin wird zudem durch das Adjektiv „umfassend" ausgedrückt oder umschrieben („alle Krankheiten und Beschwerden/Leiden – von Schnupfen bis Krebs"). Auch wenn die Inhalte der Alternativmedizin aus einer naturwissenschaftlich-rationalen Perspektive betrachtet werden, findet sich doch bei der Beschreibung der Methoden eine „ganzheitliche Sprache"[83], in der sich Spiritualität ausdrückt und die durch bestimmte Schlüsselwörter gekennzeichnet ist, Knoblauch fasst darunter Schlüsselbegriffe wie „Energie" oder auch „Balance"[84]. So soll bei der Akupunktur und Akupressur „gestaute Energie" bei Qigong „kosmische Energie fließen", bei der Bach-Blüten-Therapie „Heilung durch spirituelle Bemühungen und Energien" erfolgen. In der Anthroposophischen Medizin geht es um „Ungleichgewicht", bei der Aromatherapie um die „gestörte Balance zwischen Körper und Seele", bei der Mora- und Bicom-Therapie um „falsche Schwingen um Körper", während bei Ayurveda die „Balance von Körper, Geist, Seele und Umwelt", und somit das ganzheitliche Wohlbefinden,

---

83 Knoblauch 2009, 185.
84 Ebd., 186.

und auch der Wellness-Faktor, im Fokus steht. Sogar der Code der Religion wird eingebunden, etwa bei der Spagyrik („religiöse Vorstellung von der Reinigung des Körpers durch spezielle Pflanzenmittel") oder beim Yoga, welches als „Versenkung und Weg zur religiösen Erfahrung" tituliert wird. Zusammenfassend zeigt sich, dass entgegen der Ankündigung auf dem Titelbild, visuell keine Verknüpfung der Alternativen Medizin zur Spiritualität erfolgt. Vielmehr wird eine naturwissenschaftlich-rationale Perspektive eingenommen, zudem werden die Praktiker als inkompetente Betrüger visualisiert und die Methoden durch die tabellarischen Grafiken als unwissenschaftlich und gefährlich klassifiziert.

3) Sprachlich-rhetorische Mittel

Die Bezeichnungen für das Referenzobjekt „Alternative Medizin" im vorliegenden Artikel zeigen zunächst, dass die Medizin durch Adjektive wie „andere", „alternative" oder „unkonventionell" von der klassischen Schulmedizin abgegrenzt wird, dabei kommt auch die „natürliche", ‚sanfte" und „ganzheitliche" Komponente hervor (siehe Tab. 40).

Tabelle 40: Nominationsausdrücke zum Referenzobjekt „Alternative Medizin"

Referenzobjekt	Nominationsausdrücke
Alternative Medizin	<ul><li>„‚anderen' Medizin", Z. 10</li><li>„‚alternative Medizin'", Z. 791</li><li>„alternative Diagnose- und Heilverfahren", Bild 7, Z. 5</li><li>„alternative Medizin", Z. 14, 945</li><li>„‚natürlichen' Methoden", Z. 810</li><li>„‚anderen' Methoden", Z. 826</li><li>„‚ganzheitlichen' und „‚sanften' Methoden", Z. 6</li><li>„unkonventionelle Heilmethoden", Z. 931, 957</li></ul>

Die Sanftheit wird betont „weil die Heilanwendungen nur unter diesem Konzept im Geltungsbereich des dominant biomedizinischen Medizinsystems ausgeübt werden"[85] könnten. Die Ganzheitlichkeit werde fokussiert, da sie den ganzen Menschen durch die Verknüpfung von Geist, Gesundheit, Körper, soziale Bindungen anspreche,[86] während das Adjektiv „natürlich" als Gegenstück auf die von Technik und mechanisch gewertete Schulmedizin referiert. Nahezu alle Adjektive stehen jedoch in Distanzmarkern und dienen dazu die Adjektive als Objektsprache zu kennzeichnen, als ‚sogenannt' von den Vertretern zu klassifizieren und sich gleichzeitig da-

---

85 Otten 1996, 85.
86 Vgl. Knoblauch 2009, 127.

von zu distanzieren. Somit wird die Perspektivierung, die bereits anhand der Bildunterschriften auftrat, im Artikel weitergeführt. Neben den Adjektiven und der Bezeichnung für das Referenzobjekt finden sich die Distanzmarker erneut, auch um die Unwissenschaftlichkeit hervorzuheben und die wiedergegebene Objektsprache implizit abzuwerten (siehe Tab. 41).

Tabelle 41: Textbelege zu Distanzmarkern

	Textbelege
Distanzmarker	• „Heilpraktiker Arno Schinzel in Stöckheim ‚untersucht‘ mit der Wünschelrute", Bild 6 • „‚testet‘ Abhöh mit seinem Bicom-Gerät'", Z. 308 • „behaupten, sie seien ‚biologisch‘, ‚ganzheitlich‘ oder ‚sanft‘", Z. 787 • „die sich auf ‚natürliche Ressourcen‘ berufen, ‚Gesundheit aus eigener Hand‘ versprechen", Z. 970 • „auf der schon alle ‚Behandlungen‘ stehen", Z. 371 • „nimmt er seinen ‚Zauberstab‘ in die Hand", Z. 283 • „Er hat den Zettel mit der ‚holistischen Blutdiagnose‘ seiner Frau vor sich liegen", Z. 386

Die Akteure werden differenziert, einerseits in „Wunderheiler" (Überschrift), aber auch in pejorativ konnotierte „Krankbeter" (Überschrift) und „Scharlatane" (Z. 4), jedoch auch als „alternative Heiler" (Z. 2, 129), „Alternativheiler" (Z. 995), „Heilpraktiker" (Z. 13) oder „Mediziner" (Z. 131) bezeichnet und durch Hinzunahme des Artikels als „die Anderen" („die alternativen Heiler") den konventionellen Ärzten gegenübergestellt und von diesen abgegrenzt. Diese treten als Experten ebenso auf wie 23 Mitarbeiterinnen und Mitarbeiter des Buches, sodass jenem Buch, auch durch ihre dargelegte Vorgehensweise (Z. 841f.), wissenschaftliche Absicherung suggeriert wird. Auch die Autorin erscheint als ausschlaggebende Akteurin, sie wird im dritten Teil mehrfach zitiert und dabei auch als Expertin präsentiert.

Die Praktiker werden implizit durch ihre Handlungen oder ihr Auftreten negativ attribuiert und charakterisiert (siehe Tab. 42). Dem Leser wird suggeriert, dass sie Exoten seien, ihre Methoden anzüglich, sie unsauber arbeiteten, sich unwissenschaftlicher Methoden bedienten und durch ein skurriles Behandlungsverhalten hervortreten würden.

Tabelle 42: Textbelege zu impliziten Attribuierungen

Implizite Attribuierungen als:	Textbelege
Exoten, abweichend von der Norm (weißer Kittel)	• „In Westernboots, Jeans und lila Hemd empfängt mich der Arzt Reinald Heba", Z. 681
anzüglich	• „Da entdeckt er einen ‚Energiestau im Oberbauch' – und zeigt auf mein Dekolleté", Z. 730
unsauber in der Arbeitsweise, unaufgeräumt, dreckig	• „Er streicht eine Blutprobe auf zwei Glasträger und legt sie auf seinen unaufgeräumten Schreibtisch. Hier ist alles staubig, die Blutproben fallen zweimal auf den Boden", Z. 731
unwissenschaftlich	• „schickt mir durch ein umgeschnalltes Stirnband ‚Energie' in den Kopf", Z. 316
ungewöhnlich, skurril	• „Danach wäscht Wolfgang Prawda das Gefäß in seinem Labor aus. Es ist in der Toilette untergebracht, die ich vorher benutzt hatte. Nun füllt er das Näpfchen mit meiner Spucke, anschließend mit meinem Morgenharn", Z. 630
eingebunden ins Drogenmilieu	• „unter anderem das Rauschgift Cannabis! Wahrscheinlich, meint er, werde ich das Mittel in der Apotheke nicht bekommen. Für diesen Fall bietet er mit an, die verdünnte Droge selbst zu besorgen", Z. 268

Detaillierte Beschreibungen ihrer Arbeitsweise sind durch emotionsausdrückende Lexik mit pejorativer Konnotation versehen („zusammenknüllen", „reißen", „jagen", „schmieren", „schrecklich"), sodass die negative Wertung den Praktikern gegenüber zusätzlich verstärkt wird (siehe Tab. 43).

Tabelle 43: Textbelege zur Detaildarstellung mit pejorativer Lexik

	Textbelege
Detaillierte Beschreibungen mit pejorativer Lexik	• „knüllt sie zusammen, befiehlt mir", Z. 329 • „schmiert das hervorquellende Blut auf ein Glasplättchen", Z. 357 • „und reißt mit einem lauten schnellen Ruck und lautem Knacken den Kopf zur Seite", Z. 410 • „eine Spritze in den Mund jagen", Z. 19 • „eines dieser schrecklichen Instrumente in die Hand nehmen", Z. 22

Als Leitvokabel lässt sich „Betrug" festhalten, welche sich jedoch nicht explizit, sondern implizit manifestiert, und zwar durch die Kontextualisierung der finanziellen Ausbeutung. Durch den immer wieder betonten finanziellen Aspekt, in den ersten beiden Teilen sowie auch im dritten Teil etabliert sich eine Wertung der Praktiker als Betrüger, als „Abzocker", die durch ihre Häufigkeit als Kollektivattribuierung generiert wird (siehe Tab. 44).

Tabelle 44: Textbelege zur Kontextualisierung „finanzielle Ausbeute"

	Textbelege
Kontextualisierung finanzielle Ausbeutung	• „Jedenfalls muß bei Mandel sofort in bar oder per Scheck bezahlt werden", Z. 165 • „(‚die können Sie draußen an der Rezeption kaufen, zu 45 Mark!')", Z. 196 • „der mir als erstes vorwirft, daß ich noch nicht bezahlt habe", Z. 367 • „Geld für den nächsten Check – 1350 Mark – muß ich an der Empfangstheke ablegen, noch bevor ich den Arzt gesehen habe", Z. 491 • „Eine letzte Überraschung bringt die Rechnung [...]. Dort treten Diagnosen auf, von denen während der Untersuchung nicht die Rede war [...]. Und Untersuchungen, die er gar nicht vorgenommen hat", Z. 576 • „Kosten: alles in allem 719, 50 Mark", Z. 701 • „alternative Medizin ist ein lohnendes Geschäft", Z. 946 • „Gesamtumsätze unkonventioneller Heilmethoden etwa 12 Milliarden Mark", Z. 956

Eine weitere implizite Manifestierung der Leitvokabel des Betrugs findet sich in der Kontextualisierung (Behandlungs-/Diagnose-)Lüge versus (Patienten-)Wahrheit. Wie auch bei den Bildunterschriften wird die Behandlung des Praktikers als Lüge entlarvt, indem entweder die schulmedizinische Sichtweise oder die Haltung des Patienten in einer Opferrolle, der Diagnose gegenübergestellt wird und diese als falsch bzw. unwissenschaftlich deklariert wird (siehe Tab. 45).

Tabelle 45: Kontextualisierung (Behandlungs-/Diagnose) -Lüge vs. (Patienten)-Wahrheit

	Textbelege
Kontextualisierung (Behandlungs-/Diagnose-) Lüge vs. (Patienten)Wahrheit	• „Falsch getippt, Doktor Blank!", Z. 396 • „Ich soll gegen Nüsse, Äpfel, Birnen, Butter und Schweinefleisch allergisch sein, was mir neu ist", Z. 521 • „stellt eine Entzündung fest. Wie seltsam [...], denn ich habe keine Gebärmutter mehr. Doch nach Operationen hat der Arzt vor dem Test nicht gefragt", Z. 550 • „Welcher Körperteil an Krebs erkrankt sein soll, steht nicht da", Z. 744 • „Eine gründliche Untersuchung bei einem Internisten ergibt [...]: Ich bin völlig gesund – aber urlaubsreif", Z. 764 • „Ein orthopädischer Fachmann erklärt mir, daß diese Art der Kopfverrenkungen lebensgefährlich seien und nur nach gründlicher Untersuchung durchgeführt werden darf", Z. 420 • „nun wird mir klar, weshalb ich beim Betreten der Praxis ein Informationsblatt unterschreiben mußte, auf dem es hieß, daß die Elektro-Akupunktur nicht als wissenschaftliche Methode anerkannt ist", Z. 529

Wird die Unwissenschaftlichkeit dadurch bereits fokussiert, tritt sie implizit noch an anderer Stelle zum Vorschein. In der Reportage wird die Uneinheitlichkeit der Diagnosen unterschiedlicher Praktiker – trotz gleicher Behandlungsmethode – mehrfach avisiert. Dadurch erfolgt eine Persuasion des Lesers, dem Inkompetenz der Praktiker suggeriert wird (siehe Tab. 46).

Tabelle 46: Textbelege zur Kontextualisierung „Uneinheitliche Diagnose"

	Textbelege
Kontextualisierung Uneinheitliche Diagnose	• „stellt was ganz Neues fest", Z. 214 • „wieder eine neue Diagnose", Z. 264 • „Wenn ich alle zusammenrechnen würden wäre ich von Kopf bis Fuß ein kranker Mann – und meine Kollegin Krista Federspiel dem Tode nah", Z. 135 • „das hatte mir bisher noch keiner gesagt", Z. 381

Der ganzheitliche Charakter der Alternativmedizin, zum Beispiel der Einbezug des kompletten Individuums oder die große Zeitkalkulation für Gespräche, wird in den Reportagen deskriptiv dargelegt und als irritierend und falsch deklariert (siehe Tab. 47).

Tabelle 47: Textbelege zur impliziten Attribuierung von Alternativer Medizin

	Textbelege
Implizite Attribuierung Alternativer Medizin als falsch	• „fordert mich nicht etwa auf, den Mund zu öffnen, sondern beginnt ein Gespräch", Z. 62 • „Möhl hat immer noch kein Interesse an meinen Zähnen gezeigt", Z. 74 • „kommt ins Reden, erzählt von der Theorie, daß hinter jedem Zahnschmerz ein bestimmtes Leidensproblem steckt", Z. 92 • „das empfiehlt er mir ohne mir ein einziges Mal in meinen Mund geschaut zu haben", Z. 110 • „nimmt sich ebenfalls zwei Stunden Zeit, aber er nützt sie, um mir eingehende Fragen zu stellen", Z. 593 • „Wohl deshalb gibt er mir ein Fläschchen mit alkoholischer Lösung meines Blutes zum Einnehmen mit. Ich wußte schon immer, Alkohol hilft bei Kummer! Blut ist ein besonderer Saft", Z. 706 • „Sie ist die einzige unter all den besuchten Naturheilern, die sich ernsthaft mit meinem Körper befasst", Z. 471

Die Vorgehensweise wird demnach mit Erwartungen und Maßstäben der Schulmedizin bewertet. Denn in der Sichtweise der Alternativmedizin werden „Krankheiten nicht nur als Störungen des körperlichen Funktionsablaufes […] [gesehen], sondern dass seelische Ursachen und spirituelle Kräfte (Geister, Ahnen, göttliche Wesen) ebenfalls mit im Spiel sein können. Damit wird das Spektrum möglicher Therapien erweitert und dementsprechend auch das entsprechende Therapieangebot",[87] welches hier als unwissenschaftlich, unseriös auftritt. Im dritten Teil wird diese Vorgehensweise zwar positiv hervorgehoben. Zugleich lässt sich festhalten, dass ihnen lediglich Wirkung in „einfachen" Methoden zugesprochen wird. Zudem wird diese Vorgehensweise durch das abschließende Zitat der Autorin Krista Federspiel nur durch Zusatz von schulmedizinischer Behandlung aufgewertet, sodass die Methoden und Behandlungsart erneut abgewertet werden.

Das Wortfeld des Schocks, in Form von emotionsbezeichnenden („erschreckend", „schockierend") und emotionsausdrückenden Lexemen („Schlimmeres", „erschüttern", „niederschmetternd"), verleiht dem Artikel ein Emotionspotenzial, welches der Dramatisierung dient und suggeriert, welche furchtbaren Missstände in der Alternativmedizin aufgedeckt werden konnten, anhand des Tests sowie anhand des Buches (siehe Tab. 48).

Tabelle 48: Textbelege zum Wortfeld Schock

	Textbelege
Wortfeld Schock	• „erschreckende Erfahrungen", Z. 15 • „passiert auf ihrer Diagnosereise jedoch Schlimmeres", Z. 442 • „Ergebnisse […] erschüttern", Z. 917 • „schockierende Nachricht für Millionen Menschen", Z. 807 • „Bilanz […] ist ähnlich niederschmetternd", Z. 791

Der Besuch beim schulmedizinischen Arzt dagegen impliziert die einzig wahre Behandlungsmethode. Er erscheint als Autorität, die Beschreibung suggeriert Ehrlichkeit, Seriosität und fungiert somit als explizite Kontrastierung gegenüber den als betrügerisch, unwissenschaftlich, unseriös und inkompetent skizzierten Praktikern: „Er befragt mich eingehend und tut das, was bisher kein einziger Naturheiler getan hat: Er untersucht meinen Körper gründlich. Er ist schließlich der einzige von allen Heilern, der mir erklärt, daß ich körperlich völlig gesund bin. Und er ist neben dem Zahnarzt der einzige, dessen Praxis ich ohne Rezept verlasse" (Z. 425).

Um die Unseriosität und die – so wird suggeriert – scheinbar dramatischen Zustände noch stärker hervorzuheben, werden Metaphern persuasiv eingesetzt. So findet sich im Anreißer die konventionalisierte, lexikalisierte Metapher des Dschungels (Z. 5). Durch die Anknüpfung, an den vorherigen Satz des Anreißers, in dem hyperbolisch dargelegt wurde, dass von „Millionen Menschen" so mancher an einen „Scharlatan" gerät, und das nachfolgende Verb „zurechtfinden", dient die Me-

---

87 Antes 2006, 133.

tapher dazu, die Vielfalt der Methoden und Heilverfahren der Alternativen Medizin als unüberschaubar und undurchdringlich abzuwerten. Zugleich lässt sich postulieren, dass an dieser Stelle der Charakter des *Stern* als Ratgeber, Orientierungsmedium und „Aufdecker" pointiert wird, denn, so wird suggeriert, dank ihm und seinem Test und Artikel, ist es „jetzt möglich, sich im Dschungel der ‚ganzheitlichen' und ‚sanften' Medizin zurechtzufinden" (Z. 4). Durch diese sprachliche Konstruktion wird impliziert, dass dem *Stern* Verpflichtung und Verantwortung in seiner Orientierung gebenden und Missstände aufdeckenden Rolle zukommt.[88] Zudem werden Metaphern und Vergleiche eingesetzt, um die Behandlungsmethoden als abweichend von der Norm zu klassifizieren und somit als Show und Schwindel ins Lächerliche zu ziehen. Dies zeigt sich in den Reportagen, etwa bei einem Vergleich der Behandlungsmethode mit einem Lügendetektor, bei denen Allergene zu „Tätern" stilisiert werden (siehe Tab. 49).

Tabelle 49: Textbeleg Konzeptionalisiserung Lügendetektor

	Textbeleg
Konzeptionalisierung Lügendetektor	• „Er drückt mit dem Meßgriffel an bestimmte Punkte meiner Hände und Füße und mißt so den Hautwiderstand – nach dem Prinzip des Lügendetektors, mit dem man in den USA Verdächtige bei Falschaussagen zu erwischen erhofft. Hier aber sollen Allergene entlarvt werden", Z. 506

Dem Leser werden anhand der Reportagen zwei Innenperspektiven präsentiert, gekennzeichnet durch die Ich-Perspektive. Er wird somit Teil des Tests und der Mission, „durch die direkte Rede in der Ich-Erzählform werden gleichzeitig ein privates interpersonelles Klima und szenische Objektivität suggeriert."[89] Private Informationen und die Anlehnung an einen Erfahrungsbericht vermitteln Distanzlosigkeit. Zudem ist es die Perspektive von zwei Betroffenen; dadurch entsteht „emotionale Anteilnahme"[90]. Der Leser erfährt von den Gefühlszuständen der Autoren, die einer Leidensgeschichte ähneln (siehe Tab. 50).

---

88 Dies hat sich auch im Jahr 2014 nicht geändert. Ein Blick außerhalb des Korpus zeigt, dass die Reise- und Dschungel-Metapher auch in der Titelgeschichte des *Stern* 28/2014 („Gefährliche Heiler. Wie Alternativ-Mediziner die Not ihrer Patienten ausnutzen") auftritt.

89 Voss 1999, 77.

90 Ebd., 79.

Tabelle 50: Textbelege Ich-Perspektive

	Textbelege
Innenperspektive durch Ich-Perspektive	• „ich bin kein echter Patient, ich spiele nur", Z. 34 • „Ich fühle mich vollkommen gesund – und ich bin gesund, nach den Regeln der Schulmedizin", Z. 55 • „ich lege ein Geständnis ab", Z. 99 • „Meine Iris ist – ich schwöre es – in der Zwischenzeit unverändert geblieben", Z. 222 • „Aber das verrate ich nicht", Z. 482 • „mich wundert nichts mehr", Z. 718 • „Ich klage über Schmerzen, die ich tatsächlich habe", Z. 475 • „nackt und regungslos muß ich zehn Minuten dasitzen", Z. 449 • „mich fröstelt", Z. 452 • „was die Ärztin verordnet, löst bei mir Ekel aus", Z. 485

Die explizite Darstellung von als Skurrilitäten dargestellten Behandlungsformen und der eigenen Gefühlslage schafft ein Emotionspotenzial der Empörung (Z. 485, „löst bei mir Ekel aus: eine Spezialmedizin aus meinem eigenen Kot, sterilisiert und verdünnt"). Auch mündlicher Sprachgebrauch findet sich vereinzelt im Artikel wieder und dient ebenfalls dazu, die Behandlungen und Praktiken abzuwerten, sowie den Artikel persönlicher zu gestalten. Etwa durch die, so wird suggeriert, genervte Auflistung der Kosten der Behandlungsmethoden („und so weiter und so weiter") oder die indirekte Redewiedergabe der Entdeckung von Krankheiten („und da! der Enddarm!, ja, man sieht es deutlich!, und die Zähne, ja!, da ist auch was!"), die durch die Exklamationen und Interjektion „ja" Freude vermittelt. Im Zusammenhang der Repetition von den Behandlungskosten wird so erneut das Argument der finanziellen Ausbeutung betont. Neben der Perspektiveinnahme und dem mündlichen Sprachgebrauch spielt auch die Tempuswahl eine prägnante Rolle. So ist der Großteil beider Reportagen im epischen Präsens geschrieben, das heißt, es ersetzt das Präteritum als durchgängiges Erzähltempus. Durch die Stringenz handelt es sich explizit nicht um das szenische Präsens (vgl. z.B. Papst-Artikel 3), welches vereinzelt, meist in der Einleitung von einem Feature auftritt. Es lassen sich zwar einige Wechsel ins Futur sowie auch das Perfekt finden, etwa wenn es darum geht, den Test zu erklären. Der Hauptteil besteht jedoch aus epischem Präsens. Dieses wird genutzt, um die geschehenen Begegnungen mit den Praktikern so zu schildern, als ob diese gerade passiert wären. Die Beschreibungen bekommen dabei einen unmit-

telbaren Charakter, der Leser sieht die Szenerie vor sich, „für den Leser fördert die
Präsentation ein Gefühl des Dabeiseins, die Möglichkeit emotionalen Miterlebens."[91] Durch die dargelegten Mittel lassen sich explizite Wertungen leichter
einbinden, die Skepsis vermitteln, etwa durch skurrile Beschreibungen, gefolgt von
Implikaturen („Er meint es ernst") und Adjektiven („obskur") (siehe Tab. 51).

Tabelle 51: Textbelege zu expliziten Wertungen

	Textbelege
Explizite Wertungen	• „angeblich strahlt hier meine Energie" – „in Wirklichkeit sind es ungefährliche, hochfrequente Wechselströmungen", Z. 82 • „Er meint es ernst", Z. 345 • „Sehr ärztlich, aber ebenso obskur", Z. 346 • „apparative Wahrsagerei", Z. 619 • „angebliche Wunderheilungen", Z. 851 • „nimmt er seinen ‚Zauberstab' in die Hand – eine Art messing-glänzenden Morgenstern, der an einem Draht schwingt", Z. 283

Implikaturen werden ebenfalls genutzt, um die Popularität der Alternativen Medizin
(Z. 147 „in der Praxis [...] herrscht großes Gedränge") oder ihren mysteriösen Cha-
rakter hervorzuheben (Z. 149 „ich werde in einen abgedunkelten Raum gebeten").
Hyperbolische Zahlenangaben dienen dazu, den Sachverhalt brisant erscheinen zu
lassen. So sind es „Millionen Menschen" (Z. 1), die sich Alternativer Medizin zu-
wenden, insgesamt „132 Medikamente" (Z. 761), die verschrieben worden sind.
Mutmaßungen (Z. 955 „Experten schätzen") dienen dazu, um die Zahl „etwa 12
Milliarden Mark" (Z. 98) für Gesamtumsätze festzusetzen.

Die Informationsstrukturierung, also die spezifische Anordnung und Platzierung
von Informationen, ist im vorliegenden Artikel ebenso maßgeblich entscheidend für
die Perspektivierung: Betrachtet man die in der Tabelle als empfehlenswert einge-
stuften Methoden, zeigt sich, dass diese explizit nicht im Test enthalten sind. Auch
die im dritten Teil als „seriös" betitelten Methoden Alternativer Medizin (Z. 892
„Andererseits legen einzelne Bereiche der alternativen Medizin inzwischen selbst
großen Wert auf wissenschaftlich seriöse Dokumentation und Diskussion ihrer Daten, etwa Akupunktur, Homöopathie und Anthroposophische Medizin"), werden
nicht näher betrachtet und behandelt. Die empfehlenswerten Methoden werden weder erwähnt noch in der Tabelle hervorgehoben. Ohne die Tabelle zu lesen, würde
der Leser nicht einmal wissen, dass es als empfehlenswert eingestufte Methoden
gibt. Auch die im Titelblatt angekündigte und in der Tabelle dargelegte Kompo-

---

91 Lüger 1995, 115.

nente eines Spiritualitätskonzeptes bis hin zu einer Einbindung des Religiösen wird im Artikel nicht aufgegriffen. Dadurch wird eine Teilbedeutung der Alternativen Medizin fokussiert, die dem Leser in Form einer Kollektivattribuierung suggeriert, alle Praktiker der Alternativen Medizin und ihre Methoden seien betrügerisch, unseriös, inkompetent und nicht empfehlenswert. Dem Artikel unterliegt somit eine explizit naturwissenschaftlich-rationale Perspektivierung, die Alternative Medizin mit den Maßstäben der Schulmedizin bemisst und eine einseitige, negative Repräsentation hervorbringt. Die Analyseergebnisse decken sich mit den Ergebnissen, die Robert Frank aus schulmedizinischer Sicht für Ärztezeitungen anführt:

Die Schulmedizin nahm den gesellschaftlichen Aufstieg heterodoxer Verfahren in den letzten 20 Jahren nicht kommentarlos hin. Diese wurden zunächst scharf abgelehnt und vor allem in Ärztezeitungen und von ärztlichen Verbänden heftig attackiert. Dabei kann der Vorwurf der ‚Unwissenschaftlichkeit' heterodoxer Medizin als Hauptargument dieses Diskurses gelten. Vor allem die Evaluationspraxis wird als nicht wissenschaftlichen Standards entsprechend kritisiert. Dieses Defizit öffne Scharlatanen Tür und Tor, die das Vertrauen der verzweifelten Patienten missbrauchten, indem sie überzogene Heilungserwartungen weckten. Verbesserungen im subjektiven Erleben von Patienten werden ausschließlich auf Placebo-Effekte zurückgeführt [...]. Heterodoxe Heilverfahren werden mitunter gar als gefährlich eingestuft, da wichtige (also schulmedizinische) Behandlungen unterblieben.[92]

Die Argumentationslinie, die hier von Frank herausgearbeitet wird, gleicht dem vorliegenden Artikel und stützt demnach die These einer schulmedizinischen Perspektive. Frank zeigt dieses Muster auch beispielhaft anhand eines Artikels des *Spiegel* auf, der sich ebenfalls mit Alternativer Medizin auseinandersetzt.[93]

---

92 Frank 2004, 32.
93 Ebd.; siehe auch *Spiegel* 21/1997 „Milliarden für Wunderheiler, siehe auch Kap. 5.1.3, S. 175.

2) „Alternative Medizin. Wie sie helfen kann" (2004)

1) Kontext (Institutioneller Rahmen)

Mit dem Titel „Alternative Medizin. Wie sie helfen kann" kündigt der *Stern* am 8. Januar 2004 seine 3. Heftausgabe an. Es handelt sich dabei um den Einleitungsartikel (Titel: „Was Alternative Medizin wirklich kann") zu einer achtteiligen Serie, die erste und bis 2014 auch letzte Serie, die sich mit Alternativer Medizin beschäftigt. In acht Heften werden dabei unterschiedliche Themenfelder vorgestellt: Pflanzliche Medizin (3/2004), Kneipp und Sauna (4/2004), Traditionelle Chinesische Medizin (5/2004), Ayurveda (6/2004), Yoga und Meditation (7/2004), Homöopathie (8/2004), Heilen mit den Händen (9/2004) und Medizin der Naturvölker (10/2004). Im vorliegenden Artikel, der durch seine Charakterisierung als Einleitungsartikel kein typisches Feature darstellt, wird dabei die Hinwendung und Popularität der Alternativen Medizin gegenüber der Schulmedizin aufgegriffen, ihre Inhalte präsentiert und das Leitmotiv der Serie vorgestellt. Wie auch im vorliegenden Artikel präsentiert sich der *Stern* dabei als Ratgeber. Autor des Einleitungsartikels ist Christoph Koch, studierter Humanbiologe und seit 2002 Ressortleiter für „Wissenschaft und Medizin" beim *Stern*.

2) Text-Oberfläche

Der Anreißer (Z. 1-11) des Artikels gleicht dem ersten Artikel. Ein Zuwachs des alternativmedizinischen Angebots wird herausgestellt, bei dem in Gut und Böse differenziert und der *Stern* als Ratgeber präsentiert wird. Der erste Teil (Z. 12-76) entfaltet das Szenario: Der Wunsch nach Heilung bestehe schon seit der Vergangenheit, die Gegenwart zeige eine Vielfalt von Ansätzen auf. Zugleich wird ein Problem eröffnet, indem auf die Spaltung zwischen Alternativ- und Schulmedizin referiert wird. Daraus wird jedoch die Schlussfolgerung gezogen, dass den Patienten dieser Disput nicht tangiere, da sein Wohlbefinden, und nicht die Art der Behandlung im Fokus stehe. Damit wird auf die Serie übergeleitet, die im zweiten Teil (Z. 77-148) mit Berufung auf Studien und Wissenschaftler vorgestellt und erklärt wird. Es wird bekräftigt, dass nicht die Vermarktung, sondern die Transparenz der Methoden im Fokus stehe. Für jene folgt ein Plädoyer (Z. 149-220); mit Bekräftigung eines Medizingeschichtlers wird jedoch der weltanschauliche Rahmen der Methoden problematisiert. Im vierten Teil (Z. 221-282) erfolgt eine Überleitung auf den finanziellen Aspekt, anschließend wird jedoch die Selbstbestimmtheit des Individuums hervorgehoben und in Form eines Appels die Möglichkeit zur Wahl betont, die genutzt werden solle. Der fünfte Teil (Z. 283-320) problematisiert die Gegenüberstellung von Alternativ- und Schulmedizin und wiegt die Argumente ab. Anhand eines Experiments wird gegen die Schulmedizin argumentiert, zugleich wird betont, dass bei „richtiger" Krankheit, diese hinzugezogen werden müsse. Der

Artikel schließt (Z. 321-365) mit einem Plädoyer für die Alternativmedizin, indem auf ein Beispiel der Vergangenheit referiert wird, bei dem alternative Denkweisen zum Erfolg führten. Alternative Medizin wird als Bereicherung für Schulmedizin skizziert. Als Schlussfolgerung wird anhand der Bekräftigung eines Medizinge-schichtlers dargelegt, dass manche Methoden in die Schulmedizin integrierbar und erfolgreich seien, andere jedoch herausfallen würden. Daraus wird gefolgert, dass der Patient die Wahl habe und der *Stern* anhand seiner Serie bei dieser Entschei-dung helfe.

Auch das Titelbild nimmt, im Gegensatz zum ersten Artikel, keine religiösen Elemente oder Symboliken auf. Es ist in Form einer Montage gestaltet, die als Re-ferenzquelle ein Foto nutzt. Eine nackte, makellos schöne Frau sitzt, die Arme um ihr angewinkeltes Bein geschlungen, auf grünen Blättern. Diese sind in dunkel- und hellgrün auch im Hintergrund abgebildet, sodass es scheint, als würde sie von grü-nen Blättern umgeben. Für einen vorgebildeten Leser wird ersichtlich, dass es sich um die Blätter eines Ginkgobaumes handelt, der in der Phytotherapie eingesetzt wird. Die roten Haare der Frau sind zurückgebunden, sie ist sehr natürlich ge-schminkt, schaut den Betrachter schräg von der Seite aus an, dabei ist ihr Mund leicht geöffnet, was der Szenerie einen sinnlichen Anstrich verleiht. Auf der Höhe ihrer Füße steht in großen weißen Buchstaben „Alternative Medizin", darunter in kleinerer Schriftgröße „Wie sie helfen kann". Ein Zusatz in Gelb verrät, dass es sich um eine „Neue Serie" handelt. Um die Frau herum sind in derselben weißen, jedoch kleineren, Schrift die Themen der achtteiligen Reihe platziert: „Yoga + Medita-tion", „Chinesische Medizin", „Medizin der Naturvölker", „Kneipp + Sauna", „Homöopathie", „Heilen mit den Händen", „Ayurveda", „Heilpflanzen". Durch die sie umgebenden Wörter wird die Alternative Medizin somit weiter definiert und semantisch gefüllt. Der Zusatz „Wie sie helfen kann", impliziert, dass die Alterna-tive Medizin auf eine bestimmte Art und Weise helfen kann und der *Stern* durch seine neue Serie preisgibt, wie.

Hinsichtlich der Sprache-Bild-Relation handelt es sich um eine metonymische Konzeptassoziation. Der Ausdruck „Alternative Medizin" wird nicht nur mit unter-schiedlichen Therapien semantisch gefüllt. Durch die visuelle Ästhetisierung der Frau und der Pflanzen wird die Medizinrichtung zugleich mit Körperlichkeit, Natur bzw. Natürlichkeit und Sinnlichkeit verknüpft. Alternative Medizin wird somit als Hilfe zum Streben nach einem natürlichen Leben, als Gegenentwurf zur technisier-ten Schulmedizin konzeptionalisiert. Das Konzept ist dabei an das Wellness-Phä-nomen angelehnt, welches „das subjektive Moment des Wohlfühlens (Well-being) in Bezug auf die Persönlichkeit und die Beziehung des Individuums zum sozio-ökologischen Umfeld heraus[stellt]."[94]

---

94 Graf 2008, 8.

Die Bilder im Artikel selbst greifen von der Konzeption her auf das Titelblatt zurück. Auch hier steht nicht der behandelnde Praktiker, sondern der Patient im Fokus. Eingeleitet wird der Artikel durch eine Montage (Bild 1), welche explizit auf das Titelbild referiert, da es die gleiche Frau des Titels zeigt, jedoch in anderer Position. Immer noch nackt, sitzt sie, dem Betrachter den Rücken zugewandt vor einem großen grünen Blatt und schaut nach rechts. Es sieht aus, als würde sie auf die Überschrift und die Titelankündigung des Artikels blicken. Rechts von dieser Ankündigung sind erneut Pflanzen abgebildet. Die sinnlich-ästhetische Komponente der Körperlichkeit, mit Referenz auf die Natur und der damit verbundenen Natürlichkeit wird somit weitergeführt und durch die Pflanzen und die Titelankündigung in grün zusätzlich hervorgehoben. Hinsichtlich der Überschrift „Alternative Medizin. Was sie wirklich kann" fällt die Akzentuierung des Lexems „kann" in den Blick, welches fettgedruckt hervorsticht. Somit wird nicht das Hinterfragen der Alternativen Medizin betont (denn dann würde das Lexem „wirklich" als fett gedruckt erscheinen), sondern ihr Können, ihr wird damit eine gewisse Qualität zugesprochen.

Der Anreißer macht jedoch deutlich, dass es auch Betrüger gibt, indem das Argument der finanziellen Ausbeutung hervorgehoben wird (Z. 5 „zahlreiche Schulen […] [buhlen] um Gunst und Geld der Patienten"). Zugleich wird darauf referiert, dass der *Stern* als Orientierungsmedium in seiner neuen Serie Hilfe leistet, um die richtige Therapie zu finden (Z. 9 „In acht Folgen stellt der stern die wichtigsten von ihnen vor und hilft, die Spreu vom Weizen zu trennen"). Zwei weitere Fotos zieren den Artikel, beide zeigen einen kontextualisierten Ausschnitt. Es ist jeweils eine Form der Behandlung zu sehen, einmal eine Schröpfung, die von einer Ärztin ausgeführt wird (Bild 2), zum anderen wird eine hübsche Frau akupunktiert (Bild 4). Durch eine Parallelisierung wird beschrieben bzw. angedeutet, was auf dem Foto zu sehen ist. Auffällig ist, dass die Bildunterschrift nicht nur durch positiv konnotiertes Vokabular geprägt ist („populäre Schmerzbehandlung", „feine Nadeln"), sondern auch ihre Verbreitung („fast ein Viertel der Deutschen") und ihre Wirkung akzentuiert wird („in jedem Fall steigert ein Vakuum die örtliche Durchblutung"). Damit steht der vorliegende Artikel in Kontrast zum Artikel aus dem Jahr 1991, da er die Behandlungsarten alternativer Medizin als weit verbreitet und wirkungsvoll skizziert.

Des Weiteren enthält der Artikel einen grünen Porträtkasten, der mit „Der Experte" angekündigt ist (Bild 3). Es handelt sich um einen Artikel, auch von einem anderen Autor, Jan Schweitzer, Wissenschaftsredakteur und studierter Mediziner, geschrieben. Als Experte und „Entzauberer der Wunder-Wässer" (Titel) wird Edzard Ernst, auch in Form eines nebenstehenden Fotos, porträtiert. Jener wird als Wissenschaftler vorgestellt, der selbst homöopathisch behandelt wurde und durch seine Mittelstellung zwischen der Dichotomie von Schulmedizin und Alternativmedizin charakterisiert wird, bei der erneut der Patient in den Fokus gestellt wird („Er arbeitet, vor allem für die Patienten"). Das in den Artikel eingebundene Porträt dient dazu, dem Leser vorzuführen, dass es durchaus Betrüger („selbsternannte Erfinder alternativer Heilmethoden") mit unkonventionellen Methoden („,sehr hirnrissig"', „Bizarres") innerhalb der Alternativen Medizin gibt, die, so wird suggeriert, jedoch durch Edzard Ernst entlarvt bzw. „entzaubert" werden. Die Methoden, bei denen betrogen wird, werden mit Methoden mit spirituellem Anklang gleichgestellt. Zauber wird demnach mit Betrug gleichgesetzt. Besonders der Titel macht deutlich, dass jegliche spirituelle Prägung rational betrachtet und überprüft wird, etwa durch die Beweisbarkeit durch Experimente. Hier lässt sich eine ähnliche Argumentation aufzeigen wie im ersten Artikel. Durch Berufung auf Experimente werden den Methoden eine Wirkung und jegliche Form von Spiritualität abgesprochen. Der Porträtkasten wird somit zum Teil der Artikelargumentation: Während der Artikel für die Einbindung gewisser alternativer Heilmethoden plädiert und Fotos die Wirkung und Popularität dieser darlegen, wird dem Leser durch Berufung auf das Porträt des Wissenschaftlers suggeriert, dass es dabei auch genügend Betrüger gebe. Dies seien vor allem alternative Methoden, die sich fernab des Rationalen befinden. Somit wird zugleich auf den *Stern* als Orientierungsmedium eingegangen, der, so wird suggeriert, durch die Auswahl seiner acht Methoden weiß, welche als gut und welche als Betrug zu klassifizieren sind.

Neben dem Porträtkasten findet sich ein weiterer grüner Kasten am Ende des Artikels. Hier werden in einer Vorschau nicht nur alle Themenbereiche der Serien vorgestellt, sondern auch Lesetipps in Form von Einführungen in die Geschichte der Komplementär- und Schulmedizin vorgestellt. Dadurch zeigt sich auch hier der wissenschaftliche Anspruch des Artikels. Das Themenspektrum der Vorschau referiert auf Themen der Körperlichkeit, Fitness, Gesundheit, Spiritualität und der Traditionen und enthält dabei sprachliche Codierungen, die auf die Wirkung („wie Heilwissen aus dem Reich der Mitte wirkt") und die Ganzheitlichkeit referenzialisieren („wie Sie Geist und Körper stärken") und Wellness-Codes („den Körper fit machen") sowie Spiritualitätscodes („Geheimnis der Magie") einfließen lassen. Die rationale Perspektive bedient sich nichtsdestotrotz der ganzheitlichen, spirituellen Vermarktung, die sie den Methoden abspricht.

3) Sprachlich-rhetorische Mittel

Wie wird nun im vorliegenden Artikel das Referenzobjekt der Alternativen Medizin bezeichnet? Die Nominationsausdrücke legen dar, dass die Therapien zwar nach wie vor als unkonventionell bezeichnet werden, dies ist jedoch nur vereinzelt der Fall, alles in allem zeigt sich eine wertneutrale Handhabung (siehe Tab. 52).

Tabelle 52: Nominationsausdrücke zum Referenzobjekt Alternative Medizin

Referenzobjekt	Nominationsausdrücke
Alternative Medizin	• „Naturheilkunde und der unkonventionellen Therapien", Z. 6 • „Therapien und Traditionen", Z. 78 • „heilkundliche Angebote", Z. 111 • „Therapierichtungen", Z. 120 • „alternative Heilverfahren", Z. 230 • „Behandlungsformen", Z. 37 • „Methoden der Alternativmedizin", Z. 235 • „alternative Ideen der Cleveren unter den Abweichlern von der Norm", Z. 350

Vielmehr legt eine positive Attribuierung die Akzeptanz einiger alternativmedizinischer Praktiken dar, diese werden charakterisiert als teils „willkommener Ersatz" (Z. 293), als „wirksame Therapie" (Z. 156), „teils bereits erfolgreich integriert" (Z. 82) und skizziert durch „Zuspruch, Trost und entschlossen helfendes Handeln" (Z. 54). Akteure werden als „Heilpraktiker" (Z. 293), „Heiler" (Z. 273), „Vertreter alternativmedizinischer Richtungen" (Z. 321) und, im Gegensatz zum ersten Artikel, als „Gesundbeter" (Z. 320) betitelt. Nichtsdestotrotz wird dabei zwischen erfolgreichen und nicht-erfolgreichen, „ineffizienten und sinnlosen" (Z. 222) Methoden differenziert, etwa Akupunktur und TCM als Teil der Serie versus „Mode-Therapien, die einen kurzen Boom erlebten", etwa der Eigenharntherapie. Je nachdem um welche Methode es sich handelt, wird diese als Bereicherung oder als Misserfolg konzipiert. Dabei fällt auf, dass auch das ganzheitliche Vokabular übernommen wird und auch Wellness-Codings auftreten. So tritt das Lexem der „Gesundheit" nicht auf, synonym wird dafür „Wohlbefinden", die „Heilung", oder „bessere Lebensqualität" eingesetzt und somit semantisch an die sprachlichen ganzheitlichen Codes und die Wellness-Codes angeknüpft, was eine erneute Akzeptanz aufzeigt. Im Gegensatz zum ersten Artikel entfällt das Bedrohungsszenario. Selbst bei Geistheilern wird relativiert, durch diese „droht dabei kaum Gefahr" (Z. 277), jedoch nur, wenn bei schwerer Krankheit auch die Schulmedizin hinzugezogen wird.

Wie wird demnach Schulmedizin kontextualisiert? Die Schulmedizin erscheint nach wie vor als vorrangige Medizin. Die Nominationsausdrücke drücken dies aus: „akademisch etablierte ärztliche Kunst" (Z. 3), „westliche Medizin" (Z. 80), „akademische Medizin" (Z. 215). Zugleich wird jedoch auch Kritik an ihr geübt, um die Hingezogenheit zur Alternativmedizin zu erklären und ihren alleinigen Anspruch zu schmälern (Z. 285 „individuelle Geringschätzung, die Schnellabfertigung im medizinischen Alltag – Rezept auf die Hand und der Nächste bitte", Z. 315 „von wie geringer Wirksamkeit gängige orthopädisch-chirurgische Eingriffe sind"). Der Artikel nimmt das Wortfeld der Divergenz auf, um auf die Spaltung zwischen Alternativ- und Schulmedizin hervorzuheben, in dem auf eine Kluft, einen Kampf und jeweilige Aberkennung referiert wird (siehe Tab. 53).

Tabelle 53: Textbelege zur Kontextualisierung einer Divergenz

	Textbelege
Kontextuali- sierung Divergenz	• „Welt der Heilkunde gerät ein Riß", Z. 46 • „gruppiert sich längs weltanschaulicher Kampflinien", Z. 38 • „Kaum je wird der Radiotherapie-Profi seinen Patienten zur Ader lassen wollen. Ebenso wenig wird der Yoga-Meister, sofern er es überhaupt darf, zum Rezeptblock greifen, um synthetische Gliedversteifer zu verordnen", Z. 39

In Form von Parallelismen werden dabei zwei Argumente besonders hervorgehoben, einerseits die Vielfalt, die aus beiden medizinischen Strömungen hervorgeht, andererseits die Schlussfolgerung, dass dem Patienten dieser Richtungsstreit egal ist, solang seine Gesundheit im Mittelpunkt steht. Im Gegensatz zum ersten Artikel hebt der *Stern* hiermit besonders den Patienten in den Fokus (siehe Tab. 54).

Tabelle 54: Textbelege zu Parallelismen

	Textbelege
Parallelismen zur Hervor- hebung besonderer Argumente	• „vom Aderlass bis zur Radionuklidbehandlung, von der Akupunktur bis zur Schutzimpfung, von Yoga bis Viagra", Z. 34 • „dem Patienten, der heute gesund werden möchte, kann es gleich sein, ob die Behandlung, die ihn kuriert, im Schlaf erträumt oder im Reagenzglas entdeckt wurde. Es muss ihn nicht scheren, ob das Idol seines Arztes Paracelsus oder Barnard heißt", Z. 67

Als Leitvokabel fungiert, nicht explizit, sondern implizit die Selbstermächtigung des Subjekts. Im Sinne Knoblauchs wird damit impliziert, dass entnommen und zusammenfügt werden kann was nützt, solange es als heilend erscheint (siehe Tab. 55).

Tabelle 55: Textbelege zur Kontextualisierung der Selbstermächtigung des Subjekts

	Textbelege
Kontextualisierung Selbstermächtigung des Subjekts	• „sein Wohlbefinden wiederhergestellt, seine Leiden gelindert", Z. 67 • „Welche Behandlungsformen bietet mir gute Aussichten", Z. 114 • „dem Hilfesuchenden selbst überlassen", Z. 269 • „denn es ist allemal besser, seinem Leidensdruck aktiv etwas entgegenzusetzen, als dem therapeutischen Nihilismus zu erliegen und sich mit ärztlichem Achselzucken abspeisen zu lassen", Z. 278 • „Und wer ohnehin in die eigene Tasche greifen muss […] wird erst recht wissen, ob seine Investition sinnvoll ist", Z. 228

Dies lässt sich auch auf den gesellschaftlichen Prozess der Individualisierung zurückführen,[95] in der der Patient eine selbstbestimmte Rolle einnimmt. Diese Hervorhebung des mündigen Selbst wird auch in der Leitvokabel des Markts und somit der Wahlmöglichkeit bzw. Suche ersichtlich, die sich im Marktwirtschaftsvokabular manifestiert, welches den Artikel durchzieht (siehe Tab. 56).

Tabelle 56: Textbelege zum Marktwirtschaftsvokabular

	Textbelege
Marktwirtschaftsvokabular	• „Markt der medizinischen Möglichkeiten", Z. 2 • „Marktplatz medizinischer Möglichkeiten", Z. 360 • „kritischen Verbraucher", Z. 66 • „Interesse des Verbrauchers", Z. 111 • „Angebot", Z. 112 • „nicht die Verpackung zählt, sondern die Ware", Z. 126 • „therapeutische Importware", Z. 174 • „Investition", Z. 234

Das Marktwirtschaftsvokabular verweist auf eine weitere implizite Leitvokabel: die der Rationalität. Denn werden zwar vereinzelte Methoden als Bereicherung angesehen, sind diese jedoch nur akzeptabel, so suggeriert es der Artikel, ohne den jeweiligen weltanschaulichen Hintergrund. Der Spiritualitätsgedanke wird dabei als

---

95 Vgl. Lüddeckens 2012, 292.

Vermarktung tituliert und abgewertet, etwa als das „nicht selten nur aus gefälligen Phrasen zusammengezimmerte Marketing konkurrierender Schulen" (Z. 121), „als gefälliger Zierrat" (Z. 130) oder als „werbliche Selbstdarstellung" (Z. 151). Auch die Komponente der Ganzheitlichkeit wird als Werbestrategie und mit Verweis auf ihren historischen Hintergrund „entlarvt". Kritik äußert sich auch jenen gegenüber, die sich dem Spiritualitätsgedanken öffnen, diese werden ironisch als „nach Ideologie und Glaubensgewissheit hungernder Zeitgenosse" (Z. 62) bezeichnet, die dem „kritischen Verbraucher" und damit dem rationalen Verbraucher gegenüberstehen. Die Bedeutsamkeit einer Entkleidung der als gut befundenen Methoden aus ihrem spirituellen, weltanschaulichen Gerüst wird mehrfach betont, die weltanschauliche Seite pejorativ kontextualisiert und als „Problem", implizit als nicht ernst zu nehmen, als falsch deklariert (siehe Tab. 57).

Tabelle 57: Textbelege zur Kontextualisierung einer spirituellen Ummantelung von praktischem Wissen

	Textbelege
Ummantelung spiritueller Konzepte vs. praktisches Wissen im Kern	• „Es sind ihre Methoden. Es ist ihre handwerkliche Seite. Die verdient es, ernst genommen zu werden", Z. 151 • „wirksame Methoden mit falschen Argumenten", Z. 198 • „Man kann Gutes tun, ohne seine wirklichen Gründe zu kennen", Z. 200 • „weltanschauliche Scheuklappen", Z.206 • „eine Heilkunde, die einzig Strenggläubige ihrer eigen, reinen Lehre zu behandeln vermag, ist keine Medizin, sondern ein sozialreligiöser Erlösungskult – und damit für die Allgemeinheit kaum von Interesse", Z. 240 • „dramatische Inszenierung, Zauber und Brimborium – also die Rituale medizinischen Handelns", Z. 309

So wird dem Leser suggeriert, dass ausgewählte Methoden zwar eine Bereicherung darstellen, die auch genutzt werden sollen, die jeweilige Einbettung dabei jedoch irrelevant sei. Am Beispiel der TCM lässt sich dies zeigen. Wird zwar die Methode positiv hervorgehoben und mit der Legitimierungsstrategie einer Zuschreibung von langen Traditionen versehen, so wird sie sozusagen „rationalisiert":

Ein Beispiel [...] ist die so genannte Traditionelle Chinesische Medizin, ein Destillat aus zum Teil über zwei Jahrtausende alten heilkundlichen Praktiken [...] Ganz unabhängig davon, ob das Ideologiegebäude der chinesischen Medizin kritischer Betrachtung standhält, ganz gleich, ob die ‚Lebensenergie' Qi entlang bestimmter ‚Mediane' fließt, die noch kein Anatom je finden konnte, haben die Mediziner im Reich der Mitte vor zwei Jahrtausenden eine wertvolle Behandlungsmethode entwickelt. (Z. 165)

Diese rational-wissenschaftliche Perspektive wird durch die Berufung auf Zitate von Wissenschaftlern gestützt, welche einige Methoden als gut bewerten, durch ihre Aussagen jedoch auch deutlich machen, dass hinter weltanschaulichen Ideen nicht viel stecke (Z. 184 „‚Mit Yin und Yang kann man zwar vieles im Nachhinein erklären, aber keine Flugzeuge in die Luft und keinen Wecker zum Klingeln bringen‘“). Die Wissenschaftler werden als Experten verhandelt, indem sie meliorativ attribuiert und ihre Kompetenzen damit herausgestrichen werden. Sie erscheinen dadurch als glaubwürdige Quelle (siehe Tab. 58).

Tabelle 58: Textbelege zu Autoritäten/Experten

	Textbelege

Experten/ Autoritäten	• „Medizinhistoriker“
	   - „Autor einer umfassenden ‚Geschichte der alternativen Medizin‘“, Z. 127
	• „Medizingeschichtler“
	   - „einer der besten Kenner der heilkundlichen Traditionen“, Z. 177
	• „Forscher“
	   - „einer der weltweit führenden Alternativmedizin-Forscher und wissenschaftlicher Berater dieser Serie“, Z. 251
	• Rahmung
	   - „umfassendes Handbuch“, Z. 256
	   - „hochwertige Studien“, Z. 259
	   - „faires Resümee“, Z. 262

Auch metaphorisch macht sich die rationale Perspektive bemerkbar, auf die konventionelle, lexikalisierte Marktmetaphorik wurde bereits eingegangen. Des Weiteren wird ein innovativer Vergleich genutzt, um auf den Spiritualitätsgedanken einzugehen und diesen zu kritisieren. So wird die Ablehnung von Praxistests seitens der Alternativmedizin kritisiert. Als Vergleichsfolie dient ein leitungswasserbetriebenes Auto, bei welchem Zweifelnden eine Proberundfahrt vorenthalten wird. Die rationale Beweisbarkeit müsse gegeben sein, ansonsten sei „eine Heilkunde, die einzig Strenggläubigen ihrer eigenen reinen Lehre zu behandeln vermag, […] keine Medizin, sondern ein sozialreligiöser Erlösungskult – und damit für die Allgemeinheit kaum von Interesse" (Z. 240). Durch diesen Vergleich wird der reine Richtwert einer spirituellen Weltanschauung kritisiert und ihre Einbindung in die Schulmedi-

zin vorausgesetzt. Eine Vereinbarkeit von Religion und Medizin wird als nicht gegeben postuliert, es sei denn, der Glaube an die Heilung könne als religiös betitelt
werden. Doch auch hier wird erneut auf den Praxistest verwiesen, mit dem man dies
beweisen könne. Wie auch im ersten Artikel wird Alternative Medizin erneut mit
schulmedizinischen Kriterien bemessen, alles andere erscheint als „religiöser Kult"
und wird als irrelevant tituliert. Besonders deutlich wird hierbei eine Trennung der
beiden Codes, Religion und Medizin, die bereits durch ihren weltanschaulichen
Hintergrund als nicht vereinbar evaluiert werden.

Ähnlichkeiten zum ersten Artikel, neben einer rationalen Perspektive, werden
auch in der sprachlich gestalteten Perspektivierung deutlich. Ist der Artikel zwar
nicht in der Ich-Perspektive geschrieben, so findet sich eine perspektivierte Referenzialisierung durch das kollektive Personalpronomen „wir" und das Possessiv-
pronomen „unser" (siehe Tab. 59).

Tabelle 59: Einbindung des Personalpronomens „wir" und des
Possessivpronomens „unser"

	Textbelege
Personal-pronomen „wir" bzw. Pos-sessiv-pronomen „unser"	• „in unserer medizinischen Tradition", Z. 335 • „wir werden die Traditionen beleuchten", Z. 119 • „Wir, die mündigen Verbraucher und Patienten auf dem Markt-platz medizinischer Möglichkeiten, haben weitgehende Wahl-möglichkeiten. Die acht Teile dieser Serie sollen helfen, dabei den Überblick zu behalten", Z. 360

Die Pronomen bekommen in ihrer Verwendung unterschiedliche Funktionen. Wird
im ersten Beispiel die Tradition der westlichen Medizin aufgegriffen, zu der das
Leserkollektiv gezählt wird, dient das Personalpronomen andererseits dazu, die
Autoren einzubeziehen, welche als orientierungsgebende Experten stilisiert werden.
Im dritten Beispiel verbündet sich der Autor mit dem Leserkollektiv in der Rolle
des Patienten.

In der gesamten Argumentation (Entkleidung des weltanschaulichen Mantels,
Einbindung von als wirksam erachteten Methoden in den schulmedizinischen Kontext) fällt auf, dass der Artikel sich auf mehreren Ebenen des Wellness-Codes bedient:

Die eklektische Rückbesinnung auf antikes und traditionelles Heilwissen von Hippokrates
oder Hildegard von Bingen, Traditioneller Chinesischer Medizin (TC;), aber auch indischer,
tibetischer oder indianischer und afrikanischer Medizin (Ayurveda, Yoga, Tai Chi, Qi Gong)

ist besonders in Bezug auf Wellness als Gesundheitsmodell erfolgreich. Zwar wird auf deren Ursprung und Traditionslinie hingewiesen, doch werden sie diesem Rahmen sozusagen enthoben und erhalten einen ‚wissenschaftlichen' Anstrich. Was sich über lange Zeit als wirksam erschlossen hat, wird heute wissenschaftlich vereinnahmt und anerkannt. Infolgedessen erfährt es eine globale Anwendbarkeit, die sich zwar in traditioneller Linie zu den originären Formen verortet sieht, gleichzeitig aber universell und losgelöst von weltbildbedingten oder religiös gebundenen Vorstellungen einsetzbar wird.[96]

Diese Argumentationslinie wird im vorliegenden Artikel ersichtlich. Auch die Betonung der Körperlichkeit, sowie die Sicht auf das Selbst, in Form von der Selbstgestaltung des Heilens und individueller Sinnsuche, auch durch die achtteilige Serie, konnten dargelegt werden, die als Teil der Wellness-Bewegung verhandelt werden:

Dem ‚Wellness-Suchenden' wird die Offerte gegeben, selbst aktiv an der eigenen Heilung beteiligt zu sein, was bedeutet, seinen Gesundheitszustand selbstbestimmt zu steigern. Der Mensch wird zum Gestalter, wird zum Heiler seines Selbst. So wie er seiner Gesundheit schaden kann, wird ihm jetzt bewusst, dass er auch eigenverantwortlich für seine Heilung und damit sein heil zuständig ist, welches sich infolge eines ausgeweiteten Gesundheitsverständnisses nicht mehr in der Heilung körperlicher Gebrechen, sondern als erfülltes, sinnstiftendes Leben gestaltet. Damit wird Gesundheit zur Kraft für Lebensbewältigung und Steigerung des Lebenswerten. Heil und Heilung erfahren so eine neuerliche Verbindung. Heilung wird nicht mehr im separatistischen Sinn verstanden, sondern als Heilung des gesamten Menschen.[97]

Vorgerbacht durch eine naturwissenschaftlich-rationale Sichtweise rückt somit der Wellness-Gedanke in den Vordergrund, der eine religiös-weltanschauliche Entkleidung birgt.

---

96 Graf 2008, 6.
97 Ebd., 11.

3) „Magie und Medizin" (2014)

1) Kontext (Institutioneller Rahmen)

„Magie und Medizin. Dr. Eckart von Hirschhausen: Warum alternative Heilmethoden wirken und was Ihr Arzt davon lernen kann" kündigt der *Stern* am 6. März 2014 seine 11. Ausgabe an. Die Besonderheit des Artikels (Titel: „Glaubt an Wunder!") ergibt sich aus dem Gastautor: Der Artikel ist vom studierten Arzt, Wissenschaftsjournalisten und Kabarettist Dr. Eckart von Hirschhausen verfasst und dabei an sein Bühnenprogramm „Wunderheiler" von 2014 angelehnt, in dem Hirschhausen sich mit Magie, Medizin und Comedy beschäftigte. Hirschhausen eruiert aus seiner Position als Arzt sowie als Zauberkünstler anknüpfbare Elemente der Alternativmedizin für die Schulmedizin. Durch die besondere Betonung eines prominenten Autors weicht der Artikel auch hier vom typischen Feature ab, indem er in personalisierter Form und Ich-Perspektive gestaltet ist.

2) Text-Oberfläche

Der Artikel wird von einem Anreißer eingeleitet, der auf den Disput zwischen Alternativ- und Schulmedizin verweist und diesen als unnötig herausstellt, da wirksame Heilkunst beides verbinde – Magie und Wissenschaft. (Z. 1-4) Der erste Teil des Artikels (Z. 5-21) beginnt mit einer humoristisch aufbereiteten, realen Erfahrung seitens Eckhart von Hirschhausen, expandiert die Geschichte zur Problemstellung, der fehlenden Magie in der Wissenschaft und geht dann zum Appell über, Wissenschaft mit Magie und Humor zu verknüpfen. Der zweite Teil fungiert als Explikation. Die Spannung zwischen Alternativ- und Schulmedizin wird erklärt ebenso wie die Hingezogenheit zur jeweiligen medizinischen Richtung (Z. 22-53). Im dritten Teil (Z. 54-115) erfolgt eine Explikation der Verschränkung von Medizin und Humor, auf Grundlage von Hirschhausens Biographie und seinen Erfahrungen als Arzt, Kabarettist und Zauberkünstler. Davon ausgehend problematisiert und kritisiert er die autoritäre, elitäre Rolle des schulmedizinischen Arztes und plädiert für mehr Humor und Empathie. Anhand eines Beispiels leitet er im vierten Teil (Z. 123-198) die These ein, dass in der Schulmedizin ein ärztlicher Eingriff in Form einer Operation nicht immer von Nöten sei. Diese These belegt er anhand eines Experiments, welches bereits im Artikel aus dem Jahr 2004 Erwähnung fand: eine Schein-OP eines Unfallchirurgen brachte die gleichen Ergebnisse hervor wie eine normale OP, die Argumentation des Placeboeffektes tritt hiermit zu Tage. Gleichzeitig dient das Experiment zur Überleitung einer Gegenüberstellung von Schul- und Alternativmedizin. Anhand einer eigenen Erfahrung wird die Gegenüberstellung expandiert: Hirschhausen sei den Weg der Schulmedizin, einer OP, eingegangen, habe jedoch auch einen alternativen Orthopäden besucht. Seine eigenen Erfahrungen dienen als Wahrheitsbekräftigung. Durch die Schilderung dieses Besuches wird die These des Placeboeffektes bekräftigt und dem Alternativmediziner Naivität und Fälschung unterstellt.

Der fünfte Teil (Z. 199-252) führt diese These weiter. Am Beispiel der Akupunktur wird einerseits die Popularität, andererseits, wie im vorhergegangenen Artikel, ihre Wirksamkeit unabhängig von ihrer weltanschaulichen Einbindung hervorgehoben. Es folgt eine Argumentationskette gegen Alternative Medizin: Vertretern der Alternativmedizin gehe es weniger um Wirksamkeit, als um Wirkung auf den Menschen, Zweifel seien unangebracht, Wirksamkeit des Mehrwerts nicht vorhanden, Unwissenschaftlichkeit und Fehldiagnosen führten zur Unterlassung von Wirkungsvollem, der Schulmedizin.

Im sechsten Teil (Z. 253-301) wird eingeräumt, dass es in der Schulmedizin weit mehr Opfer gegeben habe. Dadurch wird zur Explikation der Popularität der Alternativen Medizin übergeleitet. Durch Berufung auf ein Experiment von Placebo-Studien folgt ein Appell, die Charakteristika Alternativer Medizin – Gespräche, Zeit, Rituale, Empathie, Vertrauen – in die Schulmedizin zu überführen. Mit direkter Ansprache und mehreren Witzen schließt Hirschhausen seinen Artikel, indem er auf humoristische Art und Weise auf die Selbstheilung des Körpers verweist und damit die Alternativmedizin ironisch abwertet

Das Titelbild ist eine Montage, deren Referenzquelle ein Foto darstellt. Ein dekontextualisierter Ausschnitt zeigt einen weißen Hintergrund. Durch den Teilausschnitt eines Stethoskops und geöffnete Hände, die im Vordergrund abgebildet sind, ist ersichtlich, dass es sich um einen weißen Kittel, und, in Verbindung mit dem Stethoskop als Symbol für die Schulmedizin, somit um einen schulmedizinischen Arzt handelt. Die Hände stehen im Fokus des Bildes, fett gedruckt und in goldenen Buchstaben steht der Titel „Magie und Medizin" in den geöffneten Händen. In kleiner und schwarz-blauer Schrift folgt der Untertitel „Dr. Eckart von Hirschhausen: Warum alternative Heilmethoden wirken und was Ihr Arzt davon lernen kann". Der Titel ist von weißem Licht umgeben und suggeriert, in den Händen des Arztes zu schweben. Die Sprachbildbeziehung des Titelbilds lässt sich als Symbolisierungen und metonymische Konzeptassoziation charakterisieren. Durch die goldenen Farben in Zusammenhang mit den weißen Lichtspielen, die die Umrandung darstellen, wird Erleuchtung[98] und demnach Magie visualisiert. Medizin dagegen wird durch den dekontextualisierten Ausschnitt des Arztes verbildlicht. Zugleich findet sich der Beziehungstyp der Figurenrede wieder. Die Namensnennung und der Doppelpunkt suggerieren einen Ausspruch Hirschhausens. Dabei wird das Bild des Arztes mit Hirschhausen verknüpft, der zwar Komiker, jedoch auch selbst Arzt ist, somit auch als Experte auftritt und seine Ausführungen bereits durch seinen Berufsstand bekräftigt. Jene Verknüpfung erfolgt jedoch nur, wenn der Wissenshintergrund um die Person Hirschhausens gegeben ist. Es fällt auf, dass nicht die Lexeme „Alternative

---

98 Vgl. Heller 2000, 90.

Medizin", sondern „alternative Heilmethoden" verwandt werden. Diese sind positiv konnotiert, indem ihnen ein Erfolg in der Wirksamkeit bescheinigt wird („Warum alternative Heilmethoden wirken"). Zugleich bietet der *Stern* durch Hirschhausen die Gründe ihrer Wirksamkeit an. Hinzukommend wird durch den Zusatz „was Ihr Arzt davon lernen kann" die klassische Medizin bloßgestellt, indem die Rolle des allwissenden Arztes und somit die ärztliche Autorität untergraben wird. Brisant dabei erscheint, dass diese Aussage selbst von einem prominenten Arzt getätigt wird. Die Gastrolle stützt demnach die These und vermittelt persuasiv Glaubwürdigkeit. Die direkte Ansprache baut eine persönliche Beziehung zum Leser auf, die durch das Bild allein nicht gegeben ist, da kein Gesicht abgebildet ist. Es findet sich auch die Selbstermächtigung des Subjekts wieder, denn der *Stern* suggeriert, dass der Leser seine Information, die er durch den Artikel bekommt, an seinen Arzt weiterträgt. Auch hier kommt dem Artikel demnach, wie in den Jahren 1991 und 2004 eine Ratgeberfunktion zu, die sich auf das Arzt-Patienten-Verhältnis fokussiert.

Im Artikel selbst ist nur ein Foto abgebildet, dieses leitet zusammen mit der Überschrift, die in Form eines Appells gestaltet ist („Glaubt an Wunder!"), den Artikel ein. Das Foto zeigt einen schwarzen Hintergrund, zu sehen ist Eckart von Hirschhausen, der den Leser direkt anblickt. In seiner Hand hält er eine Wunderkerze. Das Bild vermittelt Dynamik, da es sich um einen Schnappschuss handelt: Hirschhausen vollführt eine Schwingung mit der Wunderkerze, sodass diese einen glitzernden Streifen hinter sich herzieht. Das Foto wurde während der Armbewegung Hirschhausens geschossen. Ansonsten ist alles dunkel gehalten, sodass Hirschhausen nur vom Licht der Wunderkerze angeleuchtet wird, was dem Bild eine mystische Atmosphäre verleiht. Zugleich zeigt sich darin die Geste eines Zauberers, der eine schweifende Bewegung mit seinem Zauberstab vollführt. In Bezug zur gelb gehaltenen Überschrift („Glaubt an Wunder!") handelt es sich um einen Sprach-Bild-Bezug der Figurenrede, Hirschhausen wird mit der Aussage verknüpft.

Jedoch wird bereits durch den Appell eine Perspektive deutlich. Der Appell richtet sich an das Kollektiv der Leser sowie die Schulmedizin, Wunder der Alternativmedizin zu übernehmen. Es handelt sich demnach eigentlich nicht um eine Verschränkung von Magie und Medizin, sondern einer Übernahme von Magie in den medizinischen Kontext. Auch wenn das Bild eine andere Botschaft transportiert, dieses dient einerseits dazu, Neugierde auf das Thema zu schüren, andererseits den Gastautor bildlich sowie textlich vorzustellen. So kommt der Bildunterschrift eine erläuternde Funktion zu, um auch den nicht vorgebildeten Leser darauf hinzuweisen, dass es sich bei der abgebildeten Person erstens um den Gastautor handelt, der zweitens Arzt, drittens Zauberkünstler ist und viertens darin keinen Unterschied sieht. Zugleich symbolisiert das Foto beide Richtungen: Während Hirschhausen mit seiner Person den Arzt verkörpert, symbolisiert die Wunderkerze die magische Komponente, seine Geste dagegen die eines Zauberkünstlers, sodass sich in der

Fotografie alle semantischen Elemente verbinden und auf das Thema des Artikels, die Verbindung von Magie und Medizin, hingewiesen wird.

Neben dem einleitenden Foto zieren den Artikel selbst sechs Infografiken. Homöopathie, Hypnose, Akupunktur, Bioresonanz, Phytotherapie und Chiropraktik werden in jeweils gleicher Frage- und Antwortstruktur beleuchtet (Was steckt hinter der Methode? Wie soll die Behandlung wirken? Wogegen soll sie helfen? Wer bietet die Therapie an? Was darf man davon erwarten? Was sind die Risiken?) und mit einer jeweiligen Grafik visualisiert. Die Infokästen sind nicht von Eckart von Hirschhausen verfasst, sondern von zwei Redakteurinnen des Ressorts Wissenschaft, Nicole Heißmann und Nicole Simon.

Die Beschreibungen der Methoden sind von einem negativen Emotionspotenzial geprägt. Durch wertende Lexik mit pejorativ konnotierten Lexemen (1) wird dem Leser suggeriert, dass die jeweiligen Methoden nicht ernst zu nehmen sind. Der spirituelle Charakter, der ihnen zugeschrieben wird, wird durch die wertende Lexik ins Lächerliche gezogen. Implikaturen vermitteln dabei einen Mangel an Qualitätsstandards (2) sowie Unseriosität, da die Qualifikationen durch geringen Zeitaufwand zu erlangen sind (3). Es zeigt sich eine naturwissenschaftliche Perspektive. Durch die mangelnde Beweisbarkeit erfolgt eine Zuschreibung als betrügerisch (4). Zweifel, Skepsis und Distanz sind realisiert durch weitere Implikaturen (5), ebenso wie die Darlegung der Gefahr, die von einigen Heilmethoden ausgeht, wenn eine Unterlassung „richtiger" ärztlicher Behandlung, der Schulmedizin, erfolgt (6) (siehe Tab. 60).

Tabelle 60: Textbelege zu pejorativer Lexik und Implikaturen

		Textbelege
1)	Abwertung der Methoden durch pejorative Lexik	• „Heilkraft des Nichts" (Homöopathie) • „Scheintherapien" (Homöopathie) • „Hokuspokus" (Hypnose) • „Sticheleien" (Akupunktur) • „magische Show" (Bioresonanz) • „energische und meist ruckartige Manipulation" (Chiropraktik)
2)	Implikatur: keine Qualitätsstandards	• „nicht gesetzlich geschützt" (Hypnose) • „sollen Schmerzen lindern – nur wie weiß man nicht" (Akupunktur) • „keine Garantie für Qualität" (Akupunktur) • „braucht es keine medizinischen Kenntnisse" (Bioresonanz) • „darf auf seinem Praxisschild führen" (Chiropraktik) • „kein geschützter Begriff" (Chiropraktik)
3)	Implikatur: Unseriös, da Qualifikationen durch geringen Zeitaufwand	• „Crashkurse" (Akupunktur) • „Ausbildung dauert mitunter nur wenige Stunden" (Bioresonanz)
4)	Implikatur: Betrug, da nicht nachweisbar	• „angebliche Heilerfolge" (Homöopathie) • „wird behauptet" (Hypnose) • „einen Beleg für ihre Existenz gibt es nicht" (Akupunktur) • „wissenschaftlich mehr als umstritten" (Bioresonanz) • „fehlen auch für die Wirksamkeit jegliche Belege" (Bioresonanz) • „was dabei im Körper passieren soll, bleibt unklar" (Bioresonanz) • „beruht auf Spekulationen" (Bioresonanz) • „keine klaren Belege" (Chiropraktik)
5)	Implikatur: Zweifel, Skepsis, Distanz	• „ungewöhnliche Methode" (Akupunktur) • „scheint zu helfen" (Hypnose) • „eine Art Lebensenergie" (Akupunktur) • „gibt es Hinweise, dass Maßnahmen helfen können" (Chiropraktik)

6)	Implikatur: Abratung, da Gefahr	• „wirksamere Therapie abbrechen" (Homöopathie) • „sollten sich besser nicht" (Hypnose) • „größte Gefahr besteht darin, ernsthafte Krankheiten nicht medizinisch behandeln zu lassen" (Bioresonanz) • „vermeintlich sanfte Akupunktur birgt Risiken" (Akupunktur)

Lediglich die Phytotherapie wird positiv durch ihre Nähe zur Schulmedizin kontextualisiert („Teil der akademischen Medizin", „rationale Phytotherapie" nahe der „konventionellen Medizin") und durch ihre Nachweisbarkeit meliorativ attribuiert („Pflanzen wissenschaftlich gut untersucht", „gilt als gut verträglich"). Einzig hier ist eine direkte Handlungsempfehlung in Form einer direkten Ansprache an den Leser gegeben („Risiken mit Ihrem Arzt besprechen"). Dies suggeriert, dass diese Handlungsmethode am ehesten generiert werden kann, zugleich wird die Phytotherapie als Exempel für den Artikel genutzt („aus Magie ist Medizin geworden"). Durch die wissenschaftliche Nutzbarkeit erscheint die zuvor als magisch titulierte Handhabung nun als Medizin. Fragwürdig ist dabei die Semantik des Lexems „Magie". Denn alles, was nicht zu Medizin weiterentwickelt werden kann, wird demnach als betrügerisch abgetan. Die wissenschaftliche Beweisbarkeit entscheidet somit darüber, was als Magie und was als unseriös tituliert wird.

Die Infokästen dienen somit nicht der reinen Information. Sie perspektivieren und werten die Heilmethoden, bis auf die Phytotherapie, ab. Durch ähnliche Strategien und Implikaturen wie aus dem Artikel des Jahres 1991 wird der Leser verunsichert, da ihm nahegelegt wird, dass das Risiko zu groß sei, an einen Betrüger zu geraten. Den Kästen unterliegt damit der implizite Appell, bei Beschwerden einen Schulmediziner aufzusuchen, sich jedoch nicht an einen Heilpraktiker zu wenden.

3) Sprachlich-rhetorische Mittel

Betrachtet man zunächst, wie die Kontroverse zwischen Alternativ- und Schulmedizin kontextualisiert wird, zeigt sich, dass sie nicht nur mit dem hyperbolischen Vokabular des Disputs verknüpft ist („Streit", „Furor", „Krieg", „Kampf", „lähmendes Dilemma"), sondern auch mit religiösem Vokabular, um darzulegen, dass es sich um zwei Richtungen handelt, an die zu glauben möglich ist (siehe Tab. 61).

Tabelle 61: Textbelege zum Vokabular des Disputs

	Textbelege
Vokabular des Disputs	• „weltanschaulicher Streit", Z. 1 • „Furor", Z. 3 • „unerbittlicher wie fruchtloser Glaubenskrieg", Z. 23 • „dass es sich nicht um eine Diskussion um den besten Weg, sondern um eine Glaubenssache handelt, das spürt man an der unterschwelligen Aggressivität und der kompletten Humorlosigkeit in diesem Kampf", Z. 30 • „Spaltung der Medizinwelten", Z. 50 • „als sich die nächsten 200 Jahre weiter die gleichen Argumente und Kügelchen an den Kopf zu werfen", Z. 267

Damit wird bereits eine Wissenschaftlichkeit geschmälert, indem die Medizinrichtungen zu weltanschaulichen Richtungen umcodiert werden. Religion ist dabei negativ codiert, sodass die Brisanz des Richtungsstreits zusätzlich zum hyperbolischen Vokabular hervorgebracht wird.

Die Alternativmedizin wird von Hirschhausen abgewertet. Hinsichtlich der Nominationsausdrücke nutzt er zwar wertneutrale Bezeichnungen (Z. 26 „Alternativmedizin", Z. 255 „alternative Methoden", Z. 260 „Alternative Heilmethoden"), lässt jedoch anhand diverser Stilmittel eine Geringschätzung deutlich werden: Durch emotionsausdrückende, pejorative Lexik (Z. 180 „obskure Verschwörungen", „geiles Geschäftsmodell", „Pseudo-Eingriffe"; „obskure Messinstrumente"), Distanzmarker („anderen ‚sanften' Methoden") und Ironie (Z. 209 „berühmten Energiebahnen") drückt er eine Abwertung der Methoden aus.

Als prägnantes Exempel lässt sich die Beschreibung des Besuchs beim alternativen Orthopäden anführen: „Was für ein geiles Geschäftsmodell, dachte ich – Leuten erst eine Allergie ans Bein zu dichten. Dann ihnen die Allergie gegen Geld zu ‚löschen'. Und der Beweis, dass die Behandlung wirkt, liegt in der Tatsache, dass die Allergie nachher so wenig vorhanden ist wie vorher" (Z. 182). Durch das Verb „dichten" wird Betrug ausgedrückt, die Distanzmarker bei „löschen" verweisen auf Skepsis gegenüber der Methode. Die dargelegte Beweisbarkeit dient dazu, den Betrug klar darzulegen. Als implizite Leitvokabel zieht sich somit auch hier die Unwissenschaftlichkeit in Zusammenhang mit Betrug durch den Text. Implizit wird der Richtung keine Wissenschaftlichkeit attribuiert (1), dafür Ignoranz (2), mangelnde Kompetenz (3), Naivität und Leichtgläubigkeit (4), finanzielle Ausbeutung (5), Gefahr durch mangelnde Qualitätssicherung (6) und Wirkungslosigkeit (7) (siehe Tab. 62).

Tabelle 62: Textbelege zu Implikaturen

	Implikaturen	Textbelege
1	Keine Wissen-schaftlichkeit	• „Humbug oder „Allheilmittel: Die Wahrheit liegt dazwischen", Z. 261
2	Ignoranz	• „es geht ihnen weniger um Wirksamkeit als um ihre Wirkung auf andere Menschen", Z. 215
3	Mangelnde Kompetenz	• „Einfache Erklärungen sind viel überzeugender [...] Stimmt immer", Z. 223
4	Naivität und Leichtgläubigkeit	• „Ich unterstelle diesem Kollegen keine böse Abzocke, ich glaube er ist selbst fest davon überzeugt", Z. 187
5	Finanzielle Ausbeutung	• „für 1000 Euro durfte ich", Z. 178
6	Gefahr durch mangelnde Qualitätssicherung	• „größte Schaden ungeprüfter Deutungen und ‚Alternativen' besteht ja nicht in ihrer Wirkungslosigkeit, sondern in der Unterlassung von etwas Wirkungsvollem", Z. 240
7	Wirkungslosigkeit	• „Die Evidenz, dass es etwas bringt, ist dünn", Z. 229

Zwei Beispiele dienen als Legitimationsstrategie und der Beweisführung und zugleich als Anklage. Der Besuch beim alternativen Orthopäden sowie der Tod einer als Sympathisanten skizzierten Berühmtheit haben die Funktion, die Implikaturen zu stützen (Z. 250 „einer der genialsten Geister unserer Zeit starb womöglich früher als nötig aufgrund einer fatalen Fehleinschätzung"). Aus den beiden Beispielen werden so Kollektivattribuierungen generiert, aber ebenfalls ein Emotionspotenzial des Entsetzens über die Fehldiagnose an Erfinder Steve Jobs etabliert, da evoziert wird, dass dieser an der Behandlung durch Alternativmedizin gestorben sei.

Dem Leser wird suggeriert, dass alle Alternativpraktiker mit ihren Methoden ein Risiko darstellen. Lediglich der Akupunktur wird Heilerfolg eingeräumt, die jedoch ihres Theorierahmens entkleidet wird und zwischen „Humbug und Allheilmittel" klassifiziert wird. Es zeigt sich demnach explizit eine Sichtweise aus schulmedizinischer Perspektive. Wie wird demnach Magie kontextualisiert? Diese wird durch drei implizite Wortfelder generiert: der Spiritualität, der Empathie und der Kommunikation (siehe Tab. 63).

Tabelle 63: Textbelege zu den Wortfeldern Spiritualität, Empathie, Kommunikation

	Textbelege
Spiritualität	• „Sehnsüchte und spirituelle Bedürfnisse", Z. 51 • „irrationale Seite unserer Seele und Sehnsüchte", Z. 280 • „Wir brauchen offenbar Rituale, die es uns erlauben, uns dreimal täglich, was Gutes zu wünschen", Z. 276 • „Version glauben, die sich wahr anfühlt", Z. 98
Empathie	• „reden [...] pusten [...] auf die Schulter klopfen", Z. 283 • „langen Gespräche, ausführliche Amnesie, die Selbstbeobachtung, die Rituale, und die Zuwendung, die Vertrauen stiften, Hoffnung geben und Patienten begleiten, Z. 261
Kommunikation	• „heilsame Geschichten, Witze und Überraschungen", Z. 89 • „Charme einer guten Geschichte, Z. 91 • „Storys", Z. 97 • „gute Storys", Z. 87 • „gute Geschichten", Z. 290

Somit werden inhaltliche Methoden zwar abgewertet, die Art und Weise der Behandlung jedoch für gut befunden und für die Schulmedizin als brauchbar angesehen. Magie wird demnach semantisch umcodiert. Losgelöst von der eigentlichen Bedeutung von etwas Übernatürlichem wird Magie als Empathie semantisch aufgeladen. Auffällig ist dabei, dass der holistische Ansatz der Alternativmedizin im Artikel keine Erwähnung findet, dabei ist es jener holistische Ansatz (der Einbezug von Körper, Geist und Seele), der eine Empathie voraussetzt. Diese, so Hirschhausen, fehle jedoch in der technisch routinierten Schulmedizin, und er begründet dies mit der spirituellen Seite des Menschen. Betrachtet man die Nominationsausdrücke der Schulmedizin, wird diese wertneutral als „Schulmedizin" (Z. 5), als „Wissenschaft" (Z. 4) definiert und als „,offizielle' Medizin (Z. 254) mit, „,konservativer' Behandlung" (Z. 156), „perfekter Reparatur mit Garantieverlängerung auf 100 Jahre" (Z. 55) und gegenüber der Alternativmedizin als „wirkungsvoll" (Z. 243) charakterisiert. Der Artikel impliziert demnach, dass die Schulmedizin als grundlegende Medizin die einzig wahre sei, gleichzeitig wird die technische Routine im betriebswirtschaftlichen Alltag kritisiert. Dies zeigt sich besonders anhand der Akteure. So wird die Rolle des Arztes durch Komposita und durch die Zuschreibungen, etwa in Form eines Wortspiels, implizit und explizit als autoritär und elitär negativ codiert (siehe Tab. 64).

Tabelle 64: Textbelege zu Akteursbezeichnungen und Kontextualisierungen des Referenzobjektes Arzt

	Textbelege
Akteursbezeichnungen und Kontextualisierungen des Referenzobjektes „Arzt"	• „Ober-Spezialist", Z. 49 • „Arzt und ‚Halbgott'", Z. 99 • „haben die meisten Ärzte das Gefühl, überdurchschnittlich gut zu sein", Z. 105 • „mehr pusten als sich aufpusten, mehr dem Patienten auf die Schulter klopfen als sich selbst", Z. 283 • „aus lauter Klugscheißerei", Z. 15

In Form eines Appells plädiert der Artikel dafür, die gegebene Empathie – „Magie" – in der technisierten, routinierten Arbeitsweise der Schulmedizin zu integrieren, auch um dem Mangel an sozialen Interaktionen vorzubeugen. Dass es dabei rein um die Art und Weise der Praktiker geht, die als positiv bewertet werden, zeigen die Akteursbezeichnungen für die Praktiker, die erneut durch pejorative Nomina (Z. 214 „Verfechter", Z. 236 „Scharlatane unserer Tage") oder Distanzmarker (Z. 144 „‚Wunderheiler'") eine Abwertung erfahren.

Die Rolle der Akteure wird auch sprachbildlich aufgenommen. Dabei sind es nicht Metaphern, die den Artikel prägen, sondern vielmehr der komödiantische Schreibstil des Autors. Um die Defizite der schulmedizinischen Ärzte klarer hervorzubringen, wird ein Vergleich zum Theaterstück gezogen, welches als falsch deklariert wird: den schulmedizinischen Ärzten kommt dabei eine Rolle zu, jedoch wird ihnen Textunkenntnis und Unkenntnis über Worte unterstellt, um ihre mangelnde soziale Interaktion zu betonen.

Weiterhin sind es vor allem Witze, die in den Artikel eingebaut werden, in Form von Sprachspielen, Einbindung von Unmöglichkeiten, Hinführung von Banalitäten in einen wissenschaftlichen Kontext oder Alltagssituationen und Erfahrungswissen in Kopplung mit einem Beispiel aus der Bibel, etwa um das Thema humoristisch aufzunehmen. Ihnen kommt dabei nicht nur die evaluative Funktion (beim Bewerten der Ärzte), sondern auch eine explikative Funktion zu, indem durch Humor etwa die Selbstheilung erläutert wird. Zugleich dringt der Appell des Artikels durch, an Wunder zu glauben, die durch Witze dabei zu Alltagswundern werden. Dadurch wird die Magie zugleich wieder abgewertet, indem ein Staunen über den menschlichen Körper evoziert wird (siehe Tab. 65).

Tabelle 65: Textbelege zur Einbindung von Witzen

	Textbelege
Einbindung von Witzen	• „Und ob man dazu Traubenzucker, Tee oder sein Schüssler-Salz verwendet, ist das nicht letztlich wurscht? Oder Tofu?", Z. 278 • „Wieder ein bisschen mehr reden als röntgen, mehr pusten als sich aufpusten, mehr dem Patienten auf die Schulter klopfen als sich selbst", Z. 280 • „Mehr lernen aber könnten sie [die Ärzte] von jenen, die wegbleiben, weil sie unzufrieden oder gestorben sind", Z. 109 • „Mein ganzes Medizin-Studium habe ich darauf gewartet, dass mir ein Professor erklärt, wie „Aua" fliegen kann", Z. 8 • „Zur Kontrolle machen Sie einen vergleichbaren Kratzer in das Auto vom Nachbarn. Da können Sie lange warten, da tut sich nix", Z. 297 • „Wir bewundern Jesus, dass er Wasser in Wein verwandelt hat. Aber ist es nicht mindestens genauso erstaunlich, dass unser Körper in der Lage ist, aus dem ganzen Wein über Nacht wieder Wasser zu machen?", Z. 298

Hinsichtlich der persuasiven Strategien ist der Artikel aus der Ich-Perspektive Hirschhausens geschrieben. Allein seine Prominenz und seine Rolle als Gastautor dienen der Aufmerksamkeitssteigerung. Durch die Referenz auf seinen Erfahrungsschatz (Z. 90 „Ich weiß", Z. 91 „Ich kenne") wird sein Expertenstatus auf allen Ebenen (als Arzt, als Zauberer, als Kabarettist) generiert. Die Einbindung von eigenen Erlebnissen und Erfahrungen machen den Artikel zum einen persönlicher, zum anderen stärken sie die Argumentation, da sie Authentizität implizieren (Z. 118 „Ein erfahrener Chirurg hat mir einmal gestanden", Z. 158 „ich selber stand auch einmal vor der Entscheidung"). Auffällig ist, dass eine perspektivierte Referenzialisierung durch das Personalpronomen „wir" etabliert wird. Dies tritt jedoch nur dann auf, wenn es explizit um den Zusammenhang zur Magie geht (siehe Tab. 66).

Tabelle 66: Textbelege zur perspektivierten Referenzialisierung

	Textbelege
Perspektivierte Referenzialisierung im Zusammenhang mit Magie	• „denn die Wissenschaft hat die Magie aus der Medizin vertrieben, aber nicht aus uns Menschen", Z. 19 • „Wir haben Sehnsüchte und spirituelle Bedürfnisse", Z. 51 • „Wir brauchen offenbar Rituale, die es uns erlauben, uns dreimal täglich Gutes zu wünschen", Z. 276 • „Wir sind alle kleine Wunderheiler!", Z. 295 • „wir wollen an eine Version glauben, die sich für uns wahr anfühlt", Z. 98 • „Wohl, weil wir eben nicht berechenbar oder rein mechanisch sind und erst recht nicht so betrachtet werden wollen", Z. 45

Hirschhausen bindet so das Kollektiv der Leser ein, um auf die Gemeinsamkeit einzugehen, eine Zusammengehörigkeit zu suggerieren und argumentativ seine These eines spirituellen Bedürfnisses der Menschen zu stärken. Durch den Ausdruck „Wir sind alle kleine Wunderheiler" (Z. 295) wird auf die Selbstheilung und das „Wunder" des Körpers Mensch referenzialisiert, sodass zwei verschiedene Referenzbereiche, Heilung und Abläufe des Körpers, verschmolzen werden. In Form dieses Ausdrucks findet sich der Referenzbezug zur Selbstheilung, auf den hier humoristisch Bezug genommen wird. Zudem wird der Leser durch die direkte Ansprache am Ende des Artikels explizit eingebunden (Z. 290 „Machen Sie, liebe Leser, doch gleich mal einen Test") und wird in den Witz integriert, mit dem zugleich die Aufforderung eines Selbstversuchs verknüpft wird, der die Argumentation der Selbstheilung zusätzlich unterstützen soll.

Der Artikel ist des Weiteren angelehnt an mündlichen Sprachgebrauch, was ihn leichter zugänglich, aber auch persönlicher macht (Z. 25 „Nicht ‚evangelisch oder katholisch', nicht ‚Schalke oder Bayern', nein, die zentrale Frage lautet"). Ebenso werden viele Beispiele oder Studien genutzt, die Hirschhausen implementiert um darzulegen, dass auch medizinische Eingriffe nicht immer weiterhelfen. Einen dynamischen, aber auch maßregelnden Charakter, der den appellativen Charakter des Artikels zusätzlich unterstützt, wird durch Exklamationen evoziert (Z. 20 „Und deshalb glaube ich, ist es an der Zeit, mehr Magie zu wagen, und mehr Wissenschaft, und mehr Humor!", Z. 295 „Wir sind alle kleine Wunderheiler!"). Diese dienen dazu, die Argumente zu bestärken und überraschende Ergebnisse zu betonen

Des Weiteren finden sich Fragen, die antizipierten Leserfragen gleichen, jedoch nicht offen bleiben, sondern selbst beantwortet werden und dabei einen Pseudo-Dialog evozieren. Hauptsächlich kommt ihnen die Funktion des Spannungsaufbaus zu, insbesondere wenn eine Aneinanderreihung von Fragen erfolgt. Sie besitzen gekoppelt durch die Witze und Einbindung des Lesers ebenfalls Unterhaltungsfunktion (siehe Tab. 67).

Tabelle 67: Textbelege zu Fragen

Textbelege	
	• „Was ist da schiefgelaufen in den letzten 50 Jahren? Wer hat etwas davon, dass es so ist, wie es ist? Und wie kommen wir aus diesem lähmenden Dilemma wieder heraus?", Z. 38
	• „Warum akzeptieren wir so selbstverständlich, dass es zur Medizin eine ‚Alternativmedizin' geben soll?", Z. 43
	• „Wer sagt, dass es sich um zwei verschiedene Bereiche handelt?", Z. 57
	• „Warum nur lernt man ausgerechnet darüber nichts?", Z. 101
	• „Warum? Von wem wohl hören sie vorwiegend etwas?", Z. 106
Fragen	• „Wieso informiert man sich bei jedem Kurzurlaub besser als bei der Frage, wer uns durch Krankheiten begleiten soll?", Z. 113
	• „Wer konnte besser sein Knie bewegen? Schneller Treppen steigen? Wer hatte mehr Schmerzen?", Z. 133
	• „Hat die Hochleistungschirurgie womöglich mehr mit Schamanen gemeinsam, als ihr lieb ist?", Z. 151
	• „Und ob man dazu Traubenzucker, Tee oder sein Schüssler-Salz verwendet, ist das nicht letztendlich wurscht? Oder Tofu?", Z. 277
	• „Aber ist es nicht mindestens so erstaunlich, dass unser Körper in der Lage ist, aus dem ganzen Wein über Nacht wieder Wasser zu machen?", Z. 298

Insgesamt betrachtet ist der Blickwinkel einer naturwissenschaftlich-rationalen Perspektive eindeutig gegeben. Im Gegensatz einer zu erwartenden Verknüpfung von Alternativmedizin/Magie, und Schulmedizin/Wissenschaft, liegt eher eine Integration einzelner Sichtweisen und Handlungen und damit eine subtil-negativ evozierte Perspektive auf die Alternativmedizin vor, die dem Leser eine abratende Haltung gegenüber inhaltlichen Methoden suggeriert, wobei auch hier zwischen Gut und Böse differenziert wird.

Zusammenfassung der Ergebnisse

Je nach Zeitraum werden unterschiedliche Teilbedeutungen des Referenzobjekts „Alternative Medizin" fokussiert und damit drei unterschiedliche Blicke generiert (siehe Abb. 52). Im Jahr 1991 wird Alternative Medizin als Bedrohung stilisiert, bei der die als Betrüger dargestellten Praktiker im Fokus stehen; im Jahr 2004 wird Alternative Medizin als Wellness-Phänomen karikiert, bei dem der Patient in den Blick gerät, während im Jahr 2014 Alternative Medizin als spirituell/magische Bedürfnisse abdeckend konstruiert und dabei das Arzt-Patienten-Verhältnis beleuchtet wird.

Jedoch finden sich bei allen Artikeln ein Emotionspotenzial der Skepsis, des Zweifels bis hin zur Abwertungen gegenüber Alternativmedizin, etwa die finanzielle Ausbeutung, die Unwissenschaftlichkeit und Unbeweisbarkeit, die betrügerische Seite, eine Differenzierung in gute und schlechte Methoden, ausgedrückt durch pejorative Lexik, Distanzmarker oder Implikaturen, sodass allen Artikel eine rational-wissenschaftliche, und damit einhergehend, kritische Perspektive unterliegt. Diese wird jedoch nur im ersten Artikel explizit hervorgebracht, die anderen Artikel lassen diese am Rande und implizit einfließen (etwa durch die Infokästen im Artikel von 2014). Nichtsdestotrotz wird der holistische Charakter bei allen Artikeln positiv kontextualisiert, auch wenn dies im Artikel 1991 nur am Rande zur Erklärung der Popularität erscheint, im Artikel aus dem Jahr 2004 die Methoden losgelöst ihrer weltanschaulichen/religiösen/esoterischen Verortung betrachtet und ins Wellness-Codesystem integriert werden und im Jahr 2014 die Ganzheitlichkeit und der spirituelle Anstrich semantisch durch Magie codiert werden und dabei die Empathie zwischen Arzt und Patient fokussiert.

Anhand der Kontrastschnitte lässt sich jedoch ein deutlicher Bruch erkennen: Trotz der unterschiedlichen Handhabung und nach wie vor bestehender Kritik, zeigt sich eine deutliche Akzeptanz alternativer Heilmethoden, diese werden nicht mehr pauschal als Bedrohung oder Risiko skizziert. Allen Artikeln gemein ist weiterhin ihre Ratgeberfunktion. Damit unterscheiden sie sich in ihrer Textsorte vom Feature: Die drei Artikel involvieren den Leser persönlich, durch die Wahl der Ich-Perspektive oder die perspektivierte Referenzialisierung in Form des Personalpronomens „wir". Die Autoren sprechen damit die Leser direkt an und suggerieren, dass die Wahl der richtigen Heilmethode selbstbestimmt getroffen werden kann.

Abbildung 52: Übersicht zu den Ergebnissen der drei untersuchten Artikel

		1991	2004	2014
Text-Oberfläche	Aufbau	Erfahrungsberichte, Buchvorstellung, Kontroverse AM/SM	Einleitungsartikel zur Serie, Kontroverse AM/SM, Studien	Erfahrungen, Erlebnisse, Einschätzungen von Gastautor Hirschhausen, Kontroverse AM/SM
	Grafische Gestaltung	Spiritualität (Titelblatt), Infokästen (Ratgeberformat): negativ codiert, Fotos: Praktiker während der Behandlung, abwertend durch Distanzmarker	Körperlichkeit, Natürlichkeit/Natur (Titelblatt), Sinnlichkeit, Fotos: Behandlungen, aufwertend, Popularität im Fokus, Grafik: Experteninterview, Abwertung Spiritualität	Verknüpfung von Spiritualität und Magie (Titelblatt), Infokästen (Ratgeberformat): negativ codiert, abwertend durch Implikaturen und pejorative Lexik, Foto Hirschhausen
	Leitvokabeln	Betrug	Selbstermächtigung des Subjekts, Individualität, Rationalität, Wahlmöglichkeit	Magie, Unwissenschaftlichkeit, Betrug
	Wortfelder	Schock, finanzielle Ausbeutung, (Diagnose-)Lüge vs. (Patienten-)Wahrheit	Betrug, Divergenz Spaltung AM/SM	Empathie, Spiritualität, Kommunikation
	Bezeichnung Akteure	Ernährungswissenschaftler, Rechtsmedizinerin, Professor für Pharmazeutische Biologie vs. Krankbeter, Scharlatane, Wunderheiler, die alternativen Heiler	Medizinhistoriker, Medizingeschichtler, Forscher vs. Heiler, Vertreter alternativmedizinischer Richtungen, Gesundbeter	Ober-Spezialist, Arzt und Halbgott vs. ‚Wunderheiler', Scharlatane unserer Tage, Verfechter
Sprachlich-rhetorische Mittel	Metaphern-konzepte	Dschungel-Metapher, Reise-Metapher, Show-Metapher	Marktwirtschaftsmetapher, Kluft-Metaphorik, Arzt als Droge Vergleich Autohändler, Vergleich	Theatervergleich, Witze
	Emotionali-sierungs-strategien	Innenperspektive, Leidensgeschichte, Tempuswahl, Implikaturen, Empörung durch Exklamationen und Skurrilität, Dramatisierungen durch Zahlen, Informationsstrukturierung, explizite Wertungen, Distanzmarker, mündlicher Sprachgebrauch	Berufen auf Wissenschaftler als Experten, Berufen auf Studien, Perspektivierte Referenzialisierung, Fragen, Legitimationsstrategie „Lange Tradition"	Hyperbolische Dramatisierungen zur Unterhaltung, Perspektivierte Referenzialisierung, Fragen, Berufen auf Studien, Expertenstatus durch Gastautor (Hirschhausen), Einbindung Erfahrungen/Erlebnisse, mündlicher Sprachgebrauch, Leseransprache, Appell durch Exklamationen, Implikaturen
Intendierte Argumentation Perspekti-vierung		AM als Bedrohung, Bemessen mit Maßstäben der Schulmedizin, naturwissenschaftlich-rationale Perspektive, Differenzierung in Gut und Schlecht, Fokussierung auf nicht-empfehlenswerte Methoden, Ratgeberformat, Spiritualität nur stellenweise aufgenommen, Praktiker im Fokus	AM als Wellnessphänomen, Bemessen mit Maßstäben der Schulmedizin, naturwissenschaftlich-rationale Perspektive, AM als Ergänzung/Bereicherung (hinsichtlich Methoden), Differenzierung in Gut und Schlecht, Loslösung vom weltanschaulichen/religiösen Kontext, Ratgeberformat, Patient/Wohlbefinden im Fokus	AM als Ergänzung, Bemessen mit Maßstäben der Schulmedizin, naturwissenschaftlich-rationale Perspektive, Einbindung von holistischem/spirituellen Charakter – triniiert als Magie, Ratgeberformat, Kontroverse AM und SM, Arzt-Patienten-Verhältnis im Fokus

Mit zunehmender Individualisierung verweist Lüddeckens auf eine Entdifferenzierung von Religion und Medizin; insbesondere auch „im Rahmen des gesellschaftlichen Prozesses der Individualisierung",[99] in dem es für „Individuen zunehmend wichtig [wurde] ihre Rolle als PatientIn als durch eigene Entscheidung geprägt wahrzunehmen."[100]

Eine reine Übernahme alternativer Methoden und reine Entdifferenzierung von Religion und Medizin zeigt sich in den Artikeln von 2004 und 2014 nicht. Auch hier ist eine Differenzierung zwischen Spiritualität und Medizin sowie auch zwischen guten und schlechten Methoden ersichtlich. Trotz der Akzeptanz wird somit eine explizite „funktionale Differenzierung der Gesellschaft nicht aufgehoben [...]. So wird weder die pharmazeutische Wissenschaft auf über Ganzheitlichkeit argumentierende religiöse Argumentationen hören, noch wird die Homöopathie auf empirische Überprüfungen nach naturwissenschaftlichen Kriterien reagieren."[101]

Dass dabei auch heute noch den schlechten und als gefährlich skizzierten Praktikern Platz eingeräumt wird, zeigt ein Blick außerhalb des Korpus. So titelt der *Stern* in seiner 28. Ausgabe 2014 „Der stern enthüllt: Gefährliche Heiler". Ist demnach eine Akzeptanz alternativer Heilmethoden bzw. ihrer Vorgehensweise erkennbar, zeigt sich jedoch, dass sich der Fokus auf die als schlecht titulierten Heiler richtet – eine journalistische Strategie der Aufmerksamkeitserweckung, die die Verkaufszahlen fördert, im Gegensatz zu positiven Beispielen. Betrachtet man den Anreißer, finden sich, bis auf die Fokussierung der Krankheit Krebs, alle Motive und Strategien der hier untersuchten Artikel wieder:[102] „Das Geschäft mit der Alternativmedizin. Im Dschungel der Wunderheiler. Was raten Alternativmediziner Krebs-Patienten, deren Krankheit durch eine einfache Operation heilbar wäre? Der Stern hat 20 Heilpraktiker und Ärzte besucht – mit erschütterndem Ergebnis" (*Stern* 28/2014). Welche Rückschlüsse lässt diese Beobachtung zu? Es zeigt, dass trotz einer Akzeptanz, die mit Alternativmedizin einhergeht, zwar eine Ästhetisierung im Wellnessbereich ebenso wie eine Einbindung im medizinischen Bereich zu finden ist, jedoch die Fokussierung auf betrügerische oder schlechte Methoden im Sinne von „bad news are good news" nicht gänzlich verschwinden.

---

99   Lüddeckens 2012, 292.

100   Ebd.; siehe auch Bochinger et al. 2009, 128.

101   Lüddeckens/Walthert 2010, 45.

102   So treten, wie im Artikel aus dem Jahr 2004, die Reise- und Dschungelmetapher auf (*Stern* 28/2014).

5.2.4 Von der „Psychosekte" zur „Wellness-Religion"[103] – Neue religiöse Bewegungen

Im Folgenden werden drei *Stern*-Artikel aus den Jahren 1995, 2002 und 2009 betrachtet (Abb. 49, S. 208, *Stern* 19/1995, 43/2002, 49/2009). Als gemeinsames Thema liegt ihnen das Aufkommen religiöser Bewegungen und die Veränderungen der religiösen, deutschen Gegenwartskultur zu Grunde. Teilweise werden dabei gleiche Gruppierungen fokussiert. Sie haben demnach inhaltlich einen gleichen Kanon, in den Artikeln werden jedoch andere Schwerpunkte gesetzt. Dies zeigt sich bereits auch an den Titeln, an denen auch eine sprachliche Entwicklung hinsichtlich des Sektenbegriffs ablesbar ist. Berichtet der *Stern* 1995 von der „teuflischen Macht der Sekten", sind es 2002 die „neuen Psychosekten" und „skrupellose Wunderheiler" die im Fokus stehen, während im Jahr 2009 „Spiritualität" und „Wellness-Religionen" angekündigt werden. Bereits hier zeigen sich eindeutige Wertungen, die später näher betrachtet werden sollen. Hinsichtlich der Textsorte können alle Artikel als Feature klassifiziert werden, da sie Reportage- mit Interviewelementen verknüpfen.

1) „Die teuflische Macht der Sekten" (1995)

1) Kontext (Institutioneller Rahmen)

Am 4. Mai 1995 betitelt der *Stern* seine 19. Ausgabe „Die teuflische Macht der Sekten. Zwei Millionen Deutsche in den Fängen von Gurus, Gaunern und Exorzisten – für immer verloren?" Geschrieben ist der Artikel „Beten auf Teufel komm raus" von Christian Krug, ehemaliger *Stern*-Inlandskorrespondent in München, später stellvertretender Ressortleiter für Kultur und Unterhaltung, dann Chefredakteur der *Gala* und seit Oktober 2014 Chefredakteur des *Stern*. Im Artikel werden neue religiöse Gruppierungen vorgestellt, die sich unabhängig von den christlichen Kirchen in Deutschland ausbreiten. Insbesondere Erfahrungs- und Aussteigerberichte werden als Grundlage genutzt.

---

103 Bei der Untersuchung der drei Artikel wird auf Vorarbeiten aus der unveröffentlichten Masterarbeit Stander (2013) zurückgegriffen. Die Arbeit („Von der ,Psycho-Sekte' zur ,Wellness-Religion' – Sprachliche Kodierung von Emotionen in *Stern*-Artikeln über neue religiöse Bewegungen") beschäftigte sich aus rein linguistischer Perspektive mit dem Artikel und betrachtete die emotionale Codierung. Der dritte Artikel wurde zudem in der unveröffentlichten Bachelorarbeit (2010) aus religionswissenschaftlicher Perspektive betrachtet („,Geister, Gurus und Gebete' – Eine Analyse der sprachlichen und medialen Darstellung von Religion im *Stern*-Artikel ,Selig ohne Gott' (Nr. 49, 26.11.2009) aus religionswissenschaftlicher Perspektive").

2) Text-Oberfläche

Der Anreißer des Artikels kündigt den Sachverhalt an, der die Gefahr von aufkommenden Gruppierungen in den Blick nimmt. Der erste Teil beginnt mit einer Geschichte einer realen Erfahrung (Z. 1-117). Am Beispiel von Clemens Rückert, einem 27-jährigen Studenten, wird der Eintritt in eine Sekte, seine Veränderung sowie sein anschließender Tod für die Sekte skizziert. Das Beispiel leitet zum zweiten Teil über (Z. 118-223), in dem die Kernthese entwickelt wird: Sekten werden als Gefahr stilisiert, der Artikel beruft sich dabei auf drei Autoritäten, zwei Pfarrer bzw. Sektenbeauftragte und einen Buchautor. Durch Einbindung ihrer Zitate unterstreicht der Artikel, dass die Gruppierungen Gefahr, finanzielle Ausbeutung und Gehirnwäsche verkörpern. Als Wahrheitsbekräftigung und Beweisführung dient der dritte Teil (Z. 224-284), in dem das Beispiel von Petra H., Anhängerin von Sai Baba, präsentiert wird, die aus dem Fenster eines Hochhauses sprang. Es folgt im vierten Teil (Z. 285-333) eine Weiterführung der Kernthese, in dem anhand einer weiteren Autorität, eines Beauftragten der Aktion Psychokultgefahren, die Popularität dargelegt sowie die Teilnehmer der Bewegungen und Veranstaltungen charakterisiert werden. Als Bekräftigung dessen dienen zwei detaillierte Salbungsbeschreibungen neocharismatischer Gruppierungen aus Toronto und Deutschland (Z. 334-391). Auch Dämonen-Austreibungen werden im sechsten Teil (Z. 392-457) anhand des Gerichtsprozesses eines Charismatikers vorgestellt. Das Exempel fungiert als Grundlage für die These, dass Prozesse, aufgrund der von den Gruppierungen ausgeübten Gehirnwäsche, selten seien. Um diese These erneut zu belegen, wird im siebten Teil (Z. 458-529) das Beispiel von Beate H. angeführt, die als Aussteigerin von Gewalt, Gehirnwäsche und Drohungen berichtet. Der Artikel schließt mit dem achten Teil (Z. 530-597), in dem die Aum-Sekte vorgestellt und als chaotisch bis fanatisch porträtiert wird. Zwar werden nicht viele Argumente hervorgebracht, jedoch nutzt der Artikel zur Absicherung seiner Kernthese „Sekte = Gefahr" die jeweiligen Aussteiger-, Erfahrungs-, Prozess-, oder Todesberichte, die in ihrer Detailliertheit viel Raum einnehmen.

Das Titelbild nutzt eine Zeichnung als Referenzquelle. Es zeigt den Kopf einer dunklen Gestalt, die Augen leuchten gelb und blicken den Betrachter direkt an. Der Mund gleicht einem Tor und ist geöffnet. Links und rechts sind die Hände platziert, welche die Flügeltüren aufhalten, das Torgitter gleicht den Zähnen, es ist geöffnet. Aus dem Tor bzw. dem Mund leuchtet und strahlt helles, weiß-gelbes Licht. Im Vordergrund des Bildes ist die Rückseite einer Menschenmasse abgebildet, die in das helle, innere Tor bzw. in den Mund strömt. Vor der Menschenmasse ist in Pink, als Abgrenzung zu den dunklen Farben, das Lexem „Sekten" fett gedruckt platziert, welches als einzige Komponente farbig aus der ansonsten kleinen und weiß gehaltenen Überschrift „Die teuflische Macht der Sekten Zwei Millionen Deutsche in den Fängen von Gurus, Gaunern und Exorzisten – für immer verloren?" heraussticht. Durch diese farbliche Betonung wird es automatisch mit dem Bild verknüpft.

Während die hellen Strahlen ein positives Bild verkörpern, wird dieses jedoch durch die dunkle, alles verschlingende Gestalt, revidiert. Es ist die Figur des Molochs, die abgebildet ist und die auf die Bezeichnung eines Opferrituals zurückgeht, welches meist mit Kinderopfern in Zusammenhang gebracht wurde und im Alten Testament überliefert ist. Das Bild zeigt eine Visualisierung dessen und symbolisiert eine alles verschlingende Macht, die immer wieder neue Opfer fordert. Erst durch den Titel und das fett gedruckte Lexem „Sekte" wird das Bild jedoch mit Sachverhalt verknüpft, sodass der Beziehungstyp der metonymischen Konzeptassoziation vorliegt. Die Assoziation und Bedeutungskomponente, sowie auch gleichzeitig Grundthese des Artikels Sekte = Gefahr wird verbildlicht, da Sekten mit dem Moloch verbunden werden. Die Kombination von Text und Bild impliziert, dass das Angebot der Sekten zwar hell erscheine und zur Erleuchtung führen solle, sie jedoch die Opfer in „den Fängen" habe und diese durch ihre Macht verschlinge.

Die Masse der Menschen, die abgebildet ist, symbolisiert die „zwei Millionen Menschen", welche die Sekten bereits in ihrer Macht und somit „in ihren Fängen" haben. Die an den Leser gerichtete Frage „für immer verloren?" dramatisiert die Situation, suggeriert eine wahre Weltherrschaft der Sekten und stellt in Frage, ob die zwei Millionen Opfer noch aus der Macht der Sekten zu retten seien. Gleichzeitig wird impliziert, dass der *Stern* die Antwort auf diese Frage im Artikel selbst beantworte, die Frage dient somit auch zum Aufbau eines Spannungsbogens. Ohne den Artikel zu lesen, erschließt sich dessen Inhalt, da ein pejoratives und pauschalisierendes Bild des Sachverhalts als gefährlich, machtvoll und betrügerisch gezeichnet wird.

Die Bilder des Artikels führen diese Sichtweise weiter. Zwei nahezu die Doppelseite einnehmende Bilder (Bild 1, 3) leiten zum Artikel. Sie zeigen Anhänger charismatischer Gruppierungen bei ihrer, für den Leser höchstwahrscheinlich unbekannten Ritualausübung, in einem Moment der Ekstase aufgenommen. Diese erfahrungszentrierte Religionsausübung wird dabei negativ kontextualisiert. Der Titel in Form der kreativen Metapher „Beten auf Teufel komm raus" deutet auf die konzeptuelle Kombination „auf Teufel komm raus" als umgangssprachlich für „rücksichtslos". Sie verweist auf den konzeptuellen Bereich des negativen Jenseits, sodass Sekten als Feindbild bzw. Feind Gottes charakterisiert werden, und kontrastiert dies zum Beten. Dadurch wird impliziert, dass Sekten ekstatisch beten, jedoch im Namen des Teufels und ohne Rücksicht auf Verluste. Die Gefahr wird somit assoziativ weitergeführt. Die ekstatische Ritualausführung wird mit Gefahr verbunden,[104] es handelt sich demnach um den Beziehungstyp der Metonymie. Besonders

---

104 Die Fokussierung auf ekstatische Bilder und Erfahrungsorientiertheit in Verbindung mit Gefahrenrhetorik ist dabei nicht neu. Hannig zeigt, dass bereits 1978 Bilder von Zungenreden, Meditation und Ekstase in der mehrteiligen *Stern*-Serie über „Sekten in

das dritte Bild unterstützt dabei den Eindruck einer Massenbewegung durch die Perspektive auf das gefüllte Olympiastadion. Eine Bilderfolge stellt die Gefahr dieser Massenbewegung erneut heraus.

Die Bilder vier, fünf, sechs und sieben stehen in vergleichendem Bild-Bild-Bezug zueinander. Alle vier zeigen Tatorte, bei denen Leichen, abgedeckte Leichen, Verletzte und ein brennendes und durch schwarzen Rauch halb verdecktes Gebäude zu sehen sind. Durch die syntaktisch gleiche Bildunterschrift wird Kohärenz hergestellt: es werden jeweils ein Ort bzw. Land, eine Jahreszahl und die Anzahl der Toten genannt, durch Morde oder Selbstmorde in Gruppierungen. Die Nennung unterschiedlicher Orte und Länder suggeriert ein globales Problem. Die Konzeptualisierung des semantischen Wortfeldes des Todes durch die Bilder, gekoppelt mit den Bildunterschriften ("vergiften", „Tote", „Sterben", „Mord", „Selbstmord", „Massenselbstmord", „Anschlag") impliziert, welche Bedrohung von Sekten ausgeht und dient der Beweisführung zu Geschehnissen in der Vergangenheit. Die Morde und Selbstmorde in einzelnen Gruppen werden somit für die Hervorbringung eines Gefahrenpotenzials von allen religiösen Bewegungen genutzt.

Im Artikel selbst sind es jeweils Bild-Bild-Bezüge, die auftreten. Alle persönlichen Schicksale, die der Artikel porträtiert, werden visualisiert, sie dienen ebenfalls als Belege und personalisieren die Geschichte des jeweiligen Schicksals. Die Bilder stehen dabei in kontrastierendem Bild-Bild-Bezug zueinander: Sie zeigen Fotos der „Opfer" (Bild 9 „Clemens Rückert", Bild 12 Petra H., Bild 17 Beate W.) sowie der „Täter" (Bild 8, 13, 18) bzw. stellen „Betrüger" (Bild 15 „Exorzisten") den „Helfern" (Bild 14 „Experten") gegenüber. Zwei Bilder (Bild 12, 18) werden durch den Beziehungstyp der Figurenrede personalisiert, in dem einerseits die Aussage von Petra H., andererseits die Aussage Hasan Özgers hervorgehoben werden und diese implizit auf den blinden Gehorsam („Ich gehe jetzt zu Gott") sowie die Machtausübung referieren („Wer mir widerspricht, der lästert Gott"). Zwei weitere Bilder (Bild 10, 11) zeigen Ritualausübungen eines neuheidnischen Kultes und Neo-Charismatikers. Bei allen Fotos sind es vor allem drastische und detaillierte Bildunterschriften (Bild 9 „schnitt sich die Kehle durch"), emotionsausdrückende, pejorative Lexik (Bild 17 „quälen", „verfallen"), auch in ironischer Form (Bild 10 „durchschüttelt und niederstreckt") sowie Mutmaßungen (Bild 10 „die [...] herabschweben soll", Bild 12 „100 Millionen Anhänger haben soll"), die ein Emotionspotenzial des Entsetzens, des Unverständnisses, der Angst sowie der Skepsis etablieren.

Neben den Fotos bietet der *Stern* seinen Lesern als Orientierungsmedium einen Infokasten (Bild 16), der mit „Vorsicht, Seelenfänger" betitelt ist und dem damit zugleich die Funktion einer Warnung zukommt, da er die sechs „aktivsten" und somit implizit auch „gefährlichsten" Gruppierungen mit jeweligem Foto vorstellt.

Deutschland" auftreten und mit Gefahrenrhetorik gekoppelt werden (vgl. Hannig 2010, 363, 380).

Neben Mutmaßungen („soll [...] gelingen",) und damit auch Zweifeln, die gegenüber der Ausübungen dargelegt werden, fungiert die Präsentation von Tabu- und Normbrüchen („Sex findet auch vor Kindern statt"), sowie sensationalisierende Zahlen der Anhänger dazu („mehr als 700 Gruppen", „500 ‚Pilger'"), die Warnung zu dramatisieren und die Sekten durch emotionsausdrückende Adjektive („aggressiv", „rigide", „autoritär") und Nomina („Psycho-Terror", „Weltherrschaft" „absoluter Gehorsam") als gewaltverherrlichend, pervers und machtanreißend zu attribuieren. Durch die Überschrift „In Deutschland gibt es mehr als 700 Gruppen. Hier sechs besonders aktive" wird suggeriert, dass die Attribuierung der ausgewählten Gruppen auf alle über 700 Gruppierungen zutrifft.

3) Sprachlich-rhetorische Mittel

Im Folgenden soll zunächst die zentrale Leitvokabel „Sekte" betrachtet werden, die alle Artikel durchzieht. Aus semasiologischer Sicht zeigt die Definition des Duden Universalwörterbuch von 1994, dass das Lexem Sekte wie folgt definiert wird:

Sekte, die; -, -n [mhd. Secte < spätlat. Secta = philosophische Lehre; Sekte; befolgter Grundsatz, zu lat. Sequi (2.Part.: secutum) = folgen]: *kleinere Glaubensgemeinschaft, die sich von einer größeren Religionsgemeinschaft, einer Kirche abgespalten hat*: eine christliche, buddhistische S., eine S. gründen.[105]

Aus dieser Definition geht keine negative Wertung hervor,[106] als zentrales Kriterium wird die Abspaltung von einer größeren Gemeinschaft postuliert.[107] Im Artikel selbst wird das Lexem nicht definiert, der Leser muss es sich aus dem Kontext erschließen. Bereits durch die Bilder, in Verbindung mit dem Wortfeld Tod konnte dargelegt werden, welche Bedrohungssituation konzipiert wird, die, so suggeriert der Artikel, von den sogenannten Sekten ausgeht.

Gestützt wird dies durch emotionsbezeichnende und emotionsausdrückende Lexeme, die die Situation als bedrohlich attribuieren (Anreißer „wachsende Angst", Anreißer „gefährlich", Z. 135 „Gefahr"). Dabei suggeriert das Lexem „Mord" ein Verbrechen, mit dem die Gruppen verknüpft werden. Die Einzelschicksale, die demonstrieren, welche Folgen eine Mitgliedschaft haben kann, sind ebenfalls verknüpft mit Angst, Tod, Selbstmorden und Elend, die jedoch nicht durch das Lexem „sterben" kontextualisiert werden, sondern in ihrer ganzen Detailliertheit explizit dargestellt oder implizit umschrieben werden (Bild 9 „in den Tod", Z. 262, Z. 513 „Wahn", Z. 116 „schneidet sich die Kehle durch", Bild 12 „stürzt sich aus dem fünften Stock", Z. 505 „abgemagert bis zum Skelett", Z. 508 „Torturen"). Attribu-

---

105 Duden Universalwörterbuch 1994, 1385, Hervorhebung im Original.

106 Dies bestätigt Hindelang auch für andere Wörterbücher (vgl. Hindelang 1996, 3).

107 Vgl. ebd.

iert werden die Handlungen der Gruppen durch Vokabular der Brachialgewalt, hervorgebracht durch pejorative emotionsausdrückende Verben und Adjektive, die neben der Angst auch die Weckung des Entsetzens, des Ekels und der Empörung fokussieren (siehe Tab. 68).

Tabelle 68: Textbelege zum Vokabular der Brachialgewalt

	Textbelege
Vokabular Brachialgewalt	• „aggressiv", Z. 56 • „mißhandelten", Z. 217 • „heftig wehren", Z. 425 • „bestialisch quälen", Z. 469 • „drohte", Z. 479 • „schrien", Z. 492 • „prügelte", Z. 492

Die Etablierung dieses negativen Potenzials wird durch die Darstellung von Details unterstützt, die darlegen sollen, was unter dem „Psychodruck der Sekte", einer impliziten Umschreibung für Gehirnwäsche, entstanden ist und wie die sogenannten Sekten vorgehen (siehe Tab. 69).

Tabelle 69: Textbelege zu Detaildarstellungen

	Textbelege
Explizite Darstellung von Details	• „steckte sich sofort den Finger in den Hals", Z. 37 • „schnappt sich ein Kartoffelmesser und schneidet sich ein Ohr ab", Z. 109 • „zog [...] der Gläubigen, die sich heftig wehrte, die Unterhose aus", Z. 423 • „trotz ihrer Gegenwahr [...] führte mehrere Finger in die Scheide ein, um ihre Gebärmutter zu salben", Z. 430 • „schlug er auf die Geschlechtsteile", Z. 499

Eine Schuldzuweisung erfolgt durch die Bezeichnung der Teilnehmer als „Opfer" bzw. „Sektenopfer", sodass die Gruppierungen als eine einheitliche, instruierende Tätergruppe erschaffen werden. Wer zählt, laut Artikel, zu dieser Tätergruppe? Unterschiedliche Bezeichnungen, partiell synonym gebraucht, geben Aufschluss. Dabei zeigt sich eine Verknüpfung von religiösem Vokabular, gepaart mit Vokabular des Betrugs und des Verbrechens: „Gurus" (Titelblatt) und „Exorzisten" (Ti-

telblatt) werden mit „Gaunern" (Titelblatt) zu einer homogenen Masse von „religiösen Fanatikern" (Anreißer). Sie sind nicht nur „religiös", sondern auch „kriminell"
und „geldgierig" (Anreißer). Die Aufnahme des Ausdrucks „in den Fängen" (Z.
14) im Sinne eines Diebesgutes oder gleichgesetzt mit Krallen bzw. Klauen, unterstreicht die Vorstellung einer den Menschen in die Gewalt nehmende Gruppe. Noch
stärker wird dies durch die Leitvokabel „Seelenfänger" fokussiert, die als pejoratives Synonym für Sekte fungiert und an zentralen Stellen des Artikels platziert ist
(Z. 321, Anreißer, Infokästen). Gleichzeitig wird dabei auch der große, betrügerische Einfluss betont (Z. 321 „Geschickt firmieren die Seelenfänger unter falschen
Namen").

Das Meinungsbild einer einheitlichen, kriminellen Masse, die eine Bedrohung
für Individuum und Gesellschaft darstellt (hervorgebracht auch durch Kollektivattribuierung, etwa Z. 198 „die meisten Sekten werben"), wird zudem gefördert,
da die drastische Präsentation von dramatischen und teils kriminellen Einzelschicksalen als Eigenschaft allen Gruppierungen zugesprochen wird. Zwischen unterschiedlichen Lehren, Traditionen und Neubildungen wird nicht differenziert. So
wird die hinduistische Bewegung Sai Baba mit neocharismatischen Gruppierungen
vergleichbar, da sie als Vergleichspunkt die Gefahr innehaben, ungeachtet der unterschiedlichen Traditionen oder auch positiven Beispiele. Zwar entsprechen einzelne, konfliktträchtige Gruppierungen den Tatsachen. Pauschalisierungen sowie
eine Legitimierung der stigmatisierten Terminologie und dem Schluss, neue religiöse Bewegungen über die psychische Verfassung verschiedener Mitglieder zu defi-
nieren, sind jedoch durchaus einseitig. Zudem sind es auch Konflikte kultureller
Art, die missverstanden werden und sich in der Sprache manifestieren, wie auch im
vorliegenden Artikel. Legt eine Gruppierung Wert auf Elemente der Selbsterfahrung und Sexualität wird das Komposita „Sex-Sekte" gebildet, stützt sie sich auf
psychisches Gedankengut wird sie zur „Psycho-Sekte". Demnach sind es auch
Elemente, die in anderen Kulturen als gängig erscheinen, die in der christlich geprägten Gesellschaft jedoch als moralisch verwerflich und fragwürdig erachtet werden.

Betrachtet man die Ergebnisse vor der anfangs aufgestellten Definition des Duden Universalwörterbuchs, ist vorliegend eine eindeutige negative Wertung zu verzeichnen. Die Bedeutungskomponente, die Abspaltung einer größeren ideologischen Religionsgemeinschaft, wird im Artikel nicht generiert. Vielmehr werden
hier, wie auch allgemein,[108] explizit religiöse oder spirituelle Gruppen als Sekten
bezeichnet, die nicht aus einer Abspaltung heraus entstanden sind, sondern sich als
Neubildung etablierten. Die Bezeichnung „Sekte" entstammt ursprünglich aus einem christlich-theologisch fixierten Bezugsrahmen, da Sekten als Abspaltung der
Gruppen verstanden wurden, die sich von den Kirchen repräsentierten Grundwerten

---

108 Vgl. Hindelang 1996, 3.

der Kirche abwandten. Die Bezeichnung kann somit als christliche Objektsprache verstanden werden. Im Mediendiskurs entfällt diese theologische Fixierung,[109] sodass die damalige Bezeichnung für „christliche Häresien",[110] eine neue semantische Aufladung erfährt. Die Bezeichnung wird umgedeutet zu einem negativ konnotierten Begriff, der nicht nur die Abspaltung von Traditionen umfasst, sondern ungeachtet jeglicher Differenzierung alle Gruppierungen vereint, die sich außerhalb der traditionellen Kirchen etablieren oder befinden.

Betrachtet man die Bezeichnungen für die Akteure, im vorliegenden Fall für das Referenzobjekt des Stifters bzw. spirituellen Leiters und der Mitglieder, fällt zunächst der als vereinheitlichende und Autorität vermittelnde Oberbegriff „Sekten-Oberhäupter" (Z. 446) auf. Des Weiteren werden gruppenspezifische Bezeichnungen wie „Guru" (Z. 40, 101, 134, 135), aber auch Abhängigkeitsverhältnisse betonende Bezeichnungen wie „Meister" (Z. 74, 99, 564), „Chef" (Bild 2) oder „Christlicher Sektierer" (Bild 1, Z. 163) generiert, die zudem negativ konnotiert sind oder negativ kontextualisiert werden. Bei Termini der Objektsprache der jeweiligen Gruppierungen werden Distanzmarker (Z. 476 „,Erleuchteter'") zur Abgrenzung der positiven Konnotation verwendet.

Hinsichtlich der Mitglieder treten einerseits wertneutrale Bezeichnungen hervor (Z. 250 „Pilger", Z. 138 „Mitglieder", Z. 40 „Anhänger", Z. 307 Z. 307 „Teilnehmer"). Andererseits werden Wertungen evoziert, indem ihnen zum einen die passive Rolle des „Opfers" oder des „Geschädigten" zukommt und damit zugleich den Gruppierungen eine Täterschaft zugeschrieben wird. Zum anderen werden sie ironisch in Form von Alliterationen als „Guru-Gläubige" (Z. 315) oder „alternative Asienfans" (Z. 293) bewertet.

Auch wenn sich festhalten lässt, dass der Artikel sich hinsichtlich der stilistischen Gestaltung auf akribische Detailgestaltung und nicht die Bildlichkeit stützt, so lassen sich jedoch Metaphern finden. Anschließend an die Wertung der Teilnehmer durch ihre Bezeichnung, wird ihnen durch innovative und konventionelle Metaphern (Z. 305 „weihrauchgeschwängerte Begeisterung", Z. 308 „grenzenlose Naivität") sowie explizite Wertungen, Leichtgläubigkeit und Dummheit unterstellt (Z. 309 „hahnebüchener [sic] Unsinn wird hingenommen"). Auch das unkommentierte und damit vom Autor Einverständnis suggerierende Zitat des Experten (Z. 294 „Ein bisschen Hopsen mit wissenschaftlicher Soße übergossen ist der absolute Renner") transportiert auf bildliche Art die Popularität der Gruppierungen, impliziert aber zugleich, dass diesen keine Ernsthaftigkeit entgegengebracht werden darf. Spöttisch bis zynisch wird die Popularität somit als lächerlicher Trend kariert.

---

109 Vgl. Süss 2002, 35.
110 Ebd., 25.

Diese spöttische Perspektive wird auch gegenüber charismatischen Bewegungen eingenommen: Der „Heilige Geist" wird als „Toronto-Segen" und als „Stargast schlechthin" personifiziert, der Anhängern in Toronto „einen Besuch abstattete". Das Adverb „schlechthin" drückt dabei auf subtile Weise die Ironie aus, die der Metapher unterliegt. Hyperbolisch, ausgedrückt durch den Superlativ, liegt der Fokus dann auf dem deutschsprachigen Raum (Z. 357 „Am heftigsten wirkt er [...] in Bern"). Durch das Verb „grassieren" (Z. 345) wird der Segen dabei mit Krankheit in Verbindung gebracht. Folglich werden die nachfolgenden umgangssprachlichen, teils emotionsausdrückenden Verben, die implizieren, wie der Segen empfangen wird, als Krankheit konstruiert (Z. 344 „wild zucken", Z. 361-362 „niederstreckt", Z. 381 „zittern", Z. 381 „jaulen"). Die Hinwendung zu dieser religiösen Praxis wird demnach nicht nur als krank evaluiert, sondern dramatisiert und ins Lächerliche gezogen.

Werden einerseits die Teilnehmer durch Metaphern evaluiert, dienen diese auch dazu, Wertungen bei den sogenannten Sekten hervorzubringen. Dabei ist das Konzept der Kommerzialisierung als konventionelle Metapher mit metaphorischen Wendungen aus dem Marktbereich ausschlaggebend (Z. 147 „Riesengeschäft" Z. 339 „boomt", Z. 334 „besonders erfolgreich werben", Z. 320 „firmieren geschickt"). Einerseits lässt sich dadurch ebenfalls Popularität ablesen, andererseits wird den Gruppierungen dadurch finanzielle Ausbeutung zugeschrieben. Zeigten sich hinsichtlich der Gruppierungen zuvor negative Evaluierungen, offenbaren sich hinsichtlich der Kommerzialisierungen nun positive Wertungen. In Verknüpfung mit dem Wortfeld des Betrugs werden die Bewegungen jedoch dabei als erfolgreiche und profitorientierte Betrüger stigmatisiert. Zugleich wird ihnen dadurch auch Macht zugeschrieben, die sich ebenfalls in Vergleichen (Z. 489 „wie kleine Hunde dressieren"), emotionsausdrückenden Verben (Z. 244 „eintrichtern", Anreißer „beschwören") sowie metaphorischen Idiomen (Z. 258-259 „Unterwerfung ist Gesetz", Z. 325-326 „schleichende Unterwanderung") manifestiert.

Es sind vor allem die Personenporträts, die die Schicksale von verschiedenen Menschen nachzeichnen und den Rezipienten konkret in das Geschehene mit einbeziehen. Ihnen kommt eine persuasive Funktion zu, da sie die eigentliche Kernbotschaft des Artikels vermitteln: Durch die Präsentation der Einzelschicksale wird die Zugehörigkeit zu einer Sekte mit abstrusen Taten in Verbindung gebracht, sie werden durch die Einzelschicksale als gefährlich, psychisch beeinflussend und todbringend charakterisiert. Die Schicksale dienen somit nicht der Identifikation, sondern dienen dem Evozieren einer ablehnenden Haltung des Rezipienten gegenüber den moralverstoßenden Handlungen und Verhaltensweisen der Mitglieder und somit auch gegenüber den Gruppierungen. In Form von Augenzeugendarstellungen, sowie direkter Rede wird dem Leser direkte Nähe zum Geschehen suggeriert, vor allem jedoch auch durch den Tempuswechsel zum szenischen Präsens, der immer wieder bei den Einzelschicksalen vollzogen wird und die Ereignisse unmittelbar präsent macht.

Auch die Informationsstrukturierung spielt dabei eine Rolle. Wie die Faktoren dabei zusammengreifen und eine perspektivierte Sichtweise darlegen, soll exemplarisch anhand des Schicksals Clemens Rückert skizziert werden. Bereits beim szenischen Einstieg, erhält der Leser den Eindruck, das Gespräch mitzuhören (siehe Tab. 70).

Tabelle 70: Textbeleg szenischer Einstieg

	Textbeleg
Szenischer Einstieg	• „Als Clemens Rückert das vorletzte Mal seine Mutter anruft, klingt er gar nicht traurig: „Mama, der Guru hat gesagt, ich muß am Montag sterben. Du musst jetzt zwei Tage ganz lieb zu mir sein. Ich will nach Hause kommen zum Sterben.", Z. 1-11

Durch die Ankündigung seines Sterbens wird nicht nur die Verwirrtheit des Jungen, sondern auch seine Abhängigkeit vom Guru und dessen Verknüpfung zum Tod implizit dargelegt. Die Bewertung („klingt gar nicht traurig") trotz des bevorstehenden Todes drückt Unverständnis und gleichzeitig psychische Labilität aus. Die temporale Angabe („vorletzte Mal") baut Spannung auf. Es folgt eine Beschreibung des Lebens des Jungen bei der Sekte: Monotonie wird in Form von Parataxen impliziert, Charakteristika der Sekte, etwa asketische Lebensweise oder Meditation, als Bedrohung konzeptionalisiert. Die Lehre als komplexer Sachverhalt wird dabei reduziert und in brisante Einzelereignisse fragmentiert, sodass Informationen zurückgestellt werden. Die negative Veränderung des Jungen, sowie der Kontrollverlust der Mutter über ihren Sohn schüren ein Szenario vom Unverständnis zum Entsetzen, welches schließlich im Selbstmord des Jungen seinen Höhepunkt findet. Verben der Bewegung vermitteln Unruhe und Hektik (Z. 106-111 „rennt", „stürzt", „schnappt", „läuft"). Besonders durch die Fokussierung auf akribische Details sowie das szenische Präsens wird Spannung und Entsetzen hervorgebracht, wobei eine Präsenz des Autors dabei suggeriert wird.

Neben diesen Repräsentationsweisen dienen auch explizite Wertungen (Z. 231 „offensichtlich geistig verwirrt"), Partikel und Adverbien („‚sogar' Unsinn wird hingenommen", „merken lange Zeit ‚noch nicht' wem sie sich angeschlossen haben") sowie Implikaturen dazu, die Unzurechnungsfähigkeit der Mitglieder zu betonen und diese bloßzustellen (Z. 580 Mönch, der nicht weiß, wann der Weltuntergang stattfindet).

Die Einzelschicksale sind von Gewalt, Tod oder unverständlichen Handlungen geprägt und dienen der Verallgemeinerung und der Charakterisierung von Sekten. Explizite Referenzialisierungen werden dadurch konstruiert. So wird anhand des Selbstmordes des Jungen die Guru-Hingabe als sektentypisch skizziert (Z. 118f.), das Beispiel der suizidgefährdeten Frau dient als Charakterzug der totalen Unterwerfung (Z. 258) und der Fall der Charismatiker suggeriert, dass alle Charismatiker gefährlich sind und sexuelle Übergriffe zum Standard zählen (Z. 406f.) Insbesondere durch die Verbindung der sexuellen Details (Z. 423f.) wird der Fall genutzt, um den Sachverhalt als Skandal zu karikieren. Kriminelle und schicksalsträchtige Einzelfälle werden so pauschalisiert und auf alle Gruppierungen angewandt, die unter dem Schlüsselwort „Sekte" zusammengefasst werden.

Während als Sympathieträger diejenigen aufgezählt werden, die von den Gruppierungen angeworben werden (Z. 199-202 „Anhänger im Bildungsbürgertum, bei Studenten, alleinerziehenden Müttern und Singles"), werden die Gruppierungen als Täterschaft stilisiert. Implikaturen suggerieren Zweifel und Skepsis gegenüber ihren Lehren, des Weiteren werden Implikaturen genutzt, um Morde und kriminelle Taten mit religiösen Bewegungen außerhalb der Kirche zu verknüpfen, ohne dies explizit zu thematisieren (siehe Tab. 71).

Tabelle 71: Textbeleg Implikatur

	Textbeleg
Implikatur	• „Kollege Gandow aus Berlin bekommt die meisten Anrufe von verzweifelten Eltern. Sie berichten von vermissten und misshandelten Kindern, von seelischen Qualen und Depressionen. Auch Anfragen der Kripo wegen ungeklärter Morde und Selbstmorde landen oft bei den Kirchen.", Z. 220f.

Diese Ausführungen sowie Mutmaßungen und Schätzungen haben die Funktion, die Repräsentation von Sekten als eine homogene, gefährliche Masse, die Tod und Gewalt fordert, zu verfestigen. Ergänzend etablieren pejorativ emotionsausdrückende Wertungen (Z. 539 „verwahrlosten Bude", Z. 483f. „zusammengepfercht in einer heruntergekommenen Wohnung"), sowie die Nennung von Zahlen eine Dramatisierung des Sachverhalts (Anreißer „Millionen Menschen"). Ein Emotionspotenzial von Besorgnis und Bedrohung wird generiert. Brisanz unterstreichend wird zwar ein globales Problem konstruiert, dabei jedoch Deutschland und somit eine geographische Nähe fokussiert.

Beruhigung schafft die Nennung von Autoritäten und Experten. Als weitere Akteure treten damit Sektenbeauftragte und Pfarrer hervor, die den „Tätern" bzw. „Feinden" gegenübergestellt werden. Die Meinung der etablierten Kirchen gegenüber neuen religiösen Bewegungen kann dabei nicht positiv ausfallen, da sie aus einer normativen Perspektive geäußert wird. Im Artikel bleiben die Zitate der Pfarrer unkommentiert und werden demnach als gegeben übernommen, ihnen kommt die Funktion zu, abstruse Handlungen zu erklären und die ohnehin suggerierte Gefahr zusätzlich herauszustellen. Sie sind daher ausschlaggebend für die Pauschalisierung neuer religiöser Gruppierungen, da sie allesamt eine Bedrohung für die Kirchen darstellen und auch so konstruiert werden. Das Lexem „Kirche" steht der Gefahr dabei positiv als Anlaufstelle für Hilfe und Schutz gegenüber.

Insgesamt treten eindeutige Evaluationen hervor, die sprachlich und visuell teils implizit, teils explizit eine negative Perspektivierung gegenüber neuen religiösen Bewegungen darlegen. Hannig zeigt eine Gefahren-, Kriminalitäts- und Aufklärungsrhetorik anlässlich der den Amtskirchen fremden Bewegungen bereits in den 1960er Jahren auf, die „sich auch auf die Medialisierung der außerkirchlichen religiösen Bewegungen in den 1970er Jahren [übertrug]."[111] Sie tritt dabei in die 1980er Jahre über[112] und wirkt sich, auch aufgrund der zwar einzelnen, jedoch medienwirksam verbreiteten konfliktreichen Gruppierungen (inkl. Morden und Anschlägen), auch auf den medialen Sektendiskurs der 1990er Jahre aus.[113] So heißt es im Einleitungsaufsatz der Zeitschrift für Religionswissenschaft *Spirita* in der Heftausgabe von Mai 1995 zu „Religion in den Medien": „Seit einer Weile sind es erneut [...] die Sekten, die zu Objekten der bisweilen subtilen, in den meisten Fällen aber brachial-dumpfen Panikmache gemacht werden",[114] in denen „verzerrte Darstellungen" (ebd., 3) präsentiert werden. Saborowski führt (ohne diese näher zu analysieren), Beispiele von Titeln anderer Zeitungen und Magazinen Mitte der 1990er Jahre an, an denen gleiche Argumentationsstrategien wie zum vorliegenden analysierten Artikel erkenntlich werden: „Lügen, Betrug, Psychoterror – Die Sektenfalle – und wie man ihr entkommt" (*Focus* 17/94), „Jetzt zieht eine neue Dimension der Angst durch Deutschland: Sekten" (*BILD* 29.3.95, S. 2), „Terroristen, Gangster, Sekten: Werden wir Geiseln von Irren?" (*Focus* 13/95), „Todes-Guru Shoko und seine heimliche Macht in Deutschland" (*Neue Revue* 14/95)".

Der analysierte Artikel lässt sich demnach als Exempel für den als medial gefährlich aufbereiteten Sektendiskurs der 1990er Jahre klassifizieren, der unter anderem zur Gründung der Enquete-Kommission des deutschen Bundestages „Sogenannte Sekten und Psychogruppen" führte, die sich im Zeitraum von 1996 bis 1998 mit neuen religiösen Bewegungen befasste und dabei zu folgendem Ergebnis kam:

Die Enquete-Kommission wurde mit Befürchtungen von Bürgerinnen und Bürgern über die Gefahren von ‚sogenannten Sekten' ebenso konfrontiert wie mit der Besorgnis vieler Gemeinschaften, als ‚schadensbringende Sekte' etikettiert und entsprechend behandelt zu werden. Die Kommission hat sich auch mit dieser Seite des Problems intensiv auseinander gesetzt. Sie

---

111 Hannig 2010, 376.

112 Vgl. Usarski 1988, 2f.

113 Siehe zum Sektendiskurs der 1990er Jahre auf nationaler und internationaler Ebene auch Introvigne (1998), sowie Seiwert (1998) im selben Band.

114 Saborowski 1995, 5.

wendet sich ausdrücklich gegen eine pauschale Stigmatisierung solcher Gruppen und lehnt die Verwendung wegen seiner negativen Konnotation ab. Die Ablehnung des Begriffs ‚Sekte' wird auch durch das Ergebnis der Arbeit der Enquete-Kommission gestützt, daß nur ein kleiner Teil der Gruppierungen, die bislang unter dem Begriff ‚Sekte' zusammengefaßt wurden, problematisch sind. Daher wäre eine weitere Verwendung des Sektenbegriffs für alle neuen religiösen und ideologischen Gemeinschaften fahrlässig.[115]

Das Zitat zeigt, wie sich das aus dem Artikel herausgearbeitete Meinungsbild verfestigt hat. Explizit konnte daher am Artikel aufgezeigt werden, wie durch sprachlich- und visuelle Mittel Emotionspotenzial der Angst geschürt und Bedrohlichkeit ausgehend von einer als homogen, gefährlich skizzierten Masse anhand von Einzelfällen suggeriert wird.

2) „In den Fängen skrupelloser Wunderheiler. Die neuen Psycho-Sekten" (2002)

1) Kontext (Institutioneller Rahmen)

Am 17. Oktober 2002 bringt der *Stern* seine 43. Ausgabe mit dem Titel „In den Fängen skrupelloser Wunderheiler. Die neuen Psycho-Sekten" heraus. Autoren des Artikels sind Rainer Fromm, freier Filmautor, Politikwissenschaftler und Journalist, sowie Rainer Nübel, *Stern*-Redakteur und Autor. Im Fokus stehen Aussteigerberichte, unterschiedliche Gruppen werden vorgestellt und auch eine politische Stellungnahme wird eingewoben, welche die bereits erwähnte Enquete-Kommission einbezieht, vor deren Hintergrund der vorliegende Artikel betrachtet wird.

2) Text-Oberfläche

Der Anreißer, auf der ersten Seite des Artikels großflächig positioniert, leitet in die Thematik ein. Das Aufkommen „neuer Psycho-Sekten" in Deutschland sowie Aussteigerberichte werden angekündigt. Wie auch im ersten Artikel beginnt der erste Teil (Z. 1-29) mit der Entfaltung eines Aussteigerberichtes. Der Alltag von Peter Hofer im Institut für Spirituelle Psychologie unter Hortmann wird skizziert, wobei durch Zitate Peter Hofers eine Selbstreflexion erfolgt und er diese Zeit als Gehirnwäsche betitelt. Dies wird als Überleitung zur eigentlichen Kernthese im zweiten Teil (Z. 30-82) genutzt: Das Aufkommen und stetige Wachsen neuer betrügerischer und gefährlicher Gruppierungen („Psychogruppen") wird thematisiert, die im Vergleich mit Scientology als „genauso so bedrohlich" eingestuft werden. Anschließend wird die Bedrohung konkretisiert in finanzielle Ausbeutung, Gehirnwäsche und Unbekanntheit der Gruppen. Aussteigerberichte seien selten, so der Artikel und verweist damit auf das Alleinstellungsmerkmal des *Stern*, der über diese verfügt.

---

115 Enquete-Kommission 1998, 4.

Daraufhin folgt der dritte Teil (Z. 83-566), bestehend aus fünf Sinneinheiten (1: 83-198, 2: 199-294, 3: 295-420, 4: 431-515, 5: 516-566), die jeweils inhaltlich gleich strukturiert sind. In jedem Abschnitt werden Aussteiger oder Verwandte und ihre jeweilige ehemalige Gruppe mit ihrem spirituellen Lehrer und dem Kursangebot und -lehren präsentiert (Gordon Freeman Frazer, Avatar und Harry Palmer, ISP, und Hortmann, MOL, Renate Bernd). Diese werden alle als finanziell ausbeutend, psychisch verstörend, autoritär, abhängig machend, betrügerisch und totalitär organisiert dargestellt. Aussagen von Autoritäten durch Weltanschauungsbeauftragte oder Sektenexpertinnen werden zur Unterstützung und zur Bekräftigung eingearbeitet. Der Artikel schließt mit dem vierten und letzten Teil (Z. 567-600), einer Problematisierung des Themas im politischen Kontext unter Einbezug der Enquete-Kommission und der Forderung eines Lebensbewältigungshilfegesetztes zur Transparenz. Dabei wird die Stellungnahme der Grünen gegen ein Gesetz, der Stellungnahme der SPD gegenübergestellt, die für mehr Transparenz plädiert.

Als Referenzquelle dient dem Titelbild ein Foto, welches in eine Montage integriert ist. Das Foto zeigt eine nackte blonde, makellos schöne Frau, sie ist im Seitenprofil abgebildet. Es scheint eine Momentaufnahme eingefangen zu sein. Sie befindet sich in einem Moment der laufenden Bewegung und schaut nach oben. Mond, Sterne und Wolken symbolisieren die Nacht. Die Frau wird von einem hellen Licht angestrahlt, welches sie und die Wiese, auf der sie steht, ausleuchtet. Ihr Blick geht nach oben zur Richtung des Lichts. An ihrem Körper sind an den Gelenkstellen Fäden verknotet, die nach oben reichen, der Betrachter sieht jedoch nicht, wer oder was die Fäden in der Hand hält bzw. wo die Fäden zusammenlaufen. Die Antwort gibt die Überschrift. Links von der Frau steht in kleiner weißer Schrift: „In den Fängen skrupelloser Wunderheiler. Die neuen", während das Lexem „Psycho-Sekten" fett gedruckt auf der Höhe der Beine abgedruckt ist. Ein metaphorischer Sprach-Bild-Bezug liegt vor, da die übertragene Bedeutung des sprachlichen Ausdrucks des Titels visualisiert wird: Die Frau wird durch die Darstellung der Fäden mit einer Marionette verknüpft. Der Rezipient erschließt so, wer die Frau lenkt: Sie befindet sich „in den Fängen" von „Psycho-Sekten", die demnach die Fäden in der Hand halten. Durch das Adjektiv „skrupellos" werden sie negativ attribuiert und weiterhin als „Wunderheiler" klassifiziert. Somit wird die Macht dieser Gruppe symbolisiert, welche sie ausüben können, um Menschen zu beeinflussen und zu lenken. Interessant ist, dass dieselbe Metapher auch im ersten Titelbild verwendet wird. Durch das unterschiedliche Bild bekommt sie jedoch eine andere Codierung: Ist es im ersten Titel die Macht, die Menschen anzuziehen, um sie in die Fänge der sogenannten Sekten zu locken, ist es im zweiten Titel die Macht, die Menschen zu steuern und zu manipulieren. Ähnlich wie im ersten Titelbild wird mit unterschiedlichen Helligkeitskonzepten und Schattierungen gespielt: Das helle Licht wird als Erleuchtung visualisiert, welches durch die Fäden negativ konzeptionalisiert wird, und suggeriert, dass die Helligkeit lediglich der Verlockung dient. Der Sprach-Bild-Bezug konnotiert somit „Psycho-Sekten" mit Abhängigkeit und Manipulation, zugleich wird Schutzlosigkeit und Ausgeliefertsein seitens der „in den Fängen" befindenden Menschen exportiert.

Der Artikel selbst wird durch den visuell hervorgehobenen Anreißer eingeleitet, der die Sekten noch einmal klar als Psycho-Sekten klassifiziert und visuell hervorhebt, da „Psycho" in weißer Schrift, „Sekten" dagegen in pinkfarbener Schrift hervortritt. Sie werden als wahre Verkörperung der Gefahr attribuiert („kennen keine Skrupel, aggressiv, totalitär, menschenverachtend"), und erneut tritt der Ausdruck „in den Fängen" hervor, um ihre Machtstellung hervorzuheben. Das Bild gegenüber des Anreißers (Bild 1) dient demnach dazu, eine dieser Gefahrengruppen durch eine Einzelperson zu visualisieren. Es zeigt eine nackte Frau im Schneidersitz, ihre Brüste und ihre Scham sind lediglich mit Blumen bedeckt, in ihrer rechten Hand hält sie eine Buddhastatue, die linke Hand hält sie präsentierend vor sich. Sie schaut den Betrachter lächelnd von der Seite aus an. Durch die Bildunterschrift erfährt der Rezipient, dass es sich um Kalindi La Gorasana, die Leiterin von „Miracle of Love" handelt. Nicht nur ihre Nacktheit wird visuell herausgestellt, sondern auch die sexuelle Komponente wird sprachlich betont, um den Sachverhalt zu dramatisieren („mal meditierend, mal strippend"). Zugleich handelt es sich um eine metonymische Konzeptassoziation: Der Fettdruck der „Psycho-Sekten" auf der linken Seite des Anreißers führt dazu, das Bild von Kalindi zu verknüpfen, somit entsteht eine automatische Zuordnung ihrerseits zu den „Psychosekten", die damit visuell gefüllt werden.

Im Artikel selbst stehen weitere Bilder von den Führungspersönlichkeiten der Gruppen den Aussteigern in einem kontrastierenden Bild-Bild-Bezug gegenüber (Bilder 2, 3, 4, 5, 6, 7). Visuell werden dabei entweder eine verschreckte Haltung (Bild 5) (Regine R. und Gabriele H. sind halb verdeckt von einem Vorhang bzw. einem Türrahmen zu sehen und schauen den Betrachter mit ernstem Blick an) oder eine selbstbewusste Haltung (Bild 4) der Aussteiger symbolisiert (mit beiden Armen in die Seite gestützt schaut die Schauspielerin Julia Haacke leicht lächelnd in die Kamera, ihre selbstbewusste, ablehnende Haltung gegenüber Sekten wird durch das Verkehrsschild der Einbahnstraße hervorgehoben, dem sie sich in entgegengesetzter Richtung positioniert hat). Durch das eingebundene Zitat der Schauspielerin, welches in hyperbolischer Form die Folgen ihres besuchten Seminars aufzeigt („Es endete in ‚Zusammenbrüchen, Schreien, Weinen'") gewinnt ihr Porträt an Authentizität und der Artikel mit seiner These somit an Glaubwürdigkeit. Zum dritten Mal wird bei den beiden Aussteigerinnen der Ausdruck „in den Fängen" generiert, durch die Redundanz verfestigt sich die Komponente und Teilbedeutung der Sekten als alles verschlingende Macht. Die Bildunterschriften der beiden Leiter (Bilder 2, 3, 6,7) pointieren dies und verstärken die Assoziation der Gefahr („totalitäre Sekte") und der Verlockung („werben") sowie durch ein Zitat implizit die Gestaltung einer Gehirnwäsche („Kreiere die Realität, die du vorziehst'").

Ein weiteres Foto (Bild 9) zeigt eine im Artikel als „Sektenexpertin" betitelte Frau, sie wird an ihrem Schreibtisch sitzend präsentiert und blickt den Betrachter direkt an. Der Untertitel „den Psycho-Sekten seit Jahren auf der Spur" suggeriert, sie bei ihrer Arbeit zu sehen. Erneut findet sich das Lexem „Psycho-Sekten". Durch den Ausdruck „auf der Spur sein" wird den Sekten implizit eine betrügerische Bedeutungskomponente und der „Sektenexpertin" damit die Aufgabe der „Enthüllerin" zugeteilt. Neben den Fotos zieren Interviewkästen mit Experten den Artikel, die ebenfalls zur Personalisierung fotografisch abgebildet sind. Es handelt sich um eine „Ausstiegsberaterin", sowie einen „Sektenexperten", die zu ihren Alltagserfahrungen und zu den rechtlichen Bedingungen des Lebensbewältigungshilfegesetzes befragt werden. Die Überschriften sind im Sprach-Bild-Bezug der Figurenrede gestaltet, die damit im Zusammenhang mit den Fotos eine Aussprache suggerieren. Sie sind jedoch zugleich auch perspektivierend angelegt. Die Überschrift zu Bild 10 „Für menschliche Schwächen ist kein Platz" suggeriert, dass es in den totalitären Sekten keinen Platz für menschliche Schwächen gibt. Im Zusammenhang und durch die Teilunterschrift ist jedoch die Zuwendung zu Bewegungen durch mangelnden Raum für menschliche Schwächen in einer leistungsorientierten Gesellschaft gemeint.

Allein die Frageform in den Interviews setzt Gefährlichkeit und betrügerische Manipulation voraus („Was macht die kleineren Psychogruppen so gefährlich?", „Warum fallen immer mehr Menschen auf diese Heilsversprecher rein?). Neben negativen Kollektivattribuierungen in den Antworten („ein Versprechen, das die Gruppen nie halten") und einer sprachlichen Distanzierung den Gruppen gegenüber durch die Adverbien „solche" und „diese" („diese Heilsversprecher", „diese Gruppen", „solche Gruppen", „solche Heilslehren") werden die Angebot als „abstrus" und als reiner Betrug, die Gruppen ohne Differenzierung als gefährlich skizziert. Eine implizite Handlungsempfehlung gibt der Artikel ebenfalls, da suggeriert wird, dass ein Schutz vor der Gefahr nötig ist („notwendiger Verbraucherschutz"). Es findet sich ein Hilfekasten (Bild 12), der „Hilfe für Aussteiger" anbietet und sich dabei bewusst auch an Bezugspersonen des „seelisch gefangenen Familienmitglieds" wendet. Den Mitgliedern werden somit jegliche Rationalität und jeglicher Verstand aufgrund ihrer Mitgliedschaft abgesprochen und eine wahre Verblendung unterstellt („verblendetes Kultmitglied").

Zentral ist die Einbettung von Kernaussagen in visuell hervorstechender Form. Fünf Sätze auf fünf Seiten verteilt skizzieren dabei ein Bedrohungsszenario. Der Rezipient wird demnach, ohne den Artikel zu lesen, über die Verlockungen, die Inhalte, den Beweggrund zum Eintritt, die Qualen während der Mitgliedschaft und die Problematiken bezüglich der Gesetzeslage hinsichtlich „Psycho-Sekten" informiert (siehe Tab. 72).

Tabelle 72: Textbelege zu visuell eingebetteten Kernaussagen

	Textbelege
Visuell eingebettete Kernaussagen	• „Mit Hülsenfrüchten und Vollkorngetreide ins psychische Verderben", S. 59 • „Ein wilder Mischmasch aus allen Weltreligionen", S. 60 • „Am Anfang stehen oft persönliche Krisen", S. 62 • „Sie brechen das Ego und zerreissen Familien", S. 64 • „Gesetze scheitern am Widerstand der Grünen", S. 66

3) Sprachlich-rhetorische Mittel

Betrachtet man das Referenzobjekt, muss dies vor dem Hintergrund der Enquete-Kommission getan werden. Die Auswirkungen dieser manifestieren sich auch sprachlich. So zeigt sich eine neue Formulierung zum Lemma „Sekte" in der vierten Auflage des Duden Universalwörterbuch 2001:

Sekte, die; -, -n [mhd. Secte < spätlat. Secta = philosophische Lehre; Sekte; befolgter Grundsatz, zu lat. Sequi (2.Part.: secutum) = folgen]: **1.** (veraltend) *kleinere Glaubensgemeinschaft, die sich von einer größeren Religionsgemeinschaft, einer Kirche abgespalten hat, weil sie andere Positionen als die ursprüngliche Gemeinschaft hervorhebt:* eine christliche, buddhistische S., eine S. gründen. **2.** (meist abwertend) *kleinere Gemeinschaft, die in meist radikaler Weise bestimmte Ideologien od. religionsähnliche Grundsätze vertritt, die nicht den ethischen Grundwerten der Gesellschaft entsprechen:* in einer S. sein; eine S. verlassen.[116]

Im Vergleich zum vorherigen Eintrag ist ersichtlich, dass die vorherige Definition bezüglich der Abspaltung weiter differenziert und als veraltend markiert wurde. Zudem findet sich ein zweiter Eintrag, und somit eine zweite semantische Füllung, bei der der Begriff als „meist abwertend" markiert ist. Ebenso wie im vorherigen Artikel findet sich auch vorliegend eine abwertende semantische Fixierung. Das Lexem „Sekte" wird dabei um das Lexem „Psycho-" erweitert, sodass das Lexem „Psycho-Sekte" aufgrund seiner Redundanz an zentralen Stellen wie Titelblatt, Anreißer und Überschriften als Leitvokabel markiert werden kann. Synonym zu „Psycho-Sekte" wird dabei das Lexem „Psycho-Gruppe", besonders im laufenden Artikel, gebraucht. Beide Nomina werden durch emotionsbezeichnende und emotionsausdrückende Adjektive drastisch negativ bewertet (1), die Nominationsausdrücke für ihre Lehren und Inhalte zeigen diese drastischen Bewertungen ebenso auf (2) (siehe Tab. 73).

---

116 Duden Universalwörterbuch 2001, 1436, Hervorhebung im Orig.

Tabelle 73: Textbelege zu Adjektiven der „Psycho-Sekten" und „Psychogruppen",
Nominationsausdrücke zum Referenzobjekt „Inhalte"

		Textbelege
1	Adjektive zu „Psycho-Sekte" oder „Psycho-Gruppe"	• „neuen", Z. 10 • „aggressiven", Z. 10, 61 • „totalitären", Z.10, 61 • „menschenverachtend", Z. 11 • „skrupellose" Z. 9, 67 • „gefährlich", Z. 61, 302, 620, 678 • „bedrohlich", Z. 62 • „hochbrisant", Z. 72 • „geldgierig", Z.45 • „dubios", Z. 517
	Referenzobjekt	Nominationsausdrücke
2	Inhalte	• „abstruse Lehren", Z. 141 • „abstruse Angebote", Bild 10, Z. 70 • „größenwahnsinniges System", Z. 167 • „gespenstisches System", Z. 121 • „einträglichen Spuk", Z. 527 • „wohlklingende Verheißungen", Z. 99 • „'menschenverachtende Thesen'". Z. 169 • „vollmundige Botschaft", Z. 220 • „vermessene Botschaft", Z. 450 • „dreiste Gebaren", Z. 568

Als „Psychogruppe" oder „Psycho-Sekte" werden im Artikel Gruppierungen bezeichnet, die Lebensbewältigungshilfe in Form von teils religiösen, teils ideologischen Therapien, Seminaren oder sonstigen Angeboten offerieren. Aus einem breit-
gefächerten Angebot verschiedenster Gruppierungen können Interessierte ihre Religiosität zusammenstellen. Dieses Phänomen wird im Artikel in Form einer umgangssprachlichen und negativ konnotierten Metapher als „wilder Mischmasch aus
allen Weltreligionen" (Überschrift S. 60) verurteilt, wobei das Angebot der beschrieben Gruppierungen nicht zwingend aus den großen traditionellen Religionen
stammt. Es erfolgt aber eine Einbettung und Kontextualisierung in einen religiösen
und spirituellen Bezugsrahmen, der im Zusammenhang mit den Psycho-Sekten negativ aufgeladen wird und somit der traditionellen Religion gegenübersteht (siehe
Tab. 74).

Tabelle 74: Textbelege zur Kontextualisierung der Referenzobjekte Spiritualität und Religion

	Textbelege
Kontextualisie-rung der Referenzobjekte Spiritualität und Religion	• „Psychogruppen und spirituelle Angebote", Bild 10, Z. 11 • „Spirituelle Verlockungen", Bild 10, Z. 23 • „spirituelles Franchise-Modell", Z. 409 • „spirituelle Meisterin der Psycho-Organisation", Z. 434 • „neuen Typus eskapistischer Religiosität", Z. 190 • „wilder Mischmasch aus allen Weltreligionen", S. 60

Psycho-Sekte wird somit im Gegensatz zum Artikel aus dem Jahr 1995 nicht nur auf rein psychologisches Gedankengut bezogen. Das Kompositum stellt eine Verschmelzung von „Psychogruppe" und „Sekte" dar, wobei keine Differenzierung zwischen den beiden Lexemen getroffen wird. So werden die Bewegungen als „Psychogruppen und [...] Eso-Anbieter" (Z. 517) oder „Psychokulte" (Z. 72) bewertet und dabei negativ attribuiert und mit „Sekten" in Verbindung gebracht (Anreißer „Psycho-Sekten"). Das Lexem „Psycho" dient dabei auch der umgangssprachlichen Bedeutung für „psychisch krank" und ist demnach auch abwertend gebraucht. Auch das Lexem „Eso", als Kurzform für Esoterik, tritt häufig auf. Die „verdichteten Wortkomposita" bieten „sich in ihrer Prägnanz als Schlagwörter an."[117] Besonders durch den redundanten Gebrauch fördern sie die Einprägsamkeit.

Dabei wird der Eindruck erweckt, dass alle Komposita mit den Lexemen „Eso-" und „Psycho-" zu esoterischen bzw. spirituellen Bewegungen oder neuen religiösen Bewegungen zugehörig sind (siehe Tab. 75). Sie werden dadurch zu Erkennungsmarkern für betrügerische und die Psyche zerstörenden „Sekten" und die als betrügerisch und gefährlich skizzierte Esoterik, ohne die Lexeme überhaupt zu erwähnen. Die Erkennungsmarker generieren eine automatische Verknüpfung.

---

117 Voss 1999, 57.

Tabelle 75: Textbelege zu den Erkennungsmarkern „Eso-" und „Psycho-"

	Textbelege
Erkennungsmarker „Eso-"	• „Eso-Kost", Z. 92 • „Eso-Gruppe", Z. 467 • „Eso-Schmu", Z. 113 • „Eso-Reiseunternehmen", Z. 252 • „Eso-Lehren", Z. 475 • „Eso-Kurs", Z. 478 • „Eso-Anbieter", Z. 517 • „Eso-Markt", Bild 10, Z. 61 • „Eso-Branche", Bild 10, Z. 71 • „Eso-Himmel", Z. 433
Erkennungsmarker „Psycho-"	• „Psycho-Organisation", Z. 211 • „Psycho-Imperium", Z. 217 • „Psychodrills", Z. 485 • „Psychoanbietern", Z. 774 • „Psycho-Gruppe", Z. 46, 56, 190, 201, 620, 769 • „Psycho-Sekte", Z. 7-8 • „Psycho-Kulte", Z. 72, 163 • „Psycho-Despoten", Z. 302 • „Psychomarkt", Bild 11, Z. 42 • „'Psycho-Zusammenbrüche'", Z. 291 • „'Psychomarktbereich'", Z. 617 • „'Psychoterror'", Z. 422 • „Psycho-Aufschneider", Z. 568 • „Psycho-Abzocker", Z. 590

Jene Gruppen, die religiöse bzw., spirituelle Angebote im Bereich der Lebenshilfe anbieten, werden demnach als „Psychosekte" bzw. „Psychogruppe" stigmatisiert und als Bedrohung für Individuum und Gesellschaft gezeichnet. Somit kommt es, ebenso wie im ersten Artikel, zu einer Kollektivattribuierung. Jedoch liegt diesmal der Fokus auf der Gefahr, der Kriminalität und dem Betrug. Dies manifestiert sich durch die verschiedenen Wortfelder. Das Wortfeld „Betrug", welches von emotionsausdrückenden Lexemen geprägt ist, durchzieht den gesamten Artikel und dient dazu, die „Psychogruppen" eindeutig als Betrüger zu repräsentieren (siehe Tab. 76).

Tabelle 76: Textbelege zum Wortfeld Betrug

	Textbelege
Wortfeld Betrug	• „auf der Spur sein", Bildunterschrift S. 66 • „ködern", Z. 2 • „mit falschen Verlockungen", Z. 4 • „versprechen Unsterblichkeit", Z. 31 • „rekrutieren", Z. 52 • „bergen", Z. 60 • „auf so perfide Weise hereingelegt", Z. 79 • „räubern", Z. 84 • „Eso-Schmu", Z. 113 • „abgebrüht arbeiten", Z. 301 • „abkassieren", Z. 340 • „abgepresst", Z. 388 • „ans schnelle Geld kommen, Z. 516 • „Strategien und Tricks", Z. 521 • „einträglichen Spuk", Z. 527 • „locken", Z. 541 • „dreiste Gebaren", Z. 568 • „immer perfidere Treiben", Z. 570 • „Abzock-Organisation", Z. 444

Durch die Beispiele und die Belege, die angeführt werden, um diesen Betrug zu beweisen, wird eine ablehnende Haltung gegenüber den Gruppen evoziert. Diese wird durch das hyperbolisch gestaltete Wortfeld der Gefahr unterstützt, das eine Brutalität seitens der Gruppen suggeriert (siehe Tab. 77).

Tabelle 77: Textbelege zum Wortfeld Gewalt

	Textbelege
Wortfeld Gewalt	• „skrupellos", Z. 9, Z. 67 • „menschenverachtend", Z. 10 • „aggressiv", Z. 10, Z. 61 • „brechen Ego", Überschrift S. 64 • „zerreißen Familien", Überschrift S. 64 • „Psycho-Despoten", Z. 302 • „rekrutieren", Z. 52, Z. 406, Z. 500

Das Bedrohungsszenario wird durch die implizite Darstellung der Angst fokussiert, in dem das Wortfeld der Gefahr eingesetzt und dadurch redundant auf die Bedrohung und Gefährlichkeit der Gruppen eingegangen wird (siehe Tab. 78).

Tabelle 78: Textbelege zum Wortfeld Gefahr

	Textbelege
Wortfeld Gefahr	• „die neue Gefahr", Z. 59 • „Extremismus", Z. 60 • „gefährlich", Z. 61, Z. 620, Z. 678, Z. 302 • „bedrohlich", Z. 62 • „das Bedrohliche", Z. 155-156 • „Horrortrip", Z. 483-484

Die Argumentation wird durch eine weitere Leitvokabel unterstützt: den Eigennamen „Scientology". Dieser ist neun Mal an zentralen Stellen des Artikels platziert und durchzieht diesen. Der Begriff verkörpert dabei die Macht und die gängigen Klischees von Sekten durch die Zuschreibung von Persönlichkeitsdeformation (Z. 285 „Sektenopfer à la Scientology", Z. 499 „ähnlich wie bei Scientology [...] rekrutieren von Freunden und Bekannten") Willenlosigkeit und Gehirnwäsche (Z. 286 „unantastbare Führerfiguren, Ich-Verlust der Anhänger, schließlich üble Gesinnungskontrolle") und finanzieller Ausbeutung (Z. 45 „geldgierige Organisation", Z. 83 „Sektenkonzern"). Um den Sachverhalt zu dramatisieren, wird Scientology dabei als Vergleichspunkt genutzt, in dem suggeriert wird, dass die „neuen Psycho-Sekten" noch schlimmer sind und die Gefahr daher ins Unermessliche steigt (Z. 1 „Scientology war gestern"). Dadurch wird bewirkt, dass das Lexem „Scientology" mit negativer Konnotation und als Stereotyp für gefährliche „normale Sekten" verfestigt wird, die Psycho-Sekten jedoch umso bedrohlicher erscheinen.

Auch die Bezeichnungen für das Referenzobjekt „Leiter der religiös-spirituell angebotenen Seminare oder Kurse" heben eindeutige Wertungen hervor. Wird einerseits ihr irdisches Dasein betont und damit ihre Kompetenz angesprochen, werden andererseits ihre Zugehörigkeit zur Esoterik und zu Sekten, sowie ihre gefährliche und betrügerische Komponente hervorgehoben und durch das Lexem „Psycho-" ihre Zugehörigkeit zu den sogenannten Psychogruppen markiert (siehe Tab. 79).

Tabelle 79: Nominationsausdrücke zum Referenzobjekt „Leiter der religiös-spirituellen angebotenen Seminare"

Referenzobjekt	Nominationsausdrücke
Leiter der religiös-spirituell angebotenen Seminare	• „Wunderheiler", Titelblatt • „selbst ernannten Götter, Gurus, Geistheiler", Z. 34 • „selbst ernannten Heilsbringer", Z. 64 • „Pseudogöttern", Z. 70 • „gefährliche Psycho-Despoten", Z. 301 • „Sektenchefin", Z. 465 • „neuen Gurus", Z. 628 • „Esoteriker", Z. 99 • „Psycho-Abzocker", Psycho-Aufschneider" Z. 590, 568

Bei der Verwendung des Lexems „Guru", zeigt sich eine Bedeutungsverschiebung (siehe Tab. 80). Das Wort „Guru" hat seinen Ursprung im asiatischen Kontext und bezeichnet „eine religiös hervorragende Lehrer-Persönlichkeit",[118] die dafür da ist, die Mitglieder der Gemeinschaft, die Schüler, zum richtigen Weg zu führen. Ein gewisses Abhängigkeitsgefüge ist dabei unvermeidbar. Dieses muss jedoch nicht negativ sein, es ist ja geradezu intendiert, den Schülern eine Orientierung zu geben. Im vorliegenden Artikel wird diese Komponente jedoch ausgeblendet und das Abhängigkeitsverhältnis rein negativ betrachtet. Hinzukommend liegt eine Kollektivattribuierung vor: Alle kriminellen spirituellen Leitfiguren jeglicher Richtung, abgesetzt vom hinduistischen Kontext, werden als Gurus bezeichnet. Das Nomen Guru erhält demnach die Bedeutung einer psychisch abhängig machenden und ins Verderben stürzenden Führerfigur.

---

118 Somm 1999, 529.

Tabelle 80: Bedeutungsaspekte und Bezeichnungen zum Referenzobjekt „Guru"

Referenzobjekt	Bedeutungsaspekte/Bezeichnungen
Guru	• „eine religiös hervorragende Lehrer-Persönlichkeit" (Somm 1999, 529) • „Oberguru und Ex-Scientologe Harry Palmer", Bildunterschrift S. 60 • „Guru" Frazer, Z. 165 • „der verblichene Guru, Z. 458 • „Designer-Guru" Z. 202 • „Sanktionen seitens der Gurus", Z. 78 • „empfänglich für die neuen Gurus", Z. 628 • „als Dienstboten für den Guru", Bild 10, Z. 52 • „ihr Leben – ohne Guru und Prophetin – führen können", Bild 10, Z. 59 • „bei großen Organisationen ist der Guru weit weg", Z. 2

Betrachtet man aus onomasiologischer Perspektive die Mitgliederbezeichnung, lassen sich Unterschiede zum Artikel aus dem Jahr 1995 hervorheben. Der Fokus liegt explizit auf Aussteigerberichten. Zwar wird das Lexem „Opfer" (Z. 68) bzw. „Sektenopfer" (Z. 286) ebenfalls, wie im Artikel 1995, benutzt, um den Sekten eine explizite Schuld zuzuweisen. Im Gegensatz zum ersten Artikel wird den Mitgliedern dabei jedoch weder eigene Dummheit, noch Naivität unterstellt. Vielmehr liegt die Betonung auf ihrer Schuldabweisung und ihrer Verblendung bzw. der Gehirnwäsche, der sie ausgesetzt sind, und suggeriert, dass ein rationales Denken nicht möglich ist (Bild 12, Z. 11 „verblendetes Kultmitglied", Z. 8 „seelisch gefangenes Familienmitglied", Z. 135 „Seelenschüler").

Auch metaphorisch wird eine einseitige, pejorative Sichtweise unterstützt. Metaphern werden dabei zunächst zur Explikation abstrakter Lehren und deren Popularität genutzt, etwa in Form einer Computermetapher (Z. 205 „Das Leben ist eine Festplatte") oder auf ironische Art und Weise den Erfolg der Gruppe Mol zu erklären (Z. 432 „hellster Stern am Eso-Himmel"). Außerdem werden Gruppierungen durch Metaphern evaluiert, zum Beispiel eine konfliktreiche Gruppe mit dem Fokus auf der Ernährungslehre. Soll die Zwischenüberschrift in Form einer hyperbolischen Kontrastierung Neugierde wecken („Mit Hülsenfrüchten und Vollkorngetreide ins psychische Verderben"), gibt der Artikel Antwort. Die Essensmetaphorik wird genutzt, um eine Parallele zum Betrug zu ziehen: „Wohldosiert" (Z. 110) wurde die Ernährungslehre „aufgetischt" (Z. 112), also etwas erzählt, was nicht der Wahrheit entspricht. Die eigentliche Lehre, so erfährt der Leser, war ein „recht unappetitlicher Brei aus Größenwahn" (Z. 112). Der metaphorische Gebrauch suggeriert, dass die Gruppierung andere, etwa zerstörerische und betrügerische Ziele hatte, als die eigentliche Ernährungslehre. Hervorgehoben wird dies durch die „Brei"-Metapher, die die Lehren der Gruppierung abwertend als intransparent und krankhaft dargelegt.

Um den Betrug weiter zu fokussieren, ist der Artikel durchzogen von der konventionell lexikalisierten Marktmetapher, die mit dem oben genannten Wortfeld des Betrugs gekoppelt wird. Die finanzielle Ausbeutung wird durch konventionell metaphorische Konzepte (Z. 240 „kommerziell Zügel in der Hand", Z. 234 „lässt Palmers Kasse kräftig klingeln") und Vergleiche (Z. 408 „spirituelles Franchise-Modell", Z. 408 „gewinnorientierte Unternehmen") postuliert.

Zugleich wird sogenannten Psychosekten dabei eine Macht unterstellt, die unausweichlich ist. Konventionell lexikalisierte Metaphern verbildlichen die Gefühlswindungen (Z. 81 „Schweige- und Schamspirale") sowie die als unheimlich dargestellte Anziehungskraft (Z. 121 „Sog eines gespenstischen Systems"). Im Gegensatz zum vorherigen Artikel sind die Gruppierungen dabei durch das metaphorische Konzept der Intransparenz charakterisiert (1). Dass die Gruppen in dieser Form der Intransparenz unkontrollierbar und unstrukturiert schwer zu greifen sind, veranschaulicht die konventionell lexikalisierten Natur- und Wildnis-Metapher (2), die dabei der Dschungel-Metapher der Alternativen Medizin ähnelt (siehe Tab. 81).

Tabelle 81: Textbelege zu metaphorischen Konzepten der Intransparenz und der Natur/Wildnis

		Textbelege
1	Metaphorische Konzept der Intransparenz	• „unbemerkt von der Öffentlichkeit", Z. 46 • „diskret", Z. 53 • „hinter verschlossenen Türen", Z. 147 • „nicht immer mit offenem Visier", Z. 249 • „auf Abschottung bedacht", Z. 429 • „ohne zu ahnen, wer oder was dahintersteckt", Z. 255
2	Natur- und Wildnis-Metapher	• „über die Republik gewuchert", Z. 48 • „die mit ihren Werbeanzeigen die Esoterik-Publizistik überschwemmen", Z. 215 • „tummeln sich inzwischen Heilsbringer ", Z. 300 • „Schutz des Verbrauchers vor Wildwuchs in einem boomenden Wirtschaftszweig", Bild 11, Z. 38

Die Intransparenz in Verbindung mit der übertragenen Unkontrollierbarkeit implizieren eine Bedrohung für Gesellschaft und das Individuum. Eine Schutzempfehlung liefert der Artikel, der dabei die Wegmetapher mit einbindet. Am Beginn des

Weges steht die „seelische Verarmung", bei der eigentlich der Psychologe der richtige Ansprechpartner ist. Die Folge des dann beginnenden „Dramas" (Z. 83) wird hervorgehoben durch eine Klimax: „soziale Isolation, Hörigkeit, Selbstaufgabe" (Z. 90-91). Das Mitglied ist „seelisch gefangen" (Z. 608) und „verblendet" (Z. 611). Um den „Ausweg" (Z. 667) zu finden, muss es „aufwachen" (Z. 175) und sich „absetzen" (Z. 495). Wie im ersten Artikel deutet sich auch in diesem Zusammenhang Krankheitsmetaphorik an. Die Sektenexpertin erklärt, dass Menschen mit einer „gesunden Religiosität resistent gegen solche Gruppen" (Bild 10, S. 35) seien. Durch die Aussage wird das traditionelle Christentum demnach als gesund, alles andere außerhalb der Großkirchen als krank evaluiert, gegen das es sich zu schützen gilt.

Wie im vorherigen Artikel wird dabei eine „Täterschaft" konstruiert, die durch eine perspektivierte Referenzialisierung von der Leserschaft abgegrenzt wird (Z. 30 „sie sind unter uns"). Durch explizite Attribuierungen in Form von pejorativen Adjektiven wird ihr Profil geschärft. Es sind „abgebrochene Medizinstudenten oder Theologen, mutierte Psychologen oder abgedrehte kaufmännische Angestellte" (Z. 36). Kontrastierend wird ihr eine Klientel gegenübergestellt, welche als „gebildet" charakterisiert und mit positiv konnotierten Berufen in Verbindung gebracht wird: „„Professoren, Unternehmer, Ärzte, Kommunalpolitiker, Führungskräfte, Schauspieler" (Z. 40f.). Die Einzelschicksale stellen Berichte von Aussteigern dar, die als Sympathieträger auftreten und stereotyp bzw. plakativ attribuiert werden (siehe Tab. 82).

Tabelle 82: Textbelege zu stereotypen Darstellung von Sympathieträgern

	Textbelege
Stereotype Darstellung von Sympathieträgern	• „smarten Mann mit verantwortungsvollem Job", Z. 6 • „die gesundheitsbewußte Beamtin aus Bayern", Z. 94 • „lebenslustigen Mittvierzigerinnen", Z. 256 • „gut situierte […] Hamburgerin", Z. 527f. • „talentierte und abenteuerlustige Schauspielerin", Z. 472

Unterschiedliche Schichten und Personenkreise geraten demnach in „die Fänge der skrupellosen Wunderheiler." Dabei werden die Mitglieder nicht als passive Opfer, sondern als selbstreflektierte Betrugsopfer charakterisiert, die ihre Leidenszeit präsentieren. Durch ihre Schicksale wird nicht nur das Mitleid fokussiert, das der Rezipient aufbringen soll. Zugleich dienen die Schilderungen dazu, das betrügerische Ausnutzen der von „erlittenen Schicksalsschlägen" (Z. 123) und „körperlich und seelischen Krisen" (Z. 534) gezeichneten Sympathieträgern hervorzubringen und die Tätergruppe weitergehend in ein schlechtes Licht zu rücken.

Insgesamt gewinnt der Sachverhalt durch unterschiedliche Komponenten an Dramatik und Brisanz: Durch Aufzählungen ohne und mit Konjunktionen, Asyndeta und Polysyndeta, werden nicht nur die Verbreitung hervorgehoben, es zeigt auch eine Bandbreite an gefährlichen Folgen für den Rezipienten (siehe Tab. 83). Die Aufzählungen zeichnen sich dabei durch ihre Form der Klimax und durch den hyperbolischen Sprachgebrauch aus.

Tabelle 83: Textbelege zu Asyndeta und Polysyndeta

	Textbelege
Asyndeta und Polysyndeta	• „Professoren, Unternehmer, Ärzte, Kommunalpolitiker, Führungskräfte, Schauspieler", Z. 40 • „schwere Krankheiten, der Tod nahestehender Menschen, zerbrochene Beziehungen, Einsamkeit oder Karriereknick", Z. 295 • „aggressiv, totalitär, menschenverachtend", Anreißer • „Unantastbare Führerfiguren, Ich-Verlust der Anhänger, schließlich üble Gesinnungskontrolle", Z. 287 • „hysterischen Schreien und Nervenzusammenbrüchen in den Seminaren, von Gehirnwäsche, Realitätsverlust, Manipulation, Denunziation, Ausgrenzung und Größenwahn", Z. 340 • „Zusammenbrüche, Schreien, Weinen", Z. 493

Zahlen dienen der Brisanz (Anreißer „schon Hunderttausende verfallen", Z. 56 „Mehr als 600 Psychogruppen"). Das Adverb „schon" impliziert die steigende Zahl in kurzer Zeit, die Ellipse „Tendenz steigend" erhöht die Dramatik. Zudem beruft sich der Artikel auf Authentizität (Z. 120 „erzählte sie dem *Stern*", Z. 403 „Vertragsunterlagen, die dem *Stern* vorlagen") und auf Autoritäten. Diese sind, ebenso wie im ersten Artikel, Weltanschauungsbeauftragte und Sektenexperten der Kirche. Zwar wird nach Zitaten der jeweiligen Experten geringfügig der Konjunktiv zur Distanzierung der Aussage eingesetzt. Es zeigen sich jedoch mehrere Beispiele der direkten Übernahme der kirchlichen Aussagen. Beispielsweise ist die Teilüberschrift „wilder Mischmasch aus allen Weltreligionen" abgeleitet vom Zitat des Weltanschauungsbeauftragten der Evangelischen Landeskirche Württemberg (Z. 185f.). Hindelang bemerkt dazu, dass der Einfluss der Beratungsstellen „auf den öffentlichen Sektendiskurs [...] groß [war], da die kirchlichen Sektenbeauftragten von der Presse sehr häufig als Experten konsultiert wurden. Die Aussagen der Vertreter wurden oft direkt in die Presseberichterstattung übernommen."[119] Der Einfluss der Beratungsstellen ist somit nicht nur im Artikel von 1995, sondern auch im vorliegenden Artikel ersichtlich.

Insbesondere tritt im vorliegenden Artikel die Strategie der Informationsstrukturierung in Bezug auf die Enquete-Kommission hervor. Auf diese wird kurz eingegangen, die Ergebnisse dabei angerissen. Korrekt wird dabei die Information gegeben, dass im Jahr 1998 Handlungsempfehlung der Kommission erfolgten, darunter auch das genannte Gesetz zur Etablierung einer gewissen Transparenz. Die Kernaussagen der Enquete-Kommission werden jedoch gar nicht erst erwähnt. Im Abschlussbericht stellt die Kommission fest, dass es „nur einen Teil"[120] von Bewegungen gibt, die konfliktträchtig sind und die gesetzlich belangt werden müssten, die Anzahl jedoch nicht höher ist als in anderen sozialen Bereichen. Von daher stellen „zum gegenwärtigen Zeitpunkt [...] gesamtgesellschaftlich gesehen die neuen religiösen Gemeinschaften und Psychogruppen keine Gefahr [...] für Staat und Gesellschaft oder für gesellschaftlich relevante Bereiche [dar]."[121] Zudem wird dargelegt, dass die Bewegungen pauschal keine sogenannte Gehirnwäsche betreiben, sondern die auftretenden Konflikte nicht nur einseitig, sondern immer im Zusammenhang der jeweiligen Biographie gesehen werden müssen und die Menschen dabei keine passiven Opfer sind.[122] Außerdem soll unproblematischen neuen religiösen Bewegungen der Raum in der Gesellschaft gegeben werden, der ihnen zustehe. Des Weiteren wird für eine Vermeidung des pauschalisierenden und stigmatisierenden Sektenbegriffs plädiert.[123]

Vergleicht man die Resultate der Enquete-Kommission mit den Fakten, die im *Stern* benannt sind, vor allem auch unter dem emotionsausdrückenden verwendeten Vokabular (Z. 569f. „drängte" die Kommission, das „immer perfidere Treiben [...] zu stoppen"), führt dies zu einer Blickwinkelverzerrung und legt ein falsches Bild der Enquete-Kommission sowie der Ergebnisse dar. Durch diese Fragmentierung und spezifische Anordnung wird ein eingeengter Blickwinkel erzeugt, was zeigt, dass „selbst die Darstellung so genannter Fakten mit ihrem impliziten Wahrheitsanspruch [...] der Perspektivierung [unterliegt]."[124] Diese selektive Wiedergabe von Fakten konstruiert Realität.

Ebenso lässt sich festhalten, dass die Sprachempfehlung der Enquete-Kommission nicht umgesetzt wurde, obwohl diese zum Zeitpunkt der Veröffentlichung des Artikels zwei Jahre zurückliegt. Dies zeigt, wie langwierig und schwierig die

---

119   Hindelang 2005, 177.
120   Enquete-Kommission 1998, 149
121   Ebd.
122   Vgl. ebd., 148.
123   Vgl. ebd., 4f.
124   Felder 2009, 12.

Durchsetzung einer Sprachreglungen sein kann. Der Artikel nimmt ein Phänomen des Wandels und der Umstrukturierung alternativer Religiosität auf. Bereits Ende der 1980er Jahre lässt sich eine Zersplitterungsphase und Etablierung der sogenannten Patchwork-Religiosität anführen, in denen kleinere Gruppierungen des Lebenshilfemarkts, unabhängig von Konversion, spirituelle Angebote unterbreiten und eine zunehmende „Kundenorientierung" zu verzeichnen ist,[125] „in denen das neureligiöse Unternehmertum seine sowohl unkonventionellen wie unverbindlichen religiösen Dienstleistungen anbietet."[126] „So hat sich der größte Teil neuer Religiosität mittlerweile abseits fester dauerhafter Gemeinschafts- und Organisationsstrukturen etabliert. Veranstaltungsformen, wie Seminare, Workshops oder Wochenendkurse zur persönlichen Heilsfindung zeichnen sich durch ihre freie Wählbarkeit und relative Unverbindlichkeit aus."[127] Lässt sich die Organisationsstruktur auch vorliegend finden, kommt dieser jedoch keine Akzeptanz zu, bedingt durch den Fokus auf Aussteigerberichte und deren konfliktverursachenden Gruppen, sodass freie Wählbarkeit und Unverbindlichkeit negiert und die betrügerische Komponente hervorgehoben wird. Somit wird ein neues Phänomen, aufgrund der damaligen Unbekanntheit, mit alten Maßstäben, der Sektenrhetorik sowie stereotypen Klischees aus Jahrzehnten zuvor, bemessen. Jegliche religiöse Pluralisierung abseits der christlichen Großkirchen wird damit pauschalisierend negativ evaluiert.

3) „Selig ohne Gott – Die neue Sehnsucht nach Spiritualität und Wellness-Religionen" (2009)[128]

1) Kontext (Institutioneller Rahmen)

„Selig ohne Gott. Die neue Sehnsucht nach Spiritualität und Wellness-Religion" betitelt der *Stern* am 26. November 2009 seine 49. Ausgabe. Autorin ist Stefanie Rosenkranz, *Stern*-Redakteurin und Korrespondentin in Istanbul. Der Artikel thematisiert die religiöse Gegenwartskultur in Deutschland. Skizziert werden einerseits der Konturverlust der christlichen Großkirchen, andererseits die Popularität und das aufkommende Interesse an Spiritualität und Glaubensinhalten, nicht nur im Ausland, sondern vor allem auch in Deutschland. Des Weiteren werden unterschiedliche Lehren und Bewegungen präsentiert. Im Gegensatz zu den ersten Artikeln sind es dabei keine Aussteiger-, sondern Erfahrungsberichte von Gläubigen,

---

125 Vgl. Süss 2002, 7; Hero 2010, 43f.

126 Hero 2010, 46.

127 Ebd.

128 Bei der Untersuchung wird auf Vorarbeiten aus der Bachelorarbeit Stander (2010) zurückgegriffen, die sich aus rein religionswissenschaftlicher Perspektive mit dem Artikel beschäftigte.

die eingebunden werden, ebenso wie wissenschaftliche Thesen, auf die sich der Artikel stützt.

2) Text-Oberfläche

Der Anreißer berichtet dramatisch über den Rückgang der Kirchenmitglieder und verweist zugleich auf eine aufkommende Popularität von „Mystik, Magie und Meditation" (Z. 6). Der erste Teil (Z. 1-151) entfaltet ein Szenario. Der Ort Marimandir und seine Besucher werden beschrieben und daran die These entfaltet, dass sich die Besucher vom Christentum abgewandt haben und spirituell fündig geworden seien. Eine Ausweitung der These erfolgt: Das Interesse an Glaubensbewegungen abseits des Christentums wird anhand von Prominenten in Hollywood skizziert. Anschließend wird der Blick auf Deutschland gerichtet. Die Kernthese wird in Form einer Antithese entfaltet: Mit Hilfe von Statistiken wird die Entwicklung einer Abnahme von christlichen Religionen postuliert und zugleich unter Berufung auf wissenschaftliche Autoritäten die Zunahme von Religiosität in der Gesellschaft in Form einer zunehmenden Suche nach Spiritualität unterstrichen. Der zweite Abschnitt (Z. 152-330) stellt als Beweisführung ein breites Spektrum spiritueller Bewegungen vor. Einzelne Bewegungen werden fokussiert und zwei Porträts gläubiger Frauen eingebunden. Eine Behauptung wird im dritten Abschnitt (Z. 330-408) aufgestellt: Auch Abwandlungen monotheistischer Religionen seien zu finden. Diese werden exemplarisch aufgezählt und anhand der Kabbala bekräftigt. Anhand eigener Erfahrungen sowie Berufung auf Autoritäten in Form von Pfarrern wird der christliche Glaube im vierten Teil (Z. 409-477) problematisiert, Gründe für den Rückgang werden aufgeführt und die Kernthese somit erneut aufgenommen. Weiterführend werden im fünften Abschnitt (Z. 478-573) die Folgen des Rückgangs erörtert. Unterschiedliches Glaubensverhalten und Religionsausübungen in der Gesellschaft werden präsentiert und auf das Phänomen des „Glaubensmixes" zugespitzt, welches durch wissenschaftliche Autoritäten und ein weiteres Porträt einer Gläubigen bekräftigt wird. Der sechste und letzte Teil (Z. 576-623) schließt mit einer Feststellung: Mit Verweis auf die Menschheitsgeschichte, Wissenschaftler und den Dalai Lama wird Spiritualität als ein menschliches Bedürfnis skizziert. Als Fazit wird den christlichen Kirchen ein Vorschlag gemacht: die Öffnung für das Irrationale.

Das Titelbild nutzt als Referenzobjekt ein Foto, welches in eine Montage integriert ist. Es zeigt, dem Rezipienten zugewandt, den Oberkörper einer jungen Frau in einem weißgoldenen Kleid. Ihr Gesicht ist makellos schön, sie hat die Augen geschlossen und den Mund leicht geöffnet. Ihre Haare wehen leicht nach hinten. Die Arme sind angewinkelt, ihre Hände hält sie mit den Innenflächen aneinander geschlossen vor sich. Licht und Farben dienen der Ästhetisierung. Vom Körper der Frau gehen weiße Strahlen ab, die sich mit dem goldenen Hintergrund vermischen. Durch einen weißen Rand, der den Körper der Frau umgibt, wird ein Leuchten ihres

Körpers suggeriert. Im Gegensatz zu den ersten Bildern, die durch das Konzept der Dunkelheit geprägt waren, vermittelt das vorliegende Bild durch den hellen Farbanteil und die Mischung von goldenen, weißen Farben Wärme und Leichtigkeit. Helligkeits- und Wärmekonzepte werden somit grafisch verwendet, treten jedoch auch später verbal im Artikel auf. Der Titel „Selig ohne Gott" ist vor ihren Händen platziert. Die Lexeme „Selig" und „Gott" sind groß und fett gedruckt, „ohne" dagegen klein abgedruckt. Der Titel weckt Neugierde, da von weitem nur „Selig" und „Gott" einsehbar sind, was die Assoziation an ein christliches Thema evoziert. Durch das klein gedruckte „ohne" entsteht ein aufmerksamkeitsweckendes Paradoxon: Wie wird der Seligkeitszustand bzw. der erleuchtete Zustand, der durch die Frau auf dem Bild explizit durch Körperhaltung, Mimik und Farben verkörpert wird, ohne Gott erreicht? Erneut zeigt sich eine christliche Perspektive, da die vorgestellten Religionen, etwa hinduistische Strömungen, auch Götter besitzen. Das Lexem „Gott" wird somit aus einer christlich-theologischen Objektsprache heraus verwendet, da der christliche Gott gemeint ist. Die Frage nach der Erlangung des Seligkeitszustandes wird durch die Unterüberschrift beantwortet: „Wellness-Religionen" und „Spiritualität" ermöglichen den Zustand der seelischen Erleuchtung ohne christlichen Gott. Zur Aufmerksamkeitssteigerung wird Prominenz auf der Titelseite benannt: Der Name des Kabbala-Lehrers wird nicht erwähnt, jedoch sein Bezug zu Madonna. Es handelt sich um den Text-Bild-Beziehungstyp der semantischen Parallelisierung: Das Bild zeigt Teile des sprachlichen Textes. Das Thema erfährt in seiner Text-Bild-Komposition eine positive Konnotation.

Der Artikel selbst wird von einer Bilderstrecke eingeleitet. Sieben Fotos im Großformat auf jeweils einer Doppelseite führen den Leser zum Artikel (Bilder 1-7). Auf jedem Foto ist ein Ritual einer Glaubensgemeinschaft dargestellt, die auch im Artikel auftritt. Der Akzent liegt somit eher auf der Hinwendung zu neuer Spiritualität als auf dem Rückgang der christlichen Religion. Allen Fotos ist gemein, dass sie eine Momentaufnahme darstellen und durch die Aufnahme eine Beobachtersituation vermitteln, da sie entweder hinter den Gläubigen oder direkt von vorn aufgenommen sind. Durch die intime Momentaufnahme des Rituals sind sie vor allem erfahrungszentriert. Alle Fotos der Bilderstrecke stehen hinsichtlich des Sprach-Bild-Bezugs in einer semantischen Parallelisierung zueinander. Die Untertitel der Fotos versprachlichen ihre Teile, sie werden zur Explikation genutzt, um die gezeigten Rituale darzustellen, zu erklären und zu verorten.

Drei Fotos (Bilder 3, 5, 6) zeigen Rituale aus dem Ausland (Venezuela, Indien, England), die anderen vier (Bilder 1, 2, 4, 7) mit vermeintlich fremden Ritualen stammen aus dem deutschsprachigen Raum, sodass suggeriert wird, dass die praktizierten Phänomene nicht nur im Ausland zu finden sind. Dadurch wird Nähe zum Geschehen impliziert. Das erste Foto (Bild 1) der Bilderstrecke, das einen Hexenzirkel zeigt, unterscheidet sich von den anderen, da der Anreißer und die Überschrift platziert sind. Der Titel „Geister, Gurus und Gebete" prägt sich aufgrund der

Akkumulation verbunden mit einer Alliteration, ein. Eine Weiterführung des Titels scheint gegeben: „Selig ohne Gott" durch „Geister, Gurus und Gebete". Wurde zuvor ein Bedrohungsszenario hinsichtlich der Sekten skizziert, wird nun der Sachverhalt des Kirchenrückgangs dramatisiert und ein populärer Trend und Hingezogenheit zu „Mystik, Magie und Meditation" präsentiert. Zentral ist das Adjektiv „exotisch", welches die neuen Religionen charakterisiert, da es eine Anziehungskraft von etwas Fremdem impliziert. Diese Anziehungskraft wird auch durch das erste Foto (Bild 1) vermittelt. Durch Schattierungen und helle Farben, implementiert durch Kerzenschein, entsteht eine geheimnisvolle Atmosphäre. Durch die gleichen Elemente (dunkle Farben, heller Kerzen- bzw. Feuerschein) vermittelt ein weiteres Foto (Bild 5) eines Rituals in Venezuela die gleiche Atmosphäre, die sich sprachlich auch in der Bildunterschrift wiederfinden lässt (Bild 5 „geheimnisvoll").

Wird visuell einerseits eine geheimnisvolle Komponente betont, lassen sich noch zwei weitere Komponenten finden. Einerseits stechen zwei Bilder durch ihre bunte Farbgebung hervor. Bunte Gewänder der Gläubigen stehen in Kontrast zu einem weiß ausgekleideten Veranstaltungsraum (Bild 2) und einem industriellen Ort (Bild 4). Nicht nur eine bunte Vielfalt der Kleidung, sondern auch der Angebote wird suggeriert. Als weitere Komponente zeigen sich die einheitlichen Farben der Kleider der unterschiedlichen Bewegungen, die Zugehörigkeit zu einer Gruppierung implizieren (Grün bei Kelten, Rot bei Poona, Orange-Rot beim Buddhismus) und dadurch die Gruppe einheitlich farbcodiert darstellen.

Bis auf das erste Bild wird bei allen anderen Fotos eine konzeptuelle Kohärenz hergestellt: Sie sind alle gleich aufgebaut, da sie neben der Bildunterschrift ein großgedrucktes Zitat oben links oder unten rechts enthalten. Somit lässt sich als Beziehungstyp die Figurenrede anbringen, anbei die Bilder nicht die Personen der Aussagenurheber abbilden. Den Zitaten kommt eine kommentierende Funktion zu, es hat den Anschein als würde die Person das Bild evaluieren. Zum einen stammen sie von spirituellen Führungspersönlichkeiten bzw. von den Gläubigen selbst, sodass Authentizität generiert wird und das Bild eine zusätzliche Explikation erfährt (Bilder 3, 4, 6). Zum anderen werden Zitate von Blaise Pascal und Bernhard von Clairvaux benannt, die das Bild bzw. den Begleittext inhaltlich unterstreichen und auf Innehalten bzw. auf Selbsterfahrung und somit auf einen Teil der Spiritualität referieren (Bilder 2, 7). Zudem spielt ein Zitat auf die Hauptthese des Artikels an (Bild 5), das Phänomen der „Patchworkreligiosität", in der Religion und das Ritual als Ware konstruiert werden. Der Artikel ist somit durch die detaillierten Bildunterschriften um Erklärungen bemüht und möchte die Bilder explorativ füllen. Der Raum für detaillierte Beschreibungen fehlt jedoch, sodass beispielsweise nicht erklärt wird, was eine „helle Zeit" der Wicca oder Mami-Wate ist. Zudem fallen durch die Kürze der Informationen erklärende Aspekte weg, und es kommt zu Fehlinformationen. Beispielsweise dient die rituelle Waschung nicht dem Sri Kamadchi Ampal Tempel, sondern der Göttin Sri Kamadchi Ampal, die den Tempel bewohnt.

Einige Begriffe werden jedoch im Artikel selbst weiter erklärt, etwa der Begriff „Poona". Insgesamt wird der Sachverhalt durch die Farben, die intimen Moment-aufnahmen der Ritualausübungen und die Explikationen, auch durch wertneutrales Vokabular, positiv kodiert und versinnbildlicht.

Der Artikel selbst beginnt mit zwei Fotos, die oberhalb des doppelseitigen Text-teils platziert sind (Bild 8, 9). Sie zeigen zwei prominente Beispiele für fündig ge-wordene Glaubenssucherinnen: „Exotik-Fan" (Bild 8) Britney Spears in einem Hindu-Tempel, Madonna in einer Kabbala-Sitzung. Beide Fotos heben den „Star-kult" (Bild 9) hervor und verkörpern die Popularität des Sachverhalts. Der Name Madonnas zieht sich wie ein roter Faden durch den Artikel: Titelblatt, Anreißer, Fotos und auch ein Interviewkasten nehmen Bezug auf ihre Person. Der Inter-viewkasten präsentiert Madonnas Kabbala-Lehrer, nun mit Namen und Foto perso-nalisiert. Lediglich drei der insgesamt neun Fragen zielen jedoch auf Inhalte der Kabbala ab. Alle anderen beziehen sich direkt oder indirekt auf Madonna,. Diese wird als Medien-Ikone für den Kabbala-Kult stilisiert, was erneut den populären Charakter der Aufmachung unterstreicht. Jedoch wird dem „Trend" bereits durch die Gestaltung des Interviewkastens und durch die Frageform eine „Faszination" (Z. 2) zugesprochen und die geheimnisvolle Komponente der Lehre hervorgehoben (Z. 26 „so spannend").

Die folgenden Fotos (Bilder 11, 12, 13, 14) visualisieren die im Artikel einge-bundenen Personenporträts und dienen damit der Personalisierung und der Authen-tizität. Sie zeigen jeweils eine Frau während der Ausführung ihres Glaubens. Die beiden letzten Fotos werden durch die Sprach-Bild-Beziehung der Figurenrede un-terstützt, in Zitatform werden die persönlichen Gründe für den Wechsel der Glau-bensbewegung herausgestellt. Zugleich dienen die Porträts der Beweisführung und der Suggestion von Nähe, da die „Glaubenssuchenden" von denen der Artikel be-richtet, tatsächlich in der Gesellschaft vorhanden sind und das Interesse nicht nur unter Prominenten besteht. Selbst bei der Nutzung von Objektsprache der Gläubi-gen werden keine Distanzmarker verwendet werden (Bild 11, „bündelt Hexe Wicca mit ihrem kristallbesetzen Zauberstab die Energie des Ortes"). Die gesamte visuelle Konzeption vermittelt dadurch Akzeptanz und eine Faszination gegenüber dem Sachverhalt.

3) Sprachlich-rhetorische Mittel

Die Akzeptanz zeigt sich bereits anhand des marginal eingesetzten Lexems „Sekte", welches lediglich zweimal auftritt (Z. 89, Z. 497). Dabei ist es jedoch nach wie vor negativ konnotiert und wird abwertend gemäß der zweiten Definition des Duden Universalwörterbuch verwendet, welches seit der Änderung 2001 keine weitere Veränderung hinsichtlich des Lemmas „Sekte" verzeichnet. Als „Sekte" wird so im vorliegenden Artikel etwa die Gruppierung der Zeugen Jehovas negativ evaluiert.

Hinsichtlich anderer Bewegungen wird eine neue Perspektivierung sichtbar. Um die religiösen und spirituellen Gruppierungen sowie Lebenshilfebewältigungsangebote zu benennen, die in den Artikeln aus dem Jahr 1995 und 2002 unter dem Lexem „Sekte" gefasst wurden, werden andere Nominationsausdrücke eingesetzt, die eine Differenzierung deutlich werden lassen (siehe Tab. 84).

Tabelle 84: Nominationsausdrücke zum Referenzobjekt „Neue religiöse Bewegungen"

Referenzobjekt	Nominationsausdrücke
„Neue religiöse Bewegungen"	• „neue Glaubensbewegungen", Z. 58 • „exotische Religionen", Anreißer • „alte Kulte", Anreißer • „etablierten Religionen", Z. 120 • „fremden Weltreligionen", Editorial

Hier zeigt sich eine Ausdifferenzierung bzw. Bedeutungsverschiebung des Lexems „Sekte". Werden beispielsweise im Jahr 1995 christliche Erweckungsbewegungen (neo-charismatische Christen) unter Sekten gefasst, werden sie im vorliegenden Artikel neben dem Buddhismus und dem Islam als eigenständige Gruppierung ohne negative Konnotation differenziert betrachtet. Auch das Lexem „Psycho-Sekte" bzw. „Psycho-Gruppe" tritt nicht in Erscheinung, trotz Vorstellung von Anbietern aus der spirituellen Lebensbewältigungshilfe. Anstelle der Leitvokabel „Sekte" ist es hier vielmehr die Leitvokabel „Wellness-Religion". Das Kompositum tritt zwar nur einmal auf dem Titelbild auf, durchzieht den Artikel jedoch implizit. Gemäß der Übersetzung wird mit dem Anglizismus „Wellness" Wohlbefinden ebenso wie Sinnlichkeit assoziiert. In Verbindung mit Religion etabliert sich ein Assoziationskonzept einer ‚wohltuenden' Religion, die erfahrungszentriert und sinnlich ist und demnach ein spirituelles Sinnangebot oder vielmehr ein Heilen bzw. Heilsein bietet. ‚Wellness-Religionen' können somit als spirituelles bzw. religiöses Wohlfühlerlebnis aufgefasst werden, das in dem Artikel zu einem attraktiven Anziehungspunkt konstruiert wird. Das Lexem „Sehnsucht" (Titelblatt, Z. 585, Z. 129) verdeutlicht den Wunsch nach spirituellem Wohlbefinden, welches ebenso als menschliches Grundbedürfnis skizziert wird (Z. 580). Der Wunsch nach Wellness-Religionen und Spiritualität wird damit der wissenschaftlichen Rationalität der Gesellschaft kontrastierend gegenübergestellt, die sich auch in den etablierten Großkirchen manifestiert.

Damit zeigt sich auch ein Unterschied gegenüber den anderen Artikeln in denen Rationalität als positives Gut stilisiert wurde (Artikel 1995, Z. 6-10: „Der smarte Mann [...] der Probleme immer rational anging, kann heute nicht fassen, dass gerade er, der Realist, in solche Fänge geraten konnte"). Spiritualität erscheint somit als weitere Leitvokabel, die durch das positiv konnotierte Wortfeld der Erfahrbarkeit und des Wohlfühlens konzeptionalisiert wird (siehe Tab. 85).

Tabelle 85: Textbelege zur Kontextualisierung des Referenzobjektes Wellness-Religion/Spiritualität

Referenzobjekt	Textbelege
Kontextualisierung Wellness-Religion/ Spiritualität	• „wohlfühlen", Z. 56 • „Suche nach Sinn", Z. 63 • „Sinnlichkeit" Editorial S. 6, Z. 64 • „Sehnsucht nach Transzendenz und Geborgenheit" Z. 129 • „hingezogen fühlen", Z. 285 • „kuscheln sich in esoterische Wellness- Nischen", Z. 500 • „eingebettet in spirituelles Universum", Z. 583

Wohlfühlen und Erfahrbarkeit – dies sind zwei Charakteristika, an denen es den traditionellen Kirchen mangelt, so der Artikel. Wie bereits anhand der visuellen Gestaltung deutlich wurde, werden Wellness-Religionen und Spiritualität des Weiteren als geheimnisvolle, schillernde Phänomene stilisiert, was sich auch durch das Adjektiv „exotisch" (Z. 45, 318, 398) manifestiert, welches die Anziehungskraft und Attraktivität der fremden Bewegungen impliziert. Diese werden demnach nicht, wie in den ersten Artikeln, als Bedrohung oder Betrug abgetan, sondern als Faszinosum stilisiert.

Die dadurch vermittelte Akzeptanz zeigt sich auch durch die Einbindung wissenschaftlicher Positionen und wissenschaftlichen Vokabulars, welches genutzt wird, um die Entwicklungen in der Gesellschaft zu erklären. Die aktuelle wissenschaftliche Debatte um Säkularisierung und Individualisierung wird auf populäre Art aufgenommen. Wissenschaftliches Fachvokabular durchzieht den Artikel: Z. 101 „Entsäkularisierung", Z. 102 „Respiritualisierung", Z. 110 „Believing without belonging", Z. 539 „subjektiver Polytheismus", „multireligiös" (Bild 14). Die Zusammenstellung unterschiedlicher Glaubensrichtungen und Sinnsysteme wurde 2002 noch als „wilder Mischmasch aus allen Weltreligionen" bezeichnet (Artikel 2, S. 60). Der Artikel skizziert das Phänomen auch als „Trend" (Anreißer, S. 44): Umgangs- und jugendsprachliche Adjektive werten die Bewegung einerseits als populär (Z. 399 „hip", Z. 44 „trendy"), zugleich wird jedoch eine subtile Ironie suggeriert, die sich etwa durch die die ironischen Fragestellung verstärkt (Z. 380 „Wer vermag da noch widerstehen?"). Vor diesem Hintergrund unterliegt der Leitvokabel „Wellness-Religion" eine gewisse Ambivalenz. Wird diese zwar einerseits als spirituelles Wohlfühlerlebnis aufgefasst, wird – verstärkt durch die Einbettung und subtile Ironie – durch den Ausdruck zugleich Seichtigkeit und Anspruchslosigkeit suggeriert. Dadurch wird das Lexem pejorativ konnotiert und die subtile Ironie zusätzlich verstärkt.

Zudem wird durch Attribuierungen Skepsis vermittelt (Z. 335 „recht schräge Abwandlung"). Überraschenderweise findet sich die Skepsis dabei auch gegenüber des Islam, der zwar mit der Sufi-Strömung, jedoch gleichzeitig mit Terrorismus in Verbindung gebracht wird (Z. 493, 446). Das Hauptaugenmerk liegt jedoch auf dem populären Trend – dieser manifestiert sich durch die Leitvokabel des Eigennamens Madonna, der an zentralen Stellen des Artikels (Titelbild, Überschriften, Anreißer, Artikel, Interviewkasten) und insgesamt 14-mal Erwähnung findet. Durch die Einbindung des Namens sowie die Erwähnung anderer Prominenter wird der Sachverhalt aufgewertet und gleicht einer Legitimierungsstrategie. Selbst Prominente verbinden sich glaubwürdig mit einer der religiösen Gruppierungen. Neben dieser Argumentationsstrategie bekommt das Thema zudem einen Unterhaltungswert. Die Leitvokabel Madonna ist mit positiver Konnotation belegt und verhilft dem Artikel zu einem positiven Emotionspotenzial.

Die Akzeptanz setzt sich in den Bezeichnungen für das Referenzobjekt der Stifterfigur fort, da sich keine Wertungen zeigen (Bild 10 „spiritueller Lehrer", Bild 1 „Mentorin", Bild 3 „Guru" in Verwendung des asiatischen Kontexts, Bild 7 „Meditationsmeister"/ „Abt"). Dies lässt sich auch für die Mitglieder bzw. die Interessierten an Spiritualität festhalten. Zwar kommt ihnen durch die Nominationen, die durch die Suche geprägt sind, eine gewisse Orientierungslosigkeit zu Teil (Z. 119 „Gottessucher", Z. 534 „Suchende", Z. 128 „Glaubensnomaden") und der vorübergehende populäre Trend findet sich in den Bezeichnungen wieder (Bild 8, „Exotik-Fan"). Es sind jedoch keine negativen Wertungen zu verzeichnen (Z. 164 „Gläubige", Z. 218 „Anhänger", Z. 310 „Glaubensgefährten"). Dabei wird ihnen eine Sehnsucht nach Spiritualität zugeschrieben, die zugleich als „neu" tituliert wird. Mit Referenz auf die Artikel aus den Jahren 1995 und 2002 zeigt sich, dass die Sehnsucht nicht zwingend „neu" ist, sondern diese in den Jahren zuvor als naiv, dumm und irrtümlich evaluiert wurde. Als „neu" erscheinen nun die Entwicklung unterschiedlicher Gruppierungen sowie die gesellschaftliche Akzeptanz gegenüber dem skizzierten Sachverhalt.

Ebenso wie in den Artikeln zuvor, findet sich die Marktmetapher wieder, die jedoch in ihrer Bedeutung anders genutzt wird. Während diese in den Artikeln aus den Jahren 1995 und 2002 dazu dient, die kommerziell-betrügerische Seite der neuen religiösen Gruppierungen herauszustellen, wird sie im Jahr 2009 zur Darlegung der religiösen Vielfalt benutzt. Zugleich wird dabei die Zusammenstellung bzw. das Aussuchen religiöser Sinnsysteme als „Einkauf" stilisiert (Z. 331 „Supermarkt des

Glaubens", Z. 139 „religiöse Shoppingtour") – eine Metapher, die sich auch im wissenschaftlichen Kontext wiederfinden lässt.[129]

Dabei wird nicht nur das breite Angebot, sondern auch die kommerzielle Seite neuer religiöser Bewegungen betont, indem bei der Vorstellung unterschiedlicher Gruppierungen Preise für Seminarteilnahmen oder Devotionalien vorgestellt werden. Der Fokus liegt nicht auf Ausbeutung oder Betrug. Stattdessen rücken explizite Attribuierungen der Bewegungen somit weiter in den Vordergrund: Bei den „freundlichen" (Z. 248) Bahai ist die Mitgliedschaft umsonst, die Teilnahme am Club Meditation in Poona dagegen kostspielig, „billigere Varianten" (Z. 245) seien in der Nähe. Die bunte Vielfalt der religiösen „Ware" wird präsentiert und der Sachverhalt somit erklärt.

Zur positiven Codierung des Sachverhalts verhelfen auch die bereits auf dem Titelbild visuell dargestellten Helligkeits- und Wärmekonzepte, die sich auch sprachlich im Artikel selbst wiederfinden. So besteht der Einstieg aus einer akribischen Beschreibung eines Ortes der Spiritualität, dem Matrimandir. Die anaphorische Repetition des Adjektivs „weiß" (Z. 1-6) in Verbindung mit den Lexemen „schimmern" (Z. 8), „Kristallkugel" (Z. 9) und „Strahl Sonnenleicht" (Z. 10) vermitteln eine sinnlich-ästhetische Dimension der Spiritualität. Es wird impliziert, dass die spirituelle Erleuchtung an diesem Ort „ohne Gott" (Z. 34) – also ohne den christlichen Gott, erfahrbar ist. Glaubenskonzepte neben den traditionellen Großkirchen werden somit bereits zu Beginn als gegebene (und durch die Zahlen belegte) gewählte Option dargestellt (Z. 35 „rund 2000 Menschen [...] aus 44 Nationen").

Das Wohlbefinden von Spiritualität wird durch Onomatopoesie zusätzlich hervorgehoben (Z. 300 „Lama Ole live gelauscht", Z. 500-502 „kuscheln sich in esoterische Wellness-Nischen", Z. 504 „leicht mit dem Judaismus light"). Kontrastierend steht diese in Zusammenhang mit den Wellness-Religionen als exotisch schillerndes, irrationales Phänomen den rationalen Kirchen gegenüber, die Leere und Langeweile symbolisieren und dadurch Grund zum Austritt bieten. Die fehlende Anziehung und Erfahrungskomponente der Kirchen manifestiert sich bildlich in innovativen Vergleichen (siehe Tab. 86).

---

129 Etwa bei Roof (1999, *Spiritual Marketplace*) der von einer Mischung unterschiedlicher Codes ausgeht, sodass neue Sinnsysteme entstehen, die aus unterschiedlichen Traditionen zusammengestellt werden (1999, 79f.). Die Metapher findet sich ebenso bei Graf (2014, *Götter global. Wie die Welt zum Supermarkt der Religionen wird*), der die globale Vielfalt und somit die Angebotsabteilungen des Supermarktsortiments aufzeigt und dabei Konflikte, Strömungen, Ausdifferenzierungen und Entgrenzungen präsentiert.

Tabelle 86: Textbelege zu Vergleichen

	Textbelege
Vergleiche	• „leer wie albanische Parkplätze unter Enver Hodscha", Z. 124 • „illuminiert wie der Bundestag" Z. 415-416 • „staubtrockene", Z. 419 • „Versicherungsverträge", Z. 422 • „sachliche Seelsorger [...] vernünftige Worte von sich geben", Z. 436-439 • wie Pastorentochter Angela Merkel, Z. 439-440 • Ambiente eines „Mathematikunterricht", Z. 448

Ein „Spiritualitätsdefizit" wird formuliert; bei dem in Form von perspektivierter Referenzialisierung, einer dezidiert christlichen Perspektive, der „eigene Glaube" als „spießig" (Z. 410) und „moralinsauer" (Z. 410) attribuiert und die Großkirchen durch aufkommende neue Bewegungen kritisch hinterfragt werden.

Als Folge der Abwendung führe dies zu einer „Suche nach Sinn und Sinnlichkeit". Metaphorisch wird dabei die Orientierungslosigkeit in Form von lexikalisch konventionellen Wendungen konzeptualisiert (Z. 127 „irrt ein Heer von Glaubensnomaden über Land, Z. 119 „Gottessucher"). Außerdem werden die Gründe zur Distanz gegenüber den traditionellen Kirchen sowie die Suche nach Alternativen durch die konventionelle, biblische Metapher des Schafs und des Hirten genutzt, um sie kreativ zu verfremden. Katholische Christen erscheinen als „blökendes, ewiges, fehlgeleitetes Schaf" (Z. 453-455), welches hinter seinem „allmächtigen Hüter hertrotten muss" (Z. 455-456). Die eigentlich positive Metapher der Bibel wird dementsprechend hier ins Negative verkehrt. Zudem taucht eine Anspielung auf das Gleichnis des verlorenen Schafes auf (Z. 216). Die Gläubigen werden jedoch nicht von dem ‚Hirten Gott' aufgesammelt, sondern von den Hare Krishnas. Diese Metapher versinnbildlicht den Wechsel der christlichen Gläubigen zu anderen religiösen Bewegungen.

Hinsichtlich persuasiver Strategien wird zunächst ersichtlich, dass das Phänomen als gesellschaftlich akzeptiert dargestellt wird. Ebenso wie die ersten beiden Artikel beruft sich der vorliegende auf Zahlen, um den Sachverhalt zu dramatisieren. Dabei zeigt sich jedoch eine Verschiebung des Fokus: Nicht nur die Zahlen der Interessierten an neuen religiösen Bewegungen (Z. 118f. „Millionenfach[e] [...] Gottessucher"), sondern die Zahl der Kirchenaustritte werden dramatisierend hervorgehoben (Anreißer, „Hunderttausende" verlassen die Kirchen). Durch die Berufung auf Statistiken zur Religionszugehörigkeit und zu Kirchenaustritten (Z. 70f.) werden die Aussagen belegt sowie Seriosität und Glaubwürdigkeit vermittelt. Um das durch Zahlen und Statistiken aufbereitete Phänomen persönlicher zu gestalten und religiöse Konzepte vorzustellen, werden Einzelporträts eingebunden. Im Gegensatz zu den ersten beiden Artikeln handelt es sich dabei nicht um Aussteiger, sondern um „Einsteiger" bzw. Mitglieder und Anbieter spiritueller Angebote, bei denen keinerlei Konfliktpotential skizziert wird. Vielmehr werden weibliche Sympathieträger benutzt (Z. 255 „Psychologin", Z. 307 „Medizinstudentin", Z. 176 „kaufmännische Angestellte", Z. 542f. „Therapeutin für motorisch gestörte Kinder"), die positiv kontextualisiert werden. Die Einzelporträts dienen der Akzeptanzschaffung: Der Sachverhalt wird aufgewertet und fungiert gleichzeitig als Identifikation.

Im Artikel wird dabei auch ein Wandel der neuen religiösen Bewegungen selbst thematisiert, dies lässt sich am Beispiel Hare Krishnas zeigen. 1995 wurde vor diesen noch ausdrücklich gewarnt (siehe Artikel 1). Auch der vorliegende Artikel geht auf die alte Repräsentation der Hare Krishna ein, bewertet diese heute jedoch als „ganz normal" (Z. 228), die „ihren Look" (Z. 234) gewechselt haben.[130] Eine Umdeutung lässt sich auch im Vergleich der Artikel anhand der Einbettung hinduistischer Strömungen finden. Wurden diese im ersten Artikel negativ skizziert, die sich zudem in einer „heruntergekommenen Bude" trafen, ist es nun ein „supermodernes buddhistisches Zentrum" (Z. 311), welches durch das Präfix „super" eine Aufwertung erfährt. Das alte Bedrohungsbild weicht demnach einer positiveren Repräsentation.

Im Vergleich zu den vorherigen Artikeln sticht besonders die Einbindung von Autoritäten hervor, bei denen es sich nicht nur um kirchliche Experten, sondern auch um Kultur- und Sozialwissenschaftler (Z. 117 „Ulrich Beck", Z. 590 „Jan Assmann") handelt. Der Sachverhalt wird so nicht einseitig betrachtet, sondern erlangt eine differenzierte Perspektive. Bezüglich der kirchlichen Experten ist dabei eine Sprachveränderung festzustellen. Die Autoritäten wurden in den Artikeln zuvor als „Sektenexperten" oder „Weltanschauungsbeauftragte" bezeichnet, im vorliegenden Artikel tritt Pfarrer Bittner als „Landesbeauftragter für Spiritualität der Evangelischen Kirche" (Z. 470) auf. Die Veränderung ist demnach hier auch in der Sprache in den Amtsbezeichnungen der Kirche zu verzeichnen.

Um die populäre Komponente des Sachverhalts noch stärker hervorzuheben, beruft sich der Artikel auf den sensationalistischen Aspekt, Prominente als Glaubenssuchende zu präsentieren. Dabei ist es nicht nur Madonna, auf die visuell und sprachlich Bezug genommen wird. Die Nennung von zehn weiteren Prominenten verkörpert die Popularität des Themas sowie die Darstellung des Trends und vermittelt eine Glaubwürdigkeit des Phänomens. Nolte erläutert, dass Sachverhalte durch die Einbindung von Prominenten aufmerksamer verfolgt werden und das

---

130 Siehe dazu Neubert (2010), der in seinem Artikel „Von der verfolgten ‚Sekte' zur etablierten Religionsgemeinschaften. Die Wandlungen der Hare Krishna Bewegung" die diskursive Entwicklung der ISKCON-Bewegung nachzeichnet.

Thema einen höheren Identifikationsgrad bietet,[131] was auch der wirtschaftlichen Vermarktung dient.

Diese Repräsentation als exotischer Trend zeigt zugleich eine Auflösung des Feindbildes gegenüber neuen religiösen Bewegungen auf. War das Fremde zuvor eine Bedrohung, ist es nun ein Faszinosum. Ein differenziertes Bild wird dargelegt, bei dem jedoch „Sekten" sowie auch Strömungen des Islam als negativ attribuiert und konnotiert werden (Z. 335 „recht schräge Abwandlung"). Zudem unterliegt dem Artikel eine subtile Ironie, die sich auf unterschiedliche Art und Weise ausdrückt. So werden die verschiedenen Möglichkeiten und Angebote überspitzt dargestellt und gleichzeitig mit einer gewissen Lächerlichkeit versehen, etwa durch ironisch-kritische Fragen (Z. 380 „Wer kann da noch widerstehen?", Z. 592 „Wirklich nicht?"), Akkumulationen (Z. 157 „da gibt es die höheren die mal aus der keltischen Kultur, mal aus Sibirien, mal aus Alaska, mal aus Montana stammen"), aber auch durch hyperbolische Szenarien (Z. 154 „Göttern, die [...] darauf lauern, von jemandem angebetet zu werden", Z. 292 „Kann er sich vor westlichen Anhängern kaum retten"). Die Verben aus dem Vokabular des Angebots und der Nachfrage vermitteln die Wahl im „Supermarkt des Glaubens" und verkörpern religiöse Angebote zunehmend als Ware (Z. 319 „fündig werden", Z. 61 „bestellen", Z. 334 „feilbieten", Z. 511 „auswählen"). Manche Bezeichnungen und Bewegungen werden dabei zwar erwähnt, aber nicht erläutert (Z. 202 „Arsen", Z. 286 „Soka Gakkai", Z. 518 „Jains"). Für ein nicht-vorgebildetes Publikum mögen diese Bezeichnungen unbekannt sein, sodass der Eindruck eines breiten, fremden Angebots zusätzlich verstärkt wird. Bereits durch die Metaphern konnte jedoch dargelegt werden, dass auch der „eigene Glaube" kritisch hinterfragt wird. Dieser Einschub, sowie die Aussagen im Editorial und die Gestaltung des Titelblatts zeigen eine perspektivierte Referenzialisierung auf, da der Artikel aus einer christlich-theologischen Perspektive geschrieben ist. Somit zeigt sich einerseits eine Skepsis gegenüber den Angeboten, wie auch gegenüber dem Sachverhalt als Trend, zugleich wird jedoch Verständnis für ein Bedürfnis gegenüber Spiritualität suggeriert.

Anhand des Artikels ist ablesbar, dass neue religiöse Bewegungen auch durch ihre eigenen Wandlungen eine Kompatibilität und Akzeptanz in der Gesellschaft gefunden haben. Dies deckt sich mit wissenschaftlichen Studien. Der Artikel bedient damit das wachsende Interesse der Gesellschaft. Dabei werden das Phänomen der Säkularisierung sowie das Phänomen der Individualisierung angeschnitten, indem sie zwar nicht wissenschaftlich benannt, jedoch inhaltlich sachgemäß wiedergegeben werden. Somit werden weniger die Modernetheorien um Säkularisierung und Individualisierung thematisiert, aber die Pluralisierung des religiösen Feldes, die in der Gesellschaft vorherrscht, herausgearbeitet und die kulturelle Vielfalt dargelegt. Der klare Befund des Religionsmonitors und somit eines seiner wichtigsten

---

131 Vgl. Nolte 2005, 94f.

Resultate wird durch die Frauenporträts wiedergegeben. Insbesondere die Aussagen von Lucy Kerasidou (vor allem das Zitat „Ohne meinen Glaubensmix wäre ich nicht glücklich"), spiegelt diesen Forschungsstand wieder, da hier die erfahrungszentrierte Religiosität und die Pluralisierung herausgestrichen werden.

Die Darstellung des Formenwandels und die Repräsentation eines breiten Spektrums an Alternativen, gepaart mit der Repräsentation durch Prominente und der Trend-Darstellung lässt sich im Sinne Knoblauchs als populäre Religion klassifizieren. Dies heißt, dass „Themen der Religion [...] in der von Medien und Märkten beherrschten populären Kultur verhandelt werden. Dabei sind vor allem jene von Bedeutung, die die subjektvierten Teilnehmenden an dieser Kultur betreffen – Themen also, die sich unter dem Titel der Spiritualität fassen lassen."[132] Da der Artikel die populäre Religion sozusagen selbst reflektiert, findet der Prozess auf einer Metaebene statt.

Zusammenfassung der Ergebnisse

Alle Ebenen fokussierend lässt sich anhand der drei Artikel gut nachzeichnen, wie sich die Repräsentation von neuen religiösen Bewegungen innerhalb weniger Jahre geändert hat. 1990 werden neue religiöse Bewegungen als „Sekten" betitelt und mit Gefahr in Verbindung gebracht. Bedrohungsszenarien, in Form von Betrugs- und Machtmetaphorik und Vokabular der Brachialgewalt skizzieren eine homogene Masse von kriminellen „Seelenfängern". Durch Einzelschicksale, die pauschalisiert und durch szenisches Präsens und akribische Details sensationalisiert werden, wird ein Feindbild der Täterschaft etabliert. Ähnliche Strategien lassen sich auch im Jahr 2002 finden. Waren es zuvor „Sekten", sind es nun „Psycho-Sekten" bzw. „Psychogruppen", die als homogene Täterschaft durch Betrugs- und Krankheitsmetaphorik konzeptionalisiert werden. Einzelschicksale stereotyper, selbstreflektierter Sympathieträger werden pauschalisiert. Kollektivattribuierungen, exemplarisch an der Bezeichnung „Guru" aufgezeigt, führen zu einer negativen Verurteilung jeglicher Form religiösen Pluralismus. Im Jahr 2009 dagegen wird der Sektenbegriff nur partiell benutzt, religiöser Pluralismus wird unter Spiritualität gefasst und als positives Phänomen in Form von Wortfeldern des Wohlfühlens und als Trend, auch getragen von Prominenten und Personenporträts Gläubiger, skizziert. Kontrastierend wird durch innovative Vergleiche die katholische Kirche als rational, kalt und leer gegenübergestellt. Die Einbindung von Wissenschaftlern und wissenschaftlichen Thesen geben eine differenzierte Repräsentation wieder, auch wenn eine subtile Ironie und Skepsis gegenüber neuen religiösen Bewegungen zu verzeichnen ist. Ergebnisse des Religionsmonitors, das heißt erfahrungszentrierte Religiosität und die Pluralisierung bzw. die Wandlung hin zu einer populären Religion werden indirekt aufgenommen.

---

132 Knoblauch/Graff 2009, 726.

Ein Wandel in der Darstellung lässt sich somit ablesen: Die Fokussierung und Perspektivierung über neue religiöse Bewegungen als gefährliche, homogene als „Sekten" titulierte Masse hat sich zu einem schillernden Faszinosum differenzierter Bewegungen verschoben. Wird in den ersten beiden Artikeln eine einseitige und ablehnende Haltung hervorgebracht, ist ein geöffneter und differenzierter Blick bzw. eine Bewertung im Jahr 2009 ersichtlich, der Artikel ist, wenn auch mit Ironie und Skepsis betrachtend, um eine informativere und wissenschaftliche Perspektive bemüht. Unterschiedliche Bedeutungsaspekte des Referenzobjektes werden somit in den ausgewählten Jahren betont, sodass sich unterschiedliche Sichtweisen zeigen (siehe Abb. 53).

Abbildung 53: Übersicht zu den Ergebnissen der drei untersuchten Artikel

		1995	2002	2009
Text-Oberfläche	Aufbau	Aussteiger-, Geschädigtenberichte, Gerichtsprotokolle, Stellungnahmen Sektenexperten	Aussteigerberichte, Stellungnahmen Sektenexperten, politische Stellungnahmen	Statistik, Positionen Wissenschaft, Personenporträts Gläubige
	Grafische Gestaltung	Fotos (Opfer, Tatort, Täter), Infokasten (Warnung), Hilfekasten	Fotos (selbstreflektierte Opfer, Täter), Interviewkästen (Warnungen), Hilfekasten	Fotos (Momentaufnahmen Rituale, Personenporträts), Interviewkasten (Madonnas Kabbala-Lehrer)
	Leitvokabeln	Sekte, Seelenfänger	Psycho-Sekte, Psycho-Gruppe, Scientology	Wellness-Religion, Spiritualität, Madonna
	Wortfelder	Brachialgewalt, Tod, Verbrechen	Betrug, Gewalt	Wellness, Sehnsucht, Wissenschaftsvokabular
Sprachlich-rhetorische Mittel	Bezeichnung Bewegungen	Anhänger, Mitglieder, Exorzisten, Gauner, Gurus, Psycho-Sekte, Sex-Sekte	Psycho-Abzocker, Psycho-Despoten, Eso-Anbieter, Psycho-Anbieter, -Aufschneider	Exotische Religionen, alte Kulte, neue Glaubensbewegungen, Sekte
	Teilnehmer	Sektenopfer, Opfer, Pilger, Geschädigte, Guru-Gläubige, Alternative Asienfans	Aussteiger, Teilnehmer, Opfer, Sektenopfer, verblendetes Kultmitglied	Gläubige, Anhänger, Gottessucher, Suchende, Glaubensnomaden, Exotik-Fan
	Führerfiguren	Sekten-Oberhäupter, Guru, Meister, Chef, Christlicher Sektierer	Pseudogötter, neue Gurus, Geistheiler, gefährliche Psycho-Despoten, Esoteriker	Mentor, Abt, spiritueller Lehrer, Lehrer, Meditationsmeister, Guru (asiat. Kontext)
	Metaphern-konzepte	Markt-/Betrugsmetaphorik, Macht-, Grenz-, Krankheitsmetaphorik	Markt-/Betrugsmetaphorik, Breimetapher, Weg-, Krankheitsmetaphorik, Metaphorik der Intransparenz, Metaphorik der Wildnis	Marktmetapher, Heiligkeits-, Wärmemetaphorik, Vergleiche, Schafsmetaphorik, Onomatopoesie
	Emotionali-sierungs-strategien	Personenporträt „Opfer", Berufen auf kirchliche Experten, Fragmentierung von Informationen zugunsten Emotionen, Verallgemeinerung von Einzelschicksalen, Implikaturen, Zahlen zur Dramatisierung, Perspektivierte Referenzialisierung Wahl	Personenporträts „Betrugsopfer" anhand von Stereotypen, Berufen auf kirchliche Experten, Fragmentierung von Informationen zur Verzerrung des Sachverhalts, Zahlen zur Dramatisierung, Perspektivierte Referenzialisierung	Personenporträts „Gläubige", Berufen auf Wissenschaftler Zahlen zur Dramatisierung aber auch zur Erklärung des Sachverhalts, Perspektivierte Referenzialisierung, Nennung von Prominenten
	Intendierte Argumentation Perspekti-vierung	Gefahr, Verbrechen, Schutz wird benötigt, Trend, Schuldzuweisung, negatives Emotionspotenzial, Angst, Unverständnis, Wut, Ironie	Gefahr, Betrug, Schutz wird benötigt, Schuldzuweisung, negatives Emotionspotenzial, Angst, Empörung, Wut	Trend, Popularität, Akzeptanz, Ironie, Skepsis, positives Emotionspotenzial, Faszinosum

Die Veränderungen gehen mit den Beobachtungen zum Titelwandel des Lexikons einher, ebenso wie mit der Veränderung der Titelbezeichnung von Weltanschauungsbeauftragten. Der negativ konnotierte Sektenbegriff, der durch verschiedene Strategien in den ersten Artikeln zunehmend pejorativ betont wird, verschwindet und wird ersetzt durch partiell synonyme und vor allem objektivere Bezeichnungen, etwa dem Spiritualitätsbegriff. Dominierte somit in den neunziger Jahren ein negativer Sektendiskurs, etabliert sich in den letzten Jahren ein Spiritualitätsdiskurs, der positiv aufgeladen ist und neue religiöse Bewegungen inkludiert. „Was einst als Inbegriff für die Exklusivität und öffentliche Unzugänglichkeit religiöser Ideen galt, hat sich mittlerweile ins Gegenteil verkehrt. ‚Esoterik' und ‚Spiritualität' sind längst zu leicht zugänglichen Formen religiöser Praxis und damit zu populären Begriffen geworden"[133] – diese gesellschaftliche Beobachtung zeigt sich auch im medialen Diskurs, etwa auch in anderen Zeitungen.[134] Religiöser Pluralismus erlangt auch damit eine zunehmende gesellschaftliche Akzeptanz:

Oftmals überlagerte die Kriminalisierung von aggressiven und schwärmerischen Teilen des alternativreligiösen Spektrums die Rezeption neuer religiöser Bewegungen und verlieh der Pluralisierung des religiösen Feldes so eine deutlich abschätzige Konnotation. Erst als sich das Pluralisierungsnarrativ auch in der Religionssoziologie durchzusetzen begann, gewann es immer mehr die Kontur einer neutralen analytischen Beschreibungskategorie.[135]

Dabei lassen sich als Gründe nicht nur das Pluralisierungsnarrativ der Religionssoziologie anführen, sondern auch die Tendenz einer Individualisierung in der Gesellschaft, die Durchsetzung der Enquete-Kommission, die inzwischen etablierte gesellschaftliche Akzeptanz neureligiöser Phänomene, aber auch der Wandel innerhalb der Bewegungen selbst, ebenso wie die Verschiebung des Negativbilds zum Islam benennen, die zu einer Diffundierung von Lehren und Praktiken neuer religiöser Bewegungen in die Gesellschaft geführt haben.[136]

---

133 Hero 2010, 47.
134 Siehe dazu Stander 2013, 88f.
135 Hannig 2010, 396.
136 Vgl. auch Lüddeckens/Walthert 2010, 19f.

5.2.5 Die Papstwahlen – Ein Vergleich

> Aufgrund der Prominenz, seines Einflusses und der
> kulturellen und politischen Nähe besitzt der Papst
> für die Medien einen hohen Nachrichtenwert.
> KLENK 2014, 87

Im Folgenden wird nun auf die Papstwahlen eingegangen, um vergleichend darzulegen, welche Darstellungsschwerpunkte hinsichtlich der Berichterstattung gelegt
werden: Was wird getitelt bzw. was wird explizit nicht getitelt, und was ist somit
berichtenswert auf der so wichtigen Titelseite? Die Daten der drei Papstwahlen dienen dabei als Schnittstelle, bei denen sich zeigt, wie das Ereignis in den Magazinen
auf unterschiedliche Art und Weise aufgenommen wurde.

Abbildung 54: 16.10.1978 – Johannes Paul II.,
Stern 44/1978, Spiegel 43/1978

Abbildung 55: 15.04.2005 – Papst Benedikt XVI., Stern 18/2005, Spiegel 33/2005,
Spiegel 13/2005

Abbildung 56: 13.03.2013 – Papst Franziskus, Spiegel 12/2015, Stern 12/2013,
Stern 13/2013

16.10.1978 – Johannes Paul II.

Am 16. Oktober 1978 wird Papst Johannes Paul II. als erster Nicht-Italiener zum Papst gewählt, er kommt aus dem kommunistischen Polen. Beide Magazine greifen die Wahl auf ihrem Titelblatt auf und titeln ein großes Porträt von Johannes Paul II. In ihrer visuellen Darstellung (siehe Abb. 54) sind sie sich dabei sehr ähnlich: Als Referenzobjekt nutzen beide Magazine ein Foto, welches sich in seinem Ausschnitt gleicht. Das Porträt des Papstes, sein Kopf bzw. sein Gesicht ist im Zentrum, sein weißer Pileolus ist sichtbar. Auf der Titelseite des *Spiegel* ist sein Gesicht von schräg vorn zu sehen, der Hintergrund ist schwarz gehalten. Auf der Höhe seiner Mundpartie ist der Titel platziert. Dieser lautet in Gelb „Der Papst aus Polen –", in Weiß „die Kommunisten herausgefordert". Der Blick nach vorn visualisiert demnach die Herausforderung des Papstes. Zugleich zeigt sich anhand des Titels die politische Ausrichtung des *Spiegel*, da die Herkunft des Papstes auf die Spannungslage des polnischen Kommunismus und der Kirche bezogen wird. Auch der gelbe Schriftzug des Nebentitels verweist auf die kontroverse Lage zwischen Kirche und Kommunismus („Gott ist im Himmel, Rom ist weit und Rußland nah"). Die Titelseite des *Stern* dagegen zeigt den Papst in einer betenden bzw. in sich gehenden Pose, sein Blick ist nach unten gesenkt, der Betrachter sieht ihn von der Seite vor einem hellen Hintergrund. Somit zeigt sich ein intimer Moment. Der Papst wird ohne sein Wissen von der Seite betrachtet. Diese beobachtende, persönliche Komponente greift auch der Titel auf, der in Weiß gehalten ist: „Beim Papst zu Hause. Großer Farbbericht". Hier wird zweierlei deutlich: Zum einen verweist der *Stern* auf den Papst als Privatperson, durch den Titelzusatz „zu Hause" wird eine persönliche Komponente eingebunden. Zum anderen bezieht sich „zu Hause" auch implizit auf die polnische Herkunft des Papstes. Der Untertitel „Großer Farbbericht" markiert eine Besonderheit in den ansonsten schwarz-weiß gehaltenen Artikelgestaltung und verweist zugleich auf das Profil des *Stern*, dessen Charakteristikum die große Visualität darstellt. Trotz optischer Ähnlichkeit zeigt sich in der Titelgestaltung somit eine andere Schwerpunktsetzung: Während der *Spiegel* gemäß seiner Ausrichtung die politische Komponente hervorhebt und die Papstwahl in Bezug zum Spannungsfeld hinsichtlich des polnischen Kommunismus stellt, fokussiert der *Stern* als Unterhaltungsmagazin das private Umfeld des Papstes und macht ihn damit nahbar.

15.04.2005 – Papst Benedikt XVI.

Am 15. April 2005 erfolgt die Wahl des ersten deutschen Papstes: Joseph Ratzinger wird Papst Benedikt XVI. Wie auch in der Papstwahl zuvor titelt der *Stern* kurz danach ein großes Porträt, als Referenzobjekt dient eine schwarz-weiß-Fotografie (Abb. 55). Sie zeigt den Blick auf eine Wand und eine geöffnete Fensterlade. In der rechten Ecke des Bildes ist der Papst von der Seite zu sehen, er sitzt auf einem Stuhl und hält sich mit der rechten Hand, nachdenklich, so scheint es, die Stirn. Wie auch 1978 zeigt sich erneut ein intimer Moment, an dem der Betrachter beobachtend teilnimmt. Im Zentrum des Titelblatts sticht mittig in Gelb, insbesondere durch den schwarz-weiß-Kontrast in großen Buchstaben „Mensch Ratzinger" hervor, darunter ist in weiß getitelt „Unbekannte Einblicke in sein Leben". Das Lexem „Papst" tritt nicht hervor. Es ist demnach nicht die Amtsfigur, die hier in den Fokus rückt, sondern der „Mensch" hinter dem Amt. Die Titelunterschrift stellt dabei die Exklusivität des Magazins heraus, welches „unbekannte Einblicke", das heißt bisher nicht zugängliche Informationen über den Menschen Ratzinger verspricht. Erneut steht somit wieder die menschliche Komponente beim *Stern* im Fokus, als Mensch wie jeder andere wird demnach ein persönliches Porträt angekündigt.

Interessant ist, dass der *Spiegel* anlässlich der Papstwahl Benedikts kein eigenes Porträt auf der Titelseite hervorbringt. Die Titelseite drei Tage nach der Wahl beschäftigt sich mit Freuds Psychoanalyse. Eine Thematisierung Papst Benedikts auf dem Titelblatt erfolgt erst im August 2015, jedoch in einem anderen Zusammenhang. Mit Referenz auf Dürers „Bildnis der Katharina Fürleger" wird eine moderne Gläubige skizziert – bauchfrei, viel Haut zeigend, in Jeans. Der Titel „Gläubige, verzweifelt gesucht. Heimkehr des Papstes in ein unchristliches Land" referiert auf den Deutschlandbesuch des Papstes anlässlich des Weltjugendtags in Köln und nimmt dabei den christlichen Glaubensschwund und die Veränderung der religiösen Gegenwartskultur auf. Warum widmet sich der *Spiegel*, dessen Schwerpunkt der Papst hinsichtlich der inhaltlichen Themen darstellt, wie die obige Analyse zeigen konnte, sich jedoch nicht der Papstwahl bzw. dem neuen Papst Benedikt?

Als Erklärung lässt sich folgende These aufstellen: Bereits zuvor waren die Titelseiten von der Papstberichterstattung geprägt – nämlich vom Tod des „Jahrtausendpapstes" Johannes Paul II. Drei Titelblätter widmete ihm der *Spiegel*, davon einer als Nebentitel: „Jahrtausend Papst Johannes Paul II. Der Unsterbliche" (13/2005), „Papst Johannes Paul II. Sein letzter Kampf" (14/2005), „Das Gefühl des Glaubens. Globale Wallfahrt nach Rom" (15/2005). Die Hypothese liegt nahe, dass ein weiteres *Spiegel*-Titelblatt zum Papst-Thema hinsichtlich des neuen Papstes zu viel Raum in der Gesamttitelanzahl eingenommen hätte und der Papst als Nachrichtenfaktor damit zu dominant gewesen wäre. Hier zeigt sich erneut, welche Nachrichtenwerte und unterschiedlichen Faktoren eine Rolle spielen.

13.03.2013 – Papst Franziskus

Auch wenn man die Papstwahl um Franziskus betrachtet (siehe Abb. 56), zeigt sich eine Verschiebung des Fokus. Jorge Mario Bergolio aus Buenos Aires wird am 13. März 2013 zum Papst gewählt. Der *Spiegel* erscheint fünf Tage später und titelt ein Porträt des neuen Papstes. Es zeigt eine Montage. Die Referenzquelle ist ein Foto Bergolios, welches ihn bis zum Rumpf abbildet, seine Hände sind vor seinem Körper zusammengeschlossen, er blickt in die Ferne und hat den Mund leicht geöffnet. Sein Foto ist gelb vor einem violetten Hintergrund abgedruckt. Diese Komposition wird von dem weißen Titel überdruckt, der vom Rezipienten direkt auf das Foto bezogen wird: Ist Franziskus „Gottes bester Mann?". Stellt der *Spiegel* dies mit seinem Titel noch in Frage, wird Papst Franziskus durch den Untertitel als „moderner Reaktionär" definiert. Dieser Kontrast verdeutlicht seine Position: Ein Amtsinhaber, der zwar am konservativen Denken der katholischen Kirche festhält, dabei jedoch zeitgemäße Einstellungen und Positionen vertritt.

Der *Stern* erscheint einen Tag nach der Papstwahl und titelt ein Thema, welches nicht mit der Person Franziskus in Zusammenhang steht – naheliegend sind dabei das Erscheinen des *Stern* am darauffolgenden Tag und daher die Zeitgründe. Obwohl das Thema somit nicht das Ergebnis der Papstwahl aufgreift, ist es passend zur Papstwahl gewählt, da ein äußerst brisantes und kontroverses Thema in Bezug zur katholischen Kirche aufgegriffen wird: die Diskussion um den Zölibat. Abgebildet ist das Porträt eines in schwarz gekleideten Mannes, der den Betrachter direkt anschaut. Der Kollar kennzeichnet ihn als Priester. In großen goldenen Buchstaben ist auf der Höhe seiner Brust getitelt „Ich liebe Gott (und eine Frau)", der Untertitel gibt in weißer Schrift preis: „Katholische Priester fordern vom neuen Papst: Befrei uns endlich vom Zölibat!"

Im Sinne der Figurenrede wird dem abgebildeten Priester der Ausspruch in der ersten Person Singular zugeordnet, der Ausspruch erfährt jedoch durch den Untertitel eine Kollektivattribuierung. Der Ausspruch impliziert somit den Normverstoß gegen das von der katholischen Kirche vorgeschriebene Zölibat. Durch den Untertitel wird die Forderung einer Befreiung tituliert. In Form eines Appells an den neuen Papst und die Institution Kirche gewinnt diese Forderung an Dringlichkeit und Brisanz.

Emotionalisiert und boulevardisiert wird das Titelblatt zudem durch den Zusatz, welcher kleingedruckt neben dem Foto des Priesters abgedruckt ist: „Anton Aschenbrenner war Pfarrer – bis er Birgit traf". Der Rezipient erfährt somit nicht nur den Namen des abgebildeten Pfarrers, was eine persönliche Beziehung aufbaut und Nähe herstellt, sondern sein Einzelschicksal wird durch die Liebe zu einer Frau emotionalisiert, die namentlich auch noch genannt wird. Weitere Einzelschicksale von bereits suspendierten Pfarren bzw. anonymisierten, im Amt tätigen Pfarren stellen den Inhalt der Titelgeschichte dar.

Die Ausgabe wurde genutzt, um einen Relaunch des Heftes zu vollziehen: Dieses blieb inhaltlich gleich, Layout und Heftstruktur wurden jedoch verändert und modernisiert, die Ausgabe kostete daher einmalig nur einen Euro statt den ansonsten erhobenen 3,50 €. Hier ist besonders hervorzuheben, dass gerade dieses kirchenkritische und kontroverse Thema während des Konklaves für den Relaunch und die Präsentation des neuen *Stern*-Heftes ausgewählt wurde – es zeigt doch, dass religiöse Themen, gerade im Rahmen von gesellschaftlichen Kontroversen, medial „sichtbar" an zentralen Stellen verhandelt werden. Dass dieses Thema auf Interesse stieß, zeigen die Verkaufszahlen: Das Heft war die meistverkaufteste Ausgabe des

Jahres 2013, was sicherlich an dem günstigen Heftpreis, jedoch auch an dem kontroversen Thema liegen mag.

Wird die Wahl Franziskus durch diesen Themenfokus jedoch gar nicht thematisiert? Doch, sie erscheint auf dem eine Woche darauffolgenden Titelblatt, jedoch nur als Nebentitel. Daran ist ersichtlich, dass ihm kein großer Stellenwert beigemessen wird. Das Titelthema selbst handelt von unterschiedlichen Einkommensklassen in unterschiedlichen Berufen, dient als Ratgeber und ist somit ein klassisches Servicethema: „100 Berufe im Gehalts-Check. Verdienen Sie, was sie verdienen? So erkennen Sie, ob Sie gerecht bezahlt werden. Dazu ein paar gute Tipps, wie Sie mehr Geld bekommen." Das Ergebnis der Papstwahl und der neue Papst werden durch einen Nebentitel angekündigt: „Papst. Fröhlich und bescheiden erobert er die Menschen". Erkennbar ist zunächst die positive Attribuierung durch die Meliorativa „fröhlich" und „bescheiden". Dabei wird weder Franziskus Name genannt, noch ein kirchenpolitischer Bezug hergestellt. Ebenso wie bei den bereits benannten Titeln der Papstwahlen, steht das Menschliche im Vordergrund. Es ist die Beziehung des Papstes zu den Menschen, die hervorgehoben wird.

Als zusammenfassendes Resümee der Betrachtung der Titelseiten zu den jeweiligen Schnittpunkten der Papstwahlen lässt sich Folgendes festhalten: Das Thema des Titelblatts hängt von unterschiedlichen Faktoren ab, etwa dem Erscheinungsdatum des jeweiligen Magazins, das ein gewisses Zeitfenster benötigt, um das gesellschaftliche Ereignis der Papstwahl aufzubereiten. Zugleich spielen sicherlich die vorherigen Titelseiten eine Rolle, um eine Redundanz zu vermeiden. Explizit sichtbar zeigt sich jedoch, dass sich anhand der Repräsentation des jeweils gewählten Papstes die Ausrichtung der beiden unterschiedlichen Magazine ablesen lassen. Während der *Stern* als politische Illustrierte den Papst als Menschen hinter dem Amt und die menschlichen Beziehungen fokussiert, visiert der *Spiegel* als politisches Nachrichtenmagazin den Papst in seiner Amtsfunktion aus einer kirchenpolitischen und kirchenkritischen Sichtweise heraus an. Wie wird dies nun in den Artikeln von 1978 und 2013 selbst sprachlich und visuell umgesetzt?

Im Vergleich der beiden Artikel von 1978 zeigen sich unterschiedliche Ausrichtungen. Der *Spiegel* fokussiert explizit die Auswirkung eines polnischen Papstes auf den Kommunismus in Polen. So dient als Aufhänger die Kontroverse um die von Kommunisten gegründete Stadt Nowa Huta, die gegen den fehlenden Katholizismus rebellierte und durch heftige Auseinandersetzungen schließlich den Bau einer Kirche ermöglichte – mit Hilfe des Erzbischofs, der sich als der neue Papst herausstellt. Der *Spiegel* bindet somit bereits von Anfang die forsche Haltung Johannes Paul II. gegenüber dem Kommunismus ein. Durch einen historischen Abriss wird die katholische Prägung aber auch die Machtergreifung der Kommunisten skizziert und dabei die Besonderheit Polens als stark katholisch geprägtes und zugleich vom Kommunismus regiertes Land fokussiert. Dabei wird die Person um Johannes Paul

II. eingebunden und sein bisheriges kirchenpolitisches Wirken beleuchtet, ebenso wie seine kirchenpolitischen Chancen und Herausforderungen eruiert werden. Drei weitere Artikelelemente komplementieren dies: Ein Extra-Artikel über die Erwartung der Polen an den neuen Papst, ein Interview mit einem Jesuitenpater und Leiter einer Ordenszeitschrift über die Auswirkungen eines polnischen Papstes auf den italienischen Kommunismus sowie die persönliche Beschreibung eines polnischen Schriftstellers zur Stimmung in Polen nach der Wahl. Visuell wird diese Fokussierung durch schwarz-weiß Bilder gestützt, die jeweils in den Text mit eingebunden sind: Sie zeigen nicht nur den neuen Papst nach seiner Wahl (Bild 1), sondern auch die im Anreißer erwähnte Kirche von Nowa Huta (Bild 5). Zudem werden Bilder von Religionsausübungen bzw. Sakramenten aus Polen gezeigt, um das religiöse Polen zu visualisieren (Bild 3, 4). Auf den Kommunismus eingehend sind es Bilder von gläubigen Soldaten sowie auch eine Karikatur, die den Konflikt zwischen Kirche bzw. Kardinal und Kommunismus und die angreifende Position der Kirche aufnehmen (Bild 7, 13).

Der *Stern* dagegen greift zwar ebenfalls die Bedeutung eines Papsts aus dem kommunistisch stammenden Polens heraus. Es zeigt sich jedoch bei weitem keine so ausgeprägte kirchenpolitische Abhandlung. Gemäß dem bereits eruierten Ergebnis durch die Titelseiten, zeigt der *Stern* den Menschen hinter dem Papstamt. Dies wird bereits durch den Anreißer ersichtlich. Dieser skizziert durch einen szenischen Einstieg die Reaktion des ehemaligen Prälaten Johannes Paul II. wie auch seiner Köchin auf die Wahl des Papstes vor laufendem Fernseher. Der *Stern* fokussiert anschließend kirchenpolitisch den Einsatz Johannes Paul II. für eine deutsch-polnische Versöhnung. Darauffolgend ist es vor allem die Biographie, die im Zentrum steht und seine unterschiedlichen Stationen beleuchtet. Dabei wird auch die Kontroverse zwischen Kirche und Kommunismus aufgenommen. Stimmungen und Szenerien werden eingebunden, um den Papst etwa als nahbar zu charakterisieren: „Von diesem Bischof wurde niemand abgewiesen. Mancher Intellektueller vertrat seine Zeit im Vorzimmer, weil Wojtyla das Gespräch mit einer alten Bäuerin nicht abbrechen wollte. Er kannte jeden Priester in seinem Bistum persönlich." (Z. 172). Zudem werden persönliche Details über den Papst herausgestellt, die im *Spiegel* aufgrund der kirchenpolitischen Fokussierung nicht auftreten (1). Der *Spiegel* dagegen nutzt etwa detaillierte Fakten über seinen akademischen Werdegang (2), der auch in einem kirchenpolitischen Zusammenhang eingeordnet wird und welcher im *Stern* etwa gar nicht erst hervortritt (siehe Tab. 87).

Tabelle 87: Textbelege zu Details

		Textbelege
1) Persönliche/ familiäre Details	*Stern*	• „Während des Krieges starben sein Vater und sein 14 Jahre älterer Bruder. Die Mutter hatte Wojtyla schon mit neun Jahren verloren", Z. 410 • „‚Ich brauche 300 Stunden Sport im Jahr‘, sagte er einmal einem Freund, und das war für den begeisterten Skiläufer und Kanufahrer keine Koketterie. Das Motorradfahren gab er erst auf, nachdem er schon einige Jahre Bischof war", Z. 191 • „griff am Abend gern selbst zur Gitarre", Z. 202 • „Nach Feierabend spielte er in einer Theatergruppe, der er sich 1983 angeschlossen hatte, und die jetzt im Untergrund verschwinden mußte", Z. 392
2) Details über den akademischen Werdegang	*Spiegel*	• „Er promovierte 1948 mit einer Arbeit über ‚Das Problem des Glaubens beim Heiligen Johannes vom Kreuz‘, eines spanischen Mystikers, der im Rom dieser Jahre nicht gerade zu den favorisierten Vorbildern der Kurie zählte", Z. 391 • „An der ehrwürdigen Jagiellonen-Universität von Krakau, zu dieser Zeit das Zentrum der antikommunistischen Klerikalen, setzt er seine Studien fort und habilitierte sich mit einer Schrift über die ‚Möglichkeiten der Entstehung der katholischen Ethik in Anlehnung an das System von Max Scheler‘, Z. 402

Seinem Profil folgend zeigt der *Stern* eine sechzehnseitige bunte Bilderstrecke, in der insbesondere das katholische Polen visualisiert wird: Großflächige Fotos zeigen Kirchenfeste und Sakramente (Bilder 2-11). Der Artikel selbst ist von persönlichen Bildern Johannes Paul II. geprägt, die unterschiedliche Stationen seines Lebens zeigen: Fotos von ihm als Baby, mit seiner Mutter, beim Wandern, als junger Priester, beim Spaziergang mit seiner Tante umranden den Artikel bzw. nehmen zum Teil mehr Platz ein als der eigentliche Text (Bilder 12-19). Das Schicksal des frühen

Verlusts seiner Eltern sowie sein Hobby, der Sport, werden durch Text-Bild-Bezüge visuell hervorgehoben, ebenso wie seine Nahbarkeit zu Studenten und der Bevölkerung allgemein.

Trotz der unterschiedlichen Fokussierung zeigen sich jedoch auch inhaltlich ähnliche Passagen, an denen gut der unterschiedliche Stil der beiden Magazine herausgearbeitet werden kann. Ist der Artikel des *Stern* vor allem durch seine opulenten, bunten Bilder geprägt, ist es beim *Spiegel* die Informationsdichte, die auf elf Textseiten hervortritt. In dem folgenden Auszug zur katholischen Kirche im polnischen Kommunismus wird zweierlei erkennbar: Zum einen zeigt sich bei beiden die Verwendung rhetorischer Stilmittel zur Hervorhebung der Einzigartigkeit der katholischen Kirche im kommunistischen Polen (beim *Spiegel* anaphorischer Parallelismus, beim *Stern* die Personifizierung der Kirche), zum anderen zeigt sich, dass beim *Spiegel* die Informationsdichte durch den hypotaktischen Stil noch höher ist (siehe Tab. 88).

Tabelle 88: Textbeleg zur Informationsdichte über die katholische Kirche in Polen

	Informationsdichte über die katholische Kirche im polnischen Kommunismus
Spiegel	• „Nirgendwo gehen heute noch so viele Menschen an so vielen Feiertagen in die Kirche. Nirgendwo sonst erhalten 90 Prozent aller schulpflichtigen Kinder – in kircheneigenen Räumen – Religionsunterricht. In keinem anderen kommunistisch regierten Land gibt es eine so lebendige Kirche – eine immer noch antikommunistische Organisation mit Glückseligkeits-Anspruch und mit über 30 000 hauptamtlichen Funktionären. Die Geschichte dieses Staates [...] erklärt die einzigartige Synthese zwischen Nationalismus und katholischer Religion [...]“, Z. 244
Stern	• „Die katholische Kirche in Polen hat in den vergangenen Jahren etwas Ungewöhnliches fertiggebracht. Sie ließ sich auf das Zusammenleben mit einer atheistischen Macht ein, ohne faule Kompromisse zu schließen und bei ihren Anhängern unglaubwürdig zu werden. Sie hat jeden Sonntag 70 Prozent aller Katholiken in den Kirchen und 5000 angehende Priester in den Seminaren“, Z. 618

Ebenso zeigt sich bereits hier ein gehobener Sprachstil beim *Spiegel*, während der *Stern* einen eher am mündlichen Sprachgebrauch orientierten Stil aufzeigt, etwa durch das Partizip „hat fertiggebracht“ oder das Idiom „faule Kompromisse“ (siehe Tab. 88).

Die stilistische Differenzierung und Informationsdichte lässt sich exemplarisch an folgenden Beispielen aufzeigen, welche das Verhalten des Papstes gegenüber dem Staatssystem beschreiben und seinen Hirtenbrief 1978 hervorheben. Der *Spiegel* gibt zusätzliche Informationen zum Hirtenbrief, die der *Stern* nicht weiter ausführt. Während der *Spiegel* zudem die forsche Haltung des Papstes in einem kontrastierenden Vergleich ausdrückt, wird der Papst im *Stern* umgangssprachlich als „kein Drückeberger" charakterisiert (siehe Tab. 89).

Tabelle 89: Textbelege zu stilistischer Differenzierung und Informationsdichte

	Stilistische Differenzierung und Informationsdichte
Spiegel	• „Im Gegensatz zu dem 19 Jahre älteren Polen-Primas Kardinal Wysznski hat der Krakauer Bischof den Zusammenstoß mit der Obrigkeit nie gesucht, aber er ist Konflikten mit der weltlichen Macht auch nie ausgewichen", Z. 440 • „Zwei Wochen vor seiner Abreise zum Konklave in Rom verfaßte er einen Hirtenbrief, in dem alle polnischen Bischöfe die Abschaffung der Zensur verlangen – ohne die, das wissen sie, ein Ein-Partei-System nicht existieren kann", Z. 564
Stern	• „Wenn es jedoch um Prinzipien ging, war der Krakauer Kardinal kein Drückeberger. Er gilt als Verfasser eines Hirtenbriefes, der im September 1978 von allen Kanzeln in Polen verlesen wurde: ‚Die staatliche Zensur war schon immer die Waffe totalitärer Systeme.' Ein weiterer Beweis für seine Unerschrockenheit", Z. 277

Zusammenfassend lässt sich festhalten, dass sich anhand der Papstrepräsentation die Ausrichtungen der beiden Magazine, eines politischen Nachrichtenmagazins, sowie eines Unterhaltungsmagazins im Jahr 1978 deutlich darlegen lassen.

Auch im Jahr 2013 ist diese unterschiedliche Perspektivierung klar erkennbar. Allein ein Blick auf die Akteure, die benannt werden und deren Statements einfließen, zeigt eine deutliche Tendenz (siehe Tab. 90).

Tabelle 90: Auflistung auftretender Akteure

	Akteure
Spiegel	• Kardinal Karl Lehmann, Mainzer Bischof, Z. 24 • Kardinal Rainer Maria Woelki, Berlin, Z. 125 • Kardinal Christoph Schönborn, Wien, Z. 198 • Padre Guillermo Torre, Z. 245 • Pastoraltheologe Michael Sievernich, Z. 295 • Jesuitenpater Guiullermo Ortiz, Z. 326 • Kirchenkritiker Horacio Verbitsky, Z. 407 • Ein prominenter deutscher Kardinal, Z. 504 • Kardinal Reinhard Marx, München, Z. 560 • Vatikan-Veteran Marco Politi, Z. 576
Stern	• Gustavo Vera, Organisation La Alameda, Freund des Papstes, Marxist, Z. 15 • Pater Marcó, Sprecher und Assistent, Leiter Priesterseminar, Z. 131 • Rodolfo Yorio, Bruder des Jesuiten Orlando Yorio, Z. 245 • Rosa Tarlovsky, Menschenrechtsorganisation, Z. 281 • Einer der Priester, Z. 346 • Rita Fernandez, aus dem katholischen Wohnheim, Z. 349 • Pater Pepe, Priester aus Villa 21, Z. 384

Während der *Spiegel* seinen Blick auf kirchliche Akteure lenkt und damit den Papst als Amtsträger fokussiert, richtet der *Stern* den Blick auf die Wirkungsstätte des Papstes in seiner Zeit vor dem Amt in Buenos Aires, um den Papst als Menschen vor seinem Amt zu porträtieren. Beide Magazine betrachten den Papst so aus einem unterschiedlichen Blickwinkel.

Dies zeigt sich auch anhand der visuellen Gestaltung, hierbei muss jedoch die Tatsache bedacht werden, dass es sich bei dem Artikel des *Stern* nicht um eine Titelgeschichte handelt, sodass keine Bilderstrecke vorhanden ist. Auch der Papst selbst ist nur auf einem kleinen Foto im Infokasten abgebildet (Bild 4). Der Fokus liegt auf der Visualisierung der Wirkungsstätte des Papstes in Lateinamerika. Große Fotos zeigen einen Einblick in einen der Slums in Buenos Aires sowie Priester aus dem Gemeindeviertel Bergoglios (Bild 1, 2). Auch kleinere Porträtfotos der im Artikel interviewten Personen sind abgebildet, um den Artikel zu personalisieren (Bild 3, 5, 6). Eine plakative Differenzierung in „Freunde", „Schüler" und „Feinde" zielt auf Franziskus ambivalente Vergangenheit ab. Ebenfalls zum Artikel zugehörig ist eine Doppelseite, auf der Zitate von „Christen, Anders- und Ungläubigen", darunter auch Prominente, abgedruckt sind, die ihre Anforderungen an den Papst formulieren.

Der *Spiegel* dagegen bindet Fotos des Papstes mit ein, in seinem Amt, in einer U-Bahn, in einem Kinderhospiz (Bilder 1-3). Zudem werden der Petersdom und auch der Vatikan abgebildet ebenso wie eine Kommunionsfeier in Nicaragua (Bild 8, 10). Auch wird die Titelgeschichte durch eine Grafik zur katholischen Weltbevölkerung, einem Interview mit einem Befreiungstheologen und Vatikan-Kritiker, einem Interview mit dem Direktor der Finanzaufsicht des Vatikan sowie einem Kommentar mit den Forderungen an den neuen Papst komplementiert. Insgesamt wird dadurch die kirchenpolitische Sichtweise gegenüber der argentinischen Wirkungsstätte visualisiert.

Nichtsdestotrotz werden ähnliche Inhalte in beiden Magazinartikeln porträtiert: Franziskus' kontroverse Persönlichkeit,[137] seine umstrittene Vergangenheit,[138] auch seine damaligen Hobbies und Lebensweisen bringen beide in ähnlicher Weise mit ein.[139] Jedoch zeigt sich die unterschiedliche Aufbereitung auch weiterhin sprachlich. Die Hauptbestandteile des *Stern*-Artikel bestehen aus Einzelporträts von Menschen, die Bergoglio nahestanden. Durch die wörtliche Rede wird dabei ein Beisein des Reporters suggeriert, was faktisch nicht möglich ist, und demnach nur aus der Erinnerung des jeweils interviewten Menschen resultiert (Z. 81 „Da lachte Bergoglio", Z. 85 „Bergoglio antwortete: ‚Oh nein! Ein paar gute Gedanken, das reicht'").

Durch die Szenerien werden Stimmungen präsentiert. Der Papst wird implizit durch die porträtierten Menschen charakterisiert, da seine Beziehung zu ihnen, sein Einfluss und seine Handlungen in der alten Heimat in den Vordergrund rücken, die geprägt waren, so vermittelt es der Artikel, von Demut und Hingezogenheit zu den Armen (siehe Tab. 91).

---

137 *Spiegel*: Überschrift „Nahbare", Z. 456 „Armenpapst" Z. 435 „Jesuitenchef"; *Stern*: Überschrift „Mann von der Straße", Z. 162 „lebenslustiger Mann", Z. 101 „Hardliner".

138 *Spiegel*: Bildunterschrift Bild 6 „War er Komplize des Militärs?", *Stern*: Zwischenüberschrift „War er Komplize der Juntas?".

139 *Spiegel*: Z. 282 „Er wird Chemietechniker, ist in seiner Jugend ein leidenschaftlicher Tangotänzer und hat sich als junger Mann auch mal verliebt", *Stern*: Z. 297 „Er ist ein Asket, der früher gern rauchte, sich auch mal verliebte, leidenschaftlich Tango tanzte."

Tabelle 91: Textbelege zur impliziten Charakterisierung Franziskus durch Szenerien

Stern	Textbelege
Implizite Charakterisierung Franziskus durch Szenerien	• „Pater Marcó trägt abgewetzte Jeans und ein einfaches Hemd wie viele Geistliche, die unter Bergoglio aufgewachsen sind", Z. 146 • „Einer, der ihm sehr nahesteht, ist Pater Pepe aus der Villa 21. Bart, lange Haare, 50 Jahre alt", Z. 383 • „Rita ist arm, eine rundliche Frau, die mit ihrem Mann sieben Kinder großzieht, im katholischen Wohnheim Juan Pablo II. Sie holt ein Foto hervor. Es zeigt Bergoglio, sie selbst und ihren Sohn bei der Kommunion. Es gab an jenem Tag Locro, ein argentinisches Nationalgericht, ein Eintopf mit Mais und Fleisch. ‚Wir saßen alle um den Tisch, und er hat uns bedient', sagt Rita. ‚Er uns!', Z. 354 • „Der Weg ins Elendsviertel Villa 21 führt vorbei an Bergen von Müll und klapprigen Hütten aus Wellblech und Backsteinen, durch die der schon kühle Herbstwind vom Rio de la Plata fegt. Bergoglio kam oft und immer zu Fuß in die Villa 21. Wenn er so etwas wie ein Zuhause hat, dann in den Villas Moiserias, den Slums der Hauptstadt", Z. 309 • „150 Kinder tanzen und rennen umher. Jugendliche trommeln. Trompeten spielen. Liebespaare knutschen. Straßenhunde jagen sich. Ein Pater ruft: ‚Viva el papa!' Die Menge jubelt", Z. 440

Dabei fallen beim *Stern* der parataktische Satzbau[140] und die Ellipsen auf. Orientiert am mündlichen Sprachgebrauch[141] wird der emotionale Gehalt somit noch mehr verstärkt, wie auch die folgenden Beispiele zeigen, in denen Bergoglio direkt charakterisiert wird (siehe Tab. 92).

---

140 Die Charakterisierung des Papstes durch persönliche Information in Form von Parataxen zeigt sich auch im *Stern*-Porträt (18/2005) über Papst Benedikt XVI. Als Beispiele lassen sich anführen: „Er verehrt Mozart. Keine Unterkunft kann ihm schlicht genug sein. Er mag unkomplizierte Gerichte, insbesondere Apfelstrudel und Dampfnudeln. Auf Alkohol reagiert der Kardinal allergisch (trotzdem sieht man ihn auf Fotos manchmal mit einem Bierglas.", „Ratzinger ist Klassenprimus, seine Kameraden lässt er in Griechisch und Latein abschreiben." (*Stern* 18/2005).

141 Siehe auch Fußnote 139.

Tabelle 92: Textbelege zum parataktischen Satzbau und Ellipsen

Stern	Textbelege
parataktischer Satzbau und Ellipsen	• „Ein Konservativer und Kapitalismuskritiker. Ein einfach lebender Mann, der durchaus komplex ist. Und gern dazulernt. Das sagen alle über ihn. Er lernt ständig dazu. Von Linken, Rechten, Juden, Muslimen, Drogenabhängigen, Armen. Vor allem von den Armen.", Z. 300 • „Bergoglio ist in solchen Momenten Diener. Beobachter. Zuhörer.", Z. 365 • „Er spricht meist sanft, selten wird er laut.", Z. 369

Auch der *Spiegel* macht sich szenische Beschreibungen zu Nutze, jedoch nicht in dieser Fülle. Das Hauptaugenmerk des Artikels liegt auf den Statements der Kardinäle, sowie den Forderungen und Anforderungen des neuen Papstes. Jedoch werden vereinzelt Szenarien genutzt, um seinen demütigen Charakter innerhalb der kurzen Zeit seines Papstamtes zu betonen. Dabei nutzt der *Spiegel* im Gegensatz zum *Stern* hypertaktische Sätze, die ihre Pointe in einer finalen Parataxe besitzen und dadurch einen Spannungsbogen aufbauen (siehe Tab. 93).

Tabelle 93: Textbelege zu Hypotaxen

Spiegel	Textbelege
Hypotaxen	• „Zweimal, dreimal wird noch geklopft, dann tritt in einer schlichten weißen Soutane der neue Papst Franziskus heraus. Den Streit mit seinem Hofstaat um die Kleiderordnung hat er für sich entschieden, demonstrativ macht er weiter. Er sieht nicht nach links, nicht nach rechts, durchschreitet die Sixtinische Kapelle, bis er zu einem Kardinal tritt, der in einem Rollstuhl am Konklave teilgenommen hat. Ihn umarmt er als Ersten.", Z. 159 • „Am nächsten Morgen holt er persönlich die Koffer aus dem Gästehaus ab, in dem er bis zur Papstwahl gewohnt hat, zahlt die Rechnung aus seinem Portemonnaie und geht zu Fuß in den Apostolischen Palast. Um Papst zu sein.", Z. 187

Statt vermehrter szenischer Elemente dienen dabei vielmehr Hintergrundinformationen und Fakten dazu, den Sachverhalt aufzubereiten, und ihn noch dichter zu gestalten, wie sich am direkten Vergleich zum Untersuchungsbericht zu Vatileaks zeigt (siehe Tab. 94).

Tabelle 94: Textbeleg zur Informationsdichte am Beispiel des Untersuchungsberichts zu Vatileaks

Informationsdichte am Beispiel des Untersuchungsberichts zu Vatileaks
Spiegel	• „Vier Kardinäle, unter ihnen der Deutsche Walter Kasper, forderten schon im Vorkonklave Auskunft über den geheimnisumwobenen Untersuchungsbericht zu Vatileaks. Drei emeritierte Bischöfe, alle über 80 Jahre alt, hatten ihn verfasst, 300 Seiten soll er dick sein, verschlossen im päpstlichen Safe. Er soll die Hintergründe zu der Affäre um die Dokumente vom Papstschreibtisch liefern, die der Kammerdiener, wohl im Auftrag von Hintermännern, gestohlen und an die Medien weitergegeben hatte.", Z. 630
Stern	• „Womöglich fürchtet er, sein persönliches Tableau könnte an Vatileaks und all den anderen Skandalen zerschellen, die seit Langem die Schlagzeilen beherrschen. Wenn sich Franziskus am Samstag mit Benedikt trifft, dann auch um sich über den Untersuchungsbericht zu informieren, den eine Kommission im Auftrag des alten Papstes erstellt und im Dezember übergeben hat.", Z. 410

Ersichtlich ist die höhere Informationsdichte, die beim *Spiegel* zum Untersuchungsbericht vorliegt. Die Informationen werden im *Stern*-Artikel nicht genannt.

Im vorliegenden Artikel lassen sich, wie auch im Jahr 1978, Unterschiede im Sprachstil erkennen. Während der *Spiegel* Bergoglio als Vertreter einer konservativen Position skizziert, wird er im *Stern* durch das umgangssprachliche Lexem „Hardliner" betitelt. Spricht der *Spiegel* allgemein umfassend von Bioethik, fokussiert der *Stern* sich auf Abtreibung. Auch bei dem Lebenswandel der Bischöfe zeigen sich unterschiedliche Stilarten. Fokussiert der *Spiegel* die Statussymbole der Bischöfe in Form einer Akkumulation und nutzt Wirtschaftsmetaphorik, verwendet der *Stern* negativ konnotiertes Vokabular („ausgelatscht", „Kassenbrille"), um Bergoglios Einfachheit dem Prunk der Bischöfe gegenüberzustellen. Dabei wird auch die Redewendung „Prinz spielen" referiert und diese in Form eines Rollentauschs verkehrt („Diener sein"), es zeigt sich eine Orientierung am mündlichen Sprachgebrauch (siehe Tab. 95).

Tabelle 95: Textbelege zur Gegenüberstellung der konservativen Position des
Papstes und dem Lebenswandel der Bischöfe

	Spiegel	Stern
Konservative Position des Papstes	• „Er vertrat dort alle konservativen Positionen seiner Kirche, in der Bioethik wie in der Frage der Homo-Ehe. Im italienischen Rimini fand er sich zu den jährlichen Treffen der konservativen innerkirchlichen Bewegung Communione e Liberazione ein", Z. 475	• „Ein Hardliner gegen Schwulenehe und Abtreibung, aber auch gegen Konsumwahn und exzessiven Kapitalismus", Z. 101
Lebenswandel der Bischöfe	• „Nach der Wahl von Rom haben sie alle die päpstliche Vorgabe von Bescheidenheit und Demut gelobt. Schneller, als manchem Bistumskönig hierzulande lieb ist, könnte das nun zur Messlatte für sie selbst werden. Verschwendung von Kirchensteuern, prunkvolle Bischofssitze, dunkle Dienstlimousinen mit Fahrer, gutgefüllte Weinkeller, üppiges Hauspersonal – ab sofort stehen Luxus und die Machtinsignien der deutschen Bischöfe zu Disposition", Z. 770	• „Er wird die Korruption nicht ausmerzen können, aber es wird Kardinälen schwer fallen, Prunk und Machtinsignien zur Schau zu stellen, wenn Bergoglio mit ausgelatschten Schuhen und schiefer Kassenbrille in die Kirchen einzieht. Kein Kardinal wird es sich mehr leisten können, Prinz zu spielen. Sie müssen jetzt Diener sein", Z. 116

Die Feinanalysen (Kapitel 5.2.1. bis 5.2.4) zeigen, dass sich beide Magazine innerhalb der Themenbereiche bestimmter Wortfelder, Emotionalisierungsstrategien, Metaphern sowie Text-Bild-Elemente bedienen, um den Sachverhalt zu veranschaulichen aber auch zu perspektivieren. In einem direkten Vergleich anhand der Papstrepräsentation nach den jeweiligen Wahlen wird das Genre (politische Illustrierte und politisches Nachrichtenmagazin) anhand der Schwerpunktsetzung und ausgewählter Beispiele deutlich. Während der *Spiegel* den Fokus, durchaus auch kritisch, auf die Kirchenpolitik legt und dabei in Form von gehobenerem Sprachstil detaillierte Hintergrundinformationen präsentiert, lässt der *Stern* mehr Raum für persönliche, emotional aufgeladene, am mündlichen Sprachgebrauch orientierte (und dadurch emotional verstärkte) Porträts der Menschen hinter dem Amt.

6. Zusammenführung der Ergebnisse

6.1 RELIGION IN *STERN* UND *SPIEGEL* VON 1960 BIS 2014

Zuerst war es ein Anliegen der Studie festzustellen, wie der Gesamtdiskurs Religion mit seinen unterschiedlichen Diskurssträngen auf den Titelseiten der Magazine *Stern* und *Spiegel* im Zeitraum von 1960 bis 2014 repräsentiert wird. Dabei lag die Annahme zu Grunde, dass sich der Formenwandel von Religion auch sichtbar in der medialen Repräsentation und dem Vorkommen auf den Titelseiten zeigt und als Einschnitte nicht nur die Iranische Revolution, sondern vor allem auch der 11. September 2001 geltend gemacht werden können. Als erstes Ergebnis lässt sich festhalten, dass Religion auf den Titelseiten der beiden untersuchten Zeitschriften alles andere als unsichtbar, sondern höchst sichtbar repräsentiert wird. Im untersuchten Zeitraum treten immer wieder Titelblätter mit einem Religionsbezug auf. Dabei konnte die aufgestellte Hypothese verifiziert werden. Anhand des Materials wird eine Zunahme von Titelseiten mit Religionsbezug nach 1979 ebenso deutlich wie nach 2001, was sich einerseits durch die Iranische Revolution, andererseits mit den Anschlägen des 11. September 2001 begründen lässt und ein gesteigertes mediales Interesse an religiösen Themen aufzeigt. Insgesamt kristallisieren sich folgende thematische Diskursstränge auf den Titelseiten von *Stern* und *Spiegel* heraus: 1) Kirche, Katholizismus, Christentum, Papst, Glaube/Glaubensfragen, Themen mit Bezug zu Gott, 2) Neue religiöse Bewegungen, „Sekten", Spiritualität, Alternative Medizin, 3) Religionen, Islam, Judentum, Buddhismus, 4) Wissenschaft. Dabei zeigen sich unterschiedliche Themenschwerpunkte, die aus dem Profil der jeweiligen Zeitschriften resultieren, wie das folgende Kapitel (6.2) näher ausführen wird.

Als größten Unterschied lässt sich festhalten, dass der *Spiegel* als politisches Nachrichtenmagazin eher kirchenpolitische Titelthemen fokussiert und somit das Christentum und damit auch die Kirchen und den Papst in den Fokus stellt, während sich beim *Stern* ein Schwerpunkt hinsichtlich neuen religiösen Bewegungen und Spiritualität feststellen lässt. Diese Schwerpunktsetzung erklärt auch den Anstieg der Titelblattanzahl in den Jahren 1985 bis 1988 beim *Stern*, in denen die Entfaltung „neuer Religiosität" medial thematisiert wird. Bereits hier zeigt sich der Mehrwert eines breit gefassten Religionsbegriffes, der diese Ergebnisse erst zu Tage bringt.

Die thematischen Schwerpunkte und Entwicklungen sowie Zeitmarker deuten bereits auf ein weiteres zentrales Ergebnis hin: Der Formenwandel von Religion sowie ein Wertewandel der Gesellschaft hin zu einer Ich-Gesellschaft lässt sich anhand der Titelseiten ablesen und wird – und damit bestätigt das Material Hannigs These – zugleich durch diese Titelung, die einen Part der Medialisierung darstellt, erst hervorgebracht. Die gesellschaftlichen Veränderungen und die daraus resultierende Medialisierung sowie der daraus entstehende Formenwandel von Religion sind demnach eng verzahnt und verknüpft (siehe Kap. 6.3).

Entgegen Casanovas Annahmen der Deprivatisierungsschübe der 1970er und 1980er Jahre, sind es die von Umbrüchen gezeichneten 1960er Jahre,[1] in denen Religion in *Stern* und *Spiegel* verstärkt sichtbar wird. Gesellschaftliche Veränderungen in dieser Umbruchsphase betreffen auch den religiösen Bereich. Die beiden Zeitschriften nehmen diese Themen auf. So sind es kritische Berichterstattungen über das Christentum und die Kirchen, die die Agenda dominieren, etwa sexualmoralische Kontroversen, Dispute um die Kirchensteuer oder Glaubensumfragen, die eine Entkonfessionalisierung andeuten und dabei inhaltlich auf Säkularisierungstendenzen, Pluralisierung und Individualisierung eingehen, ohne diese jedoch explizit zu benennen. Die Loslösung der institutionellen Religion zeichnet sich jedoch ab, die zudem durch *Stern* und *Spiegel*, die eine „Kirchenkrise" propagieren, zusätzlich hervorgebracht und verstärkt wird. Das Wissen einer Wandlung des religiösen Feldes wurde damit medial verbreitet. Knoblauch sieht unter anderem in dieser Medialisierung seine populäre Religion begründet: „So deutet sich in den 1960er- und 1970er Jahren schon an, was hier als populäre Religion bezeichnet wird. Die Medien selbst übernehmen die Thematisierung der Religion; sie thematisieren die herkömmliche Religion auf eine neue kritische Weise, und sie thematisieren andere Formen der Religion."[2] *Stern* und *Spiegel* stellen somit einen Part dieser Medialisierung dar, die zusätzlich die Kirchenkritik medial hervorbringt. Die Fragen nach Glaubensinhalten und Sinnhaftigkeit von Glauben bleibt dabei ein konstantes Titelthema, welches vor allem aufgrund religiös motivierter Konflikte nach 9/11 gehäuft im *Spiegel* hervortritt. Sind die 1960er und auch die 1970er Jahre von kritischen Themen zum Christentum geprägt, sind diese in den 1980er Jahren nicht präsent, treten jedoch in den 1990er und 2000er Jahren wieder verstärkt kritisch hervor. Im Fokus steht dabei die katholische Kirche, die im Zusammenhang mit Skandalen und brisanten Themen auf die Titelseite rückt. Moral- und Normverstöße do-

---

1 Vgl. auch Hannig 2010, 387.
2 Knoblauch 2009, 206.

minieren die Agenda. Die protestantische Kirche dagegen wird äußerst marginal repräsentiert. Des Weiteren ist der Papst als zentraler Repräsentant des katholischen Christentums häufig präsent und dient oft als Anlass für eine Titelgeschichte des *Spiegel*, insbesondere anlässlich der Papstwahlen. Dabei konnte herausgearbeitet werden, welche unterschiedlichen Repräsentationen der jeweiligen Päpste sprachlich sowie visuell konstruiert werden: vom scheiternden Papst Pius, über den Medienpapst Johannes Paul II., den unbeliebten Papst Benedikt bis hin zum neuen und reformerischen Papst Franziskus.

Hinsichtlich des Christentums lässt sich ein mediales Interesse am christlichen Kulturgut ab den 2000er Jahren postulieren, etwa an Jesus, Maria, der Bibel, der Schöpfung, aber auch der Moral, durchaus auch an Skandalen und Personalisierungen orientiert. Dies zeigt sich auch im Vergleich zu anderen Religionen, zum Beispiel anhand der unterschiedlichen Weltreligionen, Heiligen Schriften, Geboten, dem Weihnachtsfest, ebenfalls anhand von Religionskonflikten. Wird das Christentum dabei durchaus kritisch betrachtet, etwa durch die Hinterfragung religiösen Kulturguts aus wissenschaftlich-rationaler Perspektive, erscheint es doch bei beiden Magazinen als Fundament der Kultur. Dezidiert christliche Perspektiven treten hervor. Dies zeigt sich insbesondere anhand der Themenkategorie Gott, aber auch anhand der an den größten christlichen Feiertagen, Ostern und Weihnachten, orientierten Titelung von religiösen Themen, die sich jedoch nicht immer zwingend auf die christliche Religion beziehen. Insgesamt kann somit die Hypothese eines hohen Aufkommens christlicher Themen, vor allem in Bezug auf die katholische Kirche, auch für die Titelthemen von *Stern* und *Spiegel* bestätigt werden, ebenso wie eine verstärkte Titelung religiöser Themen an christlichen Feiertagen.

Wie lässt sich dieses Aufkommen erklären? Als Erklärungsmuster kann auf die Studie zur Befragung der „Meinungsmacher"[3] zurückgegriffen werden. Die befragten Journalisten führen vor allem vier Erklärungen an,[4] die als Erklärung für die Titelung von *Stern* und *Spiegel* herangezogen und erweitert werden können. So wird die Sichtbarkeit und die öffentliche Präsenz des Christentums erstens, ganz im Sinne von Bruce These des Cultural Defense[5] als Reaktion auf den Islam aufgefasst. Die Terroranschläge des 11. September 2001 sowie auch die verstärkte Migration von Muslimen werden als Motive zur Hinwendung zum christlichen Glauben angesehen. Zweitens wird den Kirchen nach wie vor eine große Rolle als ethisch orientierter Akteur und dem Christentum allgemein als Basis für Moral und Lebensorientierung eine gesellschaftliche Bedeutung zugeschrieben. Dass die christliche Kultur somit nach wie vor eine große Rolle spielt, zeigt sich auch an den gehäuften Titelungen religiöser Titelthemen von *Stern* und *Spiegel* an den beiden größten christli-

---

3 Gärtner et al. 2012, Gärtner 2014.

4 Vgl. Gärtner et al. 2012, 120-122; Gärtner 2014, 185f.

5 Vgl. Bruce 2011, 49f., siehe auch Kapitel 2.1.

chen Feiertagen Weihnachten und Ostern. Als dritter Punkt wird der Eventcharakter religiöser Großveranstaltungen herausgestellt. Dabei wird insbesondere auf den Weltjugendtag und die Papstwahlen verwiesen. Viertens wird ein mediales Interesse an charismatischen Individuen und personifizierten Leitbildern herausgestellt, welches bereits durch die Repräsentationsfigur des Papstes gegeben ist. Diese Erklärungen erscheinen auch in Bezug zu den Befunden als schlüssig. Warum ist jedoch der Protestantismus auf den Titelseiten so unterrepräsentiert? Als Erklärung dient dabei bereits die Konstitution der beiden christlichen Religionen im Zusammenhang mit den massenmedialen Eigenlogiken, wie den Nachrichtenwerten und Aufmerksamkeitskriterien. So ist das katholische Christentum bereits durch die Repräsentationsfigur Papst und die religiösen Großveranstaltungen massenmedial anschlussfähig. Diesen Aspekten kommen im Protestantismus keine große Rolle zu bzw. sind nicht vorhanden. Zudem ist der Katholizismus durch sein enges Regelwerk konstituiert und erhält besonders bei Verstößen gegenüber diesen hohe mediale Aufmerksamkeit. Durch strikte Vorgaben, wie die Sexualmoral oder Leben in Armut, werden Angriffsflächen geboten und gleichzeitig Skandale und Einzelfälle hervorgehoben, die gegen diese vermeintlich veralteten Vorgaben verstoßen. Gärtner et al. (2012) führten ihre Interviews im Zeitraum von Juni 2006 bis April 2007, große Moral- und Normverstöße erfolgten jedoch besonders in den darauffolgenden Jahren. Als weitere und somit fünfte Erklärung für eine Sichtbarkeit sind somit Normverstöße und Skandale, die zwar bereits in den 1990er Jahren auftraten, jedoch gerade auch in den letzten Jahren aufgrund diverser Ereignisse in der katholischen Kirche (Missbrauchsskandal, luxuriöses Leben eines Bischofs, Exkommunikationsaufhebung eines Holocaustleugners, Rücktritt eines Papstes, Vatileaks) mediale Aufmerksamkeit erfuhren.

Zurückgehend in die 1970er Jahre sind die Titelthemen von aufkommenden Konflikten geprägt, insbesondere der Islamischen Revolution und ihren Folgen. Hierbei wird ein negatives Islambild vermittelt, welches nach 2001 noch weiter verstärkt wird und auch trotz des Arabischen Frühlings auf den Titelseiten keine Modifizierung aufweist. Die Anschläge auf die Redaktion der französischen Zeitung *Charlie Hebdo* zeigen, zumindest auf den Titelseiten des *Stern,* eine weitere Verknüpfung des Islams mit Terror und Gewalt. Zudem werden seit 2001 diverse Kontroversen hinsichtlich der kulturellen Fremdheit des Islams in einem christlich geprägten Land auf den Titelseiten fokussiert, was erneut die These der Cultural Defense verstärkt.

In den 1980er Jahren rückt die Berichterstattung über christliche Glaubensinhalte und die beiden Kirchen in den Hintergrund. Titelgeschichten zu neuen religiöse Bewegungen, sogenannten ‚Sekten' sowie spirituelle Themen sind vor allem im *Stern* präsent. Die Umbrüche der 1960er Jahre hin zu einer individualisierten Gesellschaft brachte eine Zuwendung zu alternativen Formen von Religion hervor, die sich auch medial widerspiegelt. Wurden einige neue religiöse Bewegungen dabei auch stigmatisiert, kam ihnen dennoch mediale Aufmerksamkeit zu, die des Weiteren zu einer Wissensverbreitung über „neue" Sinnkonzepte und -angebote beitrug. Eine Entgrenzung von privat und öffentlich zeigt sich auch hier, in dem private Sinnstiftungskonzepte durch Titelthemen öffentlich präsent wurden.

Werden diese Themen und Bewegungen anfangs diffamiert und zu einem negativ konnotierten Sektendiskurs etabliert, zeigt sich im Laufe der Jahre eine zunehmende Akzeptanz, die in einem zeitgenössischen medialen positiven Spiritualitätsdiskurs mündet. Dieser schließt auch die Alternative Medizin mit ein, die in der Gesellschaft verankert ist und in Kombination mit der klassischen Schulmedizin repräsentiert wird. Es lässt sich somit die These einer medialen Aufnahme von Tendenzen einer Ich-Gesellschaft bezogen auf den religiösen Bereich aufstellen, hauptsächlich jedoch für den *Stern*. Berichte über individuelle Sinnsuche und die individuelle Religiosität sowie neue Glaubenskonzepte erschienen auf den Titelseiten und wurden somit in die Öffentlichkeit getragen. Eine zunehmende Individualisierung und Subjektivierung wird vor allem durch das Narrativ der Suche und Narrativ des Selbst ersichtlich, die sich auf den Titelseiten in Bezug zu spirituellen Themen von den 1970er Jahren bis in die 2000er Jahre durchziehen.

In den 1990er Jahren treten vermehrt Auseinandersetzungen hervor. Das Judentum, über welches zunächst nur aufgrund der Shoa und dem Zusammenleben von Juden und Deutschen berichtet wird, wird zunehmend mit dem Nahostkonflikt und der Orthodoxie in Verbindung gebracht, sodass ähnlich dem Islambild, eine negative Kontextualisierung entsteht. Neben Islam und Judentum wird als weitere Religion der Buddhismus thematisiert, jedoch nur vereinzelt und meist im Zusammenhang mit dem Deutschlandbesuch des Dalai Lama oder Konflikten in Tibet. Das Material bestätigt insbesondere für den Islam, das Judentum und marginal für den Buddhismus die von anderen Studien aufgestellte These, dass Religion vor allem als Nachrichtenfaktor in Verbindungen mit Konflikten auftritt.[6] Jedoch konnte – über die bisherigen Studien hinausgehend – dargelegt werden, dass vor allem auch in den 2000er Jahren, in denen ebenfalls eine zunehmende Auseinandersetzung mit sogenannten Weltreligionen erfolgt, die Heiligen Schriften, religiöse Tradition, moderne Praxen oder gelebte Spiritualität thematisiert werden, etwa auch in Form von heftübergreifenden Serien unabhängig von Konflikten. Hier zeigt sich, dass eine Reduzierung auf die Nachrichtenwerte „Konflikt" und „Exotik" nicht haltbar ist und nach der Art des Mediums differenziert werden muss: Zeitschriften bieten dabei mehr Raum, sie sind nicht auf den Aktualitäts- und Neuigkeitswert angewiesen, wie etwa Zeitungen. Gerade im heutigen Medienzeitalter, in denen die aktuellsten „News" über das Internet abrufbar sind, ist es den Zeitschriften auch möglich The-

---

6   Vgl. Gabriel 2009b, 24f.; Gärtner et al 2012, 56; Koch 2012, 322; Hafez/Schmidt 2015, 23.

men auf die Agenda zu setzen, die keinen dringenden Neuigkeitsbezug zum akuten Tagesgeschehen haben.

Anhand der Zeitschriftentitelseiten lassen sich somit unterschiedliche Transformationen ablesen. Zum einen sind es Entkirchlichungsprozesse in den 1960er und 1970er Jahren, die mit der damaligen Umbruchsituation korrelieren. Steht vor allem die katholische Kirche in der Kritik, tritt zunehmend die Thematisierung von alternativen Formen, abweichend von den traditionellen Kirchen, auf die Agenda. Die Pluralisierung lässt sich an dem negativen Sektendiskurs belegen, der sich jedoch zu einem positiven Spiritualitätsdiskurs verschiebt und eine Entgrenzung zwischen privat und öffentlich darlegt. Zudem treten die sogenannten Weltreligionen, vor allem der Islam, vermehrt auf die Zeitschriftentitel. Individualisierungstendenzen lassen sich zum einen durch die Narrative des Selbst und der Suche ablesen, zum anderen kommt dem *Stern* gerade im Bereich der Alternativen Medizin eine Orientierungsfunktion zu, welcher die Angebote und Optionen präsentiert, die zur individuellen Wahl stehen. Säkularisierung, Pluralisierung und Individualisierung werden dabei ebenso thematisiert, auch wenn sie nicht explizit benannt werden. Trotz dieser Entwicklung wird das traditionelle Christentum nach wie vor repräsentiert, als Event, als Konflikt (in Form von Skandal- und Moralverstößen), hinsichtlich der katholischen Kirche in Form ihrer Repräsentationsfigur des Papstes sowie als Bindeglied im Vergleich zu anderen Religionen.

Berücksichtigt werden muss dabei, dass *Stern* und *Spiegel* auch als Diskursstrukturierer und somit auch als Einflussfaktor fungieren. So sind etwa die Pluralisierung und die Medialisierung eng verzahnt.[7] Als wichtigster Punkt ist dabei zu bedenken, dass das Thema Religion wie jedes andere verhandelt wird, es unterliegt den massenmedialen Eigenlogiken, die sich an Nachrichtenwerten und Aufmerksamkeitskriterien orientieren. Dies konnte bereits am Beispiel des Protestantismus dargelegt werden, lässt sich aber auch am Beispiel des Hinduismus belegen. Dieser ist scheinbar aufgrund seines geringen Nachrichtenwerts nicht auf den Titelseiten repräsentiert, in abwandelnder Form lediglich im Zuge der neo-hinduistischen Strömung Bhagwan, hier jedoch auch als Konfliktthema etwa in Verbindung mit dem Nachrichtenwert Sexualität. Das Material zeigt, dass durch die mediale Repräsentation nicht auf tatsächliche Verbreitung geschlossen werden darf, da etwa der Hinduismus mit seiner Diaspora einen nicht unbedeutenden Teil der religiösen Gegenwartskultur in Deutschland ausmacht.

Dabei lässt sich auch die These eines Zerrspiegels durch die mediale Repräsentation aufstellen, Hannig spricht von einer eigenen „Religion der Öffentlichkeit": „Die moderne Mediengesellschaft entwickelte so eine ganz eigene Religion der Öffentlichkeit, die eine Fülle von glaubensbezogenen Interpretationen, Kritiken und

---

7   Vgl. Hannig 2010, 386. Siehe dazu auch Kapitel 6.5.

Anleitungen bereithielt."[8] Dies deutete sich bereits im Zuge der „Kirchenkrise" in den 1960er Jahren an, die vor allem auch durch die mediale Berichterstattung mit hervorgebracht wurde. Am Beispiel der medialen Repräsentation des Islams und den sogenannten „Sekten" zeigt sich, wie bestimmte Stereotype aufgegriffen werden, an die aufgrund von Aufmerksamkeitswerten massenmedial angeknüpft wird, ganz im Sinne von „bad news are good news". Dabei spielen auch sprachliche und visuelle Mittel eine Rolle, wie die Studie zeigen konnte und besonders Kapitel 6.3 und 6.4 nochmals zusammenfassend darlegen. Die mediale Repräsentation bildet nicht eins zu eins das ab, was in der Gesellschaft passiert, sondern bringt durch sprachliche und visuelle Strategien einzelne Meinungsbilder erst hervor. Nichtsdestotrotz kann mit dem Ergebnis geschlossen werden, dass Religion in *Stern* und *Spiegel* eine Sichtbarkeit erfährt, die mit gesellschaftlichen Entwicklungen und Veränderungen, vor allem bedingt durch die 1960er Jahre, sowie mit einem Formenwandel von Religion korreliert.

6.2 DAS KLASSISCHE NACHRICHTENMAGAZIN VS. DIE POLITISCHE ILLUSTRIERTE

Ein Ergebnis der Arbeit ist die unterschiedliche Schwerpunktsetzung der beiden Zeitschriften *Stern* und *Spiegel* in Bezug zum Thema „Religion", die aus den Profilen resultiert. Dabei lässt sich auf das Potential des genutzten, weit konzipierten Religionsbegriffs verweisen, der die Ergebnisse erst hervorbringt.

In der Themenagenda des klassischen Nachrichtenmagazins *Spiegel* zeigt sich ein Schwerpunkt im Christentum und dabei vor allem in der Repräsentation des Papstes, die am meisten Raum einnimmt. Gemäß seinem Profil und seinem „Hauptaugenmerk auf politische[n] und gesellschaftliche[n] Ereignissen"[9] lässt sich dieser Schwerpunkt im *Spiegel* damit begründen, dass die Kirchen in politische Debatten und Prozesse eingebunden sind und die Repräsentationsfigur des Papstes auch als weltpolitischer Akteur fungiert. Der Schwerpunkt kann somit einerseits durch das kirchenpolitische Interesse erklärt werden. Andererseits muss auch die Rolle des Kirchenkritikers und *Spiegel*-Gründers Rudolf Augstein miteinbezogen werden. So erhält das Nachrichtenmagazin bereits mit seiner Gründung ein kirchenkritisches Profil und bringt Anfang der 1960er Jahre kritische Berichterstattungen zum Christentum und den Großkirchen in die Öffentlichkeit (vgl. Kap. 4.3), denen auch heute noch vermehrt Platz in der Agenda eingeräumt wird (vgl. Kap. 5.1.2). Die politische Komponente lässt sich beispielsweise auch im Diskursstrang zum Judentum nachweisen (vgl. Kap. 5.1.4). Ist dieser Diskursstrang in beiden Magazinen reprä-

---

8 Hannig 2010, 388.

9 *Spiegel* Webseite.

sentiert, so zeigen sich im *Spiegel* Titelseiten, die die politische Dimension fokussieren. Es sind Titelthemen über Israel und den Nahostkonflikt, die im Zeitraum
von 1960 bis 2014 immer wieder auftreten, verstärkt jedoch seit den 2000er Jahren
aufgrund der zunehmenden Konflikte, zum Beispiel der Intifada.

Neben der politischen Dimension sind es auch (populär)wissenschaftlich orientierte Titelthemen in Bezug zum Thema Religion, mit denen sich der *Spiegel* vom
Stern unterscheidet. So werden etwa biblische Themen populärwissenschaftlich
aufbereitet und hinterfragt (vgl. Kap. 5.1.5). Auch der christliche Aspekt der Schöpfung stellt in Verbindung mit rational wissenschaftlichen Erklärungen ein Titelthema dar, welches vom *Stern* nicht aufgegriffen wird (vgl. Kap. 5.1.2). Dagegen
sind Themen der Spiritualität auf den Titelseiten des *Spiegel* äußerst rar, es zeigen
sich jedoch Astronomie-Themen, die wissenschaftlich aufbereitet werden (vgl. Kap.
5.1.3). Der Redakteur Markus Becker aus der *Spiegel-Online* Redaktion erklärt:
„Bei unseren Themen steht die Faszination, das ‚Abenteuer Forschung' neben Bri-
santem und Ernstem im Vordergrund. Die klassischen Service-Themen – ‚Wie
straffe ich meine Haut?' oder ‚Wie ernähre ich mein Kind?' – kommen dagegen
kaum vor. Und wer Tipps gegen Krebs benötigt, sollte lieber seinen Arzt fragen."[10]
Auch wenn es sich bei *Spiegel*-Online und der Print-Ausgabe *Spiegel* um zwei getrennte Redaktionen handelt, ist davon auszugehen, dass diese Profilierung auch für
die Titelseiten der Print-Ausgaben bestätigt werden kann.[11] Damit unterscheidet
sich der *Spiegel* vom *Stern*, bei dem Servicethemen zum Teil der Agenda der Titelthemen gehört, wie etwa am Beispiel der Alternativen Medizin erkennbar ist.

Dies leitet nun zur politischen Illustrierten *Stern* über. Zeigt sich beim *Spiegel*
ein verstärkter Titelseitenschwerpunkt hinsichtlich kirchenpolitischer Themen,
werden beim *Stern* Berichte über neue religiöse Bewegungen und Spiritualität auf
die Agenda gesetzt. Dabei konnte dargelegt werden, dass es nicht allein ein Phänomen der 2000er Jahre ist. Bereits in den 1970er und 1980er Jahren treten im Zuge
der Formen nicht-institutionalisierter, alternativer Religion und individuellen Sinnsuche, Ausdifferenzierung und Strömungen auf, die unter dem Begriff New Age
zusammengefasst werden können und die auf den Titelseiten des *Stern* medial repräsentiert werden. Hier zeigt sich das Potenzial eines weiten Religionsbegriffs, der
dieses Ergebnis hervorbringt. Wie lässt sich dieser Befund erklären?

Gemäß einer klassischen Illustrierten stand zu Gründungszeiten der reine Unterhaltungsanspruch mit Fokus auf dem Außergewöhnlichen, Sensationellem, Erre-
gendem und Skandalösem im Vordergrund, der zunehmend um die politische Dimension ergänzt, jedoch nie ersetzt wurde. Der Befund lässt sich demnach durchaus
mit diesem Unterhaltungswert erklären. Anfangs sind es noch anzügliche, gefährliche, bedrohliche, außergewöhnlich Faktoren, die die Themen zu den sogenannten

---

10 Becker 2006, 218.
11 Vgl. Kaltenhäuser 2005, 14.

„Sekten" und zum New-Age zu einem Nachrichtenwert machen, etwa die Sexualität oder die Gehirnwäsche. Dagegen ist es später in Bezug zur Spiritualität und zur Selbstsuche das Exotisch-Fremde in der Gesellschaft, was in den Interessenfokus und somit auf die Themenagenda rückt.

Die dominierende Komponente der Unterhaltung lässt sich auch exemplarisch anhand eines Themenereignisses aufzeigen. So nutzen beide Magazine als Aufhänger den Roman „Sakrileg" von Dan Brown (2004), der sich mit Verschwörungstheorien um die katholische Kirche und Geheimbünde beschäftigt. Zwar titeln die Magazine zu einem unterschiedlichen Zeitpunkt und auch mit unterschiedlicher Fokussierung (*Spiegel*: Haupttitel, *Stern*: Nebentitel), es zeigt sich jedoch eine Verschiebung. Während der *Stern* mit seiner Ankündigung auf die skandalumwobene Handlung verweist (*Stern* 9/2004 „Dan Browns Roman über Jesus, seine Geliebte und die Verschwörung der Kirche"), nutzt der *Spiegel* die historisch-wissenschaftliche Komponente als Aufhänger für seine Weihnachtsausgabe (*Spiegel* 52/2004 „Mythos um den heiligen Gral und die Legenden um Jesus, Maria Magdalena und die Tempelritter").

Als weiteres Exempel dient der bereits erwähnte Diskursstrang zum Judentum. Fokussiert der *Spiegel* eher die politische Dimension und geht lediglich marginal auf die Verknüpfung zu anderen monotheistischen Religionen auf den Titelseiten ein, so treten *Stern*-Titelseiten hervor, die das Judentum als Teil der Reihe zu den Weltreligionen, den Heiligen Schriften, der Serie „Sex in Zeiten der Globalisierung" herausstellen, ebenso wie die Popularität der Kabbala (vgl. Kap. 5.1.4). Auch hier zeigt sich weniger die politische, als vielmehr die populär-unterhaltende Komponente des Magazins. Im Gegensatz zum *Spiegel* sind im *Stern* klassische Servicethemen auf der Agenda vertreten, vor allem im Bereich Gesundheit/Medizin.[12] Dies belegt auch das Material in Bezug zur Alternativen Medizin. Hier wird die Profilierung des *Stern* deutlich, der als Orientierungsmedium „auswählt, einordnet und bewertet"[13] und etwa hinsichtlich Alternativer Medizin darlegt, welche Methoden helfen, welche nicht in Frage kommen und welcher Heiler der Richtige ist.

Konnten diese Befunde anhand der Titelseiten dargelegt werden, wurde des Weiteren die Papstwahlen betrachtet (vgl. Kap. 5.2.5). Die Daten der drei Papstwahlen dienten dabei als Schnittstelle, anhand derer gezeigt werden konnte, wie das Ereignis in den Magazinen auf unterschiedliche Art und Weise aufgenommen wurde. Summa sumarum hängt das Thema des Titelblatts von unterschiedlichen Faktoren und Entscheidungen ab, die für den Rezipienten nicht ersichtlich sind. Explizit sichtbar zeigt sich jedoch, dass sich anhand der Repräsentation des jeweils gewählten Papstes die Ausrichtung der beiden unterschiedlichen Magazine darlegen lassen. Während der *Stern* als politische Illustrierte den Papst als Menschen hinter dem

---

12 Vgl. Kaltenhäuser 2005, 14.
13 *Stern*-Profil 2013, 2.

Amt in den Fokus rückt und die menschlichen Beziehungen fokussiert, präsentiert der *Spiegel* als politisches Nachrichtenmagazin den Papst in seiner Amtsfunktion aus einer kirchenpolitischen und kirchenkritischen Sichtweise heraus – sprachlich als auch visuell. Diese Konzeptionen manifestieren sich auch in den Artikeln. So bedienen sich zwar beide Magazine bestimmter Emotionalisierungsstrategien, sprachlichen und visuellen Feinheiten, um den Sachverhalt zu veranschaulichen, zu emotionalisieren und damit auch zu perspektivieren. Es zeigt sich jedoch eine unterschiedliche Schwerpunktsetzung in der medialen Repräsentation, beide Magazine betrachten die Päpste aus einem unterschiedlichen Blickwinkel. In beiden Zeitschnitten (1978 und 2013) legt das klassische Nachrichtenmagazin *Spiegel* den Fokus, durchaus auch kritisch, auf die Kirchenpolitik, porträtiert den jeweiligen Papst als weltpolitischen Akteur und präsentiert dabei in Form von gehobenem Sprachstil detaillierte Hintergrundinformationen, gemäß dem Anspruch und (nun ehemaligen) Werbeslogan „*Spiegel*-Leser wissen mehr". Die politische Illustrierte *Stern* dagegen lässt mehr Raum für persönliche, auch visuell emotional aufgeladene, am mündlichen Sprachgebrauch orientierte (und dadurch emotional nochmal verstärkte) Porträts der Menschen hinter dem Papstamt und fokussiert das private Umfeld, gemäß ihrem Profil einer Berichterstattung, die charakterisiert wird als „nah am Menschen, empathisch und konkret"[14].

Visuell ist der Unterschied zwischen Nachrichtenmagazin und Illustrierten besonders in den Artikeln aus dem Jahr 1978 erkennbar. Ist der Artikel des *Stern* vor allem durch seine farbige sechzehnseitige Bilderstrecke zum Papstporträt geprägt, ist es beim *Spiegel* die textuelle Informationsdichte, die auf elf Textseiten in Kombination mit ein bis zwei Schwarzweißbildern pro Seite hervortritt. Dieser Unterschied tritt im Jahr 2013 nicht mehr hervor. Ähnlich wie beim *Stern* nehmen bunte Bilder teilweise die Hälfte der Textseite ein. Auch in den Feinanalysen ist der Zuwachs an Bildmaterial in Form von Fotos, Grafiken und Diagrammen im *Spiegel* erkennbar geworden. Die Opulenz der Bilder ist demnach nicht mehr Alleinstellungsmerkmal der Illustrierten, wie es mit Gründung der Magazine der Fall war. Wolf bestätigt in ihrer politikwissenschaftlichen Studie eine zunehmende visuelle Darstellung in Nachrichtenmagazinen für die politische Berichterstattung, auch im *Spiegel*. Ein Vergleich in ihrer Studie der Jahre 1972 und 2002 im *Spiegel* zeigt eine Verdoppelung der bildhaften Darstellung (Fotos, Illustrationen und Informationsgrafiken).[15] Die Veränderungen sind auf ein Redesign im *Spiegel* aus dem Jahr 1997 zurückzuführen.[16] Eine Zunahme der Visualität in *Spiegel*-Titelgeschichten stellt auch der ehemalige *Focus*-Redakteur Martin Kunz fest:

---

14 *Stern*-Profil 2015, 2.

15 Vgl. Wolf 2006, 271f.

16 Vgl. ebd., 226.

Eine typische *Spiegel*-Geschichte hatte Anfang 1993 etwa 130 bis 140 Zeilen pro Seite, dazu ein schwarzweißes Bild. Der *Spiegel* hat seither eine interessante Metamorphose vollzogen: Vom Inhalt bis zur letzten Seite besitzt er nun ein zeitgemäßes Layout. Pro Seite gibt es nur noch 80 oder vielleicht 90 Zeilen Lesestoff – dafür farbige Grafiken, und Charts sowie jede Menge bunte Bilder! Unser Verleger würde den schleichenden Modernisierungsprozess als verspäteten ,Iconic Turn' an der Alster bezeichnen.[17]

Diese Veränderung wird in Kapitel 6.5 in Bezug zur Medialisierung, dem gesellschaftlichen und religiösen Wandel berücksichtigt werden.

Zusammenfassend konnte die Studie somit zeigen, dass sich die Profile der untersuchten Magazine auf die Themensetzung und die inhaltliche, sprachliche und visuelle Umsetzung religiöser Themen auswirken. Trotz ihrer unterschiedlichen Profilierung zeigen sich jedoch bei beiden Zeitschriften unterschiedliche Perspektivierungen, in Form von Personalisierungen und Emotionalisierungen sprachlich wie auch visuell in den verschiedenen Zeitabschnitten, wie die nächsten Kapitel nun resümierend darlegen.

6.3 PERSPEKTIVIERUNGEN DURCH SPRACHLICH-KOMMUNIKATIVE UND VISUELLE MITTEL UND STRATEGIEN

> Bereits durch die Wortwahl und der damit verbundenen Hervorhebung bestimmter Bedeutungsaspekte werden Bewertungen impliziert, sprachliche Handlungen vollzogen und Wirklichkeiten konstituiert, Sprache strukturiert demnach Wissens- bzw. Kommunikationsbereiche.
>
> SPIEß 2009, 312

Als ein Ergebnis konnte die Studie anhand von vier Zeit-Kontrast-Schnitten zeigen, dass eine Formveränderung von Religion und die gesellschaftlichen Veränderungen, beginnend in den 1960er Jahren in den Artikeln von *Stern* und *Spiegel* ersichtlich werden. Je nach Zeitabschnitt zeigen sich unterschiedliche sprachliche und visuelle Mittel zur subtilen wie auch expliziten Perspektivierung, die sich bedingt durch den Fortschritt des Formenwandels und der gesellschaftlichen Umbrüche unterscheidet. Dabei konnte anhand detaillierter (bild)linguistischer Analysen darge-

---

17 Kunz 2006, 82.

legt werden, wie bestimmte Blickwinkel auf religiöse Sachverhalte evoziert werden und wie sich diese im Laufe der Zeit verändern können.

1) Von einer sich auflösenden Kirchlichkeit zur Pluralisierung und Hinwendung zum Übersinnlichen (vgl. Kap. 5.2.1)

Anhand des Diskursstrangs „Glaubensfragen" konnte gezeigt werden, wie der Prozess der Entkirchlichung medial dramatisiert wurde. So ist im Artikel aus dem Jahr 1967 etwa die Leitvokabel der „Krise" zu finden, die den Artikel durchzieht. Auch im Jahr 1992 zeigt sich eine Dramatisierung des Sachverhalts, indem die abnehmende Kirchlichkeit als christlicher „Glaubensschwund" konzipiert wird. Der Artikel wird personalisiert, indem der als rebellischer Sympathieträger dargestellte Reformtheologe Drewermann dem Papst und Bischof Degenhardt gegenübergestellt wird, sprachlich wie auch visuell. Hervorzuheben sind die Illustrationen, die durch die Überschriften negativ perspektiviert werden – auch wenn die Ergebnisse weniger brisant oder gar absolut niedrig sind und keinen Rückgang der Kirchlichkeit vorweisen. Beide Artikel betrachten den Sachverhalt aus einer kirchenkritischen Perspektive. Anhand des Artikels aus dem Jahr 2013 zeigt sich eine Bedeutungsverschiebung des Religions- und Glaubensbegriffs, die beide zuvor noch mit dem Christentum verknüpft waren. Pluralisierung und Spiritualität sind ablesbar. Die Hinwendung zum Übersinnlichen wird jedoch kritisch bis spöttisch bewertet, beispielsweise durch pejorative Lexik. Dies ist einer rational-wissenschaftlichen Perspektive geschuldet, die dem Leser in Form von generischen Fragen und Aussagen versucht wird nahe zu bringen.

2) Der Papst als Repräsentationsfigur und die zunehmende Ablehnung kirchlicher Autorität (vgl. Kap. 5.2.2)

Die drei Artikel zum Diskursstrang „Papst und Sexualität" konnten nicht nur die mediale Kirchenkritik darlegen. In den ersten beiden Artikeln aus den Jahren zeigt sich auch eine medial inszenierte „Autoritätskrise". 1968 wird die Haltung des Papstes Paul VI. durch die Leitvokabel „neuer"/„zweiter" Fall Galilei als Fehlurteil deklariert. Implizite und explizite Attribuierungen etablieren ein päpstliches Feindbild, hyperbolische Dramatisierungen sensationalisieren seinen Alleingang. Der zweite Artikel (1990) ist stilistisch ähnlich konzipiert, die Papstbilder gleichen sich. So greift der Artikel stellenweise auf gleiche Textbausteine zurück und tauscht lediglich die Namen der Päpste aus. Visuell wird die Macht Papst Johannes Paul II. hervorgehoben und der Notsituation in den Entwicklungsländern in einem kontrastierenden Bild-Bild-Bezug gegenübergestellt. Die Artikel aus den Jahren 1968 und 1990 bringen beide ein Emotionspotenzial der Empörung und des Unverständnisses dem Verhalten des jeweiligen Papstes gegenüber hervor. Der dritte Artikel (2014) zeigt ein anderes Papstbild. Franziskus wird durch explizite und implizite Attribuierungen, dem Fokus auf seinem Abweichen von der elitären, autoritären Norm als populärer Sympathieträger und Stratege stilisiert. Wörtliche Rede und Einzelporträts personalisieren die katholische „Basis", die auch durch Selbstbestimmtheit charakterisiert wird. Dem gegenüber werden Feindbilder skizziert, bestehend aus konservative Reformkritiker – dies wird auch visuell aufgegriffen. Wie auch in den ersten Artikeln findet sich verstärkt Kritik an der konservativen und gegen den Zeitgeist handelnden Kirche, auch hier wird ein Emotionspotenzial der Empörung etabliert, dass sich jedoch nicht gegen den Papst, sondern gegen die konservativen Entscheidungsträger der katholischen Kirche richtet.

3) Schulmedizin und Alternative Medizin – ein Konglomerat? (vgl. Kap. 5.2.3)

Je nach Zeitraum werden unterschiedliche Teilbedeutungen des Referenzobjekts „Alternative Medizin" hervorgebracht. Im Jahr 1999 wird Alternative Medizin als Bedrohung stilisiert. Die dargestellten Praktiker werden etwa durch Implikaturen, pejorative Lexik und Distanzmarker als Betrüger dargestellt. Im Jahr 2004 wird Alternative Medizin durch Wellness-Codes als Wellness-Phänomen karikiert und das Individuum ins Zentrum gerückt. Visuell wird die Körperlichkeit und Natur bzw. Natürlichkeit ästhetisiert, eine Abgrenzung zur technisierten Schulmedizin erfolgt. Der dritte Artikel (2014) konstruiert Alternative Medizin als spirituell/ magische Bedürfnisse abdeckend und beleuchtet das Arzt-Patienten-Verhältnis. Hirschhausens Rolle als Gast-Autor birgt einen Expertenstatus als Arzt, Komiker und Zauberer. Durch die Einbindung seiner eigenen Erfahrungen, Fragen und Exklamationen oder explizite Ansprachen an den Leser wird ein persönliches Emotionspotenzial etabliert. Allen Artikeln unterliegt jedoch ein Emotionspotenzial der Skepsis, des Zweifels bis hin zu Abwertungen, die sich in der finanziellen Ausbeutung, der Unwissenschaftlichkeit und Unbeweisbarkeit, Betrug und einer Differenzierung in gute und schlechte Methoden manifestieren. Die Artikel sind somit aus einer rational-wissenschaftlichen und damit einhergehend kritischen Perspektive verfasst. Diese wird jedoch nur im ersten Artikel explizit hervorgebracht, die anderen lassen diese am Rande und implizit einfließen (etwa auf grafischer Ebene durch die Infokästen im Artikel von 2014). Nichtsdestotrotz wird der holistische Charakter bei allen Artikeln positiv kontextualisiert. Dieser erscheint im Artikel 1991 am Rande zur Erklärung der Popularität. 2004 werden die Methoden losgelöst ihrer weltanschaulichen/religiösen/esoterischen Verortung betrachtet und ins Wellness-Codesystem integriert, 2014 wird die Ganzheitlichkeit und der spirituelle Anstrich semantisch durch Magie codiert und dabei die Empathie zwischen Arzt und Patient fokussiert. Allen Artikeln gemein ist weiterhin ihre Ratgeberfunktion.

4) Von „Psycho-Sekten" zur „Wellness-Religion" und Spiritualität (vgl. Kap. 5.2.4)

Anhand der Artikel zeigt sich, wie sich die Repräsentation von neuen religiösen Bewegungen innerhalb weniger Jahre verändert. 1990 werden neue religiöse Bewegungen als „Sekten" betitelt und mit Gefahr in Verbindung gebracht. Bedrohungsszenarien, in Form von Betrugs- und Machtmetaphorik und Vokabular der Brachialgewalt skizzieren eine homogene Masse von kriminellen „Seelenfängern". Durch Einzelschicksale, die pauschalisiert und durch szenisches Präsens und akribische Details sensationalisiert werden, wird ein Feindbild der Täterschaft etabliert. Diese werden auch visuell ihren „Opfern" gegenübergestellt. Ähnliche Strategien lassen sich auch im Jahr 2002 finden. Waren es zuvor „Sekten", sind es nun „Psycho-Sekten" bzw. „Psychogruppen", die als homogene Täterschaft durch Betrugs- und Krankheitsmetaphorik konzeptionalisiert werden. Einzelschicksale stereotyper, selbstreflektierter Sympathieträger werden pauschalisiert. Kollektivattribuierungen, exemplarisch an der Bezeichnung „Guru" aufgezeigt, führen zu einer negativen Verurteilung jeglicher Form religiösen Pluralismus. Im Jahr 2009 dagegen wird der Sektenbegriff nur partiell benutzt, religiöser Pluralismus wird unter Spiritualität gefasst und als positives Phänomen in Form von Wortfeldern des Wohlfühlens und als Trend skizziert, auch getragen von Prominenten und Personenporträts Gläubiger. Kontrastierend wird durch innovative Vergleiche die katholische Kirche als rational, kalt und leer gegenübergestellt. Wird in den ersten beiden Artikeln eine einseitige und ablehnende Haltung hervorgebracht, ist ein geöffneter und differenzierter Blick bzw. Bewertung im Jahr 2009 ersichtlich. Der Artikel ist, wenn auch mit Ironie und Skepsis betrachtend, um eine informativere und wissenschaftliche Perspektive bemüht. Unterschiedliche Bedeutungsaspekte des Referenzobjektes werden somit in den ausgewählten Jahren betont, sodass sich unterschiedliche Sichtweisen zeigen.

Durch die Schnitte in den unterschiedlichen Jahrzehnten lassen sich folgende Schlüsse ziehen: In den beiden Artikeln aus den 1960er Jahren zeigt sich eine Kritik an den hierarchisch-autoritären Strukturen der Kirche und an ihrer Autorität über das Individuum. Die Orientierung an der christlichen Religion als in der Gesellschaft verankertes kollektives Identitätsmerkmal wird durch die Abwendung von den Kirchen aufgelöst. Die Artikel greifen die Umbrüche in der Gesellschaft auf, die häufig unter Säkularisierung, Individualisierung oder Privatisierung gefasst werden. Religion wird in den Artikeln nicht mehr mit dem Kirchgang verknüpft und es lässt sich eine Loslösung des Verständnisses „hohe Kirchlichkeit = religiös" herauslesen. Dieser Sachverhalt wird medial anfangs noch dramatisiert, später als gegeben hingenommen. Die Kritik an den gegen den Zeitgeist handelnden Großkirchen sowie ihre Erlebnisarmut in einer zunehmenden individuellen Gesellschaft zieht sich durch nahezu alle Artikel durch, in den Artikeln aus den 1960er, den

1990er ebenso wie den 2000er Jahren. Der Fokus verschiebt sich dabei jedoch: Eine Pluralisierung der Angebote ist bereits bei den untersuchten Artikeln aus den 1960er und 1990er Jahren, verstärkt jedoch in den Artikeln aus den 2000er Jahren ersichtlich. Dabei wird die Kirche jedoch weiterhin als „Dienstleister" in Betracht gezogen, bei dem sich jeder Kunde das für ihn passende Angebot auswählen kann (siehe *Spiegel* 53/2013). Sie ist jedoch eine Option unter vielen, wie auch der *Stern*-Artikel über die „Wellness-Religionen" (*Stern* 49/2009) aufzeigt. Hier wird das Charakteristikum der „Ich-Gesellschaft" besonders deutlich, welches sich bereits im *Spiegel*-Artikel aus dem Jahr 1992 zeigt (*Spiegel* 25/1992). Eine Abwendung der institutionellen Religion hin zur individuellen Religion deutet sich im Wunsch der Individualität und Selbstbestimmung im Gegensatz zur hierarchischen, kirchlichen Autorität und Autonomie nicht nur an, sondern wird explizit hervorgebracht (*Spiegel* 25/1992 „Glaube ist Sache des einzelnen"). Dieses Charakteristikum zeigt sich etwa auch anhand der Auswählbarkeit der Heilmethoden, die in allen drei *Stern*-Artikeln zur Alternativen Medizin auftreten (*Stern* 49/1991, 3/2004, 11/2014). Die antiautoritäre Haltung wird somit nicht nur gegenüber dem Papst hervorgehoben, sondern auch gegenüber des Arztes aufgelöst.

Die neueren Artikel nehmen zwar die Pluralisierung auf und berichten auch darüber. Einige gesellschaftliche Phänomene, etwa die „spirituellen Wanderer", werden jedoch nicht miteinbezogen. Spiritualität wird dabei auch mit „Übersinnlichem", „Magie" oder „Aberglauben" gleichgesetzt. In den neusten untersuchten Artikeln des *Stern* (2009, 2014) oder des *Spiegel* (2013) überwiegt eine rational-wissenschaftliche Perspektive, die Phänomen wie Spiritualität, Esoterik oder auch alternativen Heilmethoden mit Skepsis und Kritik gegenübertritt. Zwar zeigen sich unterschiedliche Blickwinkel und Emotionspotenziale, die in den Jahrzehnten unterschiedlich hervorgebracht werden. Aufbauend auf den in Kapitel 6.2 dargestellten Ergebnissen und den Ergebnissen aus den Feinanalysen lässt sich dem *Spiegel* eine kirchenkritische Position zuschreiben. Zeigt sich beim *Stern* eine zunehmende Akzeptanz gegenüber Spiritualität, wird diese jedoch nach wie vor kritisch betrachtet; den untersuchten Artikeln unterliegt eine rational-wissenschaftliche Perspektive. Ein Blick außerhalb des Korpus in Bezug zur Alternativen Medizin bestätigt diese Säkularisierung in Form der rational-wissenschaftlichen Perspektive. So treten etwa in den weiteren Ausgaben der *Stern*-Serie 2004 (4/2004-10/2004 zu Yoga, Meditation, TCM, Ayurveda) und auch etwa in der *Spiegel* Ausgabe 21/2013 („Der heilende Geist. Gesund durch Meditation und Entspannung") Titelbilder und Bilder als Anreißer hervor, die Ganzheitlichkeit, Natürlichkeit, Spiritualität und religiöse Seelenruhe suggerieren und in Wellness-Codes eingebunden sind. Damit stehen sie jedoch in einem Spannungsverhältnis zu den Artikeln. In diesen zeigt sich eine säkularisierte Perspektive, in dem die Phänomene innerhalb der Artikel biologisch-kognitionswissenschaftlich erklärt werden. Dies wird bereits bei der Gestaltung deutlich: Phänomene wie Meditation oder Trance werden in den medizinischen

Kontext eingebettet, schematisch anhand von medizinischen Körperdarstellungen erklärt und im Text aufgezeigt, wie dies durch Experimente beweisbar gemacht wird. So wird dargelegt „wie Meditieren auf das Gehirn wirkt" (*Stern* 4/2004), welche Wirkung Trance auf Muskeln, Herz/Kreislauf, Nebenniere/Blut haben kann (*Stern* 10/2004) oder welche Nervenzellen bei Meditation aktiviert werden (*Spiegel* 21/2013).

Ein weiteres Ergebnis lässt sich aus den Feinanalysen ziehen: In allen untersuchten Artikeln, angefangen in den 1960er Jahren und weitergehend bis in die rezenten Jahre, wird die „Ich-Gesellschaft" repräsentiert, die sich in der Subjektivierung zeigt. Das Individuum wird als Gestalter des eigenen, persönlichen Glaubens repräsentiert. Den Kirchen wird dieser Anspruch abgesprochen. Dabei steht der Glaube des Einzelnen im Interessenfokus – sei es nun in Bezug zur christlichen Sexualmoral, in Form von Eintritten und Austritten bei „Sekten" bzw. neuen religiösen Bewegungen und spirituellen Angeboten, hinsichtlich Glaubensfragen über das Magische und bei der Wahl von ganzheitlichen Heilmethoden. Zudem wird stärker auf den Rezipienten, also den Leser selbst eingegangen. Diese Befunde manifestieren sich sprachlich und zwar nicht nur in der politischen Illustrierten *Stern*, die bereits vom Profil her „nah am Menschen" berichtet, sondern auch im Nachrichtenmagazin der *Spiegel* – dies konnte anhand der detaillierten Feinanalysen gezeigt werden.

Vergleicht man die untersuchten Artikel beider Magazine aus den Jahren 1967, 1968 und 1978 mit denen aus den Jahren 1991, 1992, 1999, 2009, 2013 und 2014 zeigt sich: Es treten mehr Emotionalisierungsstrategien in Form von gesprochensprachlichen Elementen auf. Anreden, Adressierungen, perspektivierte Referenzialisierungen und generische Aussagen lassen sich ebenso finden wie Fragen und die Einbindung von szenischen Personenporträts, denen mehr Raum gegeben wird. Durch diese Gestaltung wird nicht nur Nähe, sondern auch Dialogizität suggeriert, die Artikel werden somit personalisiert und das Emotionspotenzial wird erhöht. Exemplarisch soll dieser Befund kurz an den Artikeln von *Stern* und *Spiegel* (2009, 2013, 2014) verdeutlicht werden.

So wird der Rezipient ins Geschehen mit einbezogen, etwa in Form von Fragen, generischen Aussagen, direkten Ansprachen oder durch das vertrauliche wirkende Personalpronomen „wir".

Wir haben Sehnsüchte und spirituelle Bedürfnisse und gleichzeitig gefühlt Anspruch auf perfekte Reparatur mit Garantieverlängerung auf 100 Jahre. (*Stern* 11/2014)

Machen Sie, liebe Leser, doch gleich mal einen Test. Nehmen Sie aus der Heftmitte die Klammer, machen Sie sich damit einen kleinen Kratzer in die Haut. Nach drei Tagen ist diese kleine Wunde geheilt. Einfach so. Sie müssen nichts dazutun. Wir sind alle kleine Wunderheiler! (*Stern* 11/2014)

Emotionale Authentizität wird verstärkt, auch durch die zunehmende Einbindung mündlichen Sprachgebrauchs, zum Teil auch in saloppem Stil.

Ein Witzbold bietet Ihnen 20 Euro in bar. Sie müssten als Gegenleistung nur Ihre Seele dem Teufel verkaufen, mit einem echten Vertag auf Papier: Würden Sie, Hand aufs Herz, mit Ort und Datum unterschreiben? (*Spiegel* 52/2013)

Die Leute beten am liebsten an, was sie kennen – aber eine markante Besonderheit sollte schon sein: ein Mann, der der über Wasser geht; eine Jungfrau die ein Kind gebiert. Das ist dankbarer Gesprächsstoff, praktisch virales Marketing. Na so was, denkt das Publikum und merkt sich die Neuigkeit. (*Spiegel* 52/2013)

Glaubensvorstellungen oder der Umgang mit religiösen Sachverhalten werden anhand von konkreten, identifizierbaren Individuum und nicht anhand der anonymen Masse greifbar gemacht.

Rita ist arm, eine rundliche Frau, die mit ihrem Mann sieben Kinder großzieht, im katholischen Wohnheim Juan Pablo II. Sie holt ein Foto hervor. Es zeigt Bergoglio, sie selbst und ihren Sohn bei der Kommunion. Es gab an jenem Tag Locro, ein argentinisches Nationalgericht, ein Eintopf mit Mais und Fleisch. ‚Wir saßen alle am Tisch, und er hat uns bedient‘, sagt Rita. ‚Er uns!‘ (*Stern* 13/2013)

Zum Beispiel Pfarrer Klaus Zedtwitz aus dem Erzbistum Freiburg. Wie üblich stöberte der 63-Jährige am 1. November abends durch die Nachrichtenportale im Internet, als er auf eine überraschende Meldung stieß. Der Papst habe eine Umfrage zur Familienlehre in Auftrag gegeben, die sich an Gläubige rund um die Welt richte, las Zedtwitz. (*Spiegel* 5/2014)

Die Einbindung von Einzelschicksalen und Porträts, denen viel Raum in den einzelnen Reportagen eingeräumt wird, auch visuell in Form von Porträtfotos, ermöglicht eine größere Einfühlung. Häufig wird dabei die Gefühlslage der betroffenen Personen miteingebunden, sodass auf Emotionen referiert wird, auch in direkter Rede.

‚Ich weiß, dass all das lustig klingt, ich lache manchmal selbst darüber. Aber ohne meinen Glaubensmix wäre ich einfach nicht glücklich.‘ (*Stern* 49/2009)

Hannah, Jonas und ihre Freunde müssen kichern, als Harald Tux, ein freundlicher Herr mit Halbglatze und Brille, einen Fragebogen des Vatikans vorliest. Es geht um vorehelichen Verkehr, Rom will wissen, was die jungen Katholiken in Berlin-Weißensee davon halten. (*Spiegel* 5/2014)

Zudem wird die Populärkultur mit eingebunden, dies zeigt sich, wenn der Papst selbst etwa als populäre Repräsentationsfigur skizziert wird („globaler Star", *Spiegel* 5/2014). Prominenz wird jedoch auch genutzt, um Sachverhalte aufzuwerten oder zu legitimieren und die Popularität des Themas herauszustellen. Zudem zeigt sich, dass Prominente auch in die Rolle von Gast-Autoren treten, um den Sachverhalt aus der persönlichen Perspektive heraus in Form der Ich-Perspektive zu schreiben und eigene Erlebnisse und Erfahrungen eizubinden. Dies macht den Artikel zum einen persönlicher, zum anderen wird die Argumentation gestärkt, da sie Authentizität implizieren. Durch die Einbindung von Prominenten werden Themen aufmerksamer verfolgt, bieten einen höheren Identifikationsgrad, gewinnen an Aufmerksamkeit und lassen sich besser vermarkten.

Mystik, Magie und Meditation liegen im Trend – nicht nur bei Madonna. [...] Der spirituelle Lehrer von Madonna, Eitan Yareni, über die Faszination der Prominenten für seine Lehren. (*Stern* 49/2009)

Hat die Hochleistungschirurgie womöglich mehr mit Schamanen gemeinsam als ihr lieb ist? [...] Ich selber stand auch einmal vor der Entscheidung, wie ich meine Knieschmerzen behandeln lassen wollte. (*Stern* 11/2014)

Die Einbindung von großflächigen Fotos hat beim *Spiegel* zugenommen. Sie zeigen Momentaufnahmen, aber auch in den Text eingearbeitete, individualisierte Personenporträts (siehe zu Bildern, auch in Bezug zu ihrer emotionalisierenden Funktion, Kap. 6.4).

Insgesamt gesehen lassen sich zwei Funktionen festhalten. Zum einen dient diese Aufbereitung dazu, Meinungsbilder zu evozieren. Zum anderen kommt den Artikeln dadurch nicht nur eine stärkere Unterhaltungsfunktion zu. Die Mittel dienen demnach auch der Aufmerksamkeitssteigerung und der besseren Vermarktung – der Rezipient fühlt sich emotional direkter angesprochen. Betrachtet man diesen Befund vor dem gesellschaftlichen Wandel zeigt sich, dass sich nicht nur eine Individualisierung im gesellschaftlichen Bereich und damit auch im Bereich der Religion vollzogen hat, sondern dass sich der gesellschaftliche Wandel auch sprachlich manifestiert und sich dies auch auf die mediale Repräsentation von Religion niederschlägt. Die Entwicklungen einer individualisierten Gesellschaft wirken sich demnach auch sprachlich aus, da auf das Individuum selbst als Gestalter des eigenen, persönlichen Glaubens sowie auch auf den Rezipienten als Leser eingegangen wird, und ihm durch Emotionalisierung und Personalisierung nicht nur ein höherer Unterhaltungswert präsentiert, sondern auch um seine Aufmerksamkeit gerungen wird. Die Ergebnisse zeigen, dass eine sprachliche Individualisierung die soziologisch umstrittene These der sozialen und religiösen Individualisierung bestätigt. Hier eröffnen sich weitere Forschungsfelder, da eine weitere Prüfung nötig wäre, in dem etwa vermehrt Artikel aus den 1960er und 1970er Jahren vergleichend untersucht werden müssten. Zudem ist davon auszugehen, dass dieser Befund auch über die Berichterstattung von Religion und über die beiden Magazine hinausgehend auftritt. Es finden sich jedoch keine Studien, die diesen Befund, vor allem auf sprachlicher Ebene in einzelnen Artikeln, im Zusammenhang mit Religion und Magazinen untersuchen – hier zeigt sich Potenzial für weitere Untersuchungen.

Jedoch lassen sich zumindest Studien aufzeigen, die ähnliche Entwicklungen in Zeitungen feststellen. Bernhard und Scharf untersuchen Infotainment in Zeitungen, das heißt sie fokussieren auf die reine Politikberichterstattung und ihre Unterhaltungswerte in der Hannoverschen, der Fuldaer und Celleschen Zeitung aus den Jahren 1980 und 2007. Sie stellen dabei eine Zunahme von Personalisierungen und Bildern fest und kommen zu folgendem Ergebnis: „[Es] lassen sich heute auch deutlich mehr potenziell unterhaltsam wirkende sprachliche Elemente nachweisen. Insgesamt lässt sich damit argumentieren, dass das Unterhaltungspotenzial der Zeitungen nicht nur durch die Themenstruktur, sondern auch durch die formale und inhaltliche Gestaltung der einzelnen Artikel seit 1980 gestiegen ist."[18]

Betz untersucht in ihrer Dissertation gesprochensprachliche Elemente in acht deutschen Zeitungen aus den Jahren 1965, 1982, 2001 und 2002 und kommt zu dem Schluss, dass mündlicher Sprachgebrauch und damit auch das Emotionspotenzial zugenommen hat. „Die Autoren haben die Vorteile der konzeptionellen Mündlichkeit mit ihrer erhöhten Emotionalität und intensivierenden Beschreibung erkannt und nutzen diese als Vorteile für ihre Artikel."[19] Beide Studien zeigen somit eine Zunahme von gesprochensprachlichen Elementen sowie Personalisierungen und Emotionalisierungen. Betz begründet dies einerseits mit einer Zäsur aus dem Jahr 1968 hinsichtlich eines sensibilisierten Sprachgebrauchs und einem Abbau von Formalität in der öffentlichen Kommunikation. Andererseits habe sich der Bildungsbegriff verändert: „personalisierte Stellungnahmen und die Meinungsbildung werden [...] höher bewertet als die normierten Informationen einer bildungsbürgerlichen Gesellschaft."[20] Als weiteren ausschlaggebenden Aspekt nennt sie den medialen Wandel: Durch die Medialisierung und damit auch einer Veränderung der Kommunikationsmittel und -wege in Form von Massenmedien, Computer und Internet resultiere eine geänderte Sprachverwendung hin zu mehr Mündlichkeit. Diese trete auch aufgrund der Zeitungskrise auf, da die Printmedien ein stärkeres Service-Angebot und eine stärkere Leserbindung visierten, die sich auch sprachlich niederschlage.[21] Es sind demnach verschiedene Komponenten, die miteinander verzahnt sind: Gesellschaftliche Transformationsprozesse, die Medialisierung und sprachli-

---

18 Bernhard/Scharf 2008, 248.
19 Betz 2006, 195.
20 Ebd., 183.
21 Vgl. ebd.

che Veränderungen korrelieren miteinander. Diese Verknüpfung in Zusammenhang mit der medialen Repräsentation von Religion wird im letzten Kapitel betrachtet (siehe Kap. 6.5).

6.4 DIE MACHT DER BILDER ODER: INTERDISZIPLINÄRE BILDANALYSE

Lange war die deutschsprachige Religionsforschung von einer Fokussierung auf die Sprache geprägt, sodass immer wieder Texte im Mittelpunkt der Forschung standen. Mit dem internationalen Jahrbuch *Visible Religion* (1982-1990), verbunden mit Tagungen und Publikationen, wollten Hans G. Kippenberg und andere WissenschaftlerInnen dieser textzentrierten Forschung entgegenwirken und brachten den *visual, pictorial* oder *iconic turn* auch in die Religionswissenschaft. Sie legten damit ebenfalls grundlegende Überlegungen für die bald darauf entstehende Religionsästhetik dar,[22] die sich in der Religionswissenschaft als eigene Subdisziplin entwickelte. Bilder, Visualität und Visuelles spielen seitdem in unterschiedlichen Forschungsfeldern eine Rolle: von Medien der Antike (z.B. Malerei, Relief) bis zu populären Medien der Gegenwartskultur (Postern, Plakaten) zeigt sich ein breites Spektrum.[23] Trotz dieser vermehrten Aufmerksamkeit fand das Forschungsprogramm der *Visible Religion* nur geringe Beachtung, es wurde, ebenso wie das Jahrbuch, wenige Jahre nach Erscheinen eingestellt. Christoph Uehlinger hinterfragt in seinem Aufsatz *Visible Religion und die Sichtbarkeit von Religion(en)* die Gründe für die geringe Rezeption und plädiert für eine Wiederaufnahme des Forschungsprogramms.[24] Dabei sieht er Potenzial für die Weiterführung von Ansätzen der Religionsästhetik, vor allem unter Einbezug interdisziplinärer Ansätze und Vorgehensweisen: „Es eröffnet ein Feld, in dem nicht nur verschiedene kulturwissenschaftliche Theorien und Methoden nebeneinander sich ergänzen, sondern Geistes- und Sozialwissenschaften produktiv miteinander kooperieren könnten."[25] Uehlinger erwähnt dabei den Ansatz, Bilder als Texte zu verstehen und hält solche Ansätze der Analogisierung als „durchaus erkenntnisfördernd"[26] – ohne jedoch konkrete theoretische Zugänge für die Religionswissenschaft zu nennen.

An diesen Überlegungen der Religionsästhetik zur *Visible Religion* anknüpfend, setzt die vorliegende Studie an. Mit Blick auf die Ansätze der Religionsästhetik versteht sich das bildanalytische Vorgehen als eine Erweiterung bisheriger Ansätze.

---

22 Siehe dazu Cancik/Mohr 1988.

23 Vgl. Krüger 2012, 165.

24 Vgl. Uehlinger 2006, 166.

25 Ebd.

26 Ebd., 179.

Hier zeigt sich der Nutzen der Bildlinguistik, Bilder als Teil des Gesamttextes zu verstehen (siehe Kap. 3.2). Durch Theorien der Bildlinguistik, bestehend aus der Typologisierung von Sprache-Bild-Bezügen nach Hartmut Stöckl (2004) und den Referenztypologien nach Roman Opilowski (2008), konnte das Zusammenspiel von Bildern in Form von unterschiedlichen Referenzen mit Text, Farben und Schattierungen in *Stern* und *Spiegel* untersucht werden. Die Analyse hat nicht nur das „Was" der Inhalte, sondern auch das „Wie" der Darstellung und den Wandel der Repräsentationen von Religionen aufgenommen – Dieser linguistisch basierte methodisch-analytische Zugang korreliert mit dem Anliegen und den Entwicklungen in der Religionsästhetik. „Die Herausforderung des *iconic turn* für die Religionswissenschaft liegt in der Sensibilisierung für bildliche Erkenntnis- und Repräsentationsformen. Über Bilder und Bildhandeln wird Wissen erzeugt, vermittelt und emotional verfestigt."[27] Die linguistischen Methoden der Bildlinguistik und die religionswissenschaftliche Perspektive sowie Decodierung ergeben somit eine interdisziplinäre Bildanalyse. Die Ergebnisse der Titelbilder, der Bilder innerhalb der Artikel und auch der Bild-Text-Zusammenhänge zeigen nicht nur das Potenzial auf, das diesem Ansatz zu Grunde liegt, sondern auch die Relevanz, „*Visible Religion*" in beiden Zeitschriften in den Blick zu nehmen. Anhand der Ergebnisse lässt sich eine Macht der Bilder konstatieren. Die Bilder gehen in *Stern* und *Spiegel* weit über eine rein illustrative und informative Rolle hinaus, vielmehr besitzen sie ein eigenes Machtpotenzial. Ihnen kommen unterschiedliche Funktionen zu, sie entfalten zwar auch textunterstützende, aber vor allem eine eigene Wirkung und Effizienz, allein oder in Bild-Text- oder Bild-Bild-Kombination. Die Ergebnisse der Analysen machen deutlich, dass sich dabei unterschiedliche Funktionen klassifizieren lassen. Dieser Befund wird exemplarisch skizziert.

Bilder im *Stern* und im *Spiegel* dienen der *Aufmerksamkeitserregung*. So titelt der *Spiegel* in seiner Weihnachtsausgabe 1990 „Der Papst und die Lust" (52/1990), bildet in Form einer Montage den Papst mit einem Teufelskondom in den Händen ab und schafft damit nicht nur Aufmerksamkeit, sondern auch eine empörte Diskussion innerhalb der Deutschen Bischofskonferenz (Kap. 5.2.2, S. 266). Zudem besitzen Bilder ein großes *Emotionspotenzial*, etwa wenn der *Spiegel* 1968 (32/1968) einen spezifizierenden Bild-Bild-Bezug herstellt, in dem emotional aufgeladene Bildnachrichten und Bildunterschriften dazu genutzt werden, das Problem der Überbevölkerung bzw. Hungersnot und Armut in unterschiedlichen Teilen der Erde zu visualisieren, die somit auch als Anklage gegen die Entscheidung des Papstes zum Verbot künstlicher Verhütungsmittel fungieren (Kap. 5.2.2, S. 254). Bilder werden ebenso dazu genutzt, um *Authentizität* zu schaffen. Ihnen kommt dabei eine *Beleg- und Beweisfunktion* zu, zum Beispiel im *Stern* (19/1995), der Bilder sogenannter „Sekten-Opfer" den „Tätern" in kontrastierendem Bild-Bild-Bezug gegenüberstellt

---

27 Bräunlein 2004, 225.

und durch den Beziehungstyp der Figurenrede die Geschichte des jeweiligen Schicksals sogenannter „Sekten" personalisiert (Kap. 5.2.4, S. 351). Im *Spiegel* findet sich diese Funktion etwa um die fortschreitende Säkularisierung innerhalb der christlichen Kirchen zu forcieren (*Spiegel* 25/1992). Durch einen vergleichenden Bild-Bild-Bezug, der ein volles Hamburger Freibad und eine leere Hamburger Heiligengeistkirche an Pfingsten 1992 zeigt, zieht der Rezipient die Inferenz, dass sich die Mehrheit der Bevölkerung an einem christlichen Feiertag lieber ins Freibad als in eine Kirche begibt – auch wenn eine explizite Vergleichsfolie nicht gegeben ist (*Spiegel* 25/1992, Kap. 5.2.1, S. 224). Hiermit deutet sich zugleich aber auch eine *Perspektivierung* an, die den meisten ausgewählten Bildern unterliegt. So werden im *Stern* 2014 (11/2014) Infokästen nicht nur zur reinen Information genutzt, sondern werten die Heilmethoden Alternativer Medizin ab. Damit unterliegt ihnen ein impliziter Appell, bei Beschwerden eher einen Schulmediziner anstatt einen Heilpraktiker aufzusuchen (Kap. 5.2.3, S. 335). Auch in Diagrammen werden Fotos und Symbole zur *Perspektivierung bzw. Akzentuierung* genutzt, etwa wenn im *Spiegel* (15/1992) Grafik und Art der Ergebnispräsentation in einer Bild-Text-Kombination einen direkten Vergleich zwischen dem Theologen Eugen Drewermann und Papst Johannes Paul II. suggerieren, die Sympathiewerte jedoch getrennt voneinander ermittelt wurden (Kap. 5.2.1, S. 225). Oft werden Bilder eingesetzt, um *Argumente* des Textes visuell *zu akzentuieren* und damit *zu pointieren*. So dienen im *Spiegel* 1967 (52/1967) die Illustrationen dazu, eine Krisenargumentation zu fokussieren, in dem Bilder, Grafiken und Überschriften durch Begleittexte und Einbettung so konstruiert werden, dass ein Rückgang des christlichen Glaubens auf allen Ebenen akzentuiert wird (Kap. 5.2.1, S. 224-225). Der Blick des Rezipienten wird dabei gelenkt. Diese *lenkende Funktion* findet sich auch im *Stern* (43/2002), wenn Kernaussagen über so titulierte „Psycho-Gruppen" visuell aufbereitet werden. Ohne den Artikel zu lesen wird dadurch ein Bedrohungsszenario (Verlockungen, Inhalte, Beweggründe zum Eintritt, Qualen, Gesetzeslage) skizziert, das wiederum als Aufmerksamkeitsfänger fungiert (Kap. 5.2.4, S. 363-364). Bilder können dabei auch der *Symbolisierung* dienen, wenn beim Titelbild der Beziehungstyp der Metonymie in Verbindung mit einem Image Icon genutzt wird, um die als Maria erkenntliche Frau mit christlicher Religion, eine schwarze Katze assoziativ mit Aberglaube in Verbindung zu bringen und damit den Grenzübergang zwischen Religion und Magie bzw. „Aberglaube" zu fokussieren (*Spiegel* 52/2013, Kap. 5.2.1, S. 235). Wie bereits herausgestellt wurde, kommt die Titelseite von Zeitschriften einem Werbeplakat gleich, sodass neben der bereits genannten aufmerksamkeitserregenden Funktion, auch die *werbende Funktion* genannt werden kann. So weckt das Titelblatt des *Stern* 2009 (49/2009) Neugierde, da von weitem nur „Selig" und „Gott" zu sehen sind, das klein-gedruckte „ohne" ein aufmerksamkeitsweckendes Paradoxon deutlich macht und zudem auf eine christlich-theologische Objektsprache verweist (Kap. 5.2.4, S. 378). Auch in Bezug zur Alternativen Medizin kommt diese werbende Funktion hervor. Entgegen der Ankündigung des Titelbilds, erfolgt im Artikel selbst keine Verknüpfung zur Spiritualität (*Stern* 49/1991, Kap. 5.2.3, S. 307). Hier divergieren Titelbild und Artikel, es zeigt sich insbesondere der werbende Charakter des Titelbilds. Dabei lässt sich im Sinne Bräunleins auf ein eigenständiges „Bild-Handeln"[28] verweisen und die These durchaus auch auf die anderen Funktionen anwenden. Mit Bildern, die Religion in unterschiedlicher Form abbilden, wird in *Stern* und *Spiegel* gehandelt und diese können selbst Handlungen hervorrufen – sei es als Werbemaßnahme, als Aufmerksamkeitsfänger, als Informationsträger oder in Form von Perspektivierung und Emotionalisierung. Zentral ist dabei, dass die Bilder in der Repräsentation und Argumentation um religiöse Wandlungsprozesse eine entscheidende Rolle einnehmen, und somit weit über die reine Information oder Illustration hinausgehen.

Als abschließenden Befund lässt sich auf das bereits in Kapitel 6.3 angesprochene Ergebnis verweisen. Gerade in den rezenten Artikeln des *Spiegel* ist eine Zunahme von großflächigen Fotos und Abbildungen zu verzeichnen, die häufig emotionalisierte Bilder oder Personenporträts zur *Personalisierung* nutzen. Dies zeigt sich zum Beispiel anhand unterschiedlicher Porträtfotos sowie zunehmender Figurenrede des Sprach-Bild-Bezugs, etwa wenn es um die Positionen von Laien und Klerikern geht (*Spiegel* 5/2014, Kap. 5.2.2, S. 289). Auch die Fokussierung auf einzelne Gläubige und ihren individuellen Glauben oder „Glaubensmix" wird im *Stern* durch Porträtfotos und den Beziehungstyp der Figurenrede visuell akzentuiert (*Stern* 49/2009, Kap. 5.2.4, S. 380). Diese Auffälligkeiten finden sich ebenso in der Berichterstattung über die Papstwahl im *Stern*, bei dem, gemäß der Ausrichtung der Zeitschrift, das persönliche Umfeld des Papstes repräsentiert wird (*Stern* 13/2013, Kap. 5.2.5, S. 402). Die Artikel werden demnach zunehmend auch visuell personalisiert und gewinnen an Emotionspotenzial. Das Ergebnis einer sprachlich manifestierten *Individualisierung* findet sich folglich auch visuell bestärkt, in dem das Individuum in den Fokus rückt. Dieses Ergebnis wird im folgenden Kapitel näher betrachtet.

Zusammenfassend zeigen die Ergebnisse die Relevanz auf, die einer Bildanalyse zukommt, um darzulegen, wie „schnelle Schüsse ins Gehirn" konstruiert werden. Titelbilder, Bilder, Bild-Bild- und Bild-Text-Kombinationen werden somit in *Stern* und *Spiegel* genutzt, um zu emotionalisieren, zu perspektivieren, zu illustrieren, zu symbolisieren, zusammenzufassen, zu pointieren, zu werben und zu personalisieren und besitzen daher – gerade auch vor dem Hintergrund einer sich wandelnden Religionslandschaft – ein eigenes Machtpotenzial, herausgearbeitet durch den Ansatz einer interdisziplinären Bildanalyse.

---

28 Vgl. Bräunlein 2004, 212.

6.5 MEDIALISIERUNG UND WANDEL VON RELIGION UND GESELLSCHAFT

Trotz der Krise der Boulevardblätter war der Boulevardjournalismus noch nie so allgegenwärtig wie zurzeit. Seine Themen breiten sich im öffentlich-rechtlichen Fernsehen und Privat-TV genauso aus wie in der ‚Süddeutschen Zeitung', in ‚Stern', ‚Zeit' und SPIEGEL. Von den Regionalzeitungen und den Nachrichtenportalen im Internet ganz zu schweigen. Die Boulevardisierung des Journalismus hat auf breiter Front so sehr zugenommen, dass es eines nicht mehr fernen Tages eine eigene Unterabteilung Boulevard womöglich gar nicht mehr braucht. [...] ‚Express'-Chefredakteur Rudolf Kreitz sieht im Erregen von Emotionen quasi die letzte Zuflucht fürs Genre. Auf der Suche nach Informationen sei man im Internet schließlich besser aufgehoben, meint er. (*Spiegel* 6/2008)

In ihrem Artikel „Noch einmal mit Gefühl" (*Spiegel* 6/2008) beobachten die *Spiegel*-Journalisten selbstkritisch eine zunehmende Boulevardisierung, das heißt Emotionalisierung, Personalisierung, Skandalisierung von Medieninhalten in den traditionellen Printmedien. Auch in der Wissenschaft wurde dieses Phänomen betrachtet und in Zusammenhang mit der Entwicklung und den Umbrüchen der Gesellschaft gestellt. Die Kommunikationswissenschaftler Bonfadelli/Wirth haben ein fünfstufiges Modell konzipiert:

1) Auf Ebene der Gesellschaft werden Tendenzen der Individualisierung und Pluralisierung sowie des Wertewandels in Richtung auf postmoderne Gesellschaften hin konstatiert, welche 2) auf Ebene des Mediensystems als Tendenzen in Richtung von Globalisierung, Ökonomisierung, Beschleunigung und Konvergenz ihren Ausdruck finden. 3) Diese Veränderungen wiederum induzieren einen Wandel der Medieninhalte, indem Mechanismen wie Personalisierung, Emotionalisierung, Inszenierung und Skandalisierung häufiger benutzt werden. 4) Auf Ebene des Medienumgangs wiederum macht sich dieser Medienwandel sowohl in abnehmender Medienbindung, flüchtigerem und passiverem Medienkonsum als auch stärker aktiver, involvierter und interaktiver Mediennutzung bemerkbar. 5) Schließlich äussert sich der je spezifische Medienumgang in je unterschiedlichen Medieneffekten, die einerseits eher passiv homogenisierend, andererseits aber auch aktiv differenzierend ausfallen können. Medien können darum auf gesellschaftlicher Ebene je nach Wirkungskonstellation sowohl stabilisierend als Trendverstärker fungieren; sie können aber auch als Katalysatoren gesellschaftlichen Wandel beschleunigen oder sogar initiieren.[29]

Bonfadelli und Wirth (2005) legen dar, dass der gesellschaftliche Wandel und die Veränderung des Mediensystems mit einer Veränderung der Medieninhalte in Verbindung stehen. Unter Einbezug des gewählten linguistischen Ansatzes zeigt sich,

---

29 Bonfadelli/Wirth 2005, 595-596.

dass dies nicht nur inhaltlich durch die Themenstruktur gegeben ist. Die Analyse konnte darlegen, dass in allen Artikeln visuelle und stilistische Mittel zur Perspektivierung und Etablierung eines Emotionspotenzials enthalten sind, diese jedoch zunehmend zur Personalisierung und zur Dialogizität zwischen Autor und Leser genutzt werden. Dadurch werden ein höheres Emotions- sowie ein höheres Unterhaltungspotenzial generiert. Hierbei zeigt sich der Gewinn eines interdisziplinären – religionswissenschaftlichen und linguistischen – Ansatzes, indem eine genaue Aufschlüsselung von Personalisierungen und Emotionalisierungen religiöser Themen dargelegt werden konnte. Aufbauend auf Bonfadelli/Wirth (2005) sowie Stolz et al. (2014) lautet ein weiteres Ergebnis demnach, dass sich die Veränderungen der Gesellschaft in eine „Ich-Gesellschaft" nicht nur *inhaltlich* in Form von Personalisierung und Emotionalisierung niederschlagen, sondern dass sich dies auch *sprachlich* manifestiert: Nicht nur inhaltlich, sondern bis in die Sprache hinein zeigt sich eine starke Tendenz zur Individualisierung/ Subjektivierung/ Personalisierung, die mit der modernen „Ich-Gesellschaft" korreliert. Der gesellschaftliche Wandel wirkt sich demnach auch sprachlich in den Medien aus. Gesellschaftliche Transformationsprozesse, Medialisierung und sprachliche Veränderungen hängen miteinander zusammen – die sprachliche Individualisierung bestätigt demnach die These einer sozialen und religiösen Individualisierung. In Anbetracht von soziologischen Modernetheorien und der Säkularisierungs- und Individualisierungsdebatte ebenso wie von Mediatisierungstheorien müssten demnach ein linguistischer Ansatz und eine linguistische Perspektive stärker miteinbezogen werden. Anhand detaillierter Analysen ließ sich darlegen, dass hinsichtlich Religion vor allem der Glaube des Einzelnen in den Fokus gestellt und dabei auch der Rezipient als Leser selbst mit einbezogen wird. Dabei ist eine Verflechtung unterschiedlicher Entwicklungen und Komponenten gegeben, die Hannigs Annahmen bestätigen.[30] Die vorliegende Arbeit geht jedoch einen Schritt weiter, in dem sie die sprachliche Komponente miteinbindet, auf die mediale und kognitive Repräsentation bezieht und dabei auch die medialen Entwicklungen des 21. Jahrhunderts mitbedenkt – aus einer linguistischen wie auch religionswissenschaftlichen Perspektive. Aufbauend auf Bonfadelli/Wirth (2005), Stolz et al. (2014) und Hannig (2010) lassen sich demnach folgende Überlegungen zur Verzahnung von gesellschaftlichen Transformationsprozessen, Medialisierung, sprachlichen Veränderungen und der medialen Repräsentation von Religion aufstellen. Ausgehend von einem Wandel der Gesellschaft, der geprägt ist von Individualisierung, Pluralisierung und einem Wertewandel lässt sich, vor allem seit den 1960er Jahren ein Umbruch zu einer „Ich-Gesellschaft" konstatieren, bei der die persönliche Entscheidung des Individuums im Mittelpunkt steht. Die gesellschaftlichen Entwicklungen korrelieren mit den Entwicklungen und Veränderungen des Mediensystems. Auch wenn sich bereits zuvor Umbrüche zeigen, sind es doch

---

30 Vgl. Hannig 2010, 387-397.

verstärkt die 1960er Jahre, in denen Veränderungen der Kommunikationsformen und -mittel, wie etwa der Massenmedien und den Fernseher, hervortreten. Diese Medialisierung wirkt sich auf die Religion aus, die ebenfalls medialisiert wird und bei der sich Auswirkungen durch den gesellschaftlichen Umbruch zu einer Ich-Gesellschaft manifestieren lassen. So erklärt Hannig für die 1960er Jahre: „Die Medien waren nicht mehr nur Brücke zwischen Kirche und Gemeinde, sondern eine eigenständige dritte Ebene, auf der Religion vor den Augen vieler neu verhandelt wurde."[31] Der Formenwandel wurde dadurch auch medial mitgetragen. „Medialisierung und religiöser Formwandel waren in der zweiten Hälfte des 20. Jahrhunderts eng miteinander verbunden. Ihre Verzahnung sorgte für eine Art Entgrenzung, welche die Religion aus der Hermetik kirchlicher Räume in den breiten öffentlichen Raum hinaustrug und dort eben nicht unsichtbar, sondern für alle höchst sichtbar verankerte."[32] Diese religiösen Entwicklungen stehen im gegenseitigen Wechselverhältnis zu der medialen Repräsentation. Es lässt sich eine Sichtbarkeit von Religion in *Stern* und *Spiegel* bestätigen, Hannig postuliert eine „Religion der Öffentlichkeit" beginnend seit der zweiten Hälfte des 20. Jahrhunderts. In *Stern* und *Spiegel* zeigt sich besonders anhand der rezenten Artikel wie das Individuum als Gestalter des persönlichen Glaubens sowie auch Perspektivierungen und eine Nähe zum Rezipienten medial hervorgebracht werden.

Zurückgehend zur Medialisierung sind es jedoch nicht nur die Veränderungen der 1960er Jahre. Es sind vor allem auch die veränderten Kommunikationsstrukturen, die sich etwa in der Beschleunigung und Globalisierung manifestieren. Insbesondere die Entwicklungen der elektronischen Medien in den 1990er Jahren und auch des rezenten 21. Jahrhunderts müssen bedacht werden. Diese haben nicht nur zu einem Sprachwandel hin zu mehr Mündlichkeit, sondern sprachlich wie auch inhaltlich zu einer Personalisierung und Emotionalisierung geführt. Im Zuge des Aufkommens von Internet, Computer, Smartphones und der zunehmenden Entwicklung einer Medien- und Informationsgesellschaft mögen Emotionalisierung und Personalisierung, inhaltlich wie sprachlich, auch das Resultat einer Anpassung der „alten" Printmedien an eine schnelle und globale Gegenwart sein, so wie es im eingangs zitierten, selbstkritischen *Spiegel*-Artikel bereits angedeutet wurde. Die Einbindung von den herausgearbeiteten Mitteln und Strategien führt zu Perspektivierungen und (Be-)Wertungen der religiösen Sachverhalte und Referenzobjekte.

Dies wirkt sich somit nicht nur auf die mediale Repräsentation, sondern auch auf die kognitive Repräsentation von Religion aus. Hinsichtlich der Berichterstattung über Religion ist diese skizzierte Entwicklung relevant. Wissen wird häufig aus Medien wie den vorliegenden Magazinen *Stern* und *Spiegel* bezogen. Eine These der Arbeitet lautet somit, dass sich die dargestellten Entwicklungen auf die

---

31 Hannig 2010, 390.
32 Ebd., 396.

mediale Repräsentation und somit auch die kognitive Repräsentation von Religion, das heißt Meinungsbilder und den Wissenserwerb, auswirken kann. Hierfür muss jedoch zwischen unterschiedlichen Wirkungsebenen differenziert werden, die in miteinander in Verbindung stehen: zwischen dem Rezipienten (1), der Gesellschaft (2) und den Medien selbst (3). Betrachtet man den Rezipienten (1), so werden Medieninhalte verschieden aufgenommen und bewertet. Medien können dabei Wissen, Einstellungen und Entscheidungen, etwa Befürwortung und Ablehnung, sowie Bewertungen und Verhalten verändern. Jedoch sind Medien nie allein die Ursache für Veränderungen, dabei spielen etwa Interesse, Wissensstand oder die Fähigkeit zum Umgang mit Medien eine Rolle. Auch Art und Stärke der Wirkung ist von verschiedenen Aspekten abhängig.[33] Um diese Faktoren und Wirkung zu belegen, ist eine Medienrezeptionsforschung notwendig. Als Beispiel für eine Rezeptionsforschung in Bezug zu Berichterstattung über Religion lässt sich die Studie *Das Bild des Islams auf der Straße* (1994) von Karl-Peter Gietz, Claudia Haydz und Natalie Kuzera anführen, die Straßeninterviews während oder kurz nach dem zweiten Golfkrieg führten und darlegten, dass bei den befragten Personen ein stereotypes Islambild vorherrschte, geprägt durch die massenmediale Berichterstattung über den Islam in Verbindung mit dem zweiten Golfkrieg. Neuere Untersuchungen der Medienrezeptionsforschung, die sich mit der Rezeption von medialer Berichterstattung über Religion beschäftigen, stellen ein Desiderat dar.

Auf der Ebene der Gesellschaft (2) haben Medien die Möglichkeit, Prozesse öffentlicher Kommunikation zu verändern. Hier lässt sich die These des Agenda-Settings anführen. Häufigkeit, Umfang, Platzierung und Dauer sowie Wiederholung von Themen können Wahrnehmung und Aufmerksamkeit beeinflussen und wiederrum Einschätzungen über Sachverhalte und Personen prägen. Aus der Sicht der Medientheorie lässt sich zudem auf das Interdependenz-Konzept verweisen, welches auch für *Stern* und *Spiegel* greift: „Interdependenz-Konzepte konstatieren eine wechselseitige Beeinflussung und Abhängigkeit von Medien einerseits und Gesellschaft bzw. Kultur andererseits, d.h. Medien sind Spiegel gesellschaftlicher Verhältnisse, können sie aber auch beeinflussen und zum Wandel beitragen."[34] Das *Stern* und *Spiegel* religionssoziologische Transformationsprozesse spiegeln und somit abbilden, zeigt Kapitel 6.1. Das Medien auch Wirklichkeit gestalten und somit formen können, wurde auf der Rezipientenebene (1) bereits angesprochen. Auf der Ebene der Gesellschaft (2) lassen sich zwei verschiedene Beispiele anführen. Betrachtet man den Diskurs um Alternative Medizin zeigt sich, dass der Mediendiskurs den gesellschaftlichen Entwicklungen zurückliegt, während etwa beim Sekten- und Gurubegriff Medien als Diskursakteur auftreten. Wann wer wen beeinflusst, bedarf jedoch themenzentrierter Diskursanalysen, die mehrere und unter-

---

33 Vgl. Beck 2013, 206.
34 Ebd., 187.

schiedliche Medien heranziehen, um den Diskurs abzubilden und das Wechselspiel und die Beeinflussung aufzuschlüsseln.

Als dritter Aspekt (3) muss bedacht werden, dass Leitmedien wie der *Spiegel* auch Einfluss auf andere Redaktionen haben, die sich an den sogenannten Leitmedien orientieren, gefasst wird dies unter dem Intermedia-Agenda-Setting.

Mit Verweis auf die Medienwirkungsforschung und die Medienrezeptionsforschung[35] eröffnen sich damit weitere Forschungsfelder, vor allem auf der Rezipientenebene. Die Medienrezeptionsforschung beschäftigt sich damit, wie Medieninhalte verarbeitet und erlebt werden.[36] Unter Verarbeitung werden mentale Vorgänge bei der Beschäftigung mit einem Medieninhalt verstanden, dabei sind Aufmerksamkeit, bestehendes Wissen oder Interpretation zentrale Inhalte. Unter Erleben wird gefasst, wie Medientexte empfunden und interpretiert werden, d.h. wann Verbindungen zwischen Rezipient und Medientext hergestellt werden, wie Medientext Emotionen ansprechen, wann Medientexte als realistisch betrachtet werden oder wie Rezipienten Medientexte verarbeiten, die persuasiv angelegt sind.[37] Daran anknüpfend bieten sich, besonders in Verbindung mit den in der vorliegenden Studie analysierten Artikeln, empirische Erhebungen (z.B. in Form von Interviews oder Fragebögen) an, etwa unter folgenden Fragestellungen: Wie werden mediale Repräsentationen von Religion in *Stern* und *Spiegel* wahrgenommen? Wie bewerten Rezipienten (z.B. religiös vorgebildet vs. religiös nicht vorgebildet) die Zeitschriftentitel, Bilder oder Artikel? Welches medial vermittelte Repräsentationsbild von Religion nehmen Rezipienten auf? Werden die Rezipienten emotional angesprochen? Welches Wissen wird aus den Artikeln bezogen?

Die vorliegende Studie hat gezeigt, wie durch Personalisierungen und Emotionalisierungen Perspektivierungen entstehen und Meinungsbilder evoziert werden. Es ist dabei möglich, dass mediale Repräsentationen von den Rezipienten als gegeben wahrgenommen und nicht kritisch hinterfragt werden. „Massenmedien sind das effektivste Globalisierungsinstrument der modernen Welt, indem sie Fernes vergegenwärtigen, Fremdes bekannt machen, und umfassend Welt-Wissen vermitteln. Dabei werden aber zugleich Meinungen zu den spezifischen Referenzobjekten weitergegeben, die von vielen Rezipienten als verbindlich angesehen werden."[38]

Erneut lässt sich hier auf den Religionsmonitor verweisen, der darlegt, dass die Einstellung zu einer Religion auch entscheidend von der medialen Repräsentation

---

35 Zur Medienwirkungsforschung siehe Bonfadelli/Friemel 2017, zur Medienrezeptionsforschung Bilandzic/Schramm/Matthes 2015 und Rezipientenforschung Bilandzic et al. 2016.

36 Vgl. Bilandzic/Schramm/Matthes 2015, 11.

37 Vgl. ebd., 12f.

38 Schwarz-Friesel 2013a, 225.

abhängt.[39] So können mediale Repräsentationen entstehen, die zu gefestigten Stereotypen werden können, zum Beispiel wenn der Islam immer wieder mit Terrorismus verknüpft und daher als Bedrohung und nicht als Bereicherung empfunden wird. Genau darin liegt die Macht der Sprache und der Bilder.

---

39 Vgl. Pollack/Müller 2013, 38.

7. Resümee und Ausblick

> Was wir über unsere Gesellschaft, ja über die Welt,
> in der wir leben wissen, wissen wir durch die Massenmedien. [...] Andererseits wissen wir so viel
> über die Massenmedien, daß wir diesen Quellen
> nicht trauen können.
>
> LUHMANN 2009, 9

Die Studie hat gezeigt, welche medialen Repräsentationen von Religion in *Stern*
und *Spiegel* im Laufe der Zeit auftreten, welche Themen als titelwürdig erscheinen
und durch welche persuasiven Mittel und Strategien Perspektivierungen in Titelgeschichten korrelierend mit dem religiösen Formenwandel entstehen. Auch wenn das
Zitat Luhmanns kontrovers diskutiert werden kann, war es ein Anliegen, für die
sprachlichen und visuellen Strukturen zu sensibilisieren, um darzulegen welche
Themen verhandelt, wie bestimmte Blickwinkel zum Thema Religion konstruiert
werden und wie sich diese im Laufe der Zeit verändern können. Denn „Sprache
vermittelt Urteile und Bewertungen [...], steuert Meinungsbildungsprozesse [...],
transportiert bzw. reaktiviert Stereotype [...], benennt, weckt bzw. beeinflusst Gefühle [...], konstruiert extrem negative [oder positive] Vorstellungen, Bedrohungen
[...] und fiktive Analogien."[1] Dies gilt auch für Pressebilder und damit auch für
Sprache-Bild-Kombinationen. Zwar wird Objektivität als entscheidendes Charakteristikum des Journalismus benannt,[2] nichtsdestotrotz sind massenmediale Wirklichkeitskonstruktionen verkaufsförderliche Inszenierungen, die in unterschiedlichen
Ausprägungen auftreten können, „vom journalistischen Qualitätsverstoß in Form
von erfundenen Interviews bis hin zur unbewussten Verzerrung von Wirklichkeit
durch die stereotype Bildwahl."[3] Die Analyse zeigt, dass die Titelgeschichten der
beiden Magazine, die per se schon meinungsbetont sind, durch persuasive Mittel
und Strategien besonders wirkungsvoll inszeniert werden und Gewichtungen von

---

1   Schwarz-Friesel/Reinharz 2013b, 36.

2   Vgl. Burkhardt 2009, 88.

3   Ebd., 83.

Aussagen bzw. Sachverhalten unterschiedlich herausstellen und sich zunehmend Strategie der Emotionalisierung und Personalisierung zu Nutze machen. Werden wertende Berichterstattungen nicht kritisch hinterfragt, können diese Meinungen lenken. „Wörter (in Sätzen, Texten) evozieren Wissen. Die Aktualisierung verstehensrelevanten Wissens ‚unterläuft' den Rezipienten häufig genug quasi ‚automatisch' im Zuge selbstverständlichen, ‚unbewussten', meist nicht explizit reflektierten Verstehens [...]."[4] Dabei stellt sich in Anbetracht der Leserschaft die Frage, wie die Rezipienten und vor allem eine nicht religiös-vorgebildete Leserschaft ihren Blick positionieren und Wissen über religiöse Sachverhalte aus Zeitschriften wie den vorliegenden beziehen. Werden wertende Argumentationen durch eine subtile Art der Bewusstseinslenkung immer wieder hervorgehoben, kann sich eine Einstellung gegenüber dem Sachverhalt verfestigen und Wissen dadurch etabliert werden. Darin liegt das Machtpotenzial, das Sprache und Bilder in sich tragen.

Hinsichtlich der Veränderung und des Formenwandels von Religion zeichnete sich eine Pluralisierung und Formveränderung auch innerhalb der medialen Repräsentation ab, ebenso wie eine Transformation zur Individualisierung – inhaltlich als auch sprachlich. So steht bei allen untersuchten Artikeln das Individuum im Fokus und wird als Gestalter des persönlichen Glaubens repräsentiert. Ebenso wird stärker auf den Rezipienten selbst eingegangen. Überraschenderweise manifestieren sich somit auch auf sprachlicher Ebene innerhalb der untersuchten Artikel Individualisierungstendenzen, die aus gesellschaftlichen Wandlungen sowie Veränderungen des Mediensystems resultieren. Es bedarf weiterer Untersuchungen, die die These der sprachlich-religiösen Individualisierung überprüfen – hier ergeben sich lohnende Forschungsfragen aus interdisziplinärer Perspektive, der Religionssoziologie und der Linguistik.

Die beiden Zeitschriften treten nicht nur als Diskursstrukturierer und -akteure und somit als Einflussfaktor auf, sondern spiegeln gesellschaftliche Sachverhalte und Ereignisse – wenn auch nicht als gesellschaftliches Abbild, sondern in Form einer Wirklichkeitskonstruktion. Religion tritt dabei als ein sichtbarer Faktor zu Tage. Die Studie konnte darlegen, wie und in welchem Maße. Dass Religion auch außerhalb des untersuchten Zeitraumes nach wie vor ein sichtbarer Faktor in Zeitschriften ist, zeigt ein Blick auf die rezente Zeitschriftenauslage am Kiosk oder in der Buchhandlung. Höchst sichtbar treten Themenhefte mit den Schwerpunkten zur Reformation und zum Islam hervor ebenso wie Special Interest Zeitschriften, die Religion in unterschiedlicher Art und Weise verhandeln (*Geolino, National Geographic, Wunderwelt Wissen, Gesund leben*). Des Weiteren sind religiöse Magazine (konfessionell, spirituell) ein fester Bestandteil des Zeitschriftenrepertoires.

Durch die Analyse und die Beobachtungen eröffnen sich demnach weitere Forschungsfelder:

---

4   Busse 2008, 70.

- Wie sind die Themenhefte von *Stern* und *Spiegel* aufgebaut? Lassen sich ähnliche Mittel und Strategien auch in den Themenheften finden oder sind diese durch ihren Umfang und ihren Anspruch an Wissenschaftlichkeit weniger perspektivierend konstruiert? Wie bildet sich der religiöse Formenwandel in den Themenheften ab? Zeigt sich eine sprachliche Individualisierung auch dort?
- Welche Repräsentation von Religion findet sich in Kinderzeitschriften und wie wird diese didaktisch aufbereitet?
- Welche religiösen Themen werden in der *National Geographic* aufgenommen und zeigen sich Unterschiede zwischen dieser und den Nachrichtenmagazinen?
- Welche Themen werden in religiösen Zeitschriften (konfessionell, spirituell) verhandelt und wie wird dort alternative Religion bzw. institutionelle Religion repräsentiert?
- Wie wird die Kontroverse um Schul- und Alternativmedizin in Gesundheitszeitschriften, beispielsweise der *Gesund leben*, sprachlich und visuell aufgegriffen?

Die Fragen zeigen, dass das Forschungsfeld um Religion und Zeitschriften weitere Forschungsspektren eröffnet. In Anbetracht der oben dargelegten Überlegung zur Leserschaft und der Medienwirkung (siehe Kap. 6.5) ist hier insbesondere die Medienrezeptionsforschung von Interesse, die sich unter anderem damit beschäftigt, wie Medieninhalte erlebt und verarbeitet werden.[5] Anhand von empirischen Erhebungen, etwa eines Fragebogens, könnte in Anlehnung an die Analyse der Artikel überprüft werden, wie Rezipienten (z.B. religiös vorgebildet vs. religiös nicht vorgebildet) die Zeitschriftentitel bzw. -artikel bewerten, welches medial vermittelte Repräsentationsbild von Religion transportiert bzw. welche Vorstellungen evoziert werden und ob und wie sie emotional angesprochen werden.

Ausblickend lässt sich als Gewinn auf die Verknüpfung der beiden Disziplinen Religionswissenschaft und Linguistik verweisen. Die Analyse hat gezeigt, dass der interdisziplinäre Ansatz das Potenzial besitzt, Methoden- und Theoriemodelle zu vereinen und zu kombinieren. Dies ist auch für zukünftige Projekte von Vorteil. Für die Zukunft wäre daher eine engere interdisziplinäre Zusammenarbeit der beiden Disziplinen wünschenswert.

---

5 Siehe zur Medienrezpetionsforschung Kap. 6.5 sowie Bilandzic/Schramm/Matthes 2015.

Literaturverzeichnis

PRIMÄRLITERATUR

Authaler, Theresa/Hornig, Frank/Jannasch, Sebastian/Mayr, Walter/Neumann, Conny (2014): Der Papst und der verdammte Sex. Vatikan-Umfrage zur Kluft zwischen Kirche und Gläubigen. Herausgefordert. In: *Spiegel* Nr. 5 (27.01.2014). S. 32-40.

Bartsch, Matthias/Ehlers, Fiona/Glüsing, Jens/Hoyng, Hans/Wensierski, Peter/Zuber, Helene (2013): Gottes bester Mann? Papst Franziskus: Der moderne Reaktionär. Der Nahbare. In: *Spiegel* Nr. 12 (18.03.2013). S. 84-93.

Beuys, Barbara (1978): Beim Papst zu Hause. Großer Farbbericht. Der Papst aus Polen. Johannes Paul II. In: *Stern* Nr. 44 (26.10.1978). S. 19-29.

Biskamp, Stefan/Wiechmann, Christoph (2013): Papst. Fröhlich und bescheiden erobert er die Menschen. Ein Mann von der Straße. In: *Stern* Nr. 13 (21.03.2013). S. 58-67.

Dworschak, Manfred (2013): Zwischen Religion und Magie. Woran glaubt der Mensch? Der Glaube der Ungläubigen. In: *Spiegel* Nr. 52 (21.12.2013). S. 112-120.

Federspiel, Krista/Weiss, Hans (1991): Nach dem Bestseller „Bittere Pillen". Alternative Medizin im Test. Akupunktur, Homöopathie, Neuraltherapie und 30 andere Heilmethoden. Wunderheiler und Krankbeter. In: *Stern* Nr. 49 (28.11.1991). S. 100-109.

Fromm, Rainer/Rainer Nübel/Theodor Barth (2002): In den Fängen skrupelloser Wunderheiler. Die neuen Psycho-Sekten. In: *Stern* Nr. 43 (17.10.2002). S. 56-68.

Harenberg, Werner (1967): Was glauben die Deutschen? Diesseits und Jenseits. In: *Spiegel* Nr. 52 (18.12.1967). S. 38-58.

Harenberg, Werner (1992): Abschied von Gott. Spiegel-Umfrage: Was glauben die Deutschen? Nur noch jeder vierte ein Christ. In: *Spiegel* Nr. 25 (15.06.1992). S. 36-57.

Hirschhausen, Eckart von (2014): Magie und Medizin. Dr. Eckart von Hirschhausen: Warum alternative Heilmethoden wirken und was ihr Arzt davon lernen kann. Glaubt an Wunder. In: *Spiegel* Nr. 11 (06.03.2014). S. 50-57.

Koch, Christoph (2004): Homöopathie, Heilen mit den Händen, Ayurveda, Kneipp und Sauna, Heilpflanzen, Medizin der Naturvölker, Chinesische Medizin, Yoga und Meditation. Alternative Medizin. Wie sie helfen kann. In: *Stern* Nr. 3 (08.01.2004). S. 50-54.

Krug, Christian (1995): Die teuflische Macht der Sekten. Zwei Millionen Deutsche in den Fängen von Gurus, Gaunern und Exorzisten – für immer verloren? Beten auf Teufel komm raus. In: *Stern* Nr. 19 (04.05.1995). S. 32-42.

Michnik, Adam/Kisielewski, Stefan (1978): Der Papst aus Polen – die Kommunisten herausgefordert. Ein Auftrag für den Rest der Welt? In: *Spiegel* Nr. 43 (23.10.1978). S. 17-27.

o.A. (1968): Papst Paul VI: Nein zur Pille. Last und Lust. In: *Spiegel* Nr. 32 (05.08.1968). S. 82-90.

o.A. (1990): Der Papst und die Lust. „Ein verdammenswertes Laster". In: *Spiegel* Nr. 52 (24.12.1990). S. 122-134.

Rosenkranz, Stefanie (2009): Selig ohne Gott. Die neue Sehnsucht nach Spiritualität und Wellness-Religionen. Geister, Gurus und Gebete. In: *Stern* Nr. 49 (26.11.2009). S. 44-64.

SEKUNDÄRLITERATUR

Ahn, Gregor (2007): Kommunikation von Religion im Internet. In: Malik, Jamil/Rüpke, Jörg/Wobbe, Theresa (Hrsg.): Religion und Medien: Vom Kultbild zum Internetritual. Münster: Aschendorff. S. 191-205.

Albrecht, Horst (1993): Die Religion der Massenmedien. Stuttgart: Kohlhammer.

ALLBUS (2002): Allgemeine Bevölkerungsumfrage der Sozialwissenschaften (ALLBUS). Datensatz Online verfügbar unter: www.gesis.org [letzter Zugriff: 17.06.2018]

Allensbacher Markt- und Werbeträgeranalyse (AWA) 2015, Basistabelle Printmedien. Online-Dokument:
http://www.ifd-allensbach.de/fileadmin/AWA/AWA2015/Codebuchausschnitte/AWA2015_Ba ndMedien_ Basistabelle_Printmedien.pdf [letzter Zugriff: 09.01.2016]

Androutsopoulos, Jannis (2003): Medienlinguistik. Online verfügbar unter:
http://jannisandroutsopoulos.files.wordpress.com/2009/09/medienlinguistik.pdf [letzter Zugriff: 10.01.2016]

Antes, Peter (2006): Grundriss der Religionsgeschichte. Von der Prähistorie bis zur Gegenwart. Stuttgart: Kohlhammer.

Augstein, Rudolf (2000): Brüten, skizzieren, mischen und hexen. Vorwort. In: Schütt, Hans-Dieter/Schwarzkopf, Oliver (Hrsg.): Die SPIEGEL-Titelbilder 1947-1999. Berlin: Schwarzkopf & Schwarzkopf. S. 6-7.

Aust, Stefan (2004): Die SPIEGEL-Titelbilder. In: Ders. (Hrsg.): Die Kunst des SPIEGEL. Titel-Illustrationen aus fünf Jahrzehnten. Kempen: teNeues. S. 6.

Averbeck-Lietz, Stefanie (2014): Understanding Mediatization in „First Modernity". Sociological Classics and their Perspectives on Medited and Mediatized Societies. In: Lundby, Knut (Hrsg.): Mediatization of Communication. Berlin: De Gruyter. S. 209-130.

Balbach, Anna Maria (2014): Sprache und Konfession: Frühneuzeitliche Inschriften des Totengedächtnisses in Bayerisch-Schwaben. Würzburg: Ergon.

Barthes, Roland (1969): Rhetorik des Bildes. In: Schiwy, Günther (Hrsg.): Der französische Strukturalismus. Reinbek: Rowohlt. S. 158-166.

Bauer, Sabine (2007): Religiöser Wortschatz in der Printwerbung. Analyse aktueller Anzeigen und Plakate ausgewählter Branchen. Saarbrücken: VDM.

Bäumer, Michael (1999): Art. ‚Magie'. In: Auffarth, Christoph et al. (Hrsg.): Metzler Lexikon Religion. Band 2. Stuttgart: Metzler. S. 360-367.

Beck, Klaus (2013): Kommunikationswissenschaft. 3. Auflage. Konstanz: UKV.

Beck, Ulrich (1986): Risikogesellschaft. Auf dem Weg in eine andere Moderne. Frankfurt am Main: Suhrkamp.

Beck, Ulrich (2008): Der eigene Gott. Friedensfähigkeit und Gewaltpotential der Religionen. Frankfurt am Main: Verlag der Religionen.

Beck, Uwe (1994): Kirche im SPIEGEL – Spiegel der Kirche? Ein leidenschaftliches Verhältnis. Ostfildern: Schwabenverlag.

Becker, Markus (2006): Wissenschaft im Internet I. Schnell, schneller, Internet. In: Wormer, Holger (Hrsg.): Die Wissensmacher. Profile und Arbeitsfelder von Wissenschaftsredaktionen in Deutschland. Wiesbaden: VS. S. 210-223.

Behnken, Wolfgang (1992): Der Stern und seine Titel. In: Die Stern Bibliothek (Hrsg.): Der Stern – Das Medium. Hamburg: Gruner + Jahr. S. 202-211.

Behrens, Rolf (2003): „Raketen gegen Steinewerfer". Das Bild Israels im Spiegel. Eine Inhaltsanalyse der Berichterstattung über Intifada 1987-1992 und „Al-Aqsa-Intifada" 2000-2002. Münster: Lit.

Beinhauer-Köhler/Pezzoli-Olgiati/Valentin, Joachim (Hrsg.) (2010): Religiöse Blicke – Blicke auf das Religiöse. Visualität und Religion. Zürich: TVZ.

Bendel Larcher, Sylvia (2015): Linguistische Diskursanalyse. Ein Lehr- und Arbeitsbuch. Tübingen: Narr.

Berger, Peter L. (1992): Der Zwang zur Häresie. Religion in der pluralistischen Gesellschaft. Freiburg: Herder.

Berger, Peter L. (Hrsg.) (1999): The Desecularization of the World. Resurgent Religion and World Politics. Washington: Ethics and Public Policy Center.

Berger, Peter L. (1999): The Desecularization of the World: A Global Overview. In: Ders. (Hrsg.): The Desecularization of the World. Resurgent Religion and World Politics. Washington: Ethics and Public Policy Center. S. 1-18.

Berger, Peter L. (2013a): Nach dem Niedergang der Säkularisierungstheorie. In: Ders.: Nach dem Niedergang der Säkularisierungstheorie. Mit Kommentaren von Detlef Pollack (Hrsg.), Thomas Großbölting, Thomas Gutmann, Marianne Heimbach-Steins, Astrid Reuter und Ulrich Willems sowie einer Replik von Peter L. Berger. Münster: Centrum für Religion und Moderne. S. 1-9.

Berger, Peter L. (2013b): Auf der Suche nach einer Friedensformel. Replik. In: Ders.: Nach dem Niedergang der Säkularisierungstheorie. Mit Kommentaren von Detlef Pollack (Hrsg.), Thomas Großbölting, Thomas Gutmann, Marianne Heimbach-Steins, As-trid Reuter und Ulrich Willems sowie einer Replik von Peter L. Berger. Münster: Centrum für Religion und Moderne. S. 35-42.

Bernhard, Uli/Scharf, Wilfried (2008): „Infotainment" in der Presse. Eine Längsschnittuntersuchung 1980-2007 dreier regionaler Tageszeitungen. In: Publizistik 53. S. 231-250.

Bertelsmann Stiftung (Hrsg.) (2007): Religionsmonitor 2008. Gütersloh: Bertelsmann Stiftung.

Betz, Ruth (2006): Gesprochensprachliche Elemente in deutschen Zeitungen. Radolfzell: Verlag für Gesprächsforschung.

Beyer, Robert (2013): „Olmert ertrinkt in Blut" – Mediale Israelfeindschaft als aktuelle Formvariante von Antisemitismus? Textlinguistische Analysen antisemitischer und israelfeindlicher Medienbeiträge. In: Nagel, Michael/Zimmermann, Mosche (Hrsg.): Judenfeindschaft und Antisemitismus in der deutschen Presse über fünf Jahrhunderte. Band 2. Bremen: edition lumière. S. 1009-1044.

Bilandzic, Helena/Koschel, Friederike/Springer, Nina/Pürer, Heinz (2016): Rezipientenforschung. Konstanz: UVK.

Bilandzic, Helena/Schramm, Holger/Matthes, Jörg (2015): Medienrezeptionsforschung. Konstanz: UVK.

Bluhm, Claudia/Dirk Deissler/Joachim Scharloth/Anja Stukenbrock (2000): Linguistische Diskursanalyse. Überblick, Probleme, Perspektiven. In: Sprache und Literatur in Wissenschaft und Unterricht 88. S. 3-19.

Bochinger, Christoph/Engelbrecht, Martin/Gebhardt, Winfried (2009): Die unsichtbare Religion in der sichtbaren Religion. Formen spiritueller Orientierung in der religiösen Gegenwartskultur. Stuttgart: Kohlhammer.

Bock, Florian (2010): Der „Pillen-Bann". Die Enzyklika Humanae Vitae Papst Pauls VI. im Spiegel der deutschen und italienischen Presse. In: Communicatio Socialis 43, 3. S. 270-281.

Bonfadelli, Heinz/Wirth, Werner (2005): Medienwirkungsforschung. In: Bonfadelli, Heinz/Jarren, Otfried/Siegert, Gabriele (Hrsg.): Einführung in die Publizistikwissenschaft. Bern: Haupt. S. 561-602.

Bonfadelli, Heinz/Friemel, Thomas N. (2017): Medienwirkungsforschung. 6. Auflage. Konstanz: UVK.

Bönisch, Julia (2006): Meinungsführer oder Populärmedium? Das journalistische Profil von Spiegel Online. Lit-Verlag: Berlin.

Bösch, Frank (2015): Medien und Religion im 20. Jahrhundert. In: Hölscher, Lucian/Krech, Volkhardt (Hrsg.): Handbuch der Religionsgeschichte im deutschsprachigen Raum. Band 6, 1. S. 286-311.

Bösch, Frank/Hölscher, Lucian (Hrsg.) (2009a): Kirchen – Medien – Öffentlichkeit. Transformationen kirchlicher Selbst- und Fremddeutungen seit 1945. Göttingen: Wallstein.

Bösch, Frank/Hölscher, Lucian (2009b): Die Kirchen im öffentlichen Diskurs. In: Dies. (Hrsg): Kirchen – Medien – Öffentlichkeit. Transformationen kirchlicher Selbst- und Fremddeutungen seit 1945. Göttingen: Wallstein. S. 7-30.

Bräunlein, Peter J. (2004): Bildakte. Religionswissenschaft im Dialog mit einer neuen Bildwissenschaft. In: Luchesi, Brigitte/ von Stuckrad, Kocku (Hrsg.): Religion im kulturellen Diskurs. Festschrift für Hans G. Kippenberg zu seinem 65. Geburtstag. Berlin: de Gruyter. S. 195-231.

Bräunlein, Peter J. (2015): Die langen 1960er Jahre. In: Hölscher, Lucian/Krech, Volkhardt (Hrsg.): Handbuch der Religionsgeschichte im deutschsprachigen Raum. Band 6, 1. S. 175-220.

Brema, Norbert (2010): Friedliche Religion oder Bedrohung. Eine Analyse der Darstellung des Islams in DER SPIEGEL 1998-2008. Saarbrücken: VDM.

Brinkbäumer, Klaus/Harms, Florian (2015): In eigener Sache. Samstag ist jetzt SPIEGEL-Tag. In: Spiegel Online. 16.01.2015. Online verfügbar unter: http://www.spiegel.de/kultur/gesellschaft/der-spiegel-erscheint-jetzt-am-samstag-a-1012015.html [letzter Zugriff: 10.01.2016]

Bruce, Steve (2005): God is dead. Secularization in the West. 4. Auflage. Malden: Blackwell.

Bruce, Steve (2006): What the Secularization Paradigm really says. In: Franzmann, Manuel/Gärtner, Christel/Köck, Nicole (Hrsg.): Religiosität in der säkularisierten Welt. Theoretische und empirische Beiträge zur Säkularisierungsdebatte in der Religionssoziologie. Wiesbaden: VS. S. 39-48.

Bruce, Steve (2011): Secularization. In Defence of an Unfashionable Theory. Oxford: University Press.

Bruce, Steve (2013): Amerika ist keine Ausnahme. In: Pollack, Detlef/Spohn, Ulrike/Gutmann, Thomas/Basu, Helene/Willems, Ulrich (Hrsg.): Moderne und Religion. Religion. Kontroversen um Modernität und Säkularisierung. Bielefeld: Transcript. S. 331-354.

Bulletin der Bundesregierung (1965): Gedankenlose Sprachentgleisung. 29. Januar 1965. Nr. 17. S. 136.

Burkhardt, Steffen (2009): Praktischer Journalismus. München: Oldenbourg.

Busse, Dietrich (1987): Historische Semantik. Analyse eines Programms. Stuttgart: Klett.

Busse, Dietrich/Hermanns, Fritz/Teubert, Wolfgang (Hrsg.) (1994): Begriffsgeschichte und Diskursgeschichte. Methodenfragen und Forschungsergebnisse der historischen Semantik. Opladen: Westdeutscher Verlag.

Busse, Dietrich (2008): Diskurslinguistik als Epistomologie. Das verstehensrelevante Wissen als Gegenstand linguistischer Forschung. In: Warnke, Ingo H./Spitzmüller, Jürgen (Hrsg.): Methoden der Diskurslinguistik. Sprachwissenschaftliche Zugänge zur transtextuellen Ebene. Berlin: De Gruyter. S. 57-88.

Bußmann, Hadumod (2008): Lexikon der Sprachwissenschaft. 4. Auflage. Stuttgart: Kröner.

Cakir, Naime (2014): Islamfeindlichkeit. Anatomie eines Feindbildes in Deutschland. Bielefeld: Tanscript.

Campbell, Colin (1972): The Cult, the Cultic Milieu, and Secularization. In: Hill, Michael (Hrsg.): A Sociological Yearbook of Religion in Britain. Band V. London: SCM Press. S. 119-136.

Campbell, Heidi A. (2010): When Religion meets New Media. London: Routledge.

Campbell, Heidi A. (2013): Digital Religion: Understanding Religious Practice in New Media Worlds. London: Routledge.

Cancik, Hubert/Mohr, Hubert (1988): Religionsästhetik. In: Ders./Gladigow, Burkhard/Laubscher, Matthias (Hrsg.): Handbuch religionswissenschaftlicher Grundbegriffe. Stuttgart: Kohlhammer. S. 121-156.

Casanova, José (1994): Public Religions in the Modern World. London: University of Chicago Press.

Casanova, José (2000): Private und öffentliche Religionen. In: Müller, Hans-Peter/Sigmund, Steffen (Hrsg.): Zeitgenössische Amerikanische Soziologie. Opladen: Leske + Buderich. S. 249-280.

Casanova, José (2004): Religion und Öffentlichkeit. Ein Ost-/Westvergleich. In: Gabriel, Karl/Reuter, Hans-Richard (Hrsg.): Religion und Gesellschaft. Texte zur Religionssoziologie. Paderborn: Schöningh. S.269-293.

Casanova, José (2008): Public Religion revisited. In: Große Kracht, Hermann-Josef/Spieß, Christian (Hrsg): Christentum und Solidarität. Bestandsaufnahmen zu Sozialethik und Religionssoziologie. München: Schöningh. S. 312-338.

Casanova, José (2012): Rethinking Public Religions. In: Shah, Timothy/Stepan, Alfred/Toft, Monica (Hrsg.): Rethinking Religion and World Affairs. Oxford: University Press. S. 25-35.

Coney, Judith (2000): New Religious Movements in the West Led by South Asians. In: Coward, Harald/Hinnells, John R./Williams, Raymond Brady (Hrsg.): The South Asian Religious Diaspora in Britain, Canada, and the United States. New York: State University of New York Press. S. 55-73.

Dahinden, Urs (2009): Nationales Forschungsprogramm NFP 58, Religionsgemeinschaften, Staat und Gesellschaft: Die Darstellung von Religionen in Schweizer

Massenmedien: Zusammenprall der Kulturen oder Förderung des Dialogs? 2007-2009. Schlussbericht.

Dahinden, Urs/Koch, Carmen (2011): Mediale Darstellung von Religionen aus Sicht der Medien- und Kommunikationswissenschaft. In: Jecker, Constanze (Hrsg.): Religionen im Fernsehen. Analysen und Perspektiven. Konstanz: UVK. S. 99-111.

Davie, Grace (1994): Religion in Britain since 1945. Believing without Belonging. London: Wiley.

Dawson, Lorne L. (2003): Introduction. In: Ders. (Hrsg.) Cults and New Religious Movements. A Reader. S. 1-4.

Deacon, Dan/Stanyer, James (2014): Mediatization. Key Concept or Conceptual Bandwagon? In: Media, Culture & Society 36, 7. S. 1032-1044.

Denzler, Georg (1990): Die verbotene Lust. 2000 Jahre christliche Sexualmoral. In: Salewski, Michael/Bagel-Bohlan, Anja (Hrsg.): Sexualmoral und Zeitgeist im 19. und 20. Jahrhundert. Wiesbaden: VS. S. 17-26.

Deutsche Bischofskonferenz (DBK) (2015): Abschluss der Weltbischofssynode in Rom. Erklärung der Teilnehmer der Deutschen Bischofskonferenz. Pressemitteilung vom 25.10.2015. Online-Dokument: http://www.dbk.de/fileadmin/redaktion/diverse_downloads/presse_2015/2015-190-Abschluss-der-Weltbischofssynode-Rom.pdf [letzter Zugriff: 15.01.2016]

Deutsche Bischofskonferenz (DBK) (2015): „Gesetze sind für den Menschen gemacht – nicht umgekehrt". Die Rede von Papst Franziskus zum Ende der Weltfamiliensynode am 24. Oktober 2015. Online-Dokument: http://www.dbk.de/fileadmin/redaktion/diverse_downloads/presse_2015/2015-040-Rede-Papst-Franziskus-zum-Abschluss-der-Synodenberatung.pdf [letzter Zugriff: 15.01.2016]

Deutscher Bundestag. Enquete Kommission „Sogenannte Sekten und Psychogruppen" (Hrsg.) (1998): Neue religiöse und ideologische Gemeinschaften und Psychogruppen. Endbericht der Enquete-Kommission „Sogenannte Sekten und Psychogruppen". Bonn: Deutscher Bundestag, Referat Öffentlichkeitsarbeit.

Diaz-Bone, Rainer (2010): Was ist der Beitrag der Diskurslinguistik für die Foucaultsche Diskursanalyse? In: Forum Qualitative Sozialforschung 11, 2. Online verfügbar unter: http://www.qualitative-research.net/index.php/fqs/rt/printerFriendly/1454/2954 [letzter Zugriff: 10.01.2016]

Dörger, Hans Joachim (1973): Religion als Thema in SPIEGEL, Zeit und Stern. Hamburg: Furche.

Döveling, Katrin (2007): Feeling is believing. Eine kommunikationswissenschaftliche Analyse der Trauer um Papst Johannes Paul II. In: Malik, Jamil/Rüpke, Jörg/Wobbe, Theresa (Hrsg.): Religion und Medien: Vom Kultbild zum Internetritual. Münster: Aschendorff. S. 73-91.

Dreesen, Philipp (2013): Kritik als Erkenntnismodus, Praxis und Untersuchungsgegenstand in der Diskurslinguistik. In: Meinhof, Hanna Ulrike/Reisigl, Martin/Warnke, Ingo H. (Hrsg.): Diskurslinguistik im Spannungsfeld von Deskription und Kritik. Berlin: Akademie Verlag. S. 169-201.

Dreesen, Philipp/Kumiega, Lukasz/Spieß, Constanze (2012): Diskurs und Dispositiv als Gegenstände interdisziplinärer Forschung. Zur Einführung in den Sammelband. In: Dies. (Hrsg.): Mediendiskursanalyse. Diskurse, Dispositve, Medien, Macht. Wiesbaden: VS. S. 9-22.

Duden. Deutsches Universalwörterbuch (1994). 2. Auflage. Mannheim: Dudenverlag.

Duden. Deutsches Universalwörterbuch (2001). 4. Auflage. Mannheim: Dudenverlag.

Eco, Umberto (1972): Einführung in die Semiotik. München: Wilhelm Fink.

Eder, Franz X. (2015): Die lange Geschichte der ‚Sexuellen Revolution' in Westdeutschland (1950er bis 1980er Jahre). In: Ders./Bänziger, Paul/Beljan, Magdalena/Eitler, Pascal (Hrsg.): Sexuelle Revolution? Zur Geschichte der Sexualität im deutschsprachigen Raum seit den 1960er Jahren. Bielefeld: Transcript. S. 25-59.

Eder, Klaus (2002): Europäische Säkularisierung – ein Sonderweg in die postsäkulare Gesellschaft? In: Berliner Journal für Soziologie, 3. S. 331-343.

Engelmann, Kerstin/Günther, Friederike/Heise, Nele/Hohmann, Florian/Irrgang, Ulrike/Schmidt, Sabrina (2010): Muslimische Weblogs. Der Islam im deutschsprachigen Internet. Berlin: Frank & Timme.

Faber, Stefanie (2006): Papst Paul VI. in Wahrnehmung und Beurteilung der deutschen Presse (1963-1978). In: Pottmeyer, Hermann Josef (Hrsg.): Paul VI. und Deutschland. Studientag Bochum. 24.-25.10.2003. Rom: Ed. Studium. S. 223-240.

Fairclough, Norman (2010): Critical Discourse Analysis. The Critical Study of Language. 2. Auflage. Harlow: Longman.

Federspiel, Krista (2007): Sanfte Alternative? In: Kritisch Gedacht. Der Wissensblog. 25.12.2007. Online verfügbar unter: https://kritischgedacht.wordpress.com/2007/12/25/sanfte-alternative/ [letzter Zugriff: 10.01.2016]

Felder, Ekkehard (2009): Sprachliche Formationen des Wissens. Sachverhaltskonstitution zwischen Fachwelten, Textwelten und Varietäten. In: Ders. (Hrsg.): Wissen durch Sprache. Theorie, Praxis und Erkenntnisinteresse des Forschungsnetzwerkes "Sprache und Wissen". Berlin: De Gruyter. S. 11-18.

Felder, Ekkehard (2010): Diskursanalyse von politischer Sprache. In: Dossier Sprache und Politik. Bundeszentrale für politische Bildung. Online verfügbar unter: http://www.bpb.de/politik/grundfragen/sprache-und-politik/42740/diskursanalyse?p=all [letzter Zugriff: 17.06.2018]

Felsmann, Hans-Dieter (Hrsg.) (2006): Die Medien und die Gretchenfrage. München: Kösel.

Fengler, Susanne/Vestring, Bettina (2009): Politikjournalismus. Wiesbaden: VS.

Foucault, Michel (1976): Überwachen und Strafen. Die Geburt des Gefängnisses. Frankfurt am Main: Suhrkamp.

Frank, Robert (2004): Globalisierung „alternativer" Medizin. Homöopathie und Ayurveda in Deutschland und Indien. Bielefeld: Transcript.

Friedrich, Sebastian/Jäger, Margarete (2011): Die Kritische Diskursanalyse und die Bilder. Methodologische und methodische Überlegungen zu einer Erweiterung der Werkzeugkiste. In: DISS 21. Online verfügbar unter: http://www.diss-duisburg.de/2011/09/die-kritische-diskursanalyse-und-die-bilder/ [letzter Zugriff: 10.01.2016]

Friedrichs, Lutz/Vogt, Michael (Hrsg.) (1996a): Sichtbares und Unsichtbares. Facetten von Religion in deutschen Zeitschriften. Würzburg: Ergon.

Friedrichs, Lutz/Vogt, Michael (1996b): Facetten von Religion in deutschen Zeitschriften. In: Dies. (Hrsg.): Sichtbares und Unsichtbares. Facetten von Religion in deutschen Zeitschriften. Würzburg: Ergon. S. 303–314.

Fries, Norbert (2011): Über die allmähliche Verfertigung emotionaler Bedeutung beim Äußern. In: Kotin, Michail/Kotorova, Elizaveta (Hrsg.): Die Sprache in Aktion: Pragmatik – Sprechakte – Diskurs. Heidelberg: Winter. S. 15-32.

Futterlieb, Kristin (2009): Neopaganismus Online – Das World Wide Web als Kommunikationsplattform zur Konstruktion spiritueller Identität. Dissertation. Universität Göttingen.

Gabriel, Karl (1996): Religion und Kirche im Spiegel- und Diskursmodell von Öffentlichkeit. In: Baldermann, Ingo et al. (Hrsg.): Glaube und Öffentlichkeit. Neukirchen-Vluyn: Neukirchener Verlag. S. 31-51.

Gabriel, Karl (2003): Säkularisierung und öffentliche Religion. Religionssoziologische Anmerkungen mit Blick auf den europäischen Kontext. In: JCSW 44. S. 13-36.

Gabriel, Karl (2008a): Jenseits von Säkularisierung und Wiederkehr der Götter. In: Aus Politik und Zeitgeschichte 52. S. 9-15.

Gabriel, Karl (2008b): Die Versuche des Papstes, in der Welt der Gegenwart Autorität zu gewinnen. In: Concilium 44, 3. S. 361-367.

Gabriel, Karl (2009a): Die Kirchen in Westdeutschland. Ein asymmetrischer religiöser Pluralismus. In: Bertelsmann Stiftung (Hrsg.): Woran glaubt die Welt? Analysen und Kommentare zum Religionsmonitor 2008. Gütersloh: Bertelsmann-Stiftung. S. 99-124.

Gabriel, Karl (2009b): Phänomene öffentlicher Religion in Europa. In: Delgado, Mariano/Jödicke, Ansgar/Vergauwen, Guido (Hrsg.): Religion und Öffentlichkeit. Probleme und Perspektiven. Stuttgart: Kohlhammer. S. 1-26.

Gärtner, Christel (2008): Die Rückkehr der Religion in der politischen und medialen Öffentlichkeit. In: Gabriel, Karl/Höhn, Hans-Joachim (Hrsg.): Religion heute – öffentlich und politisch. Provokationen, Kontroversen, Perspektiven. Paderborn: Schöningh. S. 93-108.

Gärtner, Christel (2009): Die Rolle der Medien bei der Rückkehr der Religion. Die habituellen Voraussetzungen für die Wahrnehmung und Deutung religiöser Ereignisse bei journalistischen „Meinungsmachern". In: Sieprath, Maud E. (Hrsg.): Religion und Massenmedien. Berlin: Weißensee. S. 67-97.

Gärtner, Christel (2014): Religion und Medien in Deutschland. Das Religionsverständnis von Elitejournalisten. In: Hainz, Michael/Pickel, Gert/ Pollack, Detlef et al. (Hrsg.): Zwischen Säkularisierung und religiöser Vitalisierung. Religiosität in Deutschland und Polen im Vergleich. Wiesbaden: VS. S. 181-188.

Gärtner, Christel/Gabriel, Karl/Reuter, Hans-Richard (2012): Religion bei Meinungsmachern. Eine Untersuchung bei Elitejournalisten in Deutschland. Wiesbaden: VS.

Gebhardt, Winfried et al. (2007): Megaparty Glaubensfest Weltjugendtag: Erlebnis – Medien – Organisation. Wiesbaden: VS.

Gietz, Karl-Peter/Haydt, Claudia/Kuczera, Natalie (1994): Das Bild des Islams auf der Straße. Versuch einer Rezeptionsanalyse. In: Medienprojekt Tübinger Religionswissenschaft (Hrsg.): Der Islam in den Medien. Gütersloh: Gütersloher Verlags-Haus. S. 170-183.

Glaser, Hermann (1991): Kleine Kulturgeschichte der Bundesrepublik Deutschland 1945-1989. Berlin: Bundeszentrale für politische Bildung.

Glück, Antje (2007): Terror im Kopf. Terrorismusberichterstattung in der deutschen und arabischen Elitepresse. Berlin: Frank & Timme.

Gmoser, Karin (2008): Das Unsichtbare im Schamanismus. Ethnographischer Blick und schamanisches Sehen am Beispiel der Magar Zentralnepals und anderen Referenzen. Diplomarbeit. Universität Wien.

Görlach, Alexander (2009). Der Karikaturen-Streit in deutschen Printmedien. Eine Diskursanalyse. Stuttgart: Ibidem.

Graf, Jürgen (2008): Wellness und Wellness-Bewegung. In: Klöcker, Michael/Tworuschka, Uwe (Hrsg.): Handbuch der Religionen. Kirchen und andere Glaubensgemeinschaften in Deutschland 18. München: Olzog. S. 1-18.

Graf, Friedrich Wilhelm (2014): Götter Global. Wie die Welt zum Supermarkt der Religionen wird. München: Beck.

Gresaker, Ann Kristin (2013): Making Religion Relevant? Representations of Religion in Nordic Popular Magazines 1988-2008. In: Nordic Journal of Religion and Society 26, 1. S. 63-84.

Großbölting, Thomas (2013): Der verlorene Himmel. Glaube in Deutschland seit 1945. Göttingen: Vandenhoek & Ruprecht.

Große, Franziska (2011): Bild-Linguistik. Grundbegriffe und Methoden der linguistischen Bildanalyse in Text- und Diskursumgebungen. Frankfurt am Main: Peter Lang.

Gruber, Franz (2015): Kirchenbild und Kirchenreform von Franziskus. In: Theologisch-Praktische Quartalsschrift 163, 1. S. 30-42.

Haacke, Wilmont (1962): Die Sprache der Massenmedien. In: Publizistik 7. S. 15-22.

Hafez, Kai (2002a): Die politische Dimension der Auslandsberichterstattung. Theoretische Grundlagen. Band 1. Baden-Baden: Nomos.

Hafez, Kai (2002b): Die politische Dimension der Auslandsberichterstattung. Das Nahost- und Islambild der deutschen überregionalen Presse. Band 2. Baden-Baden: Nomos.

Hafez, Kai (2010): Mediengesellschaft – Wissensgesellschaft? Gesellschaftliche Entstehungsbedingungen des Islambildes deutscher Medien. In: Schneiders, Thorsten Gerald (Hrsg.): Islamfeindlichkeit. Wenn die Grenzen der Kritik verschwimmen. 2. Auflage. Wiesbaden: VS. S. 99-117.

Hafez, Kai (Hrsg.) (2013a): Arabischer Frühling und deutsches Islambild. Bildwandel durch ein Medienereignis? Berlin: Frank & Timme.

Hafez, Kai (2013b): Die Macht der Medien und die Religionen. Eröffnungsvortrag der Tagung „Die Religionen und die mediale Präsenz des Religiösen". Evangelische Akademie Hofgeismar, 14.-16. Juni 2013. S. 1-7.

Hafez, Kai/Richter, Carola (2007): Das Islambild von ARD und ZDF. Aus Politik und Zeitgeschichte 26-27. S. 40-46.

Hafez, Kai/Schmidt, Sabrina (2015): Die Wahrnehmung des Islams in Deutschland. Religionsmonitor. Verstehen was verbindet. Gütersloh: Bertelsmann Stiftung.

Halbinger, Monika (2010): Das Jüdische in den Wochenzeitungen Zeit, Spiegel und Stern (1946-1989). Meidenbauer: München.

Halbinger, Monika (2012): „Leben statt mahnen". Deutsche Rezeptionsbedürfnisse in der Berichterstattung über das Judentum. In: Botsch et al (Hrsg.): Islamophobie und Antisemitismus – ein umstrittener Vergleich. Berlin: De Gruyter. S. 119-142.

Hall, Stuart (1982): The Rediscovery of ,Ideology'. Return of the Repressed in Media Studies. In: Gurevitch, Michael et al. (Hrsg.): Culture, Society and The Media. London: Routledge. S. 277-294.

Hall, Stuart (2003): Representation: Cultural Representations and Signifying Practices. Culture, Media and Identities. London: Sage.

Hannig, Nicolai (2006): Augstein, Rudolf. In: Biographisch-Bibliographisches Kirchenlexikon. Band 26. Spalte 71-81.

Hannig, Nicolai (2009): Von der Inklusion zur Exklusion? Die Medialisierung und Verortung des Religiösen in der Bundesrepublik Deutschland (1945-1970). In: Bösch, Frank/Hölscher, Lucian (Hrsg.): Kirchen – Medien – Öffentlichkeit. Transformationen kirchlicher Selbst- und Fremddeutungen seit 1945. Göttingen: Wallstein. S. 33-65.

Hannig, Nicolai (2010): Die Religion der Öffentlichkeit. Kirche, Religion und Medien in der Bundesrepublik 1945-1980. Göttingen: Wallstein.

Hannig, Nicolai (2011): „Wie hältst du's mit der Religion?" Medien, Meinungsumfragen und die öffentliche Individualisierung des Glaubens. In: Damberg, Wilhelm (Hrsg.): Soziale Strukturen und Semantiken des Religiösen im Wandel. Transformationen in der Bundesrepublik Deutschland 1949-1989. Essen: Klartext. S. 171-185.

Hannig, Nicolai/Städter, Benjamin (2007): Die kommunizierte Krise. Kirche und Religion in der Medienöffentlichkeit der 1950er und 60er Jahre. In: Schweizerische Zeitschrift für Religions- und Kulturgeschichte 101. S. 151-183.

Hart, Roderick P./Turner, Kathleen J./Knupp, Ralph E. (1981): A Rhetorical Profile of Religious News. Time 1947-1976. In: Journal of Communication 31, 3. S. 58-68.

Hasse, Edgar Sebastian (2010): Weihnachten in der Presse. Komparative Analysen der journalistischen Wahrnehmung des Christfestes anhand der "Weihnachtsausgaben" ausgewählter Tageszeitungen und Zeitschriften (1955 bis 2005). Erlangen: CPV.

Heelas, Paul/Woodhead, Linda (2005): The Spiritual Revolution. Why Religion is Giving Way to Spirituality. Oxford: Blackwell.

Heller, Eva (2000): Wie Farben auf Gefühl und Verstand wirken. München: Droemer.

Heller, Gerhard (1990): Wie heilt ein Schamane? Die therapeutische Trance als Wirkfaktor archaischer Psychotherapie. In: Lang, Hermann (Hrsg.): Wirkfaktoren der Psychotherapie. Berlin: Springer. S. 164-178.

Heller, Steven (2004): Titelgeschichten im SPIEGEL. In: Aust, Stefan (Hrsg.): Die Kunst des SPIEGEL. Titel-Illustrationen aus fünf Jahrzehnten. Kempen: teNeues. S. 14-19.

Hehn, Georg (2000): Art. ‚Paganismus'. In: Auffarth, Christoph et al. (Hrsg.): Metzler Lexikon Religion. Band 2. Stuttgart: Metzler. S. 1.

Hepp, Andreas (2014): Mediatisierung/Medialisierung. In: Schröter, Jens et al. (Hrsg.): Handbuch Medienwissenschaft. Weimar: Metzler. S. 191-196.

Hepp, Andreas/Krönert, Veronika (2009): Medien – Event – Religion. Die Mediatisierung des Religiösen. Wiesbaden: VS.

Hepp, Andreas/Krönert, Veronica (2010): Der katholische Weltjugendtag als Hybrid-event. Religiöse Medienereignisse im Spannungsfeld zwischen Mediatisierung und Individualisierung. Wiesbaden: VS.

Hepp, Andreas/Krotz, Friedrich (2014): Mediatized Worlds: Understanding Everyday Mediatization. In: Dies. (Hrsg): Mediatized worlds: Culture and Society in a Media Age. Basingstoke: Palgrave Macmillan. S. 1-15.

Hepp, Andreas/Hjarvard, Stig/Lundby, Knut (2015): Mediatization. Theorizing the Interplay between Media, Culture and Society. In: Media, Culture & Society 37, 2. S. 314-324.

Hermanns, Fritz (1994): Schlüssel-, Schlag- und Fahnenwörter. Zu Begrifflichkeit und Theorie der lexikalischen 'politischen Semantik'. Mannheim: Arbeiten aus dem Sonderforschungsbereich 245.

Hermanns, Fritz (2002a): Dimensionen der Bedeutung I: Ein Überblick. In: Cruse, D. Alan et al. (Hrsg.): Lexikologie. Ein internationales Handbuch zur Natur und Struktur von Wörtern und Wortschätzen. HSK. Band. 1. Berlin: De Gruyter. S. 343-350.

Hermanns, Fritz (2002b): Dimensionen der Bedeutung III: Aspekte der Emotion. In: Cruse, D. Alan et al. (Hrsg.): Lexikologie. Ein internationales Handbuch zur Natur und Struktur von Wörtern und Wortschätzen. HSK. Band. 1. Berlin: De Gruyter. S. 343-350.

Hermle, Siegfried (2007): Die Evangelikalen als Gegenbewegung. In: Ders./Lepp, Claudia/Oelke, Harry (Hrsg.): Umbrüche. Der deutsche Protestantismus und die sozialen Bewegungen in den 1960er und 70er Jahren. Göttingen: Vandenhoek & Ruprecht. S. 324-351.

Hero, Markus (2010): Von der Kommune zum Kommerz? Zur institutionellen Genese zeitgenössischer Spiritualität. In: Mormann, Ruth E. (Hrsg.): Alternative Spiritualität heute. Münster: Waxmann. S. 35-53.

Hindelang, Götz (1996): Sekte, ein brisantes Wort? – Lexikographische und sprachkritische Bemerkungen. In: Sprachreport 96, 2. S. 3-5.

Hindelang, Götz (2005): Lexikologische Probleme im Sektendiskurs. In: Muttersprache 2. S. 168-185.

Hjarvard, Stig (2008): The Mediatization of Religion. A Theory of the Media as Agents of Religious Change. In: Northern Lights 6. S. 9-26.

Hock, Klaus (2008): Einführung in die Religionswissenschaft. 3. Auflage. Darmstadt: WBG.

Hoffmann, Anne (2004): Islam in den Medien. Der publizistische Konflikt um Annemarie Schimmel. Münster: Lit.

Hofhansel, Ernst (1983): Art. ‚Farben/Farbensymbolik'. In: Müller, Gerhard et al. (Hrsg.): Theologische Realenzyklopädie. Band 11. Berlin: De Gruyter. S. 25-30.

Hoover, Stewart M. (1998): Religion in the News: Faith and Journalism in American Public Discourse. London: Sage.

Hoover, Stewart M. (2006): Religion in the Media Age. London: Routledge.

Hoover, Stewart M./Lundby, Knut (1997a): Rethinking Media, Religion, and Culture. Thousand Oaks: Sage.

Hoover, Stewart M./Lundby, Knut (1997b): Introduction. Setting the Agenda. In: Dies. (Hrsg.): Rethinking Media, Religion and Culture. Thousand Oaks: Sage. S. 3-14.

Hottinger, Arnold (1995): Islam in den Medien Deutschlands und dem europäischen Umfeld. In: Spirita 9, 1. S. 8-13.

Hutter, Manfred (2006): Die Weltreligionen. München: Beck.

Imdahl, Max (1980): Giotto. Arenafresken. Ikonographie, Ikonologie, Ikonik. München: Fink.

Informationsgemeinschaft zur Feststellung der Verbreitung von Werbeträgern e.V. (IVW 2015). Online verfügbar unter: http://daten.ivw.eu/index.php?menuid=12&u=&p=&t=Alphabetischer+Gesamtindex&b=s [letzter Zugriff: 09.01.2016]

Inglehart, Ronald/Norris, Pippa (2004): Sacred and Secular. Religion and Politics Worldwide. Cambridge: Cambridge University Press.

Inglehart, Ronald/Norris, Pippa (2011): Sacred and Secular. Religion and Politics Worldwide. Second Edition. Cambridge: Cambridge University Press.

Introvigne, Massimo (1998): Sekten und Verfolgungsrecht. Hintergründe eines Disputs. In: Seiwert, Hubert (Hrsg.): Schluß mit den Sekten! Die Kontroverse über ‚Sekten' und neue religiöse Bewegungen in Europa. Marburg: Diagonal-Verlag. S. 39-97.

Jäger, Siegfried (1997): Kulturkontakt – Kulturkonflikt. Ein diskursanalytisch begründeter Problemaufriß. In: Böke, Karin/Jung, Matthias/Wengeler, Martin (Hrsg.): Die Sprache des Migrationsdiskurses. Das Reden über „Ausländer" in Medien, Politik und Alltag. Opladen: VS. S. 71-88.

Jäger, Siegfried (2004): Kritische Diskursanalyse. Eine Einführung. 4. Auflage. Unrast: Münster.

Jäger, Siegfried (2005): Diskurs als „Fluß von Wissen durch die Zeit". Ein transdisziplinäres politisches Konzept. In: Aptum. Zeitschrift für Sprachkritik und Sprachkultur 1, 1. S. 52-72.

Jäger, Siegfried (2009): Rezension von: Warnke, Ingo H./Spitzmüller, Jürgen (Hrsg.) (2009): Methoden der Diskurslinguistik. Sprachwissenschaftliche Zugänge zur transtextuellen Ebene. Berlin: De Gruyter. In: DISS-Journal 18. Online verfügbar unter: http://www.diss-duisburg.de/2009/12/methoden-der-diskurslinguistik/ [letzter Zugriff: 10.01.2016]

Jäger, Siegfried (2010): Pressefreiheit und Rassismus. Der Karikaturenstreit in der deutschen Presse. Ergebnisse einer Diskursanalyse. In: Schneiders, Thorsten Gerald (Hrsg.): Islamfeindlichkeit. Wenn die Grenzen der Kritik verschwimmen. 2. Auflage. Wiesbaden: VS. S. 319-336.

Jäger, Siegfried (2011): Diskurs und Wissen. Theoretische und methodische Aspekte einer kritischen Diskurs- und Dispositivanalyse. In: Keller, Reiner/Hirseland, Andreas et al. (Hrsg.): Handbuch Sozialwissenschaftliche Diskursanalyse. Band 1: Theorien und Methoden. 3. Auflage. Wiesbaden: VS. S. 91-124.

Jäger, Siegfried (2012): Kritische Diskursanalyse. Eine Einführung. 6. Auflage. Münster: Unrast.

Jäger, Siegfried/Jäger, Margarete (2003): Medienbild Israel. Zwischen Solidarität und Antisemitismus. Münster: Lit.

Jäger, Margarete/Siegfried Jäger (2007): Deutungskämpfe. Theorie und Praxis Kritischer Diskursanalyse. Wiesbaden: VS.

Jahr, Silke (2000): Emotionen und Emotionsstrukturen in Sachtexten. Ein inter-disziplinärer Ansatz zur qualitativen und quantitativen Beschreibung der Emotionalität von Texten. Berlin: De Gruyter.

Janich, Nina (2010): Werbesprache. Ein Arbeitsbuch. 5. Auflage. Tübingen: Narr.

Jecker, Constanze (Hrsg.) (2011a): Religionen im Fernsehen. Analysen und Perspektiven. Konstanz: UVK.

Jecker, Constanze (2011b): Einleitung. Mediale ‚Realpräsenz' von Gott und Göttern. In: Dies. (Hrsg.): Religionen im Fernsehen. Analysen und Perspektiven. Konstanz: UVK. S. 7-17.

Kajetzke, Laura (2008): Wissen im Diskurs. Ein Theorievergleich von Bourdieu und Foucault. Wiesbaden: VS.

Kaltenhäuser, Bettina (2005): Abstimmung am Kiosk. Der Einfluss der Titelgestaltung politischer Publikumszeitschriften auf die Einzelverkaufsauflage. Wiesbaden: Deutscher Universitätsverlag.

Kalwa, Nina (2013): Das Konzept Islam. Eine diskurslinguistische Untersuchung. Berlin: De Gruyter.

Kamber, Esther/Ettinger, Patrick (2008): Strukturen und Wandel von Öffentlichkeit und ihre seismographische Funktion. In: Bonfadelli, Heinz/Imhof, Kurt/Blum, Roger/Jarren, Otfried (Hrsg.): Seismographische Funktion von Öffentlichkeit im Wandel. Wiesbaden: VS. S. 170-188.

Kappas, Arvid/Müller, Marion G. (2006): Bild und Emotion - ein neues Forschungsfeld. Theoretische Ansätze aus Emotionspsychologie, Bildwissenschaft und visueller Kommunikationsforschung. In: Publizistik 51, 1. S. 3-23.

Karis, Tim (2013): Mediendiskurs Islam. Narrative in der Berichterstattung der Tagesthemen 1979-2010. Wiesbaden: VS.

Karle, Roland (2005): Thomas Osterkorn, Andreas Petzold, Chefredakteure „Stern". Die unterschätzte Doppelspitze. In: Absatzwirtschaft. Zeitschrift für Marketing, 12. S. 94-96.

Katlewski, Heinz-Peter (2008): Printmedien. In: Klöcker, Michael/Tworuschka, Uwe (Hrsg.): Praktische Religionswissenschaft. Ein Handbuch für Studium und Beruf. Köln: Böhlau. S. 100-113.

Keller, Reiner (2007): Diskursforschung. Eine Einführung für SozialwissenschaftlerInnen. 3. Auflage. Wiesbaden: VS.

Keller, Reiner (2011): Wissenssoziologische Diskursanalyse. In: Ders. et al. (Hrsg.): Handbuch sozialwissenschaftliche Diskursanalyse. 3. Auflage. Wiesbaden: VS. S. 125-158.

Kienle, Gunver S./Kiene, Helmut (2005): Stiftung Warentest „Die Andere Medizin". Evidenz- oder Eminenz-basiert? In: Deutsches Ärzteblatt 102, 48. S. A3310.

Kippenberg, Hans G. (1983): Diskursive Religionswissenschaft. In: Ders./Gladigow, Burkhard (Hrsg.): Neue Ansätze in der Religionswissenschaft. München: Kösel. S. 9-28.

Klein, Josef (1994): Medienneutrale und medienspezifische Verfahren der Absicherung von Bewertungen in Presse und Fernsehen. Typologie und semiotische Distribution. In: Maoilanen, Markku/Tiitula, Lisa (Hrsg.): Überredung in der Presse: Texte, Strategien, Analysen. Berlin: De Gruyter. S. 3-17.

Klemm, Michael/Stöckl, Hartmut (2011): Bildlinguistik. Standortbestimmung, Überblick, Forschungsdesiderate. In: Diekmannshenke, Hajo/Klemm, Michael/Stöckl, Hartmut (Hrsg.): Bildlinguistik. Theorien – Methoden – Fallbeispiele. Berlin: Erich Schmidt. S. 7-18.

Klenk, Christian (2008): Ein deutscher Papst wird Medienstar. Benedikt XVI. und der Kölner Weltjugendtag in der Presse. Berlin: Lit.

Klenk, Christian (2014): Der Papst in den Medien. Franziskus – der Medienstar. In: Communicatio Socialis 47, 1. S. 72-93.

Kliche, Thomas/Adam, Susanne/Jannik, Helge (1999): „Wirklich die Hölle". Diskursanalysen zur Konstruktion von ‚Islam' in einem deutschen Printmedium. In: Dollase, Rainer/Kliche, Thomas/Moser, Helmut (Hrsg.): Politische Psychologie der Fremdenfeindlichkeit. Opfer – Täter – Mittäter. Weinheim: Juventa. S. 307-324.

Klinkhammer, Gritt (1996): Jugendliche Träume vom Heil. Eine Untersuchung zu religiösen Dimensionen der Jugendzeitschrift Bravo. In: Friedrichs, Lutz/Vogt, Michael (Hrsg.): Sichtbares und Unsichtbares. Facetten von Religion in deutschen Zeitschriften. Würzburg: Ergon. S. 72-97.

Kneidinger, Bernadette (2005): Der Golfkrieg in den Medien. Ein Vergleich der Berichterstattung in den Nachrichtenmagazinen „Der Spiegel" und „Profil". Marburg: Tectum Verlag.

Knoblauch, Hubert (1989): Das unsichtbare neue Zeitalter. „New Age", privatisierte Religion und kultisches Milieu. In: Kölner Zeitschrift für Soziologie und Sozialpsychologie 41, 3. S. 505-525.

Knoblauch, Hubert (1991): Die Verflüchtigung der Religion ins Religiöse. Thomas Luckmanns Unsichtbare Religion. Vorwort in: Thomas Luckmann. Die unsichtbare Religion. Frankfurt am Main: Suhrkamp 1991. S. 7-41.

Knoblauch, Hubert (2008): Die populäre Religion und die Transformation der Gesellschaft. In: Aus Politik und Zeitgeschichte 52. S. 3-8.

Knoblauch, Hubert (2009): Populäre Religion. Auf dem Weg in eine spirituelle Gesellschaft. Frankfurt am Main: Campus.

Knoblauch, Hubert/Andreas Graff (2009): Populäre Spiritualität oder: Wo ist Hape Kerkeling? In: Bertelsmann Stiftung (Hrsg.): Woran glaubt die Welt? Analysen und Kommentare zum Religionsmonitor 2008. Gütersloh: Bertelsmann-Stiftung. S. 725-746.

Knott, Kim/Poole, Elizabeth/Taira, Teemu (2013): Media Portrayals of Religion and the Secular Sacred. Representation and Change. Farnham: Ashgate.

Koch, Carmen (2009): Das Politische dominiert. Wie Schweizer Medien über Religion berichten. In: Communicatio Socialis 42, 4. S. 365-381.

Koch, Carmen (2012): Religion in den Medien. Eine quantitative Inhaltsanalyse von Medien in der Schweiz. Konstanz: UVK.

Krech, Volkhard (2007): Exklusivität, Bricolage und Dialogbereitschaft. Wie die Deutschen mit religiöser Vielfalt umgehen. In: Bertelsmann Stiftung (Hrsg): Religionsmonitor. Gütersloh: Bertelsmann Stiftung 2007. S. 33-43.

Kress, Gunther R./van Leeuwen, Theo (1996): Reading images. The grammar of visual design. London: Routledge.

Kress, Gunther R./van Leuwen, Theo (2001): Multimodal discourse. The modes and media of contemporary communication. London: Hodder.

Kroeber-Riel, Werner (1993): Bildkommunikation. Imagerystrategie für die Werbung. München: Vahlen.

Kröger, Cosima Liviana (2008): Nachrichten vom Glauben: Religion in „Spiegel" und „Focus". Marburg: Tectum.

Krüger, Oliver (2012): Die mediale Religion. Probleme und Perspektiven der religionswissenschaftlichen und wissenssoziologischen Medienforschung. Bielefeld: transcript.

Kumiega, Lukasz (2012): Medien im Spannungsfeld zwischen Diskurs und Dispositiv. In: Ders./Dreesen, Philipp/Spieß, Constanze (Hrsg.): Mediendiskursanalyse. Diskurse, Dispositive, Medien, Macht. Wiesbaden: VS. S. 25-46.

Kunz, Martin (2006): Wissenschaft im Magazin. Über den Nutzen des Neuen. In: Wormer, Holger (Hrsg.): Die Wissensmacher. Profile und Arbeitsfelder von Wissenschaftsredaktionen in Deutschland. Wiesbaden: VS. S. 80-97.

Kurzke, Daniela (2009): Medialisierung des Dalai Lama. Vom Bauernjungen zum buddhistischen Superstar. Eine kurze Übersicht. In: Sieprath, Maud E. (Hrsg.): Religion und Massenmedien. Berlin: Weißensee. S. 231-247.

La Roche, Walter (2006): Einführung in den praktischen Journalismus. Mit genauer Beschreibung aller Ausbildungswege. Deutschland, Österreich, Schweiz. Berlin: Econ.

Landwehr, Achim (2008): Historische Diskursanalyse. Frankfurt am Main: Campus.

Lanwerd, Susanne (2012): Repräsentation von Religion und Nation: Versuch eines Blickwechsels. In: Pfleiderer, Georg/Heit, Alexander (Hrsg.): Sphärendynamik II. Religion in postsäkularen Gesellschaften. Zürich. S. 354-372.

Lasch, Alexander/Liebert, Wolf-Andreas (2015): Sprache und Religion. In: Felder, Ekkehard/Gardt, Andreas (Hrsg.): Handbuch Sprache und Wissen. Berlin: De Gruyter.

Lasch, Alexander/Liebert, Wolf-Andreas (2017a) (Hrsg.): Handbuch Sprache und Religion. Berlin: De Gruyter.

Lasch, Alexander/Liebert, Wolf-Andreas (2017b): Zur Konzeption des Handbuchs. In: Dies. (Hrsg.): Handbuch Sprache und Religion. Berlin: De Gruyter. S. 1-6.

Lenz, Ilse (2009): Die Neue Frauenbewegung in Deutschland. Abschied vom kleinen Unterschied. Ausgewählte Quellen. Wiesbaden: VS.

Leseranalyse Entscheidungsträger 2015. Präsentation. Online-Dokument: http://www.m-cloud.de/LAE2015/ [letzter Zugriff: 09.01.2016]

Liebert, Wolf-Andreas (1994): Das analytische Konzept „Schlüsselwort" in der linguistischen Tradition. Vorgesehen als Beitrag für den Ergebnisband des Teilprojekts C5 „Bedeutungskonstitution im Dialog". Arbeiten aus dem Sonderforschungsbereich 245 „Sprache und Situation". Bericht 83. Heidelberg.

Liebert, Wolf-Andreas (2017): Religionslinguistik. Theoretische und methodische Grundlagen. In: Lasch, Alexander/Ders. (Hrsg.): Handbuch Sprache und Religion. Berlin: De Gruyter. S. 7-36.

Link, Jürgen (1986): Noch einmal. Diskurs, Interdiskurs, Macht. In: kultuRRevolution 11. S. 4-7.

Link, Jürgen (2006): Diskursanalyse unter besonderer Berücksichtigung von Interdiskurs und Kollektivsymbolik. In: Keller, Reiner/Hirseland, Andreas/Schneider, Werner/Viehöver, Willy (Hrsg.): Handbuch sozialwissenschaftliche Diskursanalyse. Band 1. Theorien und Methoden. 2. Auflage. Wiesbaden: VS. S. 407-430.

Lobinger, Katharina (2012): Visuelle Kommunikationsforschung. Medienbilder als Herausforderung für die Kommunikations- und Medienwissenschaft. Wiesbaden: VS.

Lochte, Adrienne/Hanfeld, Michael (2003): Das ist die große Oper, die der „Stern" braucht. In: Frankfurter Allgemeine Zeitung. 05.03.2003. S. 38.

Lövheim, Mia (Hrsg.) (2013): Media, Religion and Gender. Key Issues and New Challenges. London: Routledge.

Lövheim, Mia (2014): Mediatization and Religion. In: Lundby, Knut (Hrsg.): Mediatization of Communication. Berlin: De Gruyter. S. 547-570.

Luckmann, Thomas (1967): The Invisible Religion. The Problem of Religion in Modern Society. New York: Macmillian.

Luckmann, Thomas (1991): Die unsichtbare Religion. Frankfurt am Main: Suhrkamp.

Luckmann, Thomas (1996): Privatisierung und Individualisierung. Zur Sozialform der Religion in spätindustriellen Gesellschaften. In: Gabriel, Karl (Hrsg.): Religiöse Individualisierung oder Säkularisierung. Biographie und Gruppe als Bezugspunkte moderner Religiosität. Gütersloh: Kaiser. S. 17-28.

Luckmann, Thomas (1980): Säkularisierung – ein moderner Mythos. In: Ders. (Hrsg.): Lebenswelt und Gesellschaft. Paderborn: Schöningh. S. 162-172.

Lüdecke, Norbert (2010): Humanae Vitae. In: Markschies, Christoph/Hubert, Wolf (Hrsg.): Erinnerungsorte des Christentums. München: Beck. S. 534-546.

Lüddeckens, Dorothea (2012): Religion und Medizin in der europäischen Moderne. In: Stausberg, Michael (Hrsg.): Religionswissenschaft. Berlin: De Gruyter. S. 283-297.

Lüddeckens, Dorothea/Walthert, Rafael (2010): Das Ende der Gemeinschaft? Neue religiöse Bewegungen im Wandel. In: Dies. (Hrsg.): Fluide Religion. Neue religiöse Bewegungen im Wandel. Theoretische und empirische Systematisierungen. Bielefeld: Transcript. S. 19-53.

Lüger, Heinz-Helmut (1995): Pressesprache. Tübingen: Niemeyer.

Luhmann, Niklas (1990): Gesellschaftliche Komplexität und öffentliche Meinung. In: Ders. (Hrsg.): Soziologische Aufklärung 5. Konstruktivistische Perspektiven. Opladen: VS. S. 170-182.

Luhmann, Niklas (1993): Veränderungen im System gesellschaftlicher Kommunikation und die Massenmedien. In: Ders. (Hrsg.): Soziologische Aufklärung. Soziales System, Gesellschaft, Organisation. Band 3. Opladen: Westdeutscher Verlag. S. 309-320.

Luhmann, Niklas (2009): Die Realität der Massenmedien. 4. Auflage. Opladen: VS.

Lundby, Knut (Hrsg.) (2014a): Mediatization of Communication. Berlin: De Gruyter.

Lundby, Knut (2014b): Mediatization of Communication. In: Ders. (Hrsg.): Mediatization of Communication. Berlin: De Gruyter. S. 3-35.

Maasen, Sabine/Mayerhauser, Torsten/Renggli, Cornelia (2006): Bild-Diskurs-Analyse. In: Dies. (Hrsg.): Bilder als Diskurse. Bilddiskurse. Weilerswist: Velbrück. S. 7-26.

Macha, Jürgen (2014): Der konfessionelle Faktor in der deutschen Sprachgeschichte der Frühen Neuzeit. Würzburg: Ergon.

Macha, Jürgen/Balbach, Anna Maria/Horstkamp, Sarah (Hrsg.) (2012): Konfession und Sprache in der Frühen Neuzeit. Interdisziplinäre Perspektiven. Münster: Waxmann.

Maier, Tanja/Balz, Hanno (2010): Orientierungen. Bilder des ‚Fremden' in medialen Darstellungen von ‚Krieg und Terror'. In: Thiele, Martina/Thomas, Tanja/Virchow, Fabian (Hrsg.): Medien – Krieg – Geschlecht. Affirmationen und Irritationen sozialer Ordnungen. Wiesbaden: VS. S. 81-101.

Malik, Jamil/Rüpke, Jörg/Wobbe, Theresa (Hrsg.) (2007): Religion und Medien. Vom Kultbild zum Internetritual. Münster: Aschendorff.

Marhold, Wolfgang (2004): Privatisierung und Individualisierung. Thomas Luckmanns phänomenologischer Zugang zur heutigen Sozialform der Religion. In: Gabriel, Karl/Reuter, Hans-Richard (Hrsg.): Religion und Gesellschaft. Texte zur Religionssoziologie. Schöningh: Paderborn. S. 133-135.

Martikainen, Tuomas (2013): Religion, Migration, Settlement. Reflection on Post-1990 Immigration to Finland. Leiden: Brill.

Massud, Abdel-Hafiez (2011): Zur sprachlichen Realisierung der Vorstellungen über Muslime im Nachrichtenmagazin DER SPIEGEL. In: Hafez, Farid (Hrsg):

Jahrbuch für Islamphobieforschung. Deutschland, Österreich. Wien: Studienverlag. S. 64-82.

Media Impact. Daten der Allensbacher Werbeträger-Analyse zu Reichweiten. Online verfügbar unter: http://www.media-impact.de/artikel/AWA-Allensbacher-Werbetraeger-Analyse_722104.html [letzter Zugriff: 09.01.2016]

Medienprojekt Tübinger Religionswissenschaft (Hrsg.) (1994): Der Islam in den Medien. Gütersloh: Gütersloher Verlagshaus.

Meier, Stefan (2008): (Bild-)Diskurs im Netz. Konzept und Methode für eine semiotische Diskursanalyse im World-Wide-Web. Köln: Halem.

Meier, Stefan (2010): Bild und Frame – Eine diskursanalytische Perspektive auf visuelle Kommunikation und deren methodische Operationalisierung. In: Duszak, Anna/House, Juliane/Kumiega, Lukasz (Hrsg.): Globalization, Discourse, Media. In a Critical Perspective. Warschau: Warschauer Universitätsverlag. S. 371-392.

Meier, Stefan (2011): Multimodalität im Diskurs. Konzept und Methode einer multimodalen Diskursanalyse. In: Keller, Reiner/Hirseland, Andreas et al. (Hrsg.): Handbuch Sozialwissenschaftliche Diskursanalyse. Band 1: Theorien und Methoden. 3. Auflage. Wiesbaden: VS. S. 499-532.

Metz, Wulf (1971): Kirche und Religion in den Illustrierten. Stuttgart: Calwer.

Meyen, Michael (2009): Medialisierung. In: Medien- und Kommunikationswissenschaft 57, 1. S. 23-38, hier 1-26. Online verfügbar unter: https://www.lmz-bw.de/fileadmin/user_upload/Medienbildung_MCO/file admin/bibliothek/meyen_mediali sierung/meyen_medialisierung.pdf [letzter Zugriff: 28.04.2016]

Meyer, Birgit (2012): Religious Sensations. Media, Aesthetics, and the Study of Contemporary Religion. In: Lynch, Gordon/Mitchell, Jolyon/Strhan, Anna (Hrsg.): Religion, Media and Culture. A Reader. London: Routledge. S. 159-170.

Meyn, Hermann/Tonnemacher, Jan (2012): Massenmedien in Deutschland. 4. Auflage. München: UVK.

Miczek, Nadja (2013): Biographie, Ritual und Medien: Zu den diskursiven Konstruktionen gegenwärtiger Religiosität. Bielefeld: Transcript

Mitchell, Jolyon P./Gower, Owen (Hrsg.) (2012): Religion and the News. Farnharm: Ashgate.

Mittmann, Thomas (2015): Der Zeitraum von 1975-1989. In: Hölscher, Lucian/Krech, Volkhardt (Hrsg.): Handbuch der Religionsgeschichte im deutschsprachigen Raum. Band 6, 1. S. 221-245.

Mohn, Jürgen (2012): Bild-Wahrnehmungsräume und Religions-Repräsentationen. Religionsaisthetik und die visuellen der Rekonstruktion von Religion. In: Pfleiderer, Georg/Heit, Alexander (Hrsg.): Sphärendynamik II. Religion in postsäkularen Gesellschaften. Zürich: Nomos. S. 407-429.

Mohn, Jürgen/Mohr, Hubert (2012) (Hrsg.): Massenmedien und Religion. Theoretische, gesellschaftliche und historische Aspekte. Zürich: Pano.

Mohr, Hubert (2009): Auf der Suche nach der Religionsmedienwissenschaft oder: Wie die audiovisuellen Medien unser heutiges Bild von Religion verändern. In: Faber, Richard/Lanwerd, Susanne (Hrsg.): Aspekte der Religionswissenschaft. Würzburg: Königshausen & Neumann. S. 159-181.

Mohr, Hubert (1999): Art. ‚Heiden'. In: Auffarth, Christoph et al. (Hrsg.): Metzler Lexikon Religion. Band 2. Stuttgart: Metzler. S. 10-11.

Murken, Sebastian/Rößler-Namini, Sussan/Böttger, Daniel (2013): Die Selbstbeschränkung des religiösen Subjekts. Überlegungen und empirische Befunde zu den Grenzen religiöser Individualisierungsprozesse. In: Marburg Journal of Religion, 17. S. 1-44.

Müller, Marion G. (2003): Grundlagen der visuellen Kommunikation. Theorieansätze und Analysemethoden. Konstanz: UVK.

Nassehi, Armin (2007): Erstaunliche religiöse Kompetenz. Qualitative Ergebnisse des Religionsmonitors. In: Bertelsmann Stiftung (Hrsg.): Religionsmonitor 2008. Gütersloh: Bertelsmann Stiftung. S. 113-132.

Neidhardt, Friedhelm (1994): Öffentlichkeit, Öffentliche Meinung, Soziale Bewegungen. In: Ders. (Hrsg.): Öffentlichkeit, Öffentliche Meinung, Soziale Bewegungen. Sonderheft 34 der Kölner Zeitschrift für Soziologie und Sozialpsychologie. Opladen: Westdeutscher Verlag.

Neubert, Frank (2010): Von der verfolgten „Sekte" zur etablierten Religionsgemeinschaft. Die Wandlungen der Hare Krishna Bewegungen. In: Lüddeckens, Dorothea/Walthert, Rafael (Hrsg.): Fluide Religion. Neue religiöse Bewegungen im Wandel. Theoretische und empirische Systematisierungen. Bielefeld: Transcript.. 77-91.

Neubert, Frank (2014): Diskursforschung in der Religionswissenschaft. In: Angermuller, Johannes et al. (Hrsg.): Diskursforschung. Ein interdisziplinäres Handbuch. Band 1. Bielefeld: Transcript. S. 261-275.

Neubert, Frank (2016): Die diskursive Konstitution von Religion. Wiesbaden: VS.

Neumaier, Anna (2016): religion@home? Religionsbezogene Online-Plattformen und ihre Nutzung. Eine Untersuchung zu neuen Formen gegenwärtiger Religiosität. Würzburg: Ergon.

Neumaier, Anna (2018): Religion, Öffentlichkeit und Medien. In: Pollack, Detlef/Krech, Volkhard/Müller, Olaf/Hero, Markus (Hrsg.): Handbuch Religionssoziologie. Wiesbaden: VS. S. 833-859.

Nolte, Kristina (2005): Der Kampf um Aufmerksamkeit. Wie Medien, Wirtschaft und Politik um eine knappe Ressource ringen. Frankfurt am Main: Campus.

Opilowski, Roman (2008): Die Interbildlichkeit und deren sprachliche Unterstützung in den Titelseiten des Magazins „Der Spiegel". In: Zeitschrift für Angewandte Linguistik 49. S. 45-71.

Opilowski, Roman (2011): Bildlinguistik – Ansätze, Aspekte, Aufgaben. In: Colloquia Germanica Stetinensia 19. S. 197-212.

Opilowski, Roman (2013a): Von der Textlinguistik zur Bildlinguistik. Sprache-Bild-Texte im neuen Forschungsparadigma. In: Zeitschrift des Verbandes Polnischer Germanisten, 3. S. 217-225.

Opilowski, Roman (2013b): Sprache und Bild als Forschungsgegenstand in linguistischen Disziplinen (Bild-, Text-, Medienlinguistik und Stilistik). In: Conivivium. S. 11-36.

Otten, Tina (1996): Die sanfte Veränderung ayurvedischer Heilverfahren am Beispiel der Pancha Karma Kur. In: Wolf, Angelika/Stürzer, Michael (Hrsg.): Die gesellschaftliche Konstruktion von Befindlichkeit. Berlin: VWB. S. 75-87.

Panofsky, Erwin (1932): Zum Problem der Beschreibung und Inhaltsdeutung von Werken der bildenden Kunst. In: Logos XXI. S. 103-119.

Perrin, Daniel (2006): Medienlinguistik. Konstanz: UVK.

Piasecki, Stefan (2008): Das Schaufenster des Schreckens in den Tagen des Zorns. Eine inhaltliche Analyse der Darstellung von Islam, Islamismus und islamischer Religiosität in der Berichterstattung über den Karikaturenstreit in Spiegel, Stern und Focus sowie ihre Wirkung auf eine säkularisierte Gesellschaft und ihre Tradition von christlicher bzw. islamischer Religiosität. Marburg: Tectum.

PMG-Pressemitteilung Presse-Monitor (2014): Fünf-Jahres-Auswertung des PMG Zitate-Rankings. BILD und SPIEGEL meistzitierte deutsche Medien. 10. Juni 2014. Online-Dokument: http://www.pressemonitor.de/content/uploads/2015/08/2014-06-11_PMI _PMG_Zitate-Ranking_2009-2013.pdf [letzter Zugriff: 10.01.2016]

Pollack, Detlef (2003): Säkularisierung – ein moderner Mythos? Studien zum religiösen Wandel in Deutschland. Tübingen: Mohr Siebeck.

Pollack, Detlef (2007): Religion und Moderne. Zur Gegenwart der Säkularisierung in Europa. In: Graf, Friedrich-Wilhelm/Große Kracht, Klaus (Hrsg.): Religion und Gesellschaft: Europa im 20. Jahrhundert. Köln: Böhlau. S. 73-103.

Pollack, Detlef (2009): Rückkehr des Religiösen? Studien zum religiösen Wandel in Deutschland und Europa II. Tübingen: Mohr Siebeck.

Pollack, Detlef (2013a): Religion und Moderne. Theoretische Überlegungen und empirische Beobachtungen. In: Pollack, Detlef/Spohn, Ulrike/Gutmann, Thomas/Basu, Helene/Willems, Ulrich (Hrsg.): Moderne und Religion. Religion. Kontroversen um Modernität und Säkularisierung. Bielefeld: Transcript. S. 293-331.

Pollack, Detlef (2013b): Zur Einführung. In: Ders. (Hrsg.): Peter L. Berger. Nach dem Niedergang der Säkularisierungstheorie. Mit Kommentaren von Detlef Pollack, Thomas Großbölting, Thomas Gutmann, Marianne Heimbach-Steins, Astrid Reuter und Ulrich Willems sowie eine Replik von Peter L. Berger. Münster: Centrum für Religion und Moderne. S. V-VIII.

Pollack, Detlef (2013c): Preisgabe der Säkularisierungstheorie oder Festhalten am Pluralisierungstheorem. In: Ders. (Hrsg.): Peter L. Berger. Nach dem Niedergang der Säkularisierungstheorie. Mit Kommentaren von Detlef Pollack, Thomas Großbölting, Thomas Gutmann, Marianne Heimbach-Steins, Astrid Reuter und Ulrich Willems sowie eine Replik von Peter L. Berger. Münster: Centrum für Religion und Moderne. S. 22-26.

Pollack, Detlef (2013d): Religiöser Wandel in den langen 1960er Jahren. Unveröffentlichter Vortrag. Religion und Lebensführung im Umbruch der langen sechziger Jahre. Evangelische Arbeitsgemeinschaft für Kirchliche Zeitgeschichte. Centrum für Religion und Moderne. Münster, 01.10.2013-02.10.2013.

Pollack, Detlef/ Ingrid Tucci/Hans-Georg Ziebertz (2012): Einleitung. Religiöser Pluralismus im Fokus quantitativer Religionsforschung. In: Dies. (Hrsg): Religiöser Pluralismus im Fokus quantitativer Religionsforschung. Wiesbaden: VS. S. 7-13.

Pollack, Detlef/Gabriel, Karl/Gärtner, Christel (Hrsg.) (2012): Umstrittene Säkularisierung. Soziologische und historische Analysen zur Differenzierung von Religion und Politik. Berlin: University Press.

Pollack, Detlef/Karl Gabriel/Christel Gärtner (2012): Einführung in das Thema. In: Dies.(Hrsg.): Umstrittene Säkularisierung. Soziologische und historische Analysen zur Differenzierung von Religion und Politik. Berlin: University Press. S. 9-37.

Pollack, Detlef/Müller, Olaf (2013): Religionsmonitor: Verstehen was verbindet. Religiosität und Zusammenhalt in Deutschland. In: Bertelsmann Stiftung (Hrsg.): Religionsmonitor: Verstehen was verbindet. Religiosität und Zusammenhalt in Deutschland. Gütersloh: Bertelsmann Stiftung. S. 10-71.

Püschel, Ulrich (1999): Präsentationsformen, Texttypen und kommunikative Leistung der Sprache in Zeitungen und Zeitschriften. In: Leonhard, Joachim-Felix et al. (Hrsg.): Medienwissenschaft. Ein Handbuch zur Entwicklung der Medien und Kommunikationsformen. Berlin: De Gruyter. S. 864-880.

Quasthoff, Uta M. (1998): Stereotype in Alltagsargumentationen. Ein Beitrag zur Dynamisierung der Stereotypenforschung. In: Heinemann, Margot (Hrsg.): Sprachliche und soziale Stereotype. Frankfurt am Main: Peter Lang. S. 47-72.

Raabe, Johannes (2013a): Art. ‚Nachrichtenmagazin'. In: Lexikon der Kommunikations- und Medienwissenschaft. 2. Auflage. Wiesbaden: VS. S. 241.

Raabe, Johannes (2013b): Art. ‚Zeitschrift'. In: Bentele, Günter et al. (Hrsg.): Lexikon der Kommunikations- und Medienwissenschaft. 2. Auflage. Wiesbaden: VS. S. 381-382.

Radde-Antweiler, Kerstin (2008): Ritual-Design im rezenten Hexendiskurs. Transferprozesse und Konstruktionsformen von Ritualen aus Persönlichen Homepages. Dissertation. Universität Heidelberg.

Radde-Antweiler, Kerstin (2015): Das Medienereignis ‚Papst Franziskus'. Eine mediensoziologische Perspektive. In: Theologisch-Praktische Quartalschrift 163, 1. S. 54-65.

Radermacher, Martin (2014): Volksfrömmigkeit im Gewand moderner Esoterik? Problematisierung volkskundlicher und religionswissenschaftlicher Begriffsfelder. In: Schöne, Anja/Groschwitz, Helmut (Hrsg.): Religiosität und Spiritualität. Fragen, Kompetenzen, Ergebnisse. Münster: Waxmann. S. 387-404.

Reisigl, Martin/Ziem, Alexander (2014): Diskursforschung in der Linguistik. In: Angermuller, Johannes et al. (Hrsg.): Diskursforschung. Ein interdisziplinäres Handbuch. Band 1. Bielefeld: Transcript. S. 70-110.

Requate, Jörg (1999): Öffentlichkeit und Medien als Gegenstände historischer Analyse. In: Geschichte und Gesellschaft, 25. S. 5-32.

Reuter, Astrid (2003): Voodoo und andere afroamerikanische Religionen. München: Beck.

Rieger, Martin (2007): Einleitung. In: Bertelsmann Stiftung (Hrsg.): Religionsmonitor 2008. Gütersloh: Bertelsmann Stiftung. S. 11-17.

Roof, Wade Clark (1999): Spiritual Marketplace. Baby Boomers and the Remaking of American Religion. Princeton: Princeton University Press.

Rothermund, Klaus/Eder, Andreas (2011): Motivation und Emotion. Wiesbaden: VS.

Röder, Maria (2007): Haremsdame, Opfer oder Extremistin? Muslimische Frauen im Nachrichtenmagazin DER SPIEGEL. Berlin: Frank & Timme.

Ruß-Mohl, Stephan (2012): Opfer der Medienkonvergenz? Wissenschaftskommunikation und Wissenschaftsjournalismus im Internet-Zeitalter. In: Füssel, Stephan (Hrsg.): Medienkonvergenz – Transdisziplinär. S. 81-108.

Saborowski, Markus (1995): Von Giftgas-Gurus, Allahs Kriegern und den Gefahren des Dauersaunens. In: Spirita 9, 1. S. 5-7.

Said, Edward W. (1978): Orientalism. London: Routledge.

Sarnow, Melanie (2013): Sex im Alltag. Die Entwicklung des Umgangs mit Sexualität seit den 1960er Jahren in Deutschland und den USA. Hamburg: Bachelor + Master Publikation.

Sauter, Sven (2009): Tiere in Homöopathie und Schamanismus. Berlin: Pro Business.

Schapira, Esther/Hafner, Georg M. (2010): Die Wahrheit unter Beschuss. Der Nahostkonflikt und die Medien. In: Schwarz-Friesel, Monika/Friesel, Evyatar/Reinharz, Jehuda (Hrsg.): Aktueller Antisemitismus – ein Phänomen der Mitte. Berlin: De Gruyter. S. 115-131.

Scheffler, Albert Cornelius (1989): ‚Jugendsekten' in Deutschland. Öffentliche Meinung und Wirklichkeit. Eine religionswissenschaftliche Untersuchung. Frankfurt am Main: Peter Lang.

Schenk, Susanne: (2009): Das Islambild im internationalen Fernsehen. Ein Vergleich der Nachrichtensender Al Jazeera English, BBC World und CNN International. Berlin: Frank & Timme.

Schielicke, Anna-Maria (2014): Rückkehr der Religion in den öffentlichen Raum? Kirche und Religion in der deutschen Tagespresse von 1993 bis 2009. Wiesbaden: VS.

Schiffer, Sabine (2005): Die Darstellung des Islams in der Presse. Sprache, Bilder, Suggestionen. Eine Auswahl von Techniken und Beispielen Würzburg: Ergon.

Schlott, René (2008): Der Papst als Medienstar. In: Aus Politik und Zeitgeschichte 52. S. 16-21, hier 1-4. Online verfügbar unter: http://www.bpb.de/apuz/30763/der-papst-als-medienstar?p=all [letzter Zugriff: 10.01.2016]

Schmitz, Ulrich (2011): Sehflächenforschung. Eine Einführung. In: Stöckl, Hartmut/Diekmannshenke, Hajo/Klemm, Michael (Hrsg.): Bildlinguistik. Theorie – Methoden – Fallbeispiele. Berlin: Erich Schmidt. S. 23-42.

Schneider, Wolf (2000): Die Gruner + Jahr Story. Ein Stück deutsche Pressegeschichte. München: Piper.

Schneiders, Thorsten Gerald (Hrsg.) (2010): Islamfeindlichkeit. Wenn die Grenzen der Kritik verschwimmen. 2. Auflage. Wiesbaden: VS.

Schnotz, Wolfgang/Bannert, Maria (2003): Construction and Interference in Learning from Multiple Representation. Learning and Instruction 13. S. 141-156.

Schofield Clark, Lynn/Hoover, Stewart M. (1997): At the Intersection of Media, Culture and Religion. A Bibliographic Essay. In: Ders./Lundby, Knut (Hrsg.): Rethinking Media, Religion and Culture. London: Sage. S. 15-36.

Schüler, Sebastian (2012): Religion, Kognition, Evolution. Eine religionswissenschaftliche Auseinandersetzung mit der Cognitive Science of Religion. Stuttgart: Kohlhammer.

Schütt, Hans-Dieter (2000): „Aufklärung bleibt das Aufregendste". Gespräch von Hans-Dieter Schütt mit Stefan Aust, Chefredakteur des SPIEGEL. In: Ders./Schwarzkopf, Oliver (Hrsg.): Die SPIEGEL-Titelbilder 1947-1999. Berlin: Schwarzkopf & Schwarzkopf. S. 14-48.

Schütt, Hans-Dieter/Schwarzkopf, Oliver (2000): Die Geste Albert Einsteins. In: Dies. (Hrsg.): Die SPIEGEL-Titelbilder 1947-1999. Berlin: Schwarzkopf & Schwarzkopf. S. 8-13.

Schütte, Christian (2011): Angst und Trauer in Todesdarstellungen von Boulevardzeitungen. In: Ebert, Lisanne et al. (Hrsg.): Emotionale Grenzgänge: Konzeptualisierung von Liebe, Trauer und Angst in Sprache und Literatur. Würzburg: Königshausen und Neumann. S. 167-182.

Schwarz-Friesel, Monika (2008): Einführung in die kognitive Linguistik. Tübingen: Francke.

Schwarz-Friesel, Monika (2013a): Sprache und Emotion. 2. Auflage. Tübingen: Francke.

Schwarz-Friesel (2013b): Explizite und implizite Formen des Verbal-Antisemitismus in aktuellen Texten der regionalen und überregionalen Presse (2002) und ihr Einfluss auf den alltäglichen Sprachgebrauch. In: Nagel, Michael/Zimmermann, Mosche (Hrsg.): Judenfeindschaft und Antisemitismus in der deutschen Presse über fünf Jahrhunderte. Band 2. Bremen: edition lumière. S. 993-1008.

Schwarz-Friesel, Monika/Reinharz, Jehuda (2013): *Die Sprache der Judenfeindschaft im 21. Jahrhundert.* Berlin: De Gruyter.

Schwitalla, Johannes (1993): Textsortenwandel in den Medien nach 1945 in der Bundesrepublik Deutschland. Ein Überblick. In: Biere, Bernd Ulrich/Henne, Helmut (Hrsg.): Sprache in den Medien nach 1945. Tübingen: Niemeyer. S. 1-29.

Seiwert, Hubert (1998): Einleitung. Das ‚Sektenproblem'. Öffentliche Meinung, Wissenschaftler und der Staat. In: Ders. (Hrsg.): Schluß mit den Sekten! Die Kontroverse über ‚Sekten' und neue religiöse Bewegungen in Europa. Marburg: Diagonal-Verlag. S. 9-38.

Siegert, Michael T. (1981): Neo-religiöse Bewegungen unter Jugendlichen. Eine Kränkung des herrschenden wissenschaftlichen Weltbildes? In: Zeitschrift für Pädagogik 27. S. 403-419.

Sieprath, Maud E. (Hrsg.) (2009a): Religion und Massenmedien. Berlin: Weißensee Verlag.

Sieprath, Maud E. (2009b): „Fürchtet euch nicht vor neuen Technologien". Öffentliches Leiden und Sterben des Medienpapstes. Die Medien als Stimulanzfaktor einer kurzfristigen Massenbewegung. In: Dies. (Hrsg.): Religion und Massenmedien. Berlin: Weißensee. S. 11-31.

Silies, Eva-Maria (2015): Wider die natürliche Ordnung. Die katholische Kirche und die Debatte um die Empfängnisverhütung seit den 1960er Jahren. In: Bänziger, Paul/Beljan, Magdalena/Eder, Franz X./Eitler, Pascal (Hrsg.): Sexuelle Revolution? Zur Geschichte der Sexualität im deutschsprachigen Raum seit den 1960er Jahren. Bielefeld: Transcript. S. 153-181.

Skirl, Helge/Schwarz-Friesel, Monika (2007): Metapher. Heidelberg: Winter.

Skirl, Helge (2011): Zur Verbalisierung extremer Angst und Trauer: Metaphern in der Holocaustliteratur. In: Ebert, Lisanne et al. (Hrsg.): Emotionale Grenzgänge: Konzeptualisierung von Liebe, Trauer und Angst in Sprache und Literatur. Würzburg: Königshausen und Neumann. S. 183-200.

Somm, Christian von (1999): Guru/Guruismus. In: Auffarth, Christoph (Hrsg.): Metzler Lexikon Religion: Gegenwart, Alltag, Medien. Weimar: Metzler. S. 529–532.

Sommer, Regina (1996): „Tief in der Seele haben Frauen einen Restwunsch." Frauenleitbild und Religion in der Frauenzeitschrift Brigitte. In: Friedrichs,

Lutz/Vogt, Michael (Hrsg.): Sichtbares und Unsichtbares. Facetten von Religion in deutschen Zeitschriften. Würzburg: Ergon. S. 185-202.

Spiegel Webseite. Online verfügbar unter: http://www.spiegelgruppe.de/spiegelgruppe/home.nsf/Navigation/440FBE98BA F7E2F8C1256FD5004406DD?OpenDocument [letzter Zugriff: 09.01.2016]

Spiegel QC 2015 Factsheet. Online-Dokument: http://www.spiegel-qc.de/uploads/Factsheets/RoteGruppePrint/SP_Factsheet _2016.pdf [letzter Zugriff: 09.01.2016]

Spiegel QC LAE 2015. Online-Dokument: http://www.spiegel-qc.de/uploads/PDFS/RoteGruppePrint/SPIEGELLAEJuli %202015.pdf [letzter Zugriff: 09.01.2016]

Spiegel QC Webseite. Online verfügbar unter: http://www.spiegel-qc.de/medien/print/der-spiegel [letzter Zugriff: 09.01.2016]

Spieß, Constanze (2008): Linguistische Diskursanalyse als Mehrebenenanalyse. Ein Vorschlag zur mehrdimensionalen Beschreibung von Diskursen aus forschungspraktischer Perspektive. In: Warnke, Ingo H./Spitzmüller, Jürgen (Hrsg.): Methoden der Diskurslinguistik. Sprachwissenschaftliche Zugänge zur transtextuellen Ebene. Berlin: De Gruyter. S. 237-259.

Spieß, Constanze (2009): Wissenskonflikte im Diskurs. Zur diskursiven Funktion von Metaphern und Schlüsselwörtern im öffentlich-politischen Diskurs um die humane embryonale Stammzellenforschung. In: Felder, Ekkehard/Müller, Marcus (Hrsg.): Wissen durch Sprache. Theorie, Praxis und Erkenntnisinteresse des Forschungsnetzwerkes ‚Sprache und Wissen'. Berlin: De Gruyter. S. 309-336.

Spieß, Constanze (2011): Diskurshandlungen. Theorie und Methode linguistischer Diskursanalyse am Beispiel der Bioethikdebatte. Berlin: De Gruyter.

Spieß, Constanze (2012): Das Dispositiv als Erweiterungspostulat linguistischer Diskursanalyse – ein Vorschlag zur Analyse öffentlich-politischer Mediendiskurse. In: Dies./Dreesen, Philipp/Kumiega, Lukasz (Hrsg.): Mediendiskursanalyse. Diskurse, Dispositve, Medien, Macht. Wiesbaden: VS. S. 77-111.

Spitzmüller, Jürgen (2005): Metasprachdiskurse. Einstellungen zu Anglizismen und ihre wissenschaftliche Rezeption. Berlin: De Gruyter.

Städter, Benjamin (2011): Verwandelte Blicke. Eine Visual History von Kirche und Religion in der Bundesrepublik 1945-1980. Frankfurt am Main: Campus.

Stander, Judith (2010): Geister, Gurus und Gebete. Eine Analyse der sprachlichen und medialen Darstellung von Religion im Stern-Artikel „Selig ohne Gott" (Nr. 49, 26.11.2009) aus religionswissenschaftlicher Perspektive. Unveröffentlichte Bachelorarbeit. Universität Münster.

Stander, Judith (2013): Von der „Psycho-Sekte" zur „Wellness-Religion" Sprachliche Kodierung von Emotionen in „Stern"-Artikeln über neue religiöse Bewegungen. Unveröffentlichte Masterarbeit. Universität Münster.

Stander-Dulisch, Judith (forthcoming): Visual and verbal ascribing of meanings to the term 'holy' in the German magazines Stern and Spiegel. In: Journal of Religion, Media and Digital Culture.

Stenschke, Oliver (2005): Rechtschreiben, Recht sprechen, recht haben - der Diskurs über die Rechtschreibreform. Eine linguistische Analyse des Streits in der Presse. Tübingen: Niemeyer.

Stern-Profil 2015. Online-Dokument: http://www.gujmedia.de/uploads/tx_hngujmediasales/pdfs/STERN_Objektprofil_2015.pdf [letzter Zugriff: 09.01.2016]

Stern-Profil 2013. Online-Dokument: http://ems.guj.de/uploads/tx_hngujmediasales/pdfs/STERN_Profil_2013.pdf [letzter Zugriff: 17.03.2013]

Stern Profile 2014. Online-Dokument: http://www.gujmedia.de/uploads/tx_hngujmediasales/pdfs/Profil_STERN_08_1 4.pdf [letzter Zugriff: 20.09.2014]

Stockmann, Ralf (1999): Spiegel und Focus. Eine vergleichende Inhaltsanalyse 1993-1996. Göttingen: Schmerse.

Stolz, Jörg/Könemann, Judith/Schneuwly Purdie, Mallory/Engelberger, Thomas/Krüggeler, Michael (2014): Religion und Spiritualität in der Ich-Gesellschaft. Vier Gestalten des (Un-) Glaubens. Zürich: Theologischer Verlag.

Stöckl, Hartmut (1998): (Un-)Chaining the Floating Image. In: Ars Semeiotica 21, 1-2. S. 75-98.

Stöckl, Hartmut (2004): Die Sprache im Bild, das Bild in der Sprache. Zur Verknüpfung von Sprache und Bild im massenmedialen Text. Konzepte, Theorien und Analysemethoden. Berlin: De Gruyter.

Stöckl, Hartmut (2011): Sprache-Bild-Texte lesen. Bausteine zur Methodik einer Grundkompetenz. In: Diekmannshenke, Hajo/Klemm, Michael/Stöckl, Hartmut (Hrsg.): Bildlinguistik. Theorien – Methoden – Fallbeispiele. Berlin: Erich Schmidt. S. 45-70.

Stöckl, Hartmut (2012): Medienlinguistik. Zu Status und Methode eines (noch) emergenten Forschungsfeldes. In: Ders./Grösslinger, Christian/Held, Gudrun (Hrsg.): Pressetextsorten jenseits der „News". Medienlinguistische Perspektiven auf journalistische Kreativität. Frankfurt am Main: Peter Lang. S. 13-34.

Stötzel, Georg/Wengeler, Martin (Hrsg.) (1995): Kontroverse Begriffe. Geschichte des öffentlichen Sprachgebrauchs in der Bundesrepublik Deutschland. Berlin: De Gruyter.

Stoeva-Holm, Dessislava (2005): Zeit für Gefühle. Eine linguistische Analyse zur Emotionsthematisierung in deutschen Schlagern. Tübingen: Narr.

Straßner, Erich (1997): Zeitschrift. Grundlagen der Medienkommunikation. Band. 3. Tübingen: Niemeyer.

Straßner, Erich (2002): Text-Bild-Kommunikation – Bild-Text-Kommunikation. Grundlagen der Medienkommunikation. Band. 13. Tübingen: Niemeyer.

Strauss, Anselm/Corbin, Juliet (1996): Grounded Theory. Grundlagen Qualitativer Sozialforschung. Weinheim: Beltz.

Strübing, Jörg (2008): Grounded Theory. Zur sozialtheoretischen und epistemologischen Fundierung des Verfahrens der empirisch begründeten Theoriebildung. Wiesbaden: VS.

Stuckrad, Kocku von (2003): Discursive Study of Religion. From States of the Mind to Communication and Action. In: Method & Theory in the Study of Religion 15. S. 255-271.

Stuckrad, Kocku von (2004): Was ist Esoterik? Kleine Geschichte des geheimen Wissens. München: Beck.

Süss, Joachim (1996): Bhagwans Erbe. Die Osho-Bewegung heute. München: Claudius.

Süss, Joachim (2002): Religiöse Pluralisierung seit dem 19. Jahrhundert zwischen Akzeptanz und Sektenfurcht. In: Klöcker, Michael/Tworuschka, Udo (Hrsg.): Handbuch der Religionen. Kirchen und andere Glaubensgemeinschaften in Deutschland. Landsberg, Lech: Olzog. S. 1-31.

Thiele, Martina (2015): Medien und Stereotype. Konturen eines Forschungsfeldes. Bielefeld: Transcript.

Thofern, Detlef (1998): Darstellung des Islams in „Der Spiegel". Eine inhaltsanalytische Untersuchung über Themen und Bilder der Berichterstattung von 1950 bis 1989. Hamburg: Kovač.

Thomas, Günter (Hrsg.) (2000): Religiöse Funktionen des Fernsehens. Medien-, kultur- und religionswissenschaftliche Perspektiven. Wiesbaden: Westdeutscher Verlag.

Topalovic, Elvira (2009): Sprache, Grammatik und Emotion. E-Mails und SMS im DaF-Unterricht. In: Bachmann-Stein, Andrea (Hrsg.): Mediale Varietäten. Gesprochene und geschriebene Sprache und ihre fremdsprachendidaktischen Potenziale. Landau: Empirische Pädagogik. S. 269-294.

Tönnesen, Cornelia (1995): Die Terminologie der Sexual- und Partnerschaftsethik im Wandel. In: Stötzel, Georg/Wengeler, Martin (Hrsg.): Kontroverse Begriffe. Geschichte des öffentlichen Sprachgebrauchs in der Bundesrepublik Deutschland. Berlin: De Gruyter. S. 593-618.

Traut, Lucia/Wilke, Annette (2015): Einleitung. In: Dies. (Hrsg.): Religion, Imagination, Ästhetik. Vorstellungs- und Sinneswelten in Religion und Kultur. Göttingen: Vandenhoek & Ruprecht. S. 17-69.

Tworuschka, Udo (2007): Das Radio als religionswissenschaftliche Quelle. In: Klöcker, Michael/Ders. (Hrsg.): Handbuch der Religionen. Kirchen und andere Glaubensgemeinschaften in Deutschland 18. München: Olzog. S. 1-12.

Tyrell, Hartmann (2014): Säkularisierung. Eine Skizze deutscher Debatten seit der Nachkriegszeit. In: Hainz, Michael/Pickel, Gert/ Pollack, Detlef et al. (Hrsg.): Zwischen Säkularisierung und religiöser Vitalisierung. Religiosität in Deutschland und Polen im Vergleich. Wiesbaden: VS. S. 51-66.

Uehlinger, Christoph (2006): Visible Religion und die Sichtbarkeit von Religion(en): Voraussetzungen, Anknüpfungsprobleme, Wiederaufnahme eines religionswissenschaftlichen Forschungsprogramms. In: Berliner Theologische Zeitschrift 23. S. 165-184.

Usarski, Frank (1988): Die Stigmatisierung Neuer Spiritueller Bewegungen in der Bundesrepublik Deutschland. Köln: Böhlau.

Van Dijk, Teun A. (2001): Critical Discourse Analysis. In: Schiffrin, Deborah/Tannen, Deborah/Hamilton, Heidi E. (Hrsg.) The Handbook of Discourse Analysis. Oxford: Blackwell. S. 352-371.

Vogel, Friedemann (2013a): Linguistische Diskursanalyse als engagierte Wissenschaft!? Ein Plädoyer für eine „Theorie der Praxis als Praxis". In: Meinhof, Hanna Ulrike/Reisigl, Martin/Warnke, Ingo H. (Hrsg.): Diskurslinguistik im Spannungsfeld von Deskription und Kritik. Berlin: Akademie. S. 279-298.

Vogel, Andreas (1998): Die populäre Presse in Deutschland. Ihre Grundlagen, Strukturen und Strategien. München: Fischer.

Vogel, Andreas (2013b): Art. ‚Publikumszeitschriften'. In: Bentele, Günter et al. (Hrsg.): Lexikon Kommunikations- und Medienwissenschaft. 2. Auflage. Wiesbaden: VS. S. 285.

Vogel, Andreas (2013c): Art. ‚Illustrierte'. In: Bentele, Günter et al. (Hrsg.): Lexikon Kommunikations- und Medienwissenschaft. 2. Auflage. Wiesbaden: VS. S. 120.

Vogt, Michael (1996): „Blutiger Islam" oder 20 Jahre SPIEGEL – Fechten gegen den Ansturm auf das Abendland. In: Ders./Friedrichs, Lutz (Hrsg.): Sichtbares und Unsichtbares. Facetten von Religion in deutschen Zeitschriften. Würzburg: Ergon. S. 277-300.

Vopel, Stephan/Weig, Berthold (2013): Einleitung. In: Bertelsmann Stiftung (Hrsg.): Religionsmonitor. Verstehen was verbindet. Religiosität und Zusammenhalt in Deutschland. Gütersloh: Bertelsmann Stiftung. S. 8-9.

Voss, Cornelia (1999): Textgestaltung und Verfahren der Emotionalisierung in der Bild-Zeitung. Frankfurt am Main: Peter Lang.

Warnke, Ingo (Hrsg.) (2007): Diskurslinguistik nach Foucault. Theorie und Gegenstände. Berlin: De Gruyter.

Warnke, Ingo H./Spitzmüller, Jürgen (2008): Methoden und Methodologie der Diskurslinguistik – Grundlagen und Verfahren einer Sprachwissenschaft jenseits textueller Grenzen. In: Dies. (Hrsg.): Methoden der Diskurslinguistik. Sprachwissenschaftliche Zugänge zur transtextuellen Ebene. Berlin: De Gruyter. S. 3-53.

Weber, Max (1988[1919]): Wissenschaft als Beruf. In: Winckelmann, Johannes (Hrsg.): Gesammelte Aufsätze zur Wissenschaftslehre. 6. Auflage. Tübingen: Mohr. S. 582-613.

Wengeler, Martin (2003): Topos und Diskurs. Begründung einer argumentations-
analytischen Methode und ihre Anwendung auf den Migrationsdiskurs (1960-
1985). Tübingen: Niemeyer.

Wengeler, Martin (2000): „Gastarbeiter sind auch nur Menschen". Argumentationsanalyse als diskursgeschichtliche Methode. In: Sprache und Literatur 86. S. 54-
69.

Wilke, Annette (2008): Religion/en, Sinne und Medien: Forschungsfeld Religions-
ästhetik und das Museum of World Religions (Taipeh). In: Dies./Esther-Maria
Guggenmos (Hrsg.): Im Netz des Indra. Das Museum of World Religions in
Taipeh und sein interreligiöses Museumskonzept. Münster: Lit. S. 206-294.

Wilke, Annette (2012): Einführung in die Religionswissenschaft. In: Ruhstorfer,
Karlheinz (Hrsg.): Systematische Theologie. Theologie studieren. Paderborn:
Schöningh. S. 287-358.

Wilke, Annette (2013): Säkularisierung oder Individualisierung von Religion? Theorien und empirische Befunde. In: Zeitschrift für Religionswissenschaft 21, 1.
S. 29-76.

Wilke, Annette (2015a): Individualisation of Religion. In: International Social Science Journal 207-208. S. 1-15.

Wilke, Annette (2015b): Individualisation of Religion. Unveröffentlichtes Manuskript. S. 1-37.

Wilken, Linda (2014): Verehrt, verwahrt, vergessen? Devotionalien in Familien des
Oldenburger Münsterlandes. In: Schöne, Anja/Groschwitz,Helmut (Hrsg.): Re-
ligiosität und Spiritualität. Fragen, Kompetenzen, Ergebnisse. Münster:
Waxmann. S. 91-110.

Willms, Gerald (2012): Die wunderbare Welt der Sekten. Von Paulus bis Scientology. Göttingen: Vandenhoek & Ruprecht.

Winko, Simone (2003): Kodierte Gefühle. Zu einer Poetik der Emotionen in lyri-
schen und poetologischen Texten um 1900. Berlin: Erich Schmidt.

Wodak, Ruth (2004): Critical Discourse Analysis. In: Seale, Clive/Gobo Giam-
petro/Gubrium, Jaber F./Silverman, David (Hrsg.): Qualitative Research Practice. London: Sage. S. 197-213.

Wodak, Ruth/Meyer, Michael (2009): Critical Discourse Analysis. History,
Agenda, Theory, and Methodology. In: Dies. (Hrsg.): Methods for Critical Discourse Analysis. London: Sage. S. 1-33.

Wolf, Claudia Maria (2006): Bildsprache und Medienbilder. Die visuelle Darstel-
lungslogik von Nachrichtenmagazinen. Wiesbaden: VS.

Woll, Erika (1997): Erlebniswelten und Stimmungen in der Anzeigenwerbung. Analyse emotionaler Werbebotschaften. Wiesbaden: Deutscher Universitätsverlag.

Wyss, Vinzenz/Keel, Guido (2009) Religion surft mit: Journalistische Inszenie-
rungsstrategien zu religiösen Themen. In: Communicatio Socialis 42, 4. S. 351-
364.

Ziemann, Benjamin (2006): Öffentlichkeit in der Kirche. Medien und Partizipation in der katholischen Kirche der Bundesrepublik 1965-1972. In: Bösch, Frank/Frei, Norbert (Hrsg.): Medialisierung und Demokratie im 20. Jahrhundert. Göttingen: Wallstein. S. 179-206.

Zschunke, Peter (2015): In der Stereotypenfalle. Wenn Medien Religion zum Thema machen. In: Bultmann, Christoph/Linkenbach, Antje (Hrsg.): Religionen übersetzen. Klischees und Vorurteile im Religionsdiskurs. Münster: Aschendorff. S. 101-116.

Abbildungsverzeichnis

Trotz sorgfältiger Bemühungen konnten nicht alle Inhaber der Bildrechte bzw. Urheberrechte ermittelt werden. Wir bitten darum, bestehende Ansprüche ggf. mitzuteilen.

Abb. 12: Kirchenkritische Titelseiten des *Spiegel*, *Spiegel* 52/1997; *Spiegel* 6/2010; *Spiegel* 5/2014

Abb. 13: Vatikan, *Spiegel* 43/1974; *Spiegel* 23/1998; *Spiegel* 8/2013; *Stern* 17/1987, Alfons Kiefer, n.e.

Abb. 14: Weihnachtstitel des *Stern* in den 1960er Jahren Teil I, *Stern* 52/1960, Bayrisches Nationalmuseum; *Stern* 51/1962, Alte Pinakothek München, bpk; *Stern* 52/1964, n.e.; *Stern* 52/1965, Hamburger Kunsthalle, bpk

Abb. 15: Weihnachtstitel des *Stern* in den 1960er Jahren, Teil II, *Stern* 52/1966, Hans Truöl Archiv; *Stern* 52/1967, n.e.; *Stern* 52/1968, n.e.

Abb. 16: Jesus, Teil I, *Spiegel* 6/1966; *Stern* 46/1971, n.e.; *Spiegel* 8/1972

Abb. 17: Jesus, Teil II, *Stern* 52/1990, n.e.; *Stern* 1/1992, Albrecht Dürer/AKG, n.e; *Spiegel* 22/1966

Abb. 18: Jesus, Teil III, *Spiegel* 52/1997; *Stern* 52/2002, AKG, Ullstein, Getty Images, n.e.; *Spiegel* 16/2004; *Stern* 14/2010, Giandurante/Archivio Commissione Diocesana per la Sindone; *Stern* 17/2011, Museo del Prado/AKG; *Spiegel* 17/2011

Abb. 19: Schöpfung, *Spiegel* 52/1998; *Spiegel* 10/1998; *Spiegel* 26/2000; *Spiegel* 9/2003; *Spiegel* 5/2005; *Spiegel* 1/2010

Abb. 20: Papst Paul VI., *Spiegel* 32/1968; *Spiegel* 18/1969; *Spiegel* 43/1974

Abb. 21: Johannes Paul II., *Stern* 44/1978, n.e.; *Spiegel* 43/1978; *Spiegel* 52/1990; *Stern* 17/2003, Gabriele Bouys/AFP, Jens Rötzsch/Ostkreuz, n.e.; *Stern* 15/2005, Max Rossi/Reuters, Jeff J. Mitchell/Reuters; *Spiegel* 13/2005

Abb. 22: Papst Benedikt XVI., *Stern* 18/2005, Konrad R. Müller/Agentur Focus; *Stern* 8/2013, Jodi Bieber/Timemagazine/AFP, n.e.

Abb. 23: Papst Benedikt XVI., *Spiegel* 6/2009; *Spiegel* 14/2010; *Spiegel* 38/2011

Abb. 24: *Stern* 12/2013, n.e.; *Stern* 13/2013, n.e.; *Stern* 43/2013, n.e.

Abb. 25: Papst Franziskus, *Spiegel* 12/2013; *Spiegel* 42/2013; *Spiegel* 5/2014

Abb. 26: Glaubensfragen, *Spiegel* 52/1967; *Spiegel* 25/1992; *Spiegel* 52/2000; *Spiegel* 52/2012; *Spiegel* 52/2013

Abb. 27: „glauben", *Stern* 27/1986, Tom Jacobi; *Stern* 38/1986, Angelika Buettner, Su Skanta, *Stern* 41/2001, n.e.; *Stern* 8/2004, Matthias Kulka, Tony Wacker, Martin Dohrn/SPL; *Stern* 50/2004, Abbas/Agentur Focus, Peter Dejong/AP, Rainer Binder/Superbild, Braunger/Ullstein, AKG, n.e.

Abb. 28: Bhagwan, *Spiegel* 10/1981; *Spiegel* 6/1984; *Spiegel* 32/1985; Stern 33/1981, n.e.; *Stern* 5/1985, n.e.; *Stern* 40/1985, n.e.

Abb. 29: Spirituelle Führungspersonen bzw. „Sekten", *Stern* 49/1978, Tim Chapman Collection/History Miami Museum; *Stern* 50/1978, René Magritte: (c) VG Bild-Kunst, Bonn 2018; *Stern* 27/1986, Tom Jacobi; *Stern* 19/1992, Felix Lammers; *Stern* 7/1993, Hendrik Kossmann

Abb. 47:   Feinanalyse II, Titelseiten, *Spiegel* 32/1968; *Spiegel* 52/1990; *Spiegel* 5/2014

Abb. 48:   Feinanalyse III, Titelseiten, *Stern* 49/1991, Hans Ulrich Osterwalder; *Stern* 3/2004, Frank Grimm, SPL; *Stern* 11/2014, Shutterstock, Action Press, Thorsten Jochim/Visum, n.e.

Abb. 49:   Feinanalyse IV, Titelseiten, *Stern* 19/1995, Wieslaw Smetek; *Stern* 43/2002, Wieslaw Smetek; *Stern* 49/2009, Trinette Reed/Istockphoto

Abb. 50:   Übersicht zu den Ergebnissen der drei untersuchten Artikel, eigene Darstellung

Abb. 51:   Übersicht zu den Ergebnissen der drei untersuchten Artikel, eigene Darstellung

Abb. 52:   Übersicht zu den Ergebnissen der drei untersuchten Artikel, eigene Darstellung

Abb. 53:   Übersicht zu den Ergebnissen der drei untersuchten Artikel, eigene Darstellung

Abb. 54:   16.10.1978 – Johannes Paul II., *Stern* 44/1978, n.e.; *Spiegel* 43/1978

Abb. 55:   15.04.2005 – Papst Benedikt XVI., *Stern* 18/2005, Konrad R. Müller/Agentur Focus; *Spiegel* 33/2005; *Spiegel* 13/2005

Abb. 56:   13.03.2013 – Papst Franziskus, *Spiegel* 12/2015; *Stern* 12/2013, n.e.; *Stern* 13/2013, n.e.

Danksagung

Die vorliegende Studie wurde im Sommersemester 2016 von der Philosophischen Fakultät der Westfälischen Wilhelms-Universität als Dissertation angenommen und für den Druck überarbeitet. Viele Menschen haben zu dem erfolgreichen Abschluss der Promotion und der Fertigstellung des vorliegenden Buches beigetragen, ihnen möchte ich an dieser Stelle meinen ganz herzlichen Dank aussprechen.

Mein ganz besonderer Dank gilt den beiden Betreuerinnen meiner Dissertationsschrift, Prof. Annette Wilke, Seminar für Allgemeine Religionswissenschaft der Universität Münster, und Prof. Elvira Topalović, Germanistische Sprachdidaktik der Universität Paderborn. Sie haben mich auf den wissenschaftlichen Weg gebracht, mich gefördert und unterstützt, mich begleitet und mir mit Mut machender Zustimmung ihr Vertrauen während des gesamten Projekts geschenkt. Dafür bedanke ich mich von Herzen.

Danken möchte ich den Mitarbeiterinnen und Mitarbeitern des Instituts für Zeitungsforschung in Dortmund und des Zeitungs- und Pressearchivs der Universität Münster, die die Recherche und Erhebung meines Materials ermöglichten. Besonderer Dank gilt dabei dem Leiter des Zeitungs- und Pressearchivs Münster, Thorsten Schmidt, der mir mit seiner fachlichen Expertise und seinen Ratschlägen zur Seite stand.

Ich bedanke mich ganz herzlich bei Prof. Oliver Krüger für die Möglichkeit, dieses Buch in der Reihe „Religion und Medien" zu publizieren. Seine Begleitung, seine umsichtigen Korrekturen und Hinweise haben mir bei der Fertigstellung des Manuskripts sehr geholfen. Des Weiteren danke ich Prof. Anne Koch, Dr. Isabell Laack und Prof. Peter J. Bräunlein für ihre wertvollen Korrekturen und Anmerkungen. Dem transcript Verlag, vor allem Katharina Wierichs, danke ich für die gute Zusammenarbeit. Den Zeitschriften *Stern* und *Spiegel* sowie allen Fotografen und Agenturen, die das Abdrucken der Bilder ermöglichten, spreche ich hiermit ein Dankeschön aus.

Hilfreiche Denkanstöße, Kritiken, Motivation und religionswissenschaftliches Feedback habe ich von Martin Radermacher und Melanie Möller erhalten, die mich mit fachlicher Expertise und viel Humor durch die Höhen und Tiefen des Promotionsalltags begleitet haben. Dafür bin ich ihnen sehr dankbar. Ein großer Dank geht zudem an Robert Suckro für seine Hilfe bei der Formatierung der Arbeit.

Mit Denise Spiekermann, Susanne Spreckelmeier und Sarah Thieme habe ich mich über den Wissenschaftsbetrieb und das Leben drumherum ausgetauscht– oft verbunden mit kulinarischen Köstlichkeiten an Donnerstagabenden – vielen Dank dafür! Weiteren Freunden möchte ich danken, insbesondere der Duisburger Bande und dem Münsteraner Rudel, für offene Ohren, gern gesehene Ablenkungen und den nötigen Ausgleich zur Promotion.

Vielen Dank auch an meine Schwiegereltern, besonders Ellen Dulisch, die das Manuskript vor der Einreichung gelesen und korrigiert hat. Besonderer Dank gilt meiner Familie, vor allem meinen Eltern Elke und Ulrich Stander sowie meinem Mann Achim. Ihr habt mich mit stetigem Rückhalt, geduldig und voller Optimismus begleitet. Ich danke euch von Herzen für eure Unterstützung und euer Vertrauen.

Religionswissenschaft

Frederik Elwert, Martin Radermacher, Jens Schlamelcher (Hg.)
Handbuch Evangelikalismus

2017, 452 S., Hardcover
39,99 € (DE), 978-3-8376-3201-9
E-Book: 39,99 € (DE), ISBN 978-3-8394-3201-3

Nicole Maria Bauer
Kabbala und religiöse Identität
Eine religionswissenschaftliche Analyse
des deutschsprachigen Kabbalah Centre

2017, 290 S., kart.
39,99 € (DE), 978-3-8376-3699-4
E-Book: 39,99 € (DE), ISBN 978-3-8394-3699-8

Serina Heinen
»Odin rules«
Religion, Medien und Musik im Pagan Metal

2017, 244 S., kart., farb. Abb.
29,99 € (DE), 978-3-8376-3431-0
E-Book: 26,99 € (DE), ISBN 978-3-8394-3431-4

Religionswissenschaft

Judith Könemann, Saskia Wendel (Hg.)
Religion, Öffentlichkeit, Moderne
Transdisziplinäre Perspektiven
(unter Mitarbeit von Martin Breul)

2016, 350 S., kart.
34,99 € (DE), 978-3-8376-3005-3
E-Book: 34,99 € (DE), ISBN 978-3-8394-3005-7

Hanna Rettig
Making Missionaries –
Junge Evangelikale und ihre Mission
Ethnografie einer Jugendorganisation auf Reisen

2017, 266 S., kart.
32,99 € (DE), 978-3-8376-3760-1
E-Book: 32,99 € (DE), ISBN 978-3-8394-3760-5

Anna Daniel
Die Grenzen des Religionsbegriffs
Eine postkoloniale Konfrontation des
religionssoziologischen Diskurses

2016, 334 S., kart.
39,99 € (DE), 978-3-8376-3581-2
E-Book: 39,99 € (DE), ISBN 978-3-8394-3581-6

Leseproben, weitere Informationen und Bestellmöglichkeiten
finden Sie unter www.transcript-verlag.de

Sighard Neckel et al.
Die Gesellschaft der Nachhaltigkeit
Umrisse eines Forschungsprogramms

Januar/2018, 150 Seiten, kart.,
14,99 €, ISBN 978-3-8376-4194-3,
Open Access, E-PDF/EPUB

■ Nachhaltigkeit ist zu einem Leitbegriff des gesellschaftlichen Wandels geworden, mit dem sich unterschiedliche Zielvorstellungen verbinden – sei es ein grüner Kapitalismus, der auf ökologischer Modernisierung beruht, oder eine sozial-ökologische Transformation, die eine postkapitalistische Ära einläuten könnte.
In dieser Programmschrift von Sighard Neckel und seinem Hamburger Forschungsteam werden die gesellschaftlichen Dimensionen von Nachhaltigkeit aufgezeigt, aber auch die Paradoxien, die mit einer nachhaltigen Entwicklung im globalen Kapitalismus verbunden sind. Grundlegende soziologische Perspektiven auf Nachhaltigkeit sind ebenso Thema wie Ausblicke in konkrete Felder einer kritisch-reflexiven Sozialforschung zu den gesellschaftlichen Konflikten um Nachhaltigkeit.